D1704665

Interkulturelles Management

Springer
Berlin
Heidelberg
New York
Hongkong
London
Mailand
Paris
Tokio

Niels Bergemann
Andreas L. J. Sourisseaux
Herausgeber

Interkulturelles Management

Dritte, vollständig überarbeitete
und erweiterte Auflage

Mit 43 Abbildungen
und 56 Tabellen

Dr. Niels Bergemann
Schloß-Wolfsbrunnenweg 49/3
D-69118 Heidelberg

Dr. Andreas L. J. Sourisseaux
Dr. Sourisseaux, Lüdemann & Partner
Beratende Wirtschaftspsychologen
Marktplatz 3
D-64283 Darmstadt

Die erste und zweite Auflage dieses Werkes erschienen in den Jahren 1992 und 1996 im Physica-Verlag Heidelberg.

ISBN 3-540-42976-X Springer-Verlag Berlin Heidelberg New York

Die Deutsche Bibliothek – CIP-Einheitsaufnahme
Interkulturelles Management / Hrsg.: Niels Bergemann; Andreas J. Sourisseaux. – 3., vollst. überarb. und erw. Aufl. – Berlin; Heidelberg; New York; Hongkong; London; Mailand; Paris; Tokio: Springer, 2003
ISBN 3-540-42976-X

Dieses Werk ist urheberrechtlich geschützt. Die dadurch begründeten Rechte, insbesondere die der Übersetzung, des Nachdrucks, des Vortrags, der Entnahme von Abbildungen und Tabellen, der Funksendung, der Mikroverfilmung oder der Vervielfältigung auf anderen Wegen und der Speicherung in Datenverarbeitungsanlagen, bleiben, auch bei nur auszugsweiser Verwertung, vorbehalten. Eine Vervielfältigung dieses Werkes oder von Teilen dieses Werkes ist auch im Einzelfall nur in den Grenzen der gesetzlichen Bestimmungen des Urheberrechtsgesetzes der Bundesrepublik Deutschland vom 9. September 1965 in der jeweils geltenden Fassung zulässig. Sie ist grundsätzlich vergütungspflichtig. Zuwiderhandlungen unterliegen den Strafbestimmungen des Urheberrechtsgesetzes.

Springer-Verlag Berlin Heidelberg New York
ein Unternehmen der BertelsmannSpringer Science+Business Media GmbH

http://www.springer.de

© Springer-Verlag Berlin Heidelberg 2003
Printed in Germany

Die Wiedergabe von Gebrauchsnamen, Handelsnamen, Warenbezeichnungen usw. in diesem Werk berechtigt auch ohne besondere Kennzeichnung nicht zu der Annahme, dass solche Namen im Sinne der Warenzeichen- und Markenschutz-Gesetzgebung als frei zu betrachten wären und daher von jedermann benutzt werden dürften.

Umschlaggestaltung: Erich Kirchner, Heidelberg
SPIN 10859346   42/2202-5 4 3 2 1 0 – Gedruckt auf säurefreiem Papier

Inhalt

Vorwort zur dritten Auflage XV
Vorwort zur ersten Auflage XIX

Teil I: Grundlagen interkulturellen Managements

1. **Organisatorische Bedingungen des interkulturellen Managements** 3
   Martin K. Welge und Dirk Holtbrügge
   1. Interkulturelles Management als Wettbewerbsfaktor multinationaler Unternehmungen 4
   2. Die Bedeutung der Kultur in neueren Theorien der globalen Unternehmungstätigkeit 5
   3. Organisatorische Umsetzung des interkulturellen Managements in multinationalen Unternehmungen 7
   3.1 Strukturelle Voraussetzungen: das Modell der transnationalen Organisation 7
   3.2 Länderübergreifendes Informations- und Wissensmanagement 11
   3.3 Synergetische Organisationskultur 13
   4. Gesamtbewertung und empirische Relevanz 15
   Literatur 17

2. **Werte im interkulturellen Vergleich** 21
   Lilly Beerman und Martin Stengel
   1. Werte: Definition und Genese 23
   2. Wandel der Werte 24
   3. Werte und internationales Management: vergleichende Untersuchungen 28

		3.1	Berufsorientierung (Stengel & v. Rosenstiel)	29
		3.2	Materialismus/Postmaterialismus – Modernisierung/ Postmodernisierung (Inglehart)	32
		3.3	Identifikationsbereitschaft (Stengel & v. Rosenstiel)	35
		3.4	„The Meaning of Work" (MOW)-Studie	42
		4.	Konsequenzen des Wertewandels: Anforderungen an zukünftige Führungskräfte im internationalen und innereuropäischen Vergleich	44
		5.	Methodische Probleme kulturvergleichender Untersuchungen	60
		6.	Zusammenfassung und Ausblick	61
			Literatur	65
3.	**Aspekte interkulturellen Führungsverhaltens**			69
	Alexander Thomas und Siegfried Stumpf			
		1.	Zum Begriff der Führung	71
		2.	Führungstheorien	73
		2.1	Eigenschaftstheoretische Ansätze	74
		2.2	Verhaltenstheoretische Ansätze	74
		2.3	Kontingenztheoretische Ansätze	75
		2.4	Weg-Ziel-Theorie der Führung	76
		2.5	Dyadischer Ansatz	77
		2.6	Transaktionale und transformative Führung	77
		2.7	Ansatz der symbolischen Führung	77
		2.8	Ein integratives Modell zur Führungsthematik	78
		3.	Zentrale kulturelle Dimensionen des Führungsverhaltens	80
		4.	Aspekte des Führungsverhaltens im Kulturvergleich	82
		4.1	Führungsstil	82
		4.2	Zielsetzungen und Problemlösungstechniken	85
		4.3	Entscheidungsprozesse	86
		4.4	Leistungskontrolle	88
		4.5	Arbeitsmotivation	89
		5.	Führung multinationaler Unternehmen	91
		6.	Entwicklung interkulturell kompetenter Führungskräfte	96
		7.	Schlussfolgerungen und Ausblick	102
			Literatur	104
4.	**Interpersonale und interkulturelle Kommunikation**			109
	Karlfried Knapp			
		1.	Kultur und interpersonale Kommunikation	110
		2.	Dimensionen von Kulturunterschieden in der Kommunikation	113
		2.1	Verbale Kommunikation	114
		2.2	Paraverbale Kommunikation	116
		2.3	Nonverbale Kommunikation	117
		2.4	Kultur und kommunikativer Stil	118
		3.	Interkulturelle Kommunikationsprobleme im interkulturellen Management	120
		3.1	Stilunterschiede	120
		3.2	Modalitäten interkulturellen Kommunizierens	121
		3.2.1	Lernersprachliche Beschränkungen	121
		3.2.2	*Lingua-franca*-Kommunikation	122
		3.2.3	Sprachmittler-Kommunikation	123
		3.3	Grenzen der Erwartbarkeit	125

	3.4	Pseudo-interkulturelle Probleme	126
	3.5	Die Sperrigkeit des Unbewussten	127
	4.	Lösungen: Kommunikationsbewusstheit	128
	5.	Chancen: Interkultur als Mitglieder-Konstrukt	129
	6.	Zusammenfassung und Ausblick	130
		Literatur	131

5. Motivation im interkulturellen Kontext — 137
Helmut Dreesmann

	1.	Motivationspsychologische Konzepte vor dem Hintergrund verschiedener kultureller Bedingungen	138
	2.	Motivationsfaktoren in einem integrativen Modell	142
	3.	Der motivationale Aufforderungscharakter der Arbeitssituation in verschiedenen Kulturen	148
	3.1	Prinzipien der Arbeitsgestaltung	148
	3.2	Qualitätszirkel	150
	3.3	Partizipation am Arbeitsplatz	151
	3.4	Unternehmensphilosophie als Arbeitsbedingung	153
	4.	Konsequenzen und Reaktionen als motivationaler Faktor der Arbeitswelt	153
	5.	Bedürfnisse, Einstellungen und weitere kognitive und emotionale Komponenten der Arbeits- und Leistungsmotivation	155
	6.	Motivation als Sinnstruktur in verschiedenen Kulturen	159
	7.	Zusammenfassung und Ausblick	161
		Literatur	162

6. Participative Decision Making in a Cross-National Framework — 165
Frank Heller

	1.	A Multinational Study of Decision Making	166
	1.1	Policy-Relevant Findings	166
	1.2	Competence and Influence Sharing	167
	1.3	Counter-Intuitive Results	168
	1.4	Antecedents of Participative Behaviour	169
	1.5	Consequences of Participation	171
	1.6	Under-Utilisation of Competence	171
	2.	A Model Linking Competence to Participation	173
	3.	Discussion and Overall Conclusions	173
	4.	A Note on Culture	176
		References	177

Teil II: Handlungsfelder interkulturellen Managements

7. Internationale Personalauswahl — 181
Niels Bergemann und Andreas L. J. Sourisseaux

	1.	Grundlagen internationaler Personalauswahl	183
	1.1	Kriterienproblem	185
	1.2	Prädiktoren	186
	1.3	Modelle der Auswahl und Beurteilung	187
	1.4	Auswahlprozess	188
	1.5	Entsendungsbereitschaft	189

2.	Grundsätzliche Besetzungsstrategien	190
2.1	Ethnozentrische Strategie	192
2.2	Polyzentrische Strategie	192
2.3	Geo- und regiozentrische Strategie	193
2.4	Strategieentscheidung	193
3.	Personalbeschaffung in internationalen Unternehmen	196
3.1	Unternehmensinterne Rekrutierung	197
3.2	Unternehmensexterne Rekrutierung	197
4.	Anforderungen an ein internationales Auswahlverfahren	198
5.	Status quo internationaler Personalauswahl	199
5.1	Kriterien erfolgreicher Auslandstätigkeit	200
5.2	Prädiktoren des Auslandserfolges	203
5.2.1	Fachliche Qualifikationen, Eigenschaften und situative Merkmale	203
5.2.2	Interkulturelle Kompetenz	209
5.2.3	Familiäre Unterstützung	210
5.2.4	Motivation zum Auslandseinsatz	211
5.2.5	Anforderungen an Fachkräfte und Führungskräftenachwuchs internationaler Unternehmen	211
5.2.6	Prädiktoren als Werte	212
5.3	Ablaufplan für die internationale Personalauswahl	213
5.4	Verfahren und Instrumente zur Auswahl von Auslandsmitarbeitern	214
5.4.1	Strukturiertes Auswahlinterview	215
5.4.2	Psychologische Testverfahren und Fragebogen	219
5.4.3	Biographischer Fragebogen	221
5.4.4	Mitarbeiter-Selbsteinschätzung	222
5.4.5	Assessment Center	222
5.5	Probleme internationaler Personalauswahl	226
6.	Personalauswahl im internationalen Kontext: das kultursensitive Auswahlsystem (KSA)	227
7.	Zusammenfassung und Ausblick	229
	Literatur	230

8. Training interkultureller Kompetenz ... 237
Alexander Thomas, Katja Hagemann und Siegfried Stumpf

1.	Begriff und Zielsetzungen des interkulturellen Trainings	238
2.	Bestimmung von Kultur, interkulturellem Handeln und interkultureller Kompetenz	239
3.	Kulturschock, Anpassung und Integration	241
4.	Bedingungsgrößen der Trainingsgestaltung	245
5.	Trainingskonzepte und -methoden	248
5.1	Das informationsorientierte kulturallgemeine Training	249
5.2	Das informationsorientierte kulturspezifische Training	250
5.3	Das erfahrungsorientierte kulturspezifische Training	252
5.4	Das erfahrungsorientierte kulturallgemeine Training	254
5.5	Culture-Assimilator-Training	255
6.	Evaluation interkultureller Trainings	257
7.	Konsequenzen für die Trainingskonzeption und -durchführung	263
8.	Weitere Anwendungsbereiche für interkulturelles Training in Unternehmen	264

	8.1	Interkulturelles Training zur Integration ausländischer Mitarbeiter	265
	8.2	Interkulturelles Training für plurinationale Arbeitsteams	265
	8.3	Interkulturelles Training für Mitarbeiter in Marketing und Produktmanagement	267
	8.4	Interkulturelles Training im Bereich Öffentlichkeitsarbeit	267
	8.5	Interkulturelles Training bei internationalen Verhandlungen	267
	8.6	Interkulturelles Training bei internationalen Joint Ventures	268
	9.	Schlussbemerkung	268
		Literatur	270

9. Trainings interkultureller Kommunikation in der öffentlichen Verwaltung ... 273
Ariane Bentner

1. Zum Stellenwert von Weiterbildung in der Verwaltung ... 274
2. Zur „Gewohnheitswirklichkeit" von Verwaltungspersonal ... 275
3. Lösungen (er-)finden: Zur Konzeption interkultureller Trainings in der Verwaltung und systemisch-konstruktivistische Grundannahmen ... 278
4. Geeignete Methoden interkulturellen Trainings ... 284
4.1 Vom Nutzen der Vorurteile ... 286
4.2 Erzählen von Episoden ... 286
5. Ausblick: Welche Wirkungen haben interkulturelle Trainings in der öffentlichen Verwaltung? ... 289
   Literatur ... 292

10. Interkulturelle Kompetenz als Gegenstand internationaler Personalentwicklung ... 295
Wolfgang Fritz und Antje Möllenberg

1. Die interkulturelle Kompetenz von Führungskräften als neuer Gegenstand der Personalwirtschaft und des Marketing ... 295
2. Interkulturelle Personalentwicklung in der Praxis – eine empirische Bestandsaufnahme ... 298
2.1 Untersuchungsmethode ... 298
2.2 Untersuchungsergebnisse ... 299
2.2.1 Definition und Bedeutung der interkulturellen Kompetenz in der Praxis ... 299
2.2.2 Der Einsatz interkultureller Ausbildungs- und Trainingsprogramme ... 300
2.2.3 Die Eignung interkultureller Ausbildungs- und Trainingsprogramme ... 301
2.2.4 Der Erfolg interkultureller Ausbildungs- und Trainingsprogramme ... 303
3. Resümee ... 304
   Literatur ... 305

11. Ausbildung interkultureller Managementkompetenz an deutschen Hochschulen – Anforderungen und Status quo ... 309
Britta Bergemann und Niels Bergemann

1. Konzepte interkultureller Kompetenz ... 310
2. Interkulturelle Kompetenz als Ausbildungsgegenstand ... 312

2.1	Interkulturelle Kompetenz als Gegenstand betrieblicher Ausbildungsmaßnahmen	312
2.2	Interkulturelle Kompetenz als Gegenstand von Ausbilungsmaßnahmen an wissenschaftlichen Hochschulen und Universitäten	313
2.2.1	MBA- und Postgraduierten-Studiengänge	314
2.2.2	Lehrangebote an Fachhochschulen	316
2.2.3	Lehrangebote an wissenschaftlichen Hochschulen und Universitäten	320
3.	Internationale Managementkompetenz: Was erwarten internationale Unternehmen?	326
3.1	Fragebogenuntersuchung	326
3.2	Ergebnisse	327
3.2.1	Auslandsvorbereitung	327
3.2.2	Erwartetes Ausbildungs- und Erfahrungsprofil	328
4.	Anforderungen der Unternehmen und Status quo der Hochschulausbildung internationaler Managementkompetenz	330
5.	Zusammenfassung und Ausblick	332
	Literatur	333

12. International orientierte Personalentwicklung ... 337

Ekkehard Wirth

1.	Anforderungen an international orientierte Führungskräfte	339
1.1	Komplexität wahrnehmen	339
1.2	Balance finden	340
1.3	Distanz gewinnen	340
1.4	Anforderungsprofile der Praxis	341
2.	Konzepte internationaler Personalentwicklung	342
3.	Personalentwicklung *im* Ausland	344
3.1	Internationale Personalentwicklungs-Stelle	346
3.2	Internationale Personalentwicklungs-Planung	347
3.2.1	Nachfolgeplanung	348
3.2.2	Potenzialeinschätzung	348
3.2.3	Förderplanung	350
4.	Personalentwicklung *durch* Auslandserfahrung	351
4.1	Projektlernen	351
4.2	Führungskräfte als Mentoren	353
4.3	Interkulturelle Projektseminare	354
4.4	Auslandseinsatz als internationale Personalentwicklungsmaßnahme	355
4.5	Horizonterweiterung durch Auslandseinsätze	357
5.	Zusammenfassung	359
	Literatur	360

13. Multicultural Teams ... 363

Enid Kopper

1.	Types of Multicultural Teams	364
2.	Obstacles in Multicultural Team Communication	365
2.1	Language	365
2.2	Nonverbal Communication	367
2.3	Information Selection and Disclosure	368

3.	Collaborating in Culturally Diverse Teams	369
3.1	An International Acquisition	370
3.1.1	Brief History of the Takeover	370
3.1.2	Cultural Aspects	370
3.1.3	Follow-up Measures and Outcomes	371
3.2	Business Development Teams	372
3.3	Transnational Project Teams	373
3.4	Multinational Functional Teams: "A home away from home"	375
3.5	Functional Teams at Lower Levels of the Hierarchy	376
4.	Facilitating Teamwork in Culturally Diverse Groups	377
4.1	Diagnosing the Problems	377
4.2	Recognizing Warning Signals	378
4.3	Encouraging Team Synergy	380
5.	Summary and Conclusions	381
	References	382

14. Multicultural/Multinational Teambuilding After International Mergers and Acquisitions 385

Mel Schnapper

1.	The Human Aspect of Mergers and Acquisitions	385
2.	National and Organizational Cultures	386
3.	The Traditional Organization Development Solution	387
3.1	Cultural Assumptions	388
3.2	Repeated Failures	388
4.	Multicultural/Multinational Teambuilding (MMT)	389
4.1	Cultural Awareness	390
4.2	Task Orientation of MMT	390
4.3	Benefits of MMT	390
5.	Specific Application: An Example of an MMT Project	391
5.1	The Situation	391
5.2	The Task	392
5.3	The Workshop Design	394
5.4	Developing Cross Cultural Data	395
5.5	Conclusions of the Workshop and Follow-up	396
6.	Summary and Outlook	397
	References	397

15. Gemeinsam forschen in Europa: Projektmanagement in europäischen Teams in Forschung und Entwicklung 399

Anette Mack und Jonathan Loeffler

1.	Europäische Forschungs- und Entwicklungsförderung	399
2.	Phasen und Rahmenbedingungen internationaler Projektarbeit	400
2.1	Technologiebeobachtung	400
2.2	Projektpartner	402
2.3	Antragstellung für die Forschungs- und Entwicklungsförderung	402
3.	Fallbeispiele für kritische Momente im Projektverlauf	404
3.1	Kein Konsens in der Gruppe	404
3.2	Chef oder Koordinator?	405
3.3	Vom funktionierenden zum verärgerten Team	406
4.	Ablauf internationaler Forschungsprojekte	407
4.1	Projektaufbau und Projektplanung	407

	4.1.1	Projektdefinition	407
	4.1.2	Aufbau des Konsortiums, Kontakt zu den Partnern	407
	4.1.3	Projektplanung und Antragstellung	409
	4.1.4	Projektdurchführung, Vertragsverhandlungen und Kooperationsvereinbarung	409
	4.2	Die Rolle des Koordinators	409
	4.2.1	Akzeptanz des Koordinators und Projektmanagers	409
	4.2.2	Die Führungsrolle des Koordinators	410
	4.2.3	Soziale Kompetenz und Umfeld	410
	4.2.4	Manager von Kommunikation	411
	5.	Trainingsangebote für transnationale Konsortien in F&E	411
	5.1	Materialien und Vorarbeiten der Europäischen Kommission	412
	5.2	Was sollte ein interkulturelles Training für Konsortien in F&E-Projekten leisten?	413
	6.	Schlüsselfaktoren für erfolgreiches Projektmanagement	413
		Literatur	415

16. Reintegration von Auslandsmitarbeitern ... 417
Klaus Hirsch

1.	Ein globaler Blick auf internationale Entsendungen	419
2.	Die Situation des Rückkehrers	420
3.	Die neue Situation: Worauf treffen die Rückkehrer?	421
4.	Phasen der Rückkehr	423
5.	Konzept eines Reintegrationsseminars	424
6.	Reintegration zwischen Anpassung und Veränderung: der Rückkehrer als Innovator	427
7.	Zusammenfassung und Ausblick	428
	Literatur	429

17. Organisationsentwicklung in fremden Kulturen ... 431
Anja Marcotty und Wilfried Solbach

1.	Organisationsentwicklung im interkulturellen Kontext	433
2.	Analyse der Organisationskultur	434
3.	Methoden der Organisationentwicklung im interkulturellen Kontext	438
3.1	Interviews und Dokumentenanalyse	438
3.2	Verhandlungen und Kommunikation	439
4.	Projektdefinition und -planung	441
5.	Projektdurchführung: ein Beispiel aus Melanesien	443
6.	Schlussbemerkung	445
	Literatur	445

18. Managementstil und Netzwerkbeziehungen in Japan: Kulturelle Besonderheiten und historische Hintergründe ... 447
Stefan Müller und Katrin Hoffmann

1.	Das japanische Kulturprofil	448
2.	„Japanisches Management": Entwicklungsphasen und sozio-kultureller Hintergrund	452
2.1	Entwicklungsphasen des „japanischen Managements"	452

	2.2	Prinzipien des „japanischen Managements"	453
	3.	Netzwerkbeziehungen als zentrales Element des japanischen Wirtschaftssystems	455
	3.1	Der geschichtliche Hintergrund	456
	3.2	Netzwerke im heutigen Japan	458
	3.3	Schwächen des japanischen Art der Unternehmensorganisation	460
	4.	Die Zukunft des „Modells Japan"	462
		Literatur	463
19.	**Kultur als Einflussfaktor internationaler Managemententscheidungen: das sozio-kulturelle Profil Indiens**		**467**
	Stefan Müller und Katja Gelbrich		
	1.	Einfluss der Kultur auf die Standortwahl	468
	2.	Besonderheiten der indischen Kultur	471
	2.1	Indien als Mittler zwischen Ost und West	471
	2.2	Ursachen für die Mittler-Rolle	475
	3.	Konsequenzen für die internationale Standortwahl	477
	3.1	Langsame Entfaltung der Marktkräfte	477
	3.2	Distanz trotz kultureller Nähe	481
	4.	Konsequenzen für den Managementstil ausländischer Investoren	484
	5.	Zusammenfassung und Ausblick	487
		Literatur	488

Personenregister 491

Sachregister 503

Autoren 511

Vorwort zur dritten Auflage

Zehn Jahre nach Erscheinen der ersten und sechs Jahre nach der zweiten Auflage liegt nun die dritte, völlig überarbeitete und um sieben Kapitel erweiterte Auflage vor.

Seit Erscheinen der Erstauflage des vorliegenden Bandes hat die internationale Verflechtung wirtschaftlicher Aktivitäten weiter zugenommen. Die Schlagwörter *Internationalisierung* und *Globalisierung* beherrschen seit einigen Jahren die wirtschaftliche und politische Diskussion; sie stehen für die zunehmende Integration der nationalen Wirtschaftsräume durch den verstärkten internationalen Handel und den grenzüberschreitenden Austausch von Arbeit, Kapital und Wissen. Diese findet ihren Ausdruck in der Realisierung der Europäischen Union mit einer gemeinsamen Währung und der bevorstehenden Osterweiterung sowie anderer großer Wirtschaftsblöcke, in den grundlegenden Veränderungen in Osteuropa und der wirtschaftlichen Globalisierung. Der zunehmende weltweite Wettbewerb von Wirtschaften und Unternehmen ist auch das Ergebnis einer Revolution der Informations- und Kommunikationstechnik, die von weltweiten Liberalisierungsschritten auf den Güter- und Finanzmärkten begleitet wird. Gleichzeitig steigende Leistungen im Transportwesen ermöglichen globales Wirtschaften zu niedrigeren Transaktionskosten und in neuen zeitlichen Dimensionen.

Die betriebswirtschaftlichen Konsequenzen einer zunehmenden internationalen Verflechtung liegen auf der Hand: Ein immer größerer Anteil der wirtschaftlichen Aktivitäten wird von Unternehmen bestritten, die grenzüberschreitend tätig sind. Es gibt heute keine bedeutende Volkswirtschaft mehr, in der nicht ausländische Unternehmen aktiv sind. In personalwirtschaftlicher Hinsicht stellt das hohe Auslandsengagement einen Indikator dafür dar, dass ein erheblicher Teil der weltweit Erwerbstätigen in Unternehmen anderer Nationalität oder Abteilungen nationaler Unternehmen mit Auslandsbezug beschäftigt ist.

Vor diesem Hintergrund gewinnen Fragen des interkulturellen Managements weiter an Bedeutung. Die oben dargestellte Entwicklung sowie die in den letzten Jahren deutlich angewachsene Literatur zum interkulturellen Management machte eine gründliche Überarbeitung des Textes erforderlich.

Die einzelnen Beiträge wurden von den jeweiligen Autoren gründlich überarbeitet und aktualisiert. Es wurden neuere Entwicklungen berücksichtigt sowie die aktuelle Literatur eingearbeitet; zum Teil waren Ergänzungen der Kapitel erforderlich, die zu deutlichen Erweiterungen des Umfangs führten. Im Zusammenhang mit der Überarbeitung der Kapitel haben sich in einigen Fällen die Autorenschaften erweitert. Ein Überblick über die bisherigen Kapitel wird im Vorwort zur ersten Auflage gegeben.

Es wurden darüber hinaus sieben neue Kapitel in den Band aufgenommen, die Themen aufgreifen, die bislang nicht in eigenen Kapiteln berücksichtigt waren. Sie werden neueren Perspektiven interkulturellen Managements gerecht. Durch die neu hinzugekommenen Kapitel hat sich die Kapitelnummerierung verändert, wie dies leicht aus dem Inhaltsverzeichnis zu entnehmen ist.

Im ersten Teil des Buches über „Grundlagen interkulturellen Managements" skizzieren Welge und Holtbrügge in Kapitel 1 die *Organisatorischen Bedingungen interkulturellen Managements* und beschreiben damit den organisatorischen Rahmen, in dem sich interkulturelles Management bewegt. Dabei beschreiben sie mit Organisationsmodellen multinationaler Unternehmungen die strukturellen Voraussetzungen für interkulturelles Management und stellen gleichermaßen das hierfür wichtige länderübergreifende Informations- und Wissensmanagement heraus.

Heller beschreibt in Kapitel 6 *Participative Decision Making in a Cross-National Framework*. Er gibt in dem Kapitel einen Überblick über eine Reihe von international vergleichenden Studien zur partizipativen Entscheidungsfindung in Unternehmen.

Im zweiten Teil des Bandes über „Handlungsfelder interkulturellen Managements" stellt Bentner in Kapitel 9 praxisorientiert das *Training interkultureller Kommunikation in der öffentlichen Verwaltung* dar. Die Autorin bezieht sich dabei explizit auf systemisch-konstruktivistische Grundannahmen interkulturellen Lernens.

Fritz und Möllenberg berichten in Kapitel 10 über *Interkulturelle Kommunikation als Gegenstand internationaler Personalentwicklung*. Ausgangspunkt dabei ist eine empirische Untersuchung, die unter anderem nach der Bedeutung, die interkulturelle Kompetenz in der Praxis besitzt, und nach Instrumenten interkultureller Personalentwicklung fragt.

In Kapitel 11 beschreiben Bergemann und Bergemann *Anforderungen und Status quo der Ausbildung interkultureller Managementkompetenz an deutschen Hochschulen*. Die Autoren stellen einer umfassenden aktuellen Bestandsaufnahme, die zum Teil auf Curriculumsauswertungen beruht, die Anforderungen der unternehmerischen Praxis gegenüber. Sie beziehen sich dabei auf Daten einer empirischen Untersuchung, in deren Rahmen das Top-Management der 300 größten international tätigen Unternehmen in Deutschland befragt wurde.

Mack und Loeffler stellen in Kapitel 15 unter der Überschrift *Gemeinsam forschen in Europa: Projektmanagement in europäischen Teams in Forschung und Entwicklung* unterschiedliche Aspekte der Praxis internationaler Teams in Forschung und Entwicklung vor. In diesem Zusammenhang wird Bezug auf verschiedene Förderprogramme der Europäischen Kommission genommen, und es werden Fallbeispiele aus der Praxis dargestellt.

In einigen Kapiteln des Bandes wird beispielhaft auf länderspezifische Besonderheiten eingegangen. So berichten Müller und Hoffmann in Kapitel 18 über *Managementstil und Netzwerkbeziehungen in Japan: Kulturelle Besonderheiten und historische Hintergründe*. Die Autoren stellen die Prinzipien des japanischen Managements dar, wobei sie insbesondere auf die sozio-kulturellen Hintergründe, Entscheidungsfindungsprozesse – hierauf war der Fokus des Beitrags von Müller in der ersten und zweiten Auflage des Bandes gerichtet – sowie die Netzwerkbeziehungen als zentrales Element des japanischen Wirtschaftssystems eingehen.

In Kapitel 19 schließlich setzen sich Müller und Gelbrich unter der Überschrift *Kultur als Einflussfaktor internationaler Managemententscheidungen: das soziokulturelle Profil Indiens* mit dem Einfluss der Kultur auf die Standortwahl auseinander, wobei sie detailliert wichtige Aspekte der indischen Kultur darstellen.

Viele Reaktionen auf diesen Band haben uns gezeigt, dass gerade die Verbindung von theoretischen Grundlagenbeiträgen und handlungsorientierten Texten als nützlich betrachtet wird. Für die konstruktive Resonanz bedanken sich die Herausgeber bei den Lesern.

Die Herausgeber bedanken sich vor allem auch bei den Mitautoren des Bandes, dass sie sich der Mühe der Überarbeitung der Kapitel unterzogen haben. Die neu hinzugekommenen Beiträge seien in diesem Band willkommen geheißen; ihren Autoren gilt Dank für die Beiträge und die Abstimmung auf die bisherigen Kapitel des Bandes.

Das gesamte Manuskript wurde von Sabine und Frank Ulrich Rudolph Korrektur gelesen – auch ihnen schulden die Herausgeber Dank für die sorgfältige Arbeit. Stefan Knapp sei Dank für die Anregungen zum Layout.

Die bisherigen beiden Auflagen des Bandes erschienen im Physica-Verlag, die vorliegende dritte Auflage erscheint nun beim Springer-Verlag. Beiden Verlagen gilt der Dank der Herausgeber, dem Physica-Verlag für die bisherige Betreuung des Buches, dem Springer-Verlag für die geduldige Begleitung des Buchprojekts bis zur Realisierung der jetzt vorliegenden dritten Auflage. Die Herausgeber wünschen der dritten Auflage, dass sie ebenso positiv wie die beiden vorangegangenen Auflagen von ihren Lesern angenommen wird.

Im August 2002

Niels Bergemann,	Andreas L. J. Sourisseaux,
Heidelberg	Darmstadt

Vorwort zur ersten Auflage

Die internationale Verflechtung wirtschaftlicher Prozesse nimmt rapide zu. Durch die Realisierung des europäischen Binnenmarktes mit einer gemeinsamen Währung, die grundlegenden Veränderungen in Osteuropa und nicht zuletzt durch die fortschreitende Integration der Dritte-Welt- und Schwellenländer in den Welthandel – um nur einige Beispiele zu nennen – wird diese Entwicklung weiter forciert.

In einer solchen Situation sehen sich Unternehmen und andere Organisationen mit neuartigen Anforderungen konfrontiert. In der Heimat bewährte Managementmethoden und -instrumente funktionieren im Ausland nicht oder nur noch begrenzt. Jede wirtschaftliche Aktivität, die Grenzen überschreitet – gleichgültig, ob im Rahmen der Gründung von Niederlassungen, von Mergers und Acquisitions, Joint Ventures oder Exportleistungen – ist notwendigerweise interkulturell variablen Determinanten ausgesetzt. Diesem Aspekt wird jedoch im Hinblick auf das *Handeln und Verhalten von Menschen in Organisationen* zu wenig Beachtung geschenkt. Kommunikations-, Führungs-, Motivations- und Entscheidungsprozesse unterliegen kulturellen Einflüssen, deren Nichtbeachtung gravierende Folgen nach sich ziehen kann.

In Teil I des vorliegenden Bandes werden zunächst Grundlagen des interkulturellen Management dargestellt, um – darauf aufbauend – in Teil II die in diesem Zusammenhang relevanten Handlungsfelder aufzuzeigen.

Beerman und Stengel behandeln in Kapitel 1 *Werte im interkulturellen Vergleich*. Werthaltungen und Einstellungen stellen sowohl für das Unternehmen wie auch für den einzelnen den Hintergrund des Handelns dar. Wenn jedoch Werte das Verhalten in Organisationen mitbestimmen, dann ist es eine Conditio sine qua non für jedes interkulturelle Handeln, kulturspezifische Wert- und Einstellungssysteme zu berücksichtigen und entsprechende Handlungsalternativen als Antwort auf unterschiedliche und sich wandelnde Wertorientierungen zu entwickeln. Die Autoren zeigen bestehende Unterschiede in relevanten Werthaltungen und Einstellungen zwischen verschiedenen Ländern anhand einer Vielzahl von Studien auf.

Thomas beschreibt in Kapitel 2 zentrale *Aspekte interkulturellen Führungsverhaltens*. Nach einer kurzen Darstellung gängiger Führungstheorien werden kulturelle Einflussfaktoren auf das Führungsverhalten in den Mittelpunkt der Betrachtung gestellt. Grundlegende Aspekte der Führung wie Führungsstil, Partizipation, Zielsetzung, Risiko- und Konfliktbereitschaft, Entscheidungsprozesse und Arbeitsmotivation werden im Kulturvergleich diskutiert. Der Autor kommt zu dem Schluss, dass an Führungskräfte in interkulturellem Kontext zwar erhöhte Anforderungen – insbesondere in Bezug auf Fähigkeiten des Konfliktmanagements – zu stellen sind, die Auseinandersetzung mit dem Ungewohnten jedoch auch die Entwicklung synergetischer Formen des Handelns ermöglicht.

Anschließend geht Knapp in Kapitel 3, ausgehend von aktuellen Ansätzen der Soziolinguistik, auf Aspekte der *Interpersonalen und interkulturellen Kommunikation* ein, die im internationalen Management zu Problemen führen können. Die Vielgestaltigkeit sprachbezogener Kulturunterschiede wird an Beispielen für verbale, non- und paraverbale Kommunikation illustriert. Es werden sowohl Probleme bei der Verwendung einer Lingua franca als auch Determinanten der Entwicklung einer allgemeinen interkulturellen Kommunikationsfähigkeit besprochen.

Dreesmann stellt in Kapitel 4 grundlegende Konzepte der *Motivation im interkulturellen Kontext* dar und beleuchtet ausführlich praxisrelevante Aspekte. Besonders hervorgehoben werden dabei die wichtigen Impulse, die die interkulturelle Organisationsforschung der Motivationspsychologie geben kann.

In Kapitel 5 *Entscheidungsfindung: Eine interkulturelle Betrachtung am Beispiel Japan* betont Müller vor allem den sozio- und unternehmenskulturellen Hintergrund von Entscheidungsprozessen. Auf der Grundlage einer Vielzahl empirischer Untersuchungen wird eine detaillierte Analyse der Entscheidungsprozesse in japanischen Unternehmen geleistet.

Ausgehend von grundlegenden Überlegungen zur Personalauswahl und ihrer Stellung im modernen Personalmarketing geben Bergemann und Sourisseaux in Kapitel 6 einen Überblick über den Status quo der *Internationalen Personalauswahl*. Insbesondere die Defizite im Hinblick auf die Kriterien für Auslandserfolg sowie Überlegungen zur Unternehmenskultur begründen den Vorschlag des Kultursensitiven Auswahlsystems (KSA), das Methoden und Verfahren der Organisationsentwicklung einbezieht und den traditionellen Generalisierungsanspruch von Vorhersagemodellen im Rahmen der internationalen Personalauswahl kritisiert.

Der Beitrag *Training interkultureller Kompetenz* von Thomas und Hagemann in Kapitel 7 gibt einen Überblick über wesentliche Grundlagen, Inhalte und Methoden unterschiedlicher Trainingskonzepte. Die spezifischen Anwendungsbereiche und deren Implikationen für das Trainingskonzept werden dargestellt. Die Autoren betonen, dass die für das Training interkultureller Kompetenz relevanten Erkenntnisse aus den interkulturellen Sozial- und Humanwissenschaften sowie das im internationalen Management gesammelte Erfahrungswissen integriert werden müssen.

Wirth geht es bei seiner Darstellung der *International orientierten Personalentwicklung* in Kapitel 8 vor allem um den Aspekt des unternehmensweiten Ausschöpfens der Personalpotenziale sowie des systematischen Vermittelns interkultureller Kompetenz im gesamten Unternehmen. Auslandsentsendungen werden explizit zur Entwicklung international orientierten Handelns in allen in- und ausländischen Unternehmensbereichen eingesetzt.

Multicultural Workgroups and Project Teams bedürfen – so Kopper in Kapitel 9 – an die interkulturelle Situation adaptierter Führungsfunktionen wie Motivierung, Problemlösung, Konfliktbearbeitung und Beurteilung, die kultursensibel eingesetzt werden. Eine Reihe von Beispielen aus der Arbeit mit international besetzten Projekt- und Arbeitsgruppen illustriert ihren Ansatz.

Marcotty und Solbach beschreiben im Rahmen ihrer Darstellung der *Organisationsentwicklung in fremden Kulturen* in Kapitel 10 zunächst die prinzipiellen Bestimmungsstücke des Organisationsentwicklungsansatzes. Die Besonderheiten im interkulturellen Kontext werden anhand eines Projektbeispiels aus Melanesien herausgestellt. In außereuropäischen Ländern wird der kulturelle Einfluss auf den Erfolg von Organisationsentwicklungsmaßnahmen besonders deutlich, doch kann die dort gewonnene Sensibilität für interkulturelle Verschiedenheit auch für Organisationsentwicklungsmaßnahmen in eher vertrauten Kulturen genutzt werden.

In Kapitel 11 übt Schnapper eine deutliche Kritik an dem traditionellen, in den USA entstandenen und kulturgebundenen Ansatz der Organisationsentwicklung. In seiner Problematisierung von *Multicultural/Multinational Teambuilding After International Mergers and Acquisitions* stellt er dem Organisationsentwicklungsansatz sein Konzept des Multicultural/Multinational Teambuilding gegenüber und illustriert ihn anhand der Darstellung eines Workshops, den Arbeitsgruppen nach einer Firmenübernahme durchliefen.

Schließlich diskutiert Hirsch in Kapitel 12 zunächst Probleme der *Reintegration von Auslandsmitarbeitern*, bevor die einzelnen Schritte eines konkreten Reintegrationsprogrammes zur Wiedereingliederung von Auslandsentsandten dargestellt werden. Dabei wird die notwendige Passung mit dem Vorbereitungstraining herausgestellt und insbesondere auf das innovative Potenzial des Rückkehrers verwiesen, das die Unternehmen im Allgemeinen viel zu wenig nutzen.

Unser Dank gilt den Autoren des vorliegenden Bandes nicht nur für ihre Beiträge, sondern auch für die vielen interessanten Diskussionen. In gleichem Maße sind wir dem Verlag für die stets entgegengebrachte Geduld und Unterstützung verpflichtet. Besonderen Dank schulden wir Frau Dipl.-Psych. Sigrid Kilian für ihre akkuraten redaktionellen Arbeiten. Ohne sie hätte dieses Buch nicht mehr vor der Realisierung des europäischen Binnenmarktes erscheinen können.

Im März 1992,

Niels Bergemann, Andreas L. J. Sourisseaux,
Kronberg/Ts. Darmstadt

Teil I

Grundlagen interkulturellen Managements

1

Organisatorische Bedingungen des interkulturellen Managements

Martin K. Welge und Dirk Holtbrügge

Seitdem sich die betriebswirtschaftliche Forschung mit der Frage auseinander setzt, welche kulturellen Bedingungen und Managementstile in unterschiedlichen Ländern vorherrschen und wie sich Unternehmungen, die in diesen Ländern tätig werden wollen, effizient an diese Bedingungen anpassen können, stehen sich zwei konkurrierende Positionen gegenüber, die als *universalistische* und als *kulturistische* Position bezeichnet werden können (vgl. v. Keller, 1982, S. 539 ff.):

Nach Auffassung der *Universalisten* sind Managementprinzipien unabhängig von kulturellen Bedingungen immer und überall gültig. Diese *culture-free*-These wird insbesondere von Wissenschaftlern vertreten, die stark durch ihre eigene Kultur geprägt sind, über wenig internationale Erfahrung verfügen und ihre Erkenntnisse vorwiegend aus breit angelegten quantitativen Untersuchungen ziehen.

Die *Kulturisten* betonen dagegen, dass unterschiedliche kulturelle Bedingungen, Werthaltungen und Motive auch unterschiedliche Managementstile erfordern. Diese *culture-bound*-These wird überwiegend von qualitativ angelegten Einzelländeruntersuchungen sowie von Autoren gestützt, die über landesspezifische Berufserfahrungen verfügen.

Während die universalistische Position den Einfluss kultureller Unterschiede grundsätzlich verneint, werden diese in der kulturistischen Position als Restriktion für das Management multinationaler Unternehmungen aufgefasst. Kulturelle Unterschiede, so lautet die Argumentation, erschweren die weltweite Standardisierung von Managementinstrumenten und damit die Erzielung länderübergreifender Wettbewerbsvorteile.

Diese, die wissenschaftliche Diskussion lange dominierende Position, wird in jüngster Zeit vielfach infrage gestellt. Zunehmend setzt sich die Auffassung durch, dass die kulturelle Diversität von Unternehmungen nicht nur Wettbewerbsnachteile verursacht, sondern im Gegenteil Wettbewerbsvorteile bewirken kann.

1. Interkulturelles Management als Wettbewerbsfaktor multinationaler Unternehmungen

Theoretisch begründen lassen sich die Vorteile kulturell heterogener Unternehmungen mit Erkenntnissen der *Organisationspsychologie*, die sich seit längerer Zeit mit der optimalen Zusammensetzung von Entscheidungs- und Problemlösungsgruppen beschäftigt (vgl. Chatman, Polzer, Barsade & Neale, 1998). Empirische Studien belegen, dass Gruppen, deren Mitglieder über unterschiedliche Werthaltungen, Persönlichkeitseigenschaften und kulturelle Prägungen verfügen, bei neuartigen und unstrukturierten Aufgaben homogen zusammengesetzten Gruppen überlegen sind, da diese zumeist kreativere und innovativere Problemlösungen hervorbringen. Ein weiterer Vorteil besteht darin, dass durch das verbreitete Wertespektrum neue Ideen eingebracht und Konformitätsschranken abgebaut werden können (vgl. Adler, 1997, S. 132).

Die Vielfalt unterschiedlicher Werte und Einstellungen soll zudem individuelle und organisatorische Lernprozesse anregen. Insbesondere vor dem Hintergrund der Auflösung nationaler Grenzen bedeutet dies, nicht nur etwas über andere Kulturen, sondern auch *von anderen Kulturen zu lernen* (vgl. Schuchardt, 1998). Im Gegensatz zum Konzept der Erfahrungskurve, bei dem Lernen auf Wiederholung zurückgeführt wird, liegt diesem Ansatz damit die Annahme zugrunde, dass *Lernen durch die Wahrnehmung von Unterschieden* angeregt wird.

Neben diesem organisationspsychologischen Ansatz werden die Vorteile kultureller Heterogenität vielfach auch durch den Verweis auf *Humankapitaltheorien* fundiert. Im Mittelpunkt der Argumentation steht die Annahme, dass Unternehmungen heterogener werdender Marktanforderungen dann am besten gerecht werden, wenn ihre eigene Struktur die Struktur der Nachfrager möglichst deckungsgleich widerspiegelt. Die Inkorporation von Diversität wird in diesem Sinne als ein Wettbewerbsvorteil von Unternehmungen aufgefasst, die in einer sehr heterogenen und stark fragmentierten Wettbewerbsumwelt agieren (vgl. Cox, Lobel & McLeod, 1991).

Im Folgenden wird dargestellt, welche organisatorischen Voraussetzungen erfüllt sein müssen, um kulturelle Heterogenität in multinationalen Untenehmungen produktiv nutzen zu können. An die Darstellung unterschiedlicher Instrumente schließt sich die Untersuchung an, inwieweit entsprechende Instrumente bereits Eingang in die Unternehmungspraxis gefunden haben. Zuvor soll jedoch noch kurz die Bedeutung der Kultur in neueren Theorien der multinationalen Unternehmung analysiert werden.

2. Die Bedeutung der Kultur in neueren Theorien der globalen Unternehmungstätigkeit

Den Ausgangspunkt der wissenschaftlichen Beschäftigung mit Fragen der grenzüberschreitenden Unternehmungstätigkeit bildet zumeist der *ressourcentransferorientierte Bezugsrahmen des internationalen Managements* von Fayerweather (1975). Diesem liegt die Überlegung zugrunde, dass die Erzielung von Wettbewerbsvorteilen von der Fähigkeit einer multinationalen Unternehmung zur Unifikation ihrer Managementsysteme, -strukturen und -prozesse abhängt. Je stärker sie sich weltweit standardisieren lassen, desto größer sind die Lern-, Kostendegressions- und Ausstrahlungsvorteile, die sich durch eine globale Rationalisierung der Unternehmungstätigkeit ergeben (vgl. auch Welge, 1982). Den Bestrebungen nach Unifikation stehen jedoch fragmentierende Einflüsse der jeweiligen Gastländer entgegen, die eine Anpassung an die einzelnen Ländermärkte notwendig machen. Dazu zählen neben unterschiedlichen Markt- und Produktionsstrukturen und nationalen Rechtsvorschriften insbesondere unterschiedliche kulturelle Bedingungen, die sich in vielfältiger Weise auf die Einstellungen und Verhaltensweisen von Kunden, Mitarbeitern, Geschäftspartnern u.a. niederschlagen. Kulturelle Unterschiede stellen in diesem Sinne also Restriktionen der Unifikation und damit der Erzielung länderübergreifender Wettbewerbsvorteile dar.

Der Ansatz von Fayerweather wurde in der Folgezeit von verschiedenen Autoren aufgegriffen und weiterentwickelt. Unter Bezug auf den *Industrial-Organization-Ansatz* argumentiert etwa Porter (1989) in seiner *Theorie des globalen Wettbewerbs*, dass die Vor- und Nachteile der Unifikation bzw. Fragmentation von spezifischen Branchencharakteristika abhängig sind. Es muss deshalb für jede einzelne Branche untersucht werden, wie ausgeprägt einerseits die globalisierungsfördernden Faktoren sind und wie wichtig andererseits lokale Anpassung ist. Nach Auffassung von Porter sind damit nicht unterschiedliche kulturelle Bedingungen, sondern Branchencharakteristika für die Wahl der Internationalisierungsstrategie maßgeblich.

Im Unterschied zu den Ansätzen von Fayerweather und Porter geht die *Theorie der operationalen Flexibilität* von Kogut von der Annahme aus, dass die Besonderheit des internationalen Managements weniger in der Zunahme der Marktgröße, als vielmehr in der zunehmenden Unsicherheit, Varianz und Diskontinuität von Umweltentwicklungen besteht (vgl. Kogut, 1989). Aus Sicht einer multinationalen Unternehmung ist es am vorteilhaftesten, hierauf mit einer Erhöhung der operationalen Flexibilität zu reagieren, die sich in der Abkehr von zentralistischen und hierarchischen Organisationsmodellen und dem Aufbau eines multinationalen Netzwerkes niederschlagen kann. Durch Ausnutzung der operationalen Flexibilität netzwerkartig aufgebauter multinationaler Unternehmungen lassen sich zwei unterschiedliche Arten von Wettbewerbsvorteilen realisieren (vgl. Kogut, 1985, S. 32 ff.). Während *Hebelwirkungsvorteile (leverage opportunities)* aus der Ausnutzung der größeren Markt- und Verhandlungsmacht multinationaler

Unternehmungen resultieren, ergeben sich *Arbitragevorteile (arbitrage opportunities)* aus der Ausnutzung von Differenzen zwischen Ländern.

Der zentrale Unterschied dieses Ansatzes gegenüber den zuvor dargestellten besteht darin, dass Kogut erstmals auf den möglichen positiven Einfluss nationaler und kultureller Unterschiede auf die Wettbewerbsposition einer Unternehmung aufmerksam macht. Wettbewerbsvorteile können demnach nicht nur durch die Ausnutzung von Skaleneffekten und Verbundvorteilen, sondern auch von Unterschieden zwischen Ländern erzielt werden. So könnte es z. B. sinnvoll sein, Forschungs- und Entwicklungstätigkeiten in Ländern anzusiedeln, in denen eine sehr innovationsorientierte Kultur vorherrscht, während etwa Tätigkeiten mit einem hohen Sicherheitsrisiko eher in Ländern mit einer hohen Sicherheitsorientierung durchgeführt werden sollten. Das Beispiel der Moralarbitrage, bei dem unterschiedliche moralische und ethische Standards etwa zur Umgehung von Arbeitsschutz- oder Mitbestimmungsregelungen ausgenutzt werden, zeigt jedoch auch die Problematik, die mit der Umsetzung dieses Ansatzes verbunden sein könnte.

Noch deutlicher als in dem Ansatz von Kogut wird die Bedeutung der Kultur in der *postmodernen Theorie des internationalen Managements* herausgearbeitet. Den Ausgangspunkt dieser auf Überlegungen im Bereich der Philosophie und der Ästhetik basierenden Theorie bildet die Beobachtung, dass die tiefgreifenden und nachhaltigen politischen, ökonomischen, kulturellen und technologischen Entwicklungen eine *zunehmende Komplexität und Widersprüchlichkeit der Umweltbedingungen im globalen Wettbewerb* bedingen.

Von besonderer Bedeutung im vorliegenden Zusammenhang ist die Individualisierung der Referenzen, die neben der Aufhebung des Raums und der Verdichtung der Zeit zu den zentralen Leitmotiven der Postmoderne zählt (vgl. Holtbrügge, 1996, S. 278 ff.). Entgegen der These von Levitt eines „general drift towards the homogenization of the world" (Levitt, 1983, S. 93) argumentiert die Postmoderne, dass die Entwicklung in der Welt eher durch die Globalisierung kultureller Diversität gekennzeichnet ist (vgl. dazu ausführlich Huntington, 1996). Im Zentrum der Argumentation steht die These der *Inkommensurabilität von Kulturen*, die nicht nur die Universalität menschlicher Werte, sondern auch die Möglichkeit des Vergleichs unterschiedlicher Kulturen anhand übergeordneter Dimensionen bestreitet und stattdessen die Notwendigkeit deren interpretativer Erschließung betont (vgl. Schmid, 1996, S. 317 ff.). Darüber hinaus wird argumentiert, dass die Unterschiede zwischen nationalen Kulturen zunehmend durch Unterschiede zwischen länderübergreifenden Subkulturen überlagert werden und intrakulturelle Unterschiede hinsichtlich bestimmter Persönlichkeitsmerkmale (wie z. B. Beruf, Alter oder gesellschaftliche Schicht) oft weitaus größer als interkulturelle Unterschiede sind. Daraus ergeben sich Wettbewerbsvorteile für diejenigen Unternehmungen, die ihre Unternehmungsstrategie nicht länger an nationalen Grenzen, sondern vielmehr an diesen internationalen Subkulturen ausrichten.

Der kurze Überblick über Ansätze globaler Unternehmungstätigkeit zeigt, dass dem Einfluss der Kultur eine zunehmende Bedeutung für die Wahl einer adäquaten Internationalisierungsstrategie zugemessen wird (vgl. Welge & Holtbrügge,

1997). Während ältere Ansätze kulturelle Unterschiede primär als Restriktion für die globale Standardisierung der Managementsysteme, -strukturen und -prozesse auffassen, wird in neueren Ansätzen betont, dass sich durch die Ausnutzung kultureller Unterschiede Wettbewerbsvorteile erzielen lassen. Deren Realisierung erfordert jedoch weitaus anspruchsvollere organisatorische Regelungen, die sich nicht mehr alleine anhand der Dichotomie von Standardisierung und Differenzierung beschreiben lassen.

3. Organisatorische Umsetzung des interkulturellen Managements in multinationalen Unternehmungen

Im Zuge des im letzten Abschnitt skizzierten Paradigmawandels im Bereich der Theorie globaler Unternehmungstätigkeit wurden in den letzten Jahren zahlreiche neue Organisationsmodelle entwickelt, die sich durch den Versuch auszeichnen, zur gleichzeitigen Ausnutzung von Skaleneffekten, Verbundvorteilen und nationalen Unterschieden beizutragen.

3.1 Strukturelle Voraussetzungen: das Modell der transnationalen Organisation

Eine besondere Bedeutung hat dabei der Ansatz der transnationalen Organisation von Bartlett und Ghoshal (1990) erlangt, der im Folgenden ausführlich erläutert wird. Bartlett und Ghoshal unterscheiden vier idealtypische Organisationsmodelle, die jeweils spezifische Merkmale aufweisen (vgl. Tab. 1).

Das Organisationsmodell der *koordinierten Föderation*, das in den fünfziger und sechziger Jahren vor allem von amerikanischen Unternehmungen angewandt wurde, zeichnet sich durch die hohe Abhängigkeit der ausländischen Tochtergesellschaften von der Muttergesellschaft in Bezug auf Produkte, Verfahren und neue Ideen aus. Die zentrale organisatorische Aufgabe besteht darin, Wissen und Know-how in Auslandsmärkte zu transferieren, die in Bezug auf Technologie und Marketing weniger entwickelt als der Heimatmarkt sind. Entsprechend findet eine intensive Koordination und Kontrolle der ausländischen Tochtergesellschaften durch die Muttergesellschaft statt. Die Vorteile dieses Organisationsmodells liegen in dem wirksamen Transfer und der leichten Anpassung der Fertigkeiten und des Know-hows der Muttergesellschaft an die Erfordernisse der Tochtergesellschaften. Ein zentraler Nachteil ist jedoch die geringe Anpassungsfähigkeit an die spezifischen Umweltbedingungen in den einzelnen Auslandsmärkten, die die Nutzung von Differenzierungsvorteilen erschwert.

Das wichtigste Merkmal des vor allem in europäischen Unternehmungen anzutreffenden Organisationsmodells der *dezentralisierten Föderation* ist die Führung der ausländischen Tochtergesellschaften als Portfolio unabhängiger Engagements. Die zentrale organisatorische Aufgabe besteht darin, die Etablierung der Produkte auf wichtigen Märkten sicherzustellen und die Effizienz der weitgehend autonom operierenden Tochtergesellschaften zu erhöhen. Entsprechend erfolgen Kontrolle und Koordination primär durch persönliche Beziehungen zwischen dem Top-Management der Muttergesellschaft und den Managern der Tochtergesellschaften. Ergänzt werden diese sozialen Kontrollen durch einfache Finanzkontrollen. Die Vorteile dieses Organisationsmodells liegen in der Möglichkeit der flexiblen Anpassung an die spezifischen Gastlandbedingungen in den einzelnen Tochtergesellschaften. Ein Nachteil ist jedoch, dass durch die nur gering ausgeprägte Abstimmung der einzelnen Auslandsengagements die Möglichkeit zur Ausnutzung von Verbundeffekten und Synergiepotenzialen erheblich geschmälert wird.

Tabelle 1: Merkmale idealtypischer Organisationsmodelle multinationaler Unternehmungen (Quelle: leicht modifiziert nach Bartlett & Ghoshal, 1990, S. 92)

Organisations-Modell Merkmale	koordinierte Föderation	dezentralisierte Föderation	zentralisierte Knotenpunktstruktur	integriertes Netzwerk
Konfiguration von Werten und Fähigkeiten	Kernkompetenzen zentralisiert, andere Kompetenzen dezentralisiert	dezentralisiert und im nationalen Rahmen unabhängig	zentralisiert und weltmarktorientiert	weitgestreut, interdependent und spezialisiert
Rolle der Auslandsniederlassungen	Anpassung und Anwendung von Kompetenzen der Muttergesellschaft	Erkennen und Nutzung lokaler Marktchancen	Umsetzung von Strategien der Muttergesellschaft	differenzierte Beiträge der nationalen Einheiten zu weltweit integrierten Aktivitäten
Entwicklung und Diffusion von Wissen	Erwerb von Wissen in der Muttergesellschaft und Transfer in Auslandsniederlassungen	Erwerb und Sicherung von Wissen in jeder Einheit	Erwerb und Sicherung von Wissen in der Muttergesellschaft	gemeinsame Entwicklung und Nutzung von Wissen

Das insbesondere von japanischen Unternehmungen angewandte Organisationsmodell der *zentralisierten Knotenpunktstruktur* ist durch die weitgehende Zentralisation von Vermögen, Ressourcen und Kompetenzen sowie einen einseitigen Fluss von Gütern, Mitarbeitern und Know-how von der Muttergesellschaft in die Tochtergesellschaften gekennzeichnet. Diese dienen vor allem dazu, ausländische Märkte für eine weltmarktorientierte Produktion zu erschließen und die

Pläne und Vorgaben der Muttergesellschaft umzusetzen. Entsprechend sind diese häufig auf die Funktionen Vertrieb und Service reduziert. Die straffe Koordination und Kontrolle der nur über ein geringes Autonomieniveau verfügenden ausländischen Tochtergesellschaften erfolgt primär durch strukturelle und technokratische Instrumente. Die Vorteile dieses Organisationsmodells bestehen insbesondere in der Möglichkeit der weltweiten Abstimmung der einzelnen Unternehmungseinheiten und der Realisierung weltmarktorientierter Größenvorteile. Als zentraler Nachteil erweist sich jedoch die geringe Anpassungsfähigkeit an die spezifischen Umweltbedingungen der einzelnen Tochtergesellschaften.

Angesichts der genannten Nachteile erscheint keines der dargestellten Organisationsmodelle zur organisatorischen Umsetzung eines interkulturellen Managements geeignet, das nicht nur die isolierte Realisierung einzelner Vorteilskategorien multinationaler Unternehmungen beinhaltet, sondern die gleichzeitige Ausnutzung von nationalen Unterschieden, Skaleneffekten und Verbundvorteilen ermöglicht. Hierzu ist nach Auffassung von Bartlett und Ghoshal (1990, S. 81 ff.) der Aufbau *integrierter Netzwerkstrukturen* notwendig. In Anlehnung an die soziale Netzwerktheorie können die einzelnen Unternehmungseinheiten dabei als Knoten und die Beziehungen zwischen diesen als Kanten interpretiert werden (vgl. Abb. 1).

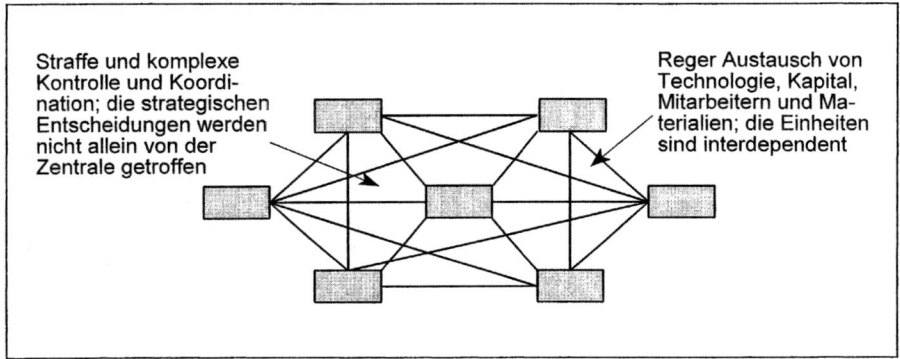

Abbildung 1: Organisationsmodell des integrierten Netzwerks (Quelle: Bartlett, 1989, S. 442)

Integrierte Netzwerke zeichnen sich dadurch aus, dass die Muttergesellschaft nicht länger das Zentrum der Steuerung und Kontrolle darstellt, sondern sich vielmehr auf die Kontextsteuerung dezentraler Entscheidungsprozesse beschränkt. Die ausländischen Tochtergesellschaften werden nicht länger als „Anhängsel" der Muttergesellschaft, als Portfolio unabhängiger Engagements oder als Kanäle für die Belieferung eines einheitlichen Weltmarkts betrachtet, sondern diese werden zu „*active subsidiaries*" (Martinez & Jarillo, 1991, S. 433) bzw. „*empowered subsidiaries*" (Stewart, 1995), die ein nach ihrer strategischen Rolle differenziertes Mitspracherecht bei der Entwicklung und Umsetzung der transnationalen Strategie erhalten (vgl. Bartlett, 1989, S. 443). Das Autonomieniveau der Tochtergesellschaften steigt dabei proportional zur Dichte des Netzwerkes, d.h. zur Anzahl und Intensität der Kontakte, Transaktionen und Interaktionen zwischen den Netzwerkelementen an. Die im Rahmen integrierter Netzwerke verfolgten Strategien sind damit häufig weniger das Ergebnis zentral gefällter Entscheidungen als eine *Folge emergenter, dezentraler und sich selbst organisierender Prozesse*, die von der Unternehmungsleitung erst im Nachhinein rationalisiert und legitimiert werden (vgl. Welge & Holtbrügge, 2001, S. 179 ff.).

Besonders anschaulich wird diese Dezentralisierung der strategischen Entscheidungskompetenzen im *Konzept der Heterarchie* herausgearbeitet. Dieses Konzept geht auf Untersuchungen im Bereich der Hirn- und Gedächtnisforschung zurück, wonach das menschliche Gehirn über zahlreiche spezialisierte Bestandteile verfügt (z. B. Sprachzentrum, Sehzentrum, u.a.), die je nach Situation und Aufgabe eine dominierende Stellung erlangen können. Prinzipiell treten jene Gehirnbestandteile in den Vordergrund, die die meisten Informationen und die am besten geeigneten Ressourcen zur Lösung der gerade relevanten Fragestellung besitzen. Wichtige Informationen werden dabei nicht nur an einer Stelle gespeichert, sondern redundant an verschiedenen Stellen aufgenommen und verarbeitet. Die Kopplungsmuster zwischen den einzelnen Gehirnbestandteilen sind zudem nicht vorgegeben, sondern können je nach Situation variieren. Durch das Konzept der Heterarchie wird damit das klassische kybernetische Regelkreismodell der Systemtheorie um einen wesentlichen Aspekt erweitert. Geht dieses davon aus, dass es in jedem System einen Regler gibt, der das System steuert, so kann in einer Heterarchie der Regler eines Regelkreises das Objekt der Regelung eines anderen Regelkreises sein. Letztlich kann damit nicht mehr trennscharf in Regelungssubjekte und Regelungsobjekte bzw. in übergeordnete und untergeordnete Systemelemente unterschieden werden (vgl. Holtbrügge, 2001).

Hedlund (1986) hat dieses Konzept aufgegriffen und für multinationale Unternehmungen weiterentwickelt. Heterarchisch organisierte multinationale Unternehmungen sind dadurch gekennzeichnet, dass die Muttergesellschaft nicht mehr unbedingt die zentrale Rolle einnimmt, sondern es viele miteinander interagierende Zentren gibt, die unterschiedliche Funktionen ausüben, deren Verantwortungs- und Kompetenzbereiche je nach Umwelt- und Interaktionssituation variieren und die auf vielfältige Weise miteinander verbunden sein können. Hedlund spricht in diesem Zusammenhang von einer *weniger monarchisch als polyarchisch strukturierten Unternehmung*, die sich durch die *Multidimensionalität der verfolgten Organisationsprinzipien* auszeichnet. Den Niederlassungsmanagern wird eine strategische Verantwortung zugewiesen, und zwar nicht nur für ihre jeweilige Tochtergesellschaft, sondern für die gesamte multinationale Unternehmung. Ein weiteres zentrales Merkmal stellt die Desintegration von Beziehungen zwischen den einzelnen Unternehmungseinheiten dar, die sich insbesondere in einem *hohen Maß an Entscheidungsautonomie* niederschlägt. Deren Integration erfolgt weniger durch bürokratische als vielmehr durch normative Koordination und kulturelle Kontrolle.

3.2 Länderübergreifendes Informations- und Wissensmanagement

Eine zweite wichtige Voraussetzung des interkulturellen Managements in multinationalen Unternehmungen ist die Implementierung eines länderübergreifenden Informations- und Wissensmanagements. Nach Auffassung von Hedlund (1986, S. 24) ist dazu die *holistische Anordnung des organisatorischen Wissens* notwendig, bei der in idealtypischer Weise alle strategisch relevanten Informationen über die multinationale Unternehmung in jeder Unternehmungseinheit vorhanden sind. Im Gegensatz zu traditionellen hierarchischen Strukturen, die Redundanzen und organisatorischen *slack* als eine dysfunktionale Verschwendung von Ressourcen ansehen, werden damit *Redundanzen bewusst zur Erhöhung der Flexibilität, Lernfähigkeit und Fehlertoleranz genutzt* (vgl. Staehle, 1991).

Darüber hinaus muss gewährleistet werden, dass insbesondere die Erfahrungen von Tochtergesellschaften, die über weltweit nutzbares Referenzwissen verfügen, für das gesamte Netzwerk zugänglich gemacht werden. Die geographisch verstreuten Tochtergesellschaften müssen damit nicht nur kulturelles und operatives Wissen über die spezifischen Bedingungen in den jeweiligen Gastländern erwerben, sondern darüber hinaus auch die Fähigkeit entwickeln, dieses Wissen an andere Unternehmungseinheiten weiterzugeben bzw. das in anderen Unternehmungseinheiten erworbene Wissen für die eigene Tätigkeit zu nutzen (vgl. Richter, 1995, S. 230).

Um diese *Kollektivierung individuellen Wissens* zu fördern, führen viele Unternehmungen sog. „institutionalized global knowledge and best-practice sharing systems" (Cerny et al., 1996, S. 27) ein, die die systematische Entwicklung, Speicherung, Verteilung und Nutzung des organisatorischen Wissens über Kunden, Zulieferer, Konkurrenten, Technologien und Produkte beinhalten. Durch diese „world-wide organizational information creation" (Nonaka, 1990, S. 70) sollen die weltweite Ausschöpfung des dezentral generierten Wissens ermöglicht und *länderübergreifende organisatorische Lernprozesse* initiiert werden.

Im Rahmen des interkulturellen Managements gewinnt dabei vor allem das so genannte implizite Wissen (*tacit knowledge*) einer Unternehmung eine große Bedeutung. Während *explizites Wissen* eindeutig durch formale Methoden kodifizierbar, in Handbüchern oder Zeichnungen dokumentierbar und dadurch leicht transferierbar ist, umfasst *implizites Wissen* persönliche, wertbasierte Intuitionen und Erfahrungen, die nur schwer artikulierbar und aufgrund ihrer hohen situativen Gebundenheit verbal nur schwer zu vermitteln sind (vgl. Nonaka & Takeuchi, 1997, S. 8 f.).

Die Initiierung transnationaler organisatorischer Lernprozesse setzt nun voraus, dass nicht nur das explizite und implizite Wissen einer Unternehmung permanent erweitert wird, sondern auch eine Umwandlung von einer Wissensform in die andere stattfindet (*epistemologische Dimension*) und dabei gleichzeitig eine Wissensübertragung zwischen den Unternehmungseinheiten erfolgt (*ontologische Dimension*). Nach Nonaka und Takeuchi (1997, S. 73 ff.) können vier Formen der Wissenstransformation unterschieden werden (vgl. Abb. 2):

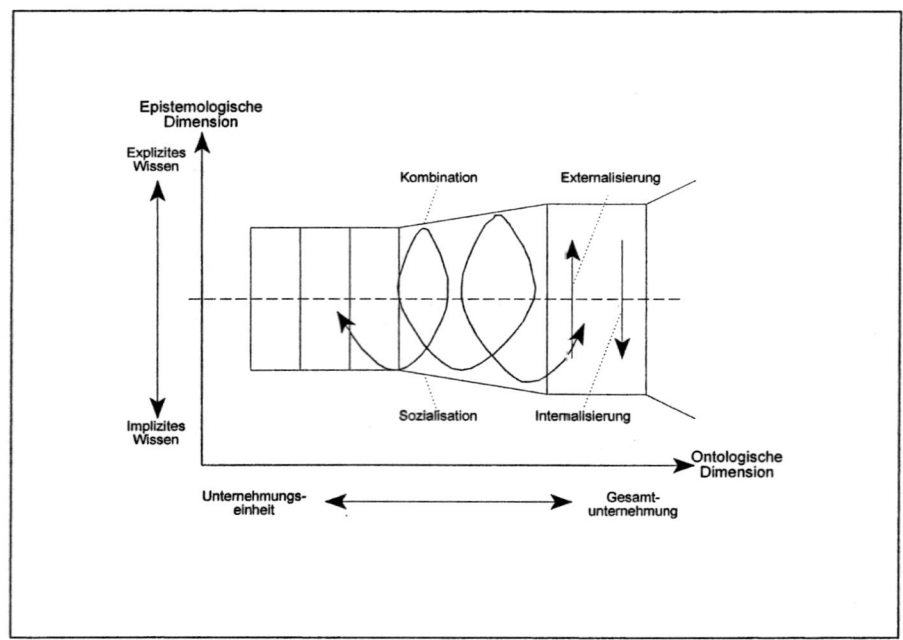

Abbildung 2: Spirale der organisatorischen Wissenserzeugung in multinationalen Unternehmungen (Quelle: modifiziert nach Nonaka & Takeuchi, 1997, S. 87)

Die *Sozialisation* beinhaltet die Erweiterung des impliziten Wissens durch den Austausch von Erfahrungen (z. B. über die bei der Einführung eines neuen Produktes aufgetretenen Probleme) zwischen unterschiedlichen Unternehmungseinheiten. Die *Kombination* stellt die Erweiterung des expliziten Wissens durch den Austausch von Daten dar. Ein Beispiel dafür ist die Weitergabe von Berichten oder Marktforschungsstudien an andere Unternehmungseinheiten.

Im Rahmen der *Externalisierung* wird zuvor implizites Wissen in explizites Wissen umgewandelt. Dies geschieht z. B. durch die schriftliche Fixierung von zuvor implizit befolgten Verhaltensregeln in einem Verhaltenskodex. Die *Internalisierung* umfasst die Umwandlung von explizitem in implizites Wissen. Ein Beispiel dafür ist die Verinnerlichung und unbewusste Befolgung von schriftlich fixierten Richtlinien.

Idealtypischerweise erfolgt die organisatorische Wissenserzeugung als iterativer Prozess, bei dem eine schrittweise Umwandlung und Kollektivierung von organisatorischem Wissen stattfindet. Multinationale Unternehmungen sind dabei jedoch mit dem Problem konfrontiert, dass diese Erweiterung der organisatorischen Wissensbasis über geographisch und nationale Grenzen erfolgt. Insbesondere die Sozialisation und Externalisierung impliziten Wissens erfordert deshalb die räumliche Nähe und persönliche Kommunikation der Interaktionspartner, die vor allem durch die intensive Nutzung personeller und damit in hohem Maße kulturabhängiger Koordinationsinstrumente sichergestellt werden kann.

3.3 Synergetische Organisationskultur

Der Rollenwandel der Muttergesellschaft multinationaler Unternehmungen von der direkten Steuerung und Kontrolle der ausländischen Tochtergesellschaften zur Kontextsteuerung dezentraler Entscheidungsprozesse führt zu einer deutlichen Erweiterung und Verschiebung des Spektrums organisatorischer Steuerungs- und Koordinationsinstrumente. Wurden bis Mitte der achtziger Jahre nahezu ausschließlich strukturelle und technokratische Instrumente eingesetzt, wird in jüngster Zeit die *zunehmende Bedeutung personenorientierter, informaler und „weicher" Koordinationsinstrumente* betont (vgl. Martinez & Jarillo, 1989, S. 506). Auf die Gründe für diese Entwicklung weisen Hamel und Prahalad (1983) hin, die am Beispiel der Verteilung der strategischen Entscheidungskompetenzen zwischen der Muttergesellschaft und den ausländischen Tochtergesellschaften die Effizienz unterschiedlicher Koordinationsinstrumente untersucht haben (vgl. Abb. 3).

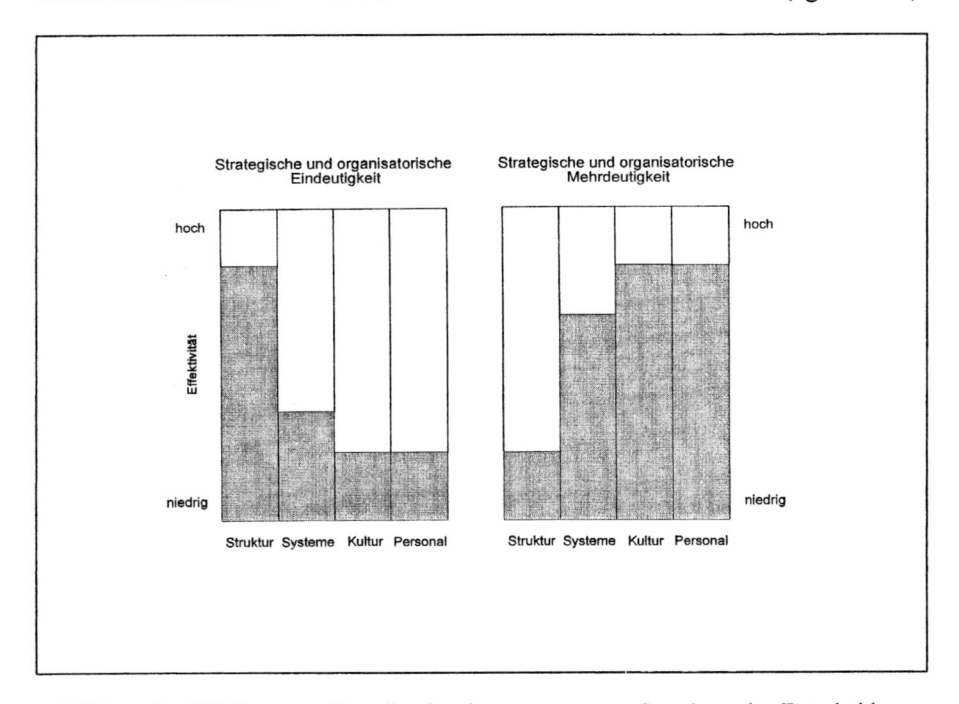

Abbildung 3: Effizienz von Koordinationsinstrumenten zur Regelung der Entscheidungskompetenz unter unterschiedlichen situativen Bedingungen (Quelle: Hamel & Prahalad, 1983, S. 349)

Danach weisen strukturelle und technokratische Koordinationsinstrumente wie Strukturen und Systeme unter homogenen und stabilen Umweltbedingungen *(strategische und organisatorische Eindeutigkeit)* eine hohe Effizienz auf. Bei der Verfolgung transnationaler Strategien treten jedoch *strategische und organisatorische Mehrdeutigkeiten* auf, die sich durch die gleichzeitige Ausnutzung von nationalen

Unterschieden, Skaleneffekten und Verbundvorteilen ergeben. Traditionelle strukturelle Koordinationsinstrumente müssen deshalb durch „weichere", personelle Koordinationsinstrumente ersetzt werden, die eine weitaus größere Effizienz zur Lösung der mit transnationalen Strategien verbundenen organisatorischen Gestaltungsaufgaben aufweisen. Neben einem transnationalen Personalmanagement kommt dabei der Herausbildung einer synergetischen Organisationskultur eine besondere Bedeutung zu.

Transnationale bzw. synergetische Organisationskulturen zeichnen sich dadurch aus, dass *kulturelle Unterschiede* der einzelnen Tochtergesellschaften, die z. B. durch unterschiedliche Prägungen der jeweiligen Führungskräfte hervorgerufen werden, bewusst als *weltweit nutzbare Ressourcen* begriffen werden. Beispiele für Multinationale Unternehmungen mit einer synergetischen Unternehmungskultur sind Philips und Nestlé, d.h. Unternehmungen, deren Muttergesellschaft ihren *Sitz in einem relativ kleinen Land hat, nur in einem geringen Maße durch die jeweilige Landeskultur geprägt* ist und *innerhalb der transnationalen Strategie nur eine eher unbedeutende Rolle* besitzt (vgl. Raeber, 1995).

Zur näheren Charakterisierung synergetischer bzw. transnationaler Organisationskulturen kann auf eine von Martin und Meyerson (1988) entwickelte Idealtypologie zurückgegriffen werden, nach der drei grundsätzliche Möglichkeiten für die Handhabung der Multikulturalität in multinationalen Unternehmungen unterschieden werden (vgl. auch Schmid, 1996, S. 220 ff.):

Die *Strategie der Integration* geht von der grundsätzlichen Konsistenz und Kohärenz von Teilkulturen aus. In den einzelnen Tochtergesellschaften liegen demzufolge unterschiedliche, aber mit der Muttergesellschaft kompatible Organisationskulturen vor. In Anlehnung an das Modell der Kulturebenen von Schein (1984) könnte man davon sprechen, dass es zwar einige wesentliche gemeinsame Basisannahmen gibt, die jedoch national sehr unterschiedlich in Normen, Standards und Symbole umgesetzt werden.

Der *Strategie der Differenzierung* liegt dagegen die Annahme zugrunde, dass multinationale Unternehmungen aus einer Vielzahl von Sinnsystemen bestehen, die nur bedingt konsistent sind. Die Möglichkeit eines unternehmungsweiten Konsenses wird deshalb für schwierig, wenn nicht gar für ausgeschlossen gehalten. Häufig wird jedoch bezweifelt, ob dermaßen differenzierte Organisationskulturen prägnant und orientierungsstiftend genug sein können, um das alltägliche Verhalten der Unternehmungsmitglieder noch maßgeblich beeinflussen zu können. Zudem besteht die Gefahr, dass die ausgeprägte *Subkulturbildung* mehr und mehr zu „faulen Kompromissen" und zur ungewollten Herausbildung einer polyzentrischen Organisationskultur führt, deren Steuerungswirkung nur noch sehr gering ist.

Besonders ausgeprägt ist diese Gefahr im Rahmen der *Strategie der Ambiguität*. Diese geht noch über die Strategie der Differenzierung hinaus und betont – im Sinne der postmodernen Theorie des internationalen Managements – die grundsätzliche Pluralität und Inkommensurabilität von Teilkulturen. Multinationale Unternehmungen sind demnach keine monolithischen Gebilde mit festen kulturellen

Grenzen, sondern es gibt vielfältige kulturelle Widersprüche, kulturellen Wandel und ständig wechselnde Interaktionsmuster und Koalitionsbildungen. Im Gegensatz zu den beiden anderen Strategien wird deshalb die Möglichkeit der bewussten und zielgerichteten kulturellen Steuerung und Kontrolle ausländischer Tochtergesellschaften weitgehend ausgeschlossen.

In einem engen Zusammenhang damit steht das in der Literatur äußerst kontrovers diskutierte Problem der aktiven *Beeinflussbarkeit von Organisationskulturen*, das vor allem im Rahmen von Unternehmungskooperationen und -akquisitionen sowie beim Übergang von internationalen und multinationalen zu globalen und transnationalen Strategien eine zentrale Bedeutung erlangt. Während die so genannten *Kuluringenieure* davon ausgehen, dass sich Kulturen ähnlich wie andere Führungsinstrumente einsetzen und planmäßig verändern lassen, betrachten die sog. *Kulturalisten* die Organisationskultur als eine organisch gewachsene Lebenswelt, die sich gezielten Beeinflussungsversuchen entzieht bzw. auf diese mit unbeabsichtigten Folgen reagiert. Realistisch scheint deshalb die Annahme zu sein, dass sich die Veränderung von Organisationskulturen zwar initiieren lässt, der *Ausgang dieses Veränderungsprozesses aber nur in einem begrenzten Maße vorhersehbar* ist (vgl. Schreyögg, 1993).

4. Gesamtbewertung und empirische Relevanz

Die empirische Untersuchung und theoretische Fundierung von kultursensiblen Organisationsmodellen multinationaler Unternehmungen stellt gegenwärtig eines der zentralen Forschungsfelder im Bereich des internationalen Managements dar. Die bislang vorliegenden Ansätze weisen jedoch noch zahlreiche konzeptionelle Schwächen auf (vgl. Welge & Holtbrügge, 2001, S. 194 ff.). So werden im Modell der Netzwerkorganisation die vereinfachten und teilweise willkürlich erscheinenden begrifflichen Abgrenzungen und die *unzureichende Operationalisierung* der Beziehungen (Netzwerkkanten) zwischen den einzelnen Unternehmungseinheiten (Netzwerkknoten) kritisiert. Zudem wird die häufige Vermischung von Beobachtungen, die sich vielfach nur auf einzelne Unternehmungen beschränken, modelltheoretischer Argumentation und normativen Aussagen bemängelt. Die transnationale Organisation stellt deshalb weniger ein originäres, geschlossenes und theoretisch fundiertes Modell als vielmehr einen *eklektischen Ansatz* dar, in den zahlreiche Überlegungen aus unterschiedlichen Teilbereichen des Managements einfließen. Das dem integrierten Netzwerkmodell zugrunde liegende Konzept der transnationalen Organisation von Bartlett und Ghoshal (1990) weist zudem einen *stark idealtypischen und normativen Charakter* auf. Insbesondere wird der Einfluss des organisatorischen und kulturellen Erbes einer Unternehmung vernachlässigt, das den Übergang von hierarchischen oder dezentralen Organisationsmodellen zu integrierten Netzwerkstrukturen wesentlich erschweren kann.

Im Hinblick auf die empirische Relevanz des Netzwerkkonzepts belegt eine empirische Untersuchung von 40 weltweit tätigen Unternehmungen der pharmazeutischen Industrie von Perlitz, Dreger und Schrank (1996), dass viele Unternehmungen zwar bereits einige Elemente des transnationalen Organisationsmodells von Bartlett und Ghoshal eingeführt haben, im Wesentlichen aber noch auf traditionelle hierarchische Steuerungs- und Kontrollinstrumente zurückgreifen. Als zentrale *Implementierungsprobleme* werden personelle Widerstände gegen den Abbau von Hierarchieebenen und hohe Koordinationskosten angeführt.

Auch eine empirische Untersuchung weltweit operierender europäischer multinationaler Unternehmungen von Welge, Böttcher und Paul (1998) kommt zu dem Ergebnis, dass in den untersuchten Unternehmungen immer noch eine klare Unterscheidung zwischen den strategischen Aufgaben der Muttergesellschaft und den ausländischen Tochtergesellschaften besteht und die Größe des Heimatmarktes einen starken Einfluss auf die Einstellung zur Internationalisierung hat. Die Analyse der vorherrschenden Koordinationsinstrumente verdeutlicht jedoch, dass formale und hierarchische Instrumente gegenüber informalen Instrumenten an Bedeutung verlieren. So basiert die Kommunikation zwischen Managern in den untersuchten Unternehmungen in hohem Maße auf persönlichen Kontakten. Auch zwischen den Tochtergesellschaften ist eine zunehmende Kommunikation im Rahmen von Projekten oder gemischt besetzten Arbeitsgruppen feststellbar. Der Austausch von Know-how und strategischen Informationen erfolgt dabei primär freiwillig und durch informale persönliche Kontakte. Hinsichtlich der Partizipation an strategischen Entscheidungen konnte eine intensive Interaktion zwischen der Muttergesellschaft und den ausländischen Tochtergesellschaften beobachtet werden. Dieser Befund bestätigt die Notwendigkeit, Entscheidungskompetenzen in weltweit operierenden Unternehmungen zu dezentralisieren und Entscheidungen partizipativ und ausgewogen zu treffen. Strategische Verantwortlichkeiten werden dabei zunehmend auf regionale Zentren oder *lead countries* verlagert, da die Abstimmung zwischen diesen Schlüsseleinheiten als effizienter als die Abstimmung aller ausländischen Tochtergesellschaften beurteilt wird. Zusammenfassend zeigt die Untersuchung, dass die Realität in den meisten Unternehmungen dem idealtypischen Netzwerkmodell noch nicht entspricht. Die dominierende hierarchische Grundstruktur wird jedoch immer mehr von *netzwerkartigen Sekundärstrukturen* überlagert, um der organisatorischen Komplexität weltweit orientierter Unternehmungen gerecht zu werden.

Eine empirische Untersuchung des länderübergreifenden Informations- und Wissensmanagements in 76 ausländischen Tochtergesellschaften deutscher Unternehmungen von Welge und Holtbrügge (2000) kommt schließlich zu dem Ergebnis, dass den vier in der Wissensspirale von Nonaka und Takeuchi thematisierten Formen der Wissenstransformation in der Unternehmungspraxis eine unterschiedlich große Bedeutung zugemessen wird. Am weitesten verbreitet ist die transnationale Externalisierung von Wissen. Mehr als die Hälfte der Unternehmungen stellt anderen Tochtergesellschaften Informationen über erfolgreich absolvierte Projekte bzw. herausragende Problemlösungen zur Verfügung und eröffnet diesen dadurch die Möglichkeit, auf international erprobtes Referenzwissen zurückgreifen zu können. Eine relativ große Bedeutung kommt darüber hinaus der transnationalen

Sozialisation von Wissen zu. Vor allem Führungskräfte mit einer größeren Zahl von Auslandseinsätzen geben an, bei ihrer Entscheidungsfindung maßgeblich durch Erfahrungen in anderen Ländern geprägt worden zu sein.

Demgegenüber sind die transnationale Kombination sowie die davon abhängige Internalisierung von Wissen nur relativ schwach ausgeprägt. Ein Grund dafür ist, dass das Informationssystem in den meisten Unternehmungen noch stark durch traditionelle Mutter-Tochter-Beziehungen und persönliche Formen der Informationsübermittlung geprägt ist, sodass das in den einzelnen Tochtergesellschaften vorhandene Wissen nur unzureichend zur Verbesserung der Entscheidungsfindung der gesamten multinationalen Unternehmung genutzt werden kann. Auch die Entwicklung einer transnationalen Perspektive durch die implizite Prägung der in den ausländischen Tochtergesellschaften tätigen Stammhausdelegierten gelingt in den untersuchten Unternehmungen erst ansatzweise. Dies dürfte vor allem darauf zurückzuführen sein, dass Auslandsentsendungen vorwiegend Kontrollzielen dienen und nur selten als Instrument einer länderübergreifenden Personal- und Organisationsentwicklung betrachtet werden. Dadurch wird jedoch die Wissensspirale vielfach unterbrochen und die weltweite Realisierung von wissensbasierten Wettbewerbsvorteilen maßgeblich erschwert.

Zusammenfassend lässt sich damit festhalten, dass multinationale Unternehmungen die zunehmende Bedeutung des interkulturellen Managements als Quelle länderübergreifender Wettbewerbsvorteile zwar bereits vielfach erkannt, die zu deren Realisierung erforderlichen organisatorischen Voraussetzungen jedoch erst in Ansätzen geschaffen haben. Insbesondere personelle Widerstände und die in vielen Unternehmungen immer noch vorherrschende ethnozentrische Orientierung stehen dabei der Entwicklung transnationaler Organisationsmodelle entgegen. Zur Überwindung dieses organisatorischen Erbes dürften vor allem vermehrte Auslandseinsätze von Fach- und Führungskräften beitragen. Denn nur durch persönliche Erfahrungen lassen sich nachhaltige interkulturelle Lernprozesse anregen und die Überzeugung vermitteln, dass das Erleben kultureller Unterschiede nicht nur eine Bereicherung der Persönlichkeit jedes einzelnen Mitarbeiters darstellt, sondern auch die Wettbewerbsfähigkeit von Unternehmungen verbessern kann.

Literatur

Adler, N. J. (1997). International dimensions of organizational behavior. (3rd ed.). Cincinatti, Ohio: Thomson.

Bartlett, C. A. (1989). Aufbau und Management der transnationalen Unternehmung: Die neue organisatorische Herausforderung. In: M. E. Porter (Hrsg.), Globaler Wettbewerb (S. 425-464). Wiesbaden: Gabler.

Bartlett, C. A., Ghoshal, S. (1990). Internationale Unternehmensführung. Innovation, globale Effizienz, differenziertes Marketing. Frankfurt, New York: Campus.

Cerny, K., Goeser, L., Daveyport, T. H., Harrington, B., Goldsmith, G., O'Oea, G. K. (1996). Making local knowledge global. Harvard Business Review 74, 22-38.

Chatman, J. A., Polzer, J. T., Barsade, S. G., Neale, M. A. (1998). Being different yet feeling similar: The influence of composition and organizational culture on work processes and outcomes. Administrative Science Quarterly 43, 749-780.

Cox, T. H., Lobel, S. A., McLeod, P. L. (1991). Effects of ethnic group cultural differences on cooperative and competitive behavior on group task level. Academy of Management Journal 34, 827-847.

Fayerweather, J. (1975). Internationale Unternehmungsführung. Ein Begriffssystem. Berlin: Spitz.

Hamel, G., Prahalad, C. K. (1983). Managing strategic responsibility in the MNC. Strategic Management Journal 4, 341-351.

Hedlund, G. (1986). The hypermodern MNC – A heterarchy. Human Resource Management 25, 9-35.

Holtbrügge, D. (1996). Perspektiven internationaler Unternehmenstätigkeit in der Postmoderne. In: J. Engelhard (Hrsg.), Strategische Führung internationaler Unternehmen. Paradoxien, Strategien und Erfahrungen (S. 273-292). Wiesbaden: Gabler.

Holtbrügge, D. (2001). Neue Organisationsformen. Zeitschrift Führung + Organisation Betriebswirtschaft, 70.

Huntington, S. P. (1996). Kampf der Kulturen. Die Neugestaltung der Weltpolitik im 21. Jahrhundert. München, Wien: Europa.

Keller, E. v. (1982). Management in fremden Kulturen. Ziele, Ergebnisse und methodische Probleme der kulturvergleichenden Managementforschung. Bern, Stuttgart: Haupt.

Kogut, B. (1985). Designing global strategies: Profiting from operational flexibility. Sloan Management Review 27, 27-38.

Kogut, B. (1989). Research notes and communications – A note on global strategies. Strategic Management Journal 10, 383-389.

Levitt, T. (1983). The globalization of markets. Harvard Business Review 61, 92-102.

Martin, J., Meyerson, D. (1988). Organizational culture and the denial, channeling and acknowledgement of ambiguity. In: L. R. Pondy, R. J. Boland, H. Thomas (Eds.), Managing ambiguity and change (pp. 93-125). Chichester: Wiley.

Martinez, J. I., Jarillo, J. C. (1989). The evolution of research on coordination mechanisms in multinational corporations. Journal of International Business Studies 20, 489-514.

Martinez, J. I., Jarillo, J. C. (1991). Coordination demands of international strategies. Journal of International Business Studies 22, 429-443.

Nonaka, I. (1990). Managing globalization as a self-renewing process: Experiences of Japanese MNCs. In: C. A. Bartlett, Y. Doz, G. Hedlund (Eds.), Managing the global firm (pp. 69-94). London, New York: Routledge.

Nonaka, I., Takeuchi, H. (1997). Die Organisation des Wissens. Wie japanische Unternehmen eine brachliegende Ressource nutzbar machen. Frankfurt am Main, New York: Campus.

Perlitz, M., Dreger, C., Schrank, R. (1996). Die Übertragbarkeit des Transnationalen Unternehmensmodells auf die pharmazeutische Industrie. Ergebnisse einer Befragung von Führungskräften. Zeitschrift für Organisation 65, 275-281.

Porter, M. E. (1989). Der Wettbewerb auf globalen Märkten: Ein Rahmenkonzept. In: M. E. Porter (Hrsg.), Globaler Wettbewerb (S. 17-68). Wiesbaden: Gabler.

Raeber, R. (1995). Integrationsmanagement in einem internationalen Konzern. In: H. Corsten, M. Reiß (Hrsg.), Handbuch Unternehmungsführung. Konzepte-Instrumente-Schnittstellen (S. 635-646). Wiesbaden: Gabler.

Richter, F.-J. (1995). Transfer von Kenntnissen und Erfahrungen zwischen Zentrale und Auslandsniederlassung. Zeitschrift für Planung 6, 227-240.

Schein, E. H. (1984). Coming to a new awareness of organizational culture. Sloan Management Review 25, 3-16.
Schmid, S. (1996). Multikulturalität in der internationalen Unternehmung. Konzepte-Reflexionen-Implikationen. Wiesbaden: Gabler.
Schreyögg, G. (1993). Unternehmenskultur zwischen Globalisierung und Regionalisierung. In: M. Haller (Hrsg.), Globalisierung der Wirtschaft. Einwirkungen auf die Betriebswirtschaftslehre (S. 149-170). Stuttgart, Wien: Haupt.
Schuchardt, C. A. (1998). Multikulturelle Kompetenz – Nicht nur lernen über, sondern von und in fremden Kulturen. In: J. Freimuth, A. Meyer (Hrsg.), Fraktal, fuzzy, oder darf es ein wenig virtueller sein? Personalarbeit an der Schwelle zum neuen Jahrtausend (S. 203-221). München, Mering: Hampp.
Staehle, W. H. (1991). Redundanz, Slack und lose Kopplung in Organisationen – Eine Verschwendung von Ressourcen? In: W. H. Staehle, J. Sydow (Hrsg.), Managementforschung 1 (S. 313-345). Berlin, New York: deGruyter.
Stewart, J. M. (1995). Empowering multinational subsidiaries. Long Range Planning 28, 63-73.
Welge, M. K. (1982). Das Konzept der globalen Rationalisierung. In: W. Lück, V. Trommsdorff (Hrsg.), Internationalisierung der Unternehmung als Problem der Betriebswirtschaftslehre (S. 171-189). Berlin: E. Schmidt.
Welge, M. K., Böttcher, R., Paul, T. (Hrsg.)(1998). Das Management globaler Geschäfte. Grundlagen-Analyse-Handlungsempfehlungen. München, Wien: Hanser.
Welge, M. K., Holtbrügge, D. (1997). Theoretische Erklärungsansätze globaler Unternehmungstätigkeit. Das Wirtschaftsstudium 26, 1054-1061.
Welge, M. K., Holtbrügge, D. (2000). Wissensmanagement in multinationalen Unternehmungen. Ergebnisse einer empirischen Untersuchung. Zeitschrift für betriebswirtschaftliche Forschung 52, 762-777.
Welge, M. K., Holtbrügge, D. (2001). Internationales Management (2. Aufl.). Landsberg a. L.: Moderne Industrie.

2

Werte im interkulturellen Vergleich

Lilly Beerman und Martin Stengel

Es gibt eine Gruppe weitläufiger Einflüsse von außen, über die eine Organisation keine oder nur wenig Kontrolle hat: so z. B. natürliche Umgebung, historische Geschehnisse, welche die Gesellschaft, in der die Organisation besteht, geformt haben, und soziokulturelle Kräfte. Gesellschaftliche Werte beziehen sich auf die vorherrschenden Ansichten und Werte der Gesellschaft im Ganzen: Werte wie Freiheit des Individuums, moralische Orientierungen über Gut und Böse und die philosophischen Ansichten einer Gesellschaft. So sind z. B. in den USA „Kapitalismus" und „freier Markt" fundamentale Wertthemen. (Tosi, Rizzo & Carroll, 1986, S. 66, Übers. d. Verf.)

Von Werten und einem Wandel derselben zu sprechen oder zu schreiben, scheint mittlerweile ein beinahe müßiges Unterfangen zu sein. Vieles wurde gesagt und geschrieben, manches Phänomen mit dem zum Schlagwort verkommenen Begriff vom „Wertewandel" abgetan und auf diese Weise einer sorgfältigen Analyse entzogen. Es ist bequemer zu sagen, die Werte der Menschen haben sich verändert, als zu prüfen, ob bzw. wie sich (auch) die Lebens- oder Arbeitsbedingungen verändert haben.

Zwar durchzieht die These vom Wertewandel alle gesellschaftlichen Bereiche, besonders brisant wird sie jedoch dort, wo „ungewandelte" und „gewandelte" Werte unvermittelt aufeinander prallen. Dies ist in hohem Maße in jenen Bereichen der Fall, die man geradezu als Konfliktherde definieren kann: in Organisationen von Wirtschaft und Verwaltung. Hier treffen Werte des Einzelnen auf ein Wertsystem, das oftmals – gerade weil es lange Zeit erfolgreich war – erstarrt ist, nicht fähig zu einer flexiblen Anpassung an veränderte Werte oder Bedürfnisse der Organisationsmitglieder.

Wer wäre von einem solchen Konflikt mehr betroffen als Führungskräfte, deren Aufgabe es ist, unterschiedliche Aktivitäten zu koordinieren, damit aber auch unterschiedliche Wertsysteme in Einklang zu bringen? Ist dieser Einklang immer möglich? Liegt das Scheitern im Einzelfall nicht auch an den Rahmenbedingungen, vor allem der strukturell bedingten Starrheit der Organisation?

Verschärft wird dieses Grundproblem jeder Organisation durch vielfältiger und enger werdende internationale Verflechtungen: Wenn schon innerhalb eines Kulturkreises Konflikte zwischen dem Einzelnen und der Organisation die Regel sind, wie viel drastischer müssen diese Konflikte werden, wenn Vertreter unterschiedlicher Kulturkreise aufeinander treffen? In den achziger Jahren des letzten Jahrhunderts war es in Mode gekommen, sich auf allzu wohlfeile Art des „Japan-Arguments" zu bedienen: Ohne einen Gedanken an den andersartigen kulturellen und sozialpolitischen Hintergrund zu verschwenden, hatte man gouvernantenhaft den Zeigefinger erhoben und die (angeblich) weniger am Genuss orientierten japanischen Arbeitnehmer zu Vorbildern stilisiert. Das empirische Fundament solcher Annahmen hatte dabei wenig interessiert (vgl. dazu etwa Marten-Grubinger & Stengel, 1995).

Welche Konflikte sind zu erwarten, wenn durch immer stärkere Beteiligung fremden Kapitals an europäischen oder US-amerikanischen Unternehmen höchst unterschiedliche Kulturkreise aufeinander prallen? Da die Kapitalflüsse sich mittlerweile mit immer höherer Geschwindigkeit und immer kürzerer Verweildauer um den Globus ausbreiten, werden Fragen wie diese – bzw. ihre auf seriösen empirischen Analysen fußende Bearbeitung – immer dringlicher. Darüber hinaus werden bei nicht zustande gekommenen Unternehmensfusionen gelegentlich Vermutungen geäußert, der Zusammenschluss sei an der fehlenden Kompatibilität des Managements gescheitert. Aber auch oder gerade wenn der Zusammenschluss (oder die Übernahme) gelingt, fangen die eigentlichen Probleme erst an.

Diese kurzen Überlegungen zeigen, wie wichtig es ist, im Führungsbereich und speziell im Bereich des internationalen Managements nicht nur auf das sichtbare Verhalten zu achten, sondern die Wertsysteme mit zu bedenken, die sich dahinter verbergen.

An Analysen von Wertsystemen besteht kein Mangel. Allerdings sind die jeweiligen Schlüsse, die aus vorliegenden empirischen Daten gezogen werden, nur in seltenen Fällen unumstritten. Im vorliegenden Beitrag werden zum einen vorwiegend internationale Untersuchungsergebnisse zitiert, zum anderen aber auch die Schwierigkeiten interkulturell vergleichender Analysen derart heikler Konstrukte, wie es Werte nun einmal sind, diskutiert.

1. Werte: Definition und Genese

Was versteht man unter diesen Werten, die sich so dramatisch gewandelt haben sollen? Sie sind der direkten Beobachtung in keinem Fall zugänglich, und sicher sind sie nicht unmittelbar handlungsleitend. Vielmehr sind sie auf einer abstrakten Ebene anzunehmen. Kluckhohn beispielsweise definierte Werte folgendermaßen:

> Ein Wert ist eine Auffassung vom Wünschenswerten, die explizit oder implizit für einen Einzelnen oder für eine Gruppe kennzeichnend ist und welche die Auswahl der zugänglichen Weisen, Mittel und Ziele des Handelns beeinflusst (Kluckhohn, 1951, S. 395, Übers. d. Verf.).

Werte liegen an der Schnittstelle zwischen dem Einzelnen und der Gesellschaft, insbesondere an der Schnittstelle zwischen dem Einzelnen und der Organisation, in der er Führungs- oder andere Aufgaben zu erfüllen hat. Sie haben Orientierungsfunktion für den Einzelnen, sie erlauben ihm, sich als Mitglied einer Gesellschaft (oder einer Organisation) zu fühlen – vorausgesetzt, er hat deren Werte zumindest teilweise übernommen und weitgehend verinnerlicht.

Ein übersichtliches und zusammenhängendes Wertesystem erleichtert es dem Einzelnen, sich in einer komplexen und unübersichtlichen Umwelt zurechtzufinden. Es lässt bestimmte Dinge oder Handlungen attraktiver erscheinen als andere. Wer beispielsweise den Wert „Freiheit" über den Wert „Sicherheit" stellt, wird sich – Entscheidungsmöglichkeiten vorausgesetzt – kaum bei einer Organisation bewerben, die ihm zwar hohe materielle Sicherheiten bietet, dies aber um den Preis der Einordnung in eine strenge Hierarchie, die kaum Freiräume lässt. Er wird, wenn ihm eine Organisation für die Realisierung seines hoch bewerteten Zieles „Freiheit" hilfreicher erscheint, zu dieser eine positivere Einstellung entwickeln als zu einer anderen. Nach Rokeach lassen sich Werte von Einstellungen so abgrenzen:

> Während eine Einstellung mehrere Überzeugungen repräsentiert, die auf ein spezifisches Objekt oder eine spezifische Situation bezogen sind, stellt ein Wert eine einzige Überzeugung dar, die Handlungen und Urteile beeinflusst über spezifische Objekte und Situationen hinaus und jenseits von unmittelbaren Zielen zu den eigentlichen Endzielen der menschlichen Existenz hin. (Rokeach, 1968, S. 160, Übers. d. Verf.).

Eine Einstellung ist somit wesentlich objekt-, situations- bzw. handlungsspezifischer als ein Wert, daher auch leichter veränderbar.

Sowohl Werte als auch Einstellungen haben Einfluss auf unser Verhalten, ohne dieses allerdings allein zu bestimmen. Unsere Handlungen hängen nicht nur davon ab, was wir wollen, sondern auch davon, was wir können (also unseren Fähigkeiten und Fertigkeiten), was das System gesellschaftlicher Normen und Regelungen und die jeweiligen äußeren Umstände zulassen.

Am bereits angedeuteten Beispiel sei dies gezeigt: Die Person, der „Freiheit" ein zentraler Wert ist, wird – sofern sie die Wahlmöglichkeit hat – eine Organisation bevorzugen, die ihr Freiräume bietet. Wenn aber entweder die Normen – die betreffende Person ist weiblichen Geschlechts, und die Organisation besetzt Führungspositionen nicht mit Frauen – oder eine ungünstige Situation, etwa eine schlechte Arbeitsmarktlage, den Zugang zu dieser gewünschten Organisation versperren, nützen weder Wollen (also die Werte) noch Können, d.h. Fähigkeiten und Fertigkeiten.

Wie aber entwickelt das Individuum solche allgemeinen Verhaltensdispositionen, oder genauer: Auf welchem Wege werden diese für eine ganze Gesellschaft kennzeichnenden (Wert-)Systeme zu innerpsychischen Systemen des Individuums?

Die Antwort, die sowohl Psychologie als auch Soziologie auf diese Frage bereithalten, ist im Kern die Folgende: Im Verlauf der Sozialisation (im Kindes-, Jugend-, aber auch noch im Erwachsenenalter, im Rahmen der beruflichen Sozialisation) wird das Individuum an die Wertsysteme der Gesellschaft (oder des jeweiligen gesellschaftlichen Subsystems) herangeführt. Es internalisiert diese Wertsysteme, allerdings in jeweils unterschiedlicher Weise, es identifiziert sich mit den Werten, übernimmt sie als seine eigenen, ohne dass ihm dieser Prozess bewusst werden müsste.

Diese Relativierung „in jeweils unterschiedlicher Weise" lassen soziologische Erklärungen dieser Werte-Transmission in der Regel vermissen, dann nämlich, wenn Werte mit Normen gleichgesetzt werden. Für Normen ist gerade das Fehlen starker interindividueller Streuungen charakteristisch: Das Rechtsfahren als Norm kann schwerlich interindividuell variieren, wohl aber die Geschwindigkeit als individueller Ausdruck eines dahinter stehenden Wertes.

2. Wandel der Werte

Das Individuum entwickelt nicht ein für allemal unverrückbar feststehende Werthaltungen. Diese verändern sich vielmehr im Lauf des Lebens, sie sind einem mehr oder weniger starken Wandel unterworfen.

Für die Analyse solcher Veränderungsprozesse ist es nützlich, drei Arten von Veränderungen voneinander zu unterscheiden, die allerdings in der Regel miteinander konfundiert auftreten (vgl. dazu ausführlicher v. Rosenstiel et al., 1986):

Kohorteneffekt
Verschiedene (Jahrgangs-)Kohorten sind jeweils unterschiedlichen Sozialisationsbedingungen ausgesetzt. So entwickeln Menschen, die in wirtschaftlichen Krisenzeiten aufwachsen, andere Werthaltungen als Menschen, die in Zeiten wirtschaftlicher Prosperität sozialisiert werden. Beispiele dafür werden in den Abbildungen 2 und 4 vorgestellt. Dort werden heutige Führungskräfte mit jenen jungen Menschen verglichen, die durch die Art ihrer Studienwahl als Führungsnachwuchs bezeichnet werden können.

Lebensphaseneffekt
Alle Menschen durchlaufen von der Geburt bis zum Tod unterschiedliche Lebensphasen, die sich durch jeweils typische Rollenkonstellationen charakterisieren lassen: Kindheit, Jugend, Berufseintritt etc. In all diesen Phasen findet sich das Individuum mit einer jeweils veränderten Situation konfrontiert, die zu einer Veränderung der Werthaltungen führen kann. Solche Effekte sind immer nur mit Hilfe von Daten aus in der Regel sehr aufwendigen Längsschnittuntersuchungen nachzuweisen. Wir haben dies im Rahmen eines Forschungsprojekts für den Fall des Übergangs vom Ausbildungs- ins Beschäftigungssystem getan (vgl. Stengel, 1997).

Periodeneffekt:
Bestimmte einschneidende äußere Ereignisse betreffen alle Menschen zur selben Zeit und können damit zu einer unvorhersagbaren Veränderung der Werthaltungen führen. Einen solchen Effekt werden wir am Ende von Absatz 3.2 in der Abbildung 3 vorstellen.

Allerdings sind weniger diese immer stillschweigend vorausgesetzten Effekte gemeint, wenn man von „dem Wertewandel" spricht oder schreibt. In der Regel kann man im Rahmen von Analysen des Wertewandels lediglich Phasen- und Kohorteneffekte systematisch untersuchen. Periodeneffekte sind auf seltene Ereignisse beschränkt. Traten in der Vergangenheit solche Ereignisse ein, wurden ihre Auswirkungen von Sozialwissenschaftlern nur in seltenen Fällen systematisch erfasst: Weder der Einfluss der beiden Weltkriege noch jener der Weltwirtschaftskrise auf Werthaltungen der Menschen wurden analysiert. Das lag natürlich daran, dass empirische Sozialforschung eigentlich erst nach dem zweiten Weltkrieg in der Bundesrepublik Fuss fassen konnte.

Einen Wandel von Werten kann man nicht unmittelbar beobachten; er muss vielmehr erschlossen werden aus Verhaltensweisen, die als Indikatoren für einen solchen Wandel gelten können. Was allerdings zulässige und zuverlässige Indikatoren sind, ist keineswegs eindeutig. Zu heterogen werden Werte operationalisiert. Wie sollte also die Veränderung von etwas nicht übereinstimmend Erfasstem präzise zu erheben sein?

Sozialwissenschaftler ziehen als Indikatoren für einen Wertewandel üblicherweise die Antworten auf wiederholt gestellte Fragen heran. Als beispielsweise im Jahr 1951 25 Prozent der befragten Eltern den Wert „Gehorsam" als primäres Erziehungsziel einstuften, im Jahr 1975 jedoch nur noch vier Prozent, schloss man daraus, dass Werte wie „Gehorsam" oder „Unterordnung" ihren zentralen Platz im Wertsystem der Bevölkerung eingebüßt haben. Solche Zeitreihen wurden zu den beliebtesten, aber auch zu den umstrittensten Indikatoren des Wertewandels.

Einer der Gründe, weshalb derartige Indikatoren nicht unbesehen zu verwenden sind, ist darin zu sehen, dass Begriffe im Laufe der Zeit nicht selten ihre Bedeutung verändern. In der Psychologie erfasst man die Bedeutung eines Begriffs mithilfe des so genannten „Semantischen Differentials" (Osgood, Suci & Tannenbaum, 1957). So wäre es notwendig gewesen zu überprüfen, ob der Begriff „Gehorsam" Anfang der fünfziger Jahren des letzten Jahrhunderts dasselbe

„semantische Feld" (Lurija, 1982), dieselbe Bedeutung hatte wie Mitte der siebziger Jahre. Erst nach einer solchen Überprüfung kann man von einem Rückgang der Bedeutung dieses Wertes sprechen.

Neben Zeitreihenanalysen von Antworten auf Fragebögen wurden gelegentlich auch Verhaltensergebnisse untersucht: So haben Kirchenaustritte zugenommen, die Kinderzahl pro Familie hat abgenommen, die Zahl der berufstätigen Frauen hat zugenommen, die Zahl nicht-ehelicher Partnerschaften ist gestiegen etc. Aus all diesen Analysen schloss man auf Tendenzen des Wertewandels:

- Alle Lebensbereiche werden zunehmend säkularisiert.
- Die Selbstentfaltung und der eigene Lebensgenuss werden betont.
- Die Frauen kämpfen um ihre Gleichstellung und Emanzipation.
- Die Sexualität löst sich von überkommenen gesellschaftlichen Normen.
- Die Menschen sind weniger bereit, sich unterzuordnen.
- Die Akzeptanz der Arbeit als Pflichterfüllung sinkt; dagegen steigt der Wunsch nach Partizipation an Entscheidungsvorgängen.
- Die Freizeit wird höher bewertet.
- Die Sensibilisierung für ökologische Fragestellungen nimmt zu.
- Skepsis gegenüber technischem Fortschritt wird laut.
- Die Menschen sind bestrebt, ihre Gesundheit zu bewahren.
- Der Wunsch nach Sinnvermittlung wird stärker; die Ethikdiskussion verschärft sich.

An Versuchen der Systematisierung und Interpretation dieser Phänomene bestand schon bei den Pionieren der Diskussion um den Wertewandel kein Mangel:

- Noelle-Neumann (1978) sah in diesen Erscheinungen einen Verfall so genannter „bürgerlicher Tugenden", der in ihren Augen von keinerlei neuen Werten kompensiert werde.
- Inglehart (1977) sah keinen Verfall, sondern lediglich eine Verschiebung von Werthaltungen auf einer einzigen Dimension: vom „materialistischen" zum „postmaterialistischen" Ende. (In seinen neueren Untersuchungen allerdings ergaben sich auch zwei unabhängige Dimensionen; vgl. 3.2).
- Klages (1984) postulierte im Unterschied zu Inglehart ein zweidimensionales Modell: „Pflicht- und Akzeptanzwerte" und „Selbstentfaltungswerte" bilden die beiden Dimensionen dieses Modells. Wertewandel bedeutete für ihn Rückgang der Pflicht- und Akzeptanzwerte bei gleichzeitigem Anstieg der Selbstentfaltungswerte.

Bisher konnte der Eindruck entstehen, als habe der Wandel alle Bevölkerungsgruppen in gleicher Weise erfasst. Bei differenzierterer Analyse der Daten stellt man jedoch fest, dass verschiedene Bevölkerungsgruppen den Wertewandel in jeweils unterschiedlichem Ausmaß tragen. Zeitreihenanalysen zeigen, dass die steigende Tendenz, sein Leben genießen zu wollen und es weniger als Aufgabe zu begreifen, am ausgeprägtesten bei der Gruppe der Unterdreißigjährigen ist.

Aber auch bei diesen jüngeren Personen sind weitergehende Differenzierungen notwendig. Besonders ausgeprägt ist der Wandel der Werthaltungen bei jüngeren Personen mit höherer, insbesondere akademischer Bildung. Diese Gruppe ist von besonderem Interesse, sind es doch gerade diese jungen Menschen, aus denen Organisationen mehr und mehr ihre zukünftigen Führungskräfte rekrutieren.

Über mögliche konkrete Ursachen dieses Wertewandels, der von Inglehart 1977) als *stille Revolution* charakterisiert wurde, ist viel und kontrovers geschrieben und diskutiert worden. Die Hypothesen über diese Ursachen werden ihrer zentralen Thematik nach zu folgenden drei Gruppen zusammengefasst:

a) Betonung der objektiven Strukturen

Die Strukturhypothese: Das Bewusstsein und psychische Strukturen allgemein bilden sich heraus in Interaktion mit den Strukturen unserer Umwelt. Wenn also das Arbeitsleben durch neue Techniken und Produktionsmethoden, die Freizeit und das Familienleben durch neue Medien und kürzere Arbeitszeiten verändert werden, so hat dies einen Wandel der Werthaltungen zur Folge.

Die Nebenwirkungshypothese: Strebt man nach gewissen Zielen und erreicht sie schließlich, so führt dies nicht allein zu Veränderungen des Erlebens, sondern hat auch zuvor nicht bedachte oder unerwünschte Nebenwirkungen zur Folge. Zu den Begleitphänomenen der Industrialisierung gehören u.a. die Zerstörung der Natur und psychosomatische Beschwerden beim Einzelnen. Überschreiten diese Nebenwirkungen einen kritischen Schwellenwert und treten in das Bewusstsein der Bevölkerung, so können sie einen Wandel der Werthaltungen nach sich ziehen. Dieser Wandel erhebt jene Werte auf obere Rangplätze, die durch die dargestellten Nebenwirkungen gering geschätzt oder bedroht wurden: Gesundheit, Erhaltung der Natur etc.

b) Betonung der psychischen Prozesse

Die Sozialisationshypothese: Jeder Mensch wird durch all das, was er in der frühesten Phase seiner (sozialen) Entwicklung – in der Kindheit – erlebt, nachhaltig beeinflusst. Wächst er in Zeiten materieller Not heran, so werden lebenslang jene Denk- und Verhaltensmuster dominant sein, die mit dem Erwerb und der Sicherung materiellen Wohlstands in Zusammenhang stehen. Wächst er dagegen in Zeiten des Wohlstands oder des Überflusses auf, so werden solche Denk- und Verhaltensmuster niemals in bewusster Weise bedeutsam. Er kann seine Denk- und Handlungsmuster um andere – eben jene „postmaterialistischen" – Dinge kreisen lassen.

Die Wohlstandshypothese: Nach dem zwar populären, aber nicht unumstrittenen Motivationsmodell von Maslow (1954) verlieren befriedigte Bedürfnisse im Erleben des Menschen an Bedeutung, die Wichtigkeit der „nächst höheren" Bedürfnisse steigt. In einer Gesellschaft, in der die Grundbedürfnisse, die auf Erhaltung und Sicherung des individuellen Lebens ausgerichtet sind, nicht befriedigt werden, bleiben all jene Werte bedeutsam, die damit zusammenhängen. Ist diese Befriedigung jedoch gesichert, so werden Werte wichtig, die sich beispielsweise um soziale Anerkennung drehen.

Die Defizitwahrnehmungshypothese: Erreicht man Ziele, die man sich gesetzt hat, so erkennt man häufig neue Mängel. Ein Mensch, der lange Zeit nach persönlichem Wohlstand strebte, erkennt, wenn er diesen erreicht hat, dass er dadurch nicht glücklicher geworden ist, sondern dass er andere Dinge vermisst: Gesundheit, Ruhe, Freundschaft. Damit werden diese Werte dominant.

c) Betonung der Verbreitung von Werthaltungen

Die Altersstrukturhypothese: Die Bevölkerung der (alten) Bundesrepublik Deutschland zeigt einige Besonderheiten, die teilweise kriegsbedingt sind, teilwiese auf veränderte Kinderzahlen zurückzuführen sind. Da „postmaterialistische" Werte eher bei jüngeren Personen wahrscheinlich sind, ist bei einer Bevölkerungsstruktur, in der ältere Menschen dominieren, eine Hinwendung zu „materialistischen" Werten zu erwarten.

Die Bildungshypothese: Personen mit höherer, insbesondere akademischer Ausbildung neigen vermehrt „postmaterialistischen„ Werthaltungen zu. Wenn also immer mehr Menschen in den Genuss höherer Bildung kommen, steigt auch der Anteil der entsprechenden Werthaltungen in der Bevölkerung.

Die Multiplikatorenhypothese: Personen mit höherer Bildung sind auch zugleich jene, die ihre Werthaltungen mit überdurchschnittlicher Wahrscheinlichkeit weitergeben können. Sie gelangen in Positionen, in denen sie Einfluss auf die Werthaltungen vieler vor allem junger Menschen ausüben können: Lehrer, Führungskräfte in Unternehmen etc. Sie werden so zu Katalysatoren des Wertewandels.

All diese Hypothesen beleuchten jeweils einen Aspekt des Geschehens. Sie schließen einander keineswegs aus, vielmehr ergänzen bzw. überschneiden sie einander. Nimmt man jene Hypothesen zusammen, die sich auf objektive Strukturen und psychische Prozesse konzentrieren, so kommt man zu einer umfassenderen Hypothese: Wertewandel als Veränderung auf hoch abstrahierter Ebene, als „Passung" von Verhaltensdispositionen mit den Bedingungen einer veränderten sozialen und ökonomischen Umwelt.

3. Werte und internationales Management: vergleichende Untersuchungen

Veränderte Ansprüche an die Arbeit, an denen sich die Diskussion um den Wertwandel entzündet hatte, sind kein spezifisch deutsches Phänomen. Sie zeigen sich lediglich in der alten Bundesrepublik Deutschland besonders deutlich. In diesem Abschnitt sollen beispielhaft einige Untersuchungen zusammengefasst werden, die in Bezug auf arbeitsbezogene Werthaltungen und Einstellungen in verschiedenen meist westeuropäischen Ländern, in den USA und, seltener, in Japan durchgeführt wurden.

3.1 Berufsorientierung (Stengel & von Rosenstiel)

Bereits in den fünfziger Jahren des letzten Jahrhunderts hatte Dubin (1956) Berufstätige danach unterschieden, ob ihre zentralen Lebensinteressen eher im Arbeits- oder Freizeitbereich lagen (Dubin, 1956). Später grenzte Dubin drei Gruppen gegeneinander ab (Dubin & Goldmann, 1972; Dubin, Champoux & Porter, 1975):

- *job oriented:* Personen, deren zentrale Lebensinteressen (*central life interests* – CLI) im Arbeitsbereich lagen,
- *non-job oriented:* Personen, deren zentrale Lebensinteressen im Freizeitbereich lagen und
- *flexible oriented:* Personen, die ihre Lebensinteressen auf beide Bereiche verteilten.

Kultur- oder sozialisationsspezifische Einflüsse hinsichtlich der Entwicklung von zentralen Lebensinteressen sind kaum untersucht worden. Allerdings gibt es Hinweise, dass zwischen Japanern, Amerikanern und Engländern große Unterschiede im Hinblick auf den Arbeitsbereich bestehen (Morrow, 1983).

In Anlehnung an Dubin entwickelten Stengel und von Rosenstiel (1985) das Konzept der Berufsorientierung. Verschiedene Lebenspläne (Szenarien) mit hoher Auftretenswahrscheinlichkeit werden knapp skizziert vorgegeben, um neben einer Klassifikation der zentralen Ziele einer Person ihr Engagement für zunächst fremd gesetzte Ziele zu erfassen. Folgende drei Szenarien werden vorgegeben:

- *Karriereorientierung:* Der berufliche Aufstieg ist zentrales Lebensinteresse.
- *Freizeitorientierung:* Berufliche Arbeit wird als Mittel zum Zweck gesehen, um zentrale Lebensinteressen, die in der Freizeit liegen, zu befriedigen.
- *alternatives Engagement:* Die Bereitschaft, sich – auch in der beruflichen Arbeit – zu engagieren, ist groß, jedoch nur dann, wenn damit auch zugleich eigene Ziele erreicht werden können.

Verschiedene Personengruppen wurden miteinander verglichen: Personen in unterschiedlichen Lebensphasen, aus unterschiedlichen Ländern, aus unterschiedlichen Berufsgruppen. Schließlich wurden Veränderungen von Personengruppen über die Zeit hinweg verfolgt.

Ein Vergleich von zwei immer wieder untersuchten Gruppen mit einem repräsentativen Bevölkerungsquerschnitt zeigt, dass dieses Konstrukt nicht invalide ist, d.h. mit dem beruflichen Status der Personen kovariiert (Tabelle 1).

Offen bleibt zunächst allerdings, ob die Verteilung eine Folge von Selektions- oder Sozialisationseffekten ist: Übertragen Unternehmen nur jenen Personen Führungsverantwortung, die eine entsprechende Einstellung haben, oder wachsen sie erst in ihre neue Position hinein, unabhängig von ihrer Ausgangsorientierung? Empirische Evidenz spricht für beide Vermutungen.

Wer glaubt, daß er sich in der Organisation als Führender für Ziele einsetzen muß, zu denen er innerlich ja sagen kann, der wird auch lieber in eine Führungsposition aufsteigen und höhere Bereitschaft zeigen, die Opfer auf sich zu nehmen, die eine Karriere mit sich bringen. (v. Rosenstiel, 1993, S. 64)

Tabelle 1: Berufsorientierungen verschiedener Bevölkerungsgruppen in Prozent (nach v. Rosenstiel, 1993, S. 75)

Orientierung	Repräsentativer Bevölkerungsquerschnitt	Führungsnachwuchs (Studenten)	Führungskräfte (1982-1986)	Führungskräfte (1987-1991)
Karriereorientierung	24	28	74	78
Freizeitorientierung	49	32	8	6
Alternatives Engagement	25	38	16	14

Wie wirken sich der kulturelle Hintergrund bzw. die Sozialisationsbedingungen auf die zentralen Lebensinteressen aus? Zwei Beispiele sollen Hinweise zur Beantwortung dieser Frage geben.

Zunächst werden in Abbildung 1 drei Gruppen von Angestellten aus dem *High-Tech*-Bereich in den USA, Japan und der Bundesrepublik (vor 1990) verglichen. Die Verteilungen der beiden Gruppen verhalten sich spiegelbildlich zueinander: Sowohl die Karriereorientierung als auch das „alternative Engagement" sind in den USA höher als in der alten Bundesrepublik Deutschland. Hier sieht man berufliche Arbeit eher als instrumentell zur Realisierung von Lebenszielen, die außerhalb der Berufswelt liegen. Darin spiegeln sich Unterschiede im kulturellen und sozialpolitischen Hintergrund: Das viel strapazierte protestantische Arbeitsethos und die geringere soziale Absicherung in den USA zeigen offensichtlich ihre Wirkung. Man ist – gewissermaßen von innen und von außen – gezwungen, sich stark zu engagieren. Dies hat zur Folge, dass man wesentlich weniger Zeit hat, sich um außerberufliche Dinge zu kümmern (vgl. Beerman & Stengel, 1992).

Unerwartet hoch ist der Anteil alternativ Engagierter in Japan; unerwartet niedrig dagegen der Anteil Karriereorientierter. Man kann darin ein latentes Konfliktpotenzial bezogen auf die Ziele der großen Wirtschaftskonzerne sehen.

Der Stellenwert, den man beruflicher Arbeit zugesteht, ist in den drei Ländern unterschiedlich: In Deutschland sieht man sie häufig als Mittel zur Realisierung von Lebenszielen, die außerhalb der Arbeit liegen. Überdies betonen die Deutschen in vergleichbaren Umfragen eher ihre Rechte, während Arbeit für US-Amerikaner etwas nicht weiter zu Hinterfragendes ist.

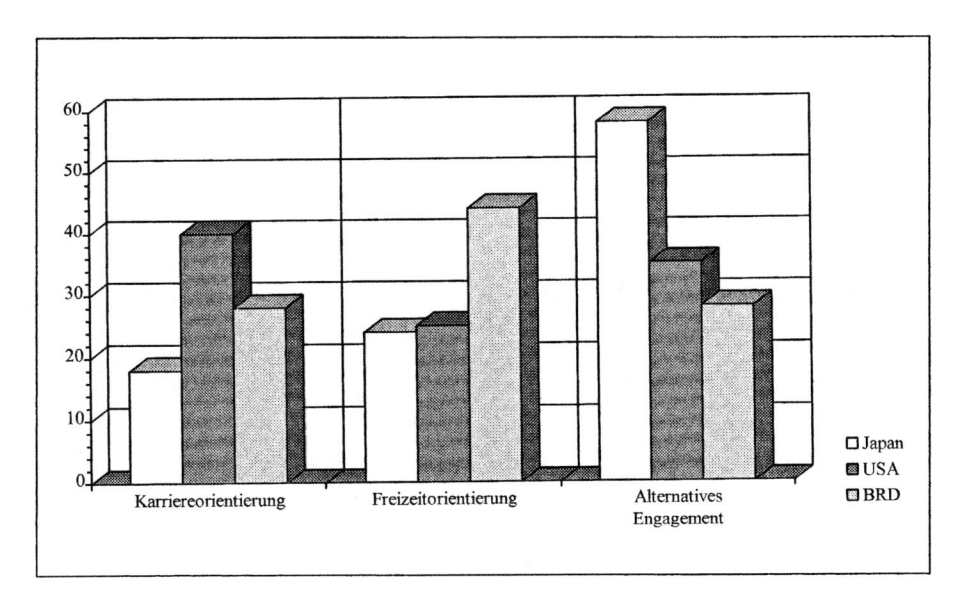

Abbildung 1: Vergleich der Verteilungen der Berufsorientierung zwischen Angestellten in den USA, Japan und der Bundesrepublik Deutschland (Marten-Grubinger & Stengel, 1995)

Wie unterscheiden sich Personen in drei Ländern mit ähnlichem kulturellem Hintergrund, aber in unterschiedlichen Lebensphasen bzw. in unterschiedlichen beruflichen Positionen? Wir haben Führungs- und Führungsnachwuchskräfte in der ehemaligen Bundesrepublik, Österreich und der Schweiz befragt. Diese Gruppen wuchsen zwar vor einem ähnlichen kulturellen Hintergrund auf, waren aber dennoch jeweils unterschiedlichen Sozialisationsbedingungen ausgesetzt. Abbildung 2 vergleicht die Berufsorientierungen der verschiedenen Gruppen.

Die Graphik zeigt, dass bei den oberen und mittleren Führungskräften die Karriereorientierung dominiert. Es erscheint plausibel, dass Personen, die bereits Karriere gemacht haben, auch eine ausgeprägte Karriereorientierung besitzen. Offen muss allerdings bleiben, ob diese Orientierung Ursache oder Folge der Karriere ist. Eine Interpretation im Sinne der Sozialisationshypothese Ingleharts wäre die, dass diese Personengruppen unter anderen sozioökonomischen Bedingungen aufwuchsen als der heutige Führungsnachwuchs und daher anderen Zielvorstellungen zuneigen.

In der Tat zeigen sich deutliche Zusammenhänge zwischen der Berufsorientierung und einem dem Inglehart-Index vergleichbaren „Postmaterialismus-Index" (vgl. v. Rosenstiel & Stengel, 1987): Über alle untersuchten Gruppen hinweg neigen karriereorientierte Personen am wenigsten postmaterialistischen Zielen zu.

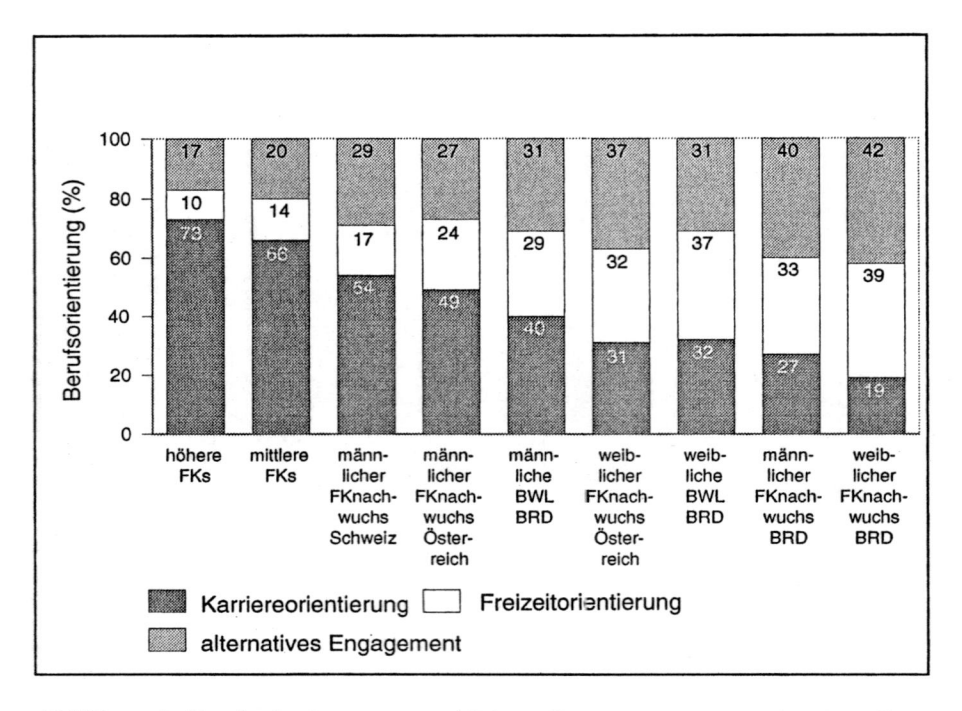

Abbildung 2: Berufsorientierungen verschiedener Personengruppen aus der ehemaligen Bundesrepublik, Österreich und der Schweiz (Stengel & v. Rosenstiel, 1985)

3.2 Materialismus/Postmaterialismus – Modernisierung/ Postmodernisierung (Inglehart)

Inglehart (1977, 1985, 1989) untersuchte in mehreren westlichen Industrieländern über Jahre hinweg bestimmte Wertebereiche. Als Grundlage dienten ihm hierbei unter anderem zwei Listen von so genannten *materialistischen* und *postmaterialistischen* Werten oder Zielen (die Bezeichnungen mögen nicht sehr glücklich gewählt sein; ihrer weiten Verbreitung wegen werden sie hier beibehalten). Inglehart ging in Anlehnung an die populäre, aber empirisch nicht gestützte so genannte „Bedürfnispyramide" von Maslow (1954) davon aus, dass mit steigendem Wohlstand die Grundmotive der Menschen befriedigt sind und sie nach der Erfüllung „höherer" Bedürfnisse streben. Als „materialistische" Ziele wurden vorgegeben:

- wirtschaftliches Wachstum
- Förderung des technischen Fortschritts
- Steigerung des Gewinns
- Stabilisierung unserer Gesellschaftsstruktur.

Als „postmaterialistische" Ziele wurden dagegen vorgegeben:

- Erhaltung der Umwelt

- Entwicklung der „Dritten Welt"
- Förderung der Persönlichkeitsentwicklung von Mitarbeitern
- Sicherung von Arbeitsplätzen.

Im Jahr 1973 benutzte Inglehart eine Liste von zwölf Werten in den (damaligen) neun Mitgliedsländern der Europäischen Gemeinschaft und in den USA. (Seither wurden neben weiteren europäischen Ländern auch außereuropäische Länder wie Kanada, Australien und Japan mit einbezogen.) Inglehart bildete auf der Grundlage der Antworten zu dieser Liste vier Gruppen:

- *Materialisten:* Personen mit ausschließlich materialistischen Werten
- *gemischt materialistisch:* Personen mit vorwiegend materialistischen Werten
- *gemischt postmaterialistisch:* Personen mit vorwiegend postmaterialistischen Werten
- *Postmaterialisten:* Personen mit ausschließlich postmaterialistischen Werten

Inglehart verfolgte Wandlungstendenzen dieser Gruppen über die Zeit hinweg. Während beispielsweise vom Beginn bis zum Ende der siebziger Jahre des letzten Jahrhunderts in der Bundesrepublik und Großbritannien der Anteil der Materialisten stetig abnahm, in Italien ebenso stetig zunahm, blieb er in den meisten anderen Ländern (Benelux-Länder, USA) nahezu konstant (allerdings beruhen diese Zahlen auf einer Kurzform der Befragung mit nur vier Werten). Im Vergleich dazu veränderte sich der Anteil der Postmaterialisten kaum. Soweit wäre es also nicht gerechtfertigt, von einem Wertewandel zu sprechen. Einen Wandel entdeckte Inglehart erst, als er die Daten altersspezifisch analysierte (vgl. Inglehart, 1985).

	1970		1989	
	Materialisten	Postmaterialisten	Materialisten	Postmaterialisten
Deutschland	45%	10%	18%	22%
Frankreich	40%	10%	25%	20%

Tabelle 2: Veränderungen der Anteile von Materialisten und Postmaterialisten in Deutschland und Frankreich nach Inglehart (Quelle: v. Rosenstiel, 1993)

In einer weiteren Befragungswelle von 1979 bis 1989 kam Inglehart u.a. zu dem Ergebnis, dass in der betrachteten Zeit tatsächlich der Anteil der Materialisten in der Bevölkerung abgenommen, derjenige der Postmaterialisten zugenommen hatte. Allerdings unterschieden sich die einzelnen Länder in der Wandlungsdynamik. Als Beispiele seien die Daten aus Deutschland und Frankreich herangezogen (Tabelle 2). Der Anteil der Materialisten war innerhalb von 19 Jahren in Deutschland um etwa 60 Prozent zurückgegangen, in Frankreich um nur rund 40 Prozent. In beiden Ländern hatte sich der Anteil der Postmaterialisten in diesem Zeitraum etwa verdoppelt.

Eine weitere, 1997 in den USA und 1998 in Deutschland veröffentlichte Studie ging u.a. der Frage nach, inwieweit sich die Wertorientierungen der Bürger weltweit angeglichen haben (Inglehart, 1998). Als Basis diente dabei der *Welt-Werte-Survey*, der heute Wertorientierungen der Bürger aus 61 Staaten aus allen sechs Kontinenten umfasst.

Die empirische Analyse dieser Daten ergab zwei unabhängige Dimensionen, die Inglehart mit „Modernisierungsdimension" und „Postmodernisierungsdimension" bezeichnete. Endpunkte der Modernisierungsdimension sind einerseits das religiös-traditionale Wertemuster und andererseits das säkular-rationale Wertemuster. Die Postmodernisierungsdimension wird begrenzt auf der einen Seite durch hohe Wertschätzung der Lebensqualität und subjektives Wohlbefinden, auf der anderen Seite durch das Bedürfnis nach Absicherung der Grundbedürfnisse.

Die beiden Dimensionen konnten für alle drei Erhebungszeitpunkte des Welt-Werte-Survey nachgewiesen werden, was für ihre Stabilität spricht. Beide Dimensionen stehen in Zusammenhang mit der wirtschaftlichen Entwicklung der Länder: So korreliert beispielsweise gesellschaftlicher Wohlstand positiv mit einer hohen Ausprägung von säkular-rationaler Wertorientierung.

Inglehart stellte die These auf, nicht die USA werden die Speerspitze der kulturellen Veränderungen sein, sondern eher die nordeuropäischen Länder. Die USA besitzen für eine der reichsten Nationen der Welt erstaunlich traditionelle Werte. In den nordeuropäischen Ländern waren der Wandel der Geschlechterrollen, die Toleranz gegenüber anderen Formen menschlicher Sexualität oder die Einstellung zum Umweltschutz – allesamt Wertorientierungen, die zum Postmodernismus gerechnet werden – früher zu beobachten. Inglehart spricht von der „Schwedenisierung" der Welt (Inglehart, 1998).

Wir haben von Periodeneffekten gesprochen, die man nicht systematisch herbeiführen oder beobachten kann. Im vergangenen Jahr gab es mit der Zerstörung der Zwillingstürme in New York ein Ereignis in den USA, das die Chance hatte, mit Hilfe der Medien zum Auslöser eines solchen Periodeneffektes zu werden. Wir haben kurz vor Drucklegung dieser Auflage eine Befragung bei Studenten durchgeführt, die mit jenen vergleichbar sind, die wir auch in den 1990er Jahren befragt haben: Alle wollen sich durch ihr Studium für eine spätere Führungsposition in der Wirtschaft qualifizieren.

Als Vorlage haben wir die erweiterte Liste von Inglehart verwendet, in der folgende politischen Ziele vorgegeben wurden:

- Ruhe und Ordnung
- Mehr Mitsprache der Bürger
- Kampf gegen steigende Preise
- Schutz der freien Meinungsäußerung
- Wirtschaftswachstum
- Stärkere Landesverteidigung

- Mehr Mitbestimmung
- Verschönerung der Umwelt
- Mehr wirtschaftliche Stabilität
- Verbrechensbekämpfung
- Eine freundliche, weniger unpersönliche Gesellschaft
- Eine Gesellschaft, der Geist und Ideen wichtiger sind als Geld

Abbildung 3 zeigt die zum Teil erheblichen Unterschiede in den Zielen der Studierenden zu den unterschiedlichen Befragungszeitpunkten.

Selbstverständlich kann man die Unterschiede nicht allein auf den Vorfall in New York zurückführen. Auch andere weniger spektakuläre Ereignisse können die Ergebnisse beeinflusst haben. Und neben Periodeneffekten ist auch ein schwacher Kohorteneffekt denkbar, immerhin liegt zwischen den beiden Befragungszeitpunkten ein Zeitraum von fast 10 Jahren. Dennoch gehen die Unterschiede in eine Richtung, die auf einen dominanten Periodeneffekt schließen lässt: Allein die Bedeutung der Verbrechungsbekämpfung hat sich nahezu verdreifacht. Allerdings ist dies auch beim Wirtschaftwachstum der Fall. Aber auch hier wird man einen Periodeneffekt am Werk vermuten: Unübersehbar ist der Einfluss weltweiter ökonomischer Rezession.

Zusammenfassend ist der Umschwung hin zu materialistischer ausgerichteten Werthaltungen unübersehbar. Die heutige Nachwuchs hat sich in seinen Werthaltungen jenem der Führungskräfte (genauer: den Führungskräften der 1990er Jahre angenähert; neueste Daten von Führungskräften aus dem Jahr 2002 liegen noch nicht vor). Wegen des relativ weiten Befragungsintervalls ist, wie gesagt, nicht zu entscheiden, ob die Tendenz zum Postmaterialismus endgültig gebrochen ist oder ob ein singulärer Periodeneffekt eingetreten ist, dessen Wirkung sich im Laufe der Zeit wieder abschwächen wird.

3.3 Identifikationsbereitschaft (Stengel & von Rosenstiel)

Von der Unterteilung in materialistische und postmaterialistische Ziele angeregt, operationalisierten Stengel und von Rosenstiel (1985) das Konstrukt der Identifikationsbereitschaft. Wie werden die von großen Organisationen verfolgten Ziele vom Einzelnen erlebt? Welche Ziele werden in den Augen des Individuums von den Organisationen verfolgt („Ist-Ziele"), welche sollten verfolgt werden („Soll-Ziele")? Die Diskrepanz von Ist und Soll bildet die Grundlage des Konzepts. Wir beschränken uns deshalb hier auf drei Vergleiche:

- Zwischen Führungs- und Nachwuchskräften,
- zwischen Führungsnachwuchs in der alten Bundesrepublik, Österreich und der Schweiz einerseit
und
- zwischen Angestellten in den USA und der alten Bundesrepublik andererseits.

(1) In der Wahrnehmung aller Gruppen von Befragten geht es den Unternehmen in erster Linie um wirtschaftliches Wachstum, Steigerung des Gewinns und Förde-

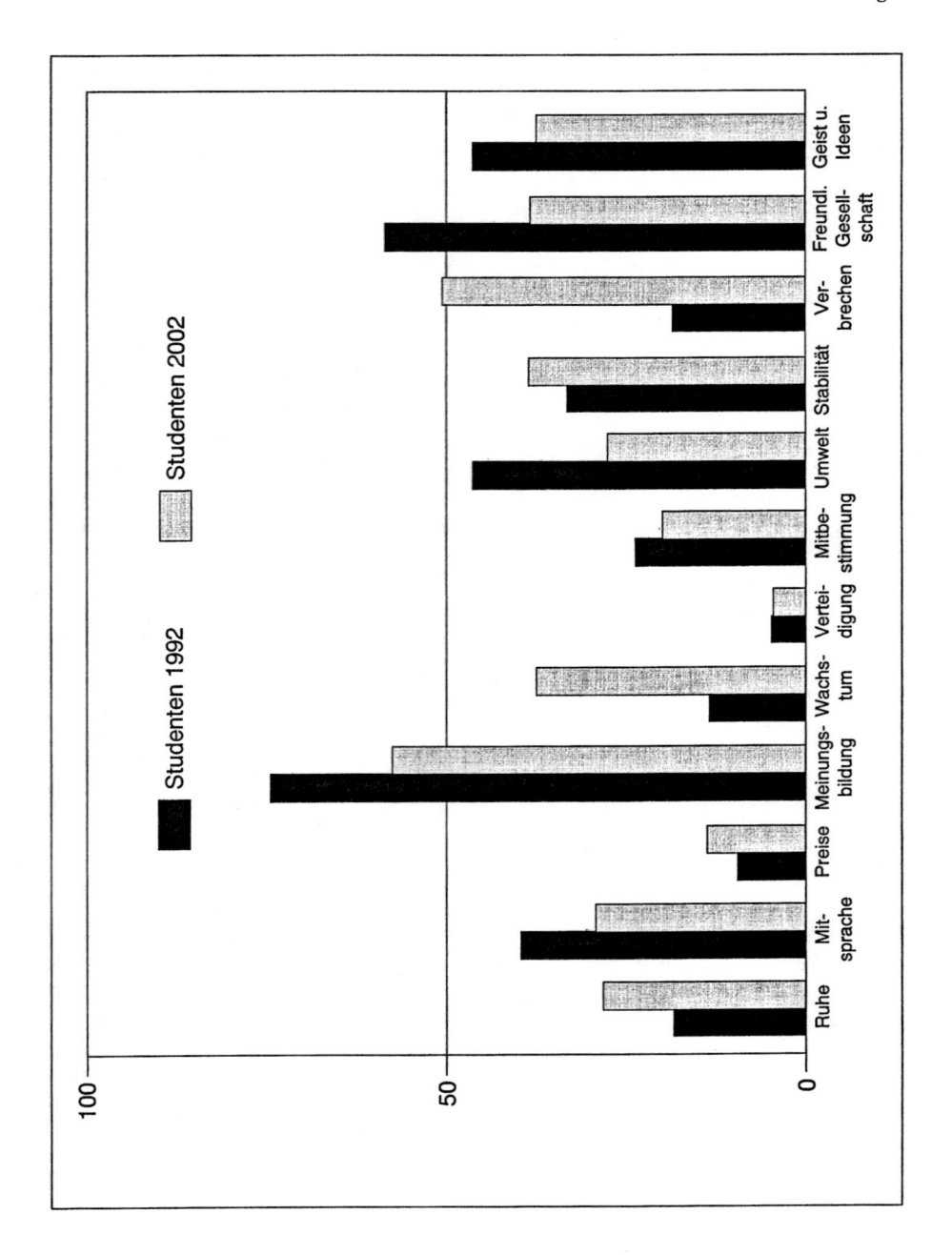

Abbildung 3: Politische Ziele von Studierenden wirtschaftsnaher Studiengänge 1992 und 2002

rung des technischen Fortschritts (vgl. Abb. 4). Nach Meinung aller Befragten sollte jedoch die Sicherung von Arbeitsplätzen und die Erhaltung der Umwelt im Mittelpunkt stehen. Allerdings wird der Erhaltung der Umwelt zum gegenwärtigen Zeitpunkt weit weniger Gewicht zugemessen als in den 90er Jahren, jedenfalls vom Nachwuchs. Für diesen hat sich dafür die Bedeutung des Wirtschaftswachstums nahezu verdreifacht. Dies kann zusammen mir der fast verdoppelten Forderung nach Stabilisierung der Gesellschaftsstruktur als Hinweis auf einen Periodeneffekt gedeutet werden.

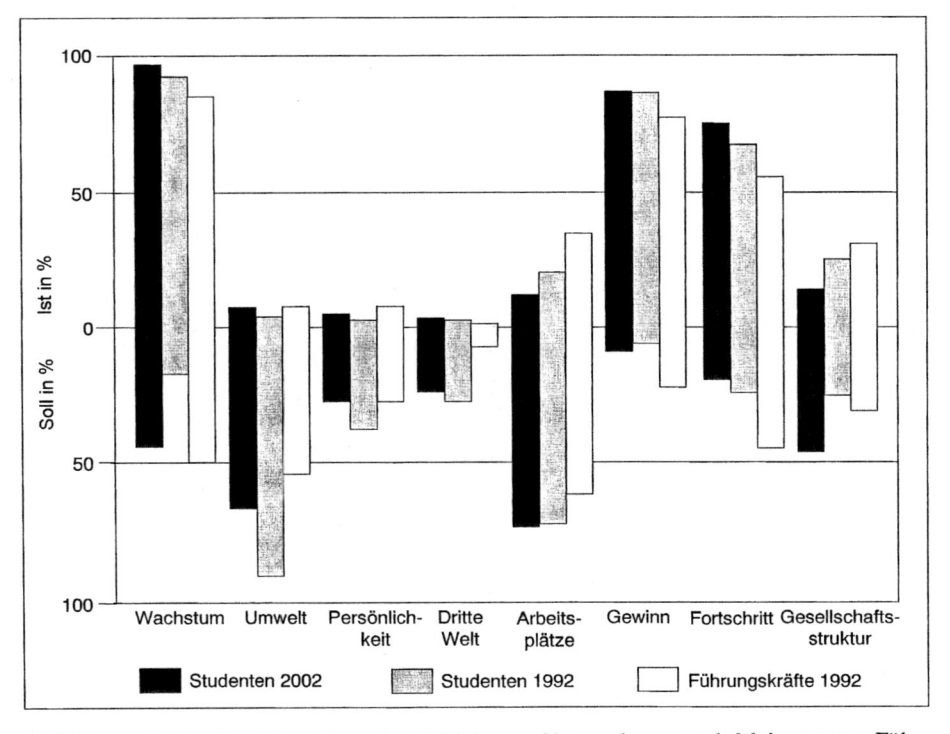

Abbildung 4: Vergleich der Ist- und Soll-Ziele von Unternehmen nach Meinung von Führungskräften und Studierenden

Generell erkennt man in der Abbildung 4 eine Tendenz der Studierenden hin zu den Sichtweisen der Führungskräfte. Noch zu Beginn der 90er Jahre hatte sich bei Führungskräften eine Tendenz weg von materialistischen Forderungen abgezeichnet. Diese Tendenz hat sich beim Nachwuchs mittlerweile umgekehrt. Man wird sehen müssen, ob sich auch bei Führungskräften diese Umkehrung nachweisen lässt.

(2) Abbildung 5 vergleicht die Ist- und Soll-Vorstellungen von deutschen, österreichischen und schweizerischen Nachwuchskräften. Wir beschränken uns der besseren Vergleichbarkeit wegen auf männliche Studierende der Betriebswirtschaft.

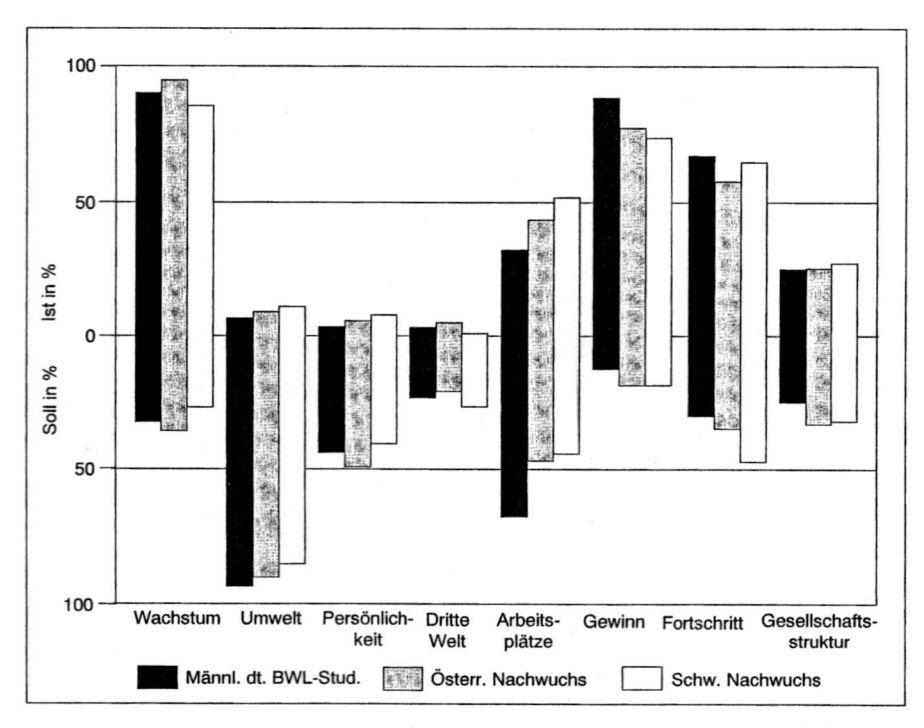

Abbildung 5: Ist- und Soll-Ziele bei männlichen Studierenden der Betriebswirtschaftslehre aus der ehemaligen Bundesrepublik, Österreich und der Schweiz (Stengel & v. Rosenstiel, 1985)

Während bei anderen Gruppen in der Regel die Unterschiede in den Wahrnehmungen der Ist-Ziele gering waren, die Forderungen, die sich in den Soll-Zielen ausdrückten, dagegen recht stark differenziert, unterschieden sich diese Gruppen auch in der Wahrnehmung der von Organisationen verfolgten Ist-Ziele. Der deutsche Nachwuchs hebt sich deutlich von den Kollegen ab: Nach seiner Meinung sind die Organisationen – man kann annehmen, jene in der alten Bundesrepublik – stark gewinnorientiert, auf Arbeitsplatzsicherung wird dagegen weniger Wert gelegt. Die Soll-Forderungen verhalten sich dazu gegenläufig.

Für ihre zukünftige Rolle in der Führungsverantwortung bedeutsam erscheint den Nachwuchskräften die gewaltige Kluft zwischen dem Ist und dem Soll beim Umweltschutz. Hier unterscheiden sich die drei Gruppen weder in der Ist-Wahrnehmung noch in der Soll-Forderung. Dem Umweltschutz wird durchgehend die relativ höchste Priorität eingeräumt, die Realität wird als von dieser Idealforderung weit entfernt erlebt. Dies weist auf künftige Konflikte hin, wenn diese Gruppen in die Organisationen eintreten.

(3) Zwischen den USA und der alten Bundesrepublik könnte man noch deutlichere Unterschiede – sowohl in der Wahrnehmung als auch bei den Forderungen –

Werte im interkulturellen Vergleich 39

erwarten. Wie diese bei Angestellten der *High-Tech*-Branche ausgeprägt sind, zeigt Abbildung 6.

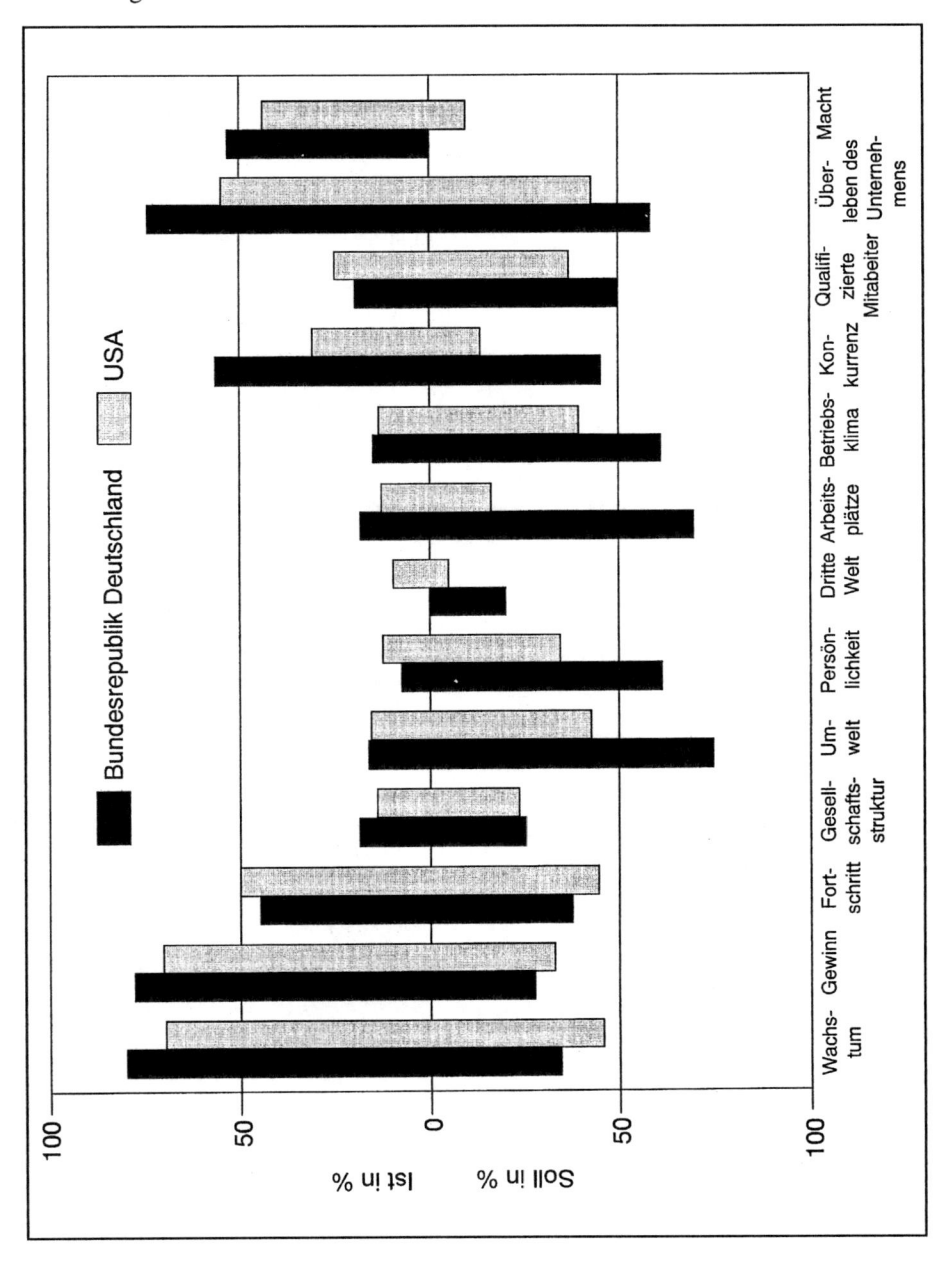

Abbildung 6: Vergleich von Ist- und Soll-Zielen bei Angestellten aus den USA und der ehemaligen Bundesrepublik (Beerman & Stengel, 1992)

In diesen Vergleich wurden fünf weitere Ziele aufgenommen, von denen man annehmen konnte, dass sie besonders gut zwischen den beiden hier verglichenen Ländern differenzieren würden:

- gutes Betriebsklima
- internationale Konkurrenzfähigkeit
- Qualifikation der Mitarbeiter im Betrieb
- Überleben des Unternehmens
- Streben nach Macht

Vor allem Ziele aus dieser Gruppe werden unterschiedlich wahrgenommen: So erleben die befragten Angestellten eines wirtschaftlich zwar starken, aber im Vergleich mit den USA kleinen Landes wie der alten Bundesrepublik den Wettbewerb intensiver und fordern auch vergleichsweise stärker, dass die Unternehmen sich darum kümmern sollten.

Bei den acht Standardzielen von Inglehart lassen sich die materialistischen Ziele deutlich von den postmaterialistischen abgrenzen: Während in den USA materialistische Unternehmensziele stärker gefordert werden als in der alten Bundesrepublik, verhält sich dies bei den postmaterialistischen Zielen gerade umgekehrt. Angestellte in der alten Bundesrepublik fordern hier ein wesentlich höheres Engagement der Organisationen. Wieder dominiert der Umweltschutz, gefolgt von der Sicherung der Arbeitsplätze.

Aggregiert man alle zu einer Kategorie gehörigen Ziele, so verdichten sich die Unterschiede, wie dies in Abbildung 7 dargestellt ist.

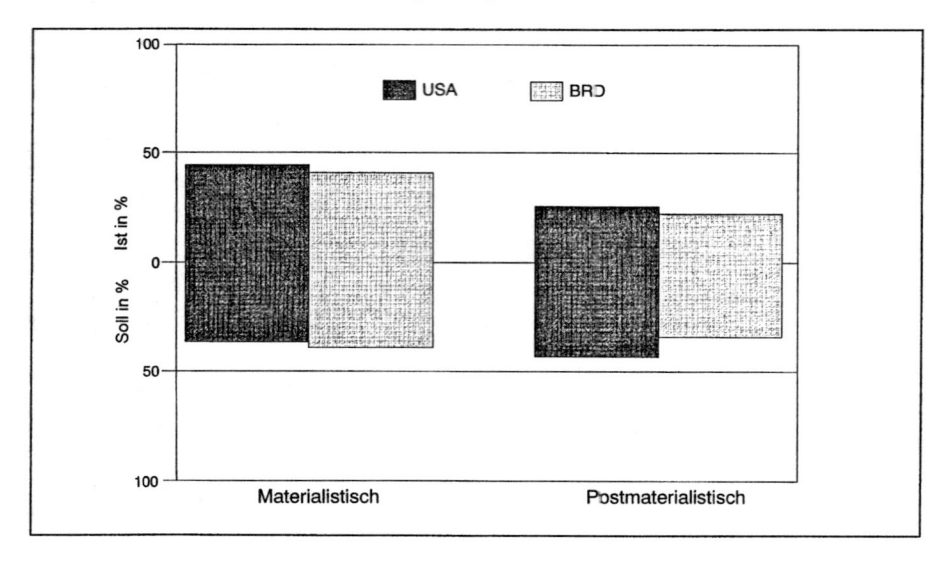

Abbildung 7: Vergleich der aggregierten materialistischen und postmaterialistischen Ist- und Soll-Ziele zwischen den USA und der alten Bundesrepublik Deutschland (Beerman & Stengel, 1992)

Hier zeigen sich ganz deutlich die vergleichsweise geringen Unterschiede in der Wahrnehmung jener Unternehmensziele, die in der Realität verfolgt werden. Vor allem wird klar gesehen, dass in beiden Ländern postmaterialistische Ziele weit weniger häufig verfolgt werden als materialistische; demgegenüber fordert man jedoch vor allem in der alten Bundesrepublik, dass sie wesentlich stärker verfolgt werden sollten.

Dies weist – und jetzt nicht nur bei den potenziellen Führungskräften – auf ein hohes Konfliktpotenzial hin: In allen bisher untersuchten Ländern zeichneten sich Diskrepanzen ab zwischen den Zielen, nach denen in Unternehmen noch mehrheitlich gehandelt wird und jenen Zielen, die von gegenwärtigen und zukünftigen Mitgliedern für verfolgenswert gehalten werden. Beachtenswert dabei ist vor allem der Umstand, dass auch bei Führungskräften in hierarchisch hohen Positionen – die also die Ziele der Organisationen nach innen und nach außen vertreten sollen – entsprechende Diskrepanzen bestehen.

Geht man bei der Aggregation noch einen Schritt weiter, so erhält man als Maß für diese Diskrepanz die *Identifikationsbereitschaft*. Sie kann theoretisch variieren zwischen -6 und +6. Ein Wert von -6 würde bedeuten, dass die Organisationen in den Augen der Befragten nur materialistische Ziele verfolgen, aber ausschließlich postmaterialistische verfolgen sollten. Dies würde eine minimale Identifikationsbereitschaft signalisieren. Ein Wert von 0 indiziert maximale Identifikationsbereitschaft: Die Wahrnehmung der Realität entspricht dem Idealbild. Ein positiver Wert (in der Praxis kommen keine Werte höher als +2 vor) wäre als Hinweis auf Kritik an Unternehmenszielen aus konservativer Sicht zu deuten: Die Unternehmen werden als zu permissiv und sozial kritisiert. Sie hätten ihre eigentlichen ökonomischen Ziele aus den Augen verloren.

Dieser Index – als Maß für die wahrgenommene Diskrepanz zwischen den Ist- und Soll-Zielen – differenziert wiederum gut zwischen den einzelnen Gruppen von Personen: Beispielsweise ist diese Diskrepanz bei den *High-Tech*-Angestellten in der Bundesrepublik beinahe dreimal so groß (-2.85) wie bei ihren Kollegen in den USA (-1.07).

Aus diesen Ergebnissen ließe sich schließen, dass auch die Bindung an die Organisation in den USA stärker ist als in der alten Bundesrepublik. Dies trifft zu. In den USA fühlten sich in den Jahren 1982/83 immerhin 44 Prozent der Beschäftigten mit ihrer Firma oder Dienststelle sehr verbunden, in der alten Bundesrepublik lediglich 29 Prozent.

Im Rahmen der international vergleichenden Studie „Jobs in the 80s" wurden überdies die Bindung an den Beruf – die theoretisch von der Bindung an die Organisation zu trennen ist – und die Bedeutung der Arbeit im Lebenszusammenhang erfasst (vgl. Noelle-Neumann & Strümpel, 1984). Als Beispiel seien in Tabelle 3 die Ergebnisse hinsichtlich der Antworten auf die folgende Frage dargestellt:

„Hier unterhalten sich zwei über ihre Arbeit. Welcher von beiden sagt eher das, was auch Sie denken?"

1. „Ich setze mich in meinem Beruf ganz ein und tue oft mehr, als von mir verlangt wird. Der Beruf ist mir so wichtig, dass ich ihm vieles opfere."

2. „Ich tue bei meiner Arbeit das, was von mir verlangt wird, da kann mir niemand etwas vorwerfen. Aber dass ich mich darüber hinaus noch besonders anstrengen soll, sehe ich nicht ein. So wichtig ist mir der Beruf nun wieder nicht."

Tabelle 3: Vergleich der Bindung an den Beruf (auch als Arbeitsethik bezeichnet) in verschiedenen Ländern (nach Noelle-Neumann & Strümpel, 1984, S. 110)

Arbeitsethik	BRD	USA	Israel	Schweden	Großbrit.
1. Antwort	42	68	79	56	66
2. Antwort	41	24	18	36	30

Auch die Bindung an den Beruf ist also bei den Bundesdeutschen schwächer ausgeprägt als bei Arbeitnehmern aus den anderen Ländern, wobei weitere Befunde zeigten, dass insbesondere bei den jüngeren Altersgruppen und bei den Arbeitern die Berufsbindung in noch geringerem Ausmaß ausgeprägt ist. Auch hierin spiegeln sich höhere Ansprüche an die berufliche Arbeit wider.

3.4 „The Meaning of Work" (MOW)-Studie

Die Bedeutung der Arbeit im Lebenszusammenhang des Menschen war der zentrale Punkt in der 1982/83 durchgeführten, ebenfalls international vergleichenden Studie „The Meaning of Work (MOW)" (MOW International Research Team, 1986). Acht Länder nahmen daran teil, unter anderem die alte Bundesrepublik, Japan und die USA. Die *Work Centrality* wurde durch zwei Komponenten erfasst:

1. zum einen mit Hilfe einer siebenstufigen Antwortskala auf die Frage: „Wie wichtig und bedeutsam ist die Arbeit in Ihrem Leben?" (1: unwichtig, 7: sehr wichtig)

2. zum anderen mithilfe eines Nullsummenspiels: 100 Punkte waren auf fünf Bereiche zu verteilen – Arbeit, Freizeit, Gemeinschaft, Religion und Familie –, je nach der Wichtigkeit dieser Bereiche im Leben der Befragten.

Die Mittelwerte der ersten Komponente betrugen in der alten Bundesrepublik 4.93, in den USA 5.58 und in Japan 5.78. Von den 100 Punkten der zweiten Komponente verteilten die Deutschen 28 auf die Arbeit, die Amerikaner 34 und die Japaner 35. Auf die Freizeit entfielen bei den Deutschen 23 Punkte, in den USA 18 und in Japan 20 Punkte. Die beiden Komponenten wurden zu einem einzigen Index kombiniert. Die Durchschnittswerte dieses Index waren für Japan 7.78, für die USA 6.94 und für die Bundesrepublik 6.67.

Diese Rangreihe entspricht im Großen und Ganzen Ergebnissen anderer Studien, die sich mit der relativen Bedeutung verschiedener Lebensbereiche auseinander setzen (vgl. Hofstede, 1980; Howard, Shudo & Uneshima, 1983). In der wiederholt zitierten Befragung von High-Tech-Angestellten aus den USA und der alten Bundesrepublik bevorzugten die Deutschen weit mehr die Freizeit als die Arbeitszeit, zeigten auch ein positiveres Befinden während der Freizeit als die Amerikaner.

Wie werden Rechte und Pflichten in den einzelnen Ländern gesehen? Anhand von weiteren Daten aus der MOW-Studie zeigt sich, wie unterschiedlich Rechte und Pflichten in den einzelnen Ländern betont werden (Abb. 8)

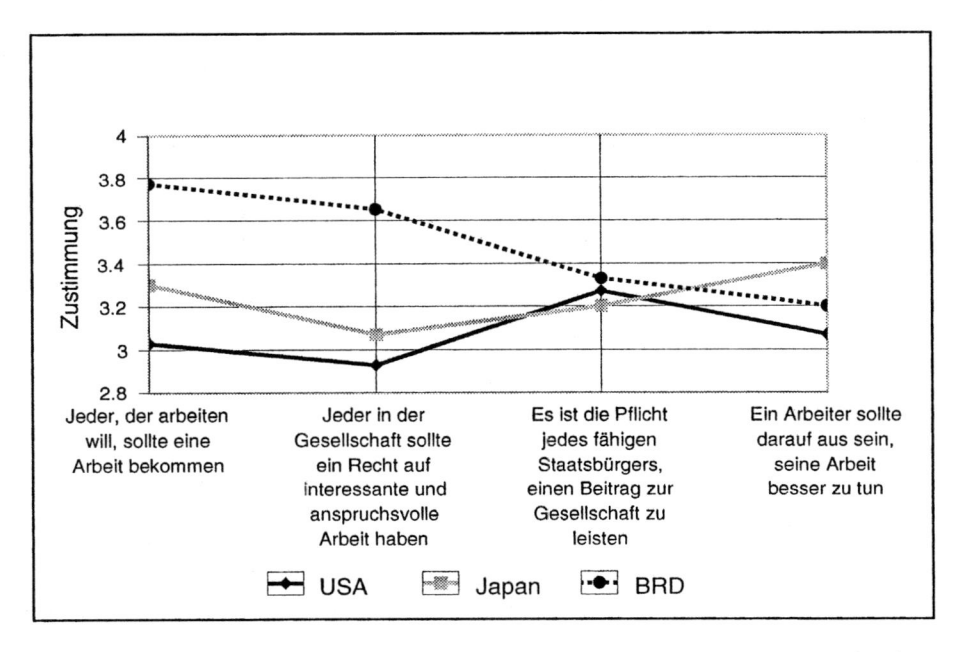

Abbildung 8: Wahrnehmung der Rechte und Pflichten bei der Arbeit im internationalen Vergleich (nach England, 1986, S. 14)

Abbildung 8 lässt erkennen, dass Arbeitnehmer in der ehemaligen Bundesrepublik Deutschland einerseits stärker ihre Rechte als ihre Pflichten bei der Arbeit betonen, andererseits ihre Rechte höher bewerten als beispielsweise Arbeitnehmer in den USA.

Eine aktuelle Studie der Business-School IMD (1997) erweiterte die MOW-Fragebögen und fand Folgendes über die sich wandelnden Werte bezüglich der Eigenschaft „Work-Centrality" heraus: Die Arbeitszeiten in Japan gingen zwischen 1990 und 1995 um 10 Prozent zurück. 43,5 Prozent der befragten Japaner sagten „Mir sind kürzere Arbeitszeiten lieber als eine Gehaltserhöhung."

Ein weiteres Ergebnis: 53 Prozent der Befragten sagten: „Ich will meine Arbeitszeit eher reduzieren und dafür meine Hobbys und meine freie Zeit ernster nehmen".

Zusammenfassend kann man all den zitierten Studien entnehmen, dass in den verschiedenen untersuchten Ländern durchaus unterschiedliche Werthaltungen und Einstellungen zur beruflichen Arbeit und den beschäftigenden Organisationen existieren. Der Versuch, diese Unterschiede zu erklären, würde den Rahmen einer psychologischen Arbeit sprengen (vgl. Hofstede, 1980; Kaplan, 1960; Whitely & England, 1977). Dazu sind zumindest ökonomische und soziokulturelle Parameter erforderlich. Die alleinige Berücksichtigung der jeweils individuellen Sozialisationsgeschichte, wie sie sonst bei psychologischen oder auch soziologischen Erklärungen von Differenzen in Einstellungen und Werthaltungen üblich ist, griffe hier zu kurz.

4. Konsequenzen des Wertewandels: Anforderungen an zukünftige Führungskräfte im internationalen und innereuropäischen Vergleich

Das weitaus Interessanteste im Rahmen eines Bandes über interkulturelles Management ist gewiss die Frage, wie sich veränderte Werte im alltäglichen Handeln bzw. den Erwartungen und Anforderungen an solches Handeln konkretisieren. Aus diesem Grunde wird an dieser Stelle ausführlich auf Anforderungen an (zukünftige) Führungskräfte im internationalen bzw. im innereuropäischen Vergleich eingegangen.

1989 veröffentlichte die internationale Unternehmensberatung Korn & Ferry zusammen mit der Columbia University eine Studie über die Eigenschaften des idealen Managers im Jahr 2000 (Korn & Ferry, 1989). Befragt wurden 1.508 Führungskräfte in 20 Ländern mithilfe eines Fragebogens, der in sechs Sprachen (Englisch, Französisch, Deutsch, Spanisch, Italienisch, Japanisch) vorlag. Hier sollen die Ergebnisse aus Europa (30 Prozent der Befragten) mit denen aus den USA (44% der Befragten) und Japan (drei Prozent der Befragten) verglichen werden (23% der Stichprobe kamen aus anderen Teilen der Welt).

Gefragt wurde nach der Einschätzung der zukünftigen Geschäftsentwicklung, dem Anforderungsprofil an obere Führungskräfte 1988 und im Jahr 2000 sowie nach der Aus- und Weiterbildung von Führungskräften im Jahr 2000.

Die Entwicklung im Umfeld und im Unternehmen wurde von den befragten Europäern zusammenfassend folgendermaßen gesehen:

- Qualitätsanforderungen wurden hier deutlich häufiger erwähnt als von den Führungskräften aus anderen Regionen.
- Die europäischen Führungskräfte fürchteten deutlich mehr um ausreichendes Kapital und qualifiziertes Personal als die Japaner.

- Insbesondere in Großbritannien und in Westdeutschland wurde eine Abnahme des Gewerkschaftseinflusses erwartet.
- Produkt-, Produktions-, Informations- und Kommunikationstechnologien wurden von allen Befragten als Faktor mit steigender Bedeutung gesehen. Allerdings wurde die Bedeutung von den Europäern und ganz besonders von Briten und Westdeutschen geringer eingeschätzt als im Rest der Welt.
- Auch alle anderen Umfeldeinflüsse wurden von den Europäern niedriger bewertet als von den anderen Befragten, bis auf den ausländischen Wettbewerb. Der wurde nur von den Japanern noch höher in der Bedeutung eingeschätzt.
- Firmenübernahmen schätzten Europäer als signifikante Bedrohung ein.
- 50 Prozent des Umsatzes erwarteten die Europäer von nicht-heimischen Märkten.
- Die europäischen Führungskräfte waren die am meisten international ausgerichteten.

Die Fragen zum Anforderungsprofil erfassten (1) den fachlichen Hintergrund, (2) Persönlichkeitseigenschaften und (3) den Managementstil von Führungskräften 1988 und im Jahr 2000 (vgl. Tab. 4).

Tabelle 4: Ergebnisse der Studie von Korn & Ferry über den idealen Manager im Jahr 2000 (nach: Korn & Ferry, 1989, S. 83)

Eigenschaften	Insgesamt		Europa		USA		Japan	
	1988	*2000*	*1988*	*2000*	*1988*	*2000*	*1988*	*2000*
Analytisches Denkvermögen	71,8	76,3	69,8	75,5	73,5	75,8	79,3	87,0
Loyalität	80,8	75,5	80,0	75,5	81,5	75,5	85,5	79,5
Kreativität	69,5	82,5	68,8	82,5	70,5	81,7	76,5	93,8
Intelligenz	79,3	84,0	77,3	82,0	82,3	86,0	78,3	79,5
Ethische Grundsätze	84,0	86,0	77,0	79,8	90,0	92,0	77,8	78,3
Konservative Einstellung	51,3	41,3	43,5	34,0	58,8	48,3	41,8	32,8
Planerisches Geschick	64,5	73,8	63,3	73,8	66,3	73,3	65,5	70,3
Fitness	66,0	74,0	67,0	74,3	65,5	73,3	80,3	87,3
Fähigkeit zur Teamarbeit	63,8	70,8	66,3	71,5	60,5	70,0	69,8	65,8
Risikofreude	63,8	73,0	64,5	71,5	64,0	74,3	71,8	82,3
Aufgeschlossenheit	70,5	81,0	73,3	80,0	67,8	80,3	80,8	92,8
Förderung von Mitarbeitern	70,8	81,7	69,8	81,7	69,8	81,0	77,3	85,0
Fähigkeit, Anregungen zu geben	69,5	84,3	69,8	84,3	69,0	84,3	78,3	82,7
Tatkraft	77,3	82,3	74,3	78,8	79,3	84,5	81,5	82,3
Begeisterungsfähigkeit	78,0	84,0	76,0	82,7	78,3	85,3	83,7	82,3
Summe	**1.061,2**	**1.150,5**	**1.040,7**	**1.127,4**	**1.077,1**	**1.165,6**	**1.127,9**	**1.181,7**

Relevanz-Grad: 0 = unwichtig; 100 = sehr wichtig

1988 wurde die Eigenschaft „konservative Einstellung" durchgängig am niedrigsten bewertet, für 2000 wird sie als kaum noch relevant angesehen, vor allem in Europa und in Japan.

Umgekehrt wurde und wird in den USA die Eigenschaft „ethische Grundsätze" als die wichtigste Eigenschaft betrachtet. In Europa und vor allem in Japan verlieren ethische Grundsätze bis zur Jahrtausendwende an Bedeutung; dort rutschten sie ins unterste Quartil.

Ähnlich an Bedeutung verliert auch die Eigenschaft „Loyalität"; sie hatte 1988 sowohl in Europa als auch in Japan oberste Priorität. Im Jahr 2000 wird auch sie einen der hinteren Ränge einnehmen.

Welche Fähigkeiten werden zur Jahrtausendwende die obersten Ränge einnehmen und damit (in Europa und in Japan) die Pflichtwerte „Loyalität" und „konservative Einstellung" ablösen? In Europa wird im Jahr 2000 die Fähigkeit, Anregungen zu geben, den ersten Rang einnehmen, in Japan Kreativität, die 1988 noch als ziemlich irrelevant angesehen wurde. In den USA werden ethische Grundsätze auch weiterhin den ersten Platz einnehmen. In Zeiten des scheinbar grenzenlosen wirtschaftlichen Wachstums, in denen (fast) alles dem Diktat des wirtschaftlichen Gewinns untergeordnet wird, beginnen auch Führungskräfte aus der Wirtschaft, die für diese Situation mitverantwortlich sind, nach den Grenzen dieses Handelns zu fragen. Welches Tun in der Wirtschaft ist ethisch vertretbar? Wie kann man das eigene Verhalten legitimieren? Orientierungslinien für wirtschaftliches Handeln in einer freien und offenen Gesellschaft werden gesucht (vgl. hierzu Gebert & Boerner, 1995).

In allen drei Regionen findet sich die Fähigkeit zur Teamarbeit 1988 und 2000 auf den hinteren Rängen; dies hätte man so nicht erwartet, vor allem, wenn man die Inhalte von Stellenangeboten großer Unternehmen im Auge hat, in denen gerade diese Fähigkeit gefragt ist.

Die Befragten wurden auch um ihre Einschätzung der Bedeutung von Persönlichkeitseigenschaften für den idealen Manager im Jahr 2000 gebeten. In Abbildung 9 ist der Prozentsatz derjenigen Befragten abgetragen, die die jeweilige Persönlichkeitseigenschaft für extrem wichtig hielten.

90 Prozent der befragten europäischen Manager gaben als sehr wichtige Persönlichkeitseigenschaften für den „Manager von morgen" Intelligenz und die Fähigkeit, Anregungen zu geben, an. Über 80 Prozent hielten es für sehr wichtig, dass zukünftige Manager ermutigend, begeisterungsfähig, kreativ, aufgeschlossen, tatkräftig und ethisch sind. Mehr als die Hälfte der befragten Europäer empfand Eigenschaften, wie analytisches Denken, körperliche Fitness, planerisches Geschick, Loyalität, Teamfähigkeit, Risikobereitschaft, Diplomatie, Intuition und Durchsetzungsfähigkeit als sehr wichtig. Geduld und Konservatismus hingegen waren nur für 34 Prozent bzw. acht Prozent der Befragten sehr wichtige Eigenschaften.

Werte im interkulturellen Vergleich

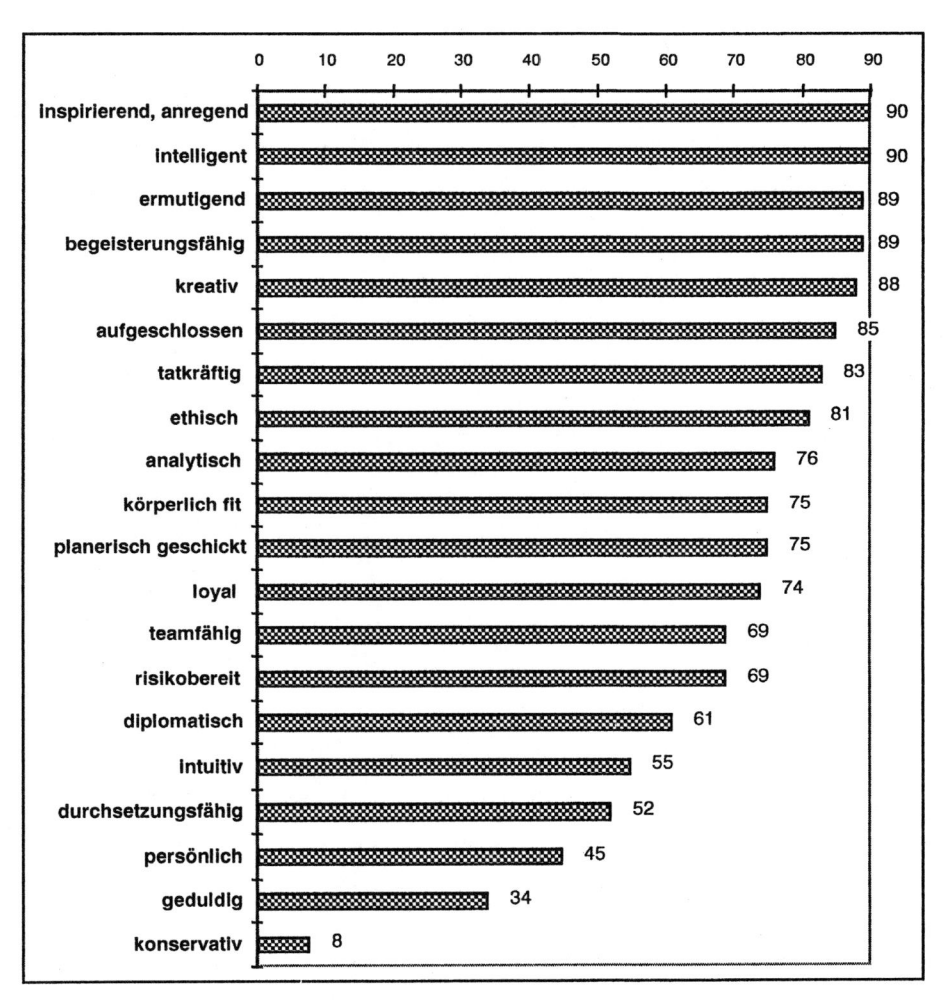

Eigenschaft	Prozent
inspirierend, anregend	90
intelligent	90
ermutigend	89
begeisterungsfähig	89
kreativ	88
aufgeschlossen	85
tatkräftig	83
ethisch	81
analytisch	76
körperlich fit	75
planerisch geschickt	75
loyal	74
teamfähig	69
risikobereit	69
diplomatisch	61
intuitiv	55
durchsetzungsfähig	52
persönlich	45
geduldig	34
konservativ	8

Abbildung 9: Die wichtigsten Persönlichkeitseigenschaften für Führungskräfte im Jahr 2000 nach Meinung europäischer Manager im Jahr 1988 in Prozent (nach Korn & Ferry, 1989, S. 89)

Mit dieser Studie haben die Unternehmensberatung Korn & Ferry und die Columbia University eine in der Praxis viel beachtete Arbeit vorgelegt. Vor allem ist es ihnen gelungen, in den untersuchten Gebieten jeweils eine beachtliche Zahl von Führungskräften oberer Hierarchieebenen zu befragen. Kritisch sind die Vergleiche zwischen den Regionen, da die Datenbasis regional unterschiedlich groß ist. So werden auch keine Aussagen über die Signifikanz der Ergebnisse gemacht.

Im Folgenden soll der Blickwinkel auf Europa eingeengt werden, das einen tief greifenden ökonomischen, politischen und sozialen Wandel durchmacht. Europa ist einer der heterogensten Binnenmärkte der Welt und von einer gemeinsamen europäischen Identität immer noch weit entfernt. So bestehen

- ungelöste ethnische und regionale Konflikte
- eine Vielzahl an Sprachen
- regionale und soziale Disparitäten
- Vorurteile und Stereotype
- nationale Rivalitäten
- unterschiedliche staatliche Rahmenbedingungen
- wechselseitige Unkenntnis (Institut für Interkulturelles Management, 1991).

Neue Unternehmensorganisationen werden erforderlich, ebenso neue Managementphilosophien und -instrumente. Es gilt, einerseits lokale Vorteile zu erhalten und diese andererseits europaweit nutzbar zu machen (de Koning, 1997).

Entwickelt sich damit auch ein europäischer Führungsstil, oder werden in Europa lediglich die amerikanischen und japanischen Vorbilder kopiert (vgl. Reber, Jabo, Auer-Rizzi & Szabo, 2001; Wills, 1996)? Gibt es überhaupt *die* europäischen Anforderungen an eine Führungskraft? „Euro-Management – gegenüber amerikanischem oder japanischem Management – gewinnt an Konturen. Seine innovativen Ansätze im Hinblick auf Unternehmensstrategie, Organisationsstrukturen und operationale Konzepte erklären sich aus der spezifischen Art des europäischen Kontextes" (Tijmstra & Casler, 1994, S. 272). Wenn man davon ausgeht, dass sich Stellenanforderungen aus Umfeldbedingungen und deren Konsequenzen für die Unternehmen ergeben, stellt sich zunächst die Frage, ob die Rahmendaten für Unternehmen von Führungskräften in den verschiedenen Ländern Europas gleich gesehen und beurteilt werden. *Schätzen Führungskräfte europaweit die Herausforderungen, denen sich die Unternehmen in den nächsten Jahren zu stellen haben, gleich ein? Welche Gewichtung wird in den unterschiedlichen Ländern hierbei vorgenommen?*

Zweitens interessiert die länderspezifische (Re-)Aktion der Unternehmen auf diese Herausforderung. *Wie reagieren und wie sollten Unternehmen nach Meinung der jeweiligen Führungskräfte in den betrachteten Ländern auf die Umfeldveränderungen reagieren? Lassen sich länderspezifische Unterschiede festmachen?*

Schließlich interessiert im dritten Schritt, wie sich die unterschiedlichen Perspektiven des zukünftigen Umfelds im operativen Handeln niederschlagen. *Welchen Anforderungen muss aus Sicht der heutigen Führungsmannschaft zukünftig eine Führungskraft genügen, um erfolgreich in Unternehmen Verantwortung zu tragen?*

Besonders interessant für diese Untersuchung waren Frankreich, Finnland und Deutschland, nach alten und neuen Bundesländern differenziert. Dieser auf den ersten Blick etwas ungewöhnliche Auswahl lagen folgende Überlegungen zugrunde:

- Untersuchungen über englischsprachige Länder dominieren.

- Frankreich ist der größte Wirtschaftspartner Deutschlands in Europa; allein wegen der unmittelbaren Nachbarschaft wird der deutsch-französische Arbeitsmarkt im Zuge der europäischen Harmonisierung zunehmend interessanter.
- Über Finnland als eines der jüngsten EU-Mitglieder liegen so gut wie keine vergleichenden Studien vor. Als einziger EU-Nachbar mit lang erprobten nachbarschaftlichen Konfliktlösefähigkeiten wird Finnland als Mittler zwischen Ost und West zunehmend attraktiv.

Der Vergleich zwischen den östlichen und den westlichen deutschen Bundesländern hat zwar keinen inter*nationalen*, dafür aber einen inter*kulturellen* Aspekt, wenn man unter Kultur all jene tradierten Orientierungspunkte versteht, die menschliches Denken, Fühlen und Handeln leiten bzw. strukturieren. Es ist auch zumindest temporär von hohem wissenschaftlichen Eigeninteresse, wie sich unterschiedliche Sozialisationsbedingungen auf die Herausbildung von Werten und damit beispielsweise auf die Sicht von Anforderungen an Führungskräfte auswirken.

Die Untersuchung ging also von folgenden Fragestellungen aus:

- Welche Herausforderungen identifizieren Führungskräfte in Europa für die Wirtschaft?
- Wie reagieren Unternehmen aus Sicht der Führungskräfte auf diese Herausforderungen? Und wie sollten sie reagieren?
- Welche Anforderungen entstehen daraus nach Meinung von Führungskräften für den Führungsnachwuchs? Inwieweit ziehen Führungskräfte heute die von ihnen erkannten Umfeldentwicklungen bei der Auswahl des Führungsnachwuchses mit ins Kalkül?
- Nach welchen Kriterien suchen sie zukünftige Führungskräfte heute aus?
- Wie unterscheiden sich diese Kriterien von Land zu Land?
- Welche Kriterien der Führungskräfteauswahl sind branchen- und/oder länderübergreifend?

Eine länderspezifische Betrachtung der fünf am häufigsten genannten *Umfeldherausforderungen* ist in Tabelle 5 zusammengefasst. Der zunehmende Wettbewerb wird in allen betrachteten Regionen gleichermaßen als eine der fünf wichtigsten Herausforderungen gesehen. Die Ansichten der Führungskräfte der betrachteten Regionen unterscheiden sich hinsichtlich der Bedeutung der Internationalisierung. Signifikant weniger französische Führungskräfte sehen dies als eine der fünf wesentlichsten Herausforderungen an. Die Bedeutung der Internationalisierung als wesentliche Herausforderung wird durch alle vorliegenden Daten unterstrichen.

Die Sicherung des Standorts wird offensichtlich nur im deutschen Sprachgebrauch mit Arbeitslosigkeit in Verbindung gebracht. Obwohl die Arbeitslosenquoten in Finnland und Frankreich über der in (Gesamt-)Deutschland liegen, halten signifikant mehr Befragte aus den neuen und den alten Bundesländern die Standortsicherung für eine Herausforderung. Dieses Item wird mit Abstand von den meisten Führungskräften aus den neuen Bundesländern (76%) als eine der fünf wesentlichsten Umfeldherausforderungen bezeichnet. Geht man davon aus, dass die Standortsicherheit auch die Arbeitsplatzsicherheit impliziert, stützt dieses Ergebnis auch die Erkenntnisse von Maier, Rappensberger, von Rosenstiel und Zwarg (1994) sowie Rappensberger und Maier (1998), nach denen Nachwuchskräften aus den neuen Bundesländern Werte zur Sicherheit des Arbeitsplatzes wichtiger waren als ihren KollegInnen aus den alten Bundesländern. In Frankreich war keine einzige Führungskraft der Auffassung, dass es sich bei der Sicherung des Standortes um eine der fünf wesentlichsten Herausforderungen handelt.

Tabelle 5: Die fünf am häufigsten genannten Umfeldherausforderungen – länderspezifisch (*signifikante länderspezifische Unterschiede)

Alte Bundesländer		Neue Bundesländer		Finnland		Frankreich	
Herausforderung	*Häufigkeit in % bezogen auf n= 110*	*Herausforderung*	*Häufigkeit in % bezogen auf n= 50*	*Herausforderung*	*Häufigkeit in % bezogen auf n= 36*	*Herausforderung*	*Häufigkeit in % bezogen auf n= 53*
Zunehmender Wettbewerb	68,2	Sicherung des Standorts*	76,0	zunehmender Wettbewerb	66,7	Zunehmender Wettbewerb	60,4
Internationalisierung des Geschäfts*	62,7	Zunehmender Wettbewerb	64,0	Internationalisierung des Geschäfts*	58,3	Europäischer Einigungsprozess*	54,7
Sicherung des Standorts *	50,9	Internationalisierung des Geschäfts*	60,0	neue Informations- und kommunikationstechniken	55,6	neue Informations- und kommunikationstechniken	52,8
Verkürzung von Innovationszyklen*	49,1	Europäischer Einigungsprozess*	44,0	europäischer Einigungsprozess*	50,0	Internationalisierung des Geschäfts*	39,6
Neue Informations- und Kommunikationstechniken	40,0	Verkürzung von Innovationszyklen *	32,0	Verschärfung der ökologischen Probleme *	36,1	Wandel gesellschaftlicher Werte*	37,7
		neue Informations- und Kommunikationstechniken	32,0				

Der europäische Einigungsprozess wird von signifikant mehr französischen und finnischen Führungskräften als eine der wesentlichsten Herausforderungen gesehen. Anders als in den alten Bundesländern zählt in den neuen Bundesländern dieses Kriterium zu den fünf am häufigsten genannten. Daraus könnte man schließen, dass die Aufmerksamkeit der deutschen Führungskräfte, insbesondere jener aus den alten Bundesländern, trotz der Diskussion um die europäische Einigung, eher auf weltweite Entwicklungen gerichtet ist. In Frankreich liegt dieses Kriterium auf Rang 2 vor der Internationalisierung. Dies erklärt die in politischen Verhandlungen immer wieder zutage tretende kämpferische Haltung der Franzosen um die Vormachtstellung in Europa.

Gegen jedes Vorurteil scheint das Zusammenwachsen von Ost- und Westdeutschland nur mehr für wenige französische Führungskräfte eine bemerkenswerte Herausforderung darzustellen. Dieser Punkt beschäftigt in den neuen Bundesländern deutlich mehr Führungskräfte als in den alten Bundesländern und Frankreich, doch gehört dieses Kriterium auch in den neuen Bundesländern nicht zu den fünf am häufigsten genannten. Andere Themen stehen trotz der Diskussion um die Probleme dieses Integrationsprozesses im Vordergrund.

Die hohe Bedeutung, die die EU den neuen Informations- und Kommunikationstechniken zumisst, wird auch von den Führungskräften der betrachteten Regionen geteilt. In allen vier Regionen zählt dieses Item zu einem der fünf wesentlichsten. Neue Produktionstechniken dagegen sehen die Führungskräfte aus allen vier Regionen nicht als eine der wichtigsten Herausforderungen. Wahrscheinlich sind hier die Entwicklungen schon heute so weit fortgeschritten, dass sie zum Arbeitsalltag von Führungskräften gehören. Auch die Gentechnik wird von den meisten Befragten aller Regionen nicht als Herausforderung betont.

Die Verkürzung von Innovationszyklen wird von signifikant mehr Führungskräften aus den alten Bundesländern als Herausforderung genannt als von den Befragten aus den anderen drei Regionen. Nur in den neuen Bundesländern zählt dieses Item noch zu den fünf am häufigsten aufgeführten.

Die von Inglehart (vgl. 3.2) hypostasierte relativ hohe Sensibilität der Nordeuropäer für postmaterialistische Werte wie etwa die Umwelt, scheint durch die vorliegende Stichprobe untermauert: Einzig in Finnland zählt die Verschärfung der ökologischen Probleme zu den fünf am häufigsten genannten Punkten. Dies unterstreicht die bekannte finnische Naturverbundenheit, die in Finnland auch in der Diskussion um den Anschluss an die EU für Argumente *gegen* eine EU-Mitgliedschaft sorgte. Die Natur stellt in Finnland die Basis für vielerlei Wirtschaftsgüter dar. In den alten und neuen Bundesländern würde die ökologische Fragestellung auch dann nicht unter die fünf am häufigsten genannten Herausforderungen fallen, wenn Nennungen zu den beiden Items „Verschärfung der ökologischen Probleme" (die gesellschaftliche Perspektive) und „Verschärfung der Umweltschutzauflagen" (die ökonomische Seite) zusammengezählt würden.

Diesen Ergebnissen stehen jene einer Untersuchung der St. Galler Consulting Group im deutschsprachigen Raum entgegen, nach der zu den drei wichtigsten Erwartungen an die Arbeit Ethik und Ökologie gehören (Aumayr, 1995). Wenn man die französischen Nennungen zu den beiden Items zusammenrechnet, nimmt diese ökologische Fragestellung gemeinsam mit „europäischer Einigungsprozess" Platz 2 mit 54,7 Prozent ein. Das bestätigt die Meinung einiger Autoren wie die von Becker et al. nicht. Sie behaupten, die anhaltende Umweltdiskussion in der Bundesrepublik habe das Bewusstsein der deutschen Manager für dieses Thema geschärft; in Frankreich sei es „dagegen noch gering" (Becker et al., 1995, S. 88). Auch werden die prognostizierten wirtschaftlichen Chancen, die aus der ökologischen Debatte erwachsen (können) in Form von neuen Produkten und Produktionsverfahren oder aber Verfahren zur Abfallbeseitigung, offenbar weder von vielen Führungskräften in den alten und neuen Bundesländern noch in Frankreich als eine Herausforderung betrachtet.

Der Wandel gesellschaftlicher Werte erscheint nur in Frankreich unter den fünf am häufigsten genannten Herausforderungen. In Finnland und Frankreich wird dieses Kriterium auch deutlich öfter aufgeführt als in den alten und den neuen Bundesländern. Der Wertewandel, dessen Diskussion in Deutschland Anfang der neunziger Jahre des vergangenen Jahrdunderts noch einen breiten Raum einnahm, stellt für die meisten Führungskräfte in den alten und neuen Bundesländern offensichtlich keine der bedeutendsten Umfeldherausforderungen (mehr?) dar.

So verwundern auch nicht die wenigen Nennungen bei „Verschärfung der Ethikdiskussion", „Wiederaufleben der Religionen" (insgesamt nur von einigen französischen Führungskräften zu einer der fünf wesentlichsten Herausforderungen gezählt), „zunehmende Individualisierung" (von einem signifikant höherem Anteil der französischen Befragten zu den fünf wesentlichsten Herausforderungen gezählt) und „zunehmende Partizipationswünsche der Mitarbeiter(innen)" in Deutschland. In Finnland spielt das letztgenannte Item für mehr Führungskräfte eine wesentliche Rolle. Dies erstaunt angesichts der Ergebnisse von Hofstede, da Finnland im Vergleich zu Deutschland und Frankreich bereits den geringsten Machtabstandsfaktor aufweist. Man kann daraus auf eine hohe Sensibilität finnischer Führungskräfte für das Thema „Einbindung von Mitarbeitern" schließen.

Zusammenfassend bleibt festzuhalten:

- Bei 12 der 26 getesteten Items werden signifikante länderspezifische Unterschiede festgestellt. Weitere vier Items weisen signifikante Unterschiede auf – allerdings bei zu geringer Fallzahl für eine korrekte statistische Analyse. Die Unterschiede, die bei den restlichen zehn Kriterien dargestellt wurden, können aufgrund der fehlenden Signifikanz nicht auf die Grundgesamtheit übertragen werden.
- Der zunehmende Wettbewerb wird von einem sehr hohen Anteil der Befragten in allen vier Regionen (jeweils über 60 Prozent) als eine der wesentlichsten Herausforderungen gesehen.
- Internationalisierung und neue Informations- und Kommunikationstechniken zählen in allen vier Regionen zu den fünf am häufigsten genannten Herausforderungen; in Frankreich steht der europäische Einigungsprozess im Vordergrund.
- Die Sicherung des Standortes und die Verkürzung von Innovationszyklen erscheint insbesondere den Führungskräften aus den alten und neuen Bundesländern als Herausforderung.
- Für signifikant mehr französische und weniger westdeutsche Führungskräfte spielt der europäische Einigungsprozess eine wesentliche Rolle. Nur in Frank-

reich sind über 50 Prozent der Befragten der Meinung, dass es sich um eine der fünf wesentlichsten Herausforderungen handelt. In Westdeutschland zählt dieses Item nicht zu den fünf am häufigsten genannten.
- Der Wandel gesellschaftlicher Werte spielt bei signifikant weniger Führungskräften in den alten und neuen Bundesländern eine Rolle als bei den Führungskräften aus Finnland und Frankreich. Gerade für die französischen Befragten zählt dieses Item zu den fünf am häufigsten genannten. In Finnland zählt die Verschärfung der ökologischen Probleme zu den fünf am meisten aufgeführten.
- In den beiden deutschen Stichproben überwiegen eindeutig ökonomische Herausforderungen. Die Wahrnehmung der Situation in den neuen Bundesländern wird dominiert von der Sorge um die Arbeitsplätze.

Abbildung 10 zeigt das Ergebnis der länderspezifischen Betrachtung der Frage nach den Auswahlkriterien, die sich aus den Umfeldherausforderungen ergeben.

Einig sind sich die Führungskräfte aller Regionen, dass das Kriterium „Herkunft/Biografie" als eher unwichtig einzuschätzen ist. Dies bestätigt die Untersuchungen von Hentze und Lindert (1992) wie auch den Trend, bei Bewerbungen zunehmend auf Angaben über die familiäre Herkunft in den Lebensläufen zu verzichten. Auch das Kriterium „Alter" stellt eine eher unwichtige Kennzahl dar. Hiermit wurde der Trend auf dem internationalen Arbeitsmarkt bestätigt. Anders als in den USA werden aber in Europa nach wie vor Angaben über das Lebensalter von Bewerbern verlangt. Nach den Erfahrungen von Personalberatern und Arbeitsämtern wird zumindest in den drei betrachteten Ländern die Vermittlung einer Führungskraft in einem Alter über 50 Jahren deutlich schwieriger.

Als eher wichtig werden in allen Regionen die Kriterien „Kundenkenntnisse" und „Erfahrung in der Moderation von Gruppen" gewertet. Angesichts der immer heftigeren Diskussion um das Problem der Kundenorientierung erstaunt die noch eher verhaltene Bewertung. Auf der anderen Seite handelt es sich bei diesen beiden Kriterien wiederum um Kenntnisse bzw. Erfahrungen, die wahrscheinlich auch als nachholbar erachtet werden.

Anders dagegen psychologische Kenntnisse bzw. das Gespür, die mit dem Kriterium „Menschenkenntnisse" abgefragt wurden, und spezielle Fähigkeiten (Team-, Organisations-, Lern-, Kommunikations-, aber auch Innovationsfähigkeiten): Hier waren sich die Befragten aus den Regionen wiederum über die hohe Bedeutung einig. Dies sind auch die Kriterien, die unter den Gesichtspunkten sozialer Verantwortung und steigender Anforderungen an die Selbstregelungsfähigkeit von Führungskräften in der modernen Managementliteratur immer wieder als Schlüsselkompetenzen für Führungsaufgaben genannt werden.

Hierzu zählen auch die Fähigkeit, andere zu motivieren, die die höchsten Bewertungen erhielt, sowie die Konfliktfähigkeit. Diese beiden Kriterien bewerten die französischen Führungskräfte jedoch deutlich niedriger als die anderen. Insbesondere beim Merkmal „Konfliktfähigkeit" tritt der Unterschied klar hervor.

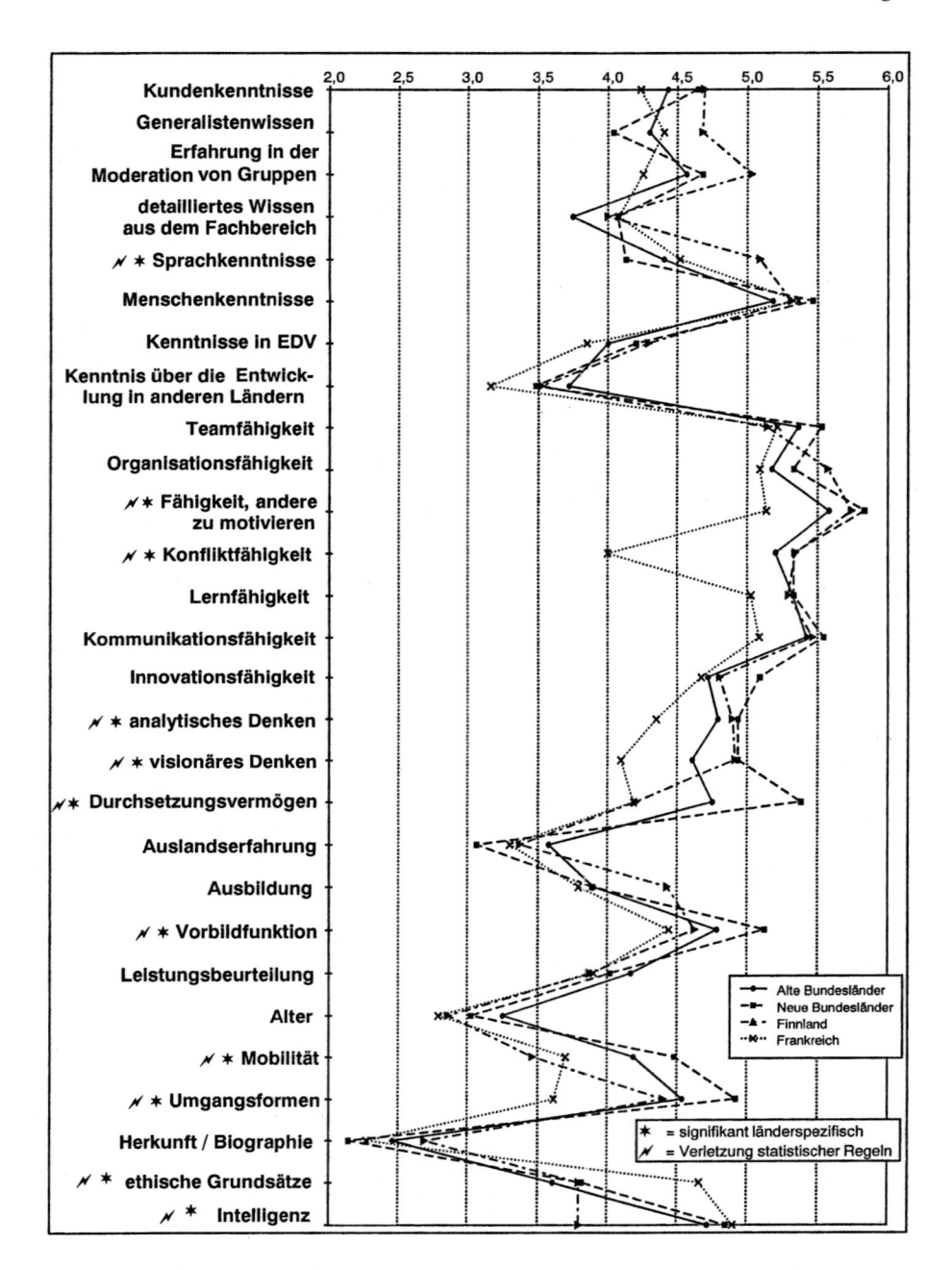

Abbildung 10: Länderspezifische Einschätzung von Auswahlkriterien für Führungsnachwuchskräfte (arithmetische Mittelwerte bezogen auf die Summe aller Nennungen pro Item)

Ein Erklärungsansatz liegt im hohen Stellenwert der Diplomatie in Frankreich, die während der Ausbildung an den Hochschulen stark gefördert wird. Dies könnte bedeuten, dass es gute Führungskräfte aufgrund ihrer diplomatischen Fähigkeiten gar nicht erst zu Konflikten kommen lassen dürfen und demzufolge auch keine besonderen Fähigkeiten im Umgang damit aufweisen müssen.

Weitere Unterschiede der französischen Stichprobe im Vergleich zu den drei anderen Regionen lassen sich feststellen für „analytisches" und „visionäres" Denken sowie insbesondere für das Kriterium „Umgangsformen". Analytik und Visionen werden zwar noch als eher wichtig angesehen, Umgangsformen hingegen erhalten neutrale Werte, was angesichts der geradezu sprichwörtlichen französischen Vorstellungen über Umgangsformen verwundert (Gruyère & Morel, 1991). Umgangsformen stellen für Franzosen eine Selbstverständlichkeit dar und müssen nicht erst besonders bei der Auswahl von Führungskräften berücksichtigt werden. Deutlich höher gewichten die französischen Führungskräfte hingegen das Kriterium „ethische Grundsätze". Dieser Unterschied überrascht angesichts der gerade in Deutschland heftig geführten Diskussion über ethisches Handeln in Unternehmen. Es scheint sich hier in Frankreich ein neues Bewusstsein zu bilden, vielleicht auch als Folge der Skandale über „Vetternwirtschaft" unter den Absolventen der Grandes Ecoles in den Unternehmen.

Unterschiede zwischen den Antworten der finnischen Führungskräfte und den drei anderen Gruppen lassen sich ausmachen bei den Kriterien „Sprachkenntnisse" und „Intelligenz". Finnische Führungskräfte halten Sprachkenntnisse für wichtiger als Führungskräfte aus den anderen drei Regionen. In Frankreich gehören sie jedoch auch zu den zehn wichtigsten Auswahlkriterien. In den deutschen Stichproben rangiert, entgegen anderer Fachmeinungen (Knapp, 1994), dieses Auswahlkriterium auf den nachgeordneten Rängen. Für Finnen muss dieses Kriterium auch eine ganz besondere Bedeutung haben, allerdings nicht nur bei der Auswahl von Führungskräften. Weltweit sprechen rund sechs Mio. Menschen finnisch. Die Finnländer, die Bewohner der Westküste Finnlands, sprechen schwedisch. Die Kinder in den Schulen lernen sehr früh bereits diese „zweite Muttersprache". Wenn dieses – gemessen an der Bevölkerungszahl – kleine Land im europäischen, ja gar weltweiten Wettbewerb seine Position halten oder gar ausbauen möchte, ist die Kenntnis von Sprachen unerlässlich.

Die Antworten der Führungskräfte, insbesondere aus den neuen Bundesländern, fallen beim Kriterium „Durchsetzungsvermögen", aber auch bei „Vorbildfunktion" und „Mobilität" ins Auge. In Folge der vielfach beschriebenen Schwierigkeiten bei der Zusammenführung von Ost- und Westdeutschland verwundert die deutlich höhere Gewichtung von Durchsetzungsvermögen durch die Führungskräfte aus den neuen Bundesländern nicht. Wahrscheinlich fällt dieses Kriterium bei den Befragten aus den neuen Bundesländern deshalb besonders auf, da sie ja eine andere Sozialisation erlebt haben. In der früheren DDR wurde ja gerade der Gemeinschaftsgeist besonders beschworen. Viele Bewohner der neuen Bundesländer beklagen heute auch den Verlust dieses Gemeinschaftsgefühls. Offensichtlich haben die Führungskräfte aus den neuen Bundesländern dies jedoch als Realität inzwischen (vielleicht resignativ?) anerkannt, da sie das Durchsetzungsvermögen so hoch gewichten.

Erstaunlich ist die unterschiedliche Bewertung von Mobilität: Während die Führungskräfte aus den alten wie den neuen Bundesländern dieses Kriterium eindeutig als eher wichtig einstufen, sind sich die Franzosen und Finnen einig über die neutrale Bewertung. Ordnet man das Stichwort einer geistigen Flexibilität zu, würde man die Bedeutung in der Nähe von Lernfähigkeit suchen. Der Bewertungsunterschied hierzu ist allerdings sehr hoch. Deutet man dieses Kriterium als örtliche Mobilität, so passt die neutrale Gewichtung zu den Einschätzungen von Auslandserfahrung und Kenntnis über die Entwicklung in anderen Ländern – außer in den deutschen Stichproben. Die Diskussionen in Deutschland über die Notwendigkeit von Mobilität haben hier offensichtlich gewirkt. Für Finnland korrespondiert das Ergebnis mit der signifikant selteneren Benennung von „Mobilitätsförderung" als unternehmensinterne Maßnahme. Also halten die befragten finnischen Führungskräfte Mobilität für ein vergleichsweise eher unwichtiges Auswahlkriterium.

Und wie stellt man sich erwünschte Eigenschaften von Führungskräften der Zukunft vor? In Abbildung 11 ist das Profil einer idealen Führungskraft für die gesamte Stichprobe dargestellt.

Ein Blick zurück auf die Bewertung der Auswahlkriterien zeigt Korrespondenzen: Soziale Kompetenz erfordert beziehungsorientierte Persönlichkeitseigenschaften. Dies weist darauf hin, dass soziale Kompetenz offensichtlich nur zu einem Teil erlern- bzw. trainierbar ist.

Die länderspezifische Betrachtung der Bewertung von Persönlichkeitseigenschaften für eine Führungskraft ist in Abbildung 12 dargestellt. Signifikante länderspezifische Unterschiede ergeben sich nur für zwei Eigenschaften: Entscheidungsfreude wird von finnischen Führungskräften signifikant positiver bewertet als in den anderen Regionen. Der arithmetische Mittelwert von 5,78 ist der insgesamt höchste. In den drei anderen Stichproben liegt der Mittelwert für dieses Item zwischen 5,0 und unter 5,5. Auch Geduld bewerten finnische Führungskräfte signifikant positiver als Führungskräfte aus den anderen Regionen.

In allen Regionen ergeben sich für folgende Persönlichkeitseigenschaften Mittelwerte von *mindestens* 5,00 (in absteigender Reihenfolge):

- verantwortungsbewusst
- glaubwürdig
- entscheidungsfreudig
- offen
- loyal

Mit Mittelwerten zwischen 4 und 5 liegen die Items „charismatisch", „risikobereit" und „selbstbewusst" in allen vier Länderstichproben im positiven Bewertungsbereich. Jedoch erstaunt die eher verhaltene Bewertung der Eigenschaft „charismatisch", wenn man an die aktuellen Tendenzen in der Diskussion um Führung denkt.

Werte im interkulturellen Vergleich

Gesamt	
verantwortungsbewusst	120
○ entscheidungsfreudig	100
glaubwürdig	78
engagiert	72
wettbewerbsorientiert	52
○ professionell	52
loyal	52
kreativ	50
offen	48
belastbar	45
unterstützend	41
flexibel	35
charismatisch	22
risikobereit	18
praktisch veranlagt	16
einfühlsam / sensibel	15
selbstbewusst	14
freundlich	11
geduldig	5
ehrgeizig	5
informell	3
lustig	2
autoritär	1

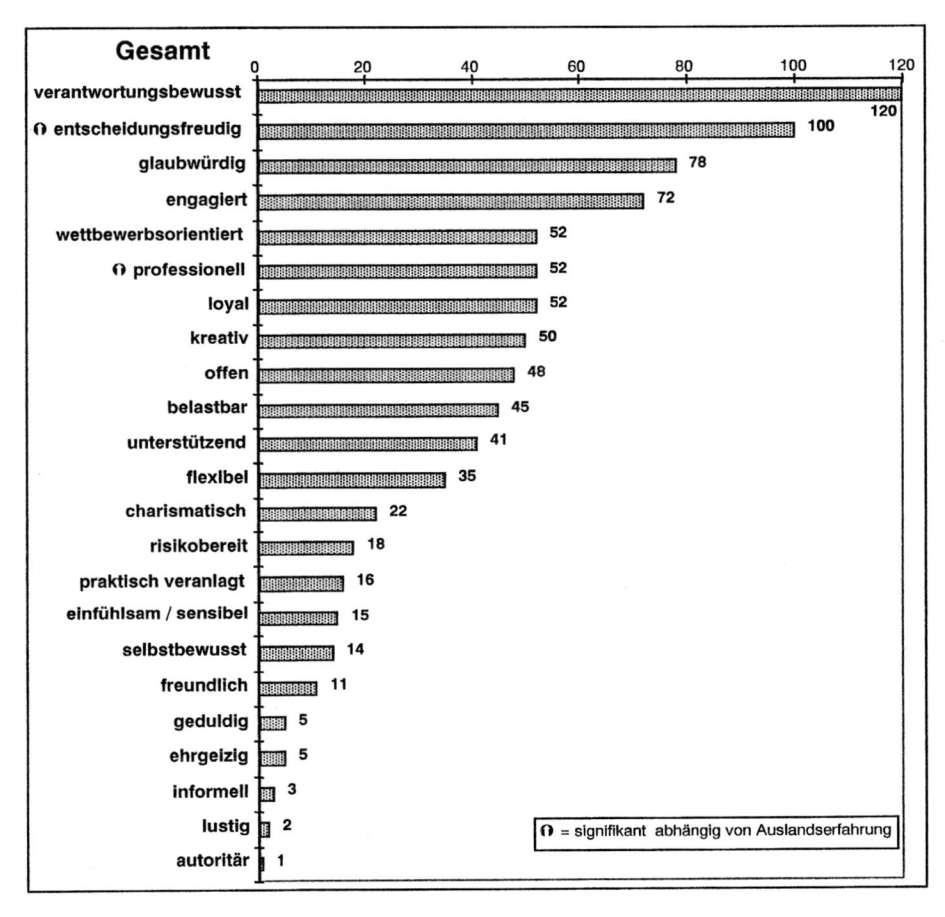

○ = signifikant abhängig von Auslandserfahrung

Abbildung 11: Die wichtigsten Eigenschaften einer Führungskraft (absolute Anzahl der Nennungen der Gesamtstichprobe)

Auffällig ist bei den Items „verantwortungsbewusst", „offen", „freundlich", „stolz" und „glaubwürdig" die hohe Übereinstimmung der länderspezifischen Mittelwerte. Die Führungskräfte aus allen vier Regionen sind sich einig, dass Verantwortungsbewusstsein und Glaubwürdigkeit zu den am positivsten zu bewertenden Persönlichkeitseigenschaften einer Führungskraft gehören. Stolz wird ebenso fast übereinstimmend als eine eher negative Eigenschaft gewertet.

Mit Mittelwerten unter 3,5, also einer *eher negativen Bewertung*, findet man in allen vier Regionen neben dem Stolz noch folgende Items (in absteigender Reihenfolge):

- idealistisch
- impulsiv
- konservativ
- autoritär
- distanziert

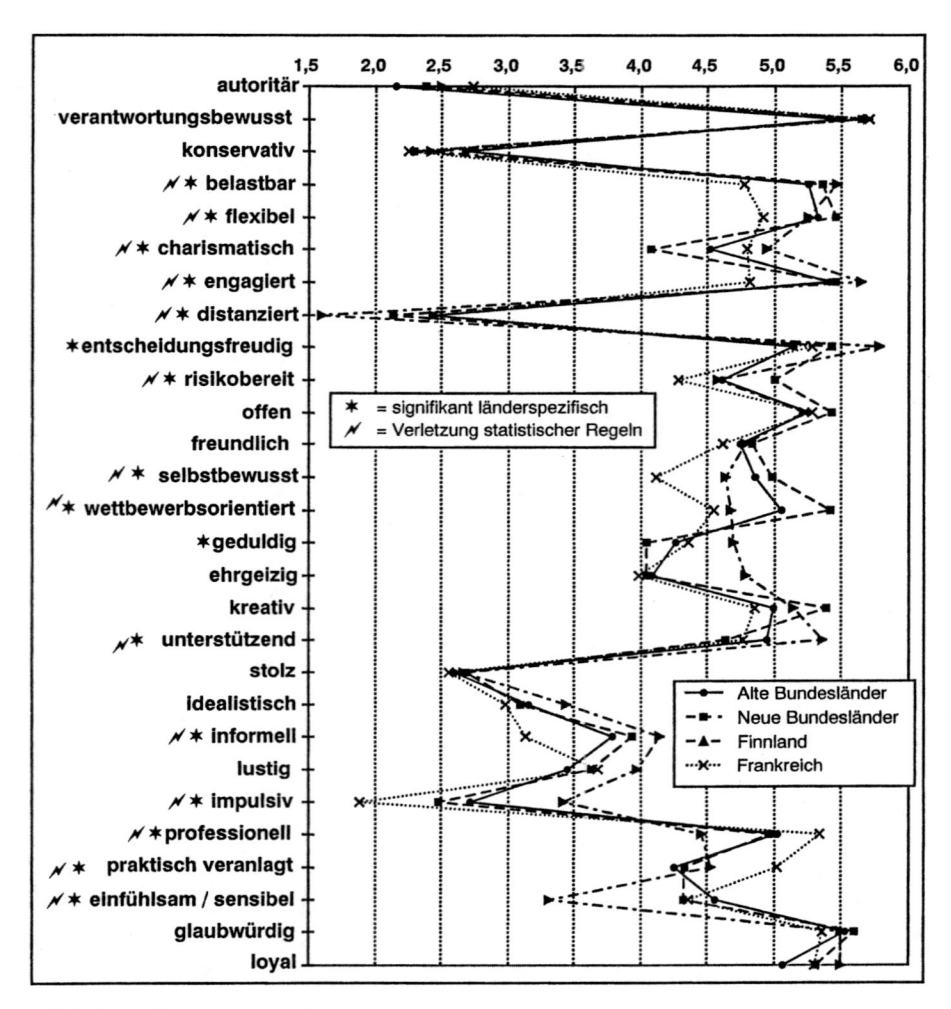

Abbildung 12: Länderspezifische Bewertung von 28 Persönlichkeitseigenschaften für eine Führungskraft (arithmetische Mittelwerte bezogen auf die Summe aller Antworten pro Item)

In Abbildung 13 werden die Daten aus der Frage nach den fünf wichtigsten Persönlichkeitseigenschaften einer Führungskraft im Ländervergleich betrachtet. Zusammenfassend lässt sich festhalten:

- Nur für zwei der 28 untersuchten Persönlichkeitseigenschaften konnten deutlich signifikante länderspezifische Unterschiede ermittelt werden. Weitestgehend einig sind sich die Befragten aller Regionen über die eher negative Einschätzung der Eigenschaften „autoritär", „konservativ", „distanziert", „stolz" und „impulsiv".

- „Entscheidungsfreudig" und „unterstützend" gaben deutlich mehr finnische Führungskräfte als eine der fünf wichtigsten Eigenschaften einer Führungskraft an. Wettbewerbsorientierung wird offensichtlich insbesondere in den neuen Bundesländern als für die Führungsaufgabe wichtige Eigenschaft wahrgenommen. Charisma hingegen scheint bei der sich für die Führungskräfte aus den neuen Bundesländern abzeichnenden Situation eine eher weniger wichtige Eigenschaft zu sein. Deutlich abgehoben von den anderen Regionen meint man sich in Frankreich durch Professionalität für eine Führungsaufgabe auszeichnen zu können.

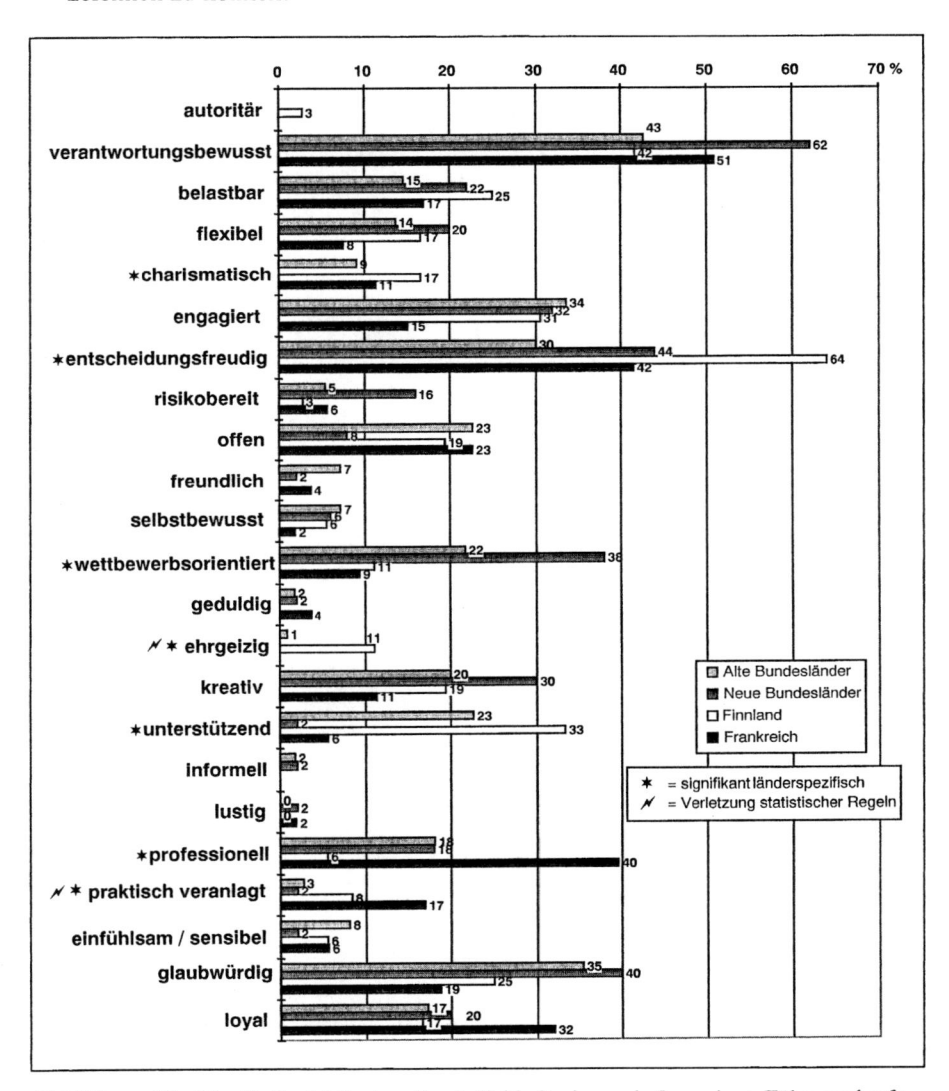

Abbildung 13: Die fünf wichtigsten Persönlichkeitseigenschaften einer Führungskraft – länderspezifische Angaben in Prozent (alte Bundesländer: n=71, neue Bundesländer: n=35, Finnland: n=26, Frankreich: n=33)

5. Methodische Probleme kulturvergleichender Untersuchungen

So entscheidend international vergleichende Untersuchungen für die angewandte Organisationspsychologie und Managementlehre sind, muss doch immer wieder vor zu eiligen Schlussfolgerungen bei der Interpretation der einzelnen Ergebnisse gewarnt werden. Im Folgenden sollen einige, vor allem methodische, Probleme angeschnitten werden, mit denen sich jede Kultur vergleichende Wissenschaft – insbesondere die Kultur vergleichende Psychologie – auseinandersetzen muss. Grundsätzlich muss man sich fragen, ob zum einen menschliches Verhalten überhaupt generalisierbar und zum anderen insbesondere interkulturelle Generalisation zulässig ist.

Das Material, mit dem es die Psychologie in der Regel zu tun hat, ist Sprache. Also ist zunächst auf Übersetzungsprobleme von einer Sprache in die andere zu achten. Dabei ist es allerdings wichtiger, die Äquivalenz der Erlebnisse und Konzepte zu untersuchen, als lediglich die Idiome, die Grammatik oder die Syntax. So unterscheidet ein Eskimo zum Beispiel – bedingt durch seine diesbezüglich größere Erfahrung – zwischen sechs verschiedenen Wörtern für „Schnee"; ein Blumenladen in Holland löst andere Assoziationen aus als ein Blumenladen in einem Wüstengebiet. Die Begriffe „Karriere", „Arbeit" und „Freizeit" haben innerhalb verschiedener Kulturen höchst unterschiedliche Bedeutungen erlangt: Der anglo-amerikanische Sprachraum verwendet „leisure" und „free-time", im Deutschen löst der Begriff „Freizeit" – je nach dem Kontext, in dem der Begriff verwendet wird – positive oder negative Assoziationen aus, der Begriff „Muße" findet in manchen Sprachen keine Entsprechung.

Im Jahr 1954 führte Pike (nach Serpell, 1979) die Unterscheidung EMIC-ETIC ein: Man geht bei dieser Unterscheidung davon aus, dass die innerhalb einer bestimmten Kultur bedeutungsvollen und für die betreffende Kultur kennzeichnenden Kategorien (EMIC) ihre funktionalen Bedeutungen verlieren, wenn man sie in eine andere Kultur überträgt. Lässt man dieses Phänomen außer Acht, läuft man Gefahr, ethnozentrisch verzerrt zu argumentieren und Daten falsch zu interpretieren. Als Ausweg empfiehlt sich, universalistische Konstrukte (ETIC) zu entwickeln, die in vielen unterschiedlichen Kulturen angewendet werden können (Brislin & Pedersen, 1976). Dieses Vorgehen ist jedoch nicht unproblematisch: Zu groß sind die Unterschiede zwischen einzelnen Kulturen, um universale Aussagen noch sinnvoll erscheinen zu lassen. Die Aussagen geraten in Gefahr, zu nicht mehr falsifizierbaren Hypothesen zu degenerieren.

Es ist jedoch alles andere als leicht, subtile Unterschiede zwischen einzelnen kulturellen Gruppen festzustellen: Unreflektierte Werthaltungen dessen, der diese Unterschiede analysiert, färben die Interpretation, gelegentlich beeinflussen sie auch die Auswahl des Materials, das untersucht werden soll (vgl. Devereux, 1967). Es ist keineswegs selbstverständlich zu erwarten, dass die Ergebnisse von Untersuchungen zu partizipativen Veränderungsstrategien ähnlich ausfallen, egal ob sie von Unternehmen in den USA oder in der alten Bundesrepublik initiiert wurden. Ein Ausweg aus diesem Dilemma ist darin zu sehen, die Werthaltungen bewusst zu machen, die sich hinter einer bestimmten Fragestellung, hinter einer bestimmten Untersuchungsstrategie oder einer bestimmten Interpretation verbergen. Ein Weg dazu wäre die gemeinsame Diskussion der Untersucher mit den befragten Personen über die interessierenden Werte, Theorien etc., wohl wissend, dass dies eines der konfliktträchtigsten Unterfangen sein kann.

6. Zusammenfassung und Ausblick

Eines ist – jenseits aller methodischen Schwierigkeiten oder Differenzen über die Interpretation im Einzelnen – den vergleichenden Studien des vorigen Abschnitts zu entnehmen: Geht man davon aus, dass Werthaltungen und Einstellungen das Verhalten in Organisationen mitbestimmen, so muss die universelle Gültigkeit der organisationspsychologischen Forschung, wie sie aus den USA kommt, bezweifelt werden (vgl. Adler, 1983). Für den Vergleich des eigenen Landes mit Japan wurde dies auch in den USA erkannt: „... In diesem Licht erscheint es nicht nur ungeeignet, sondern möglicherweise geradezu von entgegengesetzter Wirkung zu sein, wenn man in Amerika die Produktivität steigern will, indem man japanische Werte den amerikanischen Arbeitern aufpfropfen will" (Howard et al., 1983, S. 897, Übers. d. Verf.). Hofstede (1980) merkt dazu an, dass die empirische Basis für amerikanische Management-Theorien amerikanische Organisationen seien und dass man nicht ohne weitere Bestätigung behaupten solle, sie seien irgendwo anders anwendbar. Solche ungerechtfertigten Übertragungen kommen nicht nur in der populären Literatur vor, sondern auch in wissenschaftlichen Zeitschriften, sogar in solchen, die einen internationalen Leserkreis ansprechen. Die stillschweigende Annahme universeller Gültigkeit ist nur zu verbreitet.

Als ein konkretes Beispiel dafür sei das Prinzip des „Management by Objectives" (MbO) angeführt, das nach dem Zweiten Weltkrieg in den USA entwickelt wurde. Die Voraussetzungen für den Erfolg dieses Konzepts sind:

- Der Untergebene muss vom Vorgesetzten genügend respektiert und zu Verhandlungen hinzugezogen werden.
- Sowohl der Vorgesetzte als auch der Untergebene müssen bereit sein, etliche Risiken auf sich zu nehmen.
- Leistung soll für beide einen hohen Stellenwert haben.

In der alten Bundesrepublik ist die Risikobereitschaft eher gering, Leistung ist nicht mehr unumstritten, auch ist die Distanz zum Vorgesetzten in hierarchisch stark gegliederten Organisationen groß. Es wäre also nicht sehr realitätsgerecht, einen Erfolg des unverändert übernommenen Konzepts auch in der Bundesrepublik zu erwarten. So hat sich „Management by Objectives" in Deutschland als „Führung durch Zielvereinbarung" entwickelt (vgl. Grunwald & Bernthal, 1983).

Multinationale Konzerne breiten sich durch Übernahmen, Fusionen, Joint Ventures etc. immer rascher aus. Mitarbeiter werden ins Ausland geschickt, ohne besonders darauf vorbereitet zu werden. Bereits in den achziger Jahren des letzten Jahrhunderts hatten amerikanische Firmen Verluste in Höhe mehrerer Millionen Dollar, weil ihre Managementstrategien auf die deutsche Situation nicht übertragbar waren (Hall & Hall, 1983).

Eine Organisation hat verschiedene Möglichkeiten, dem Umstand unterschiedlicher Wertsysteme oder des Wandels von Werten Rechnung zu tragen. Der für eine Organisation – als relativ starre und nur langsam reagierende Struktur – nahe liegende Weg ist, individuumzentriert vorzugehen: Man setzt beim einzelnen Organisationsmitglied an.

So hat man spezielle Trainingsprogramme entwickelt für Mitarbeiter, die ins Ausland entsandt werden sollen. Die bekanntesten dieser Trainingsprogramme kann man zwei Kategorien zuordnen: kulturspezifisch und kulturübergreifend. Ein Beispiel für *kulturspezifisches* Vorgehen ist der so genannte „Kulturassimilator" („The Culture Assimilator") von Fiedler, Mitchell und Triandis (1970). Anhand von 75 bis 100 kritischen Situationen wird programmiert instruiert, mit kulturspezifischen Problemen umzugehen.

Die *kulturübergreifenden* Programme verlangen, dass der künftige Mitarbeiter im Ausland über folgende Fähigkeiten und Fertigkeiten verfügt (vgl. z. B. Ruben, 1977):

- Respekt zu zeigen,
- keine unüberlegten Urteile zu fällen,
- die Relativität des eigenen Wissens und der eigenen Wahrnehmung zu akzeptieren,
- Mitgefühl auszudrücken,
- flexibel zu sein,
- warten zu können, bis man an der Reihe ist,
- Ambiguität auszuhalten.

Aber auch das beste und umsichtigste Trainingsprogramm, der einfühlsamste Mitarbeiter im Ausland wird grundlegende Konfliktpotenziale nicht beseitigen können, wenn sie von inkompatiblen Strukturmerkmalen gespeist werden.

Ein Beispiel soll dies verdeutlichen: In den USA sind die beiden Bereiche Arbeit und Freizeit wesentlich weniger scharf voneinander getrennt als in der alten Bundesrepublik (vgl. Beerman & Stengel, 1992). Ein aus Amerika in die Bundesrepublik entsandter Abteilungsleiter, der in Unkenntnis dieses Unterschieds und in bester Absicht die – wie er meint – „familiäre" Organisationsstruktur aus den USA in die Bundesrepublik übernehmen möchte, liefe Gefahr, dass entgegen seinen Erwartungen die Bereitschaft zum Engagement bei den Mitarbeitern sinken könne. Hier träfen zwei teilweise unvereinbare Strukturmerkmale aufeinander: ein organisationales – eine bestimmte Kommunikationsstruktur – und ein gesellschaftliches – Trennung des beruflichen vom privaten Bereich.

Neben dem bereits skizzierten Problem in Bezug auf das Konzept des „Management by Objectives" werden in den letzten Jahren auch kritische Stimmen laut, die sich gegen die „Wunderwaffe aus Japan" richten, gegen den „Qualitätszirkel" (Bergemann & Sourisseaux, 1988; Bungard, 1988; Marks, Hackett, Mirris & Orady, 1986). Die Methode und die damit einhergehende hohe Motivation der Mitarbeiter erschienen zunächst vorbildlich. Was hatten jene aber übersehen, die diese Methode unbesehen für übertragbar hielten? Das japanische Unternehmen beansprucht – infolge eines vollkommen anderen religiösen und kulturellen Hintergrundes – im Unterschied zu westlichen Unternehmen die ganze Person. Dies zeigt sich an verschiedenen Merkmalen: Japanische Führungskräfte werden ausschließlich im Unternehmen ausgebildet; die Ausbildung wird als Prozess der moralischen Integration in die Firmengemeinschaft verstanden; die Arbeitszeitpraxis ist kaum berechenbar; Senioritätsprinzip und lebenslange Anstellung haben einen zentralen Stellenwert (Deutschmann, 1987).

Zusammenfassend ist zu sagen, dass eine Organisation kulturspezifische Wert- und Einstellungssysteme berücksichtigen muss, sie muss Unterschiede zwischen verschiedenen Kulturkreisen anerkennen. Will sie langfristig erfolgreich sein, so muss sie überdies Wandlungstendenzen innerhalb einer kulturellen Einheit beachten. Einer Organisation stehen vielfältige Handlungsmöglichkeiten als Antwort auf unterschiedliche oder sich wandelnde Wertorientierungen zur Verfügung. Viele davon dienen dazu, die Anpassung des Einzelnen an die dominanten Strukturen innerhalb der (ursprünglichen) Organisation zu begünstigen. So kann auf der einen Seite das japanische Unternehmen etwa nur jene Personen einstellen, die bereit sind, sich an seine Strukturen anzupassen. Auf der anderen Seite ist aber auch eine Anpassung oder ein Wandel der herkömmlichen Strukturen der Organisation (die ja geronnene Werte darstellen) an die jeweiligen gesellschaftlichen oder kulturellen Gegebenheiten oder Wandlungsprozesse denkbar, in Zukunft möglicherweise unverzichtbar.

Unterschiede in den wirtschaftlichen und gesellschaftlichen Bedingungen verschiedener Gemeinwesen und Wandel der Bedingungen innerhalb eines Gemeinwesens machen Korrekturen notwendig, die diesen Unterschieden und Wandlungstendenzen Rechnung tragen. Beispielsweise bieten in jenen Ländern, in denen die natürlichen Grundlagen des Lebens besonders gefährdet sind, jene Personen den Organisationen eine Chance zur Weiterentwicklung, die wir als alternativ engagiert bezeichnet haben, die also die überkommenen – unter den bisherigen Bedingungen erfolgreichen – Zielvorstellungen kritisch beleuchten.

Gerade an diesem Personenkreis lässt sich ablesen, dass Menschen in ihrer beruflichen Tätigkeit nach einem Sinn suchen (Böckmann, 1984; Böhnisch & Putz, 1993). Diese Sinngebung und -vermittlung stellt den Kern dessen dar, was mit „Unternehmenskultur" umschrieben wird (Wunderer, 1993). Unternehmen täten also gut daran, sich in der internen Kommunikation mit dem Wertewandel auseinander zu setzen (Bihl, 1993; Müller & Adelt, 1990).

Die in den siebziger Jahre des letzten Jahrhunderts einsetzende so genannte „Umweltdiskussion" hat nicht nur zu veränderten Erwartungen bei den Kunden geführt, sondern auch die unternehmensinterne Auseinandersetzung mit dem Thema „Umwelt" in Gang gesetzt (Rürup & Dornbach, 1993). Das Thema „Umwelt" ist allerdings in den letzten Jahren durch die Sorge der Menschen um ihren

Arbeitsplatz verdrängt worden. Dies bedeutet, Führung muss diese Sorge um den Arbeitsplatz ernst nehmen. Angst vor Arbeitsplatzverlust angesichts der hohen Arbeitslosenzahlen wirkt sich in der Regel weder motivations- noch kreativitätsfördernd aus. Viel eher werden Mitarbeiter versuchen, keine Risiken einzugehen, um Fehler zu vermeiden und bewährte Verhaltensweisen beizubehalten. Dies bedeutet aber, dass die Mitarbeiter kaum Partizipationsmöglichkeiten nutzen und ihnen delegierte Verantwortung nicht übernehmen wollen. Andererseits müssen als Folge von Dezentralisierung und Hierarchieabbau jedoch immer mehr Mitarbeiter Entscheidungsverantwortung übernehmen.

Die Reduzierung solcher Ängste muss als Führungsaufgabe begriffen werden. Angst resultiert aus Unsicherheit und mangelnder Information. Eine *offene Kommunikationskultur* im Unternehmen kann hier Abhilfe schaffen. Allerdings ist aufgrund der Entwicklungen der letzten Jahre, vor allem als Folge des stetigen Personalabbaus in den Unternehmen bei den Mitarbeitern Misstrauen gegenüber Zusagen und Zielsetzungen ihrer Unternehmen entstanden. Mitarbeiterbezogene Managementansätze, „Appelle an den Gemeinschaftsgeist" wurden Lügen gestraft (Bleicher, 1995). Immer weniger Leute müssen eine gleich groß bleibende oder sogar zunehmende Arbeitsmenge bewältigen. Die Grenzen der Leistungsfähigkeit einzelner Personen bzw. Arbeitsgruppen in Unternehmen treten immer deutlicher hervor (Heitger & Jarmai, 1994; Müller, 1995). Dies bedeutet, dass dieser Weg zu einer offenen Kommunikationskultur in den meisten Unternehmen nicht gerade einfach sein wird.

Eine weitere Konsequenz für die Unternehmenskultur ergibt sich aus der zunehmenden Internationalisierung. Bei der Gründung von Tochterfirmen im Ausland sollte darauf geachtet werden, dass sich Landes- und Unternehmenskultur grundsätzlich nicht ausschließen (Schreyögg, 1993). Die Implementierung einer mit der Landeskultur kompatiblen Unternehmenskultur, die trotz der Ländergrenzen einen gemeinsamen Nenner darstellt, gilt neben der weltweiten Auswahl der besten Mitarbeiter, der Entwicklung einer gemeinsamen Philosophie und einer systematischen Ausbildung als Voraussetzung für eine *globale Organisation* (Maier et al., 1994; Weinbach, 1995). Realität ist jedoch für die meisten Firmen immer noch jene Form der internationalen Organisation, die versucht, mit Entsendungen aus dem Mutterhaus die Unternehmenskultur aus dem Ursprungsland des Unternehmens mit zu übertragen.

Was im Einzelnen von den Organisationen unternommen werden soll oder kann, ist natürlich hier nicht aufzuzählen. Lediglich die Grundlagen des Handelns sollten aufgezeigt werden: Sowohl für die Organisation als Ganzes als auch für den einzelnen Mitarbeiter bilden Werthaltungen den Hintergrund des Handelns. Solche aufeinander treffenden Werthaltungen werden immer Konfliktpotenziale beinhalten. Konflikte allerdings waren immer auch Ausgangspunkte für Neu- und Weiterentwicklungen. Nur Anpassung des anscheinend schwächeren Einzelnen an die übermächtige Organisation zu fordern, kann sich für das Überleben jener Organisationen als wenig förderlich erweisen, deren hauptsächliche Strategie nicht in Zwang oder Bestrafung, sondern in der Belohnung des Mitarbeiters besteht.

Anpassung scheinbar starrer organisationaler Strukturen an unterschiedliche und sich wandelnde Wertorientierungen scheinen – langfristig gesehen – erfolgreicher zu sein.

Literatur

Adler, N. J. (1983). Cross-cultural management research: The ostrich and the trend. Academy of Management Review 8, 226-232.
Aumayr, K. (1995). „Top-down oder bottom-up". Personalwirtschaft 4, 11-15.
Becker, U., Bolz, N., Bosshart, D., Eggert, U., Horx, M., Kelly, K., Konitzer, M.-A., Opaschowski, H. W., Siegel, M. R., Zentes, J., Ziegler, A. (1995). Toptrends: die wichtigsten Trends für die nächsten Jahre. Düsseldorf, München: Metropolitan Verlag.
Beerman, L.; Stengel, M. (1992). Werthaltungen und Einstellungen zu Arbeit, Freizeit und Organisationen bei Angestellten in den U.S.A. und der Bundesrepublik Deutschland. In: H. Klages, H.-J. Hippler, W. Herbert (Hrsg.), Werte und Wandel: Ergebnisse und Methoden einer Forschungstradition (S. 373-400). Frankfurt am Main: Campus.
Bergemann, N., Sourisseaux, A. (1988). Qualitätszirkel als betriebliche Kleingruppen. Heidelberg: I. H. Sauer.
Bihl, G. (1993). Unternehmen und Wertewandel: Wie lauten die Antworten für die Personalführung? In: L. v. Rosenstiel, M. Djarrahzadeh, H. E. Einsiedler, R. K. Streich (Hrsg.), Wertewandel. USW-Schriften für Führungskräfte (Band 13, 2. Auflage, S. 83-94). Stuttgart: Schäffer-Poeschel.
Bleicher, K. (1995). Vertrauen als kritischer Faktor einer Bewältigung des Wandels. Zeitschrift für Organisation 6, 390 - 395.
Böckmann, W. (1984). Wer Leistung fordert, muß Sinn bieten. Moderne Menschenführung in Wirtschaft und Gesellschaft. Düsseldorf: Econ.
Böhnisch, W., Putz, P. (1993). Wertewandel im Personalmanagement: Individualisierung und Selbstbestimmung. Organisationsentwicklung 2, 50-57.
Brislin, R. W., Pedersen, P. (1976). Cross-cultural orientation programs. New York: Gardner Press.
Bungard, W. (1988). Qualitäts-Zirkel als Gegenstand der Arbeits- und Organisationspsychologie. Psychologie und Praxis. Zeitschrift für Arbeits- und Organisationspsychologie 32, 54-64.
Deutschmann, C. (1987). Arbeitszeit in Japan. Organisatorische und organisationskulturelle Aspekte der „Rundumnutzung" der Arbeitskraft. Frankfurt am Main: Campus.
Devereux, G. (1967). Angst und Methode in den Verhaltenswissenschaften. München: Hanser.
Dubin, R. (1956). Industrial workers' worlds: A study of „Central Life Interests" of industrial workers. Social Problems 3, 131-142.
Dubin, R., Champoux, J. E., Porter, L. W. (1975). Central life interests and organizational commitment of blue-collar and clerical workers. Administrative Science Quarterly 20, 411-421.
Dubin, R., Goldmann, D. R. (1972). Central life interests of American middle managers and specialists. Journal of Vocational Behavior 2, 133-141.

England, G. W. (1986). Potential constraints upon management. Action as a function of national work. Meanings and patterns – Germany, Japan and the USA. In: G. Dlugos, W. Dorow, K. Weiermair (Eds.), Management under differing labor market and employment systems – economic, social, political and legal perspectives. Berlin, New York: Springer.

Fiedler, F. E., Mitchell, T., Triandis, H. C. (1970). The culture assimilator: An approach to cross-cultural training, Issue No. 5-156C. New York: Experimental Publication System, APA.

Gebert, D., Boerner, S. (1995). Manager im Dilemma. Frankfurt am Main, New York: Campus.

Grunwald, W., Bernthal, W. F. (1983). Controversy in German management: The Harzburg model experience. Academy of Management Review 8, 233-241.

Gruyère, J. P., Morel, P. (1991). Cadres français et communications interculturelles. Edition Eyrolles.

Hall, E. T., Hall, M. R. (1983). Hidden differences: Studies in international communication. Hamburg: Stern.

Heitger, B., Jarmai, H. (1994). Unternehmen in der Krise – Organisation als Erfolgsfaktor?. In: B. Heitger, F. Boos (Hrsg.), Organisation als Erfolgsfaktor (S. 9-28). Wien: Remaprint.

Hentze, J., Lindert, K. (1992). Manager im Vergleich – Daten aus Deutschland und Osteuropa. Bern, Stuttgart: Haupt.

Hofstede, G. (1980). Cultures consequences: International differences in work-related values. Beverly Hills, London: Sage.

Howard, A., Shudo, K., Uneshima, M. (1983). Motivation and values among Japanese and American managers. Personnel Psychology 36, 883-898.

Inglehart, R. (1977). The silent revolution. Princeton, NJ: University Press.

Inglehart, R. (1985). New perspectives on value change. Response to Lafferty and Knutse, Savage, and Böltken and Jagodzinski. Comparative Political Studies 4, 485-532.

Inglehart, R. (1989). Kultureller Umbruch. Frankfurt am Main: Campus.

Inglehart, R. (1998). Modernisierung und Postmodernisierung. Frankfurt/Main: Campus.

Institut für interkulturelles Management (IFIM) (1991). Euromanager. Presse-Service 7. Bad Honnef: IFIM.

Kaplan, M. (1960). Leisure in America: A social inquiry. New York: John Wiley.

Klages, H. (1984). Wertorientierungen im Wandel: Rückblick, Gegenwartsanalyse, Prognosen. Frankfurt am Main: Campus.

Kluckhohn, C. (1951). Values and value-orientation in the theory of action: An exploration in definition and classification. In: T. Parsons, E. Shils (Eds.), Toward a general theory of action (pp. 388-433). Cambridge, MA: Harvard University Press.

Knapp, K. (1994). Zur Relevanz linguistischer Aspekte interkultureller Kommunikationsfähigkeit. In: A. Thomas (Hrsg.), Psychologie und multikulturelle Gesellschaft (S. 255-260). Göttingen: Verlag für Angewandte Psychologie.

Koning, A. de (1997). So you want to integrate Europe: How do you manage the process? European Management Journal 15, 252-265.

Korn & Ferry International (1989). 21st Century Report. Reinventing the CEO. New York, N.Y.: Korn & Ferry International and Columbia University Graduate School of Business.

Lurija, A. R. (1982). Sprache und Bewußtsein. Köln: Pahl-Rugenstein.

Maier, G. W., Rappensberger, G., Rosenstiel, L. v., Zwarg, I. (1994). Berufliche Ziele und Werthaltungen des Führungsnachwuchses in den alten und neuen Bundesländern. Zeitschrift für Arbeits- und Organisationspsychologie 38, 4-12.

Marks, M. L., Hackett, E. J., Mirris, P. H., Orady, J. F. (1986). Employee participation in a quality circle program: Impact on quality of work life, productivity, and absenteeism. Journal of Applied Psychology 71, 61-69.
Marten-Grubinger, B., Stengel, M. (1995). Berufsorientierung und Identifikationskrise in Japan. Zeitschrift für Personalforschung 72-94.
Maslow, A. H. (1954). Motivation and personality. New York: Harper.
Morrow, P. C. (1983). Concept redundancy in organizational research: The case of work commitment. Academy of Management Review 8, 486-500.
MOW International Research Team (1986). The meaning of working: An international perspective. London, New York: Academic Press.
Müller, G. F. (1995). Führung und Personalmanagement im Zeichen schlanker Organisation. Gruppendynamik 26, 319-329.
Müller, S., Adelt, P. (1990). Veränderte Anforderungen an Führungskräfte und Mitarbeiter? In: G. Wiendieck, G. Wiswede (Hrsg.), Führung im Wandel (S. 231-256). Stuttgart: Enke.
Noelle-Neumann, E. (1978). Werden wir alle Proletarier? Zürich: Interform.
Noelle-Neumann, E., Strümpel, B. (1984). Macht Arbeit krank? Macht Arbeit glücklich? Eine aktuelle Kontroverse. München: Piper.
Osgood, C. E., Suci, G. J., Tannenbaum, P. H. (1957). The measurement of meaning. Urbana: University of Illinois Press.
Rappensberger, G., Maier, G. W. (1998). Arbeitsbezogene Werthaltungen und berufliche Ziele beim Berufseinstieg: Ein Vergleich von potentiellen Führungsnachwuchskräften aus den alten und neuen Bundesländern. In: L. v. Rosenstiel, F. W. Nerdinger, E. Spieß (Hrsg.), Von der Hochschule in den Beruf: Wechsel der Welten in Ost- und West (S. 79-97). Göttingen: Verlag für Angewandte Psychologie.
Reber, G., Jabo, A. G., Auer-Rizzi, W., Szabo, E. (2001). Führungsstile in sieben Ländern Europas – Ein interkultureller Vergleich. In: E. Regnet, L. M. Hofmann (Hrsg.), Personalmanagement in Europa (S. 154-173). Göttingen: Verlag für Angewandte Psychologie/Hogrefe.
Rokeach, M. (1968). Beliefs, attitudes and values. A theory of organization and change. San Francisco: Jossey Bass.
Rosenstiel, L. v (1993). Wandel in der Karrieremotivation – Neuorientierungen in den 90er Jahren. In: L. v. Rosenstiel, M. Djarrahzadeh, H. E. Einsiedler, R. K. Streich (Hrsg.), Wertewandel. USW -Schriften für Führungskräfte (Band 13, 2. Auflage, S. 47-81). Stuttgart: Schäffer-Poeschel.
Rosenstiel, L. v., Nerdinger, F. W., Oppitz, G., Spieß, E., Stengel, M. (1986). Einführung in die Bevölkerungspsychologie. Darmstadt: Wissenschaftliche Buchgesellschaft.
Rosenstiel, L. v., Stengel, M. (1987). Identifikationskrise? Zum Engagement in betrieblichen Führungspositionen. Bern: Huber.
Ruben, B. D. (1977). Guidelines for cross-cultural communication effectiveness. Group and Organizational Studies 2, 470-479.
Rürup, B., Dornbach, J. (1993). Die Neuen Aufsteiger. In: F. Buttler, H. Franke (Hrsg.), Europa und Deutschland. Stuttgart, Berlin, Köln: Kohlhammer.
Schreyögg, G. (1993). Unternehmenskultur zwischen Globalisierung und Regionalisierung. In: M. Haller, K. Bleicher, E. Brauchlin, H.-J. Pleitner, R. Wunderer, A. Zünd (Hrsg.), Globalisierung der Wirtschaft – Einwirkung auf die Betriebswirtschaftslehre. Herausgabe anläßlich der 54. Wissenschaftlichen Jahrestagung des Verbandes der Hochschullehrer für Betriebswirtschaft e. V. vom 9. - 13. Juni 1993 in St. Gallen (S. 149-170). Bern, Stuttgart, Wien: Haupt.

Serpell, R. (1979). Cross cultural validation in psychological research. In: L. H. Eckensberger, W. J. Lonner, Y. H. Poortinga (Eds.), Cross-cultural contributions to psychology (p. 287). Lisse: Swets & Zeitlinger.

Stengel, M. (1987). Identifikationsbereitschaft, Identifikation, Verbundenheit mit einer Organisation oder ihren Zielen. Psychologie und Praxis. Zeitschrift für Arbeits- und Organisationspsychologie 31, 152-166.

Stengel, M. (1997). Karriere aus der Sicht des Individuums und der Organisation. In: L. v. Rosenstiel, T. Lang-v. Wins, E. Sigl (Hrsg.), Perspektiven der Karriere. Stuttgart: Schäffer-Poeschel.

Stengel, M., Rosenstiel, L. v. (1985). Identifikationskrise? Wertkonflikte beim Berufseinstieg. Psychologie und Praxis. Zeitschrift für Arbeits- und Organisationspsychologie 29, 142-152.

Tijmstra, R. S., Casler, K. (1994). Management-Lernen für Europa. In: H. Simon, K.-H. Schwuchow (Hrsg.), Management-Lernen und Strategie. USW-Schriftenreihe für Führungskräfte, Band 24 (S. 271- 287). Stuttgart: Schäffer-Poeschel.

Tosi, H. L., Rizzo, J. R., Carroll, S. J. (1986). Managing organizational behavior. Marshfield: Pittman Publishing.

Weinbach, L. A. (1995). Die globale Organisation – Den Anforderungen der Zukunft gerecht werden. In: G. Würtele (Hrsg.), Agenda für das 21. Jahrhundert (S. 477-497). Frankfurt/M.: Frankfurter Allgemeine Zeitung.

Whitely, W., England, G. W. (1977). Managerial values as a reflection of culture and the process of industrialization. Academy of Management Journal 20, 439-453.

Wills, S. (1996). European leadership: Key issues. European Management Journal 14, 90-97.

Wunderer, R. (1993). Führung und Zusammenarbeit. Stuttgart: Schäffer-Poeschel.

3

Aspekte interkulturellen Führungsverhaltens

Alexander Thomas und Siegfried Stumpf

Wenn Menschen nur gemeinsam bestimmte Ziele erreichen können, dann schließen sie sich zu Gruppen und Organisationen zusammen, um ihre Einzelaktivitäten zu koordinieren und so die erwünschten Effekte zu potenzieren. Diese Koordinationsaufgabe wird meist im Zuge der Rollen- und Funktionsdifferenzierung in Gruppen und Organisationen von einzelnen Personen (Führern) oder spezifischen Gruppen (Führungsteams) übernommen.

Besonders in formalen Organisationen besteht eine der Hauptaufgaben von Führungspersonen darin, den Verhaltensspielraum der Mitglieder zu bestimmen, zu modifizieren und planvoll zu strukturieren. Der Führer hat somit im Wesentlichen die Informations-, Interpretations-, Kontroll- und Modifikationsfunktionen wahrzunehmen, die für den Erfolg der Gruppe, der Organisation oder des Unternehmens bedeutsam sind. Diese Funktionen vollziehen sich in einem Kräftedreieck, bestehend aus den Positionen Führer, Mitarbeiter und Arbeitsaufgabe.

Dieses Kräftedreieck ist eingebettet in ein mehr oder weniger variables Gefüge von Kontextbedingungen, das sich aus organisationsspezifischen, gesellschaftsspezifischen und kulturspezifischen Determinanten zusammensetzt. Der Führer muss die Einflussgrößen, die sein Verhalten und das seiner Mitarbeiter bestimmen, einerseits genau kennen und sein Führungsverhalten darauf abstimmen. Andererseits ist es eine seiner wichtigsten Aufgaben, diese Faktoren verbindlich zu interpretieren. Damit fällt der Führungskraft nicht nur die Aufgabe zu, bestimmte Techniken und Regeln der Menschenführung effektiv anzuwenden. Sie muss darüber hinaus, entsprechend dem Konzept des symbolischen Führens nach Neuberger (1988), für die Mitarbeiter Sinnpotenziale erschließen, Sinnangebote machen und damit Sinn vermitteln, um so die Komplexität im Bedingungsgefüge zu reduzieren und eine verbindliche Orientierung für alle Organisationsmitglieder herzustellen.

Diesem symbolischen (Sinn vermittelnden) Führen kommt unter der Perspektive des interkulturellen Managements eine besondere Bedeutung zu, weil kulturelle Systeme die erforderlichen Symbole und ihre Interpretation zur Verfügung stellen und somit die Basis zum Sinnverständnis liefern. Dies wird deutlich, wenn man von folgender Kulturdefinition ausgeht:

> Kultur ist ein universelles, für eine Gesellschaft, Nation, Organisation und Gruppe aber typisches Orientierungssystem. Dieses Orientierungssystem wird aus spezifischen Symbolen gebildet und in der jeweiligen Gesellschaft, Gruppe usw. tradiert. Es beeinflußt das Wahrnehmen, Denken, Werten und Handeln aller Mitglieder und definiert somit deren Zugehörigkeit zur Gesellschaft. Das Orientierungssystem ermöglicht den Mitgliedern der Gesellschaft ihre ganz eigene Umweltbewältigung. (Thomas, 1988, S. 149)

Da in allen Kulturen Einzelaktivitäten von Menschen koordiniert, kontrolliert und strukturiert werden müssen, damit gemeinsame Leistungen erbracht werden können, ist Führen ein universelles Phänomen und somit selbst ein Teil des kulturspezifischen Orientierungssystems. Die Erscheinungsformen der Führung, ihre Funktionen im sozialen und kulturellen Gefüge und ihre Wirkungen für die Arbeitsgruppe bis hin zum einzelnen Mitarbeiter sind kulturspezifisch determiniert und damit von Kultur zu Kultur verschieden ausgebildet. In der Begegnung von Kulturen bzw. in der Kooperation von Personen aus verschiedenen Kulturen muss mit der Wirkung unterschiedlicher Grade an Konvergenz und Divergenz des kulturspezifisch geprägten Führungsverhaltens gerechnet werden. Ein hoher Grad an Divergenz wird die Wahrscheinlichkeit konflikthaften und ineffektiven Führungsverhaltens erhöhen. Ein hohes Maß an Bereitschaft und Fähigkeit zur Flexibilität, zur Ambiguitätstoleranz und zum interkulturellen Lernen bei allen beteiligten Personen, Führungskräften wie Mitarbeitern, aus den verschiedenen Kulturen, erhöht die Chance einer interkulturellen Neudefinition bzw. synergetischen Neuinterpretation der Führungsrolle und Führungsfunktionen. Auf dieser Basis kann ein für interkulturelle Interaktionssituationen und Arbeitsanforderungen geeignetes Führungsverhalten entwickelt werden.

Im Folgenden wird zunächst erläutert, was man unter dem Begriff „Führung" verstehen kann. Sodann wird ein Überblick über Führungstheorien gegeben, der Forschungsstand hierzu erläutert und ein Rahmenmodell zur Führung vorgestellt, das grundlegende Wirkungszusammenhänge sowie den Einfluss der Kultur auf Führungsverhalten und -erfolg deutlich macht. Da sich Kulturen hinsichtlich einer nahezu unendlichen Vielzahl von Aspekten unterscheiden können, werden anschließend dieser Vielfalt zugrunde liegende kulturelle Dimensionen beschrieben, von denen man annehmen kann, dass sie für die Führungsthematik besonders relevant sind. Darauf aufbauend werden zentrale Facetten des Führungsverhaltens im Kulturvergleich betrachtet. Abschnitt sechs dient der Vorstellung grundlegender Modelle der Führung multinationaler Unternehmen. Wie Führungskräfte auf interkulturelle Handlungsanforderungen vorbereitet werden können, ist Gegenstand des vorletzten Kapitels. Abschließend werden unsere Schlussfolgerungen zusammengefasst und ein Ausblick zur zukünftigen Relevanz interkultureller Führung gegeben.

1. Zum Begriff der Führung

Für den Begriff „Führung" gibt es in der wissenschaftlichen Literatur eine Vielzahl unterschiedlicher Definitionen (vgl. Neuberger, 1990, S. 5), sodass die Bedeutung der Bezeichnung „Führung" alles andere als klar und eindeutig ist:

> Leadership is one of the most confusing terms that exists in the organizational behaviour literature. It is a general term that means such things as power, authority, administration, control and supervision, depending on who is asked. There are many definitions of leadership in the literature. (Erez & Earley, 1993, S. 172).

Nach von Rosenstiel (1993) kann man „Führung" aus organisationspsychologischer Sicht als unmittelbare, absichtliche und zielbezogene Einflussnahme durch Inhaber von Vorgesetztenpositionen auf Unterstellte mittels Kommunikation verstehen. Dieser eher eng umrissenen Auffassung von Führung, die die direkte Interaktion zwischen Vorgesetztem und Mitarbeiter thematisiert, kann ein breiter angelegter Führungsbegriff gegenübergestellt werden, der das Rollenspektrum beschreibt, das mit einer Führungsposition in einem sozialen Gefüge verbunden ist. Führung in diesem Sinne ist die Gesamtheit der Aktivitäten, die aus den verschiedenartigen Erwartungen ableitbar sind, die man gegenüber dem Inhaber einer Führungsposition in einer Organisation hat. Nach Mintzberg (1991) kann man hier die in Tabelle 1 zusammengefassten Rollenerwartungen unterscheiden.

Mintzbergs Schema macht deutlich, wie vielfältig die an eine Führungskraft herangetragenen Rollenerwartungen sein können. Führungspositionen werden sich allerdings danach unterscheiden, in welchem Ausmaß ein Positionsinhaber im Hinblick auf diese verschiedenen Rollen von seiner sozialen Umwelt gefordert ist. Zudem ist anzunehmen, dass sich jede Führungskraft auf der Basis dieser Erwartungen ihre eigene Rollendefinition zurechtlegt, in der spezifische Rollenerwartungen hervorgehoben werden und andere eher in den Hintergrund treten.

Wie kann man sich nun auf der Basis dieser Rollenvielfalt, in die das Handeln von Führungskräften eingebettet ist, den Arbeitsalltag einer Führungskraft vorstellen? Was ist charakteristisch für das alltägliche Handeln von Führungskräften? Hierzu gibt es eine Reihe von empirischen Untersuchungen, die beschreiben, worin der berufliche Alltag einer Führungskraft besteht, und so zu einem grundlegenden Verständnis der Führungsthematik beitragen.

Tabelle 1: Unterschiedliche Rollenerwartungen an den Inhaber einer Führungsposition nach Mintzberg (1991)

Rolle	Kurzbeschreibung
1. Repräsentator	Erfüllung zeremonieller Verpflichtungen, z. B. bei Empfängen, Festanlässen, Besuchen
2. Mitarbeiterführung	Direkter Kontakt zu Mitarbeitern: Fördern, Fordern, Anerkennen ...
3. Liaison	Kontakte nach oben, zur Seite und nach außen aufnehmen und pflegen
4. Beobachter	Informationen aus dem Umfeld suchen, aufnehmen und sammeln
5. Informationsverteiler	Informationen an andere weitergeben
6. Sprecher	Standpunkte der eigenen Organisationseinheit nach außen kommunizieren
7. Unternehmer	Maßnahmen zur Bestandssicherung und Weiterentwicklung der Organisation initiieren und begleiten
8. Störungsregler	Störungen regulieren und Konflikte managen
9. Ressourcenzuordner	Festlegung, wer was in der eigenen Organisationseinheit erhält (Arbeitsmittel, Budgets ...)
10. Verhandler	Vereinbarungen im Sinne der Organisation aushandeln

Solche „nüchtern" beschreibenden Untersuchungen bilden ein Gegengewicht zu gesellschaftlich weit verbreiteten Führungsmythen und -träumen, in denen Führungskräfte z. B. als entrückte Visionäre pausenlos Unternehmensstrategien entwickeln oder als charismatische „change-agents" Unternehmen in lernende Organisationen verwandeln. Nach Neuberger (1990, S. 158ff.) kann man die Ergebnisse dieser empirischen Studien, die auf Selbst- oder Fremdbeobachtungen von Führungskräften basieren, kurz wie folgt zusammenfassen:

- Der Arbeitstag der typischen Führungskraft ist aus sehr vielen kurzen Episoden zusammengesetzt. Charakteristisch sind häufige Unterbrechungen und unvorhergesehene Situationswechsel, auf die sich die Führungskraft einstellen muss. Zu längerer Arbeit an einer einzelnen Sache kommt es kaum.
- Führung bedeutet vorwiegend mündliche Kommunikation. Der Hauptteil der täglichen Arbeitszeit wird durch „Reden" beansprucht.
- Kontakte mit Unterstellten spielen zwar eine wichtige, aber bei weitem nicht die alleinige Rolle. Zudem sind Beziehungen zu Gleichrangigen, zu den Vorgesetzten sowie zu Externen von Bedeutung.
- Führungskräfte haben keinen „festen" Arbeitsplatz. Sie sind häufig unterwegs und deswegen nicht immer im eigenen Büro anzutreffen, sondern vielfach bei Vorgesetzten, Kollegen, Untergebenen oder Externen.

Die vorliegenden Ergebnisse zeigen allerdings auch, dass diese zentralen Tendenzen einer hohen Schwankungsbreite unterliegen. Es gibt Unterschiede zwischen Führungskräften und auch das Verhalten einer Führungskraft kann von Tag zu Tag unterschiedlich ausgeprägt sein. Insbesondere gibt es einen Einfluss der Führungsebene auf die gezeigten Verhaltensweisen, so z. B. indem Manager auf höherer Ebene mehr Planungsaufgaben und weniger direkte Mitarbeiterführung betreiben als Manager auf mittlerer oder unterer Ebene (vgl. Mahoney, Jerdee & Carroll, 1965) und auch mit kulturellen Einflüssen ist hier zu rechnen. Zudem hat das, worauf die Führungskraft in ihrem alltäglichen Handeln die Schwerpunkte legt, auch Aussagekraft für den Führungserfolg. So wurden in der Untersuchung von Luthans, Hodgetts und Rosenkrantz (1988) Erfolgsmanager von Leistungsmanagern unterschieden. Erstere konnten einen überdurchschnittlichen Karriereerfolg vorweisen, während letztere sich durch überdurchschnittliche Leistungsergebnisse auszeichneten. Empirische Analysen des Führungsverhaltens beider Managertypen zeigten, dass die Erfolgsmanager wesentlich mehr Zeit für die Beziehungspflege verwendeten, also soziale Netzwerke innerhalb und außerhalb des Unternehmens aufbauten und pflegten. Die Leistungsmanager dagegen widmeten sich vorwiegend der Routinekommunikation, indem sie sachbezogene Informationen auswerteten und austauschten.

Diese Ausführungen machen deutlich, wie facettenreich und wechselhaft die Anforderungen an Führungskräfte sind. Dabei gewinnt man den Eindruck, dass Führungskräfte nicht nur aktiv und vorausschauend führen und gestalten, sondern vielmehr einem wilden Strom von schnell wechselnden und unvorhersehbaren Ereignissen ausgesetzt sind, auf den sie mit viel Improvisationsgeschick reagieren müssen. Folgendes Bild bringt dies gut zum Ausdruck, indem die gerne mit Führung in Verbindung gebrachte Dirigentenmetapher in folgender Weise verändert wird:

Der Manager ist wie der Dirigent eines Symphonieorchesters, der sich um die Aufrechterhaltung einer melodischen Leistung bemüht, bei der die verschiedenen Beiträge der unterschiedlichen Instrumente koordiniert und in eine Reihenfolge gebracht, zu einem Muster zusammengefügt und in eine rhythmisch ausgewogene Aufführung gebracht werden, während die Orchestermitglieder die unterschiedlichsten persönlichen Schwierigkeiten haben. Die Bühnenarbeiter verschieben die Notenständer, eine abwechselnd übermäßige Hitze und Kälte macht dem Publikum und den Instrumenten zu schaffen, und der Sponsor des Konzerts besteht auf irrationalen Veränderungen im Programm. (Saylor, zitiert nach Mintzberg, 1991, S. 33-34)

2. Führungstheorien

Die psychologisch orientierte Führungsforschung hat eine Vielzahl von Theorien und Modellen über Bedingungen, Verlauf und Wirkungen des Führungsverhaltens entwickelt. Im Folgenden wird versucht, einen kurzen Überblick zu den wichtigsten Erklärungsansätzen zu geben (vgl. z. B. Frey & Spielmann, 1994; Neuberger, 1990; v. Rosenstiel, 1993).

2.1 Eigenschaftstheoretische Ansätze

Der eigenschaftstheoretische Ansatz war bis in die Sechzigerjahre hinein der am meisten verbreitete Forschungs- und Erklärungsansatz zur Führungsthematik. Dieser Ansatz zielt darauf ab, die charakteristischen Persönlichkeitseigenschaften von Führern sowie den Zusammenhang zwischen Persönlichkeitsmerkmalen und Führungserfolg zu ermitteln. Dabei wird davon ausgegangen, dass es eine Fähigkeit zur Führung gibt, die ein relativ stabiles, zeitlich und situativ überdauerndes Persönlichkeitsmerkmal oder ein Konglomerat von Persönlichkeitsmerkmalen ist, nach dem sich bestimmte Personen (Führer bzw. erfolgreiche Führer) von anderen Personen (Geführten bzw. erfolglose Führer) unterscheiden lassen. Die Identifizierung solcher charakteristischen Führungseigenschaften, der Vergleich zwischen Personen in Führungspositionen und Geführten hinsichtlich der Ausprägung von Führungseigenschaften, die Entwicklung und Verbesserung der Diagnoseinstrumente zur Identifizierung und Messung von Führungseigenschaften bei Mitarbeitern und schließlich die Entwicklung wirksamer Methoden zur Förderung führungseffektiver Eigenschaftsprofile haben die psychologisch orientierte Führungsforschung jahrelang beschäftigt.

Die Forschungsergebnisse zu diesem Erklärungsansatz waren jedoch ernüchternd. Zwar fand man gewisse Persönlichkeitsunterschiede zwischen Führern und Geführten wie z. B. ein ausgeprägteres Selbstvertrauen, größere Extraversion oder höhere Intelligenz der Führer, allerdings waren diese Unterschiede im Allgemeinen nur schwach ausgeprägt und traten auch nicht durchgängig auf (vgl. Frey & Spielmann, 1994). Zudem konnte in der Regel nicht ausgeschlossen werden, dass die gefundenen Unterschiede erst aufgrund unterschiedlicher Sozialisationserfahrungen entstehen, die die Übernahme und Ausübung von Führer- und Geführtenrollen mit sich bringen. Noch niedriger als der Zusammenhang zwischen Persönlichkeitseigenschaften und dem Innehaben einer Führungsposition scheint der Zusammenhang zwischen Persönlichkeitseigenschaften und dem Erfolg zu sein, mit dem diese Position ausgefüllt wird (vgl. Dorfman, 1995). Damit kann man davon ausgehen, dass bestimmte Persönlichkeitseigenschaften zwar die Wahrscheinlichkeit des Führungserfolgs erhöhen, aber keineswegs garantieren und dass situative Merkmale wie die Charakteristika der Geführten, die Beschaffenheit der Aufgabe und das Organisationsumfeld den Führungserfolg in erheblichem Maße mitbestimmen.

2.2 Verhaltenstheoretische Ansätze

Die hier subsumierten Ansätze zeichnen sich dadurch aus, dass sie sich mit dem Führungsverhalten befassen, wobei versucht wird, aus der Vielzahl unterschiedlicher Führungsverhaltensweisen spezifische Führungsstile zu erschließen und deren Auswirkungen zu untersuchen. Das methodische Fundament dieses Ansatzes bildet die Fragebogenmethode, mittels derer das Verhalten von Führungskräften z. B. aus der Sicht von Führern oder Geführten erfasst wird. Mithilfe des statistischen Verfahrens der Faktorenanalyse werden diese quantitativen Daten auf ihnen zugrunde liegende Dimensionen reduziert, die dann als Führungsstile interpretierbar sind. Am einflussreichsten war hier der Ansatz der Ohio-Forschergruppe um Hemphill, Fleishman, Stogdill und Shartle, die zwei voneinander unabhängige Dimensionen des Führungsverhaltens erschlossen:

(1) *Mitarbeiterorientierung*: Ein Rücksicht nehmendes, um die verschiedenen Belange der Mitarbeiter besorgtes Führungsverhalten;

(2) *Aufgabenorientierung*: Die Aufgaben der Mitarbeiter betonendes sowie die Arbeit der Mitarbeiter strukturierendes Verhalten.

Der Führungsstil einer Führungskraft ergibt sich daraus, wie beide Dimensionen bei der Führungskraft ausgeprägt sind. So kann man einen mitarbeiterorientierten Führungsstil von einem aufgabenorientierten Führungsstil unterscheiden, aber eine Führungskraft kann aufgrund der postulierten Unabhängigkeit der Dimensionen auch mitarbeiterorientiert und aufgabenorientiert zugleich sein oder im Sinne eines Laissez-faire-Führungsstiles weder mitarbeiter- noch aufgabenorientiert sein. Empirische Untersuchungen zu den Auswirkungen dieser Stile haben gezeigt, dass ein positiver Zusammenhang zwischen der Mitarbeiterorientierung der Führungskraft und der Zufriedenheit der Mitarbeiter besteht, während die Aufgabenorientierung der Führungskraft mit der Produktivität der Mitarbeiter positiv korreliert. Am erfolgreichsten im Hinblick auf die Zufriedenheit ihrer Mitarbeiter und die erzielte Produktivität sind Führungskräfte, die hohe Ausprägungen auf beiden Dimensionen aufweisen (vgl. Frey & Spielmann, 1994).

Das Verdienst dieses Ansatzes ist es, auf grundlegende und inzwischen empirisch gut bestätigte Dimensionen des Führungsverhaltens hingewiesen zu haben. Allerdings zeigen empirische Untersuchungen, dass das Verhalten von Führungskräften offenbar wesentlich situationsspezifischer ist, als die Annahme eines situationsübergreifenden Führungsstils vermuten lässt. So wurde deutlich, dass ein und dieselbe Führungskraft von ihren Mitarbeitern sehr unterschiedlich beschrieben und beurteilt werden kann, sodass zum Teil die Unterschiede in den Verhaltensbeurteilungen bei unterschiedlichen Führungskräften geringer ausfallen als die Unterschiede in den Verhaltensbeurteilungen ein und derselben Führungskräfte durch ihre Mitarbeiter. Dies deutet darauf hin, dass Führungskräfte mitarbeiterspezifische Beziehungen und Verhaltensweisen (vgl. Abschnitt 2.5) entwickeln, sodass das Postulat des *einen* Führungsstils der Führungskraft problematisch erscheint.

2.3 Kontingenztheoretische Ansätze

Kontingenztheoretische Ansätze beziehen im Gegensatz zu den o.a. Ansätzen situative Aspekte in die Theoriebildung ein, wobei es diesen Ansätzen vorwiegend um die Erklärung und Prognose von Führungserfolg geht. Am einflussreichsten in dieser Tradition ist der Ansatz von Fiedler (1967), der drei Situationsmerkmale berücksichtigt: (1) Die Einstellungen der Geführten zum Führer; (2) Das Ausmaß der Strukturiertheit der Aufgabe; (3) Die Positionsmacht des Führers gegenüber den Geführten. In der Theorie wird jedes dieser drei Situationsmerkmale als dichotom (z. B. positive vs. negative Einstellung zum Führer) betrachtet, woraus sich $2^3 = 8$ Situationskonstellationen ergeben, die hinsichtlich ihrer Günstigkeit in eine Rangfolge gebracht werden. Unter „Günstigkeit" wird dabei die Chance des Führers verstanden, auf die Geführten Einfluss auszuüben. Die oben aufgeführten Situationsmerkmale tragen dabei im Verhältnis 4:2:1 zu der Bestimmung der Günstigkeit der Situation bei. Die Situation ist dann am günstigsten, d. h. die Einflusschance maximal, wenn alle drei Situationsfaktoren positiv bzw. hoch ausgeprägt sind. Ferner nimmt Fiedler an, dass Führungskräfte entweder einen mitarbeiter- oder aber einen aufgabenorientierten Führungsstil haben. Aus empirischen Untersuchungen leitete Fiedler ab, dass der aufgabenorientierte Führungsstil in sehr ungünstigen und sehr günstigen Situationen effektiver ist, während der mitarbeiterorientierte Führungsstil in Situationen mit mittlerer Günstigkeit überlegen ist. Diese Schlussfolgerungen Fiedlers haben zwar vielerlei Kritik auf sich gezogen, u. a. wegen der fragwürdigen Erfassung des Führungsstiles, dennoch handelt es sich bei der Theorie um das Musterbeispiel eines kontingenztheoretischen Ansatzes, dem weitere Ansätze in dieser Tradition folgten, so z. B. die situative Führungstheorie von Hersey und Blanchard (1977), in der die „Reife" der Geführten als zentrale situative Variable eingeführt wird (zur Kritik dieser Ansätze vgl. Neuberger, 1990). Auch das normative Entscheidungsmodell von Vroom und Yetton (1973) steht in dieser Tradition. Hier werden Situationsarten spezifiziert, in denen beim Fällen von Entscheidungen unterschiedliche Grade der Partizipation angebracht und effektiv sind.

2.4 Weg-Ziel-Theorie der Führung

Die *Weg-Ziel-Theorie* (House & Mitchell, 1974) basiert auf der Erwartungstheorie der Motivation. Führungsverhalten wird im Rahmen dieses Ansatzes im Hinblick auf die Motivation der Geführten untersucht. Die Motivation eines Geführten, eine Handlung auszuführen, ist dabei von zwei Faktoren abhängig: (1) von der Erwartung des Geführten, dass seine Handlung zu den gewünschten Ergebnissen führt; (2) von der Valenz oder dem Nutzwert, den der Geführte den gewünschten Ergebnissen zuordnet. Der Führungsstil beeinflusst die Motivationslage des Geführten. Auch hier finden wir wieder kontingenztheoretische Ansätze, da je nach Aufgabenstruktur (unstrukturiert vs. strukturiert) und nach der Persönlichkeit der Mitarbeiter (z. B. interne vs. externe Kontrollüberzeugung) ein direktiver, unterstützender, partizipativer oder leistungsorientierter Führungsstil als optimal postuliert wird.

2.5 Dyadischer Ansatz

Das Hauptkennzeichen dieses von Graen und seinen Mitarbeitern (vgl. z. B. Graen & Scandura, 1987) entwickelten Ansatzes ist, dass davon ausgegangen wird, dass ein Führer zu den ihm unterstellten Mitarbeitern spezifische Beziehungen aufbaut und sich in jeweils besonderer Weise zu ihnen verhält. Dies widerspricht der impliziten Annahme der verhaltenstheoretischen Ansätze, dass eine Führungskraft einen Führungsstil hat und sich gegenüber allen Mitarbeitern gleich verhält. Eine Konsequenz dieses Ansatzes ist, dass statt des Gesamtsystems Führer – Mitarbeiter die einzelnen aus der Führungskraft und einem Mitarbeiter bestehenden Dyaden untersucht werden. Dieses haben Graen und Mitarbeiter in Längsschnittstudien getan und dabei herausgefunden, dass sich die unterschiedlichen Beziehungen, die zwischen Führungskraft und Mitarbeitern entstehen, in zwei Kategorien einteilen lassen: Zum einen die Beziehung der Führungskraft zu den so genannten In-group-Mitgliedern, d. h. der Mitarbeiter, die die Führungskraft schätzt, denen sie vertraut und die sie unterstützt und fördert; und zum anderen zu den Out-group-Mitgliedern, d. h. die Mitarbeiter, die vom Führer kontrolliert, sonst aber nicht weiter beachtet werden. Die Beziehungen der Führungskraft zu den In-group-Mitgliedern sind ungezwungen und zeichnen sich durch einen hohen gegenseitigen Einfluss aus, während die Beziehungen zu den Out-group-Mitgliedern formeller und durch mehr Distanz geprägt sind, wobei eher ein einseitig vorgesetztenbetonter Einfluss vorliegt.

2.6 Transaktionale und transformative Führung

Dieser mit dem Namen von Bass (z. B. 1985) verbundene Ansatz unterscheidet zwei Führungsqualitäten: Bei der transaktionalen Führung steuert die Führungskraft das Verhalten des Mitarbeiters in Anlehnung an das oben beschriebene Weg-Ziel-Modell, indem sie das gewünschte Verhalten deutlich macht und zum Bedürfnissystem des Mitarbeiters passende Belohnungen in Aussicht stellt. Auf diese Weise entstehen Leistungen, die man vom Mitarbeiter „erwarten kann". Zu herausragenden Mitarbeiterleistungen, die die Erwartungen übertreffen, kommt es aber erst bei transformationaler Führung, die den Mitarbeiter „verändert", indem sie sein Selbstvertrauen steigert und neue Entwicklungs- und Wachstumsbedürfnisse in ihm aktiviert.

2.7 Ansatz der symbolischen Führung

Dieser Ansatz geht davon aus, dass Führung für die Mitarbeiter Sinnpotenziale erschließt, Sinnangebote macht und damit Sinn vermittelt, um so die Komplexität im Bedingungsgefüge zu reduzieren und eine verbindliche Orientierung für alle Organisationsmitglieder herzustellen. Zwei Aspekte der symbolischen Führung sind nach Neuberger (1990) zu unterscheiden: Zum einen die Führung über geschaffene Fakten, also z. B. über verschriftlichte Leitbilder, gedruckte Verhaltensgrundsätze, Gehaltssysteme oder eingespielte Umgangsformen, die dann dem Mitarbeiter Orientierung geben und verhaltensregulierend wirken. Zum anderen die Führung durch die Bereitstellung von Sinnangeboten, die den Mitarbeitern zeigen, wie Fakten oder Ereignisse „richtig" zu „lesen" und zu interpretieren sind. Diesem symbolischen, Sinn vermittelnden Führen kommt unter der Perspektive des interkulturellen Managements eine besondere Bedeutung zu, weil kulturelle Systeme die erforderlichen Symbole und ihre Interpretation zur Verfügung stellen und somit die Basis zum Sinnverständnis liefern.

2.8 Ein integratives Modell zur Führungsthematik

Angesichts der oben beschriebenen Forschungskonzepte und -befunde lässt sich ein integrierendes Rahmenmodell zur Führungsthematik skizzieren. Dieses Modell soll die grundlegenden Wirkungszusammenhänge beschreiben und zudem den Einfluss der Kultur deutlich machen. Abbildung 1 stellt dieses Modell dar.

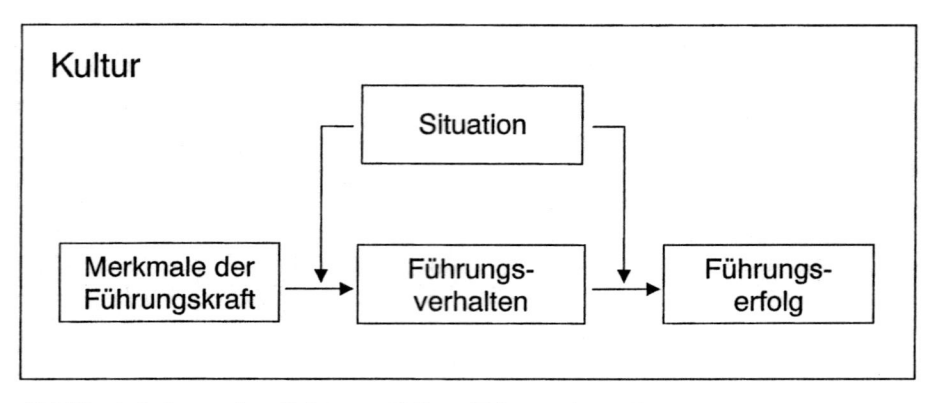

Abbildung 1: Integratives Rahmenmodell zur Führungsthematik

Dieses Modell kann wie folgt beschrieben werden:

(1) In Anlehnung an kontingenztheoretische Ansätze gibt es einen zweifachen situativen Einfluss (vgl. v. Rosenstiel, 1999, S. 418): Zum einen bestimmt die Situation, wie sich die Persönlichkeitsmerkmale einer Führungskraft im Führungsverhalten niederschlagen; zum anderen ist es von der Situation abhängig, inwieweit ein spezifisches Führungsverhalten zu Führungserfolg führt. Der Begriff „Situation" bezieht sich dabei auf ein komplexes Bedingungsgefüge, zu dem u.a. die Aufgabenbeschaffenheit, Merkmale der Geführten und ihrer Beziehung zur Führungskraft sowie die Positionsmacht der Führungskraft gehören. Das Verhalten einer Führungskraft ist somit ebenso wie ihr Führungserfolg situativ mitbedingt.

(2) Das Zusammenwirken von Merkmalen der Führungskraft, situativen Charakteristika sowie Führungsverhalten und -erfolg ereignet sich vor dem Hintergrund einer spezifischen Kultur, wobei Kultur hierbei verstanden wird als ein „ ... universelles, für eine Gesellschaft, Nation, Organisation und Gruppe aber typisches Orientierungssystem. Dieses Orientierungssystem wird aus spezifi-

schen Symbolen gebildet und in der jeweiligen Gesellschaft, Gruppe usw. tradiert. Es beeinflusst das Wahrnehmen, Denken, Werten und Handeln aller Mitglieder ..." (Thomas, 1988, S. 149).

(3) Es ist nicht lediglich die „nackte" Situation im Sinne einer Reizkonstellation, die bestimmt, welches Verhalten eine Führungskraft zeigt. Vielmehr sind hier Wahrnehmungs- und Interpretationsprozesse entscheidend: Der Führungskraft fallen bestimmte Aspekte ins Auge, andere treten in den Hintergrund, sie ordnet der Situation Bedeutung und Sinn zu. Es sind diese inneren Bilder und Deutungen als psychologische Wirklichkeit, die das Verhalten der Führungskraft leiten und formen. Die Kultur als ein für eine Gesellschaft typisches Orientierungssystem leistet hierbei einen wesentlichen Beitrag, denn die spezifischen Wahrnehmungen und Deutungen, dessen was ist und gefordert wird, sind durch sie maßgeblich bestimmt. Die Führungskraft orientiert sich, ob bewusst oder unbewusst, im Rückgriff auf ein gesellschaftliches Orientierungssystem, das sie als verbindlich und oft als selbstverständlich erlebt. Diese zentrale Rolle der Kultur lässt sich insbesondere mit Ansätzen des symbolischen Führens verknüpfen.

(4) Auch „Führungserfolg" ist kein „nacktes" Faktum, sondern setzt umfangreiche Bewertungsprozesse voraus, die wiederum von der jeweiligen Kultur mitbestimmt werden. Dass es kein einheitliches und allgemein akzeptiertes Kriterium für Führungserfolg gibt, wird bereits deutlich, wenn man Forschungsarbeiten betrachtet, in denen Führungserfolg gemessen wird: Hier wird auf eine Vielzahl unterschiedlichster Kriterien zurückgegriffen, so z. B. die Effektivität der Aufgabenbewältigung, das Ausmaß des Erreichens von Organisationszielen wie z. B. der Vergrößerung des Marktanteils oder die Gewinnentwicklung, Leistung oder Zufriedenheit der unterstellten Mitarbeiter, die emotionale Bindung der Mitarbeiter an das Unternehmen oder die Qualität der Kooperation in der Organisation (vgl. Yukl & van Fleet, 1992, S. 179ff.). Das, was in einer gegebenen Situation unter „Erfolg" verstanden sowie als Erfolgskriterium betrachtet wird, kann von Kultur zu Kultur variieren.

(5) Eine Folgerung des Modells ist, dass die Komplexität des Führungsgeschehens zunimmt, wenn Führungskraft und Mitarbeiter unterschiedlichen kulturellen Systemen angehören und sich an diesen orientieren, wie es z. B. in plurinationalen Organisationen oder Arbeitsgruppen der Fall sein kann. Bildlich gesprochen kann man sagen, dass hier Ereignisse und Zusammenhänge für die Geführten anders „kulturell gerahmt" sind als für den Führenden. Mit Thomas (1993, S. 380) kann man hier von interkulturellen Überschneidungssituationen sprechen, in denen abweichende Werte, Normen und Bewertungsmaßstäbe aktualisiert werden, was dazu führen kann, dass eine spezifische Situation oder Verhaltensweise von Führer und Geführten ganz unterschiedlich interpretiert wird. Die Bewältigung solcher interkultureller Überschneidungssituationen stellt eine besondere Führungsanforderung dar, die vom Führenden spezifische Handlungskompetenzen erfordert.

3. Zentrale kulturelle Dimensionen des Führungsverhaltens

Wie bei kulturvergleichenden Betrachtungen üblich, gibt es auch beim Führungsverhalten zwei extreme Standpunkte. Die „Universalisten" behaupten, dass Führungsprinzipien unabhängig von kulturellen Kontextbedingungen allgemeine Gültigkeit und Wirksamkeit zukommen. Die „ökonomischen Relativisten" postulieren in diesem Zusammenhang, dass mit zunehmender Modernisierung der Gesellschaft und verstärkter Industrialisierung eine gleichsam zwangsläufige Konvergenz kulturverschiedener Führungsprinzipien und der Führungspraxis stattfindet. Demgegenüber gehen die „Kulturrelativisten" davon aus, dass unterschiedliche kulturelle Ausgangsbedingungen unterschiedliche Anforderungen an das Führungsverhalten stellen. Führungstheorien ebenso wie die Führungspraxis seien kulturgebunden und somit nicht problemlos von einer Kultur auf eine andere zu übertragen. Sie nehmen an, dass die kulturspezifischen Unterschiede bis zu einem gewissen Grade auch resistent sind gegenüber Modernisierungs- und Industrialisierungseffekten, wie Vergleiche zwischen japanischen und amerikanischen Führungskonzepten und Managementpraktiken zeigen (vgl. Fürstenberg, 1981; Ouchi, 1981). Folgt man einem mehr pragmatischen Vorschlag von Child (1981), dann sollte die Frage nicht lauten, ob kulturelle Determinanten grundsätzlich im Führungsverhalten wirksam werden oder nicht, sondern unter welchen Bedingungen und in welchen Aspekten des Führungsverhaltens sie zu bedeutsamen Veränderungen führen. So werden die eher „technischen" Bereiche des Managements sicher weniger von kulturellen Einflüssen betroffen sein als die personen- und verhaltensbezogenen Aspekte, wie z. B. der Führungsstil, die Organisation von Autoritätsbeziehungen, Entscheidungsstile und Formen der Partizipation.

Die Forschungen von Hofstede (1980), Bass (1981) und Triandis (1983) – um nur einige der wichtigsten zu nennen – zur Identifizierung zentraler kulturspezifisch geprägter Verhaltens- und Einstellungsdimensionen und deren Auswirkungen auf das Führungsverhalten haben zu folgenden Resultaten geführt:

Traditionalismus-Modernitäts-Dimension: Kulturen unterscheiden sich hinsichtlich ihrer Tendenz, an Vergangenem, Überkommenem und Traditionellem festzuhalten oder aber für Neuerungen aufgeschlossen zu sein und auf Einflüsse von außen mit Veränderungsbereitschaft zu reagieren. Selbst innerhalb von Nationen, Kulturen und Organisationen lassen sich Gruppen und Individuen finden, die von dieser kulturellen Dimension unterschiedlich geprägt sind. Für eine Führungskraft ist es wichtig zu wissen, ob die Mitarbeiter generell oder welche Gruppen und Personen unter den Mitarbeitern eher zum Traditionalismus neigen oder für Modernitätswerte aufgeschlossen sind.

Partikularismus-Universalismus-Dimension: Partikularismus, der häufig auch mit patriarchalischer Orientierung gleichgesetzt wird, betont Freundschaftsverpflichtungen und zwischenmenschliche Beziehungen, auch wenn sie der Organisationseffektivität entgegenarbeiten. Dagegen betont der Universalismus die Verpflichtung gegenüber der Gesellschaft und Gruppe als Ganzes. Partikularismus ist stärker in Entwicklungsländern und in vielen asiatischen Kulturen verbreitet, wohingegen in anglo-amerikanisch und westeuropäisch beeinflussten Gesellschaften universalistische Tendenzen vorherrschen.

Pragmatismus-Idealismus-Dimension: Obwohl für Führungserfolg ein hoher Grad an Pragmatismus erforderlich ist, zeigen Führungskräfte und Mitarbeiter aus verschiedenen Kulturen unterschiedliche Grade der Orientierung ihres Denkens und Verhaltens an Idealvorstellungen bzw. an Überzeugungen, die eher aus im praktischen Handeln gewonnenen Erfahrungen resultieren, z. B. über Organisationsstabilität, Arbeitszufriedenheit, Status, Prestige, Sicherheit, Konformität etc. (siehe vergleichende Studie von England & Lee, 1974).

Dimension der Machtdistanz: Diese Dimension bezeichnet den Grad der ungleichen Machtverteilung innerhalb einer Gesellschaft. Bei einem hohen Grad an Machtdistanz vermeiden es die Mitarbeiter, dem Vorgesetzten zu widersprechen, Entscheidungen werden autokratisch getroffen, ein nicht-partizipativer Führungsstil wird bevorzugt und der Kommunikationsfluss erfolgt von oben nach unten. Hofstede (1980) fand deutliche interkulturelle Unterschiede in der Ausprägung der Machtdistanz. Hohe Machtdistanz zeigten Länder mit tropischem und subtropischem Klima, hoher Bevölkerungsdichte und großem Wohlstandsgefälle.

Dimension der Vermeidung von Unsicherheit: Gesellschaften und Kulturen sind in unterschiedlichem Maße in der Lage, unsichere, instabile und widersprüchliche Situationen zu meistern. Bestimmte Kulturen versuchen, solche Situationen zu vermeiden, indem sie ihre Mitglieder auf das Befolgen vieler formaler Regeln verpflichten, abweichende Ideen und Verhaltensweisen streng bestrafen und an absoluten Wahrheiten, Autoritäten und an der Objektivität von Expertenurteilen festhalten. Erfolgreiches Führen in solchen Kulturen erfordert ein hohes Maß an Eindeutigkeit und Klarheit in der Symbolisierung durch Führungsverhalten.

Dimension der Maskulinität: Diese Dimension unterscheidet Kulturen danach, inwieweit ihre Mitglieder auf Gewinn, Leistung, Durchsetzungsvermögen und Besitzstreben hin orientiert sind oder sich eher beziehungs- und kooperationsorientiert verhalten. Kulturvergleichende Studien zeigten bezüglich dieser Dimension deutliche Unterschiede z. B. zwischen europäischen und asiatischen Kulturen.

Individualismus-Kollektivismus-Dimension: In einigen Kulturen ist der Handelnde in ein relativ unverbindliches und lockeres Netz sozialer Beziehungen eingebunden, was ihn dazu verpflichtet, nur für sich selbst und allenfalls für seine nahen Angehörigen zu sorgen. Demgegenüber bestehen in anderen Kulturen enge Gruppenbindungen und eine klare Trennung zwischen Eigen- und Fremdgruppe. Der Verpflichtung und Erwartung zur gegenseitigen Hilfe innerhalb der Eigengruppe kommt hohe Bedeutung zu.

Die oben beschriebenen kulturellen Dimensionen spielen eine wichtige Rolle in kulturvergleichenden Untersuchungen, die darauf abzielen, Gemeinsamkeiten und Unterschiede im Führungsverhalten in verschiedenen Kulturen zu prognostizieren und zu erklären. Im nächsten Abschnitt werden Ergebnisse solcher Untersuchungen berichtet.

4. Aspekte des Führungsverhaltens im Kulturvergleich

In kulturvergleichenden Studien zur Führungsthematik wurden vor allen Dingen folgende Teilaspekte untersucht: Führungsstil, Zielsetzungsprozesse, Entscheidungsverhalten, Leistungskontrolle und Arbeitsmotivation. Wie im Folgenden deutlich werden wird, lassen sich hierbei sowohl übergreifende Gemeinsamkeiten als auch Unterschiede zwischen den untersuchten Kulturen finden. Damit gilt auch für die Führungsthematik das, was nach Triandis auf nahezu jedes Phänomen zutrifft: „One of the generalizations that can be made after reading the six-volume Handbook of Cross-Cultural Psychology ... is that almost every phenomenon has both universal and culture-specific aspects" (1994, S. 108).

4.1 Führungsstil

In Abschnitt 2.2 wurde dargestellt, dass die Forschungen der Ohio-Gruppe zum Postulat zweier voneinander unabhängiger Dimensionen des Führungsverhaltens, der Mitarbeiterorientierung und der Aufgabenorientierung, geführt haben.

Die Forschungen der Ohio-Gruppe stammen vorwiegend aus dem westlichen Kulturkreis. Empirische Untersuchungen zu den grundlegenden Dimensionen des Führungsverhaltens wurden aber auch in anderen Kulturkreisen durchgeführt. Von besonderer Bedeutung sind hier die langjährigen Forschungen von Misumi (z. B. 1985) zur Führung in Japan sowie das umfangreiche Forschungsprojekt von Sinha (z. B. 1984) zur Führung in Indien. Beide Forscher fanden ebenfalls zwei grundlegende Dimensionen des Führungsverhaltens:

(1) Misumi entwickelte die auf die Verhältnisse in Japan abzielende PM-Führungstheorie, wobei P für „Performance", also ein leistungsorientiertes Führungsverhalten, steht, bei dem die Zielerreichung besonders betont wird, während M „Maintenance" bedeutet und ein harmonie- und beziehungsorientiertes, solidarisches und integratives Führungsverhalten meint. Die Theorie postuliert, dass eine Führungskraft im japanischen Kulturkontext dann besonders effektiv ist, wenn es ihr gelingt, einen Führungsstil zu praktizieren, in dem beide Dimensionen intensiv ausgeprägt sind.

(2) Sinha entwickelte die auf die Verhältnisse in Indien abgestimmte NT-Führungstheorie, wobei N „nurturant" meint und für ein fürsorgliches, beziehungsorientiertes Führungsverhalten steht, und T „task oriented" bedeutet, das eine aufgabenorientierte Ausrichtung des Führungsverhaltens bezeichnet. Wiederum ist gerade die Kombination beider Dimensionen in einen NT-Stil am effektivsten, wobei laut Sinha dies dann das Fundament bereitet für zunehmende Partizipation und Mitsprache der Mitarbeiter bei Entscheidungsprozessen.

Die Konzeptionen von Misumi und Sinha ähneln stark dem zweidimensionalen Ansatz der Ohio-Schule. Dies deutet darauf hin, dass die dem Führungsverhalten zugrunde liegenden Dimensionen eher universeller Art sind, wobei aber die spezifischen Verhaltensweisen, durch die eine rücksichtsvolle oder aufgabenbezogene Orientierung ausgedrückt und signalisiert wird, von Kultur zu Kultur verschieden sein können (vgl. Misumi, 1985; Smith, Misumi, Tayeb, Peterson & Bond, 1989).

Viele Untersuchungen belegen, dass in industrialisierten Ländern ein eher partizipativer Führungsstil praktiziert wird, wohingegen in vorindustriellen Ländern und Entwicklungsgesellschaften ein eher autoritärer und paternalistischer Führungsstil vorherrscht (vgl. Bass, 1981). Selbst in Europa zeigen sich deutliche Unterschiede zwischen einem ausgeprägten partizipativen Führungsstil in England, einem zwischen partizipativ und autoritär angesiedelten Führungsstil in der ehemaligen Bundesrepublik Deutschland und Frankreich und einem stark autoritären Führungsstil in Griechenland. Nach Smith und Noakes (1996) erweist sich Partizipation zumeist in individualistischen Nationen effektiver als in eher kollektivistischen Nationen mit hoher Machtdistanz. So bewährt sich in der Regel die aktive Einbindung der Mitarbeiter in Organisationsentwicklungsprojekte in den USA, während z. B. in Puerto Rico, einer spanisch geprägten Kultur mit hoher Machtdistanz, solche Partizipationsangebote als Zeichen dafür interpretiert werden, dass das Management nicht weiter weiß und „geistig bankrott" ist, was die Mitarbeiter dazu bewegt, das Unternehmen lieber zu verlassen.

Die Effektivität des Führungsstils, der in einer Kultur praktiziert wird, hängt wesentlich davon ab, welche Partizipationserwartungen die Untergebenen haben. Die Partizipationserwartungen wiederum sind das Resultat des individuellen Sozialisationsprozesses, der auf den sozioökonomischen Erfahrungen der Vorgängergeneration aufbaut und sich in einer spezifischen Art und Weise in der Regulation von Vorgesetzten-Untergebenen-Beziehungen als Merkmal des jeweiligen kulturspezifischen Orientierungssystems niederschlägt. Es ist deshalb nicht verwunderlich und wird zudem durch viele Studien belegt, dass, je weniger Diskrepanz besteht zwischen den Partizipationserwartungen und dem im Führungsstil praktizierten Partizipationsangebot, sich ein Mitarbeiter um so mehr mit seiner Arbeitsgruppe und mit seiner Organisation und deren Zielen identifiziert und seine Arbeitsmotivation, seine Leistungsbereitschaft und die Gruppenkohäsion um so höher ist. Da die Partizipationserwartung kulturabhängig ist, ist sie in autoritären und hierarchisch strukturierten Gesellschaften geringer ausgeprägt als in pluralistisch und demokratisch strukturierten. So sind z. B. indische, peruanische und türkische Mitarbeiter mit einem autoritären Führungsstil zufriedener als mit einem partizipativen, dessen Angebot an eigenverantwortlichen Entscheidungs-, Handlungs- und Entwicklungsmöglichkeiten sie nicht immer ausnutzen können.

Allerdings ist hierzu einschränkend zu bemerken, dass auch in Kulturen mit traditionell eher autoritärem Führungsstil die Partizipationserwartungen der Mitarbeiter nicht statisch sind, sondern sich innerhalb der Mitarbeiter-Führungskraft-Beziehung verändern können. So legen empirische Untersuchungen von Sinha (z. B. 1984, 1994) für den indischen Kulturkreis nahe, dass bei Beginn der Arbeitsbeziehung ein „nurturant-task-oriented" NT-Führungsstil ohne Partizipationsangebote angemessen ist:

> The NT leader is warm and considerate, cares for his or her subordinates, is concerned about their well-being and growth, and guides, encourages and directs them. The NT leader also structures his or her subordinates´ roles, sets high goals, and works hard, thus acting as a role model. These leaders make their nurturance contingent on their subordinates´ task performance, openly appreciate those who work hard and sincerely, and provide close supervision and feedback. (Sinha, 1994, S. 742)

Im Rahmen dieser spezifischen Vorgesetzten-Mitarbeiter-Beziehung gewinnen die Mitarbeiter an Arbeitserfahrung, sie entwickeln ihre Fähigkeiten und Fertigkeiten, und ihr Selbstvertrauen wächst. Hierbei verändern sich auch die Erwartungen an die Beziehung zur Führungskraft, indem Bedürfnisse nach Gestaltungsspielräumen und Partizipation entstehen. Hat die Beziehung diese Qualität erreicht, so muss der Vorgesetzte, um effektiv zu bleiben, sein Führungsverhalten ändern, um diesen Partizipationserwartungen gerecht zu werden. Allerdings wird laut Sinha nicht jeder Mitarbeiter diese Stufe erreichen, was von der Führungskraft fordert, dass sie keinen einheitlichen Führungsstil praktiziert, sondern mitarbeiterspezifisch führt (vgl. Abschnitt 2.5).

Der relativ häufig anzutreffende paternalistische Führungsstil verbindet autokratisches Führungsverhalten mit gegenseitiger Verpflichtung und strikter Loyalität. Die paternalistische Führungsstruktur bewirkt, dass sich die effektive Macht auf die obersten Führungspositionen konzentriert. Vor allem Finanz- und Personalentscheidungen bleiben in der Hand der obersten Führungskräfte, während Entscheidungen, die den Arbeitsprozess betreffen, delegiert werden und damit betriebliche Verantwortung auch auf untere Führungspositionen verlagert wird. Paternalistische Führungselemente, wie sie sich z. B. in Anstellungsverhältnissen auf Lebenszeit, Betriebstreue, altersbezogener Entlohnung, Bereitstellung von Wohnraum oder Freizeiteinrichtungen ausdrücken, zeigen sich besonders stark ausgeprägt in Ländern wie Japan, Ägypten, Chile, Indien, aber z. T. auch in der ehemaligen Bundesrepublik Deutschland, Frankreich und Mexiko, nicht jedoch in den USA und Großbritannien.

Die kulturvergleichende Führungsforschung führt allerdings oft zu widersprüchlichen Ergebnissen, wenn es darum geht, den in einem Land oder in einer Kultur vorherrschenden Führungsstil eindeutig zu bestimmen. Die Daten bestehen meist aus Fragebogenerhebungen über das von Managern gegenüber ihren Mitarbeitern praktizierte Führungsverhalten. Diese Aussagen werden als Indiz für einen bestimmten Führungsstil gewertet. Es ist aber bekannt, dass die Einstellungen gegenüber einem so komplexen und vielfältigen sozialen Normen unterworfenen Phänomen wie der Vorgesetzten-Untergebenen-Beziehung keineswegs mit dem tatsächlich praktizierten Verhalten übereinstimmen müssen. Während sich die Einstellung eher an Idealen orientiert, unterliegt das Verhalten spezifischen Restriktionen.

Zudem tendiert die kulturvergleichende Führungsstilforschung zu voreiligen Generalisierungen. Aufgrund der Befragungsergebnisse anhand einer oft relativ kleinen und sehr spezifischen Stichprobe wird auf den in der jeweiligen Kultur verbreiteten Führungsstil geschlossen, ohne die besonderen Führungsbedingungen und Aufgabenstellungen der untersuchten Managergruppe im Vergleich zu positions- und statusähnlichen, aber nicht untersuchten Managergruppen derselben Kultur mit zu berücksichtigen.

Ferner wird in kulturvergleichenden Studien zu Führungsstilen häufig versäumt, zwischen Funktion und Sinn eines Führungsverhaltens (z. B. Aufgabe delegieren) einerseits und andererseits den konkreten Verhaltensweisen, durch die diese Funktion realisiert wird (z. B. Aufgabe schriftlich anordnen), zu unterscheiden: Während Ersteres eher universellen Charakter zu haben scheint, ist Zweiteres eher kulturspezifisch ausgeprägt (vgl. Misumi, 1985; Smith, Misumi, Tayeb, Peterson & Bond, 1989).

4.2 Zielsetzungen und Problemlösungstechniken

Im Kulturvergleich ergeben sich deutliche Unterschiede zwischen industrialisierten Ländern, in denen Wachstum, Leistungssteigerung und Wettbewerb als Managementziele dominieren, und Entwicklungsländern, in denen mehr Wert auf Stabilisierung des erreichten Niveaus gelegt wird. So ist z. B. die Wettbewerbsorientierung bei US-amerikanischen, holländischen und britischen Unternehmen deutlich stärker ausgeprägt als bei indischen und kolumbianischen (vgl. Ronen, 1986). Zur Erklärung der beobachteten Unterschiede im Führungsverhalten sind weiterhin bedeutsam die Art der Weltsicht (synthetisch-ganzheitlich gegenüber elementaristisch-abstrakt), die Zeitwahrnehmung (gegenwartsgebunden-kurzfristig gegenüber zukunftsorientiert-langfristig) und das Vertrauen in die Vorhersehbarkeit und Planbarkeit zukünftiger Ereignisse und Handlungsresultate (kurzfristig-unsicher gegenüber langfristig-gesichert, zuverlässig). Damit eng verknüpft sind die für wirtschaftliches Handeln und Management wichtigen Faktoren wie Vertrauen und Risikobereitschaft, die einerseits abhängig sind von den individuellen Erfahrungen der Führungskraft im Umgang mit Menschen und Produktionsgütern und andererseits von den in der Kultur tief verankerten Werten, Überzeugungen, Denk- und Urteilstraditionen und kollektiven Stimmungsmustern (vgl. Negandhi, 1987).

Deutliche kulturell verankerte Unterschiede zeigen sich in der Handhabung sozialer Konflikte. Manager asiatischer Kulturen (Japan, Korea, China) neigen dazu, Konflikte zu vermeiden, zu überdecken und herunterzuspielen. Konflikte dürfen auf keinen Fall in der sozialen Interaktion offen ausgetragen werden, damit für keinen der beteiligten Partner ein irreparabler „Gesichtsverlust" entsteht. In nordamerikanischen und europäischen Ländern werden demgegenüber Konflikte als selbstverständliche Folgen sozialer Interaktionen angesehen und ihre „öffentliche" Behandlung als erster Schritt zu einer wirksamen Konfliktlösung betrachtet. Die Offenlegung von Konflikten, die Diskussion ihrer Ursachen und die gemeinsame Suche nach sachorientierten Lösungen wird sogar als ein produktives und innovatives Element des Managements einer Organisation proklamiert (vgl. Berkel, 1980; Glasl, 1990) – wenngleich auch zwischen diesen Ländern gewisse

Unterschiede im Hinblick auf das Konfliktverhalten bestehen. Ein solches Vorgehen wird in anderen Kulturen als Verstoß gegen elementare Formen menschlichen Zusammenlebens und als Störung der sozialen Harmonie geahndet.

Auch der Umgang mit Managementtechniken wie Zielsetzung und Zielvereinbarung ist abhängig von kulturellen Einflussfaktoren. So untersuchten Erez und Earley (1987) in einem kulturvergleichenden Experiment an US-amerikanischen und israelischen Studenten die Auswirkungen unterschiedlicher Zielsetzungsprozeduren auf die Mitarbeiterleistung. In drei Versuchsbedingungen wurden Ziele vorgegeben, Ziele im Rahmen einer Gruppendiskussion vereinbart (partizipative Zielvereinbarung) oder Ziele zwischen der Führungskraft und einem Gruppenvertreter ausgehandelt (repräsentative Zielvereinbarung). Während sich bei partizipativer Zielvereinbarung kein Leistungsunterschied zwischen den Gruppen feststellen ließ, reagierten die Israelis im Gegensatz zu den US-Amerikanern mit einem sehr deutlichen Leistungseinbruch, wenn die Ziele einfach vorgegeben wurden. Die Autoren führen dies darauf zurück, dass die Israelis wegen ihrer im Vergleich zu den US-Amerikanern kollektivistischeren Orientierung und ihrer niedrigeren Machtdistanzausprägung das autoritäre Vorgeben von Zielen negativ bewertet und nicht akzeptiert haben. Besonders stark zeigten sich diese Tendenzen bei Israelis, die Kibbuzmitglieder waren und somit besonders hohe Partizipationserwartungen hatten. Eine weitere Untersuchung von Erez (1986) belegt, dass die Übertragung dieses Ergebnisses auf die gesamte israelische Nation problematisch ist: Je nach Subgruppe können unterschiedliche kulturelle Orientierungen vorliegen, was die verfügbaren Zielsetzungsmethoden unterschiedlich effektiv machen kann. So reagieren z. B. Mitarbeiter aus der israelischen Privatwirtschaft durchaus positiv auf Zielvorgaben. Insgesamt zeigt dies, dass man bei der Übertragung von Managementtechniken wie z. B. der Zielvereinbarung von einem soziokulturellen Kontext auf einen anderen das gesamte Bedingungsgefüge beachten muss und sich vor vorschnellen Generalisierungen hüten sollte.

4.3 Entscheidungsprozesse

Nach Stewart (1985) sind die für erfolgreiches Management bedeutsamen Prozesse der Entscheidungsfindung weitgehend kulturabhängig. Er unterscheidet vier Stile, von denen der „technische Entscheidungsstil", bei dem das einzelne Individuum die Entscheidung selbstständig und eigenverantwortlich trifft, und der „bürokratische Gruppenstil", bei dem die Entscheidung durch ein Komitee nach festgelegten Regeln getroffen wird, in den nordamerikanischen Ländern vorherrscht. Der „logische Stil" mit bevorzugter Entscheidungsfindung durch Rolleninhaber ist demgegenüber in europäischen Gesellschaften weit verbreitet, wohingegen der „sozial-kollektive Stil", bei dem die Entscheidung in der Gruppe entwickelt und kollektiv abgestimmt wird, in Japan und kulturell verwandten asiatischen Ländern praktiziert wird.

In Japan, so zeigen Untersuchungen, wird eine Entscheidung von unten nach oben entwickelt. Je wichtiger die Entscheidung ist, um so höher wird sie in der Hierarchie nach oben weitergereicht, um Zustimmung zu erhalten. Dieses Vorgehen sorgt dafür, dass alle Firmenmitglieder die Verantwortung für die Entscheidung mittragen, wodurch zugleich die Gruppenkohäsion erhöht und die Identifikation mit den Firmenzielen verstärkt wird. In den USA besteht zwar auch eine Vorliebe für Gruppenentscheidungen, allerdings nur bei aufgabenbezogenen Problemstellungen und auf niedrigem Bedeutungsniveau, wohingegen hochrangige Entscheidungen zentralistisch und mit individueller Verantwortungszuschreibung versehen getroffen werden. In Japan wird besonders bei bedeutsamen Entscheidungen das kulturspezifische Bedürfnis nach sozialer Harmonie und störungsfreier interpersonaler Beziehung aktiviert und der Entscheidungsprozess dementsprechend abgestimmt.

Einige kulturvergleichende Untersuchungen zum Entscheidungsverhalten bauen auf der Event-Management-Theorie der Führung von Smith und Peterson (1988) auf. Nach dieser Theorie sind Ereignisse in Organisationen zunächst grundsätzlich vieldeutig und interpretationsbedürftig. Um diesen Ereignissen nun klaren Sinn und Bedeutung zuzuordnen, kann die Führungskraft auf eine Vielzahl unterschiedlicher Orientierungsquellen zurückgreifen, wie z. B. auf formale Regeln, ungeschriebene Gesetze der Organisation, die Meinung des Vorgesetzten oder auf die eigene Erfahrung. Je nachdem, welchem kulturellen Orientierungssystem eine Führungskraft angehört, wird sie einige dieser Quellen bevorzugen, während andere eher in den Hintergrund treten. Kulturvergleichende Befragungen von Führungskräften (vgl. Smith, 2000) zeigen z. B., dass sich deutsche im Unterschied zu französischen Managern bei der Interpretation von Ereignissen eher auf die Meinung von Spezialisten verlassen, während die Franzosen die ungeschriebenen Gesetze der Organisation stärker beachten. Dieses Ergebnis passt gut zu Schilderungen von Prozessproblemen in deutsch-französischen Joint Ventures: Hier beklagen sich französische Manager über die deutsche Neigung, den nächsten Schritt erst zu machen, nachdem endlose Details geklärt wurden, während sich die deutschen Manager über die große Toleranz der Franzosen wundern, wenn es um Abweichungen von vereinbarten Plänen geht.

Während nach Ronen (1986) Europäer eher dazu tendieren, Entscheidungen auf vergangene Erfahrungen und Erfolge zu stützen, entscheiden Manager in den USA eher zukunftsorientiert, rational und gruppenbezogen. In Lateinamerika basieren Entscheidungen eher auf Intuition und Improvisation, und die Schnelligkeit, mit der Entscheidungen getroffen werden, ist wichtiger als Informationssuche und das Abwägen von Alternativen. In orientalisch geprägten Kulturen herrscht ein paternalistischer Entscheidungsstil vor, der die ganze Familie bzw. die Bezugsgruppe mit in die Entscheidungsfindung einbezieht.

Unterschiede im Entscheidungsverhalten wurden auch deutlich in dem an der Universität Regensburg durchgeführten Forschungsprojekt „Interkulturelle Synergie in Arbeitsgruppen" (vgl. z. B. Thomas & Zeutschel, 1998; Zeutschel, 1999). Im Rahmen dieses Projektes wurden gemischt- und monokulturelle Gruppen aus US-amerikanischen, indonesischen und deutschen Studenten gebildet, die ein komplexes Unternehmensplanspiel zu bewältigen hatten. Dabei zeigten sich auch beträchtliche Unterschiede im Entscheidungsverhalten: Während deutsche Studenten eine ausgeprägtere Erkenntnisorientierung hatten und die zu lösenden Probleme zunächst einmal ausführlichst analysierten, um so den einen „Königsweg" zu finden und diesen anschließend ohne „wenn und aber" umzusetzen, zeigten sich Indonesier und US-Amerikaner wesentlich aktionsorientierter: Hypothesen wurden formuliert und durch Ausprobieren auf ihre Angemessenheit überprüft, provisorische Entscheidungen wurden getroffen, rasch umgesetzt, die Auswirkungen ermittelt und Entscheidungen anschließend gegebenenfalls korrigiert. Ferner bevorzugten Deutsche und US-Amerikaner ein konsekutives Vorgehen nach dem Motto „eines nach dem anderen", während die Indonesier simultan an verschiedenen Problemen arbeiteten. Auch im Beziehungsmanagement, im Rollenverständnis und in der Rollenaufteilung wurden zahlreiche Unterschiede ermittelt.

4.4 Leistungskontrolle

Japanisch-amerikanische Vergleichsuntersuchungen zur Art der Leistungskontrolle haben zur Formulierung von zwei unterschiedlichen Leistungskontrollmodellen geführt:

Das in Japan verbreitete *Modell der sozialen Gruppe* (vgl. hierzu Kashima & Callan, 1994) besagt, dass die zentrale Arbeitseinheit in einer Organisation die Gruppe ist. Aufgaben werden deswegen nicht Individuen zugeordnet, sondern auf Gruppen übertragen. Während die Gruppenaufgabe durch die Organisation klar definiert ist, werden die Rollen der einzelnen Gruppenmitglieder von der Organisation nicht festgelegt, sondern über gruppeninterne Aushandlungsprozesse bestimmt. Das Leistungsverhalten der Gruppe und nicht die individuelle Einzelleistung werden belohnt. Die gruppenabhängige Belohnung wirkt zugleich als Anregung, mit der Arbeitsgruppe weiterhin effektiv zu interagieren. Die intensive und produktive Zusammenarbeit in der Gruppe rechtfertigt eine höhere Entlohnung.

Das in westlich geprägten Kulturen verbreitete *Modell des rational handelnden Individuums* sieht das einzelne Individuum als zentrale Arbeitseinheit in einer Organisation. Aufgaben werden deswegen primär nicht Gruppen als Gesamtheit zugeordnet, sondern einzelnen Personen übertragen. Der Mensch ist nach diesem Modell in erster Linie bestrebt, seine eigenen Bedürfnisse zu befriedigen, zweckvoll, zielgerichtet und gewinnmaximierend zu handeln. Belohnt werden individuelle Leistungen, wobei eine gute individuelle Leistung höher bewertet wird als eine schwache, und zwar um so höher, je geringer der leistungsförderliche Gruppeneinfluss zu veranschlagen ist. Eine Gruppe fungiert lediglich als Kontextbedingung oder als Werkzeug, dessen sich das Individuum zur Zielerreichung bedienen kann.

Sullivan, Suzuki und Kondo (1986) konnten, ausgehend von diesen beiden Modellen, zeigen, dass Manager in Japan und den USA bei der Bewertung der individuellen Leistung die über das Individuum verfügbaren Informationen, besonders über vorausgegangene Leistungsergebnisse, und den Interaktionsgrad in Gruppen sowie die Gruppeneffektivität unterschiedlich stark berücksichtigen. So glauben japanische Manager, dass die Gruppe die Produktivität des Mitarbeiters stärkt, wohingegen die Gruppe in den USA eher als Garant dafür angesehen wird, dass der Mitarbeiter die erwartete Leistung erbringt.

Diese Unterschiede zwischen Japan und westlich geprägten Kulturen können in erster Annäherung im Rahmen der Individualismus-Kollektivismus-Dimension von Hofstede (1980) interpretiert werden. Allerdings darf man nun daraus nicht den Schluss ziehen, dass gruppenorientiertes Arbeiten und Führen deswegen nur in kollektivistischen, nie aber in individualistischen Kulturen funktioniert:

A more detailed examination of each country's sociocultural context is necessary in order to calculate the potential costs and benefits of transferring the use of groups as functional units into a culture. Because there are many kinds of collectivist societies, some of them may not be able to use some of these work groups. Similarly, because there are many kinds of individualistic societies, some of them may be able to use such work groups .... (Kashima & Callan, 1994, S. 637)

Zentrale notwendige Bedingungen für die Übertragbarkeit von gruppenorientierten Arbeitsmodellen sind nach Kashima und Callan (1994, S. 636): (1) Die Gruppenziele müssen klar festlegbar sein. (2) Die Gruppenmitglieder müssen die notwendigen Kenntnisse und Fähigkeiten haben, um die erforderlichen Schritte zur Zielerreichung festzulegen. (3) Die Gruppenmitglieder müssen spezifische soziale Kompetenzen haben, die es ihnen ermöglichen, ihre eigene Rolle in der Gruppe zu klären und zu vereinbaren. (4) Die Gruppenmitglieder müssen genügend Motivation haben, die getroffenen Vereinbarungen umzusetzen und die anstehenden Aufgaben zu erfüllen.

4.5 Arbeitsmotivation

In einer Reihe kulturvergleichender Studien zur Arbeitsmotivation wurde die Kulturspezifität bzw. Universalität von Bedürfnismodellen wie Maslows hierarchischem Bedürfnismodell, Alderfers ERG-Theorie oder Herzbergs Zweikomponentenmodell untersucht. Ronen (1994) wertete Befragungsdaten zur Bedeutsamkeit verschiedener mit dem Arbeitsleben verbundener Zielsetzungen aus (z. B. Entlohnung, Karriere, Aufbau guter Beziehungen am Arbeitsplatz, Sicherheit des Arbeitsplatzes, Entwicklung eigener Fähigkeiten), wobei hierzu Arbeitnehmer aus Kanada, Frankreich, Großbritannien, Deutschland, Japan, China und Israel befragt wurden. Dabei fand er heraus, dass diese verschiedenen Zielsetzungen in den einzelnen Ländern sehr ähnlich zusammenhängen, was Ronen als Evidenz für das Vorliegen einer universellen Bedürfnisstruktur interpretiert. Nach Ronen ist diese Bedürfnisstruktur durch zwei Dimensionen gekennzeichnet: Zum einen durch eine Individualismus-Kollektivismus-Dimension, zum anderen durch eine Materialismus-Humanismus-Dimension. Aus der Kombination dieser beiden Dimensionen ergibt sich eine vierklassige Taxonomie der Arbeitsbedürfnisse:

- Klasse A: Kollektive, materielle Bedürfnisse (z. B. sicherer Arbeitsplatz, gute physische Arbeitsbedingungen);
- Klasse B: Kollektive, humanistische Bedürfnisse (z. B. positive Arbeitsbeziehungen zu Kollegen und Vorgesetztem aufbauen);
- Klasse C: Individuelle, materielle Bedürfnisse (z. B. Karriere, Verdienstmöglichkeiten, Prestige);
- Klasse D: Individuelle, humanistische Bedürfnisse (z. B. Herausforderungen bewältigen, Fähigkeiten anwenden und entwickeln, Autonomie).

Diese Taxonomie deckt sich weitgehend mit der von Maslow vorgeschlagenen Klassifikation und unterstützt nach Ronen die universelle Gültigkeit der Maslowschen Kategorisierung in Sicherheitsbedürfnisse (Klasse A), soziale Bedürfnisse (Klasse B), Egobedürfnisse (Klasse C) und Selbstaktualisierungsbedürfnisse (Klasse D). Ronens Ergebnisse sind allerdings nur als empirische Validierung der Inhalte der Bedürfnisklassen im Maslowschen System zu werten, aus ihnen ist nicht die von Maslow postulierte stufenförmige, hierarchische Beziehung zwischen den Bedürfnisklassen ableitbar.

Wenn es somit gute Gründe gibt, eine universelle Bedürfnisstruktur anzunehmen, so wird es dennoch Unterschiede in der Stärke der Ausprägung der einzelnen Bedürfnisse geben, welche auf kulturelle Einflussfaktoren zurückgehen und die jeweiligen Lebens- und Arbeitsbedingungen in den einzelnen Ländern widerspiegeln (vgl. Hui & Luk, 1997).

In den entwickelten Ländern ist es ein wichtiges Bedürfnis, einen „interessanten" Arbeitsplatz zu haben. Aber auch Entlohnung und die Sicherheit des Arbeitsplatzes spielen hier eine wichtige Rolle. In einer eher kollektivistischen Nation wie Israel ist die Qualität der interpersonalen Beziehungen sehr bedeutsam, für die Japaner spielt die Passung zwischen Person und Arbeitsplatz sowie persönliches Wachstum eine wichtige Rolle. In den Entwicklungsländern dominieren dagegen grundlegende existenzsichernde Bedürfnisse wie z. B. das Bedürfnis nach materiellen Einkünften. Insgesamt deutet dies darauf hin, dass das hierarchische Prinzip nach Maslow durchaus Geltung hat, weswegen Hui und Luk ihren Überblick über die kulturvergleichende Forschung zu Arbeitsbedürfnissen zusammenfassen mit: „Where basic needs have not been satisfied, other higher level motivators would not work" (1997, S. 376).

Insgesamt lässt sich feststellen, dass weltweit sowohl Ähnlichkeiten wie Unterschiede im Führungsverhalten zu beobachten sind. Ähnliches Führungsverhalten in unterschiedlichen Kulturen ist vor allem dann nachweisbar, wenn ein vergleichbarer Industrialisierungs- und Organisationsgrad der Gesellschaften erreicht ist. Viele Forschungsresultate stützen allerdings die These der „ökonomischen Relativisten", die behaupten, dass technische, organisatorische und wirtschaftliche Planungs-, Entscheidungs- und Kontrollprozesse stärker von technologischen und ökonomischen Bedingungen und Entwicklungen bestimmt werden und dass sie sich, u. a. bedingt durch den weltweiten Wettbewerbsdruck, gegenüber kulturellen Determinanten durchsetzen und im Laufe der Zeit immer mehr konvergieren. Im Bereich der Mitarbeiterführung, der interpersonalen Beziehungen, der Einstellungen und Werte gegenüber der Arbeit und ihren Resultaten dominieren demgegenüber die kulturellen Einflussfaktoren (Negandhi, 1987, S. 30 ff.).

Im internationalen Wettbewerb um die effektivsten Formen des Managements werden zudem weiterhin die kulturellen Werte und Normen jener Nationen dominieren, die die stärksten Ökonomien und politisch-wirtschaftlichen Machtpotenziale entwickelt haben. Insofern sind viele Erscheinungen im internationalen Führungsverhalten, die von den „ökonomischen Relativisten" als kulturunabhängige Folgen der technologischen und marktwirtschaftlichen Entwicklung angesehen werden und die ihrer Meinung nach zu überkulturellen Ausprägungsformen eines globalen Managementverhaltens konvergieren werden, tatsächlich von den kulturellen Werten und Normen der technologisch führenden und marktbeherrschenden Kulturen determiniert.

5. Führung multinationaler Unternehmen

Mit zunehmender Internationalisierung der Wirtschaft stellt sich für viele Unternehmen nicht nur die Frage, wie ihre Führungskräfte für eine Tätigkeit im Ausland zu qualifizieren sind oder wie ausländische Mitarbeiter ins Unternehmen integriert werden können, sondern wie zum Konzern gehörende ausländische Unternehmen und Tochtergesellschaften geführt werden sollen, damit sie auf ausländischen Märkten wettbewerbsfähig bleiben. Daraus ergeben sich folgende Fragen: Sollen und können im Heimatland praktizierte und bewährte Führungskonzepte auf ausländische Unternehmen übertragen werden? Welche Alternativen bieten sich im Ausland an? Muss ein heimisches Unternehmen, das zu einem multinationalen Konzern wird, eine neue Führungsphilosophie und Führungspraxis entwickeln, und wie könnten diese aussehen? Adler (1980) folgend lassen sich zur Beantwortung dieser Fragen drei Modelle favorisieren:

Das kulturelle Dominanz-Modell: Das in einer spezifischen Kultur entwickelte Führungskonzept, meist das der Muttergesellschaft, wird auf alle Tochtergesellschaften im Ausland angewandt. Kulturelle Unterschiede werden entweder ignoriert oder als unbedeutend zur Erreichung der Unternehmensziele angesehen. Die kulturellen Eigenarten und Orientierungssysteme der ausländischen Mitarbeiter, aber auch der Kunden und anderer Partner, haben formal keinen Einfluss auf die wirtschaftliche, technische und soziale Planung und Entwicklung des Unternehmens. Sie können aber auf informellem Wege zu Problemen und Konflikten führen, die bei den ausländischen Mitarbeitern langfristig eine verminderte Identifikation mit dem Gesamtunternehmen, einen Verlust der Arbeitsmotivation und damit eine Schwächung des Gesamtunternehmens zur Folge haben. Die vermeintliche Stärke der Anwendung dieses Modells resultiert aus seiner strukturellen Klarheit und Einfachheit, seiner inneren Konsistenz und internen Durchsetzbarkeit. Ein so geführtes Unternehmen erscheint auf den ersten Blick als eine einheitliche, schlagkräftige und mächtige Organisation, die es versteht, ausländische Ressourcen für eigene Interessen nutzbar zu machen. Dies ist auch der Grund, warum dieses Modell in der Wirtschaft so weit verbreitet ist.

Das kulturelle Kompromiss-Modell: Nach dem Prinzip der Ähnlichkeit zwischen den in- und ausländischen Teilen des Unternehmens und des Maximums an Konsens wird ein Kompromiss zwischen den verschiedenen existierenden Managementkonzepten und Führungsstilen gesucht, der dann die Richtlinien des Gesamtunternehmens bestimmt. Zwar wird gegenüber den auf Kompromissen beruhenden Managemententscheidungen kein offener Widerstand aus den Reihen der Mitarbeiter aufkommen, doch bestehen für das Management nur eingeschränkte Handlungsmöglichkeiten, sachlich notwendige Maßnahmen auch dann durchzusetzen, wenn sie von den gefundenen Kompromissformen abweichen. Gerade für die Bewältigung komplexer internationaler Probleme ist dieses Modell relativ ineffizient.

Das kulturelle Synergie-Modell: Nach diesem Modell entwickeln sich die Richtlinien des Unternehmens unter Beachtung der verschiedenen kulturellen Orientierungssysteme der Mitarbeiter, Kunden und anderen Partner. Kulturelle Unterschiede im Management und der Mitarbeiterführung werden als Potenziale zur Entstehung neuer Formen der Unternehmensführung ernst genommen, die den Anforderungen einer internationalen Wirtschaft besser entsprechen als die gewohnten. Die Entwicklung einer Managementphilosophie und Managementpraxis nach diesem Modell erfordert zwar einen hohen Aufwand an Analyse, Planung und Innovation, doch ist auch mit hoher Akzeptanzbereitschaft seitens der Mitarbeiter und einer hohen Effektivität des Gesamtunternehmens im internationalen Wettbewerb zu rechnen.

Ähnliche Differenzierungen zwischen verschiedenen Formen der Führung multinationaler Unternehmen stammen von Jaeger (1983) sowie Heenan und Perlmutter (1979). So unterscheidet Jaeger zwischen einem Typ Z (Zentralität), bei dem eine klare, einheitliche und eindeutig definierte, für alle Tochtergesellschaften im In- und Ausland geltende Unternehmenskultur angestrebt wird, nach der für alle Mitarbeiter identische Werte, Normen, Ziele und Verhaltensregeln gelten, und einem Typ A (Alternativen), bei dem zwischen den Tochterunternehmen erhebliche Unterschiede in den Werten, Zielen und Verhaltensregeln bestehen können, die von der Zentrale toleriert und nur so weit homogenisiert werden, wie es zur Sicherung des Zusammenhalts zwischen den Teilen des Unternehmens erforderlich ist.

Heenan und Perlmutter unterscheiden vier Formen des Managements multinationaler Unternehmen, aus denen zugleich Kriterien zur Auswahl geeigneter Führungskräfte für den Auslandseinsatz ableitbar sind:

Ethnozentristische Orientierung: Führungs- und Entscheidungsmacht sind im Mutterunternehmen monopolisiert. Da Zielsetzung und Beurteilungsmaßstäbe sich nach dem kulturellen Orientierungssystem des Stammhauses richten, bestehen für alle Tochterunternehmen einheitliche und verbindliche Regelungen und Vorschriften, deren Einhaltung überwacht wird. Da nur die im Stammhaus geschulten Führungskräfte über das erforderliche Managementwissen und die entsprechende Praxiserfahrung verfügen, werden allein sie als Leiter der Tochterunternehmen eingesetzt. Den einheimischen Mitarbeitern verbleiben weniger Aufstiegschancen und Entwicklungsmöglichkeiten, was, verbunden mit einem Mangel an umfassenden Kenntnissen über das Gesamtunternehmen, das Misstrauen gegenüber der Zentrale fördert und die Bereitschaft zur intensiven Zusammenarbeit vermindert.

Polyzentristische Orientierung: Die Verschiedenartigkeit der Kulturen wird beachtet. In den ausländischen Tochterunternehmen sind einheimische Führungskräfte eingesetzt, da sie nicht nur mit der Kultur, den Sitten und Gebräuchen ihres Landes gut vertraut sind und die dort verbreiteten Sprachen beherrschen, sondern auch die lokalen Wirtschaftsbedingungen kennen und die im Lande üblichen Normen und Regeln im Umgang der Geschäftspartner untereinander anzuwenden verstehen. Die Beziehungen des Unternehmens zu Mitarbeitern, Kunden, Regierungsstellen und anderen Wirtschaftspartnern werden so erleichtert und gefestigt. Das Unternehmen wird von der einheimischen Bevölkerung eher als zugehörig akzeptiert, der Fremdheitseffekt wird abgebaut und die Identifikation der Mitarbeiter mit dem Gesamtunternehmen gestärkt.

Regio- und geozentristische Orientierung: Das Unternehmen weist eine eher horizontale Organisationsstruktur auf, in der Macht- und Entscheidungskompetenzen von der Zentrale in die regionalen Geschäftsstellen verlagert werden. Die zentrale Geschäftsleitung übernimmt nur noch die Koordinationsfunktion und die Bestimmung allgemeiner Rahmenziele. Die geozentristische Orientierung fördert die Identifikation mit dem Gesamtunternehmen, indem sich die einzelnen regionalen Tochterunternehmen als eigenständige und eigenverantwortliche Teile des Ganzen betrachten. Dies erhöht und sichert bei aller kulturellen Differenzierung das Gefühl der Autonomie und Eigenverantwortlichkeit, stärkt das Selbstwertbewusstsein und festigt zugleich die Binnenkohäsion.

Unabhängig vom praktizierten Modell haben die Manager von Auslandsgesellschaften vielfache Anforderungen im Zusammenspiel zwischen zentraler Gesellschaftsleitung und ausländischer Tochtergesellschaft zu erfüllen. Sie müssen zur kohärenten Leitung des Gesamtunternehmens beitragen, und sie müssen zugleich für die adäquate Anpassung der zentralen Unternehmensentscheidungen an die besonderen Bedingungen des Gastlandes sorgen. Dies erfordert hohes Einfühlungsvermögen in die Handlungsbedingungen, Handlungsgrenzen und -möglichkeiten sowohl im Heimat- als auch im Gastland, verbunden mit der Fähigkeit zur Integration vermeintlich heterogener Einflussfaktoren, aber auch zur Akzeptanz von Ambiguitäten. Es existieren auch in diesem Zusammenhang einige Versuche, das besondere Anforderungsprofil der Führungskraft einer ausländischen Tochtergesellschaft zu bestimmen (Pausenberger, 1983), also typische Führungseigenschaften aufzulisten. Dagegen erheben sich die aus der bereits erwähnten universalistischen und eigenschaftsorientierten Theorie bekannten Bedenken. Zudem lassen sich die genannten, angeblich „spezifischen" Eigenschaften auf jede Form von effektiver Führung anwenden. Forschungen über typische Handlungs- und

Konfliktfelder des Auslandsmanagers und über kulturell determinierte Unterschiede der Wahrnehmung und Bewertung von Arbeitsablaufprozessen, Organisationsformen und interpersonalen Interaktionen sowie der daraus folgenden Reaktionen und Wirkungen bei den beteiligten Partnern könnten zuverlässigere Erkenntnisse liefern.

In der Praxis stellt sich für das Management in multinationalen Unternehmen immer wieder die Frage, welche Vor- und Nachteile der Einsatz von Führungskräften aus dem eigenen Lande, dem Gastland oder einem anderen Drittland sowohl für Aufgaben im Heimatland wie im Ausland haben kann.

Negandhi (1987) fasst die dazu vorliegenden Erfahrungen und Forschungsresultate so zusammen:

Führungskräfte aus dem eigenen Land: Die Manager sind mit den Zielsetzungen, Führungsgrundsätzen, Geschäftspraktiken usw. des Unternehmens gut vertraut, verfügen über gute Kontakte innerhalb der Zentrale, haben ihre technische, wirtschaftliche und organisatorische Kompetenz bereits unter Beweis gestellt und sind im Unternehmen bekannt und angesehen. Dies alles erhöht die Wahrscheinlichkeit einer effektiven Zusammenarbeit eines kompetenten Managements mit der Hauptgeschäftsstelle im Sinne der Unternehmenszentrale. Probleme bereiten die Aneignung fremdsprachlicher Kompetenz, die Anpassung an das kulturspezifische Orientierungssystem des Gastlandes und die Einarbeitung in das soziale, ökonomische und politische Umfeld. Auswahl, Training, Bezahlung und Betreuung der Führungskräfte und zum Teil ihrer Familienangehörigen während des Auslandseinsatzes sind mit hohen Kosten verbunden. Auslandstätigkeiten werden zudem meist nur zeitlich begrenzt übernommen mit der Konsequenz des häufigen Führungswechsels. Da die ausländischen Mitarbeiter selbst Führungspositionen übernehmen wollen, entstehen Widerstände gegenüber dem Vorgesetzten und Interaktionskonflikte gerade aus der Gruppe von Mitarbeitern, auf deren Loyalität und Mithilfe der Manager im Ausland besonders angewiesen ist.

Führungskräfte aus dem Gastland: Der Vorteil des Einsatzes von Führungskräften aus dem Gastland besteht zunächst einmal in ihrer Vertrautheit mit den lokalen Gegebenheiten und den Geschäftspraktiken des Landes sowie den relativ geringen Kosten. Die erhöhten Aufstiegsmöglichkeiten einheimischer Mitarbeiter stärken deren Arbeitsmotivation und Bereitschaft, sich mit dem Unternehmen zu identifizieren. Kulturelle Unterschiede zwischen den Orientierungssystemen der ausländischen Führungskräfte und ihren Partnern in der Unternehmenszentrale führen zu Kommunikations- und Verständigungsproblemen und eventuell aufseiten der ausländischen Führungskräfte zu Loyalitätskonflikten gegenüber ihren Landsleuten und der Unternehmenszentrale.

Führungskräfte aus einem Drittland: Diese Form der Managementrekrutierung wird dann gewählt, wenn im eigenen Hause und im ausländischen Tochterunternehmen keine geeigneten Experten für bestimmte Aufgabenstellungen zur Verfügung stehen oder wenn aus Kostengründen Führungskräfte aus einem Drittland angeworben werden müssen. Die auf kulturspezifische Unterschiede zurückgehenden Kommunikations- und Interaktionsprobleme zwischen Führungskraft, Mitarbeitern und Unternehmenszentrale treten bei diesem Modell in verstärktem Maße auf, weshalb es relativ selten angewandt wird.

Nach Franko (1973) ist der Einsatz von Führungskräften im Ausland abhängig von der Dauer und Intensität des unternehmerischen Auslandsengagements. Im Anfangsstadium einer Exportinitiative lässt sich ein Unternehmen meist durch einen marktversierten einheimischen Experten im Gastland vertreten. Sobald im Ausland produziert wird oder ein firmenspezifisches Vertreternetz aufgebaut werden soll, greift das Unternehmen meist auf das bei den eigenen Mitarbeitern vorhandene technische und administrative Führungswissen zurück und setzt sie im Gastland ein. Ist der Produktionsprozess standardisiert bzw. die Vertreterorganisation aufgebaut, so werden Führungsexperten aus dem Gastland mit Managementaufgaben betraut. Erfolgt eine weitere Expansion durch Produktinnovation und Diversifikation, werden erneut Experten aus der Zentrale eingesetzt, die dann mit der Zeit durch entsprechend geschulte und auf ihre Aufgabe vorbereitete einheimische Führungskräfte ersetzt werden können.

Seit Jahren ist weltweit ein Trend festzustellen, Führungspositionen im Ausland mit einheimischen Führungskräften zu besetzen, sofern sich entsprechend qualifiziertes Personal dafür anbietet. Eine Studie von Tung (1982) zeigt allerdings, dass zwischen amerikanischen, europäischen und japanischen multinationalen Unternehmen erhebliche Unterschiede in der Bereitschaft bestehen, ausländische Führungskräfte einzustellen. So beschäftigen die USA am häufigsten Gastlandbewohner, gefolgt von den europäischen Konzernen, wohingegen die Japaner Führungspositionen bevorzugt mit eigenem Personal besetzen. In den amerikanischen und europäischen Konzernen nimmt der Anteil der Führungskräfte aus den Gastländern von den oberen zu den unteren Führungspositionen hin deutlich zu.

Als Gründe für die Bevorzugung eigener Führungskräfte werden von multinationalen Unternehmen in den USA vornehmlich die Notwendigkeit des Einsatzes technischer und administrativer Experten, besonders in der Aufbauphase einer Tochtergesellschaft, genannt, die nur im eigenen Lande zu finden sind. Europäische multinationale Unternehmen führen neben diesem Grund an, dass für sie der Auslandseinsatz eigener Führungskräfte ein Teil der Führungskräfteschulung für ein international orientiertes Management darstellt. Japanische multinationale Unternehmen wählen vornehmlich deshalb eigene Leute für obere Führungspositionen, weil nach ihrer Auffassung nur sie über die erforderliche Qualifikation verfügen.

Vertrautheit mit der Kultur des Gastlandes und Sprachbeherrschung sind für amerikanische und europäische Unternehmen die wesentlichen Gründe zur Beschäftigung einheimischer Führungskräfte. Für die USA sind daneben die geringen Kosten und die guten wirtschaftlichen und politischen Beziehungen im Gastland bedeutsam. Japaner entscheiden sich dann für einheimische Kräfte, wenn sie aus fachlichen Gründen dazu besonders geeignet sind.

Für den Einsatz einheimischer Führungskräfte in ausländischen Tochterunternehmen und ausländischer Führungskräfte in der Unternehmenszentrale werden in Zukunft immer weniger nationale, ethnozentristische oder kulturelle Gründe ausschlaggebend sein, sondern das Niveau der fachlichen Qualifikation ausländischer Mitarbeiter, ihre Führungskompetenz, ihre interkulturelle Handlungskompetenz und ihre Loyalität gegenüber dem Gesamtunternehmen. Selbst wenn diese Bedingungen erfüllt sind, werden die ausländischen Mitarbeiter allerdings nur dann eine Chance haben, in Führungspositionen aufzurücken, wenn die zentrale Unternehmensleitung eine multinationale und multikulturelle Managementphilosophie vertritt und dafür sorgt, dass sich innerhalb der Unternehmenskultur interkulturelles Denken und Handeln verbreitet und kulturelle Synergie-Effekte entwickelt werden können. Erreicht werden kann dies nur, wenn die Führungskräfte des eigenen Unternehmens auf Aufgaben und Probleme interkulturellen Führungsverhaltens nicht nur dann vorbereitet werden, wenn sie konkrete Führungsaufgaben im Ausland übernehmen müssen, sondern wenn die interkulturelle Orientierung und die Fähigkeit zum interkulturellen Handeln zur Basisqualifikation aller Führungskräfte gehört.

6. Entwicklung interkulturell kompetenter Führungskräfte

In den vorangegangenen Abschnitten wurde deutlich, dass unter interkulturellen Bedingungen Führung komplexer wird und zusätzliche Anforderungen an Führungskräfte stellt. Eine Übertragung bewährter Führungsprinzipien und -verhaltensweisen von einem kulturellen Kontext in einen anderen erweist sich als sehr problematisch. Dies gilt insbesondere dann, wenn die in einer interkulturellen Überschneidungssituation aufeinander treffenden Kulturen hinsichtlich zentraler kultureller Dimensionen sehr unterschiedlich ausgeprägt sind und die mit der Führungsthematik verbundenen Erwartungen und Interpretationsweisen stark voneinander abweichen. Um in interkulturellen Überschneidungssituationen effektiv handeln zu können, müssen Führungskräfte über interkulturelle Kompetenz verfügen. Nach Thomas, Kammhuber und Layes (1997, S. 67-68) ist interkulturelle Kompetenz die Fähigkeit, kulturelle Bedingungen und Einflussfaktoren im Wahrnehmen, Urteilen, Empfinden und Handeln bei sich selbst und anderen Personen zu erfassen, zu würdigen, zu respektieren und produktiv einzusetzen im Sinne einer wechselseitigen Anpassung, einer Toleranz gegenüber Inkompatibilitäten, sowie einer Entwicklung synergetischer Formen des Zusammenlebens und der Weltorientierung.

Der besondere Stellenwert interkultureller Handlungsanforderungen wird aber von Unternehmen vielfach unterschätzt. So geht man meist von der relativ einfachen Prämisse aus, dass jemand, der sich unter monokulturellen Bedingungen als Führungskraft bewährt hat, auch unter interkulturellen Bedingungen effektiv sein wird. Hinter dieser Annahme dürften in der Regel implizite Eignungstheorien mit eigenschaftstheoretischer Ausrichtung stehen (vgl. Abschnitt 2.1), die Führungserfolg lediglich als Funktion personaler Merkmale ansehen. Auch wenn sich diese eigenschaftstheoretischen Führungskonzepte als wissenschaftlich nicht haltbar erwiesen haben, besitzen sie in der alltäglichen Praxis eine große Plausibilität, nicht zuletzt deswegen, weil diese Erklärungsmodelle gut zu dem passen, was man in der Sozialpsychologie als fundamentalen Attributionsfehler kennt: Beobachtet man Verhaltenweisen und -resultate von Personen wie z. B. Führungskräften, so neigt man dazu, die Ursachen für dieses Verhalten und seiner Ergebnisse eher in der Person des Handelnden (Fähigkeiten, Einstellungen) als in situativen Faktoren (z. B. Aufgaben- und Umfeldcharakteristika) zu sehen. Steht in einem Unternehmen die Besetzung einer Führungsposition in einem interkulturellen Umfeld an, so tendiert man somit dazu, Opfer einiger vereinfachender und voreiliger Schlussfolgerungen zu werden, die im Folgenden beschrieben sind (vgl. hierzu auch Neubauer (1980) zur generellen Problematik bei der Besetzung von Führungspositionen):

(1) Ausschlaggebend für den Führungserfolg sind die personalen Merkmale der Führungskraft.
(2) Unter den personalen Merkmalen ist die fachliche Qualifikation von herausragender Bedeutung, da offenbar vielfach fälschlicherweise angenommen wird, dass jemand, der fachlich sehr gut ist, auch eine gute Führungskraft sein muss.
(3) Selbst wenn man davon ausgeht, dass es neben fachlichen Qualifikationen auch eigentliche Führungskompetenzen gibt, die z. B. kommunikative und strategische Fähigkeiten umfassen, so werden diese als situationsunabhängig betrachtet. Somit ist eine gute Führungskraft eben eine gute Führungskraft, wobei der situative oder kulturelle Rahmen, in dem das Führungshandeln zu erfolgen hat, vernachlässigbar erscheint.
(4) Verfolgt man das in den Punkten (1) bis (3) umrissene Eigenschaftskonzept, so wird man auch die Bedeutung einer systematischen inhaltlichen Vorbereitung der Führungskraft auf ihre interkulturelle Tätigkeit unterschätzen: Hat eine Führungskraft die erforderlichen Fähigkeiten, so wird sich alles Weitere schon von selbst ergeben. Vorbereitungsaktivitäten erfolgen deswegen eher unter administrativer Perspektive, sodass man z. B. bei einem Auslandseinsatz die erforderlichen Dokumente beschafft und die Führungskraft mit einigen Informationsbroschüren ausstattet.
(5) Auch eine systematische Begleitung der Führungskraft bei ihrer neuen Tätigkeit sowie Nachbereitungsaktivitäten oder eine Reintegrationsunterstützung bei längeren Auslandsaufenthalten werden dann eher als überflüssiges „Brimborium" betrachtet, da eine richtige Führungskraft sich alleine „durchbeißen" wird.

Das durch diese fünf Aussagen charakterisierte Überzeugungssystem ist sehr veränderungsresistent, da Misserfolge immer so interpretiert werden können, dass keine der Überzeugungen aufgegeben werden muss. Scheitert eine Führungskraft z. B. bei einem Auslandseinsatz, so heißt dies, dass sie eben doch nicht die Eigenschaften hatte, die eine Führungskraft ausmachen. Man hat sich in ihr getäuscht, was aber vorkommen könne, da man in einen Menschen „eben nicht hineinschauen kann".

Die Überzeugungen und deren Konsequenzen, die in den o. a. fünf Punkten aufgeführt sind, mögen etwas überzeichnet wirken, sie beschreiben aber die auch heutzutage noch übliche Praxis z. B. bei Auslandsentsendungen von Mitarbeitern ziemlich treffend (vgl. z. B. Black & Gregersen, 1999; Mendenhall & Oddou, 1988; Oddou & Mendenhall, 1991).

Die Ergebnisse von Black und Gregersen (1999), die eine Feldstudie in 750 U.S.-amerikanischen, europäischen und japanischen Firmen zur Auslandsentsendung durchführten, machen noch einmal deutlich, was in der Tendenz auch frühere Untersuchungen ergeben haben: Zwischen 10 und 20 Prozent der ins Ausland entsandten Manager brachen ihren Aufenthalt vorzeitig ab, unzufrieden mit ihrer neuen Aufgabe oder mit der neuen Umgebung; fast ein Drittel der Manager erfüllte nicht die Erwartungen, und ein Viertel kündigte bald nach der Rückkehr, was auch einen immensen Know-how-Abfluss für die betroffenen Unternehmen bedeutet. Die Ursachen für diese ernüchternde Bilanz bringen die Autoren auf einen einfachen Nenner: „In erster Linie Auswahl falscher Leute, schlechte Vorbereitung und gedankenlose Behandlung nach der Rückkehr" (Black & Gregersen, 1999, S. 103).

Der folgende Überblick zeigt, was Unternehmen tun können, um solche Misserfolge im interkulturellen Management zu vermeiden. Hierzu ist es insbesondere notwendig, Personalauswahl- und Personalentwicklungssysteme zu schaffen, die der Herausforderung interkultureller Führung gerecht werden. Im Einzelnen halten wir folgende Überlegungen für wichtig:

(1) Definition interkultureller Führungsanforderungen

In der Literatur gibt es zahlreiche Eigenschaftslisten, mit denen beschrieben werden soll, welchen Anforderungen interkulturelle Führungskräfte genügen sollen. So postulieren z. B. Black und Gregersen (1999) auf der Basis ihrer Feldstudie, dass die entscheidenden „Wesensmerkmale" von zu entsendenden Führungskräften sind: Freude am Gedanken- und Meinungsaustausch, ausgeprägte Geselligkeit, kulturelle Aufgeschlossenheit, Weltoffenheit und einfühlsamer Verhandlungsstil. Nach Zeira (1975), Ruben, Askling und Kealey (1977), Gregersen, Morrison und Black (1998) sowie anderen Forschern erfordert die Übernahme multinationaler Führungsaufgaben in besonderem Maße die Ausprägung folgender Persönlichkeitseigenschaften: Höflichkeit, Taktgefühl, Unbescholtenheit, Sensibilität, Wissbegierde, Empathie, Zuverlässigkeit, Toleranz, Selbstvertrauen, Disziplin, Pünktlichkeit, Ordentlichkeit, Offenheit für Neues, Sendungsbewusstsein, Begeisterungsfähigkeit, Organisationstalent, Fähigkeit zum Umgang mit Unsicherheit und schließlich soziale Beziehungs- und Handlungskompetenz.

Solche Eigenschafts- und Fähigkeitslisten unterscheiden sich allerdings zumeist nicht wesentlich von den üblichen, für Führungskräfte eines Unternehmens geforderten typischen Merkmalen. Zudem ist aus wissenschaftlicher und praktischer Sicht, wie bereits erwähnt, der Eigenschaftsansatz in der Führungsforschung zu einseitig, da er das soziale und damit auch das kulturelle Umfeld nicht adäquat erfasst, in dem Führungshandeln vollzogen wird.

Sinnvoller erscheinen Qualifikationsbeschreibungen, die sich eng an den Anforderungen internationalen Managements orientieren (z. B. Keller, 1982; Zeira & Harari, 1979). Gefordert werden spezifische Leistungen wie z. B. die charakteristischen Besonderheiten der Gastkultur zu erlernen, das eigene Verhalten an die Erwartungen der Partner (Mitarbeiter, Lieferanten, Kunden usw.) im Gastland anzupassen, dem Konformitätsdruck seitens der zentralen Geschäftsstelle des Unternehmens zu widerstehen, wenn deren Entscheidungen den kulturellen Erwartungen und Gewohnheiten im Gastland zuwiderlaufen, eine Integration von Aufgabenerfordernissen und sozialer Beziehungsdimension, die Integration von Ambiguitätstoleranz und zielgerichtetem Verhalten und die Herstellung vertrauensvoller Beziehungen im Gastland zu erreichen.

Jedes Unternehmen, das seine Mitarbeiter auf das interkulturelle Management vorbereiten möchte, sollte die damit verbundenen Anforderungen für sich selbst klar definieren. Hierzu muss das spezifische Bedingungsgefüge, in dem die interkulturellen Handlungen stattfinden und das von Unternehmen zu Unternehmen unterschiedlich beschaffen sein kann, einer differenzierten Analyse unterzogen werden. Um dieses Bedingungsgefüge zu erfassen und zu verstehen, sollten insbesondere die bereits vorliegenden interkulturellen Erfahrungen in der Organisation systematisch genutzt werden. So können z. B. Manager mit Auslandserfahrung systematisch befragt werden, z. B. mittels der Methode der kritischen Ereignisse, um realitätsnahe Einblicke in die spezifischen zentralen Handlungsanforderungen in interkulturellen Situationen zu erhalten. Qualitative Erhebungen, in denen Erfahrungen ausführlich und vertiefend geschildert werden können, sind hier quantitativen Verfahren, in denen z. B. aus einer Liste von 50 Anforderungen die zehn wichtigsten herauszusuchen sind, vorzuziehen. Aus dem qualitativen Material können zum einen die zentralen Anforderungsdimensionen für interkulturelles Handeln abgeleitet werden, zum anderen erhält man auf die Weise einen reichen Fundus an Fallbeschreibungen, der z. B. in Trainingsmaterialien umgesetzt werden kann. Die auf diesem Wege erhobenen unternehmensspezifischen interkulturellen Anforderungen stellen einen hervorragenden Ausgangspunkt für eine zielgerichtete Personalauswahl und -entwicklung dar. Dabei sind sowohl übergreifende Anforderungsbeschreibungen von Nutzen, die für eine Vielzahl von Positionen im Unternehmen gelten, als auch spezifische Anforderungsprofile für einzelne Stellen im Unternehmen. Erstere können z. B. in bereichsübergreifenden Nachwuchsförderprojekten eingesetzt werden, während letztere zur gezielten Auswahl und Vorbereitung eines Kandidaten auf eine konkrete Stelle herangezogen werden können.

(2) Identifikation interkulturellen Führungspotenzials

Unter Einbezug der ermittelten interkulturellen Anforderungen kann systematisch versucht werden, die Potenziale der Mitarbeiter zur Bewältigung dieser Anforderungen einzuschätzen. Es ist davon auszugehen, dass nicht jeder Mitarbeiter hierfür die notwendigen Fähigkeiten mitbringt bzw. so weit ausbauen kann, dass er den Anforderungen gerecht wird und diese nicht nur als Belastung erlebt. Unternehmen sollten die Potenzialidentifikation nicht dem Zufall überlassen, sondern hier auf zuverlässige und aussagekräftige Verfahren zurückgreifen. In der Feldstudie von Black und Gregersen (1999) wurde deutlich, dass Unternehmen häufig keine systematische Potenzialeinschätzung betreiben, sondern z. B. Mitarbeiter auf Auslandspositionen einsetzen, um sie zu belohnen oder aber um sie loszuwerden. Werden Potenzialeinschätzungen vorgenommen, so werden hierzu zumeist keine systematischen Verfahren eingesetzt. So wird beispielsweise beschrieben, dass ein Geschäftsführer auf Auslandsdienstreisen mitreisende Mitarbeiter sorgfältig beobachtet. Solche Verfahrensweisen sind wahrscheinlich besser als überhaupt keine Potenzialeinschätzung vorzunehmen, sie genügen aber nicht den Anforderungen an ein systematisches Potenzialerkennungsinstrument. Insbesondere Assessment-Center-Verfahren, in denen konkret erhobene interkulturelle Anforderungen verhaltensnah abgeprüft werden können, stellen eine viel versprechende Variante der Potenzialerkennung dar (Kühlmann & Stahl, 1996).

(3) Entwicklung interkultureller Kompetenz

Es gibt eine Vielzahl unterschiedlicher Methoden, mit denen interkulturelle Handlungskompetenzen entwickelt werden können. Dabei kann man den Bogen spannen zwischen einer auf Theorie verzichtenden Learning-by-doing-Herangehensweise, wie sie offenbar in der Praxis präferiert wird, und dem reinen seminarorientierten Lernen, dem häufig der praktische Erfahrungshintergrund fehlt. Unserer Meinung nach liegt die Wahrheit in der Mitte, denn diese unterschiedlichen Ansätze können sich sehr gut ergänzen. Im Einzelnen sind hier folgende Verfahren bedeutsam:

a) On-the-job-Entwicklung: Auch im Hinblick auf interkulturelle Führungskompetenzen kann man annehmen, dass Erfahrung ein wichtiger Lehrmeister ist (vgl. McCall, Lombardo & Morrison, 1995; Yeung & Ready, 1995). Wenn jemand interkulturelle Führungskompetenzen aufbauen will, so bietet es sich z. B. an, dass er in einer plurikulturellen Gruppe mitarbeitet und diese dann ab einem späteren Zeitpunkt leitet (vgl. Gregersen et al., 1998, S. 30). Die hierfür erforderlichen Kompetenzen kann man nur in Bruchstücken in Kursen oder Seminaren erwerben; vielmehr ist hier ein „learning-by-doing" gefordert. Im Rahmen solcher Praxiserfahrungen kann man versuchen, sensibel zu werden für kulturelle Unterschiede und sich diesen Unterschieden im Verhalten anzupassen, man kann ausprobieren, inwieweit man kulturadäquat kommunizieren kann, und man kann versuchen, die unterschiedlichen kulturell bedingten Stile zu integrieren und Konflikte so zu lösen, dass man den verschiedenen Kulturen der Kooperationspartner gerecht wird (vgl. Ayman, Kreicker & Masztal, 1994). Dieser Learning-by-doing-Ansatz sollte aber von Beratungs- und Trainingsaktivitäten flankiert werden, die auf diese Erfahrungen vorbereiten und die es insbesondere ermöglichen, die gemachten Erfahrungen auszuwerten und zu reflektieren (vgl. Boud, Keogh & Walker, 1985; Kolb, 1984).

b) Beratung: Nicht alle Probleme in interkulturellen Situationen werden die betroffenen Personen alleine verstehen und lösen können. Berater von innerhalb oder außerhalb der Organisation können hier bei der Reflexion und Interpretation von Erfahrungen, dem Finden von Problemlösungen und der Entwicklung und dem Ausprobieren neuer Verhaltensvarianten unterstützen. Vertrauensvolle und stabile Beziehungen zu Coachs und Mentoren können hilfreich sein (z. B. Mendenhall & Oddou, 1988).

c) Training: Um interkulturell kompetente Führer auf ihre zukünftigen Aufgaben vorzubereiten oder begleitend zu trainieren, gibt es eine Fülle unterschiedlicher Trainingsverfahren (vgl. z. B. den Überblicksartikel von Black and Mendenhall, 1990, sowie das einschlägige Kapitel in diesem Buch). Diese Verfahren kann man anhand der beiden Dimensionen „kulturallgemein vs. kulturspezifisch" und „didaktisch/vermittelnd vs. erfahrungs- und entdeckungsorientiert" kategorisieren (Gudykunst & Hammer, 1983). Interkulturellen Trainings sollte eine genaue Erhebung des spezifischen Trainingsbedarfs vorausgehen. Zudem sollte eine Evaluation der Trainingseffekte erfolgen (vgl. hierzu das einschlägige Kapitel in diesem Buch sowie Thomas, Kinast & Schroll-Machl, 1999). Zunehmend wird erkannt, dass es bei Auslandsentsendungen wichtig ist, die Familie des Mitarbeiters mit einzubeziehen und zu unterstützen. Gerade der mitreisende Ehepartner ist im Ausland zahlreichen Belastungen ausgesetzt; fehlende Anpassung des Ehepartners an die Verhältnisse im Ausland ist nach Mendenhall und Oddou (1988) ein zentraler Grund für den Abbruch von Auslandsentsendungen.

(4) Systematische Pflege und Nutzung interkultureller Kompetenz

Gerade Führungskräfte, die interkulturelle Kompetenzen während eines Auslandsaufenthaltes erworben haben, müssen häufig feststellen, dass sich nach ihrer Rückkehr kaum jemand im Unternehmen für ihre Erfahrungen und Kompetenzen interessiert. Vielfach wird ihre Rückkehr ins Heimatunternehmen nicht systematisch vorbereitet und die Positionen, die sie nach ihrer Rückkehr einnehmen, werden ihren Erwartungen und den zwischenzeitlich erworbenen Fähigkeiten selten gerecht (vgl. Mendenhall & Oddou, 1988; Oddou & Mendenhall, 1991; Thomas et al., 1999). Deswegen sollte die Rückkehr systematisch und gemeinsam mit dem betroffenen Mitarbeiter rechtzeitig vorbereitet und geplant werden. Reintegrationsprobleme, die z. B. aufgrund des Wiedereingewöhnens in die heimische Kultur auftreten können, sollten durch Beratungsleistungen aufgefangen werden. Das erworbene Wissen des Mitarbeiters sollte berücksichtigt werden, wenn sein neuer Arbeitsplatz im Unternehmen ausgewählt wird. Zudem sollte der Mitarbeiter Gelegenheit haben, seine Erfahrungen arbeitsplatzübergreifend einzubringen, z. B. indem seine Erfahrungen dazu genutzt werden, interkulturelle Anforderungsprofile zu überprüfen und fortzuschreiben, die vorhandenen Trainingsmaßnahmen zu optimieren oder indem er als Mentor für Mitarbeiter gewonnen wird, die sich auf ein interkulturelles Handlungsfeld vorbereiten. Werden die interkulturellen Erfahrungen von Mitarbeitern auf diese Weise ernst genommen und wertgeschätzt, so könnten Fluktuationen aufgrund von Frustration im Zusammenhang mit der Rückkehr bei Auslandsentsendungen und der damit verbundene immense Know-how-Abfluss für die Organisation vermieden werden.

7. Schlussfolgerungen und Ausblick

Für effektives Führen unter internationalen Managementbedingungen zeichnen sich unter psychologischen Aspekten folgende Entwicklungstrends ab: Erfolgt das Führungshandeln in einem interkulturellen Kontext, so stellt dies zusätzliche Anforderungen an Führungskräfte. Eine Übertragung von Führungsprinzipien und -verhaltensweisen, die sich in einem monokulturellen Handlungsgefüge bewährt haben, auf interkulturelle Situationen ist sehr problematisch und wird umso weniger zum Erfolg führen, je stärker sich die beteiligten Kulturen in ihren zentralen Dimensionen unterscheiden. Dem hat ein modernes Personalmanagement in Unternehmen Rechnung zu tragen, indem es die interkulturellen Führungsanforderungen angemessen definiert, eine systematische Identifikation von interkulturellen Führungspotenzialen betreibt, vorhandene Potenziale der Mitarbeiter durch On-the-job- und Off-the-job-Maßnahmen kontinuierlich weiterentwickelt und die so erworbenen interkulturellen Kompetenzen pflegt und zum Wohle des Unternehmens systematisch nutzt.

Planung, Einsatz, Durchführung und Evaluierung von Vorbereitungstrainings und der Begleitmaßnahmen zur Unterstützung interkulturellen Führungshandelns z. B. im Rahmen von Auslandseinsätzen müssen intensiviert und theoretisch wie praktisch qualifiziert werden. Persönlichkeitspsychologische, sozial- und gruppenpsychologische sowie lernpsychologische Erkenntnisse sind hierzu nützlich. Die von interkulturell erfahrenen Führungskräften gewonnenen fremdkulturellen Einsichten sollten systematisch gesammelt werden und mit den aus der Evaluierung praktizierter Trainingsprogramme sich ergebenden Resultaten in die Gestaltung der Personalentwicklungsmaßnahmen einfließen. Größerer Wert als bisher ist nach längeren Auslandseinsätzen auf eine gelungene Reintegration von Führungskräften ins Unternehmen zu legen. Die Rückkehr in die Heimatorganisation ist systematisch vorzubereiten und im Einvernehmen mit dem betroffenen Mitarbeiter zu gestalten, sodass Frustration, die leicht zu Kündigungen und damit zu einem Abfluss interkulturellen Know-hows führt, vermieden werden kann.

Die enge internationale Zusammenarbeit erfordert in verstärktem Maße eine multikulturelle Organisation des interkulturellen Handlungstrainings. Führungskräfte ausländischer Tochtergesellschaften oder zum Konzern gehörender ausländischer Firmen müssen mit eigenen Führungskräften zusammen geschult werden. Dies vertieft die Einsichten und Kenntnisse (kognitive Ebene) und verstärkt die innere Betroffenheit (emotionale Ebene) bezüglich der Wirkung fremdkultureller Orientierungssysteme auf das Wahrnehmen, Denken und Handeln.

In die Planung und Durchführung des Arbeitseinsatzes einer Führungskraft im Ausland sind die mitreisenden und zurückbleibenden Familienangehörigen einzubeziehen, da sie für den Mitarbeiter das zentrale, sozial und emotional bedeutsame Unterstützungssystem darstellen.

Mit der Entwicklung von binationalen und multinationalen Formen des Managements nehmen die Führungsanforderungen zu, da zu den Verständnis- und Kooperationsproblemen in der eigenen und fremden Kultur noch die zwischen fremden Kulturen vorhandenen Probleme hinzukommen. Dies kann zu einer unerwarteten Überforderungs- und Krisensituation mit nachhaltigen Wirkungen auf die Managementeffektivität führen. In Überforderungssituationen neigen Menschen z. B. dazu, Komplexität durch Rückgriff auf vereinfachende Wahrnehmungs-, Denk- und Handlungsschemata zu reduzieren, was zwar eine subjektiv empfundene Entlastung bewirkt, aber gerade in einer multikulturellen Führungssituation kontraproduktiv wirken kann. Solche kritischen Ereignisse, konflikthaften Interaktionssituationen und Belastungsgrenzen sowie Möglichkeiten des Konfliktmanagements und des produktiven Umgangs mit diesen Situationen sollten in Vorbereitungs- und insbesondere in begleitenden Beratungs- und Trainingsaktivitäten behandelt werden. Gerade interkulturelle und multikulturelle Krisen- und Konfliktentwicklung, Krisen- und Konfliktinterpretation und das entsprechende Krisen- und Konfliktmanagement werden zukünftig zentrale Beratungs- und Trainingsthemen sein müssen.

Wenn auch der Führungskraft im interkulturellen Handlungsfeld zunächst die fremden, ungewohnten und unerwarteten Reaktionen ihrer Partner im Gastland auffallen und als zusätzliches Führungsproblem in Erscheinung treten, so wird sie in Zukunft mehr als bisher darauf zu achten haben, welches Entwicklungspotenzial das Fremde und Andersartige bietet, um synergetische Formen des Handelns entstehen zu lassen. Wenn Kulturen unterschiedliche Spielarten der Problembewältigung hervorgebracht haben und sich dabei im Laufe der Evolution die wirksamsten durchsetzen konnten, dann sollte sich aus dem Erfahrungswissen vieler Kulturen eine höhere Qualität der Problemlösung entwickeln lassen. Dies erscheint überhaupt der einzig praktikable Weg, mit der Zunahme kultureller Komplexität fertig zu werden. Psychologische Forschung und die Praxis interkulturellen Managements müssten bei der Bewältigung dieser Aufgaben zusammenarbeiten.

Die Weite der Möglichkeiten und die Enge der Grenzen effektiven interkulturellen Managements werden zukünftig in verstärktem Maße bestimmt sein vom politischen und gesellschaftlichen Klima weltweit, insbesondere aber in den wirtschaftlich miteinander verbundenen Ländern. Ein Klima der politischen und gesellschaftlichen Offenheit, Toleranz, Flexibilität, Sicherheit und des nationale und kulturelle Grenzen überschreitenden Vertrauens ist die unabdingbare Voraussetzung dafür, dass die Managementprobleme überhaupt zu bewältigen sind. Solche produktiven klimatischen Bedingungen entstehen allerdings auch wiederum als Resultat erfolgreichen internationalen Managements.

Literatur

Adler, N. J. (1980). Cultural synergy: The management of cross-cultural organizations. In: W. W. Burke, L. D. Goodstein (Eds.), Trends and issues in organizational development: Current theory and practice (pp. 163-184). San Diego: University Associates.

Ayman, R., Kreiker, N. A., Masztal, J. J. (1994). Defining global leaderships in business environments. Consulting Psychology Journal 46, 1061-1087.

Bass, B. M. (1981). Leadership in different cultures. In: B. M. Bass, R. M. Stogdill (Eds.), Handbook of Leadership (pp. 522-549). New York: Free Press.

Bass, B. M. (1985). Leadership and performance beyond expectation. New York: Free Press.

Berkel, K. (1980). Konfliktstile von Führungskräften. Probleme und Entscheidungen 25, 1-36.

Black, J. S., Gregersen, H. B. (1999). Auslandseinsätze: Was sie erfolgreich macht. Harvard Business Manager 21, 103-111.

Black, J. S., Mendenhall, M. E. (1990). Cross-cultural training effectiveness: A review and a theoretical framework for future research. Academy of Management Review 115, 113-136.

Boud, D., Keogh, R., Walker, D. (Eds.) (1985). Reflection: Turning experience into learning. London: Kogan Page Ltd.

Child, J. (1981). Culture, contingency and capitalism in the cross national study of organizations. In: L. L. Cummings, B. M. Staw (Eds.), Research in organizational behavior, Vol. 3 (pp. 303-356). Greenwich: JAI Press.

Dorfman, P. (1995). International and cross-cultural leadership. In: B. J. Punnett, O. Shenkar (Eds.), Handbook of international management research (pp. 267-349). Oxford: Blackwell.

England, G. W., Lee, R. (1974). The relationship between managerial values and managerial success in the United States, Japan, India, and Australia. Journal of Applied Psychology 59, 411-419.

Erez, M. (1986). The congruence of goal setting strategies with socio-cultural values, and its effect on performance. Journal of Management 12, 588-592.

Erez, M., Earley, P. C. (1987). Comparative analysis of goal-setting-strategies across cultures. Journal of applied psychology 72, 658-665.

Erez, M., Earley, P. C. (1993). Culture, self-identity and work. New York: Oxford University Press.

Fiedler, F. E. (1967). A theory of leadership effectiveness. New York: McGraw-Hill.

Franko, L. G. (1973). Who manages multinational enterprises? Columbia Journal of World Business 8, 30-42.

Frey, D., Spielmann, U. (1994). Führung – Konzepte und Theorien. In: D. Frey, S. Greif (Hrsg.), Sozialpsychologie. Ein Handbuch in Schlüsselbegriffen (3. Aufl., S. 164-173). Weinheim: Psychologie Verlags Union.

Fürstenberg, F. (1981). Erfolgskonzepte der japanischen Unternehmensführung und was wir daraus lernen können (2. Aufl.). Zürich: Moderne Industrie.

Glasl, F. (1990). Konfliktmanagement. Bern: Haupt.

Graen, G. B., Scandura, T. A. (1987). Theorie der Führungsdyaden. In: A. Kieser, G. Reber, R. Wunderer (Hrsg.), Handwörterbuch der Führung (S. 377-389). Stuttgart: Poeschel.

Gregersen, H. B., Morrison, A. J., Black, J. S. (1998). Developing leaders for the global frontier. Sloan Management Review 40, 21-32.

Gudykunst, W. B., Hammer, M. R. (1983). Basic training design. In: D. Landis, R. W. Brislin (Eds.), Handbook of intercultural training, Vol 1 (pp. 118-154). Elmsford, NY: Pergamon.
Heenan, D. A., Perlmutter, H. V. (1979). Management in the industrial world. New York: McGraw-Hill.
Hersey, P., Blanchard, K. H. (1977). Management of organizational behavior. Englewood Cliffs: Prentice Hall.
Hofstede, G. (1980). Culture's consequences: International differences in work related values. Beverly Hills: Sage.
House, R. J., Mitchell, T. R. (1974). Path-goal theory of leadership. Contemporary Business 3, 81-98.
Hui, C. H., Luk, C. L. (1997). Industrial/organizational psychology. In: J. W. Berry, M. M. Segall, C. Kagitcibasi (Eds.), Handbook of cross-cultural psychology, Vol. 3: Social behavior and applications (2nd ed., pp. 371-411). Needham Heights, MA: Allyn & Bacon.
Jaeger, A. (1983). The transfer of organizational cultures overseas: An approach to control in the multinational corporation. Journal of International Business Studies 14, 91-114.
Kashima, Y., Callan, V. J. (1994). The japanese work group. In: H. C. Triandis, M. D. Dunnette, L. M. Hough (Eds.), Handbook of industrial and organizational psychology, Vol. 4 (2nd ed., pp. 609-646). Palo Alto, CA: Consulting Psychologists Press.
Keller, E. v. (1982). Management in fremden Kulturen. Bern: Haupt.
Kolb, D. A. (1984). Experiential learning. Englewood Cliffs: Prentice-Hall.
Kühlmann, T. M., Stahl, G. K. (1996). Fachkompetenz allein genügt nicht – Interkulturelle Assessment Center unterstützen die gezielte Personalauswahl. Personalführung Plus 96, 22-24.
Luthans, F., Hodgetts, R. M., Rosenkrantz, S. A. (1988). Real managers. Cambridge MA: Ballinger.
Mahoney, T. A., Jerdee, T. H., Carroll, S. J. (1965). The job(s) of management. Industrial Relations 2, 97-110.
McCall, M. W. Jr., Lombardo, M. M., Morrison, A. M. (1995). Erfolg aus Erfahrung. Effiziente Lernstrategien für Manager. Stuttgart: Klett-Cotta.
Mendenhall, M. E., Oddou, G. R. (1988). The overseas assignment: A practical look. Business Horizons 31, 78-84.
Mintzberg, H. (1991). Mintzberg über Management. Wiesbaden: Gabler.
Misumi, J. (1985). The behavioral science of leadership. An interdisciplinary japanese research program. Ann Arbor: The University of Michigan Press.
Negandhi, A. R. (1987). International management. Boston: Allyn & Bacon.
Neubauer, R. (1980). Die Assessment Center Technik: Ein verhaltensorientierter Ansatz zur Führungskräfteauswahl. In: R. Neubauer, L. v. Rosenstiel (Hrsg.), Handbuch der angewandten Psychologie, Band 1: Arbeit und Organisation (S. 122-158). München: Verlag moderne Industrie.
Neuberger, O. (1988). Führung (ist) symbolisiert. Plädoyer für eine sinnvolle Führungsforschung. In: O. Neuberger (Hrsg.), Augsburger Beiträge zur Organisationspsychologie und Personalwesen, Heft 2, Universität Augsburg.
Neuberger, O. (1990). Führen und geführt werden. Stuttgart: Enke.
Oddou, G. R., Mendenhall, M. E. (1991). Succession planning for the 21st century: How well are we grooming our future business leaders? Business Horizons 34, 26-34.
Ouchi, W. G. (1981). Theory Z. How american business can meet the japanese challenge. Reading/Mass.: Addison-Wesley.

Pausenberger, E. (1983). Die Besetzung von Geschäftsführerpositionen in ausländischen Tochtergesellschaften. In: E. Dülfer (Hrsg.), Personelle Aspekte im internationalen Management (S. 41-59). Berlin: Schmidt.

Ronen, S. (1986). Comparative and multinational management. New York: Wiley & Sons.

Ronen, S. (1994). An underlying structure of motivational need taxonomies: a cross-cultural confirmation. In: H. C. Triandis, M. D. Dunnette, L. M. Hough (Eds.), Handbook of industrial and organizational psychology, Vol. 4 (2nd ed., pp. 241-269). Palo Alto, CA: Consulting Psychologists Press.

Rosenstiel, L. v. (1993). Kommunikation und Führung in Arbeitsgruppen. In: H. Schuler (Hrsg.), Lehrbuch Organisationspsychologie (S. 321-351). Bern: Verlag Hans Huber.

Rosenstiel, L. v. (1999). Führung und Macht. In: C. G. Hoyos, D. Frey (Hrsg.), Arbeits- und Organisationspsychologie – ein Lehrbuch (S. 412-428). Weinheim: Psychologie Verlags Union.

Ruben, B. D., Askling, L. R., Kealey, D. J. (1977). Cross-cultural effectiveness: An overview. In: D. Hoopes, P. Pedersen, G. Renwick (Eds.), Overview of intercultural training, education and research, Vol. 1: Theory (pp. 92-105). Washington, DC: Society for Intercultural Education, Training and Research.

Sinha, J. B. P. (1984). A model of effective leadership styles in India. International Studies of Management & Organization 14, 86-98.

Sinha, J. B. P. (1994). The cultural context of leadership and power. New Delhi: Sage Publications.

Smith, P. B. (2000). Predicting process difficulties in multicultural teams. In: S. Stumpf, A. Thomas (Eds.), Diversity and group effectiveness (pp. 356-367). Lengerich: Pabst Science Publishers.

Smith, P. B., Misumi, J., Tayeb, M., Peterson, M. F, Bond, M. (1989). On the generality of leadership style measures across cultures. Journal of Occupational Psychology 62, 97-109.

Smith, P. B., Noakes, J. (1996.) Cultural differences in group processes. In: M. A. West (Ed.), Handbook of Work Group Psychology (pp. 477-501). Baffins Lane, Chichester: John Wiley & Sons.

Smith, P. B., Peterson, M. F. (1988). Leadership, organizations and culture. London: Sage.

Stewart, E. C. (1985). Handbook of organizational communication. Newbury Park: Sage.

Sullivan, J. L, Suzuki, T., Kondo, Y. (1986). Managerial perceptions of performance. A comparison of Japanese and American work groups. Journal of Cross-Cultural Psychology 17, 379-398.

Thomas, A. (1988). Untersuchungen zur Entwicklung eines interkulturellen Handlungstrainings in der Managerausbildung. Psychologische Beiträge 30, 147-165.

Thomas, A. (1993). Psychologie interkulturellen Lernens und Handelns. In: A. Thomas (Hrsg.), Kulturvergleichende Psychologie – Eine Einführung (S. 377-424). Göttingen: Hogrefe.

Thomas, A., Kammhuber. S., Layes, G. (1997). Interkulturelle Kompetenz. Bonn: Bundesministerium für Verteidigung.

Thomas, A., Kinast, E.-U., Schroll-Machl, S. (1999). Entwicklung interkultureller Handlungskompetenz von international tätigen Fach- und Führungskräften durch interkulturelle Trainings. In: K. Götz (Hrsg.), Interkulturelles Lernen/ Interkulturelles Training (S. 97-122). München und Mering: Rainer Hampp Verlag.

Thomas, A., Zeutschel, U. (1998). Interkulturelle Synergie in Arbeitsgruppen: Projektabschlußbericht. Institut für Psychologie, Universität Regensburg.
Triandis, H. C. (1983). Dimensions of cultural variations as parameters of organizational theories. International Studies of Management and Organization 12, 139-169.
Triandis, H. C. (1994). Cross-cultural industrial and organizational psychology. In: H. C. Triandis, M. D. Dunnette, L. M. Hough (Eds.), Handbook of industrial and organizational psychology, Vol. 4 (pp. 103-172). Palo Alto, CA: Consulting Psychologists Press (2nd ed.).
Tung, R. L. (1982). Selection of training procedures of U.S., European & Japanese multinationals. California Management Review 25, 57-71.
Vroom, V. H., Yetton, P. (1973). Leadership and decision making. Pittsburgh: University of Pittsburgh Press.
Yeung, A. K., Ready, D. A. (1995). Developing leadership capabilities of global cooperations: A comparative study in eight nations. Human Resource Mangement 34, 529-547.
Yukl, G., van Fleet, D. D. (1992). Theory and research on leadership in organizations. In: M. D. Dunnette, L. M. Hough (Eds.), Handbook of industrial and organizational psychology, Vol. 3 (pp. 147-197). Palo Alto, CA: Consulting Psychologists Press (2nd ed.).
Zeira, Y. (1975). Overlooked personnel problems of multinational corporations. Columbia Journal of World Business 10, 96-103.
Zeira, Y., Harari, E. (1979). Managing third-country organizations and expatriate managers in Europe. California Management Review 21, 40-50.
Zeutschel, U. (1999). Interkulturelle Synergie auf dem Weg: Erkenntnisse aus deutsch/U.S.-amerikanischen Problemlösegruppen. Gruppendynamik 30, 131-149.

4

Interpersonale und interkulturelle Kommunikation

Karlfried Knapp

Nach einschlägigen Untersuchungen verwenden Manager durchschnittlich 70 Prozent ihrer täglichen Arbeitszeit auf Kommunikation (Wahren, 1987) – Management gilt als „Kommunikationsarbeit" (Knoblauch, 1996). Die zunehmende Internationalisierung des Wirtschaftslebens bringt es mit sich, dass auch diese Kommunikation immer internationaler wird, sei es organisationsintern durch Kontakte mit Tochterfirmen, Niederlassungen und dergleichen im Ausland und Mitarbeitern ausländischer Herkunft im Inland oder organisationsextern durch Kontakte mit ausländischen Kunden, Beratern und Kooperationspartnern. Da Formen und Inhalte von Kommunikation kulturabhängig sind, bedeutet die Intensivierung internationaler Kontakte zugleich eine Zunahme der interkulturellen Kommunikation.

Die Untersuchung kulturbedingter Unterschiede in der Kommunikation hat eine lange Tradition in der Linguistik (z. B. Lado, 1957). Mit der Entwicklung der linguistischen Konversationsanalyse (z. B. Stubbs, 1983; Deppermann, 1999), die in enger Wechselbeziehung zu interaktionistischen und ethnomethodologischen Ansätzen der Soziologie (z. B. Goffmann, 1967; Psathas, 1979; Boden & Zimmerman, 1993) sowie zu sozialpsychologischen Ansätzen im Bereich der interpersonalen Kommunikation (z. B. Gudykunst & Ting-Toomey, 1988) steht, hat sich ein sehr produktives linguistisches Forschungsfeld entwickelt, das sich mit den Prozessen und Problemen interpersonaler interkultureller Kommunikation befasst (vgl. z. B. Gumperz, 1982; Auer & Di Luzio, 1984; Rehbein, 1985; Knapp, Enninger & Knapp-Potthoff, 1987; Gass & Neu, 1996; Spence-Oatley, 2000a).

Vor dem Hintergrund dieser Forschungsrichtungen sollen hier Grundprozesse der interpersonalen Interaktion dargestellt, exemplarische Unterschiede im Kommunikationsverhalten zwischen Kulturen aufgezeigt und typische, für internationales Management relevante Probleme der interkulturellen Kommunikation identifiziert werden, die die Grundlage für Überlegungen zum Training interkultureller Kommunikationsfähigkeit bilden.

1. Kultur und interpersonale Kommunikation

Dass Kultur und Kommunikation miteinander verwoben sind, ist heute ein Gemeinplatz. Gleichwohl ist es angesichts der unüberschaubaren Vielfalt der Definitionen von „Kultur" und „Kommunikation" notwendig, die der folgenden Darstellung zugrunde liegende Verwendung dieser Fundierungsbegriffe offen zu legen.

„Kultur" wird hier im Sinne der kognitiven Kulturanthropologie als ein zwischen Gesellschaftsmitgliedern geteiltes Wissen an Standards des Wahrnehmens, Glaubens, Bewertens und Handelns (Goodenough, 1957) verstanden. Es bezieht sich auf Weltbilder, Werte, soziale Normen und Handlungsmuster, die in der sozialen Interaktion der Gesellschaftsmitglieder manifest werden (Geertz, 1973). Eine Kultur wird üblicherweise gleichgesetzt mit einer Gesellschaft, die durch nationalstaatliche Grenzen oder eine Menge von konstanten ethnischen Merkmalen wie Rasse, Sprache, Religion usw. von anderen Gesellschaften unterscheidbar ist. Eine nationale (z. B. „die deutsche") oder eine ethnische (z. B. „die arabische") Kultur ist allerdings kein homogenes Gebilde. Kulturelle Standards und ihre Manifestationen variieren zwischen unterschiedlichen Teilgruppen – Subkulturen – der Gesellschaft.

Traditionell unterscheidet man deshalb in der Soziologie unterschiedliche Subkulturen innerhalb einer „Makro"-Kultur, wie sie etwa mit den Generationen oder mit professionellen, politischen oder religiösen Gruppen innerhalb einer Gesellschaft gegeben sind, und geht davon aus, dass bei allen Unterschieden, die für sie jeweils spezifisch sind, Subkulturen stets einen gemeinsamen Kern an Weltbildern, Werten, Normen und Handlungsmustern umfassen, die sie als zu einer bestimmten Kultur gehörig ausweisen. Die neuere linguistische und sozialwissenschaftliche Forschung hat freilich erkennen lassen, dass selbst eine Unterscheidung in Subkulturen der Heterogenität sozialer Interaktion in modernen Gesellschaften nicht mehr gerecht werden kann. Die Ausdifferenzierungen der Kommunikationspraktiken von Individuen zum einen in viele kleinräumige private Interaktionszusammenhänge, zum anderen in durch zunehmende Spezialisierung des für erfolgreiche Kommunikation relevanten Wissens charakterisierte öffentliche und berufliche Kontexte, zum dritten in durch Migration entstandene alltägliche intranationale interethnische Kontakte und nicht zuletzt in durch Medien, Reisen und Beruf gegebene, die eigene Sprache und Kultur transzendierende Interaktionssituationen tragen dazu bei, dass Individuen kaum mehr klar umgrenzten Subkulturen zugeordnet werden können und zunehmend in der Makrokultur und Gesellschaft, aus der sie stammen, Fremdheitserfahrungen mit Bezug auf in der Interaktion geteiltes Wissen machen (Harman, 1988). Ausgehend von aktuellen Ansätzen der Soziolinguistik, die sprachliche Variation innerhalb von nationalsprachlichen Gemeinschaften als Konsequenz der Zugehörigkeit von Individuen zu unterschiedlichen, koexistierenden Kommunikationsnetzen beschreibt (Milroy, 1987), wird in der neueren linguistischen Forschung deshalb ebenfalls von Kommunikationsnetzen oder Kommunikationsgemeinschaften als den soziokulturellen Einheiten gesprochen, zwischen denen interkulturelle Kommunikation stattfindet (Knapp-Potthoff, 1997).

Ein solches Konzept von Kultur als Eigenschaft von Kommunikationsgemeinschaften erlaubt es, der faktischen Mehrfachzugehörigkeit des Einzelnen zu verschiedenen – auch verschiedensprachlichen – Kommunikationsnetzen gerecht zu werden. Vor dem Hintergrund von Weltbildern, Werten und Normen der Makrokulturen, in die sie eingebettet sind oder auf die sich ihre Mitglieder beziehen, entwickeln Kommunikationsgemeinschaften als Lösungen für wiederkehrende praktische Probleme jeweils partiell eigene Normen und Handlungsmuster, vermitteln sie an nachwachsende oder neu hinzukommende Mitglieder und adaptieren sie an neue Anforderungen. Auch die Organisationskulturen von Unternehmen und Behörden reflektieren deshalb einerseits die Kultur, in die sie eingebettet sind, andererseits stellen sie eigenständige Kommunikationsnetze dar, die sich eigene Werte, Normen und kommunikative Handlungsmuster schaffen. (Laurent, 1983, Hofstede, 1984, Sourisseaux, 1994).

Das eine Kommunikationsgemeinschaft konstituierende gemeinsame Wissen ihrer Mitglieder wird heute in den Sozialwissenschaften als eine Menge charakteristischer kognitiver Schemata beschrieben (Schank & Abelson, 1977; Wyer & Srull, 1984). Ein kognitives Schema ist eine aus sozialer und damit kulturspezifischer Erfahrung entstandene Erwartungsstruktur über das, was in einer bestimmten Situation als notwendig, normal, vernünftig und plausibel gilt (Tannen, 1979). Solche schematischen Normalformerwartungen betreffen Sachverhalte, Handlungsabläufe und Verhaltensweisen ebenso wie Werthaltungen und soziale Beziehungen. Diese Erwartungen werden im Verkehr der Gesellschaftsmitglieder untereinander gewöhnlich nicht mehr explizit gemacht, sondern als selbstverständliches Wissen bei den anderen vorausgesetzt.

Das gilt auch in der sprachlichen – d.h. der verbalen, paraverbalen und nonverbalen – Kommunikation. Auch unser alltägliches sprachliches Handeln macht das Gemeinte normalerweise nicht – zumindest nicht vollständig – explizit, sondern weist über das Geäußerte hinaus auf das zwischen den Interaktionspartnern als gemeinsam unterstellte Wissen (Cicourel, 1975): Wie eine stattfindende Interaktion zu deuten ist, wird von den Handelnden lediglich durch sprachliche Schlüsselreize (*cues*) indiziert und durch den fortlaufenden Handlungszusammenhang prospektiv und retrospektiv erschlossen. Diese *cues* und Schlussfolgerungen setzen bei den Gesprächspartnern kognitive Schemata in Kraft, die dann als interpretative Folien für das bisher Kommunizierte und als Orientierung für das folgende Handeln dienen.

Einzelne Äußerungen wie „Hiermit ist die Sitzung eröffnet" können gleich mehrere Schemata auslösen. So z. B. ein Ablaufschema für den Fortgang der Situation, das an die Tagesordnung gebunden ist, ein Sachverhaltsschema, das sich auf den zu verhandelnden Gegenstand der Tagesordnung bezieht, und ein Handlungsschema, das die Form und die Abfolge der Redebeiträge der Sitzungsteilnehmer regelt (man kann z. B. nicht gleich losreden, sondern muss das Rederecht vom Sitzungsleiter zugeteilt bekommen). Und natürlich können auch einzelne Elemente des verbalen, paraverbalen und nonverbalen Kodes oder sprachexterne Merkmale der Kommunikationssituation die Einführung, Änderung oder Beendigung der jeweils für die Kommunikation als geltend unterstellten Schemata signalisieren. Die gleichzeitige Gültigkeit mehrerer Schemata in einem Kommunikationsvorgang ist besonders bedeutsam mit Blick auf die beiden Bedeutungsbereiche, für die Bateson (1972) die konzeptuelle Unterscheidung von *Message* – der propositionale Inhalt – und *Metamessage* – die soziale Beziehung zwischen Sprecher und Angesprochenem – eingeführt hat: Mit jedem kommunikativen Akt wird immer außer der propositionalen Bedeutung des Kommunizierten auch ein soziales Beziehungsschema eingeführt, als gültig bestätigt oder geändert.

Hinzu kommt, dass sprachliche Kommunikation, die von Angesicht zu Angesicht verläuft, sich auf mehreren Kommunikationskanälen gleichzeitig vollzieht. Die simultane Gültigkeit mehrerer Schemata kann auch durch unterschiedliche *cues* im verbalen, paraverbalen und/oder nonverbalen Bereich angezeigt werden, die mit ein und demselben kommunikativen Akt übermittelt werden. So zeigen gerade die nicht verbal-sprachlichen *cues* noch weitere Schemata an, die in jeder Kommunikation vorhanden sind, nämlich die Befindlichkeitsschemata der Kommunikationsteilnehmer, die ihren jeweiligen psychischen bzw. emotionalen Zustand betreffen, z. B. Freundlichkeit, Erregung, Betroffenheit oder Ärger.

Die nur implizit angedeuteten Schemata haben eine wichtige Funktion für den Prozess der interpersonalen Kommunikation. Der Rückgriff auf schematische Normalitätserwartungen und die Unterstellung eines gemeinsamen Wissens dienen der Ökonomie der Verständigung. Darüber hinaus geben die kulturellen Schemata den Beteiligten Sicherheit für ihr Deuten und Handeln in der Interaktion. Die Reduktion von Unsicherheit mithilfe der eigenen kulturspezifischen Schemata ist ein wesentliches Merkmal besonders der Kommunikation mit Fremden. Um die im Umgang mit Fremden immer vorhandene Unsicherheit über weitere Handlungsmöglichkeiten und über die begonnene soziale Beziehung zu reduzieren, zieht ein Kommunikationspartner auf der Basis seiner Normalitätserwartungen Rückschlüsse aus dem Handeln und Verhalten des anderen (Berger & Bradac, 1982), die als generalisierte Erklärungen die Grundlage für die eigene Beteiligung an der Interaktion und für die Deutung des weiteren Verlaufs derselben bilden.

Für die interkulturelle Kommunikation kann sich dieser Prozess mindestens in dreifacher Hinsicht problematisch auswirken:

(1) Da sich die implizit vorausgesetzten Schemata wie auch die kommunikativen Mittel, mit denen sie indiziert werden, zwischen kulturellen Gruppen unterscheiden können, kann es zu Missverständnissen bis hin zum völligen Scheitern der Kommunikation kommen.

(2) Weil in der Kommunikation über den propositionalen Inhalt hinaus immer auch Beziehungsaspekte involviert sind, werden Abweichungen von den Erwartungen, Belastungen und Fehlschläge der Verständigung schnell der Person, gar der Intention des anderen zugeschrieben. Wenn in der Interaktion mit Fremden diesen nicht mit einem „Fremden-Schema" begegnet wird, das sie für ihre Abweichungen von den kulturellen Erwartungen ihrer Kommunikationspartner generell exkulpiert, sind gerade solche Interaktionen in einem höheren Maße als intrakulturelle Interaktionen Risiken auf der Beziehungsebene ausgesetzt.

(3) Da in interkultureller Kommunikation sich die Erklärungen vergangenen und Erwartungen zukünftigen Handelns und Verhaltens von Fremden gerade an deren Abweichungen von den eigenen Erwartungen festmachen, sind negative Stereotype und Vorurteile eine häufige Konsequenz (Jaspers & Hewstone, 1982; Lalljee, 1987).

Diese kulturbedingten Effekte der Unsicherheitsreduktion und der Attribution in interpersonaler Interaktion gelten auch schon im Kontakt zwischen Mitgliedern einer internationalen Organisation, da ihr Handeln und Verhalten über die spezifischen, zumeist funktional bestimmten kulturellen Eigenschaften der mit der betreffenden Organisation gegebenen Kommunikationsgemeinschaft hinaus immer auch durch die jeweilige nationale oder ethnische Kultur der Gemeinschaft beeinflusst sind, denen sie jeweils auch noch angehören.

2. Dimensionen von Kulturunterschieden in der Kommunikation

Unterschiede im kulturellen Wissen und den *cues*, die es indizieren, sind faktisch unbegrenzt. Dass aber sprachlichen Unterschieden in der interkulturellen Kommunikation besondere Beachtung geschenkt werden muss, hat mehrere Gründe:

- Die oben beschriebenen Zusammenhänge zwischen Kultur und Prozessen der interpersonalen Kommunikation machen keinen prinzipiellen Unterschied zwischen intra- und interkultureller Kommunikation. Eine wesentliche Besonderheit interkultureller Kommunikation ist jedoch sprachlicher Art: in ihr bedient sich in der Regel mindestens einer der Interaktionspartner eines ihm fremden kommunikativen Kodes in der Form einer ihm fremden Sprache. Die spezifischen Beschränkungen fremdsprachlichen Kommunizierens bedingen eine weit höhere Komplexitätsstufe mit höheren Risiken für die Verständigung.

- Sprachliche Mittel fungieren nicht bloß als kommunikative Oberflächenelemente, die auf schematisches kulturelles Wissen verweisen, sondern sie können als Handlungsmuster selbst kulturelle Schemata sein.

- Anders als etwa bei Architektur, Kleidung, usw. werden im Bereich der Sprache interkulturelle Unterschiede sehr viel weniger als Resultate jeweils kulturspezifischer Konventionen wahrgenommen, was oft zu falschen Attributionen führt.

Sprachliche Unterschiede zwischen Kulturen sind sehr vielgestaltig. Die folgenden Beispiele mögen dazu dienen, die Dimensionen sprachlicher Unterschiede in der Kommunikation zu illustrieren.

2.1 Verbale Kommunikation

Im Bereich der verbalen Kommunikation sind kulturbedingte Unterschiede im Wortschatz für Laien am ehesten einsichtig, vor allem dort, wo Wörter kulturspezifische Sachverhalte bezeichnen. Doch Missverständnisse sind schnell möglich, wenn die für alle Menschen gleiche Welterfahrung in verschiedenen Kulturen durch Wörter unterschiedlich strukturiert wird, wie bei den bekannten Beispielen zur sprachlichen Segmentierung des Farbspektrums bei „primitiven" Völkern (Berlin & Kay, 1969), oder wenn Ausdrücke, die auf einen interkulturell vergleichbaren Realitätsausschnitt bezogen sind, in unterschiedliche Sachverhalts-, Handlungs-, Deutungs- und Bewertungsschemata eingebettet sind. Hier entstehen Kommunikationsprobleme dadurch, dass eine vollständige Übersetzungsäquivalenz nur selten gegeben ist.

Ein einschlägiges Beispiel ist das deutsch-englische Wortpaar „Freund/friend". Ein Muttersprachler des amerikanischen Englisch würde damit eine Person bezeichnen, die er kennt, und sei es nur oberflächlich, z. B. von gelegentlichen Zusammentreffen bei Cocktailpartys. Von Amerikanern als *friend* bezeichnet zu werden, involviert deshalb nicht den Grad an Intimität und wechselseitiger Verpflichtung, der Voraussetzung für Freundschaft unter Deutschen ist. Das deutsche Konzept „Freund" müsste im Englischen mit „close friend" oder „good friend" bezeichnet werden. Dagegen entspricht „friend" in der Bedeutung „jemand, den man oberflächlich kennt" eher dem deutschen Konzept „Bekannter". Wie unterschiedlich die Einbettung solcher Konzepte in die jeweils kulturspezifischen Handlungs- und Deutungsschemata ist, zeigt die Tatsache, dass auch ein „guter Bekannter", den man häufiger zu sich nach Hause einlädt, nicht automatisch ein „Freund" ist.

Indem man sprachliche Äußerungen macht, vollzieht man gleichzeitig stets bestimmte sprachliche Handlungen; man macht z. B. Feststellungen, Versprechungen und Angebote, stellt Behauptungen auf, fordert auf, ermahnt, stellt Fragen, gibt Antworten, lobt, kritisiert, usw. Als solche sind derartige Sprechakte für menschliche Kommunikation universal. Die konkreten Vorkommensbedingungen und die bevorzugten Realisierungsformen unterscheiden sich jedoch zwischen Kulturen. So wird z. B. im Japanischen als Reaktion auf eine Gefälligkeit konventionellerweise der Sprechakt der Entschuldigung erwartet – für die Mühe, die man dem anderen gemacht hat (Loveday, 1982) – statt des Sprechaktes des Dankens, der bei uns üblich ist. Im Chinesischen ist auf der Straße als Gruß die Frage „Wohin gehst Du?" normal, die jedoch nicht als Neugier nach dem Ziel des

Adressaten zu verstehen ist und schlicht mit „Dahin" beantwortet werden sollte (Spencer-Oatley, 2000a,b). Einfache Aufforderungen und Beschwerden werden im Deutschen tendenziell mit formal direkter erscheinenden sprachlichen Mitteln vollzogen als im Englischen, nämlich mit Imperativen, die allerdings normalerwiese mit Modalpartikeln wie *doch, mal eben, gerade* abgetönt sind – wie in „Gib mir mal eben deinen Bleistift", während im Englischen, in dem es so gut wie keine Modalpartikel gibt, die Normalform der Aufforderung die formal die Aufforderungsfunktion verschleiernde Frage „Can you give me your pen?" ist (Blum-Kulka, House & Kasper, 1989).

Sprechakte sind meist in komplexere sprachliche Ablaufschemata eingebettet. So ist es z. B. in den USA üblich, ein Kompliment dankend anzunehmen, während in Japan der zweite Teil der Handlungssequenz „Kompliment – Reaktion" normalerweise in einer höflichen Zurückweisung des Kompliments besteht (Wolfson, 1981). Eine Begrüßung ist in den meisten westlichen Kulturen durch die Sequenz „Gruß – Gegengruß" abgeschlossen. Dagegen ist z. B. unter Türken ein elaborierteres Ablaufschema für dieses Sprechereignis üblich: ein Sprechaktpaar „Gruß – Gegengruß" beim Zusammentreffen am Wohnungs- oder Büroeingang, ein weiteres im Wohnzimmer oder Besprechungsraum, bevor man sich zum Gespräch zusammensetzt.

Vergleichbare Kulturunterschiede bestehen auch für Argumentations- und Textaufbauschemata. So zeigten Auswertungen der Protokolle von UN-Vollversammlungen, dass Amerikaner zu einer eher induktiven Argumentationsweise neigen, vom Besonderen zum Allgemeinen, während Russen eher deduktiv, vom Allgemein-Grundsätzlichen zum konkreten Einzelfall argumentieren. Expositorische Texte angelsächsischer wissenschaftlicher Autoren sind gewöhnlich linear aufgebaut und direkt auf das Aussageziel bezogen. Dagegen sind Texte deutschsprachiger Autoren – insbesondere in den Geistes- und Sozialwissenschaften – üblicherweise mit langen Grundsatzüberlegungen und Exkursen befrachtet, die im Vergleich einen sehr viel längeren Weg bis zum Aussageziel bedingen. Wiederum anders sind die Textaufbauschemata im Japanischen. Hier wird das zu behandelnde Problem immer wieder aus den verschiedensten Perspektiven betrachtet, die Darstellung nähert sich einem Aussageziel im Sinne einer Problemlösung allenfalls in einer spiralförmig voranschreitenden Argumentation, wobei nicht selten eine die Festlegung des Autors auf eine bestimmte Position erfordernde Lösung offen bleibt (Kaplan, 1966; Duszak, 1997).

Weitere Unterschiede zwischen Kulturen in der verbalen Kommunikation gibt es bei inhaltlichen Normalitätserwartungen, die an bestimmte Interaktionen gerichtet werden. So hat die vergleichende Forschung zur *self-disclosure* in der interpersonalen Kommunikation gezeigt, dass die Themen und die Tiefe ihrer Behandlung, durch die man gegenüber Fremden oder Freunden etwas von der eigenen Persönlichkeit preisgibt, zwischen Kulturen stark variieren (Barnlund, 1979).

Desgleichen gelten die grundlegenden Erwartungen an Maximen der konversationellen Kooperation nicht überall in gleicher Weise. Zu diesen Maximen gehört nach Grice (1975), dass man stets das sagt, was man für die Wahrheit hält – es sei denn, man will lügen. Ein Experiment von Collett und O'Shea (1976) zeigte, dass man, anders als in westlichen Kulturen, im Iran damit rechnen muss, bei Wegauskünften vom Auskunftgeber bewusst in die Irre geführt zu werden: Wenn der Befragte den Weg selbst nicht kennt, gibt er eher eine falsche Wegbeschreibung als gar keine. Offensichtlich kollidieren hier das Sachverhalts- und das Beziehungsschema; es wird als wichtiger angesehen, dem Fremden gegenüber hilfsbereit zu erscheinen, als durch Erkennenlassen der eigenen Unkenntnis konventionelle Erwartungen an Hilfsbereitschaft und damit Anforderungen des Beziehungsschemas nicht zu erfüllen.

2.2 Paraverbale Kommunikation

Auch im paraverbalen Bereich sind die Kulturunterschiede groß. So entspricht z. B. die fallende Intonation, mit der in europäischen Sprachen ein Aussagesatz artikuliert wird, in einigen südindischen Sprachen der Intonation von Fragesätzen (Gumperz, 1982). Das Ausmaß der Tonhöhenmodulation, das die normale Sprache von „educated speakers" des britischen Englisch auszeichnet, ist in anderen Kulturen sozial markiert – es wird als affektiert oder als weibisch wahrgenommen (Loveday, 1981). Inhaltlich besonders wichtige Informationen werden in europäischen Sprachen durch kontrastive Betonung hervorgehoben; in südasiatischen Sprachen wird dagegen in Äußerungen, mit denen z. B. ein in einem Gespräch vom vorherigen Sprecher eingeführtes Argument weiterentwickelt werden soll, der einleitende Äußerungsteil, der an das vom vorherigen Sprecher Gesagte, das Bekannte, anknüpft, betont und lauter gesprochen als der nachfolgende Äußerungsteil, in dem der Sprecher seinen weiterführenden Punkt, das Neue, artikuliert (Gumperz, Aulakh & Kaltman, 1982).

Lautstärke wird z. B. in einigen afrikanischen und arabischen Kulturen als ein Mittel eingesetzt, um den Sprecherwechsel zu regeln: wenn mehrere Personen um das Rederecht als nächster Sprecher konkurrieren, wird diese Konkurrenz über die Lautstärke beim Sprecheinsatz ausgetragen. Ein solches gleichzeitiges, lautstarkes Sprechen verstößt in europäischen Kulturen gegen das normale Ablaufschema von Gesprächen und indiziert Streit oder ähnliche Probleme als der Interaktion zugrunde liegendes Beziehungsschema. Generell sind die Regeln des Sprecherwechsels, die das Ablaufschema von Gesprächen bestimmen, zwischen Kulturen unterschiedlich. Während wie bei den Kulturen des Vorderen Orients auch das Gesprächsverhalten US-amerikanischer Juden durch fehlende Pausen zwischen den Redebeiträgen charakterisiert ist und damit auf Europäer stakkatohaft wirkt (Tannen, 1981), sind in Indianerkulturen des amerikanischen Nordwestens sehr lange, manchmal Minuten andauernde Pausen innerhalb von und zwischen Redebeiträgen normal (Scollon & Scollon, 1981). Doch auch schon Finnen machen deutlich längere Pausen als z. B. Westeuropäer (Lenz, 1990).

2.3 Nonverbale Kommunikation

Nonverbale Kommunikation wird von Interaktionsteilnehmern in der Regel noch weniger bewusst wahrgenommen als die verbale. Dennoch sind die nonverbalen *cues* oft höchst kulturspezifische Schemaindikatoren, was zu weiteren Missverständnissen in der interkulturellen Kommunikation führen kann. Und angesichts der Vielfalt nonverbaler Unterschiede zwischen Kulturen sind diese Gefahren beträchtlich. Um einige Beispiele zu nennen:

Seit Darwin gelten die menschlichen Emotionen als biologische Reaktionen auf externe Stimuli. Damit hat Mimik, soweit sie auf den Ausdruck von Emotionen bezogen ist, eine biologische Basis und ist universal. Allerdings gibt es kulturspezifische Beschränkungen, die das biologische Affektprogramm der Gesichtsmuskeln überlagern und damit Emotionen mehr oder weniger stark maskieren. Ein Beispiel hierfür ist das „typische" Lächeln der Asiaten, das nicht nur positive Emotionen wie Sympathie oder Freude anzeigt, sondern ein ansozialisiertes Muster darstellt, mit dem in der Befolgung kultureller Konventionen negative Emotionen wie Ärger, Verwirrung, usw. oder Überraschung verborgen werden. Unterschiede im Ausdruck von Emotionen gibt es auch schon zwischen Nord- und Südeuropäern (Ekman, Friesen & Ellsworth, 1972).

Dagegen ist die in der Interaktion präferierte Form des Blickkontakts sehr viel stärker kulturabhängig. Nach Hall (1959) wird das Rollenschema „Zuhörer" im Gespräch von Briten vorzugsweise durch eine Fixierung des Blicks auf das Gesicht des Sprechers angezeigt. Dagegen ist als Zuhörerverhalten in den USA ein Wandern des Blicks von einem Auge des Sprechers zum anderen, zeitweilig auch ganz fort von dessen Gesicht, üblich. Allerdings trifft dies nur für weiße Nordamerikaner zu – bei schwarzen Amerikanern gilt wie in den Kulturen Westafrikas der direkte Blick in die Augen des Gesprächspartners als Drohung (Johnson, 1976).

Eine entspannte Körperhaltung wie das Zurücklehnen und Abstützen des Unterschenkels auf dem Knie des anderen Beines ist in den USA kein besonderer Indikator für ein Beziehungsschema. Doch schon in europäischen Kulturen setzt eine solche Positur eine soziale Gleichgestelltheit der Interaktionspartner voraus, wenn sie nicht als Respektlosigkeit gedeutet werden soll. Dass man Arabern möglichst nicht so gegenübersitzt, dass die eigenen Schuhsohlen auf den arabischen Gesprächspartner weisen, ist mittlerweile Allgemeinwissen. Weniger bekannt ist, dass auch Thais es als Beleidigung empfinden, wenn der Interaktionspartner seine Beine so übereinanderschlägt, dass dessen oberer Fuß auf sie zeigt (Smutkupt & Barna, 1976).

Auch Gestik ist kulturabhängig. Die angelsächsische „O.K."-Geste (Daumen und Zeigefinger bilden einen Kreis, die übrigen Finger der Hand sind gestreckt) hat in den meisten romanischen Ländern eine beleidigende anale Konnotation; in Japan ist sie ein emblematisches Zeichen für Geld (Morsbach, 1973). Kopfnicken zur Bejahung und -schütteln zur Verneinung sind zwar in vielen Kulturen verbreitet, aber sie sind nicht universal (Eibl-Eibesfeldt, 1974). Kulturunterschiede bestehen auch im Bereich der im Gespräch normalerweise einzunehmenden Körperdistanz (Hall, 1966) und bei der Situierung und Abwicklung einer Handlung in der Dimension der Zeit (Hall, 1976).

2.4 Kultur und kommunikativer Stil

Analog zu der hier zu Darstellungszwecken vorgenommenen analytischen Unterscheidung der Dimensionen der verbalen, paraverbalen und nonverbalen Kommunikation hat auch die vergleichende linguistische und kommunikationswissenschaftliche Forschung Kulturunterschiede bisher überwiegend auf jeder dieser Dimensionen isoliert untersucht. Das ist insofern nicht unproblematisch, als die Bedeutung und Funktion einer isolierten Kommunikationsform nicht immer eindeutig ist. Speziell in der Interaktion von Angesicht zu Angesicht findet verbale, paraverbale und nonverbale Kommunikation gewöhnlich simultan statt. Wie eine einzelne Kommunikationsform dabei zu deuten ist, d.h. für welches außersprachliche Schema sie einen *cue* darstellt oder welchen Stellenwert sie für die den Normalitätserwartungen entsprechende Realisierung eines bestimmten sprachlichen Handlungsschemas hat, ergibt sich häufig erst aus dem Zusammenwirken der gleichzeitig vorkommenden kommunikativen Mittel. Darüber hinaus ist dieses Zusammenwirken gewöhnlich noch durch einen kontextuellen Rahmen näher spezifiziert. Ein neckisches Wort, ein entspanntes Sich-Zurücklehnen, ein Ins-Wort-Fallen haben beim Small-talk unter Freunden gänzlich andere kommunikative Wirkungen als bei Geschäftsverhandlungen oder Einstellungsgesprächen. Die Abhängigkeit der Bedeutung und Funktion kommunikativer Mittel von spezifischen Situationsschemata ist aber gerade für solche und ähnliche Situationen, die den Alltag des internationalen Managements ausmachen, immer noch relativ schlecht erforscht.

Gleichwohl ist es dennoch möglich, generelle Aussagen über das Kommunizieren von Angehörigen einer bestimmten Kultur zu machen. Es gibt durchaus einzelne kommunikative Handlungsformen und -schemata, die typisch sind für eine bestimmte Kultur. Beispiele hierfür finden sich besonders in Alltagsritualen, etwa mit Blick auf Umarmungen, Küsse, Händeschütteln, usw. bei Begrüßungen; aber auch einzelne Elemente des verbalen, paraverbalen und nonverbalen Kodes können charakteristisch für eine bestimmte Kultur sein. Als Illustration für den letzten Fall kann z. B. die Diskurspartikel „*-la*" dienen, die im Singapur-Englisch an fast jede Äußerung gehängt wird und – in Analogie zu Honorifixen der in Singapur neben dem Englischen verbreiteten asiatischen Sprachen – als Indikator für Freundlichkeit und Solidarität fungiert (Altehenger-Smith, 1983).

Darüber hinaus gibt es kulturspezifische Präferenzen, nach denen bestimmte Handlungsformen und -schemata bevorzugt realisiert werden. Zusammen mit den typischen Einzelformen und -schemata charakterisieren sie den kommunikativen Stil einer Kultur. Kommunikative Stile können sich u. a. unterscheiden durch den Grad der präferierten Direktheit sprachlicher Handlungen, eher direkt in Deutschland, den USA und Israel (Blum-Kulka et al., 1989), eher indirekt in Japan (Okabe, 1983), den Grad der präferierten verbalen Elaboriertheit, eher wortreich in Kulturen des Mittleren Ostens (Almaney & Alwan, 1982), eher wortkarg in nordamerikanischen Indianerkulturen (Scollon & Scollon, 1981), oder den Grad der präferierten Explizitheit, eher explizit und kontextunabhängig in nordatlantischen Kulturen, eher implizit, unter Einbeziehung von *cues* des außersprachlichen Kontextes, in asiatischen Kulturen (Okabe, 1983). Um den Stil einer Kommunikationsgemeinschaft zu charakterisieren, mehr noch: um ihn als typisch für eine Makro-Kultur darzustellen, reichen allerdings derartige Einzelformen und -schemata nicht aus. Kommunikative Stile lassen sich nur als Bündel von Eigenschaften des Kommunizierens fassen, die um so deutlicher von anderen abzugrenzen sind, je umfangreicher die Menge der sie kennzeichenden Merkmale ist.

Vor allem solche Grundhaltungen gegenüber dem Kommunizieren wie Direktheit, Elaboriertheit, Explizitheit usw. werden in der sozialwissenschaftlichen Literatur oft als Konsequenzen zentraler kultureller Werte wie Individualismus, Maskulinität, Macht-Distanz und Unsicherheits-Vermeidung (Hofstede, 1984) oder als Produkte grundlegender Strukturierungen von Kulturen wie starke Kontextabhängigkeit der Kommunikation („high-context") und geringe Kontextabhängigkeit („low-context"; Hall, 1976) dargestellt. Zweifellos kann man z. B. zwischen präferierter sprachlicher Direktheit in den USA und Indirektheit in Japan und den Tatsachen, dass in den USA, einem „low-context"-Land, Individualismus, in Japan, einem „high-context"-Land, Kollektivismus kulturell präferierte Werte sind, einen korrelativen Zusammenhang feststellen. Solche Korrelationen, die bei Hofstede, Hall und anderen für viele Kulturen zusammengestellt wurden, können zweifellos nützliche erste Orientierungen für eine globale Charakterisierung des kommunikativen Handelns geben, das man bei Angehörigen einer fremden Kultur erwarten kann. Dennoch sind solche wert- und strukturbezogenen Erklärungen kulturspezifischer Kommunikation nicht unproblematisch.

Denn abgesehen davon, dass die empirischen Grundlagen dieser Erklärungen inzwischen veraltet (bei Hofstede) oder von vorherein allenfalls impressionistisch (bei Hall) sind, bleiben diese Erklärungen recht pauschal und sagen nichts über die ganz konkreten verbalen, paraverbalen und non-verbalen Mittel und Muster aus, die den Stil einer Kommunikationsgemeinschaft charakterisieren. Keinesfalls sind alle Formen und Schemata des Kommunizierens durch Werte und Strukturtypen gleichsam „kulturell" motiviert und damit vorhersagbar. Oft sind sie hervorgegangen aus Lösungen für konkrete Zwecke und erst über die wiederholte Anwendung als Mittel zum Zweck dauerhafte, konventionalisierte und typische Handlungsformen und -schemata der Kultur einer Kommunikationsgemeinschaft geworden. Oft sind sie, wie etwa die Tatsache, dass man sich in Deutschland bei der Begrüßung gewöhnlich die Hand gibt, in England dagegen nicht, schlichtweg arbiträre Konventionen. Probleme der interpersonalen Kommunikation, die aus Unterschieden bei den von den Kommunikationspartnern eingebrachten sprachlichen Handlungsformen und außersprachlichen Schemata resultieren, entstehen jedoch unabhängig davon, ob und wie man diese Unterschiede mit Bezug auf globale Kulturvariablen wie Weltbilder, Werte und Normen erklären kann.

3. Interkulturelle Kommunikationsprobleme im interkulturellen Management

Dass kulturbedingte Unterschiede in der Kommunikation gerade für Management in interkulturellen Kontexten problematisch werden können, ist inzwischen hinlänglich empirisch bewiesen. Deshalb sollen im folgenden nur noch wenige Beispiele die potentiell negativen Auswirkungen von Unterschieden im kommunikativen Stil illustrieren. Dennoch können nicht alle Verständigungsprobleme solchen Unterschieden zugeschrieben werden. Ein nicht unwesentliches Hindernis stellen die praktischen Modalitäten des interkulturellen Kommunizierens selbst dar. Manche davon führen zu schwer zu antizipierenden kulturellen Mischformen. Auch ergeben sich aus Unterschieden in kommunikativen Handlungs- und Deutungsmustern nicht zwangsläufig interkulturellen Probleme – nicht selten werden diese von den Beteiligten erst konstruiert. Derartige Prozesse interkulturellen Missverstehens sind den Beteiligten in der Regel jedoch kaum bewusst.

3.1 Stilunterschiede

Managementprobleme aufgrund des Zusammentreffens divergierender Stile von Angehörigen unterschiedlicher Kommunikationsgemeinschaften sind vielfach belegt. So berichtet z. B. Gumperz (1982) von Spannungen zwischen den einheimischen britischen Angestellten des Flughafens Heathrow und dem aus Inderinnen und Pakistanerinnen bestehenden Bedienungspersonal der Angestellten-Kantine, die so groß wurden, dass zur Wahrung des Betriebsfriedens und zur Abwehr von Streiks schließlich das Management zum Eingreifen gefordert war. Auslöser dieser Spannungen war die Klage der Briten über die andauernde Unfreundlichkeit der Asiatinnen. Die Beobachtung der Interaktion in der Kantine durch einen Linguisten ergab, dass das nonverbale Verhalten der Asiatinnen unauffällig war und dass sie beim Servieren nur wenig sprachen. Dennoch wurde gerade ihr Sprachverhalten von den Briten als unfreundlich aufgefasst. Als Ursache dieses Eindrucks stellte sich ein Unterschied in einem paralinguistischen Merkmal des kommunikativen Stils heraus: Die Asiatinnen benutzten bei ihrem Gebrauch des Englischen die Intonationsmuster ihrer Muttersprachen. Folglich äußerten sie eine als geschäftsmäßig höflich gemeinte Frage wie „Gravy?" mit der Bedeutung „Wollen Sie Soße?" mit fallender Intonation. Diese jedoch gibt der Einwortäußerung in europäischen Sprachen die Bedeutung „Das ist Soße", macht sie also zu einer Feststellung. Wiederholt etwas zu konstatieren, was für den Angesprochenen so offensichtlich ist, bedeutet auf der Ebene des Beziehungsschemas einen Affront.

Ein anderes Beispiel für Probleme, die aus unterschiedlichen kommunikativen Stilen erwachsen, entstammt eigener Beobachtung. Ende der achziger Jahre des letzten Jahrhunderts verlor die Marketingabteilung der deutschen Niederlassung eines amerikanischen multinationalen Konzerns in kurzer Zeit fast ihre gesamte, bis dahin rein deutsche Mitarbeiterschaft. Die Zentrale in den USA hatte als Nachfolgerin eines Deutschen, der für die Niederlassung eine eigenständige, an einheimischen Verhältnissen orientierte Organisationskultur hatte entstehen lassen, eine nur englischsprachige junge Amerikanerin als Geschäftsführerin nach Deutschland beordert, wo sie sogleich die Standards der Muttergesellschaft einführte. Eine ihrer Innovationen betraf die Anpassung des lokalen Berichtswesens an jenes der Zentrale: Von Sitzungen, Werbekampagnen, usw. durfte in Zukunft nur noch mit maximal 12 Zeilen berichtet werden. Die deutschen Mitarbeiter sahen sich dadurch um die Möglichkeit gebracht, Sachverhalte differenziert genug darzustellen und damit ihrer Kompetenz Ausdruck zu verleihen. Andere Veränderungen der organisationsinternen Kommunikation wie direkte und öffentliche Kritik an – auch älteren – Mitarbeitern und die Anforderung, in ihrer Gegenwart das Englische auch für Gesprächsgegenstände über rein arbeitsbezogene Themen hinaus zu gebrauchen, kamen hinzu.

Auch Divergenzen bei der als jeweils situationsangemessen geltenden Verwendung an sich interkulturell identischer kommunikativer Mittel können problematisch werden. So zeigt etwa von Helmolt (1997) am Beispiel von Besprechungen in deutsch-französischen Arbeitsgruppen der *Airbus Industries*, dass unterschiedliche Vorstellungen von der Ernsthaftigkeit einer Besprechungssituation dazu führen, dass zur Entkrampfung eines festgefahrenen Gesprächs eingebrachte scherzhafte Anspielungen von Franzosen deutscherseits als unseriös und unproduktiv wahrgenommen werden, was die Franzosen wiederum als unkooperativ deuten, bei denen dieses Verhalten auch für ernsthafte, arbeitsbezogene Kommunikationssituationen nicht nur als unauffällig, sondern als geradezu nützlich angesehen wird.

3.2 Modalitäten interkulturellen Kommunizierens

Nicht allein kulturbedingte Unterschiede des Kommunizierens, sondern auch die spezifischen Modalitäten, in denen interkulturelle Kommunikation vorkommt, stellen Erschwernisse für den Kommunikationserfolg dar. Es sind dies die lernersprachliche Kommunikation, die *Lingua-franca*-Kommunikation und die Sprachmittler-Kommunikation.

3.2.1 Lernersprachliche Beschränkungen

Gerade die Tatsache, dass die internationale Kommunikation in und zwischen Organisationen gewöhnlich von mindestens einem der Kommunikationspartner in einer für ihn fremden Sprache bestritten wird, schafft Probleme, die oft übersehen werden. Denn Fremdsprachenbenutzer verfügen nur selten, etwa wenn sie lange im jeweiligen Sprachraum gelebt haben, über eine Sprachkompetenz, die jener eines *native speaker* vergleichbar ist. Gewöhnlich sind sie mehr oder weniger weit fortgeschrittene Lerner der betreffenden Fremdsprache; ihre Kommunikation unterliegt deshalb den aus der Zweitsprachenerwerbsforschung bekannten typischen lernersprachlichen Beschränkungen. Hierzu gehören nicht nur Interferenzen aus der Muttersprache (z. B. im lexikalischen der Gebrauch von engl. „sensible" (dt. „vernünftig") statt des gemeinten „sensitive" (dt. „empfindlich") durch deutsche

Muttersprachler, die Übertragung des in der Muttersprache üblichen Direktheitsgrades oder der muttersprachlichen Lautstärke, des Intonations- und Sprecherwechselmusters, usw.), die zu Missverständnissen führen können. Hierher gehören auch typische lernersprachliche Kommunikationsstrategien wie die Modalitätsreduktion, Bedeutungsreduktion und die Themenvermeidung (Knapp-Potthoff & Knapp, 1982). *Modalitätsreduktion* liegt vor, wenn abtönende sprachliche Mittel wie etwa Modalpartikel (z. B. „ich wollte mal eigentlich nur gerade ...") nicht angemessen in der fremden Sprache ausgedrückt werden können und die Äußerung deshalb auf der Beziehungsebene zu direkt und zu undifferenziert wirkt. *Bedeutungsreduktion* liegt vor, wenn aufgrund fehlenden Vokabulars Sachverhalte nicht differenziert genug ausgedrückt werden können (z. B. „Ding" statt des passenden Terminus). *Themenvermeidung* schließlich liegt vor, wenn ein Fremdsprachensprecher zu bestimmten Themen oder überhaupt aus sprachlicher Unsicherheit nur wenig oder gar nichts sagt. Der Eindruck von Unkooperativität oder geringer Kompetenz, der sich in der interpersonalen Kommunikation mit Fremden ergeben kann, liegt also häufig nicht primär an unerkannten Kulturunterschieden, sondern an derartigen lernersprachlichen Beschränkungen. Das Risiko eines solchen Eindrucks ist dann besonders groß, wenn Kommunikationspartner aufgrund einer halbwegs fließenden Abwicklung fachsprachlicher, berufsbezogener Kommunikationsroutinen, die dem Nicht-Muttersprachler aus seinen alltäglichen Verrichtungen vertraut sind, auf eine generell höhere Sprachkompetenz schließen und damit Verhaltenserwartungen haben, die der Nicht-Muttersprachler in Wirklichkeit nicht erfüllen kann. Signifikanterweise belegt die Forschung zur Kommunikation zwischen Muttersprachlern und Zweisprachenlernern, dass Erstere sich in der Regel sehr hilfsbereit verhalten und gleichsam gemeinsam mit einem Lerner die Formulierungen artikulieren, die dessen kommunikativen Intentionen vermutlich nahekommen, wenn die erkennbare Sprachkompetenz des Lerners eine solche Hilfsbedürftigkeit erkennen lässt (Varonis & Gass 1985).

3.2.2 Lingua-franca-Kommunikation

Schon aufgrund solcher lernersprachlichen Beschränkungen ist die Frage der Sprachenwahl für die interne Kommunikation in ausländischen Niederlassungen internationaler Unternehmen ein äußerst wichtiger, oft jedoch zu sehr vernachlässigter Faktor für Strategien der Internationalisierung und der Entwicklung der Organisationskultur. Die verbreitete Praxis, sich als internes Kommunikationsmittel des Englischen zu bedienen, ist dabei durchaus nicht unproblematisch. Englisch ist ohne Zweifel „die" *Lingua franca* der internationalen Wirtschaft (Ammon, 1999). Doch *Lingua-franca*-Kommunikation in Englisch potenziert die lernersprachlich und interkulturell bedingten Kommunikationskonflikte. Denn hier stoßen Kommunikationspartner aufeinander, die sich hinsichtlich der Kompetenz in dieser Sprache weit unterscheiden können und deren englischsprachige Kommunikation durchsetzt ist mit Interferenzen aus verschiedenen Muttersprachen. Für Probleme mit Kompetenzdefiziten zeigen Untersuchungen von Firth (1990) und Wagner und Firth (1997) an Beispielen aus telefonischen Verkaufsverhandlungen auf Englisch, dass – wie generell in Kommunikation mit nicht weit fortgeschrittenen Zweitsprachenlernern – auch unter *Lingua-franca*-Benutzern ein kooperatives Bemühen zum Erreichen von Verständigung anzutreffen ist, das dazu führt, für das Gesprächsziel irrelevante Unklarheiten oder evidente Missverständnisse zu übergehen und solche, die das Erreichen des gemeinsamen Ziels gefährden, durch Rückfragen, Reformulierungen oder Formulierungsvorschläge zu überwinden. Allerdings scheint dies nur dann zu gelten, wenn die Beteiligten gemeinsame Ziele mit dieser Interaktion verfolgen: wie Knapp (2000) aufweist, wird im Fall divergierender Interessen von Verhandlern mit höherer Kompetenz in der *Lingua franca* diese durchaus strategisch zur Benachteiligung des sprachlich unterlegenen Gesprächspartners und zum eigenen Vorteil eingesetzt.

In vielen Niederlassungen japanischer Unternehmen in Deutschland wird Englisch als *Lingua franca* verwendet. Gerade diese Beispiele legen nahe, dass interkulturelle Einflüsse noch aus zusätzlichen Quellen entstehen können: Üblicherweise lernt man in Deutschland britisches Englisch, und damit auch britische soziokulturelle Konventionen des Kommunizierens, während man in Japan amerikanisches Englisch lernt, mit US-amerikanischen Kommunikationskonventionen. Es ist durchaus nicht ohne weiteres klar, welche kulturellen Standards in einer solchen Situation gelten: die deutschen, die japanischen, die britischen, die amerikanischen oder gänzlich andere, von den Interaktionspartnern lernersprachlich ad hoc geschaffene Mischformen.

Grundsätzlich gilt also: Mit der Wahl einer *Lingua franca* ist die Frage des kulturellen Rahmens, innerhalb dessen man sich bewegt, allein noch nicht entschieden. Bei einer Sprachenwahl zugunsten des Englischen kommt noch erschwerend hinzu, dass es außer in der britischen oder amerikanischen Variante noch in zahlreichen weiteren Standardvarianten vorkommt, die hinsichtlich der formal-linguistischen Eigenschaften und der soziokulturellen Konventionen des Sprachgebrauchs sehr weit entfernt sind von dem, was in westlichen Ländern als Lernzielnorm für den Englischunterricht gesetzt wird, so z. B. *Indian English*, *Nigerian English*, *Singapore English* u.a. Die in manchen Weltregionen verwendeten Varianten des Englischen sind mitunter sogar so stark von den lokalen Sprachen beeinflusst, dass sie nicht einmal mehr von Muttersprachlern des Englischen verstanden werden können. So berichtet Fisher (1980) von Verhandlungen zwischen U.S.-amerikanischen und philipinischen Regierungsvertretern, bei denen das philipinische Englisch in amerikanisches Englisch gedolmetscht werden musste.

3.2.3. Sprachmittler-Kommunikation

Auch im Kontext des interkulturellen Management sind Situationen nicht selten, bei denen Beprechungen, Verhandlungen und andere Gespräche gedolmetscht werden. Die zuvor beschriebenen Verständigungsrisiken für interpersonale interkulturelle Kommunikation scheinen durch den Einsatz von Dolmetschern vermieden zu sein, deren professionelle Funktion es ja ist, sprachliche und kulturelle Unterschiede zu überbrücken. Allerdings kommt ein Einsatz von professionellen Dolmetschern schon aus Kostengründen normalerweise nur auf den obersten Managementebenen und auch dort nur selten bei Gesprächen in kleineren Gruppen vor. Häufiger dagegen sind Fälle, in denen eine Person als Dolmetscher fungiert, die in den Sprachen der an einem Gespräch beteiligten Parteien mehr oder weniger bilingual ist und als Mitarbeiter, Kollege oder Angehöriger einer Partei gerade zur Verfügung steht. Für solche nicht-professionellen Dolmetscher in Gesprächssituationen hat sich der Terminus „Sprachmittler" eingebürgert (Knapp & Knapp-Potthoff, 1985).

Untersuchungen dieser Form von Interaktion – etwa bei Apfelbaum (1999) zu gedolmetschten deutsch-französischen Fachschulungen und Cieplinska (2002) zu gedolmetschten deutsch-polnischen Wirtschaftsverhandlungen – haben aufgewiesen, dass Sprachmittler-Kommunikation einige Probleme eigener Art aufwirft, die auch in einer solchen Situation eine Verständigung gefährden. Dazu gehören

(1) die sprachliche, kulturelle und sachliche Kompetenz des Mittlers: Charakteristischerweise ist ein Sprachmittler nicht vollständig bilingual, sondern nur ein mehr oder weniger weit fortgeschrittener Lerner einer der am Kontakt beteiligten Sprachen und Kulturen. Desgleichen ist er nicht notwendig über den Gegenstand des Gesprächs ebenso sachkundig wie die primären Beteiligten, für die gedolmetscht wird. Deshalb kommt es nicht selten zu unentdeckt bleibenden Verständigungsproblemen, etwa weil der Mittler zumindest in einer Sprache den Beschränkungen lernersprachlicher Kommunikation unterliegt und seine Übersetzungen durch Bedeutungsreduktion ungenau oder durch sprachliche Fehler falsch werden, weil er bestimmte Merkmale eines kommunikativen Stils oder andere Eigenheiten der für ihn nicht-nativen Kultur nicht kennt und damit Missverständnisse, Fehldeutungen usw. der primären Beteiligten nicht antizipieren oder nachträglich ausräumen kann oder weil er Sachverhalte nicht versteht und unrichtig wiedergibt. Dennoch schenken die Gesprächsbeteiligten einem Sprachmittler in der Regel eine geradezu grenzenloses Vertrauen und ignorieren die Risken, die in der begrenzten Kompetenz eines Gelegenheitsdolmetschers liegen können – wohl nicht zuletzt deshalb, weil sie die Komplexität interkultureller Kommunikation selbst nicht verstehen;

(2) die soziale Rolle des Mittlers im Gespräch: Um beispielsweise bei drohenden oder stattfindenden Missverständnissen auf der Ebene der propositionalen Bedeutung oder der Beziehungsebene eingreifen zu können, muss ein Mittler die Rolle einer eigenständigen, aktiven Gesprächspartei einnehmen und zu Rückfragen, Erklärungen usw. eigene Redebeiträge initiieren. Die Rolle einer eigenständigen Gesprächspartei, die konfliktvermeidend und dem angestrebten Ziel des Gesprächs gemäß strategisch handelt, wird einem Mittler jedoch in der Regel dann nicht zugestanden, wenn er z. B. aufgrund von Alter oder Stellung einen niedrigeren Status als die primären Beteiligten hat;

(3) die kommunikative Disziplinlosigkeit der primären Beteiligten: Vielfach sind sich die primären Beteiligten nicht bewusst, dass sie ihre Redebeiträge speziell für den Dolmetschvorgang formatieren müssen. Sehr oft sind ihre Rede-

beiträge zu lang und übersteigen die Gedächtniskapazität des Mittlers, sind unklar strukturiert und ermöglichen es dem Mittler nicht, die Sprecherintention zu erkennen und die Übersetzung adressatengerecht aufzubauen, oder sie sind mit Umgangssprache, Redewendungen, Terminologie und kulturellen Implikationen befrachtet, die eine Übersetzung erschweren oder gar unmöglich machen. Nicht zuletzt kommt es häufig vor, dass primär Beteiligte nicht die vollständige Übersetzung des Redebeitrags eines Gesprächspartners abwarten, bevor sie selbst wieder reden, und damit einen Teil der in das Gespräch gebrachten Inhalte für die weitere Interaktion tilgen. Offensichtlich sind nicht wenige Beteiligte an Sprachmittler-Kommunikation mit den besonderen Beschränkungen nicht vertraut, die diese Gesprächsform ihrer eigenen Sprachverwendung auferlegt.

3.3 Grenzen der Erwartbarkeit

Viele der Kommunikationsprobleme, die aus lernersprachlichen Beschränkungen und den Besonderheiten der *Lingua franca*-Kommunikation entstehen, hängen mit dem Vorkommen von Mischformen zusammen, die durch Prozesse des Spracherwerbs und Kulturkontakts bedingt sind. So zeigten z. B. Sussman und Rosenfeld (1982), dass Asiaten und Südamerikaner beim Gebrauch des Englischen als Fremdsprache eine Körperdistanz im Gespräch einnahmen, die zwischen dem lag, was in ihrer eigenen Kultur und in den USA, wo sie ihr Englisch gelernt hatten, üblich war. Entsprechend schwer ist hier die Körperdistanz als *cue* für das zugrunde liegende Beziehungsschema zu deuten.

Mischformen sind als *cues* besonders problematisch. Denn wenn Interaktionsteilnehmer überhaupt die *cues* ihrer Partner aufgrund anderer Normalitätserwartungen deuten als aufgrund derer, die sie aus ihrer nativen Sprache und Kultur gewohnt sind, dann sind dies gewöhnlich Erwartungen, die sich am Standard der von ihnen gelernten Fremdsprache und der darauf bezogenen Kultur orientieren oder – noch seltener – an einem zumeist stereotypischen Wissen über das normale („reine") Verhalten des Fremden in dessen heimatlicher Sprache und Kultur. Kommunikative Mischformen erschweren die Verständigung also vor allem deshalb, weil sie keinen Normalitätserwartungen entsprechen, die man im Voraus lernen könnte.

Nicht im Voraus lernen kann man auch die Ergebnisse von sozialem und kulturellem Wandel. Veränderungen der Normalitätserwartungen, die sich im Kontakt der Mitglieder einer sozialen Gemeinschaft untereinander herausbilden, werden von den Mitgliedern zugleich mit dem Wandel angeeignet. Ein Fremder, der sich auf den Kontakt mit dieser Gemeinschaft vorbereiten will, ist von diesem Lernen durch Teilnahme zunächst ausgeschlossen und auf Beschreibungen der fremden Kultur angewiesen. Solche Beschreibungen sind jedoch häufig veraltet. Ein gutes Beispiel hierfür ist die Veränderung des Anredeverhaltens im Deutschen. Heute duzen sich nicht nur junge Deutsche, sondern auch Deutsche mittleren Alters viel schneller als früher mit Kollegen. In multinationalen Kontexten, in denen häufig Englisch gebraucht wird, wird diese Entwicklung noch durch die angelsächsische Konvention des *first naming* verstärkt. Traditionellerweise ist das Angebot des „Du" im Deutschen ein Angebot einer engeren persönlichen Beziehung mit der Konsequenz wechselseitiger persönlicher Verpflichtung. Aber gerade da, wo das Duzen unter dem Einfluss des Englischen geschieht, ist auch schon für Deutsche schwer zu entscheiden, ob das „Du" noch als *cue* für dieses auf das deutsche Konzept von „Freundschaft" bezogene Beziehungsschema zu deuten ist. Ein Ausländer, der beladen mit den gängigen Stereotypen über die Förmlichkeit der Deutschen ins Land kommt, hat hier eine noch geringere Handlungs- und Deutungssicherheit.

Schließlich sei hier noch eine weitere Beschränkung der Erwartungssicherheit als Problem des interkulturellen Kommunizierens erwähnt. Wir haben oben Stilunterschiede und die Spezifika der Modalitäten des interkulturellen Kommunizierens als Ursachen von Kommunikationsproblemen herausgestellt. Doch solche Probleme müssen nicht zwangsläufig entstehen; ihr kommunikatives Konfliktpotenzial kann durch übergreifendere Interessen der Interaktionspartner am Gelingen der Verständigung reduziert werden. Ebenso kann dieses Konfliktpotenzial auch strategisch eingesetzt werden, um hinter Missverstehen, Nicht-Verstehen oder Konflikten besondere Ziele zu verfolgen. Wieweit sich zutreffende oder unzutreffende Erwartungen an die Handlungen und Deutungen des anderen in der interkulturellen Kommunikation auswirken, hängt letztlich auch von der durch die Interaktionsziele der Beteiligten bedingten Kooperativität ab.

3.4 Pseudo-interkulturelle Probleme

Die hier beschriebenen Probleme setzen voraus, dass zwischen Angehörigen unterschiedlicher Kommunikationgemeinschaften interpersonale sprachliche Interaktion stattfindet, bei der kulturbedingte Unterschiede im Kommunikationsverhalten oder Aspekte der Modalitäten des Kommunizierens inhaltlich oder auf der Beziehungsebene fehlgedeutet werden können. Es handelt sich also um Probleme, die in real ablaufenden interkulturellen Interaktionssitationen virulent werden. Für Management in interkulturellen Kontexten kann aber auch bedeutsam werden, dass mitunter Konflikte mit völlig anderen Ursachen von den Beteiligten als interkulturelle deklariert werden. Typischerweise entstehen diese im Kontext von Organisationsveränderungen nach internationalen *mergers* und *acquisitions*.

Beispielsweise berichtet Knapp (1998) in einer Fallstudie von Spannungen zwischen der Zentrale eines internationalen Unternehmens in Deutschland und seiner kurz vorher erworbenen englischen Tochtergesellschaft, in der die Briten im Interesse der Effektivitätssteigerung des Gesamtunternehmens bei ihnen Tradition gewordene Arbeitsabläufe und Organisationsstrukturen den Vorgaben der Zentrale anpassen sollten. Die Gründe für die als notwendig erachteten Veränderungen wurden den Briten jedoch weder mitgeteilt, noch waren sie an deren Konzipierung des Wandels beteiligt. Obwohl es direkte interpersonale Kontakte zwischen der Zentrale und der Tochter nur auf der obersten Führungsebene gab und das mittlere Management von Zentrale und Tochter nur wenig und dann überwiegend nur schriftlich in Englisch zu Arbeitsabläufe betreffenden Themen miteinander kommunizierte, entwickelten zwischen dem deutschen und britischen mittleren Management offene Animositäten, die angeblich ihre Ursache im Kommunikationsverhalten der jeweils anderen Gruppe hatten: Die Briten monierten die Direktheit und Unfreundlichkeit der Deutschen („*Die Deutschen haben immer einen Kommandoton*") und diese wiederum die Vagheit und Unernsthaftigkeit der Briten („*Die Briten sagen immer nur ‚possibly' und ‚perhaps'*") – also Eigenschaften des kommunikativen Stils, die aber für die meisten Manager nicht in eigener Interaktion erfahren worden waren und deshalb nur auf Stereotypen über Verhaltensweisen der jeweils anderen Kultur basieren konnten. Hier wurde ein Konflikt, der durch mangelhafte Kommunikation über notwendige Organisationsveränderungen entstand, von den Beteiligten zu einem interkulturellen umgedeutet und die eigentliche Konfliktursache dadurch verdrängt.

Für interkulturelles Management ist es deshalb bedeutsam, pseudo-interkulturelle Probleme zu erkennen, bei denen Aspekte der interkulturellen Kommunikation gleichsam als Sündenbock für andere Probleme der Kooperation und Kommunikation vorgeschoben werden.

3.5 Die Sperrigkeit des Unbewussten

Wissen über Kulturunterschiede hat nicht immer vorurteilsfreie Wahrnehmung und interkulturell angemessenes Deuten und Handeln zur Folge. Unterschiede in kommunikativen Handlungsformen und -schemata sowie Mischformen als Auswirkungen von Kontakt und Lernen manifestieren sich in kommunikativen Oberflächenelementen und sind als solche wahrnehmbar. Problematisch werden diese Wahrnehmungen dadurch, dass sie vor dem Hintergrund der eigenen Sprache und Kultur (fehl-)gedeutet und insbesondere negative Deutungen dem fremden Kommunikationspartner zugeschrieben werden. Man könnte erwarten, dass längere Erfahrung im Umgang mit Fremden dazu führt, sich dieser Problematik bewusst zu werden und damit zu einer weniger missverstehensgefährdeten Kommunikation zu gelangen. Das ist jedoch nicht zwangsläufig der Fall, da gerade kommunikatives Verhalten normalerweise nur unterhalb der Bewusstheitsschwelle produziert und rezipiert wird. Deshalb sind Fragebogen-Untersuchungen und Interviews zur Erhebung von Problemen interkultureller Kommunikation, die aus Unterschieden des kommunikativen Stils der Beteiligten resultieren, in der Regel unergiebig. Entsprechend verwendet man heute zur Identifizierung von im weitesten Sinne sprachlichen Problemen interkultureller Kommunikation überwiegend nur noch Ton- oder Videodaten aus authentischen Interaktionen, die mit den Mitteln der linguistischen Konversationsanalyse beschrieben werden.

Eine Konsequenz der Unbewusstheit der kognitiven Verarbeitung von Kommunikationsverhalten ist zweifellos, dass sie Veränderungen des Wahrnehmens und Deutens blockiert. Beispielsweise zeigten Interviews von in Deutschland lebenden Briten, dass diese die Deutschen als in der Regel weniger höflich als ihre eigenen Landsleute betrachten. Doch auch nach der Erklärung, dass Deutsche konventionellerweise *bitte* und *danke* seltener und bei weniger Gelegenheiten als Briten benutzen und dass Deutsche dazu neigen, bestimmte Sprechakte wie z. B. Aufforderungen mit direkteren sprachlichen Mitteln zu realisieren, blieben selbst die Informanten, die schon mehr als zehn Jahre in Deutschland lebten, bei ihrer Überzeugung, dass die Deutschen sich sprachlich so verhalten, *weil* sie unhöflich sind, statt die Tatsache zu akzeptieren, dass ihr Eindruck der relativen Unhöflichkeit der Deutschen ein Effekt eines gegenüber dem britischen anderen kommunikativen Stils war (Knapp, 1990). Fehlerhafte Attributionsprozesse wie in diesem Beispiel sind erfahrungsgemäß durch bloße Verhaltenstrainings nur schwer aufzubrechen.

4. Lösungen: Kommunikationsbewusstheit

Auf die Konsequenzen gerade der Befunde des letzten Abschnittes für die Entwicklung einer interkulturellen Kommunikationsfähigkeit kann hier nicht mit der gebotenen Ausführlichkeit eingegangen werden. Aber es ist klar, dass diese Fähigkeit nicht zuletzt eine besondere Kommunikationsbewusstheit erfordert, die erst dazu führt, kulturspezifische – im weitesten Sinne – sprachliche Handlungsformen und -schemata als solche zu erkennen und falsche Attributionen zu vermeiden.

Obwohl in Beschreibungen der Dimensionen von Fähigkeiten und Fertigkeiten, die „interkulturelle Effektivität" ausmachen, immer wieder Fähigkeiten zur erfolgreichen interpersonalen Kommunikation und zur Etablierung guter interpersonaler Beziehungen herausgestellt werden (Hammer, Gudykunst & Wiseman, 1978; Abe & Wiseman, 1983; Chen & Starosta, 1996), und obwohl *awareness*-Training bezogen auf *cultural self-awareness* (d. h. Bewusstheit der Kulturbedingtheit des eigenen Denkens und Handelns) und *cross-cultural awareness* (d. h. Bewusstheit der Kulturbedingtheit des Denkens und Handelns des anderen, Empathiefähigkeit) schon länger etablierte Praxis der Auslandsvorbereitung ist (Adler & Kiggundu, 1983), ist *Kommunikationsbewusstheit* bislang weitgehend vernachlässigt worden. Kommunikationsbewusstheit hat zwei Dimensionen:

(1) Zum einen bezieht sie sich auf eine generelle Bewusstheit der Tatsache, dass viele Probleme in interkulturellem Kontakt ihren Ursprung in Unterschieden im jeweils kulturspezifischen kommunikativen Stil und in Beschränkungen der Modalitäten des interkulturellen Kommunizierens haben;

(2) zum anderen bezieht sie sich auf die spezifische Bewusstheit über das Vorkommen und die Auswirkungen solcher Unterschiede und die Beschränkungen im Verlauf der Interaktion.

Für die Entwicklung einer solchen Kommunikationsbewusstheit scheinen die folgenden Aspekte bedeutsam zu sein:

- Sie muss zwar an konkreten Beispielen für kommunikative Stile und lernersprachlich bzw. *lingua franca*-bedingte Beschränkungen der Kommunikation entwickelt werden, darf aber schon mit Blick auf die oben geschilderten Grenzen der Erwartbarkeit nicht auf feste Inventare von Bedeutungsregeln beschränkt bleiben.

- Es reicht offensichtlich nicht aus, Trainingsteilnehmer über Unterschiede im kommunikativen Stil und über die genannten Kommunikationsbeschränkungen nur zu informieren. Ein bloßes Wissen über mögliche Unterschiede und Beschränkungen stellt nicht sicher, dass ein Kommunikationsteilnehmer diese Unterschiede und Beschränkungen als solche in der fortlaufenden Interaktion identifizieren kann, in der er selbst involviert ist.
- Im Bewusstheits-Training besteht die allgemeine Gefahr, dass die angestrebte Bewustheit sich in der Erkenntnis erschöpft „alles ist so schwierig" und dass als Effekt eines solchen Trainings das Gefühl der Hilflosigkeit und Inkompetenz zurückbleibt. Deshalb kann – wie jedes *awareness*-Training – auch ein Training der interkulturellen Kommunikationsbewusstheit nicht auf das Aufzeigen von Unterschieden und Beschränkungen und auf die Fähigkeit zu deren Identifizierung in der Interaktion reduziert bleiben, sondern muss durch Strategien der erfolgreichen Bewältigung ergänzt werden. Nicht zuletzt sind solche Strategien auch besonders wichtig für das Selbstbild des Managers.

Für die Entwicklung einer interkulturellen Kommunikationsbewusstheit haben sich auf Verfahren der linguistischen Diskusanalyse basierende Trainingsmethoden als sehr fruchtbar erwiesen (z. B. ten-Thije, 2001).

5. Chancen: Interkultur als Mitglieder-Konstrukt

Als ein gesonderter Punkt ist noch hervorzuheben, dass ein Verständis der Grundlagen und Prozesse der interkulturellen Kommunikation besondere Chancen für die Organisationsentwicklung in multinationalen Unternehmen und Institutionen bietet.

Weiter oben wurde Kultur als ein Potenzial von kollektiven Standardlösungen für rekurrierende Alltagsprobleme in einer Kommunikationsgemeinschaft beschrieben, die innerhalb dieses Kollektivs geteilt, weitervermittelt und an neue Anforderungen angepasst werden. Schon an intranational und monolingual entstehenden Gemeinschaften – etwa an Schülergruppen, die sich in Ferienlagern zusammenfinden – kann man beobachten, dass die Kultur einer Kommunikationsgemeinschaft im Kontakt mit Kulturen anderer Kollektive geformt und transformiert wird, denen einzelne ihrer die Mitglieder ebenfalls noch angehören. Insoweit sind alle Kulturen diskursiv konstituierte, emergente Phänomene und Mischungen oder „Interkulturen". Mehr noch muss dies für die Organisationskulturen von multinationalen Unternehmen und Institutionen gelten.

Die Erkenntnisse aus der Forschung zur interkulturellen Kommunikation legen nahe, die kommunikativen Aspekte einer Organisationskultur weder apriori festzulegen noch sich gleichsam naturwüchsig entwickeln zu lassen. Fragen wie die Wahl der innerhalb der Organisation zu verwendenden Sprache oder Sprachen, die Bezeichnung von Prozeduren und Produkten, die empfehlenswerten oder akzeptierten Merkmale eines organisationseigenen kommunikativen Stils – von der präferierten Direktheit und Explizitheit bis hin zu den sprachlichen Stukturen des Berichtswesens – oder ebenso die sprachliche Formulierung von Organisationszielen lassen sich zur Vermeidung von Reibungsverlusten, wenn nicht gar Konflikten, am sinnvollsten durch die Partizipation der Organisationsmitglieder entscheiden, der eine Bewusstmachung der Realisierungs- und Deutungsalternativen von Stilmerkmalen vorausgeht. Auch für die Kommunikationskultur in multinationalen Organisationen und generell im interkulturellen Management scheint eine Haltung vorteilhaft zu sein, die sich auf die Formel „sensible Konstruktion und gesteuerte Selbstorganisation" bringen läßt (Schmid, 1993).

6. Zusammenfassung und Ausblick

Ausgehend von aktuellen Ansätzen der Soziolinguistik wurden in diesem Beitrag Aspekte der interpersonalen und interkulturellen Kommunikation beschrieben, die im internationalen Management problematisch werden können. Mögliche Probleme in der Kommunikation – hier verstanden als im weitesten Sinne sprachliche, d.h. verbale, paraverbale und non-verbale – ergeben sich letztlich aus der Grundstruktur des Prozesses der interpersonalen Verständigung, bei dem Interaktionsteilnehmer ihre Verständigungsgrundlagen gewöhnlich nicht explizit machen, sondern Bezug nehmen auf ein als gemeinsam unterstelltes, letztlich für ihre Kommunikationsgemeinschaft pezifisches Wissen. Dieses Wissen charakterisiert die Kultur einer Gemeinschaft. Problematisch wird die Kommunikation immer dann, wenn die Mittel, mit denen das unterstellte Wissen indiziert wird, oder die Deutungen formal vergleichbarer Mittel zwischen den Interaktionsteilnehmern unterschiedlich sind. Dieses Risiko besteht besonders in der interkulturellen Kommunikation, die sich von der intrakulturellen vor allem dadurch unterscheidet, dass sich mindestens einer der Kommunikationspartner einer für ihn fremden Sprache bedient.

Die Vielgestaltigkeit dieser sprachbezogenen Kulturunterschiede wurde an Beispielen zur verbalen, paraverbalen und non-verbalen Kommunikation illustriert. Ebenso wurde verdeutlicht, dass sich kulturell präferierte Formen der sprachlichen Kommunikation zur kulturspezifischen kommunikativen Stilen verdichten. Als besondere Probleme, die sich daraus für interkulturelles Management ergeben, wurden Unterschiede im kommunikativen Stil der Beteiligten, Besonderheiten der Modalitäten interkulturellen Kommunzierens (lernersprachliche, *Lingua-franca*- und Sprachmittler-Kommunikation) sowie die partielle Nicht-Antizipierbarkeit von Kommunikationsproblemen aufgeführt, da einerseits durch Lernprozesse nicht vorhersehbare Mischformen entstehen und durch nicht mitvollzogenen historisch-sozialen Wandel vorhandene Deutungsmuster obsolet werden können. Problematisch kann auch werden, dass stereotypes Wissen über andere Kulturen von Beteiligten an interkulturellen Kontakten zur Kategorisierung von völlig kulturunabhängigen Konflikten missbraucht wird und dass unbewusste, fehlerhafte Attributionen besonders bei Eigenschaften sprachlicher Kommunikation nur schwer aufgegeben werden.

Als Konsequenz aus dem Vorangegangenen wird daher für die Ausbildung von international tätigen Managern vorgeschlagen, vorrangig eine allgemeine – und nur sekundär eine sprach- bzw. kulturspezifische – interkulturelle Kommunikationsfähigkeit zu entwickeln. Wesentliche Bestandteile einer solchen Fähigkeit müssen eine allgemeine Kommunikationsbewusstheit, die Fähigkeit, Auswirkungen kulturbedingter kommunikativer Stile in der Interaktion zu erkennen, und das Verfügen über Strategien zur Bewältigung von interkulturell begründeten Kommunikationsproblemen sein.

Als weitere Konsequenz wird dafür argumentiert, die in einer multinationalen Organisation tätigen Mitglieder explizit an der Konstruktion einer organisationsspezifischen Kommunikationskultur zu beteiligen.

Die Betonung einer allgemeinen interkulturellen Kommunikationsfähigkeit ist nicht allein nahe liegend aufgrund der zunehmenden Heterogenität interkultureller Kontakte im internationalen Management, wie sie sich z. B. aus multikulturellen Arbeitsgruppen in größeren Organisationen ergibt. Sie ist auch eine Konsequenz der Tatsache, dass wichtige kommunikative Schlüsselsituationen im Alltag des internationalen Managements bislang noch nicht ausreichend erforscht sind. Erst neuerdings sind in Linguistik und Sozialpsychologie die notwendigen Analyseinstrumente erarbeitet worden, die die Untersuchung von authentischen interkulturellen Interaktionen bei Geschäftsverhandlungen, Einstellungsgesprächen, Mitarbeitergesprächen zur Leistungsbeurteilung und für Gehaltsverhandlungen, Sitzungen, Besprechungen und dergleichen mit der gebotenen Detailliertheit erlauben. Für die zukünftige Entwicklung von interkulturellem Managementtraining bleibt deshalb auch noch weiterhin Grundlagenforschung im Hinblick auf interpersonale interkulturelle Kommunikationsvorgänge zu leisten.

Literatur

Abe, H., Wiseman, R. (1983). A cross-cultural confirmation of the dimensions of intercultural effectiveness. International Journal of Intercultural Relations 7, 53-67.

Adler, N. J., Kiggundu, M. N. (1983). Awareness at the crossroads: Designing translator-based training programs. In: D. Landis, R. W. Brislin (Eds.), Handbook of intercultural training, Vol. II. (pp. 124-150). New York: Pergamon.

Almaney, A., Alwan, A. (1982). Communicating with the Arabs. Prospect Heights, IL: Waveland.

Altehenger-Smith, S. (1983). Language choice in Singapore. Paper presented at the International Symposium on Analyzing Intercultural Communication, Essen.

Ammon, U. (1999). Grundzüge der internationalen Stellung der deutschen Sprache – mit Hinweisen auf neueste Entwicklungen. ZAA 47(2), 99-119.

Apfelbaum, B. (1999). Aspekte der Sprecherwechselorganisation in Dolmetsch-interaktionen – Eine konversationsanalytische Fallstudie am Beispiel von deutsch-französischen Fachschulungen. In: H. Gerzymisch-Arbogast, D. Gile, J. House, A. Rothkegel (Hrsg.), Wege der Übersetzungs- und Dolmetschforschung (S. 209-239). Tübingen: Narr.
Auer, P., Di Luzio, A. (Eds.) (1984). Interpretative sociolinguistics. Tübingen: Narr.
Barnlund, D. (1979). Verbal self-disclosure. Topics, targets, depth. In: E. C. Smith, L. F. Luce (Eds.), Towards internationalism. Readings in cross-cultural communication (pp. 83-101). Rowley, MA: Newbury House.
Bateson, G. (1972). Steps to an ecology of mind. New York: Ballentine.
Berger, C. R., Bradac, J. J. (1982). Language and social knowledge. Uncertainty in interpersonal relations. London: Edward Arnold.
Berlin, B., Kay, P. (1969). Basic colour terms: Their universality and evolution. Berkeley, CA: University of California Press.
Blum-Kulka, S., House, J., Kasper, G. (Eds.) (1989). Cross-cultural pragmatics. Requests and apologies. Norwood, NJ: Ablex.
Boden, D., Zimmerman, D. H. (Eds.) (1993). Talk and social structure. Studies in ethnomethodology and conversation. Cambridge: Polity Press.
Chen, G.-M., Starosta, W. J. (1996) Intercultural communication competence: A synthesis. In: B. R. Burleson, A. W. Kunkel (Eds.), Communication Yearbook 19 (pp. 353-383). Thousand Oaks, CA: Sage.
Cicourel, A. (1975). Sprache in der sozialen Interaktion. München: List.
Cieplinska, A. (2002). Sprachmitteln in deutsch-polnischen Wirtschaftsverhandlungen. Eine konversationsanalytische Studie. Dissertation, Universität Erfurt.
Collett, P., O'Shea, G. (1976). Pointing the way to a fictional place: A study of direction giving in Iran and England. European Journal of Social Psychology 6, 447-458.
Deppermann, A. (1999). Gespräche analysieren. Eine Einführung. Opladen: Leske & Büdrich.
Duszak, A. (Ed.) (1997). Culture and styles of academic discourse. Berlin: Mouton-de Gruyter.
Eibl-Eibesfeldt, I. (1974). Similarities and differences between cultures in expressive movements. In: S. Weitz (Ed.), Nonverbal communication (pp. 20-33). New York: Oxford University Press.
Ekman, P., Friesen, W. V., Ellsworth, P. (1972). Emotion in the human face. New York: Pergamon.
Firth, A. (1990). 'Lingua franca' negotiations. Towards an interactional approach. World Englishes 9(3), 269-280.
Fisher, G. (1980). International negotiation. A cross-cultural perspective. Yarmouth, ME: Intercultural Press.
Gass, S., Neu, J. (Eds.) (1996). Speech acts across cultures. Berlin: Mouton de Gruyter.
Geertz, C. (1973). The interpretation of cultures. New York: Basic Books.
Goffmann, E. (1967). Interaction ritual. New York: Anchor Books.
Goodenough, W. H. (1957). Cultural anthropology and linguistics. In: P. L. Garvin (Ed.), Report on the Seventh Annual Round Table Meeting on Linguistics and Language Study (pp. 109-173). Washington, DC: Georgetown University Press.
Grice, H. P. (1975). Logic and conversation. In: P. Cole, J. Morgan (Eds.), Syntax and semantics, Vol. III: Speech acts (pp. 41-58). New York: Academic Press.
Gudykunst, W. B., Ting-Toomey, S. (1988). Culture and interpersonal communication. Beverly Hills, CA: Sage.

Gumperz, J. (1982). Discourse processes. Cambridge: Cambridge University Press.
Gumperz, J., Aulakh, G., Kaltman, H. (1982). Thematic structure and progression in discourse. In: J. Gumperz (Ed.), Language and social identity (pp. 22-56). Cambridge: CUP.
Hall, E. T. (1959). The silent language. New York: Doubleday.
Hall, E. T. (1966). The hidden dimension. New York: Doubleday.
Hall, E. T. (1976). Beyond culture. New York: Doubleday.
Hammer, M. R., Gudykunst, W. B., Wiseman, R. (1978). Dimensions of intercultural effectiveness: An exploration study. International Journal of Intercultural Relations 2, 382-393.
Harman, L. (1988). The modern stranger. On language and membership. Berlin: Mouton-de Gruyter.
Helmolt, K. v. (1997). Kommunikation in internationalen Arbeitsgruppen. Eine Fallstudie über divergierende Konventionen der Modalitätskonstituierung. München: iudicium.
Hofstede, G. (1984). Culture's consequences. International differences in work-related values. Beverly Hills, CA: Sage.
Jaspers, J. M. F., Hewstone, M. (1982). Cross-cultural interaction, social attribution and intergroup relations. In: S. Bochner (Ed.), Cultures in contact: Studies in cross-cultural interaction (pp. 127-156). Oxford: Pergamon.
Johnson, K. (1976). Black kinesics. In: L. A. Samovar, R. E. Porter (Eds.), Intercultural communication: A reader. Belmont, CA: Wadsworth.
Kaplan, B. (1966). Cultural thought patterns in intercultural education. Language Learning 16, 1-20.
Knapp, K. (1990). Interkulturelle Kommunikation – Kein Problem der Kommunikation? In: B. Spillner (Hrsg.), Interkulturelle Kommunikation (S. 182-183). Frankfurt: Lang.
Knapp, K. (1998). Cultural, organisational or linguistic causes of intercultural conflicts? – A case study. In: J. Beneke (Ed.), Thriving on Diversity (pp. 173-190). Bonn: Dümmler.
Knapp, K. (2000). The fading-out of the non-native speaker. A case study of uncooperative lingua franca communication. In: K. Knapp, C. Meierkord (Eds.) (2000), Lingua franca communication (pp. 217-244). Frankfurt: Lang.
Knapp, K., Enninger, W., Knapp-Potthoff, A. (Eds.) (1987). Analyzing intercultural communication. Berlin: de Gruyter.
Knapp, K., Knapp-Potthoff, A. (1985). Sprachmittlertätigkeit in interkultureller Kommunikation. In: J. Rehbein (Hrsg.), Interkulturelle Kommunikation (S. 450-463). Tübingen: Narr.
Knapp-Potthoff, A. (1997). Interkulturelle Kommunikationsfähigkeit als Lernziel. In: A. Knapp-Potthoff, M. Liedtke (Hrsg.), Aspekte interkultureller Kommunikationsfähigkeit (S. 181-217). München: iudicium.
Knapp-Potthoff, A., Knapp, K. (1982). Fremdsprachenlernen und -lehren. Stuttgart: Kohlhammer.
Knoblauch, H. (1996). Arbeit als Interaktion: Informationsgesellschaft, Post-Fordismus und Kommunikationsarbeit. Soziale Welt 47, 344-362
Lado, R. (1957). Linguistics across cultures. Ann Arbor: University of Michigan Press.
Lalljee, M. (1987). Attribution theory and intercultural communication. In: K. Knapp, W. Enninger, A. Knapp-Potthoff (Eds.), Analyzing intercultural communication (pp. 37-49). Berlin: de Gruyter.
Laurent, A. (1983). The cultural diversity of western conceptions of management. International Studies of Management and Organization 13, 75-96.

Lenz, F. (1990). Finnische Wirtschaftskommunikation. Präsentation bei der 2. Konferenz der Intercultural Business Communication Group, Duisburg.
Loveday, L. (1981). Pitch, politeness and sexual role. Language and Speech 24, 71-89.
Loveday, L. (1982). The sociolinguistics of learning and using a non-native language. Oxford: Pergamon.
Milroy, L. (1987) Language and Social Networks (2nd ed.). Oxford: Blackwell
Morsbach, H. (1973). Aspects of nonverbal communication in Japan. Journal of Nervous and Mental Disease 157, 262-277.
Okabe, R. (1983). Cultural assumptions of East and West: Japan and the United States. In: W. Gudykunst (Ed.), Intercultural communication theory (pp. 21-44). Beverly Hills, CA: Sage.
Psathas, G. (Ed.) (1979). Everyday language. Studies in ethnomethodology. New York: Irvington.
Rehbein, J. (1985). Interkulturelle Kommunikation. Tübingen: Narr.
Schank, R., Abelson, C. (1977). Scripts, plans, goals and understanding. Hillsdale, NJ: Lawrence Earlbaum.
Schmid, B. (1993). Wirklichkeitsverständnisse und die Steuerung professionellen Handelns in der Organisation. In: C. Schmitz, P.-W. Gester, B. Heitiger (Hrsg.), Managerie. Jahrbuch Systemisches Denken und Handeln im Management (S. 116-128). Heidelberg: Auer.
Scollon, R., Scollon, S. (1981). Narrative, literacy and face in interethnic communication. Norwood, N J: Ablex.
Smutkupt, S., Barna, L. (1976). Impact of non-verbal communication in an intercultural setting: Thailand. In: F. Casmir (Ed.), International and intercultural communication annual, III (pp. 99-113). Falls Church, VA: Speech Communication Association.
Sourisseaux, A. L. J. (1994). Organisationskultur: Zur facettentheoretischen Konzeptualisierung eines organisationspsychologischen Konstruktes. Frankfurt: Lang.
Spencer-Oatley, H. (Ed.) (2000a). Culturally speaking. Managing rapport through talk across cultures. London: Continuum.
Spencer-Oatley, H. (2000b). Introduction: Language, culture and rapport-management. In: H. Spencer-Oatley (Ed.), Culturally speaking. Managing rapport through talk across cultures (pp. 1-8). London: Continuum.
Stubbs, M. (1983). Discourse analysis: The sociolinguistic analysis of natural language. London: Blackwell.
Sussman, N., Rosenfeld, H. (1982). Influence of culture, language and sex on conversational distance. Journal of Personality and Social Psychology 42, 66-74.
Tannen, D. (1979). What's in a frame? Surface evidence for underlying expectations. In: R. O. Freedle (Ed.), Advances in discourse processes, Vol. II (pp. 137-183). Norwood, NJ: Ablex.
Tannen, D. (1981). New York Jewish conversational style. International Journal of the Sociology of Language 30, 133-149.
ten-Thije, J. (2001). Ein diskursanalytisches Konzept zum interkulturellen Kommunikationstraining. In: J. Bolten, S. Schröter (Hrsg.), Im Netzwerk interkulturellen Handelns. Theoretische und praktischen Perspektiven der interkulturellen Kommunikationsforschung (S. 177-204). Jena: Schriftreihe Interkulturelle Wirtschaftskommunikation.
Varonis, E., Gass, S. (1985). Non-native/non-native speaker conversations. A model for negotiation of meaning. Applied Linguistics 6, 71-90.

Wagner, J., Firth (1997). Communication strategies at work. In: G. Kasper, E. Kellerman (Eds.), Communication strategies (pp. 323-344). London: Longman.

Wahren, H.-K. (1987). Zwischenmenschliche Kommunikation und Interaktion in Unternehmen. Berlin: de Gruyter.

Wolfson, N. (1981). Compliments in a cross-cultural perspective. TESOL-Quarterly 15, 117-124.

Wyer, R. S., Srull, T. K. (Eds.) (1984). Handbook of social cognition, Vol. III. Hillsdale, NJ: Lawrence Earlbaum.

5

Motivation
im interkulturellen Kontext

Helmut Dreesmann

„Wenn du ein Schiff bauen willst, dann trommle nicht die Männer zusammen, um Holz zu beschaffen, Aufgaben zu vergeben und die Arbeit einzuteilen, sondern lehre die Männer die Sehnsucht nach dem weiten, endlosen Meer" – diese Formulierung von Antoine de Saint-Exupéry mag man benutzen, um den Kern dessen zu beschreiben, was in der Managementpsychologie unter Motivation verstanden wird: Mitarbeiter dazu bringen, sich engagiert für die Ziele des Unternehmens einzusetzen, um sie gemeinsam mit Kollegen und Vorgesetzten zu erreichen. Motivieren können gehört unzweifelhaft zu den vorrangigen Aufgaben von Führungskräften, und das Thema Motivation nimmt eine zentrale Stellung in beinahe jeder Managementtheorie ein. Dennoch ranken sich viele Missverständnisse um diesen Begriff – wohl auch deshalb, weil oft versucht wird, mit nur einem Konzept die komplexe Frage nach der Ursache und den Bedingungen menschlichen Verhaltens und schließlich nach dessen Steuerung und Beeinflussung auf einfache Weise zu beantworten.

Abgeleitet von dem lateinischen *movere* (=bewegen) ist der Begriff „Motivation" in der allgemeinen Sprachverwendung zu einer Sammelbezeichnung für alle Prozesse und Konstrukte geworden, die das „Warum" menschlichen Verhaltens zu beschreiben und zu klären suchen: Warum tut jemand etwas bzw. was bewegt ihn dazu? Im Bereich der Arbeitswelt bzw. des Managements engt sich diese breite Problemstellung in der Regel auf das Arbeits- und Leistungsverhalten bzw. auf die Motivation dazu ein. Andere Motive, etwa das Geselligkeitsmotiv oder das Machtmotiv spielen in den wissenschaftlichen Forschungen zur Arbeitswelt nur eine untergeordnete Rolle.

1. Motivationspsychologische Konzepte vor dem Hintergrund verschiedener kultureller Bedingungen

In der Leistungszentriertheit der wissenschaftlichen und öffentlichen Diskussion realisiert sich allerdings schon ein Phänomen von interkultureller Bedeutung: Die leistungsbezogene Motivationsforschung wurde insbesondere von amerikanischen Forschern – allen voran Pioniere wie McClelland (1961) und Atkinson (1964) – sowie von Westeuropäern und unter diesen wiederum besonders von den Deutschen – herausragend sind hier die Beiträge von Heckhausen (1963) – vorangebracht und getragen (vgl. Kornadt, Eckensberger & Emminghaus, 1980).

Geht man davon aus, dass Forschungsprogramme ein Abbild der Gesellschaft und Kultur darstellen, in der sie initiiert und realisiert werden, so sprechen die wissenschaftlichen Bemühungen um die Leistungsmotivation in diesem Kulturkreis eine beredte Sprache. Andere Kulturen messen diesem Phänomen einen geringeren Stellenwert bei oder stellen das Leistungsverhalten in einen anderen Bedeutungskontext. So hat wirtschaftliches Leistungsverhalten in der japanischen Gesellschaft einen anderen Sinngehalt als in den USA oder in Europa. Leistung ist hier primär an eine soziale Abstimmung und an das Wohl der Gruppe bzw. der ganzen Gesellschaft gebunden und nicht so sehr „beseelt" von individueller Konkurrenz wie in westlichen Kulturen. Doch auch innerhalb eines vermeintlich homogenen Kulturkreises wie Europa gibt es erhebliche nationale Unterschiede im Begreifen vom Phänomen der Leistungsmotivation (Adler, 1986).

Aber selbst wenn man sich mit einem gröberen „Auflösungsgrad" das Paradigma einer amerikanischen und westeuropäischen Motivationsforschung zu eigen macht – das ist auch Basis dieses Beitrages –, so ist man weit davon entfernt, Klarheit in Theorie und anwendungsbezogener Praxis geschaffen zu haben.

Vielmehr hat die wissenschaftliche Theorienbildung die hohe Differenziertheit und Komplexität der Interaktion zwischen Mensch und Umwelt, aus der heraus Motivation entsteht, erst richtig deutlich gemacht. Menschen in derselben Abteilung können unterschiedlich für ihre Arbeit motiviert sein, etwa weil sie durch ihre Sozialisation andere Wertorientierungen besitzen, weil sie unterschiedliche Erfolgserwartungen bezüglich ihres beruflichen Handelns haben, oder weil sie die Wertigkeit des Arbeitsinhaltes verschieden einschätzen.

Sind die motivationalen Differenzen zwischen einzelnen Menschen – also Unterschiede auf einer interindividuellen Ebene – in objektiv annähernd gleichen Umgebungen schon erheblich, so führt die Frage nach der interkulturellen Vergleichbarkeit der Motivation in eine außerordentliche Komplexität, da religiöse, ethische und moralische Traditionen mit ins Spiel kommen, die sich in der Sozialisation jedes Einzelnen als Hintergrund für die persönliche Motivation niederschlagen.

Wie stark der religiös-philosophische Hintergrund die Kulturen und damit die motivationsrelevante geistige Grundstruktur beeinflusst, mag man an zwei Positionen des Buddhismus und des Christentums ermessen:

Alle Beschäftigungen sind praktizierender Buddhismus; durch Arbeit sind wir in der Lage, „Buddhaheit" zu erlangen. Es gibt keinen Beruf, der nicht buddhistisch ist. Alles ist zum Wohl der Welt ... Das allumfassende buddhaartige Manifest in uns arbeitet zum Wohle der Welt: ohne Handwerker, wie z. B. den Schmied, gäbe es keine Werkzeuge; ohne Behörden gäbe es keine Ordnung in der Welt; ohne Bauern gäbe es kein Essen; ohne Kaufleute würden wir Mangel leiden. Alle anderen Beschäftigungen sind ebenso zum Wohle der Menschheit ... Alle offenbaren den Segen Buddhas. Diejenigen, die den Segen Buddhas nicht erkennen, die sich selbst nicht schätzen und ihre angeborene Buddhanatur und im Denken und Handeln dem Bösen verfallen, haben ihren Weg verloren. (Suzuki Shosan, japanischer Mönch, 1579-1655, zitiert nach Shichihei, 1986)

Ihr wißt ja selbst, wie ihr uns nachahmen sollt; nicht ungeordnet lebten wir unter euch. Auch aßen wir nicht ohne Entgelt von jemandem das Brot, sondern wir arbeiteten in Mühe und Plage bei Tag und bei Nacht, um keinem von euch zur Last zu fallen; nicht als ob wir kein Recht gehabt hätten, sondern um euch an uns ein Beispiel zu geben, es uns gleichzutun. Denn schon als wir bei euch waren, schärften wir dies euch ein: Wer nicht arbeiten will, soll auch nicht essen. Wir hören nämlich, daß einige unter euch ungeordnet leben, nicht arbeiten, sondern unnütze Dinge treiben. Solches sagen und gebieten wir im Herrn Jesus Christus, sie sollen in Ruhe arbeiten und ihr eigenes Brot essen. (2 Thess 3,7-12)

Beide Zitate – obwohl aus anderen kulturellen, religiösen und geographischen Zusammenhängen stammend – können als Grundlage einer kapitalistischen Denkweise gewertet werden. Dass sich diese in ihrer Ausformung letztlich fundamental voneinander unterscheidet, leitet sich ab aus dem subtilen Zusammenspiel zwischen Religion, Ethik, Moral, Tradition und den Normen der jeweiligen Gesellschaften. So verbindet sich die japanische Spielart des Kapitalismus mit einem hohen Maß an Kooperation, Kommunikation und Partizipation im sozialen Bereich, während in den westlichen Kulturen Kapitalismus und individualistisches Konkurrenzdenken sich fast natürlich gegenseitig zu bedingen scheinen.

Doch auch innerhalb eines Kulturkreises formen sich auf der intra-kulturellen Ebene massive motivationsrelevante Unterschiede heraus. Weber war es, der die besondere Bedeutung der protestantischen Ethik für das wirtschaftliche Leistungsdenken unterstrich. Die protestantische Ethik betont mehr als etwa die katholische das selbstverantwortliche Handeln – die Erträge dieses Handelns werden als Wertmesser göttlicher Erwählung angesehen:

Nicht Müßiggang, sondern nur Arbeit dient dazu, Gottes Ruhm zu vergrößern, gemäß seinem ausdrücklichen Willen ... Denn nicht nur sah sie (die Askese), im Einklang mit dem Alten Testament und in voller Analogie zu der ethischen Wertung der „guten Werke", zwar in dem Streben nach

> Reichtum als Zweck den Gipfel des Verwerflichen, in der Erlangung des Reichtums als Frucht der Berufsarbeit aber den Segen Gottes. Sondern, was noch wichtiger war: die religiöse Wertung der rastlosen, stetigen, systematischen, weltlichen Berufsarbeit als dem schlechthin höchsten asketischen Mittel und zugleich sicherster und sichtbarster Bewährung des wiedergeborenen Menschen und seiner Glaubensechtheit mußte ja der denkbar mächtigste Hebel der Expansion jener Lebensauffassung sein, die wir hier als „Geist" des Kapitalismus bezeichnet haben. Und halten wir nun noch jene Einschnürungen der Konsumption mit dieser Entfesselung des Erwerbsstrebens zusammen, so ist das äußere Ergebnis naheliegend: Kapitalbildung durch asketischen Sparzwang. (Weber, 1905)

Aus Webers Überlegungen leitet sich die Hypothese ab, dass in protestantischen Bevölkerungsgruppen vor dem Hintergrund eines Wertungsklimas für Selbstständigkeit und selbstverantwortetes Handeln die Entwicklung eines ausgeprägten und erfolgsbezogenen Leistungsmotivs begünstigt wird. Das wiederum sollte dazu führen, dass bei diesen Bevölkerungsteilen viele Personen mit hohem Leistungsmotiv sich unternehmerisch betätigen, erfolgreich und gewinnbringend arbeiten, den Gewinn ertragbringend reinvestieren und zu einer treibenden Kraft in einer kapitalistischen Wirtschaftsentwicklung werden. McClelland (1961), der auf dem Gebiet kulturvergleichender Motivationsforschung grundlegende Arbeit leistete, konnte einige dieser Zusammenhänge empirisch belegen. So zeigte sich, dass die Wirtschaftskraft in protestantischen gegenüber katholischen Ländern deutlich höher ist.

Allerdings unterliegen die religiösen Einflüsse auch einem historischen Wandel, zumal dort, wo Säkularisierung und gesellschaftliche Mischung stark vorangeschritten sind. So konnte Heckhausen (1972) für Deutschland nicht mehr feststellen, dass ein protestantischer Lebensraum die Ausprägung des Leistungsmotivs mehr fördert als ein katholischer.

Erfasst man das Wertungsklima einer Gesellschaft für Leistung als Indikator für die Umfeldbedingungen, unter denen das Leistungsmotiv entsteht, so zeigen sich deutliche Zusammenhänge mit der Beschleunigung des Wirtschaftswachstums, und zwar in einer zeitlichen Versetzung von 25 bis 50 Jahren. Besonders deutlich konnte McClelland (1961) dies am Beispiel Großbritanniens für den Zeitraum von etwa 1500 bis 1850 belegen. Als Indikator für die Leistungsmotivation analysierte er im Sinne des „Wertungsklimas" Literaturquellen wie Dramen, Seefahrtsberichte und Straßenballaden. Die Wirtschaftskraft und die Veränderungen diesbezüglich interpretierte er vor dem Hintergrund von Zuwachsraten für die Kohleeinfuhr nach London als Indikator für die Wirtschaftskraft. Es ergaben sich dabei drei Prosperitätsperioden: von 1600 bis 1690 herrschte eine wirtschaftliche Blüte; es folgte eine Phase der Rezession in den Jahren 1700 bis 1780, bevor dann um 1800 ein enormer wirtschaftlicher Aufschwung einsetzte. Parallel hierzu – mit einem zeitlichen „Vorsprung" von 50 Jahren – verlaufen die Zu- und Abnahmen der Indikatoren für das Leistungsmotiv.

Eine andere Studie belegte den Zusammenhang zwischen Indikatoren für die Leistungsmotivation und den Inhalten von Schulbüchern. So folgte in Amerika im Zeitraum zwischen 1800 und 1950 die Zahl der Patentanmeldungen pro 1 Million Einwohner sehr kongruent dem leistungsthematischen Gehalt der schulischen Lesebücher. Diese und ähnliche Befunde weisen deutlich darauf hin, dass die gesamtgesellschaftliche Ausprägung des Leistungsmotivs eine wichtige Vorläuferbedingung für die wirtschaftliche Prosperität eines Landes darstellt, die ihrerseits dann wieder Einfluss auf die Motivationsstruktur der Bevölkerung nimmt (vgl. Schmalt, 1990).

Kernelement einer Kultur ist das Menschenbild, das sich im Gefolge philosophischer, weltanschaulicher und wissenschaftlicher Traditionen entwickelt. In einem Vergleich angelsächsischer und kontinental-europäischer Persönlichkeitstheorien charakterisiert Allport (1957) erstere als optimistisch und letztere als pessimistisch. Angelsächsische Theorien – maßgeblich beeinflusst durch die philosophischen Gedanken Lockes – beinhalten, dass der Mensch modifizierbar sei und fast alles lernen und erreichen könne, wenn er günstige Milieueinflüsse vorfindet. Sie betonen die Offenheit für die Welt und für den Mitmenschen. Da es im Kern auf das Verhalten ankommt, das sie als veränderbar ansehen, verkörpern die angelsächsischen Theorien einen rigorosen Positivismus.

Demgegenüber betonen kontinentale Theorien die Stabilität und Nichtmodifizierbarkeit der Persönlichkeit, die sie stark an die konstitutionellen Bedingungen gebunden sehen. Mit relativer Abgeschlossenheit nach außen steht der Mensch in einem steten Abwehrkampf gegen die unbewussten Kräfte des Trieblebens, die unerbittlichen Forderungen und Verbote der Gesellschaft und die Gefahren der Umwelt – wie es etwa der „Europäer" Sigmund Freud formuliert (vgl. Herrmann, 1982).

Vor diesem Hintergrund nimmt es nicht Wunder, wenn sich in den USA der Mythos vom Tellerwäscher, der zum Millionär wurde, entwickelte und sich mit anderen ähnlichen Mythen zum Quasi-Glaubensbekenntnis „Wir schaffen es, wenn wir es nur wollen" verdichtete. Personen, die dieses Denkmuster repräsentieren, fungieren immer wieder als Leitfiguren, etwa Wirtschaftsbosse wie Iacocca. Demgegenüber prägt die kontinental-europäische Tradition eher solche Managertypen, die vor allem Solidität, Ordnung und Disziplin, aber weniger die Dynamik verkörpern. Allerdings ist hier ein Wandel zu verzeichnen – nicht zuletzt deshalb, weil internationaler Austausch und Marktkonkurrenz eine interkulturelle Verschmelzung vermeintlicher Erfolgsrezepte bewirken.

Versucht man im übergreifenden Sinne kriterienhafte Bedingungen für motiviertes Verhalten aufzustellen, die sowohl intra- wie auch interkulturell eine gewisse Gültigkeit haben, so kommt man im Gefolge der verschiedenen theoretischen Ansätze zu sechs Punkten, die Rückschlüsse auf die Ausprägung motivierten Verhaltens zulassen. Es sind Lebensräume,

- in denen ein individuelles und kein kollektivistisches Ethos herrscht und die individuelle Selbsterfüllung betont wird.

- in denen Selbstverantwortlichkeit gefordert ist und keine allgemeine Verhaltensnormierung besteht. Man wird dazu angehalten, die Folgen des eigenen Handelns auf die eigenen Fähigkeiten und Anstrengungen zurückzuführen.
- in denen eine aktivistische und keine fatalistische Lebenseinstellung vorherrscht. Man nimmt die bestehenden Verhältnisse nicht hin, sondern sucht sie zu verbessern.
- in denen anspruchsvolle Lebensziele gesetzt werden können: Die bestehenden Verhältnisse eröffnen realistische Möglichkeiten zur Änderung und damit zur Bewährung der eigenen Tüchtigkeit. Die sich stellenden Aufgaben sind weder zu leicht noch zu schwierig. Die wirtschaftlichen Lebensumstände sind nicht durch die Extreme von Armut und Überfluss gekennzeichnet.
- in denen eine weite Zukunftsorientierung besteht und Verzicht auf unmittelbare Belohnung gefordert ist.
- in denen Mobilität möglich ist. Die sozialen, wirtschaftlichen und geographischen Beschränkungen der eigenen Herkunft können überwunden werden.

Diese auf verschiedenen Motivationstheorien fußenden Punkte (vgl. Heckhausen, 1974) bieten sich quasi als Checkliste an, um Fragen nach der Motivationslage in einem Land, in einer Gesellschaft und in einer Kultur nachzugehen. Vor dem Hintergrund des politischen, wirtschaftlichen und sozialen Umbruchs in Osteuropa ist es lohnend, die Motivationslage der Bevölkerung in der neuen wirtschaftlichen Situation anhand der genannten Bedingungen zu reflektieren.

2. Motivationsfaktoren in einem integrativen Modell

Wendet man sich nach der Betrachtung motivationspsychologischer Zusammenhänge auf einer interkulturellen Makro-Ebene mehr dem Mikro-Kontext der konkreten Arbeitsbedingungen zu, so mag dazu ein integratives Prozessmodell hilfreich sein, das die gängigen Motivationstheorien zusammenzufassen versucht.

Im Zentrum des Modells steht das (leistungs-)motivierte Verhalten, das es zu erklären und zu „verstehen" gilt. Sieht man ab von abstrakten wissenschaftlichen Definitionen der Leistungsmotivation als „competition with a standard of excellence" (McClelland) oder „sich bei der Bewältigung von Aufgaben an Gütemaßstäben orientieren und es möglichst gut machen wollen" (Heckhausen) und wendet sich der konkreten Verhaltensebene zu, so ist arbeits- bzw. leistungsmotiviertes Verhalten in der Regel charakterisiert durch:

- besonderes Engagement, Fleiß und Einsatzbereitschaft
- Freude an der Arbeit bzw. Tätigkeit
- Einbringen eigener Ideen und Anregungen
- Eigenverantwortlichkeit beim Handeln
- Setzen von realistischen Zielen

- vorausschauendes, planendes und systematisches Handeln
- Einholen von Rückmeldungen über das eigene Tun etc.

Hinter einem derartigen Verhaltensmuster (V) verbirgt sich ein Zusammenspiel einer Reihe von inneren kognitiven und emotionalen Merkmalen und Prozessen („organismische" Komponenten O) sowie von äußeren situativen Bedingungen (S), aber auch von Reaktionen und Konsequenzen anderer Menschen (K). Betrachtet man dieses komplexe Wechselspiel in einzelnen Ausschnitten, so kommt man zu den folgenden Teilbezügen:

Verhalten resultiert aus kognitiven und emotionalen, also organismischen Prozessen, die dem Handeln vorauslaufen (Ov).

Ov ----------------------- V

Organismus: *Verhalten*

Motive, Bedürf-
nisse, Einstellungen,
kognitive und
emotionale Prozesse

Hinter der Ov-Komponente verbirgt sich die eigentliche Motivation: ein Bündel von inneren Haltungen, Einstellungen, Bedürfnissen sowie kognitiven und emotionalen Prozessen, die den Menschen zum Handeln veranlassen bzw. ein Verhalten auslösen.

In Ausfüllung der Organismus-Kategorie nimmt der Bedürfnistheoretiker Maslow (1954) an, dass dem Menschen eine Reihe von Bedürfnissen innewohnen, die ihn zum Handeln veranlassen:

- Physiologische Bedürfnisse (Essen, Trinken, Schlaf, Sex, etc.)
- Sicherheitsbedürfnisse (Schutz, Vorsorge, Angstfreiheit, etc.)
- Soziale Motive (Beziehungen zu Mitmenschen, Identifikation mit sozialen Gruppen, etc.)
- Ich-Motive (positives Selbstbild, Würde, Anerkennung, Status, Prestige, Achtung, etc.)
- Selbstverwirklichung (Einfluss, interessante Aufgaben haben, Fähigkeiten zur Geltung bringen können, Ziele erreichen, Aufgaben erfüllen, Leistung erbringen, etc.)

Die Befriedigung eines dieser Bedürfnisse bzw. Motive hat der Theorie nach zur Folge, dass man sich der nächsthöheren Stufe zuwendet und nach deren Befriedigung strebt. Es ist auch denkbar, dass eine Konkurrenz zwischen verschiedenen Motiven zustande kommt – etwa derart, dass man im Sinne der Selbstverwirklichung durchaus eine bestimmte Leistung erbringen möchte, aber das konkurrierende Geselligkeitsmotiv so stark ist, dass man lieber zu einer Veranstaltung geht, wo man andere Menschen trifft.

Im Kontrast zu dieser und ähnlichen so genannten „Inhaltstheorien" versuchen „Prozesstheorien" motivinhaltlich neutral zu bleiben; sie zentrieren sich auf typische gedankliche Abläufe, die ein Verhalten auslösen oder nicht.

Heckhausen (1974, S. 142) definiert aus kognitiver Sicht Motive als „überdauernde Voreingenommenheit kognitiver Prozesse, mit der einzelne Individuen die gleiche Situation verschieden auffassen und den Ausgang ihres Handelns und die Folgen unterschiedlich bewerten". Mit Bezug auf das Leistungsmotiv ist diese Definition einzuengen auf das Anlegen eines Gütemaßstabes und das Bestreben, gut zu sein bzw. seine Tüchtigkeit zu erweisen. Aus diesem, im Einzelfall mehr oder weniger ausgeprägten, Leistungsmotiv entsteht die konkrete handlungsauslösende Motivation, wenn das Motiv durch herausfordernde und stimulierende Bedingungen der Situation „geweckt" wird.

Zu den Prozesstheorien gehören weiterhin die VIE-Konstruktionen, die das Handeln als Ergebnis eines subjektiven nutzenorientierten Kalkulationsprozesses begreifen; dessen Parameter sind die Valenz (V), d.h. die subjektive Wertigkeit eines Handlungsergebnisses, die Instrumentalität (I), d.h. die Überlegung, ob mit einem bestimmten Verhalten ein angestrebtes Ziel zu erreichen ist, und die Erwartung (E), mit welcher Wahrscheinlichkeit das Handeln zum Erfolg führen wird. Eine erhöhte Anstrengung ergibt sich nach diesen Modellen, wenn man (a) sich von der Anstrengung einen Nutzen erhofft, wenn man (b) glaubt, dass die Anstrengung zum Ziel führt und wenn man (c) das Ziel der Anstrengung hoch bewertet (vgl. u. a. Lawler, 1977; Nick, 1974; Vroom, 1964).

Als weitere motivationsrelevante „organismische" kognitive Elemente sind das Anspruchsniveau, das subjektive Erleben der äußeren objektiven (Arbeits-)Bedingungen sowie die Erfahrungen zu nennen, die den Niederschlag bisheriger Konfrontationen mit ähnlichen Situationen darstellen.

Bezieht man die Erfahrung mit ein, so erklärt sich ein Verhalten auch durch organismische Prozesse, die in der Vergangenheit nach einem bestimmten Verhalten abgelaufen sind (On) und sich in der Erinnerung festgesetzt haben.

$$V \text{---------------------} On$$

Verhalten *Organismus:*

Prozesse nach
dem Verhalten:
- Selbstbewertung
- Ursachenzuschreibung

Solche „nachfolgenden" Denk- und Gefühlsprozesse sind zum Beispiel Stolz und Freude oder Ärger und Scham, wenn man durch ein Verhalten sein gesetztes

Ziel erreicht bzw. nicht erreicht hat. Eine solche positive oder negative Selbstbewertung ist allerdings damit verknüpft, dass man sich selbst verantwortlich für sein Tun begreift und die Ergebnisse seines Verhaltens nicht auf andere „attribuiert" oder den Zufall verantwortlich macht. Diesen Prozess bezeichnet man als kognitive Kausalattribuierung bzw. als Ursachenzuschreibung (Weiner, 1976).

Erklärt man beispielsweise einen Misserfolg oder ein schlechtes Ergebnis mit der Verantwortlichkeit anderer Personen oder anderen externalen Ursachen, wird man selbst keinen Grund sehen, sich bei einem nächsten Anlass mehr anzustrengen. Oder: Macht man bei einem Erfolg sich selbst, d.h. seine eigenen Fähigkeiten oder seine investierte Mühe verantwortlich, dann kann man sich freuen und stolz sein und wird sich in einer ähnlichen Situation erneut anstrengen. Würde man dagegen den Erfolg mit externalen Faktoren erklären, so hätte man keinen Grund, sich selbst zu verstärken und die positiven Gefühle auszukosten. So gesehen baut sich Motivation aus einer Reihe von Erfahrungen in leistungsbezogenen Situationen auf.

Maßgeblich wird das Verhalten weiterhin beeinflusst durch die situativen Bedingungen, unter denen eine Leistung erbracht werden soll.

S --------------------- V

Situative   *Verhalten*
Bedingungen:

Arbeitsaufgaben
soziales Umfeld
Regeln, Vorschriften

Situative Faktoren reichen von den unmittelbaren Arbeitsbedingungen bis hin zum gesellschaftlichen und kulturellen Kontext des Verhaltens und enthalten die Anreize für einen Menschen, sich anzustrengen oder lustlos zu reagieren. Von den objektiven Bedingungen ist allerdings nur das interessant, was den Einzelnen subjektiv zum Handeln herausfordert. Anders gesagt: Aufgrund des subjektiven Erlebens und Bewertens der Bedingungen hat eine Situation (S) einen bestimmten Herausforderungscharakter für das Individuum.

Zu den motivationsrelevanten situativen Bedingungen der Arbeitswelt gehört zunächst die Tätigkeit selbst, also ihr Schwierigkeitsgehalt, ihre Vielfalt und ihr Abwechslungsreichtum, aber auch das damit verbundene Maß an Verantwortung sowie der Führungsstil, das Arbeitsklima, etc.

Weiterhin sind für das Verhalten auch die Reaktionen und Konsequenzen (K) maßgeblich, die von anderen darauf erfolgen.

V ――――――― K

Verhalten   *Konsequenzen und Reaktionen von anderen:*

Anerkennung
Kritik
Ignoranz

Reagieren die Sozialpartner, also z. B. die Vorgesetzten, Kollegen oder Mitarbeiter mit Zustimmung, Anerkennung oder Lob auf eine erbrachte Arbeitsleistung, wird sich das positiv in der Erfahrungsbilanz niederschlagen, zu einem guten Selbstwertgefühl beitragen und bewirken, dass man in einer ähnlichen Situation versuchen wird, den Erfolg zu wiederholen, um erneut Anerkennung zu bekommen.

Kritik oder Strafe als Reaktion wird man vielleicht bei einem nächsten Mal zu vermeiden suchen, indem man das Verhalten ändert. Oftmals ist allerdings die Folge von Kritik und Strafe, dass man sich ärgert, wütend wird und mit Leistungsverweigerung reagiert.

Erhält man auf ein leistungsbezogenes Verhalten gar keine Reaktionen und Konsequenzen – wird es also ignoriert –, so ist in der Regel Enttäuschung die Folge und man wird demotiviert das Verhalten unterlassen.

Ordnet man die im Vorangegangenen dargestellten Komponenten „chronologisch" in ein motivationales Prozessmodell, so kommt man zu der SOVOK-Formel:

S ――――― O ――――― V ――――― O ――――― K

Situation   Organismus   Verhalten   Organismus   Konsequenzen

Entnimmt man eklektizistisch aus den gängigen Theorien und Modellen zur Motivation die zentralen Elemente und gliedert sie in das übergreifende SOVOK-Modell ein, so kommt man zu den in Tabelle 1 dargestellten, beispielhaft ausgewählten Komponenten. Ihre günstige oder ungünstige Ausformung hilft im einzelnen Fall zu verstehen, warum ein Mensch motiviertes Verhalten zeigt oder nicht.

Im Folgenden dient dieses allgemeine Prozessmodell als Orientierung, um kulturbedingte, motivational relevante Unterschiede zu diskutieren. Dabei werden zunächst die Modellkomponenten besprochen, die zur äußeren Situation gehören – situative Bedingungen (S) und Konsequenzen (K) – und daran anschließend die psychologischen bzw. organismischen Komponenten (Ov) und (On).

Tabelle 1: Motiviertes (Arbeits-) Verhalten (V) und Beispiele für förderliche Bedingungen

(S): Situative Bedingungen des Verhaltens	(Ov): Organismus, Strukturen und Prozesse (vor V)	(V): Motiviertes (Arbeits-)Verhalten	(On): Organismus, Strukturen und Prozesse (nach V)	(K): Konsequenzen und Reaktionen von Sozialpartnern
Leistung ist möglich und wird erwünscht	Physiologische Bedürfnisse	Engagement, Fleiß	Verantwortlichkeit für eigenes Tun	Kenntnisnahme der Leistungsergebnisse
Verantwortung für die Leistung ist transparent	Sicherheitsbedürfnisse	Einsatzbereitschaft	Eigene Fähigkeit bzw. Anstrengung als Erklärungsfaktoren	Rückmeldung und konstruktive Beurteilung
	Soziale Motive	Eigenverantwortliches Handeln		
Anforderung ist mittelschwer	Ich-Motive	Planendes und systematisches Handeln	Selbstbekräftigung in Form von Freude, Stolz, Zufriedenheit	Anerkennung, Lob
Handlungsfreiraum	Selbstverwirklichungsstreben	Zielbezogenheit des Handelns		Verwendung der Resultate
Sozialklima	Leistungsmotiv	Einbringen neuer Ideen	Reflektieren der Erfahrung	Karriereentwicklung
Führungsstil (kooperativ-partizipativ)	Erwartungshaltung	Kontrolle der Handlungsergebnisse		
Konsens über Sinn und Zweck der Aufgaben	Wertigkeit des zu erreichenden Ziels			
Vertrauen von Vorgesetzten in Fähigkeiten	Anspruchsniveau	Einholen von Rückmeldungen über eigenes Tun		
	Selbstwertgefühl			
Unternehmensphilosophie (Sinnstruktur)	Subjektives Erleben der äußeren Bedingungen			
	Vorherige Erfahrungen in Leistungssituationen			

3. Der motivationale Aufforderungscharakter der Arbeitssituation in verschiedenen Kulturen

Die kulturvergleichende Betrachtung von einigen der beschriebenen Komponenten wird im Folgenden eingeschränkt auf die drei großen weltwirtschaftlichen Einflusssphären: USA, Japan und Europa (vgl. Bleicher, 1990; Ohmae, 1985),

3.1 Prinzipien der Arbeitsgestaltung

Betrachtet man die Arbeitsaufgabe als motivationale Bedingung, so ist zunächst zu vermerken, dass deren Gestaltung in diesem Jahrhundert weltweit einem starken Wandel unterlag. Unter dem Einfluss des „scientific managements" von Taylor (1911) wurden Tätigkeiten zum Teil in kleinste Segmente zerlegt, um damit die rationellste Fertigung zu ermöglichen. Diese technokratische Sicht der Arbeit verband sich in Europa und in den USA oft mit einem Menschenbild, das in der „Theorie X" von McGregor (1970) beschrieben wird: Der Mensch hat einen angeborenen Widerwillen gegen die Arbeit und versucht, sich vor ihr zu drücken; er muss deshalb kontrolliert werden, da er nur dann zur Erreichung der Organisationsziele beiträgt, er meidet Verantwortung und bevorzugt es, von anderen geführt zu werden, er hat selbst wenig Ehrgeiz und wünscht in erster Linie Sicherheit.

Diese Sichtweise war seinerzeit und ist zum Teil noch heute in Nordamerika und in Westeuropa weit verbreitet. Fließbandarbeit in der Produktion, Spezialisierung und Formalisierung in der Verwaltungsarbeit und anderen Bereichen waren und sind sichtbarer Ausdruck davon. Aus motivationspsychologischer Sicht sind diese Maßnahmen äußerst negativ zu beurteilen – die katastrophalen motivationalen Folgen wurden allerdings überdeckt durch ein differenziertes System von Kontrollen sowie von Druck und Zwang. Dazu gehören Sanktionen verschiedenster Art oder auch ausgeklügelte Beurteilungssysteme.

Allerdings zeichnet sich seit einiger Zeit ein Wandel in der Gestaltung der Arbeitsaufgabe ab, der auch verbunden ist mit einem veränderten Menschenbild (vgl. auch Kapitel 2 in diesem Band). Diese Veränderungen sind allerdings weniger aufgrund motivationspsychologischer Überlegungen als vielmehr aus anderen Gründen in Gang gekommen: Neue computergesteuerte Produktionstechnologien setzen eine vermehrte Verantwortung der Menschen voraus; wachsende Qualitätserfordernisse aufgrund verdichteter Konkurrenzsituationen erfordern das Einbringen von Verbesserungsvorschlägen jedes einzelnen Betriebsangehörigen, und schließlich verlangt der Wertewandel der amerikanischen und westeuropäischen Gesellschaft in Richtung auf Selbstverwirklichung und Sinnerfüllung nach veränderten Praktiken der Unternehmens- und Mitarbeiterführung, um qualifizierte Mitarbeiter zu werben und zu halten. Schlagworte wie „human resources" oder „Humankapital" lassen erkennen, dass man dem Menschen im Unternehmen eine andere Wertigkeit beimisst.

Die Maßnahmen zur Gestaltung der Arbeit, die ergriffen wurden, um dieser Veränderung positiv zu begegnen, sind vielfältig (vgl. Gottschall, 1986). Beispiele, die auch einen positiven motivationalen Gehalt haben, reichen von der Einrichtung teilautonomer Arbeitsgruppen bis hin zu Gleitzeitsystemen, von Weiterbildungsangeboten bis zu Qualitätszirkeln (vgl. Tabelle 2).

Tabelle 2: Beispiele für motivationsförderliche Maßnahmen bei der Gestaltung der Arbeit in deutschen Unternehmen

Maßnahme	Erläuterung
Job Enrichment	Erweiterung der Handlungs- und Entscheidungsspielräume
Teilautonome Arbeitsgruppen	Teams organisieren ihre Arbeit weitgehend selbstständig
Lernstatt/Qualitätszirkel	Mitarbeiter diskutieren Probleme und stellen Mängel in eigener Regie ab
Variable Arbeitszeit	Gleitzeit ohne/mit Kernzeit
Job Sharing	Mehrere Mitarbeiter teilen sich einen Arbeitsplatz
Jahresarbeitszeit	Die Arbeitszeit wird auf ein Jahr vereinbart

Solche, ähnliche und andere motivationsförderliche Arbeitsbedingungen scheinen sich in den USA und Westeuropa immer mehr zu verbreiten. Andererseits sind insbesondere in den USA Bedingungskonstellationen in den Unternehmen zu finden, die eher motivationsabträgliche Wirkungen beinhalten:

- Die aus vordergründigen Rentabilitätserwägungen weit verbreitete Integration wenig qualifizierter Arbeitskräfte in den Arbeitsprozess führte zu einer Entwertung der Arbeitsinhalte durch hochgradige Arbeitsteilung.
- Die Schnittstellenüberwindung hoch-arbeitsteiliger Organisationsgestaltung brachte wiederum einengende Hierarchien von Supervisors und Managementsystemen mit sich, die sich nachteilig auf die Flexibilität und die Schnelligkeit von Entscheidungen auswirken.
- Der Rückzug der Unternehmensführungen auf Instrumente eines „Management by Numbers" verstellte den Blick auf die konkreten Realitäten am Arbeitsplatz – das in der Folge oft zu beobachtende Misstrauen des Managements gegenüber den Mitarbeitern steht der für die Motivation wichtigen Identifikation und Loyalität entgegen.
- Die dominierende materielle Wertorientierung brachte kurzfristiges Profitdenken mit sich und vernachlässigte langfristige Investitionen in die Entwicklung der Mitarbeiter (vgl. Reich, 1983).

Japanische Arbeitsbedingungen sind vom Grundsatz her fast konträr angelegt. An erster Stelle ist das über allem stehende Gruppendenken zu nennen und das Bestreben, das kollektive Wohlergehen (der Gruppe, des Unternehmens bzw. der Gesamtgesellschaft) zu fördern. Dieses Bewusstsein ist tief in der Wertstruktur der japanischen Gesellschaft verankert und schlägt sich in den Unternehmen in dem

Prinzip nieder, den Einzelnen in Gruppen zu integrieren. Angestrebt wird ein hohes Maß an Harmonie. Dazu werden die notwendigen Spielräume für informelle Beziehungen geschaffen. Harmonie und soziale Geborgenheit in der Gruppe manifestieren sich als gelebte Philosophie. Arbeit ist immer gleichzeitig Arbeit mit anderen. Damit wird Gruppendruck zu einem situativen Motivationsfaktor. So ist die japanische Arbeitsdisziplin im Wesentlichen das Ergebnis von Kollektivkonventionen. Ein Ergebnis des Kollektivdenkens ist es auch, dass man kaum auf die Idee kommt, Überstunden abzulehnen oder nach Gutdünken Urlaub zu nehmen (vgl. Fürstenberg, 1986). Auch bei Einstellungen und Umsetzungen versucht man im Sinne des Kollektivprinzips die personelle Arbeitsumwelt möglichst homogen zu gestalten, indem man solche Menschen zusammenführt, die aufgrund ihrer Herkunft und ihres Bildungshorizonts Gemeinsamkeiten haben und damit in ihren Verhaltenserwartungen und in ihrer Lebensführung ähnlich sind.

Charakteristisch ist auch die weit verbreitete Anstellung auf Lebenszeit. Allerdings wird dies nicht vertraglich geregelt, sondern basiert auf einem Vertrauenskonsens. Jeder Japaner kennt die ungeschriebene Regel, dass, falls er nach einem die Lebensanstellung regelnden Vertrag explizit fragt, er nicht mehr auf den vorderen Plätzen bei der Einstellung rangiert (Shichihei, 1986).

Mit der nicht vertraglich geregelten Daueranstellung geht das Anciennitätsprinzip einher: Neben dem Ausbildungsniveau und dem Können spielen Lebens- und Dienstalter die wesentlichste Rolle für die Einstufung in die Hierarchie eines Unternehmens. Dabei ist zu unterscheiden zwischen einer Status- und einer Funktionshierarchie. Während letztere allein die Aufgabenerfüllung sicherstellt, spielt erstere für die Aufrechterhaltung einer sozio-emotionalen Stabilität der zwischenmenschlichen Beziehungen eine große Rolle. Durch das Nebeneinander einer Status- und einer Funktionshierarchie wird der Einzelne von vielen persönlichen Frustrationen entlastet, da jeder seinen festen Platz in einer Statushierarchie hat. Verbesserungen ergeben sich zwangsläufig mit fortschreitendem Alter.

3.2 Qualitätszirkel

Qualitätszirkel sind zum bekanntesten Beipiel für die japanische Verzahnung von sozialem Gruppendenken und Produktionsbewusstsein geworden. Dabei handelt es sich um Gruppen von fünf bis acht Mitarbeitern, die sich damit befassen, wie die eigenen Arbeitsbedingungen qualitätsgerecht zu gestalten sind. Sie nutzen dabei die Kenntnisse und Erfahrungen, die sie an ihrem Arbeitsplatz gewinnen, um Verbesserungsvorschläge zu erarbeiten und deren Realisierung zu initiieren (Bergemann & Sourisseaux, 1988). Qualitätszirkel als Form der betrieblichen Partizipation können in Japan auf eine lange und gewachsene Tradition zurückblicken – sie hatten weltweit Vorbildfunktion (Cole, 1979; Fürstenberg, 1986). Seit in den Sechzigerjahren vermehrt auch außerhalb Japans solche Gruppen eingerichtet wurden, betrachtete man sie nicht so sehr als eine organisatorische Antwort auf ein bestimmtes Problem, sondern eher als ein ständiges Begleitinstrument der Entwicklung innerhalb einer Organisation. Die Mitgliedschaft in Qualitätsgruppen ist in vielen Unternehmen fast obligatorisch, so bei Nippon Steel Corporation, bei der 93 Prozent der Mitarbeiter an Arbeitskreisen teilnehmen.

Die Merkmale der japanischen Qualitätszirkel lassen sich in sieben Punkten zusammenfassen:

1. die Meister werden in Techniken der Mitarbeiterbeteiligung und Methoden zur Lösung praktischer Betriebsprobleme ausgebildet;
2. die Mitarbeiter werden durch die Meister an ihrem Arbeitsplatz ausgebildet;
3. die Mitarbeiter beteiligen sich spontan an Aktivitäten zur Entwicklung der Persönlichkeit;
4. QC-Gruppen fungieren als autonome Untersuchungsgruppen auf einer kontinuierlichen Basis;
5. der Schwerpunkt liegt auf der Beteiligung aller Gruppenmitglieder;
6. das Unternehmen sorgt für eine extensive Stabsunterstützung und Unterstützung durch die Geschäftsleitung;
7. die Gruppenmitglieder werden für ihre Arbeit auf der Ebene des Unternehmens, aber auch auf öffentlicher Ebene gewürdigt und anerkannt (vgl. Kreikebaum, 1983).

Diese Punkte lassen sich nicht nur als Checkliste für die Erfolgswahrscheinlichkeit von Qualitätszirkeln im Allgemeinen nutzen, vielmehr machen sie darüber hinaus deutlich, dass jeder einzelne Punkt als Bedingung der Arbeitswelt eine hohe motivationale Bedeutung hat. Indem durch die Zirkel der Taylorisierung der Arbeit entgegengesteuert wird, kann der Einzelne wieder vermehrt die Zusammenhänge seiner Arbeit erleben, er fühlt sich in seiner Kompetenz und in seiner Verantwortung angesprochen und gewürdigt, und seine Ideen werden der praktischen Umsetzung zugeführt.

In Deutschland waren 1985 bei fast 70 Prozent der 100 größten deutschen Unternehmen Qualitätszirkel oder ähnliche Kreise eingerichtet (Bungard & Antoni, 1986). Allerdings ist ihre Arbeit zum Teil mit erheblichen Problemen behaftet. Wenn europäische Manager immer wieder über die Zahl und Qualität der von japanischen Arbeitnehmern eingereichten Verbesserungsvorschläge erstaunt sind, so liegt dies daran, dass man in Japan die aufgeführten sieben Prinzipien wesentlich stringenter anwendet als etwa in Deutschland. Gruppenegoistische Prozesse, insbesondere im mittleren Management, tragen oft zum Scheitern von Qualitätszirkeln bei oder behindern deren Arbeit (Wiendieck, 1986). In Japan gestaltet sich dieses Zusammenspiel wesentlich einfacher, da das Bewusstsein einer Einbindung in das Kollektiv des Unternehmens wesentlich stärker ausgeprägt ist.

3.3 Partizipation am Arbeitsplatz

Kernstück partizipativer Gestaltungselemente in japanischen Unternehmen ist jedoch das so genannte „Ringi-Prinzip" (vgl. den Beitrag von Müller & Hoffmann im vorliegenden Band): Trotz einer hierarchischen Organisationsstruktur und einer ausdifferenzierten Rangordnung wird nie autoritär entschieden, sondern in einem System kollektiver Konsultationen und Abstimmungen. Im Gegensatz zu der Entscheidungsfindung etwa in Deutschland oder in den USA sind in Japan weder die Autorität des Managers noch die Funktionen von Stab und Linie eindeutig definiert und voneinander abgegrenzt. Während westliche Manager dazu neigen, die Karten auf den Tisch zu legen, gilt für das japanische System eher das Gegenteil (Pascale & Athos, 1981). Bei der Darstellung des eigenen Standpunktes ist man eher vorsichtig, zögernd und bemüht sich mehr darum, die Gefühle und Einstellungen des Partners kennen zu lernen, um sich auf diese Weise langsam an einen für alle tragbaren Kompromiss heranzutasten. Das Treffen von Entscheidungen durch einzelne Personen wäre für ein japanisches Unternehmen undenkbar.

Tabelle 3: Inhalte von Unternehmensphilosophien, wie sie in weiten Teilen Europas, Japans und der USA vorherrschen (vgl. Bleicher, 1990, S. 7)

USA	Europa/Japan
Weltbild	
reduktionistisches Weltbild	holistisches Paradigma
erklärbare Welt	verstehbare Welt
Strukturbild	
mono-interessenabhängig	Multi-Interessenbezug
Stabilität	Flexibilität
innenweltorientiert	umweltorientiert
arbeitsteilig gegliedert	integrativ-vernetzt
Misstrauen	Vertrauen
ökonomisch-rational	sozial-komplex
linear, kurzzeitlich	zirkular, langzeitlich
Zielbündel von Wert-, Leistungs- und Sozialzielen	ökonomische Profit-, Cashflow und Return-Maximierung
hohe Verpflichtung gegenüber sachlich gebundenem Leistungsangebot	keine Verpflichtung gegenüber einer Sachzielsetzung, sondern Ausschöpfen finanzieller Möglichkeiten
Mitarbeiterbild	
hierarchisch	professionell vernetzt
repetitiv-standardisiert	innovativ-differenziert
Suche nach Lebenserhaltung	Suche nach Sinngebung
Isolation	sozialer Kontakt
Mensch als Ware (Instrumentalität)	Mensch als intelligenter Träger von Entwicklungen
Führungsverständnis	
Machbarkeit	Kultiviertheit
harte Instrumentenorientierung	weiche Kulturorientierung
autoritäre Vorgabe durch wenige	partizipative Vereinbarung durch viele
analytische, ergebnisorientierte reaktive Problemlösung	synthetische, musterorientierte, pro-aktive Problemlösung

Zwar hat dieses Vorgehen eine Reihe von Nachteilen, denn es ist zeitraubend und umständlich, doch führt dieser Prozess partizipativer Willensbildung zu einem hohen Maß an allseitiger Akzeptanz, Verantwortung und Engagement für die schließlich getroffene Entscheidung (vgl. Kreikebaum, 1983).

Der zunehmenden partizipativen Gestaltung der Arbeitswelt in Europa und Japan steht in den USA ein weit verbreitetes Misstrauensverhältnis zwischen Vorgesetzten und Mitarbeitern gegenüber. Gegenseitiges Vertrauen – Basis aller Partizipationsprozesse – setzt langfristige Investitionen des Unternehmens in die Mitarbeiter voraus –, und dies kollidiert zwangsläufig mit dem immer noch häufig vorkommenden Prinzip des „hire and fire".

3.4 Unternehmensphilosophie als Arbeitsbedingung

Betrachtet man die Unternehmensphilosophie als abstrahierte Form der konkreten Arbeitsbedingungen, so kann die Auflistung in Tabelle 3 eine Hilfe sein, um im Sinne einer Zusammenfassung den motivationalen Gehalt der Arbeitssituation in Europa, Japan und den USA zu ermessen.

Vor allem die weitaus stärkere partizipative Orientierung und die dahinter stehende Philosophie scheint Europa und Japan gegenüber den USA Vorteile für die Arbeitsmotivation zu bringen. Jedoch ist eine Gesamtwertung keineswegs einfach.

4. Konsequenzen und Reaktionen als motivationaler Faktor der Arbeitswelt

Maßgeblichen Anteil am Aufbau und an der Stabilisierung motivierten Verhaltens haben dessen soziale und materielle Konsequenzen: Anerkennung von Vorgesetzten, Kollegen und Mitarbeitern, gerechte Bezahlung sowie Prämien, Übertragung von interessanteren und verantwortungsvolleren Tätigkeiten, Beförderungen, ein vermehrtes Mitspracherecht usw. wirken motivierend, das Ausbleiben solcher Reaktionen und Konsequenzen führt zur Demotivierung bis hin zur „inneren Kündigung".

Viele dieser „Konsequenzen" sind in Europa und den USA formalisiert und zum Teil vertraglich geregelt: Verträge zwischen den Tarifpartnern legen Lohn, Gehalt und Prämien fest, Beurteilungen erfolgen nach Systemen, die mit dem Betriebsrat abgestimmt sind, und Rückmeldungspraktiken sind Bestandteil von Führungsleitsätzen. Diese Standardisierungen beeinträchtigen allerdings zum Teil den motivationspsychologischen Gehalt der Konsequenzen, da sie nicht mehr als Reaktion auf erbrachte Leistungen gesehen werden, sondern als etwas, auf das man automatisch einen Anspruch hat. Im Sinne von Herzberg, Mausner und Snyderman (1959) gehört andererseits die positive und gesicherte Ausgestaltung dieser Faktoren zu den Hygienefaktoren, die Unzufriedenheit verhindern.

In den USA und Europa liegt dennoch – im Einklang mit einer materiell orientierten Wertstruktur der Gesellschaften – das Hauptgewicht der motivationsbedeutsamen Konsequenzen auf ökonomischen Anreizen: außerordentliche und außertarifliche Lohn- bzw. Gehaltssteigerungen sowie Prämien für besondere Leistungen. In den vergangenen Jahren verbreitete sich zunehmend die amerikanische Praxis, dass sich Unternehmen erweiterte Spielräume für motivationale Anreize durch so genannte „Incentives" verschaffen: materielle Geschenke oder Reisen, die zum Teil auf raffinierten Bewertungssystemen beruhen. Derartige Systeme lassen sich jedoch nur dort anwenden, wo das Leistungsverhalten auf variablen, beeinflussbaren Faktoren beruht – wo bei relativ konstanten Bedingungen ein gleich bleibender Leistungsgrad verlangt ist, kommen sie nicht zur Geltung.

Zunehmend wird auch von den sozialen Formen der Leistungsrückmeldung Gebrauch gemacht. Im Zuge der Einführung kooperativer und partizipativer Formen der Führungspraxis haben Vorgesetzte mit ihren Mitarbeitern in so genannten Beurteilungs- und Mitarbeitergesprächen das Leistungsverhalten zu bilanzieren und zu beurteilen und, davon ausgehend, gemeinsam die Ziele der zukünftigen Arbeit ebenso wie persönliche Karriereentwicklung zu besprechen.

Motivationale Anreize materieller und sozialer Art geraten in den westlichen Kulturen jedoch zunehmend in ein Dilemma: Arbeit und Leistung werden traditionell individualisiert bewertet, beurteilt und entlohnt – andererseits wird von dem Einzelnen zunehmend mehr Teamgeist und Kooperation verlangt. Damit tut sich ein „double bind"-Konflikt auf: Verhält man sich individualisiert und konkurrierend, verstößt man gegen die Spielregeln der Kooperation; pflegt man andererseits die gute Zusammenarbeit, geht das oft auf Kosten der individuellen Beurteilung und Karriere.

In Japan gibt es solche Konflikte nicht, da dem sozialen Miteinander in jedem Fall eine höhere Priorität zukommt als dem individuellen Leistungsstreben. Entsprechend sind die Rückmeldungen für das Leistungsverhalten Teil des sozialen Denkens bzw. der Verzahnung von Gruppenbewusstsein und sachlicher Zielorientiertheit. So gehört es zum Prinzip japanischer Personalorganisation, die Karriere individuell in Abstimmung mit dem Vorgesetzten zu planen. Für den einzelnen Mitarbeiter wird ein Qualifikationsziel festgelegt und die entsprechenden Fortschritte periodisch anhand einer Leistungsbewertung überprüft – dabei spielt die Selbsteinschätzung des Betreffenden eine wichtige Rolle (Cole, 1979; Fürstenberg, 1986). Die Rückmeldungen erfolgen unmittelbar und direkt sowie in entsprechenden Karriereplanungsgesprächen. Besonders gepflegt wird die Art und Weise des Umgangs zwischen Vorgesetztem und Mitarbeiter: Jede Seite bemüht sich um Kooperation, Gutwilligkeit und Kompromiss – Konflikte, die in Sieg oder Niederlage des einen oder anderen enden könnten, werden vermieden. Niemand soll sein Gesicht verlieren und jeder soll so aus einem Streit herauskommen können, dass er dem anderen noch die Hand reichen bzw. dass man sich voreinander höflich verbeugen kann.

Die Form der in Japan üblichen Rückmeldungen hinsichtlich des Arbeits- bzw. Leistungsverhaltens kann als höchst motivierend angesehen werden: Leistung wird zur Kenntnis genommen, gewürdigt und zukunftsorientiert in die weitere berufliche Planung integriert – Nichtleistung wird durch Gruppendruck negativ sanktioniert, sodass sich jemand dadurch zum sozialen Außenseiter machen kann, was gleichzeitig die drastischste Strafe darstellt (Cole, 1979).

5. Bedürfnisse, Einstellungen und weitere kognitive und emotionale Komponenten der Arbeits- und Leistungsmotivation

Kernstück der Arbeits- und Leistungsmotivation sind kognitive und emotionale Strukturen und Prozesse. Sie repräsentieren als organismische Komponenten (Ov-Variable im Modell) die Bedürfnislage des Individuums ebenso wie dessen Verarbeitung und Bewertung der situativen Bedingungen. Für die Integration all dieser Komponenten existiert noch keine übergreifende Theorie, sodass auch eine kulturvergleichende Betrachtung nur bruchstückhaft vorgenommen werden kann (Kornadt et al., 1980).

Die obigen Ausführungen zu den situativen Bedingungen legen es nahe, dass diese auch motivationale Unterschiede u. a. zwischen japanischen Managern und ihren amerikanischen Kollegen zur Folge haben. In der Tat lässt sich dies auch empirisch nachweisen (Sahni, Vinod & Chada, 1987). So räumen Japaner sozialen Werten einen sehr viel höheren Stellenwert ein, während im Bewusstsein der Amerikaner Individualität und Offenheit Priorität haben. Japaner betonen sehr viel mehr die Bedeutung von Leistungsergebnissen und sie zeigen ein ausgeprägteres Streben nach Geld und Aufstieg als ihre Kollegen in Amerika. Das Kollektivdenken wirkt in diesen motivationalen Orientierungen unterstützend und verstärkend.

Auch das sozio-ökonomische Umfeld spielt eine Rolle für die Motivlage von Managern. So unterschieden sich japanische, amerikanische und indische Geschäftsleute signifikant in der Bereitschaft, Risiken einzugehen, um einen Erfolg zu erreichen (Orpen, 1983).

Aufschlussreich für die Motivstruktur sind auch die Anforderungsprofile, die für das Management in verschiedenen Kulturen entworfen werden, da sie widerspiegeln, welche Merkmale seitens des Unternehmens in Auswahlprozeduren bevorzugt und schließlich im Arbeitsalltag gefördert werden. Zwar kommt man zu der Erkenntnis, dass interkulturelle Unterschiede zu verschmelzen scheinen, doch wird in Japan den sozialen Qualitäten der Manager, ihrer Bereitschaft zu lebenslangem Lernen, der bedingungslosen Identifikation mit dem Unternehmen und einem positiven Denken ein dezidierterer Stellenwert beigemessen als anderswo (Botskor, 1986; Howard, Shudo & Uneshima, 1983).

Hier ist allerdings auch eine Wechselwirkung zu berücksichtigen: Einerseits fördern Unternehmen Mitarbeiter mit einer bestimmten Motivstruktur, andererseits suchen sich Personen solche Aufgaben, Tätigkeiten und Stellen, die ihrer Motivlage entsprechen. So werden Personen mit dominantem Machtmotiv eher Lehrer, Pfarrer oder Psychologe (Winter, 1973). Menschen mit ausgeprägtem Leistungsmotiv sind vor allem in unternehmerischen Positionen der Wirtschaft zu finden und dort besonders in kaufmännischen und vertrieblichen Tätigkeitsbereichen (McClelland, 1961). Die Attraktivität unternehmerischer Positionen fand man nicht nur in den kapitalistischen Ländern, sondern auch in Ländern des kommunistischen Wirtschaftssystems, wie etwa in Polen. Polnische Wirtschaftsmanager waren der Untersuchung zufolge nicht weniger leistungsmotiviert als ihre Kollegen in den USA. Allerdings lagen die italienischen Manager in ihren Motivkennwerten deutlich unter den Polen und Amerikanern.

In einer interkulturell angelegten Studie über Maslowa Bedürfnispyramide fand Hofstede (1980) u. a., dass in Ländern mit hoher Meidung von Unsicherheit (wie Griechenland oder Japan) eine Arbeitsplatzsicherheit und eine Lebenszeitanstellung sehr viel mehr motiviert als die Möglichkeit zur Selbstverwirklichung durch interessante und herausfordernde Tätigkeiten. In Ländern mit geringerer Unsicherheitsmeidung (USA) verhält es sich umgekehrt. Weiterhin zeigte sich, dass in den skandinavischen Ländern, wo im Wertbewusstsein die Produktivität hinter der Lebensqualität rangiert, soziale Bedürfnisse das Motivsystem der Beschäftigten dominieren.

Studien wie die oben dargestellte heben auf eine Erfassung der Bedürfnis- oder Motivlage ab. Demgegenüber finden sich kaum empirische Untersuchungen zu dem internalen oder organismischen prozessualen Verlauf der Motivation.

Umso interessanter sind Befunde zu Kontrollüberzeugungen, über die Adler (1986) berichtet. Danach glauben Amerikaner in sehr hohem Maße, Einfluss auf ihre Umwelt ausüben zu können. Amerikanische Manager glauben, dass sie ihre Arbeitswelt direkt beeinflussen, oder anders gesagt, sie haben ein hohes Maß an internaler Attribuierung (s. o.). Im Gegensatz dazu glauben Manager aus vielen anderen Ländern, dass sie ihre Umwelt nur wenig beeinflussen können und wenig Kontrolle über ihre Handlungsergebnisse haben; das heißt, sie attribuieren die Ursachen für bestimmte Ereignisse bei der Arbeit eher external. So sind moslemische Manager im Durchschnitt der Überzeugung, dass die Dinge so geschehen, „wie Allah es will" (externale Attribuierung), während ihre amerikanischen Kollegen glauben, dass das Erreichen eines Ziels von dem Maß der eigenen Anstrengung abhängt.

Eine interessante Studie von Sirota und Greenwood (1971) wies nach, dass die subjektive Wertigkeit verschiedener motivationaler Anreize interkulturell variiert. Bei 19.000 Beschäftigten eines multinationalen Elektrokonzerns kamen sie zu folgenden Befunden: (a) in angelsächsischen Ländern wurde die Möglichkeit, individuell Leistungen erbringen zu können, höher eingeschätzt als Sicherheitsanreize; (b) französischsprachige Länder wiesen ein vergleichsweise höheres Bedürfnis nach Sicherheit auf und schätzten den Herausforderungscharakter der Arbeit geringer; (c) in den nordeuropäischen Ländern wertete man das „Vorwärtskommen" als weniger wichtig und betonte mehr das Zuendebringen einer Arbeit; darüber hinaus war hier mehr Aufmerksamkeit auf die Menschen und weniger auf die Organisation gerichtet; (d) romanische Länder stuften individuelle Leistungen geringer, dafür aber die Arbeitsplatzsicherheit höher ein; (e) bei deutschen Arbeitnehmern rangierten Arbeitsplatzsicherheit und soziale Leistungen ganz oben, und sie erreichten die relativ höchsten Punktwerte im „Vorwärtskommen"; (f) bei

Japanern hatte der Herausforderungscharakter der Arbeit einen hohen Stellenwert, während die Autonomie des Einzelnen kaum geschätzt wurde; allerdings legte man Wert auf gute Arbeitsbedingungen und eine freundliche Arbeitsatmosphäre.

Eine als klassisch zu bezeichnende Untersuchung zu dem Problem kognitiver und emotionaler Motivationsprozesse stellt das Harvard-Trainingsprogramm für Geschäftsleute von McClelland und Winter (1969) dar. Es wurde entwickelt, um die Leistungsmotivation von indischen Geschäftsleuten zu fördern.

Das Programm hat interkulturellen Modellcharakter,

- weil es in systematischer Weise und theoriegeleitet motivationsbedeutsame kognitive und affektive Prozessvariablen berücksichtigt,
- weil der didaktische Aufbau vorbildlich ist für Trainings, die eine Verhaltensänderung bewirken sollen, und
- weil damit der seltene Versuch gemacht wurde, Angehörige eines anderen Kulturkreises mit Inhalten zu konfrontieren, die so nicht in ihrem gesellschaftlichen Normgefüge enthalten waren.

Ziel des Programms war es, bei indischen Geschäftsleuten mit kleinen und mittleren Unternehmen durch die Erhöhung des Leistungsmotivs die Basis für ein effektiveres unternehmerisches Verhalten zu stiften. Entsprechend der Theorie stand im Mittelpunkt des Programms ein „mentales Training", durch das gezielt der Motivwandel herbeigeführt werden sollte. Folgende Punkte bildeten dabei die Parameter:

- Aufbau eines affektiv getönten Netzwerks um den Leistungsbegriff herum; gemeint war damit eine Analyse des bestehenden Netzwerkes aus Begriffen und Assoziationen und dessen inhaltlich gezielter Ausbau und Verstärkung
- Begriffliche Erweiterung des Netzwerks und Formung eines klaren, bewussten Leistungskonzepts
- Verknüpfung des Netzwerks mit alltäglichen Gegebenheiten, um sicherzustellen, dass das einmal gebildete Netzwerk durch möglichst viele Reize des täglichen Lebens hervorgerufen wird
- Herausarbeitung der Beziehung zwischen Netzwerk und übergeordneten Assoziationsmustern, damit die neuen affektiven Gehalte und kognitiven Begriffe nicht durch übergeordnete Assoziationsketten (Selbstbild, Realität, kulturelle Werte, etc.) blockiert werden.

Die konkrete Durchführung des Programms umfasste 12 Trainingselemente, die vier Bereichen zugeordnet waren:
1. Leistungsmotiv
2. Selbstreflexion
3. Anwendung und Nutzen
4. Soziale Unterstützung.

In den Trainingsmodulen, die auf den Aufbau des affektiven und kognitiven Netzwerks um das „Leistungsmotiv" zentriert sind, wird u. a. anhand von Tabellen, Abbildungen und Filmen den Teilnehmern der Zusammenhang zwischen

Leistungsmotiv, unternehmerischem Verhalten und nationalem Wirtschaftswachstum verdeutlicht. Es wird darüber reflektiert, wie Hochleistungsmotivierte denken, fühlen und handeln, aus welchen Gründen sie unternehmerische Berufe bevorzugen und warum sie auf diesem Gebiet besonders erfolgreich sind. Wichtige Verhaltensweisen von Leistungsmotivierten werden in den Vordergrund gestellt: Sie setzen sich mittelschwere Ziele, übernehmen persönliche Verantwortung für die Zielerreichung, holen Informationen über das erzielte Handlungsresultat ein, etc. Weiterhin lernen die Teilnehmer, leistungsmotivierte Gedanken in Geschichten und Erzählungen zu erkennen und zu klassifizieren, sodass sie allmählich dazu kommen, selbst in diesen Kategorien zu denken. Um die Umsetzung der Gedanken in Handlungen zu fördern, werden leistungsorientierte Spiele durchgeführt und Fallstudien der Harvard Business School bearbeitet.

Im Trainingsteil „Selbstreflexion" werden die Teilnehmer sich darüber klar, welche Bedeutung leistungsorientiertem Verhalten in ihrem bisherigen Privat- und Berufsleben zukam. Sie arbeiten Beziehungen zwischen dem Leistungsmotiv und anderen kognitiven Konzepten heraus, wie etwa dem „Selbst", „Kulturelle Normen und Werte", „Realität". Damit spätere Konflikte zwischen den negativen Seiten leistungsorientierten unternehmerischen Verhaltens und dem eigenen Selbst vermieden werden, müssen sich die Teilnehmer Rechenschaft darüber ablegen, ob auch wirklich alle Aspekte des Leistungsverhaltens mit ihren eigenen Wünschen und Vorstellungen vereinbar sind.

In den Modulen zum Thema „Anwendung und Nutzen" erstellt jeder für sich einen Plan, welche beruflichen Ziele er in den nächsten zwei bis drei Jahren anstrebt, wie er sie erreichen will und mit welchen Schwierigkeiten er rechnet. Anhand dieser Pläne erfolgt die Reflexion der Folgen und Konsequenzen, die sich aus dem Kurs für das weitere Leben und den Beruf ergeben und welchen Nutzen man daraus im alltäglichen Leben ziehen kann. Es wird darauf geachtet, dass die Ziele konkret, herausfordernd und realistisch sind, sodass sie der Einzelne mit einiger Anstrengung erreichen kann. Zu diesem Trainingsbereich gehört ebenfalls die Nachbetreuung im Anschluss an den Kurs. Damit das neue Netzwerk auch nach dem Seminarabschluss ständig reaktiviert wird und sich die Teilnehmer ihren leistungsorientierten Zielen verpflichtet fühlen, findet alle sechs Monate eine Erfolgskontrolle durch die Trainingsleiter statt, in denen Rückmeldungen gegeben und Selbstbeurteilungen vorgenommen werden.

Das gesamte Seminar basiert nicht nur auf den kognitiven Trainingsinhalten, sondern im Rahmen des Bereichs „Soziale Unterstützung" auch auf einer Reihe emotional-sozialer Faktoren: Da jede Selbstmodifikation in der Regel Unsicherheit und Ängste hervorruft, wird darauf Wert gelegt, dass der Kurs in einer freundlichen, entspannten und wertschätzenden Atmosphäre stattfindet. Damit sich das neue kognitive Netzwerk ungestört entwickeln kann, findet das Training in klausurmäßiger Abgeschiedenheit statt – auch als Erleichterung für die Entstehung einer Bezugsgruppe, deren Mitglieder nicht nur gemeinsame Ziele haben, sondern auch eine gemeinsame Sprache sprechen und sich gegenseitig unterstützen beim Erreichen ihrer Ziele.

Die Ergebnisse der Trainingsprogramme weisen aus, dass die Teilnehmer tatsächlich leistungsorientierter dachten und handelten, und auch in Bezug auf geschäftliche Aktivitäten zeigten sie erhebliche Verbesserungen im Vergleich zu Kontrollgruppen, die nicht an den Trainings teilgenommen hatten. Die Kursteilnehmer wurden ganz allgemein unternehmerisch aktiver: Sie gründeten mehr neue Geschäfte (wobei sie allerdings auch häufiger scheiterten), arbeiteten mehr, investierten mehr und beschäftigten mehr Mitarbeiter.

Damit erwies sich nicht nur die Effektivität eines Trainingsprogramms, das sich explizit auf internale kognitive und affektive Prozesse richtet, sondern es zeigte sich auch, dass es möglich ist, Menschen aus einer wenig leistungsorientierten Kultur und Gesellschaft zu einem leistungsbezogeneren Handeln zu bringen (vgl. Krug, 1976).

6. Motivation als Sinnstruktur in verschiedenen Kulturen

Die zuvor dargestellten Wirkungen und Zusammenhänge von äußeren situativen Bedingungen und inneren organismischen Faktoren und Prozessen beinhalten, dass Motivation letztlich erst das Ergebnis eines komplexen Wirkungsgefüges vieler Faktoren eines bestimmten Person-Umwelt-Bezuges ist (Heckhausen, 1980). Damit entlarven sich viele Fragen nach einem einfachen Rezept „Wie kann ich jemanden motivieren?" als Missverständnis bzw. drücken eine Unkenntnis der Bedingungszusammenhänge menschlichen Verhaltens aus. Motivation zur Arbeit und zur Leistung kann bei einer Person nur dann entstehen, wenn einerseits die äußeren objektiven Bedingungen der Arbeitsumwelt sowie die Reaktionen und Konsequenzen positiv angelegt sind, und wenn andererseits die inneren Bedürfnisse und die kognitiven und emotionalen Prozesse der unter diesen Bedingungen Arbeitenden dazu stimmig sind.

Motivieren kann somit zum einen heißen: die Arbeit herausfordernd gestalten, Führung kooperativ und partizipativ ausüben, Kommunikation und Information offen und umfassend anlegen und Rückmeldung und Anerkennung für geleistete Arbeit geben.

Motivieren kann zum anderen aber auch heißen: Gespräche mit einem Menschen führen, um ihm durch Selbstreflexion die Möglichkeit zu geben, negative Erwartungen abzubauen, unrealistische Zielsetzungen zu verändern oder eine günstigere Selbstbewertung vorzunehmen.

Eine solche komplexere Sichtweise der Motivation lässt die Frage auftauchen, ob sich nicht – auf einer Metaebene – eine übergreifende und verbindende Vorstellung als „roter Faden" entwickeln lässt. In der Tat bieten sich dazu Gedanken der neueren Handlungs- und Tätigkeitstheorien an (vgl. z. B. Hacker, 1978; Volpert, 1974).

Im Kern besagen sie, dass konstruktives und motiviertes Handeln an die Voraussetzung gebunden sind, dass man die Ziele, Zusammenhänge und die Bedeutung seines Handelns erkennen können muss, um für sich daraus einen subjektiven

Handlungsplan zu entwickeln, der ihm eine Orientierung gibt. Ist ihm das nicht möglich, resultiert ein planloses und rein reaktives Verhalten, das schließlich in Hilflosigkeit, Frustration und Demotivierung endet. Motivation ist damit Teil der persönlichen Sinnstruktur eines Menschen für einen bestimmten Handlungskomplex.

Aus interkultureller Perspektive beinhaltet das die Frage, wie sehr eine Gesellschaft bzw. die Unternehmen und Organisationen darin es dem Einzelnen ermöglichen und ihn dabei unterstützen, eine Sinnstruktur für seine Arbeitstätigkeit aufzubauen. Die relative Geschlossenheit der japanischen Gesellschaft mit ihrem allgemein verankerten Leistungsbewusstsein ist, aus dieser Perspektive gesehen, motivational unterstützender als die pluralisierten und individualisierten Kulturen in den USA und Europa, die den Einzelnen in vielfältige Konflikte, etwa zwischen verschiedenen Werthaltungen oder Gruppenloyalitäten, bringen.

Die Bemühungen vieler Unternehmen in den westlichen Kulturen, durch die Formung von Unternehmensphilosophien dem Einzelnen Unterstützung bei seiner Sinnkonstruktion zu geben, können motivational gesehen zwar durchaus hilfreich sein, verlieren aber dort ihre Wirksamkeit, wo die Kultur des Unternehmens mit der Kultur der Gesellschaft kollidiert. Um solchen Diskrepanzen aus dem Weg zu gehen, gibt es Versuche, gesellschaftliche und kulturelle Entwicklungen aufzunehmen, um die Philosophie und insbesondere die Personalpolitik des Unternehmens kongruent dazu zu gestalten (Wollert & Bihl, 1983). Derzeit ist jedoch eher festzustellen, dass der gesellschaftliche Konsens abnimmt und individualisierte Ziele für den Einzelnen an Bedeutung gewinnen. So driften in Deutschland die Karrierevorstellungen von Führungsnachwuchskräften und die Ziele von Unternehmen zunehmend auseinander (v. Rosenstiel & Stengel, 1987). Selbstverwirklichung und Lebensgenuss lösen die traditionelle Sinngebung durch Arbeit und Beruf ab. Diese Entwicklung ist auch in den USA zu verzeichnen (Naisbitt, 1985).

Wenn Leistungsmotiv und Leistungsmotivation für das Individuum immer auch eine inhaltliche Dimension haben, wird damit deutlich, dass Leistungsverhalten gleichzeitig immer vor dem Hintergrund der gesellschaftlichen Sinnstruktur bzw. Kultur gesehen werden muss.

Damit löst sich auch ein paradoxes Ergebnis auf, das entstehen mag, wenn man die im ersten Abschnitt formulierten Kriterien für die Entwicklung leistungsmotivierten Verhaltens auf verschiedene Kulturen anwendet: In der japanischen Gesellschaft herrscht ein kollektives Ethos, es besteht eine allgemeine Verhaltensnormierung, und es herrscht nur geringe Mobilität – so gesehen sollten Japaner keine ausgeprägte Leistungsmotivation aufweisen. Da aber eher das Gegenteil der Fall ist, hat man anzuerkennen, dass die japanische Gesellschaft mit der starken Betonung des kollektiven Denkens und der sozialen Abstimmung einen ganz anderen, aber ebenfalls motivierenden Hintergrund für Leistungsverhalten darstellt.

Leistung ist kein Selbstzweck – je besser ein Unternehmen bzw. eine Gesellschaft dem Einzelnen vermitteln kann, warum eine Leistung erbracht werden soll, desto überzeugter und gleichzeitig motivierter ist er. Anders gesagt: Motivieren heißt, Sinn und Zusammenhang vermitteln. Damit kristallisiert sich die Grundthese zur Beziehung von Motivation und Kultur heraus: Die individuelle Motivation des Einzelnen ist immer ein Abbild der Sinnstruktur, der Normen und Werte der ihn umgebenden Gesellschaft und Kultur.

7. Zusammenfassung und Ausblick

Motive sind erlernt und die aktuelle Motivation eines Menschen ist abhängig von den gegebenen situativen Bedingungen sowie von den Reaktionen und Konsequenzen, die man von anderen Personen erhält oder erwarten kann. Diese Charakterisierung macht deutlich, wie sehr Motive und Motivation von der jeweiligen Kultur abhängig sind. Die Mikroanalyse des Konstruktsystems Motivation zeigt, dass alle Einzelkomponenten – etwa die Bedürfnislage, das Anspruchsniveau, die Wertstruktur oder die Selbstbewertung und Kausalattribuierung – von gesellschaftlichen Normen und Regeln geprägt werden. Feststellungen, dass eine Gesellschaft und deren Menschen mehr oder weniger leistungsmotiviert sind, gilt es, an der Wertstruktur bzw. der Kultur zu relativieren. So verbindet sich das Leistungsmotiv der Japaner mit einem ausgeprägten Solidarbewusstsein gegenüber der sozialen Umwelt, während in Westeuropa und den USA stattdessen Individualismus und Konkurrenzdenken als begleitende Elemente dominieren.

Die dramatischen geopolitischen Veränderungen der letzten Jahre verdeutlichen diese kulturelle Interaktion hinsichtlich des Motivationsgeschehens. Das Näherrücken der Japaner auf dem europäischen und amerikanischen Markt gewährt Einblicke in Arbeitsstrukturen und Produktionsabläufe, die hierzulande schon zu einem Umdenken im Sinne der Motivation geführt haben. Partizipation und Delegation von Verantwortung haben ebenso wie die Prinzipien der Gruppenarbeit als motivierende Kräfte einen Stellenwert gewonnen, der vermutlich ohne diese Konfrontation nicht zustande gekommen wäre.

Der wirtschaftliche Zusammenbruch Osteuropas zeigt unter anderem auf, dass das Kollektivdenken ohne eine in der Gesellschaft gewachsene, akzeptierte und fest verankerte Wertstruktur und Sinnorientierung nicht zu einer motivierenden Kraft werden kann. Gleichzeitig verdeutlicht die direkte Konfrontation mit dem Leistungsdenken des Westens, dass das Lernen leistungsmotivierten Verhaltens mit erheblichen Schwierigkeiten verbunden ist und auf Akzeptanzprobleme stößt, wenn die begleitende Philosophie nicht transparent ist. An diesen Beispielen lässt sich ermessen, dass die traditionelle Motivationsforschung von solchen kulturellen und gesellschaftlichen Wandlungsprozessen enorm profitieren kann. Insbesondere mag dadurch die bisherige persönlichkeitspsychologische Akzentsetzung durch eine soziologische und kulturelle Dimension ergänzt werden.

Literatur

Adler, N. (1986). International dimensions of organizational behavior. Boston: Kent Publishing.
Adler, N., Doktor, R., Redding, G. (1986). From the atlantic to the pacific century: Cross-cultural management reviewed. Yearly Review of Management of the Journal of Management 12, 295-318.
Allport, G. W. (1957). European and american theories of personality. In: H. P. David, H. v. Bracken (Eds.), Perspectives in personality theory. New York: Holt.
Atkinson, J. W. (1964). An introduction to motivation. Princeton, NJ: Van Nostrand.
Bergemann, N., Sourisseaux, A. L. J. (1988). Qualitätszirkel als betriebliche Kleingruppen. Heidelberg: I. H. Sauer.
Bleicher, K. (1990). Unternehmensphilosophien im internationalen Wettbewerb. Zeitschrift für Organisation 1, 5-14.
Botskor, I. (1986). Jungmanager in Japan. Management Wissen 3, 78-80.
Bungard, W., Antoni, C. (1986). Quality-Circles und andere Formen der Gruppenarbeit an der Basis – Eine Bestandsaufnahme bei den 100 größten deutschen Unternehmen. Forschungsbericht der Universität Mannheim.
Cole, R. (1979). Work mobility and participation. A comparative study of American and Japanese industry. Los Angeles: Abbedon.
Fürstenberg, F. (1986). Japanische und europäische Organisationen im kulturspezifischen Vergleich. In: W. Bungard, G. Wiendieck (Hrsg), Qualitätszirkel als Instrument zeitgemäßer Unternehmensführung (S. 117-128). Landsberg: Moderne Industrie.
Gottschall, D. (1986). Ansporn von innen. Management Wissen 6, 27-31.
Hacker, W. (1978). Allgemeine Arbeits- und Ingenieurspsychologie. Bern: Huber.
Heckhausen, H. (1963). Hoffnung und Furcht in der Leistungsmotivation. Meisenheim: Hain.
Heckhausen, H. (1972). Die Interaktion der Sozialisationsvariablen in der Genese des Leistungsmotivs. In: C. F. Graumann (Hrsg.), Handbuch der Psychologie (Bd. VII, 2, S. 955-1019). Göttingen: Hogrefe.
Heckhausen, H. (1974). Einflußfaktoren der Motiventwicklung. In: F. E. Weinert, C. F. Graumann, H. Heckhausen, M. Hofer (Hrsg.), Pädagogische Psychologie (S. 133-172). Frankfurt: Fischer.
Heckhausen, H. (1980). Motivation und Handeln. Berlin: Springer.
Herrmann, T. (1982). Lehrbuch der empirischen Persönlichkeitsforschung. Göttingen: Hogrefe.
Herzberg, F., Mausner, B., Snyderman B. B. (1959). The motivation to work. New York: Wiley.
Hofstede, G. (1980). Motivation, leadership and organization: Do American theories apply abroad? Organizational Dynamics 22, 42-63.
Howard, A., Shudo, K., Uneshima, M. (1983). Motivation and values among Japanese and American managers. Personnel Psychology 36, 883-898.
Kornadt, H., Eckensberger, L., Emminghaus, W. (1980). Cross-cultural research on motivation and its contribution to a general theory of motivation. In: H. C. Triandis, W. Lonner (Eds.), Handbook of cross-cultural psychology, Vol. III (pp. 223-321). Boston: Allyn & Bacon.
Kreikebaum, H. (1983). Personal- und kommunikationspolitische Aspekte der Unternehmensführung in Japan. In: E. Dülfer (Hrsg.), Personelle Aspekte im Internationalen Management (S. 67-85). Darmstadt: E. Schmidt.

Krug, S. (1976). Förderung und Änderung des Leistungsmotivs: Theoretische Grundlagen und deren Anwendung. In: H. D. Schmalt, W. U. Meyer (Hrsg.), Leistungsmotivation und Verhalten (S. 221-248). Stuttgart: Klett.
Lawler, E. E. (1977). Motivation in Organisationen. Bern: Huber.
Maehr, M., Nicholls, J. (1980). Culture and achievement motivation: A second look. In: N. Warren (Ed.), Studies in cross-cultural psychology, Vol. II (pp. 221-267). London: Academic Press.
Maslow, A. H. (1954). Motivation and personality. New York: Harper.
McClelland, D. C. (1961). The achieving society. Princeton, NJ: Van Nostrand.
McClelland, D. C., Winter, D. G. (1969). Motivating economic achievement. New York: Free Press.
McGregor, D. (1970). Der Mensch und die Unternehmung. Düsseldorf: Econ.
Naisbitt, J. P. (1985). Megatrends des Arbeitsplatzes. Bayreuth: Hestia.
Nick, F. R. (1974). Management durch Motivation. Stuttgart: Klett.
Ohmae, K. (1985). Macht der Triade. Die neuen Formen weltweiten Wettbewerbs. Wiesbaden: Betriebswirtschaftlicher Verlag/VVA.
Orpen, C. (1983). Risk-taking attitudes among Indian, United States and Japanese managers. Journal of Social Psychology 120, 283-284.
Pascale, R. T., Athos, A. G. (1981). The art of Japanese management. New York: Academic Press.
Raidt, F. (1987). Die innere Kündigung am Arbeitsplatz. Der Betriebswirt 1, 87-93.
Reich, R. (1983). The next American frontier. New York: Harper.
Rosenstiel, L. v., Stengel, M. (1987). Identifikationskrise. Bern: Huber.
Sahni, V. B., Vinod, B., Chada, N. K. (1987). Psychological factors in job involvement – A cross-cultural study. Indian Journal of Behavior 11, 17-22.
Schmalt, H. D. (1990). Leistungsmotivation. In: W. Sarges (Hrsg.), Management Diagnostik (S. 218-221). Göttingen: Hogrefe.
Shichihei, Y. (1986). Der Geist des japanischen Kapitalismus. In: E. Staudt (Hrsg.), Das Management von Innovationen (S. 51-62). Frankfurt am Main: FAZ.
Sirota, D., Greenwood, M. J. (1971). Understanding your overseas workforce. Harvard Business Review 14, 53-60.
Taylor, F. W. (1911). The principles of scientific management. New York: Harper & Row.
Volpert, W. (1974). Handlungsstrukturanalyse als Beitrag zur Qualifikationsforschung. Köln: Kiepenheuer.
Vroom, V. H. (1964). Work and motivation. New York, London: Wiley.
Weber, M. (1905). Die protestantische Ethik und der Geist des Kapitalismus. Archiv für Sozialwissenschaft und Sozialpolitik 21, 1-110.
Weiner, B. (1976). Theorien der Motivation. Stuttgart: Klett.
Wiendieck, G. (1986). Widerstand gegen Qualitätszirkel – Eine Idee und ihre Feinde. In: W. Bungard, G. Wiendieck (Hrsg.), Qualitätszirkel als Instrument zeitgemäßer Unternehmensführung (S. 207-222). Landsberg: Moderne Industrie.
Winter, D. G. (1973). The power motive. New York: Free Press.
Wollert, A., Bihl, G. (1983). Werteorientierte Personalpolitik. Personalführung 8, 6-23.

6

Participative Decision Making in a Cross-National Framework

Frank Heller

The present chapter draws on the findings from research into research into top management decision making (TMDM) in eight countries (Heller & Wilpert, 1981).[1] This was the first of four closely related studies carried out over the course of 25 years in collaboration with a number of European research centres (Heller, 2000). The programme was designed to explore the role and distribution of influence and power in modern businesses. It seemed sensible to start by observing what happens at the top level of organisations on the assumption that the values and practices at that level influence and possibly even determine behaviour at lower levels.

The distribution of influence in organisations has consequences at three levels: At the micro level, it affects all employees, at the meso level it describes structural properties of the organisation and at the macro level organisations are likely to be affected by the legal framework and cultural norms of the society in which they operate and may, in turn, affect societal custom and practice over longer periods of time. The interaction between various levels of socio-structural-political dimensions probably explains why the climate for organisational democracy[2] was favourable after the end of the Second World War. At this time the western allies collaborated with the German trade unions to devise the quite radical *Mitbestimmungsrecht* (worker participation) in the coal, iron and steel industries in 1951, which, in ameliorated form, was later extended to all medium and large size businesses. With the exception of Italy and Great Britain, all western European countries introduced some legislation to encourage employee participation, often extending to the top decision-making body.

The second and third projects, called Industrial Democracy in Europe (IDE, 1981a, b; IDE, 1993), collected data from a large number of companies in 12 European countries on two occasions, with 10 years in-between. This time, all levels of organisation were assessed regarding the distribution of power on a sample of specific decisions and a range of assumed outcome variables. In addition, we measured the strength of legal or formal structures in support of employee participation for each country.[3]

The fourth project, called Decisions in Organisations (DIO), was designed to study seven organisations in three countries in greater depth. We used a variety of quantitative and qualitative measures and worked with all levels of organisation for 4 years (Heller, Drenth, Koopman & Rus, 1988).

The eight country Top Management Decision-Making project (TMDM), aspects of which are reported in this chapter, was the first in the series and developed the theoretical framework and some of the measures that were elaborated and later used in research. The final sections in this chapter briefly summarises the findings that apply to the programme as a whole (Heller, 1998, 2000).

1. A Multinational Study of Decision Making

Social scientists have often assumed that a manager's style of decision making is largely a function of his personality. This could lead to quite pessimistic conclusions, at least with respect to top executives who have reached middle age but are expected to behave democratically. If personality is the main determinant of their decision-making behaviour, how can we ensure that they adapt to the participative methods advocated by social scientists and business schools?

Participative decision making was seen as one of the ingredients of American business superiority by analysts like Servan-Schreiber (1968) in the two decades following the second world war. In addition, a host of well-known behavioural scientists have advocated democratic decision making on both theoretical and empirical grounds (Haire, Ghiselli & Porter, 1966; Likert, 1961, 1967).

With theories of this kind in ascendance, it becomes important to carry out cross-national comparisons of managerial behaviour in general and decision-making practices in particular. This has led to a number of studies, some of which will be reported in this chapter.

1.1 Policy-Relevant Findings

Various cross-national decision-making studies have been conducted in the last 30 years. The one described in this chapter used a method of measuring participation by what has been called the Influence-Power-Continuum (IPC; Heller, 1971). It consists of five positions (see Figure 1) which, going from left to right, increase the amount of influence from zero (no information is given) to a maximum described as autonomy or delegation. It is important to be aware that what is popularly called participation, or decentralisation of decision making, actually has several identifiable variations, as shown in Figure 1.

Style 1	Style 2	Style 3	Style 4	Style 5
Own decision without explanation	Own decision with explanation	Prior consultation	Joint decision-making	Delegation

Participation →

Influence → Power →

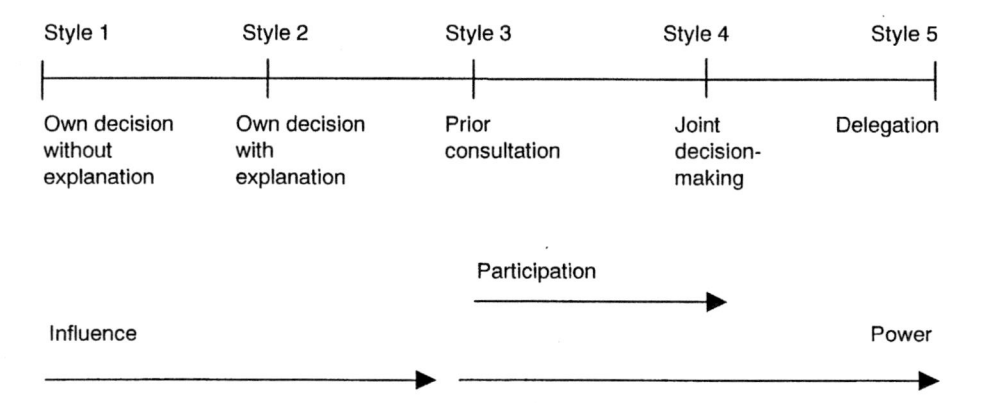

Figure 1: The Influence-Power-Continuum

1.2 Competence and Influence Sharing

During the eight country Top Management Decision-Making (TMDM) study (Heller & Wilpert, 1981), we asked 1,600 senior executives in 129 organisations to describe carefully how they had made 12 specific decisions. One half of the sample was the senior, immediate subordinates of top decision makers.

Table 1: Objective Measures of Skills and Experiences of Managers in Six Countries*

	GB	NL	D	F	S	I
Level 1 – Top level						
1. Educational level achieved	2.7	5.4	4.8	4.4	3.9	2.8
2. Years of membership in professional societies	25.5	14.5	14.9	23.5	15.5	13.1
3. Teaching experience	91.0	200.0	179.5	145.1	120.4	198.6
4. Number of journals subscribed to	3.9	4.9	4.2	4.3	5.5	4.3
Level 2 – Senior level *(Immediate subordinate)*						
1. Educational level achieved	3.0	3.9	3.8	4.9	3.7	4.0
2. Years of membership	15.4	13.3	10.8	20.4	10.7	9.4
3. Teaching experience	128.7	226.9	279.4	137.9	281.8	119.7
4. Number of journals subscribed to	3.5	4.6	4.2	4.1	4.7	3.3

* GB = Great Britain, F = France, NL = The Netherlands, S = Sweden, D = Germany, I = Israel

Both levels described the same situations, which provided a useful check on the results. In addition to describing how decisions are made, we collected other material, particularly about skills, because we thought that there should be a relationship between participation and competence. Table 1 gives selected comparative information about skills and qualifications from the eight country sample.

There are substantial differences, despite the fact that the executives were closely matched for level and type of industry.

British managers, for instance, have lower educational qualifications and less teaching experience than other managers, but have long years of membership in professional societies. This lack of high-level training, compared with other countries, has often been noted (MSC, 1987) and is frequently identified as a factor in Great Britain's relatively poor economic performance.

Table 2: Country Scores on the Influence-Power-Continuum for Senior Managers (High scores indicate centralised decision methods)

	3.1	Israel (3.10)
	3.0	Great Britain (2.97)
	2.9	Spain (2.90)
		Germany (2.87)
Average	**2.8**	USA (2.83)
		The Netherlands (2.83)
	2.7	France (2.7)
	2.6	
	2.5	Sweden (2.5)

The eight countries' data on decision making is summarised in Table 2. The results of the two levels have been averaged. High numbers in the diagram indicate relatively centralised or autocratic behaviour. Low numbers refer to more participative styles.[4] The following interpretations are put forward:

- Israeli, Spanish and British managers use the most centralised or authoritarian methods of decision making, while French and Swedish managers are significantly the most participative in our samples.

- Dutch, American and German managers use moderately participative methods.

1.3 Counter-Intuitive Results

The results contradict at least three intuitive stereotypes. When groups of middle managers are asked to rank different national groups according to their perceived participativeness, the French are judged to be autocratic (Table 3). This is probably due to people's experience with lower level French bureaucrats rather than with students of the "grandes ecoles", which produce most of the managers reaching top positions in large companies or in civil service.

These results are based on data from a sample of 365 British middle management students attending management development programmes in London.

German managers are also frequently judged to be very autocratic, but this stereotype is probably associated with the second world war and before (Table 3). Several authors, including Servan-Schreiber (1968), have described American businesses and their managers as being particularly democratic. Our results do not support this view (see Table 2) although this false stereotype exists in the judgement of many students of management (Table 3).

It is, of course, the function of research to correct intuitive stereotypes of cultural differences based on unrepresentative experiences and instead to obtain adequate explanations for findings and to test them through further research.

1.4 Antecedents of Participative Behaviour

Some of the findings reported above have been tested in other studies using the Influence-Power-Continuum. The authoritarian tendency of British managers was confirmed in a longitudinal research on 217 tactical and strategic decisions, which confirmed the relative position of Dutch and British decision practices shown in Table 2 (Heller et al., 1988).

Table 3: How British Students of Management Estimate the Decision Behaviour of Four Nationalities

Managerial styles	British manager	French manager	German manager	U.S. manager
1. Own decision without detailed explanation	21.2	31.9	32.1	13.1
2. Own decision with detailed explanation	29.9	23.8	24.0	20.6
3. Prior consultation with subordinate	29.4	17.5	18.1	20.0
4. Joint decision making with subordinate	10.6	15.6	15.8	19.3
5. Delegation of decision to subordinate	9.4	10.7	9.9	26.9
Total	100 %	100 %	100 %	100 %

These results are based on data from a sample of 365 British middle managers attending management development programmes in London.

Although these and several other studies have found different patterns of national decision-making practices, we have only recently made some progress in relating decision making to antecedents and consequences. A major factor in developing this understanding is to look at the role of competence, by which we mean skills and experience.

In Table 1 we have already shown one way of assessing competence by objective measures. A second approach is to ask each top level executive how long it would take his immediate subordinate to acquire the minimum competence to take over the boss's job. We asked the subordinate the same question, namely how long he would need to acquire the competence to take over the boss's job. In both cases, competence was assessed in relation to 12 specific skills and experiences. The answers could vary from 1 month to 15 years. The results give us a fascinating picture of judgements about competence. The differences between these two senior levels were sometimes small, but on average, very large. Using the whole sample of 1,600 managers, the top level estimated that their subordinate would need more than 18 months to achieve the minimum necessary level of competence. Their subordinates judged that it would take them only a fraction over five and a half months. National differences in these judgements of the two top levels are given in Table 4.

In the American sample, the difference was just under 5 months; in Sweden, just over 8 months, but in the other countries the gap was very much larger.

Table 4: Differences in Judgement Between Two Senior Managerial Levels

Question: What is the minimum time it would take the subordinate to acquire the skills and experience necessary for the senior job?

Country	Difference between L. 1 and L. 2 (in months)
Great Britain	14.0
Sweden	8.2
US	4.9
Germany	10.8
Spain	16.2
The Netherlands	18.8
France	14.3
Israel	13.0
Average all countries	12.9

The judgements were based on 12 aptitudes and skills thought to be essential for successful managerial performance.

National differences are always interesting, but usually difficult to explain. When we analysed the results for each pair of boss-subordinates, we found a very significant relationship between judgements of competence and methods of decision making. When a manager makes negative judgements about a subordinate's skills and experience, he uses quite centralized decision-making methods. The use of participative methods is associated with positive judgements about the subordinate's skills. Exactly the same statistical relationship emerges when we compare the objective skills of subordinates with the decision method used by the senior manager (Heller et al., 1981, pp. 112-115). These results are illustrated diagrammatically in Figure 2.

1.5 Consequences of Participation

We also asked our sample of managers what benefits they expected to get from the use of participative methods. Here, for once, the country results were almost identical. Ranking five reasons for participation, the responses of both levels show that managers in every country gave first place to "Improvements in the technical quality of decisions" (Table 5).

This finding fits in very logically with the relationship between competence and participation illustrated in Figure 3. If the main objective of using participation is to improve the quality of the decision, then a lack of real or perceived competence in subordinates would reduce participation (Figure 2).

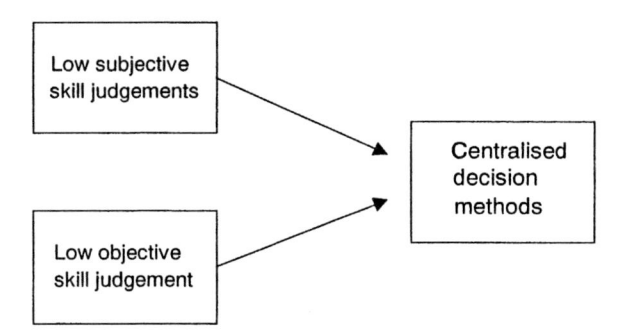

```
┌─────────────────┐
│ Low subjective  │╲
│ skill judgements│ ╲
└─────────────────┘  ╲   ┌──────────────┐
                      ➤ │ Centralised  │
                        │ decision     │
                      ➤ │ methods      │
┌─────────────────┐  ╱   └──────────────┘
│ Low objective   │ ╱
│ skill judgement │╱
└─────────────────┘
```

Figure 2: The Relationship Between Low Perceived and Actual Competence and Styles of Decision Making

1.6 Under-Utilisation of Competence

So far, we have considered the case where lack of skill and experience predisposes managers to avoid participation, but competence also plays another important role in the decision process, namely as an outcome. We have evidence that competent senior managers are often unable to use their skill and experience. This is an obvious loss of potential economic efficiency.

Table 5: Reasons for Using Participative Decision Making (The answers are average ranks indicating the preferences of managers from eight countries)

	Level 1	Level 2
To increase satisfaction	3	4
To improve the technical quality of decisions	1	1
To train subordinates	4	3
To improve communication	2	2
To facilitate change	5	5

In our research we asked each manager at both levels to estimate the under-utilisation of their own job. The results for six countries are shown in Table 5.

While the variation between countries is substantial, the important fact is that at this very senior level, under-utilisation is about 20% on average for our total sample. If this is translated into salary costs, it obviously amounts to a substantial financial loss. The situation is even more serious than the figures in Table 6 suggest, because the averages hide the fact that younger and more highly educated managers report significantly more under-utilisation than older and less well qualified personnel (Heller et al., 1981, pp. 121–122).

It is now tempting to speculate that authoritarian decision-making methods are responsible for at least a substantial part of this under-utilisation. The assumption here is that people who have no or limited access to the decision process or are not consulted cannot contribute their experience and skill.

Table 6: Under-utilisation of Skills and Experience as Seen at Two Senior Managerial Levels in Months

	Top level 1 (%)	Senior level 2 (%)
The Netherlands	17.7	15.4
Germany	18.5	16.8
France	17.7	28.1
Sweden	22.4	23.5
Israel	15.7	14.4
Spain	27.6	25.1
Average	19.7	20.1

2. A Model Linking Competence to Participation

We are now able to complete the model illustrated in Figure 2. Competence plays a dual role. On the one hand, it influences the degree of participation and, on the other hand, the decision style influences the extent to which available competence is used (Figure 3).

Figure 3 has been drawn to highlight the negative aspects of skill judgements and skill outcomes. The same evidence can, of course, be used to reverse the cycle: positive judgements about subordinate competence are associated with more participative decision making and this, in turn, would allow a better utilisation of the available human skill resources.

```
┌──────────────┐     ┌──────────────┐     ┌──────────────┐
│ Low estimates│     │              │     │ Low utilisation│
│ of competence│ ──▶ │ Centralised  │ ──▶ │ of the human │
│ (skill and   │     │ decision style│    │ resource     │
│ experience)  │     │              │     │              │
└──────────────┘     └──────────────┘     └──────────────┘
```

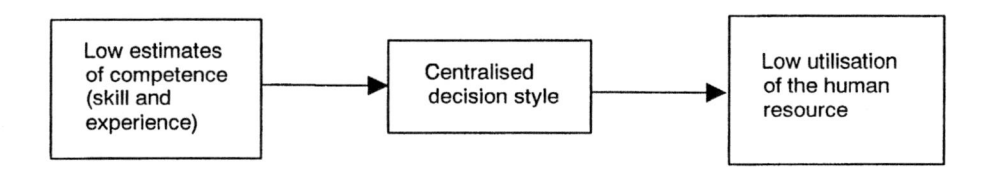

Figure 3: Competence as an Antecedent as well as Outcome of Decision Making Style

In the section on overall conclusions, I will summarise the main outcomes of the four research projects followed by some thoughts on the implications of these findings for the future of managing democratic organisations. Finally, there will be a comment on the implications of our findings for the cross-national versus cross-cultural debate.

3. Discussion and Overall Conclusions

Evidence from several multinational research projects highlights the importance of competence in understanding the process of decision making and the utilisation of human resources.

While country differences are always interesting and give rise to intuitive interpretations, the most significant results seem to go beyond national differences. Objectively measured skill differences as well as subjective judgement of competence rather than personality differences are the antecedents to decision-making leadership behaviour.[5] Subjective skill judgements, as we have seen from Table 4, are often unreasonably negative and can be moderated in management development programmes (Heller, 1976). Objectively assessed skills can, of course, be improved through suitable training.

In the overview section at the beginning of this chapter, I briefly described the development and sequence of four related research projects on participative decision making. The detailed results reported so far come only from the first project (TMDM), but the theoretical framework and the use of the Influence-Power-Continuum apply, with some variation, to the whole programme (Heller, 2000). Furthermore, all the main findings from the TMDM project were fully supported in later projects, giving them substantial additional validity. For instance, the findings on competence as a necessary antecedent as well as a consequence of participation re-emerged in the longitudinal DIO study and have now been incorporated in the Motivated Competence Model (see Heller, 1992, chap. 5).

In the four projects we collected the experiences from 11,600 employees in 12 European countries plus the United States. Our samples included small, medium and large organisations in the service as well as manufacturing sector, but we make no claim to having a representative sample.

The extent of employee participation, that is to say the distribution of influence and power, is very unequal in each of the organisations studied and supports the popular belief in the ubiquity of hierarchy. Statistically significant differences existed between organisational levels and job functions. These findings simply repeat what is well known from innumerable previous studies. Within limits, these differences are justified on functional grounds, but, as will be argued later, the extremely limited level of participation of employees at low levels of organisation raises a number of issues that are not related to function.

The extent of participation also differed significantly between countries and industrial sectors. Country differences were important in explaining the impact of laws and economic factors on behaviour. Country-based legislation, such as the German *Mitbestimmungsrecht*, or formal support measures for employee participation were significantly associated with the de facto influence enjoyed by lower levels of organisation. This affects the policy of national legislatures and of the European Community, which is trying to harmonise certain measures among its members. However, as I will explain later, in these studies, country differences did not support a theory of culture.

In all our samples and at all levels, the nature of the task (for instance strategic, tactical or routine) was significantly correlated with organisational level and with the influence given to individuals for the execution of that task. Participation varied more strongly by task than by nationality or personality. This also has implications for policy in as much as the design of tasks is under the control of management.

As already indicated, but worth repeating, competence (the experience and skill of employees) is an important factor in understanding organisational decision making. Competence was neglected in the past because it suggested elitism. However, it draws attention to the need for skill training and staff development.

It is unrealistic to expect participation on its own to increase a firm's overall profitability since many other economic factors will usually be more powerful. However, participation will improve the quality of decisions (see Table 5) and the competence and feelings of self-worth of employees. Consequently, if other factors are neutral, participation will always make a positive contribution to an organisation.

The findings from the TMDM project reported in this chapter deal only with the two most senior levels of organisation, but we see from Table 3 that the experience of middle managers suggests that between 13% and 32% of decisions are taken without any explanation to anybody. Perhaps, as a consequence, under-utilisation of competence is high (Table 6).

The other three studies cover all levels of organisation and it seems that the virtual absence of employee involvement at low levels, even in routine matters, is usually dysfunctional since it excludes useful information and experience from the decision-making process and cuts off valuable motivational energy (Heller, Pusic, Strauss & Wilpert, 1998).

Participation, whether formal or informal, has to be seen as achieving something worthwhile; otherwise, confidence will be lost. Therefore, it cannot be introduced coincidentally with making jobs redundant and, more generally, it will not prosper in the absence of trust.

Finally, recent research experience has shown that participation cannot be treated mechanistically and inserted like a cog into a section of machinery. To be successful, it has to reflect or be part of an organisation's human resources policy. In theoretical terms, it has to be conceived within a system's perspective (Heller et al., 1998).

Although the outcome of the four research projects has policy relevance at the macro, meso and micro level, application has lagged behind knowledge. At the organisational level, the conditions for success are quite demanding and transaction costs fairly high. At the national and European level, the situation has changed since the 1950s and democratisation is not as widely supported now as it was then. Going beyond the four projects mentioned in this chapter and looking at a wide range of additional evidence from research in different countries, the evidence is very unbalanced and, as stated above, on average, very little genuine participation percolates down the hierarchy to lower levels (Heller et al., 1998, chapter 5).

The future will depend on at least two developments: One is the shape of technology, the other the breadth and depth of education. For the time being, technology as applied, for instance, to banking, purchasing and interaction through the World Wide Web, tends to reduce the intimacy of the social nexus. At the same time, various forms of technical "interconnectedness" may increase. Impersonal participation through networks of computers and telephony will more frequently allow people to take part in voting, and various forms of debate, for instance through the internet. In the long run, given the nature of human gregariousness as documented through history and social psychology, the demand for more intimate 'eyeball to eyeball' forms of human participation is likely to reassert itself.

Nearly all research, including our own, shows a significant connection between level of education (and/or skill) and the extent of participation. As higher levels of education and skill training become more widely available through the growth of the knowledge society, we must expect that the demand for power sharing will increase. Our finding that competence is an antecedent to participation supports the expectation that, in the twenty-first century, organisations will find it advantageous to distribute influence more widely than at the moment.

4. A Note on Culture

The four multi-national research projects described in this chapter as well as another with which I have been associated (The Meaning of Working, MOW 1987) have not found that the culture concept adds usefully to the interpretation of findings. This does not mean that culture in its original anthropological sense is not a practical and appropriate approach to understanding diversity, but the term can be applied inappropriately (Roberts, 1970).

In recent decades the term 'culture' has been used where, previously, the literature talked of 'national character', which had certain quasi nationalistic overtones (Hamilton Fyfe, 1940). More frequently, the problem is that the term 'cross-cultural' is used when the more accurate description would be 'cross-national'. Within a national sample, for instance in the case of Great Britain, there are many sub-samples that could show significant differences, such as Welsh, Scottish, Irish (northern Irish), social class, gender differences etc. Each of the sub-samples could be labelled 'cultural', so what is left of British culture? In addition, from the point of view of applied social science, there is the problem of utility. What advantage is gained by claiming that a group of people belong to a certain culture, what advantage beyond using a less complex label such as British or French? In the case of research on organisations and management, which is the area of our group of research projects, cultural labels are not very helpful. Almost by definition, a 'cultural' characteristic cannot be changed, at least in the short term. So, if according to Hofstede (1991), German managers are said to have a highly masculine culture (meaning 'macho' behaviour) and we find that feminine leadership (giving emphasis to softer quality-of-life issues, like the Dutch) is more effective, what can we do to improve German organisational leadership? As the reader will observe, our own research found that German managers preferred slightly more centralised decision-making styles than managers in The Netherlands (see Table 2), but since we were not measuring 'culture', we believe that this marginal difference in average behaviour is amenable to reassessment through appropriate management development procedures. More important is the fact that our other findings (Table 1 and Table 4 for instance) about skill, experience and competence from the Dutch and German samples of senior managers have clear practical implications for participation and the utilisation of existing skills and experience.

I conclude that several of the problems relating to the use of the term culture have not yet been completely solved. In any case, finding similarities between national samples for certain dimensions has greater functional utility and more scientific interest than the doubtful exploration of national or cultural differences. Our own projects found important situational similarities in decision-making styles which apply to all our samples. Some of these differences are functional, others are dysfunctional, but all have policy relevance.

Notes

[1] This chapter incorporates material previously published in Theodore D. Weinshall (Ed.) "Societal Culture and Management", Berlin: Walter de Gruyter, 1993. The research reported in this chapter was supported by two substantial grants from the Economic and Social Research Council and the Tavistock Institute of Human Relations.

[2] The term organisational democracy is one of many terms used in the literature, for instance: participation, employee involvement, industrial democracy, empowerment etc. For the purpose of this essay they all describe forms of sharing influence among members of the organisation.

[3] The design of the project was quite complex. It included small, medium and large organisations and service and manufacturing samples and divided employees into high and low skilled. We also measured a number of contextual and contingent variables (see IDE, 1981a, b).

[4] The figures are derived from the Influence-Power-Continuum (IPC) by multiplying position 1 on the IPC by 5, position 2 by 4, and so on. The result of this weighting is then added up and divided by 100. This gives a single score to each manager for each of the 12 decisions. The average of these 12 scores is shown in Table 2.

[5] The more detailed evidence against personality as a major causal factor is reported in Heller, 1971; Heller et al., 1981 and Vroom & Yetton, 1973.

References

Haire, M., Ghiselli, E., Porter, L. W. (1966). Managerial thinking. New York: John Wiley & Sons.
Hamilton Fyfe, H. (1940). The illusion of national character. Watts: Thinkers Library.
Heller, F. A. (1971). Managerial decision making: A study of leadership styles and power sharing among senior managers. London: Tavistock Publication.
Heller, F. A. (1976). Group feed-back analysis as a method of action research. In: A. Clark (Ed.), Experimenting with organizational life: The action research approach. New York: Plenom Press.
Heller, F. A. (Ed.) (1992). Decision making and leadership. Cambridge: University Press.
Heller, F. A., Drenth, P., Koopman, P., Rus, V. (1988). Decisions in organisations: A three country study. London: Sage Publications.

Heller, F. A., Wilpert, B., Docherty, P., Fourcade, J. M., Fokking, P., Mays, R., Roig, B., Weinshall, T. D., t'Hooft, W. (1981). Competence and power in managerial decision making: A study of senior levels of organization in eight countries. Chichester: John Wiley & Sons.
Heller, F. A. (1998). Influence at work: A 25-Year Program of research. Human Relations 51, 1425.
Heller, F. A., Pusic, E., Strauss, G., Wilpert, B. (1998). Organizational Participation: Myth and Reality. Oxford: University Press.
Heller, F. A. (2000). Managing democratic organizations (Vol. I and II). Aldershot, Hants.: Ashgate Publishing Ltd.
Hofstede, G. (1991). Cultures and Organizations. London: McGraw Hill.
IDE (Industrial Democracy in Europe Research Group) (1981a). European industrial relations. Oxford: University Press.
IDE (Industrial Democracy in Europe Research Group) (1981b). Industrial democracy in Europe. Oxford: University Press.
IDE (Industrial Democracy in Europe Research Group) (1993). Industrial democracy in Europe revisited. Oxford: University Press.
Likert, R. (1961). New patterns of management. New York: McGraw-Hill.
Likert, R. (1967). The human organization. New York: McGraw-Hill.
MOW (Meaning of Working International Research Group) (1987). The meaning of working: an eight country comparative study. London: Academic Press.
MSC (Manpower Services Commission) (1987). The making of managers: A report on management education, training and development in the USA, West Germany, France, Japan and the UK. London: Manpower Services Commission, National Economic Development Office, Millbank.
Roberts, K. (1970). On looking at an elephant: An evaluation of cross-cultural research related to organizations. Psychological Bulletin 74, 327-350.
Servan-Schreiber, J. J. (1968). The american challenge. London: Hamish Hamilton.
Vroom, V. H, Yetton, P. (1973). Leadership and decision making. Pittsburg: University of Pittsburgh Press.
Weinshall, T. D. (Ed.). (1993). Societal culture and management. Berlin: Walter de Gruyter.

Teil II

Handlungsfelder interkulturellen Managements

7

Internationale Personalauswahl

Niels Bergemann und Andreas L. J. Sourisseaux

In der Folge zunehmender Globalisierung wirtschaftlicher Aktivitäten mit einer Zunahme der wirtschaftlichen Verflechtungen in Produktion und Handel, der internationalen Finanzströme und Investitionen sowie des raschen Wandels auf den weltweiten Absatzmärkten und der Zunahme des Innovationstempos, steigt in vielen Unternehmen der Bedarf an geeignetem Personal. Gefordert wird der *internationale Manager*, im engeren europäischen Rahmen der *Euro-Manager*. Dies gilt in besonderem Maße für deutsche Unternehmen, deren Ergebnisse im Vergleich zu denen anderer Länder zu einem hohen Prozentsatz durch Export oder Aktivitäten von Tochterfirmen im Ausland erwirtschaftet werden. Mit der Öffnung des europäischen Marktes 1993 und der rapiden Umwandlung der osteuropäischen Volkswirtschaften hat sich dieser Trend noch verstärkt. Es besteht insbesondere Bedarf an qualifizierten Führungskräften, die für Tochterfirmen oder Niederlassungen im Ausland tätig werden. Diesen im Ausland tätigen Mitarbeitern kommt eine Schlüsselrolle bei der Entwicklung internationaler Unternehmenstätigkeit zu. Sie müssen vielfältigen Anforderungen gewachsen sein. Ihre Entsendung ist zwar kostenintensiv, gleichzeitig liefern viele so genannte *Expatriates* einen wichtigen Beitrag zum Erfolg des Gesamtunternehmens. Aus diesen Gründen ist es für Unternehmen entscheidend, den Erfolg ihrer Mitarbeiter im Ausland sicherzustellen (Deller, 1996). Gleichzeitig nimmt die Zahl derjenigen Mitarbeiter zu, die vom Stammhaus aus international tätig sind und hierbei besondere Qualifikationen benötigen (Bergemann, 1994).

In dieser Situation gewinnen Führungskräfte- und Mitarbeiterauswahl für im Ausland zu besetzende Stellen internationaler oder multinationaler Unternehmen zunehmend an Bedeutung. Dies gilt umso mehr, als internationale Erfahrung bzw.

interkulturelle Kompetenz (vgl. Fritz & Möllenberg im vorliegenden Band) in immer größerem Maße auch ein obligates Qualifikationskriterium für wesentliche Karriereschritte im Stammhaus darstellen. Führungskräfteaustausch und -entsendung in andere Länder sind zwei konstituierende Elemente zur Bildung eines international erfahrenen Führungskräftestammes. Dieser Aspekt der Auslandsentsendung verdeutlicht den Zusammenhang von Personalauswahl, -beurteilung und -förderung als Facetten eines integrierten Personalentwicklungskonzeptes (vgl. den Beitrag von Wirth im vorliegenden Band).

Auch Untersuchungen über Misserfolge von Auslandsentsendungen und über den Abbruch von Auslandstätigkeit verweisen auf die Bedeutung einer geeigneten internationalen Personalauswahl. Zeira und Banai (1981) etwa fassen in einer Übersicht acht Studien zusammen und geben Misserfolgsraten zwischen 30 und 70 Prozent an, Lindner (1999) gibt eine Übersicht über 16 Untersuchungen im Zeitraum zwischen 1981 und 1997 ebenfalls mit Abbruchquoten von bis zu 70 Prozent; zu besonders hohen Abbruchquoten kam es bei Entsendungen in Entwicklungsländer, und es zeigten sich geringere Abbruchraten bei in Europa ansässigen Unternehmen – hier wiesen Studien unter 5 Prozent aus. Selbst wenn man berücksichtigt, dass es schwierig ist, zu definieren, wann eine Auslandsentsendung misslungen ist (z. B. stellt nicht jede vorzeitige Rückkehr einen Misserfolg dar), so machen diese Studien doch deutlich, dass bei der Entsendung von Personal in ausländische Niederlassungen oder Tochterfirmen besondere Schwierigkeiten auftreten können.

Der bedeutsamste Grund für unzureichende Leistung von Expatriates ist nicht etwa fehlende Fachkompetenz. Diese ist in der Regel hoch, da Auslandsentsandte meist aufgrund ihres Fachwissens ausgewählt werden. Die Betonung des Fachwissens liegt in der grundlegenden Überzeugung, dass eine Führungskraft, die im Inland führen kann, dies auch im internationalen Kontext könne. Die unzureichende Leistung von im Inland zunächst erfolgreichen Expatriates wird in der Regel auf Faktoren im interkulturellen Bereich zurückgeführt.

Tung (1988) belegt eine weit geringere Misserfolgsrate – gemessen an vorzeitiger Rückkehr oder Entlassung – bei europäischen und japanischen Firmen im Vergleich zu amerikanischen Unternehmen und sieht dieses Ergebnis in erster Linie in einem besseren Auswahlprozess begründet. Dabei muss betont werden, dass nicht allein Eigenschaften des Auslandsmitarbeiters selbst eine Rolle spielen; mangelnde Anpassungsfähigkeit des Ehepartners oder andere Familienprobleme waren mitentscheidend. Die Autorin befragte multinationale Manager amerikanischer, europäischer und japanischer internationaler Unternehmen nach Gründen für den Abbruch von Auslandstätigkeiten (Tung, 1982, 1988, vgl. Weber, Festing, Dowling & Schuler, 2001). Von den Befragten aus US-amerikanischen Unternehmen wurden in der Reihenfolge der Wichtigkeit folgende Abbruchgründe genannt:

1. Mangelnde Anpassungsfähigkeit des Ehepartners
2. Mangelnde Anpassungsfähigkeit des Managers
3. Andere Familienprobleme
4. Persönliche und emotionale Reife des Managers

5. Mangelnde Fähigkeit, mit der größeren Verantwortung im Ausland fertig zu werden.

Die japanischen Manager nannten folgende Gründe für den Abbruch von Auslandstätigkeit:

1. Mangelnde Fähigkeit, mit größerer Verantwortung im Ausland umzugehen
2. Schwierigkeiten mit der neuen Umgebung
3. Persönliche und emotionale Reife des Managers
4. Fehlen technischer Fähigkeiten
5. Mangelnde Anpassungsfähigkeit des Ehepartners.

In den europäischen Unternehmen wurde von den Befragten durchgängig nur ein Grund für den Abbruch von Auslandstätigkeiten angegeben: die mangelnde Fähigkeit des Ehepartners, sich an die neue Umgebung anzupassen.

Auch ist zu berücksichtigen, dass eine Auslandsposition für viele Expatriates kein angestrebtes Karriereziel ist und viele Manager einen Auslandsaufenthalt eher für karriereschädlich halten (Deller, 1996).

Ein weiterer Aspekt betrifft den Kostenfaktor: Fehlentscheidungen bei der Auswahl von ins Ausland zu entsendenden Führungskräften verursachen bei weitem höhere Kosten als Fehlbesetzungen von Führungspositionen im Heimatland – und diese Kosten werden in der Regel schon weit unterschätzt. Die Kosten, welche die Auslandsentsendung einer Führungskraft mit Familie verursacht, wurden bereits Anfang der Achzigerjahre auf etwa das Dreifache vom Inlandsgehalt geschätzt (Harvey, 1985). Zwar können die Kosten, die im Falle einer Fehlbesetzung mittelbar verursacht werden, in der Regel kaum genau abgeschätzt werden, sie müssen aber grundsätzlich als proportional zur Bedeutung der Position angenommen werden (vgl. Lindner, 1999).

Darüber hinaus sind die ebenso schwerwiegenden personalpolitischen Folgeschäden, der mögliche Schaden am Unternehmensimage im Land des Stammhauses und im Entsendungsland sowie die persönlichen Konsequenzen für den ins Ausland entsandten Mitarbeiter und dessen Familie in Betracht zu ziehen.

1. Grundlagen internationaler Personalauswahl

Die demographische Entwicklung lässt seit geraumer Zeit eine kleiner werdende Zahl an potenziellen Nachwuchsführungskräften für alle Bereiche der Wirtschaft erkennen. Aufgrund des quantitativ steigenden Bedarfs an qualifizierterem Nachwuchs kommt es zu einem markanten Wandel in der Ansprache potenzieller Mitarbeiter: Wurde vor kurzem noch schlicht der Begriff *Personalrekrutierung* verwendet, so spricht man heute von *Personalmarketing*. Tatsächlich wäre der Begriff *Arbeitsplatzmarketing* für den angesprochenen Sachverhalt zutreffender. Der Vergleich zum Produktmarketing liegt nahe. Modernes Produktmarketing versucht, einer relevanten Zielgruppe ein Produkt nahe zu bringen, indem es das

Produkt – über dessen unmittelbare Vorteile wie Aussehen, Preis, Qualität und Verfügbarkeit hinaus – mit ideellen Werten verbindet, die für die umworbene Käufergruppe wichtig sind (*added value*). Zum Beispiel werden eine umweltschonende Produktionsweise, das Firmenimage oder eine besondere Mitarbeiterorientierung des vertreibenden oder produzierenden Unternehmens hervorgehoben. In gleicher Weise versucht modernes Personal-, oder besser Arbeitsplatzmarketing, möglichst alle potenziellen Bewerber (sowohl firmenintern wie -extern) zu erreichen und über die Marketingfaktoren *Arbeitsplatz*, *Konditionen* und *Infrastruktur* hinaus das Unternehmen als Ganzes wie auch das Produkt in das *Personal-Marketing-Mix* zu integrieren. Wichtige Faktoren, die in geeigneter Form dargestellt werden müssen, sind Funktion des Arbeitsplatzes, Status der Position, Zahl der Mitarbeiter, Kompetenz, Vollmachten, persönliche Gestaltungsfreiräume, Entwicklungsmöglichkeiten, Partizipation bei Entscheidungen, die Konditionen (Gehalt, Sozialleistungen, Vertragsbedingungen) sowie Unternehmensgröße, Internationalität und Standort. Entscheidend wird jedoch zunehmend die Integration in gesamtunternehmerische Strategien, wobei auch einem Wertewandel im Allgemeinen und dem Wandel von Arbeitswerten im Besonderen (vgl. den Beitrag von Beerman & Stengel im vorliegenden Band) Rechnung getragen wird. Werden umweltverträgliche Produkte hergestellt? Wer sind die Kapitaleigner? Welches soziale Engagement zeigt das Unternehmen in der Öffentlichkeit? Herrscht eine innovative Unternehmenskultur? Besteht Einklang zwischen dargestellter und gelebter Unternehmensphilosophie? – Dies sind Fragen, die den Entscheidungsprozess potenzieller Bewerber für einen Arbeitsplatz bzw. für ein Unternehmen zunehmend beeinflussen.

Damit wird deutlich, dass die Interessen dss Unternehmens nur eine Seite des Rekrutierungsprozesses darstellen: Die Auswahl- und Entscheidungsprozesse des potenziellen Mitarbeiters für eine neue Position oder ein Unternehmen rücken vor dem oben dargestellten Hintergrund zunehmend in den Mittelpunkt. Warum entscheidet sich der eine Kandidat für, der andere gegen ein Arbeitsplatzangebot? Was sind die Bedingungen dieser Entscheidung? Warum entscheidet sich etwa der eine für eine Position im öffentlichen Dienst, der andere für ein Industrieunternehmen, oder wieder ein anderer für eine Auslandstätigkeit? Diese Fragen sind nicht allein für den Einzelnen relevant – bedeutet doch eine Fehlentscheidung Frustration und eine nicht optimale Entfaltungsmöglichkeit von Talent und Neigung –, sondern ebenso für das Unternehmen, etwa zur Ansprache möglichst vieler potenziell erfolgreicher Bewerber und der entsprechenden Ausgestaltung von Personalmarketing-Maßnahmen.

Diese Überlegungen gelten gleichermaßen für die internationale Stellenbesetzung. Welches sind mögliche Motive potenzieller Bewerber für eine Auslandstätigkeit? Sind Familienmitglieder von einer solchen Entscheidung mitbetroffen? Wenn ja, in welcher Weise? Inwieweit unterstützen diese die Entscheidung? Geht es einem Bewerber prinzipiell um eine Auslandstätigkeit oder strebt er eine Tätigkeit in einem bestimmten Land an? Sind besondere Auslandserfahrungen entscheidend für den Entschluss? Diese und weitere Fragen bezüglich der Entscheidungsbasis aufseiten des Bewerbers sind in diesem Zusammenhang von außerordentlicher Relevanz (vgl. Miller, 1973; Miller & Cheng, 1978).

Betrachtet man nun den Rekrutierungsprozess aus der Sicht des Unternehmens (oder allgemein der Organisation), so steht im nationalen wie im internationalen Rahmen am Anfang die Forderung, dass der Kandidat die an ihn gestellten Aufgaben erfolgreich lösen soll. Die Güte der Auswahlentscheidung hängt davon ab, inwieweit umfassende Informationen verfügbar sind. Hier sind vor allem Kenntnisse über Arbeitsinhalte und Arbeitssituation – welche die Bestimmung dessen erlauben, was als erfolgreiche Arbeit betrachtet wird – und nicht zuletzt Informationen über persönliche und fachliche Merkmale des Bewerbers zu nennen.

Bei einer Auswahlentscheidung für internationale Positionen stellen sich zunächst die gleichen Fragen wie bei nationalen Besetzungen, nämlich die der Kriteriendefinition, der Prädiktorenentwicklung sowie ihrer jeweiligen Operationalisierung und, nicht zuletzt, der Konstruktion eines Vorhersagemodells für den Auslandserfolg.

1.1 Kriterienproblem

Basis aller Auswahl- und Beurteilungsmodelle durch das Unternehmen ist die Art des Zusammenhanges zwischen Kriterium und Prädiktor.

Der Definition von Kriterien, von evaluativen Standards, anhand derer die Güte und Effizienz der individuellen Arbeitsleistung gemessen werden kann, kommt nicht nur bei der Entwicklung eines internationalen Auswahlsystems besondere Bedeutung zu, sondern ist bereits im nationalen Kontext entscheidend. Diese Kriterien legen im Falle einer Auslandsentsendung fest, was in einer bestimmten Organisation unter erfolgreicher Auslandstätigkeit verstanden wird. Sie bestimmen, was bei der Auswahl von Auslandsmitarbeitern vorhergesagt werden soll und bilden somit die Grundlage für die Entwicklung von Prädiktoren und Auswahlinstrumenten. Darüber hinaus legen sie die Standards fest, an denen später die Leistung des Mitarbeiters gemessen wird (*Personalbeurteilung*). Die Konzeptualisierung des so definierten Managementerfolgs hat allerdings bislang wenig theoretische und empirische Beachtung gefunden (vgl. Sarges, 1994).

Die Definition von Kriterien ist sicherlich eines der Schlüsselprobleme organisationspsychologischer Forschung. Nicht nur im Bereich der interkulturellen Managementforschung wird weniger von Kriterien als vielmehr von „Kriterienproblemen" gesprochen (Weinert, 1987). Dennoch kommen Unternehmen nicht umhin, im Sinne einer transparenten und motivationsfördernden Personalpolitik, die Kriterien erfolgreichen Handelns zu benennen und mitzuteilen.

Über das so genannte *ultimative Kriterium* (Thorndike, 1949), das Personalentscheidungen in der Regel zugrunde gelegt wird, besteht weitgehend Konsens: Für eine Auslandsposition sollte derjenige Kandidat ausgewählt werden, dessen individueller Beitrag zum Gesamtergebnis des Unternehmens am größten ist. Hofstee (1985) drückt es etwas formalisierter aus: Die Entscheidung sollte zugunsten jenes Kandidaten ausfallen, der die Bilanz aus materiellen und immateriellen Gewinnen für die Organisation abzüglich der Kosten bis zu dem Zeitpunkt, zu dem er die

Organisation verlässt, am höchsten positiv gestaltet. In der Praxis ist es jedoch unmöglich, diese Bilanz für ein Individuum auch nur annähernd zu berechnen. Es gilt also, dieses ultimative Kriterium durch messbare Kriterien zu ersetzen. Diese *tatsächlichen Kriterien* müssen praktikabel, reliabel und vor allem relevant sein, d.h. sie müssen dem ultimativen Kriterium möglichst nahe kommen.

Die Kriteriendefinition nimmt ihren Ausgang prinzipiell von der Arbeitsanalyse, wobei z. B. auf Arbeitsplatzbeschreibungen rekurriert wird. Im Rahmen einer internationalen Stellenbesetzung darf hierbei eine Kulturanalyse nicht fehlen.

1.2 Prädiktoren

In der Praxis werden mithilfe des am meisten angewendeten Auswahlinstrumentes, dem Interview, explizit wie implizit Daten erhoben, die als Operationalisierungen der Prädiktoren die Basis für die Auswahlentscheidung liefern. Dies sind Informationen zum Werdegang des Kandidaten, Erfolge in vorangegangenen Positionen, Merkmale der Person, Einstellungen, Meinungen und Eigenschaften, Kenntnisse und Fertigkeiten, die für die infrage stehende Position relevant sind, aber auch nur schwer fassbare und subjektive Variablen wie Stil, Ausstrahlung und Auftreten. Diese Informationen bewegen sich auf den Kontinua „objektiv vs. subjektiv" und „explizit vs. implizit"; eine Vielzahl von Auswahlentscheidungen wird tatsächlich aufgrund nicht explizit erhobener und nicht bewusster Sachverhalte getroffen.

Induktives Vorgehen ist zwar wissenschaftstheoretisch obsolet und als *Positivismus* verworfen, im Alltag und auch im Bereich der Personalauswahl jedoch eher die Regel: Die in der Vergangenheit gelieferten Erfolge eines Kandidaten gelten weithin, wenn auch ungeprüft, als gute Prädiktoren für den Erfolg einer infrage stehenden Position. Darüber hinaus werden ein bestimmtes Auftreten und bestimmte Antworten in der Interview-Situation oftmals ebenso wie formale Bildungsabschlüsse, spezifische berufliche Erfahrungen, aber auch Testleistungen, biographische Daten, Einstellungen, Werthaltungen und Motive sowie nicht zuletzt spezifisches Verhalten in Testsituationen etwa im *Assessment-Center* als Prädiktoren für das Kriterium herangezogen.

Die verschiedenen Prädiktoren sind mit unterschiedlichen Methoden zu erfassen (*Multitrait-Multimethod-Ansatz*), wobei die Gütekriterien der situativen Verfahren – zumindest aber die gewünschte Passung des Kandidaten mit dem Unternehmen – durch die Beurteilung mehrerer Beobachter verbessert werden können (*Multi-Rater-Ansatz*). Entscheidend bei der Beurteilung der Güte von eingesetzten Instrumenten ist vor allem die Frage nach der Validität, d.h. inwieweit das Instrument tatsächlich den angesprochenen Prädiktor erfasst. Validität setzt die Objektivität und Zuverlässigkeit (Reliabilität) der Erfassung voraus.

Insgesamt orientiert sich die Güte eines Prädiktors an folgenden Forderungen: Der Prädiktor muss zum einen objektiv, reliabel und valide, zum anderen in einer vom Betroffenen akzeptierten Art und Weise erfassbar sein.

1.3 Modelle der Auswahl und Beurteilung

Das traditionelle Auswahlmodell geht von einer linearen Beziehung zwischen *Prädiktor* und *Kriterium* aus. Dabei wird ausgehend von Arbeitsanalysen der „Erfolg" der Position bestimmt, und es werden Vorstellungen darüber entwickelt, welche Prädiktoren zur Vorhersage von Erfolg geeignet und wie diese zu messen sind (Informationen aus dem Interview, aus Tests etc.). Schließlich werden Hypothesen über die Art des Zusammenhanges zwischen Prädiktor und Kriterium formuliert. In einem solchen Vorhersagemodell werden die Prädiktoren zur Beurteilung von Bewerbern herangezogen und eine Auswahlentscheidung für den Kandidaten getroffen, der die höchsten Prädiktorwerte erhält; aus einem späteren Vergleich der Prädiktorwerte mit der Beurteilung der tatsächlich gezeigten Leistungen (Kriterium) lässt sich die Validität der Kriteriumsvorhersage ableiten.

Fraglos wirft dieses einfache Vohersagemodell Schwierigkeiten auf: So kann sicherlich nicht immer von einer linearen Beziehung zwischen Prädiktor und Kriterium ausgegangen werden. Eine Überqualifizierung kann z. B. bei eintönigen Arbeiten ein schlechtes Arbeitsergebnis zur Folge haben – hier wäre etwa ein kurvilinearer Zusammenhang anzunehmen. Wird hingegen von mehreren, voneinander unabhängigen Prädiktoren ausgegangen, so ist zu fragen, wie das Verhältnis der Prädiktoren zueinander beschaffen ist. Nach dem *Kompensationsmodell* kann eine niedrige Ausprägung auf einem Prädiktor durch eine hohe Ausprägung auf einem anderen ausgeglichen werden. Das *Multiple-Cutoff-Modell* hingegen legt Minimalwerte einzelner Prädiktoren fest, die der Kandidat erreichen muss. In ähnlicher Weise geht das *Modell des Profilvergleichs* von einem Idealprofil an Eigenschaften und Fertigkeiten (Prädiktoren) aus, die eine Person besitzen muss, um eine Position erfolgreich auszufüllen. Es wird derjenige Bewerber ausgewählt, dessen Eignungsprofil diesem Idealprofil am nächsten kommt. Das *Moderatorvariablenmodell* identifiziert individuelle wie situative Variablen, welche die Vorhersage verbessern. Der Prädiktor kann unterschiedliche Wirksamkeit für verschiedene Untergruppen der Bewerber haben, die anhand von so genannten Moderatorvariablen (z. B. Geschlecht, bestimmte Testwerte) unterschieden werden können. Andererseits kann auch die Situation moderierend wirken. Gefordert werden muss selbstverständlich, dass diese Moderatorvariablen weitestgehend unabhängig von Prädiktor und Kriterium sind.

Zunehmend ist zu beobachten, dass die traditionelle Auswahlstrategie, die *Personenselektion* (Auswahl eines Individuums für einen bestimmten Arbeitsplatz bzw. eine spezifische Aufgabe) durch eine *Bedingungsselektion* (Auswahl optimaler Arbeitsplatzbedingungen für bestimmte Individuen) und eine *Modifikationsstrategie* (Verhaltensmodifikation und/oder Bedingungsmodifikation) ergänzt wird. Dies bedeutet die enge Verknüpfung von Personalauswahl mit Personal- und Organisationsentwicklungsmaßnahmen und nimmt nicht nur Bezug auf das individuelle Leistungspotenzial, sondern auch auf Veränderungspotential des Unternehmens.

Abbildung 1 fasst das Verhältnis zwischen Prädiktoren bzw. deren Operationalisierungen und den Kriterien zusammen, wobei jeweils die Interdependenzen deutlich gemacht werden. Spezifische Situationen, etwa kultureller Hintergrund, sowie personenbezogene Eigenschaften moderieren dabei die Beziehungen zwischen Prädiktoren und Kriterien.

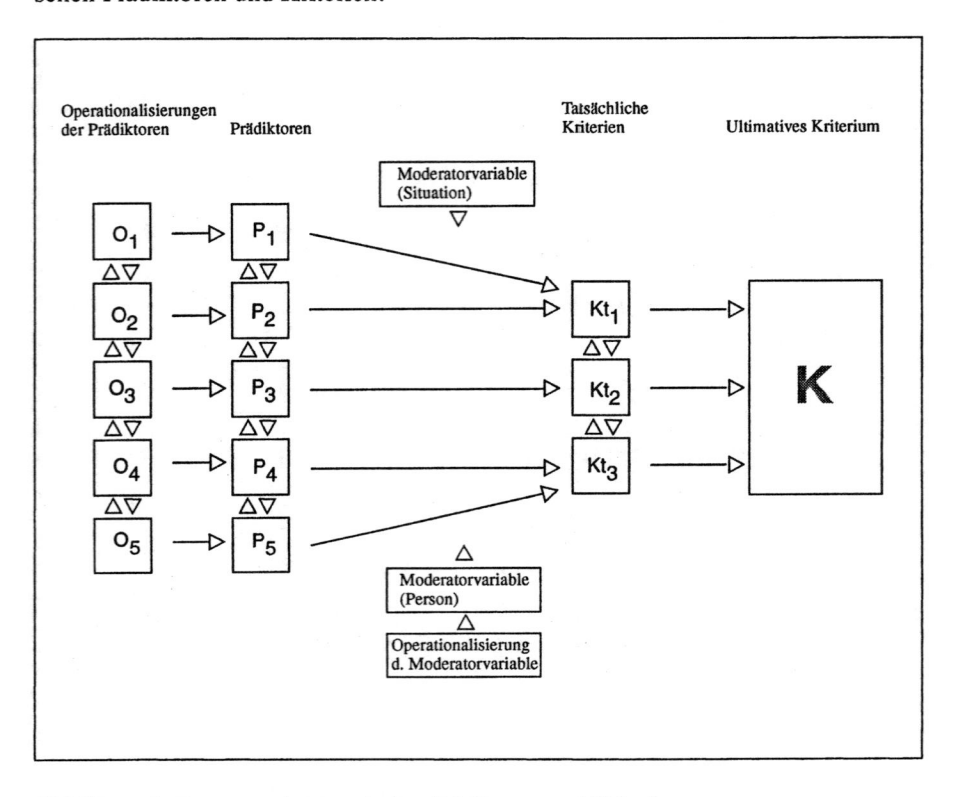

Abbildung 1: Zusammenhang zwischen Prädiktoren und Kriterien

1.4 Auswahlprozess

Ausgehend von der Kenntnis des Zusammenhanges zwischen Kriterium und Prädiktor erfolgt eine spezifische Personalansprache, mit der ein möglichst großer „Pool" an potenziell geeigneten Kandidaten erreicht wird. Es muss bei der Ansprache, der Vorauswahl und dem direkten Bewerberkontakt von unterschiedlicher Anwendung ein und derselben Prädiktoren ausgegangen werden. Abbildung 2 zeigt ein einfaches Schema des Auswahlprozesses.

Bereits zur Planung der Personalmarketingstrategie und zur Personalansprache müssen Kriterien und Prädiktoren, bzw. das Vorhersagemodell insgesamt, definiert sein. Diese müssen auch später bei der Beurteilung der Leistung und der Entwicklung des Mitarbeiters Anwendung finden. Die Ergebnisse der Beurteilung sind schließlich Grundlage zur Validitätsüberprüfung des Vorhersagemodells.

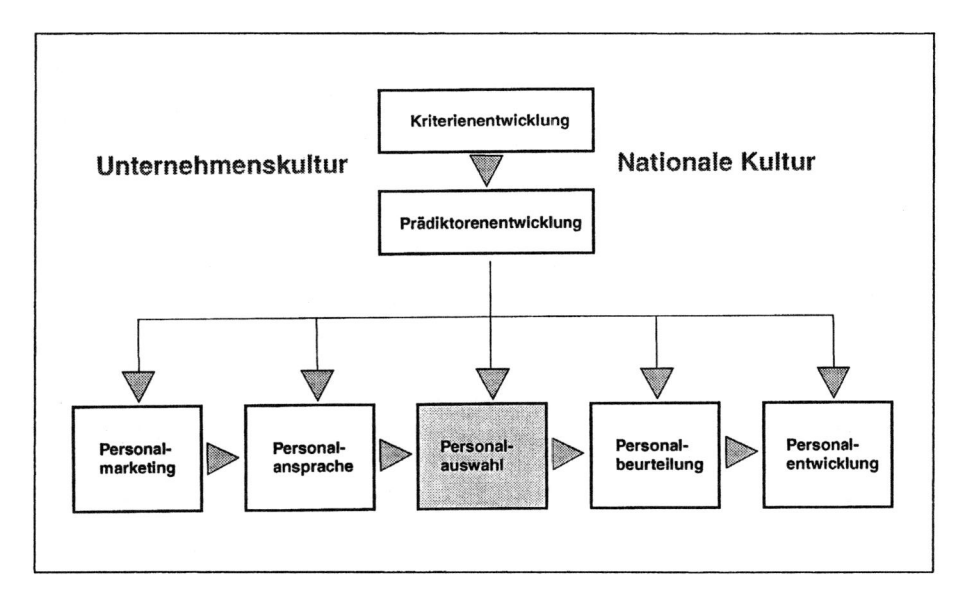

Abbildung 2: Personalauswahl im Rahmen eines internationalen Human Resources Managements

1.5 Entsendungsbereitschaft

Bereits oben wurde darauf hingewiesen, dass die Auswahlentscheidung durch das Unternehmen voraussetzt, dass der Mitarbeiter oder der extern zu rekrutierende Mitarbeiter eine Entscheidung dafür getroffen hat. Wirth (1992) untersucht die Gründe für eine Auslandsentsendung bzw. -tätigkeit aus Mitarbeitersicht. Es wurden Mitarbeiter international tätiger deutscher Unternehmen befragt. Während Mitarbeiter von Entsendungen in ein anderes Industrieland vor allem einen Karrierevorteil und eine berufliche Herausforderung erwarten, wird bei einer Entsendung in ein Entwicklungsland ein angemessenes Einkommen als wesentlich erachtet – zur Erhaltung des Lebensstandards oder als Kompensation für geringere Lebensqualität. Der pauschalen Aussage, in einem fremden Land arbeiten zu wollen, kommt die geringste Bedeutung für die Entsendungsbereitschaft von Mitarbeitern zu.

Als Gründe gegen eine Auslandstätigkeit sind etwa die ablehnende Haltung des Ehepartners oder die Befürchtung, die schulische Entwicklung der Kinder könne durch einen Auslandsaufenthalt beeinträchtigt werden, zu nennen. Aber auch die Befürchtung von Karrierenachteilen – besonders im eigenen Unternehmen – kann hier eine Rolle spielen.

Wie lässt sich die Entsendungsbereitschaft von Mitarbeitern durch das Unternehmen beeinflussen? Hier gilt es, zwischen *extrinsischen* und *intrinsischen* Determinanten zu unterscheiden (Weber et al., 2001): Faktoren der *intrinsischen Motivation* können die prinzipielle Mobilitätsneigung des Mitarbeiters, seine Einstellung gegenüber fremden Kulturen oder die Bewertung der Aufgabe im Ausland sein. Das Ausmaß der *extrinsischen Motivation* wird sowohl durch die positiven und negativen Anreize, die vom Gastland ausgehen, als auch durch das unternehmensspezifische Anreizsystem bestimmt. Kulturelle Attraktivität, Freizeitangebote oder die politische Situation stellen extrinsische Faktoren des Gastlandes dar, die Einfluss auf die Entsendungsbereitschaft des Mitarbeiters haben, finanzielle Kompensation und Karrieremöglichkeiten stellen Anreize dar, die das Unternehmen geben kann. Zusätzlich spielen etwa die Schulpflichtigkeit von Kindern oder die Berufstätigkeit des Ehepartners eine entscheidende Rolle.

Prinzipiell kann aber auch bei dieser Perspektive aus Mitarbeitersicht davon ausgegangen werden, dass diese Faktoren in unterschiedlichem Ausmaß als *Prädiktoren für den Auslandserfolg* zu beschreiben sind.

2. Grundsätzliche Besetzungsstrategien

Aus der obigen Darstellung geht hervor, dass der gesamte Auswahlprozess (unternehmens-)kulturellen Einflüssen unterliegt. Dies betrifft insbesondere Entscheidungen, welche als Erfolgskriterien definiert werden, aber auch die Wahl der Auswahlinstrumente und deren Ausgestaltung.

Darüber hinaus ist vor allem die häufig implizite Entscheidung über die *grundlegende Besetzungsstrategie* zu nennen, wobei mit Perlmutter (1969) vor allem die Frage angesprochen ist, welche Nationalität die Führungskräfte besitzen sollen, mit denen der internationale Personalbedarf gedeckt werden solle. Die Entscheidung reflektiert nicht nur die grundlegende Philosophie und Kultur des jeweiligen Unternehmens (vgl. Schneider, 1988), sondern schließt vor allem auch von vornherein potenziell geeignete Kandidaten aus.

Perlmutter (1965) unterscheidet hierbei drei Strategien (vgl. auch Perlmutter & Heenan, 1979; Wind, Douglas & Perlmutter, 1973;):

1. Besetzung von wichtigen Positionen in ausländischen Tochtergesellschaften durch Mitarbeiter aus dem Stammhaus oder zumindest aus dem Heimatland des Unternehmens (*ethnozentrische Besetzungsstrategie*);
2. Besetzungen ausschließlich durch Angehörige des Gastlandes (*polyzentrische Strategie*);
3. In inter-/multinationalen Unternehmen oder Organisationen werden Schlüsselpositionen weltweit mit den besten Kräften besetzt, unabhängig von ihrer Herkunft (*geozentrische Strategie*).

Eine stärkere Differenzierung der globalen Aktivitäten führte schließlich zu einer zusätzlichen *regiozentrischen* Orientierung, d.h. der Besetzung einer Position mit den besten Kräften aus einer Region (z. B. aus einem Kontinent).

In Tabelle 1 sind die Vor- und Nachteile der jeweiligen Strategie zusammengefasst (Scherm, 1999, S. 141).

Tabelle 1: Vor- und Nachteile internationaler personalpolitischer Grundhaltungen bzw. Besetzungsstrategien (nach Scherm, 1999, S. 141)

Strategie	Vorteile	Nachteile
Ethnozentrisch (Stammland)	• Einheitliche Unternehmens- und Sozialpolitik • Bessere Kommunikation zwischen Stammhaus und Auslandsgesellschaft • Keine kulturelle Distanz zwischen Führungskräften der Zentrale und den Auslandsgesellschaften • Persönliche Bekanntschaft der Interaktionspartner • Effektivere Kontrolle • Teilweise höhere Akzeptanz der Repräsentanten einer internationalen Unternehmung bei Gastlandsinstitutionen	• Langwieriger Eingewöhnungsprozess (Gefahr des Scheiterns hoch) • Beträchtliche Einkommensunterschiede zwischen Expatriates und Einheimischen • Vergleichsweise hohe Kosten • Begrenzung der Karrierechancen für Führungskräfte, die nicht aus dem Stammland kommen • Geringe Sensitivität für Probleme der lokalen Mitarbeiter • Widerstände gegen Expatriates • Teilweise: Interaktionsprobleme mit Gastlandsinstitutionen
Polyzentrisch (Gastland)	• Eingliederungsprobleme der Expatriates (und ihrer Familie) entfallen • Keine Kommunikationsprobleme mit lokalen Mitarbeitern (hohe Akzeptanz) • Kontinuität im Management der Auslandsgesellschaft • Entsendungskosten entfallen • Aufstiegschancen lokaler Führungskräfte in der Auslandsgesellschaft	• Uneinheitliche Unternehmenspolitik • Werte- und Loyalitätskonflikte • Kommunikations- und Interaktionsprobleme mit dem Stammhaus • Schwierige Kontrolle • Aufwendige Personalentwicklung zur Vermittlung der notwendigen Fach- und Führungsfähigkeiten • Unternehmenszentrale steht nur Mitarbeitern aus dem Gastland offen
Regio- bzw. geozentrisch (Stamm-, Gast- oder Drittland)	• Aufbau einer internationalen Führungsmannschaft • Förderung einer einheitlichen Unternehmenskultur • Geringe Gefahr der Verfolgung nationaler Interessen	• Sehr hohe Kosten aufgrund des umfangreichen grenzüberschreitenden Personaleinsatzes • Akzeptanz- und Loyalitätsprobleme in den Gesellschaften • Probleme bei der kulturellen Einbindung internationaler Führungskräfte • Zentrale Steuerung des Führungskräfteeinsatzes reduziert die Unabhängigkeit der Auslandsgesellschaften und verursacht Widerstände • Evtl. Probleme mit der gesetzlich vorgeschriebenen Beschäftigung lokaler Mitarbeiter

2.1 Ethnozentrische Strategie

In einer Untersuchung von Pausenberger und Noelle (1977) bei deutschen Großunternehmen werden als wichtigste Ziele der Auslandsentsendung in absteigender Reihenfolge angegeben: Sicherung der einheitlichen Leitung im Konzern, Kompensation fehlender einheimischer Führungskräfte, Know-how-Transfer, Entwicklung der Managementfähigkeiten des Entsandten, Gewährleistung einer einheitlichen Berichterstattung im Konzern, Ausbildung und Einübung einheimischen Führungspersonals, Präsenz der verschiedenen Aspekte in Entscheidungsgremien sowie Entwicklung eines globalen Bewusstseins bei den Führungskräften.

Die Ergebnisse dieser bereits in den 1970er Jahren durchgeführten Untersuchung machen deutlich, dass durch ethnozentrisches Vorgehen, also durch die Entsendung von Stammhausdelegierten, vor allem die Vermittlung der im Herkunftsland erfolgreichen Unternehmensphilosophie und -kultur angestrebt wird. Unter diesem Gesichtspunkt sind auch der personalentwicklerische Aspekt sowie der Fertigungs- und Verfahrenstransfer in das Gastland zu verstehen. Erst durch eine ethnozentrische Strategie kann sich nach Hofstede (1980) eine einheitliche Unternehmenskultur und Identität entwickeln. Diese allgemein akzeptierten Wertvorstellungen und Normen werden als entscheidende Erfolgsfaktoren gewertet (Heinen, 1987).

Entsandte Führungskräfte erfüllen dabei Koppelungsfunktionen zwischen Muttergesellschaft und Tochterunternehmen im Ausland (vgl. Pausenberger, 1983).

Abgesehen von den nach wie vor oftmals nur ungenügend gelösten Reintegrationsproblemen (vgl. den Beitrag von Hirsch im vorliegenden Band) und den relativ hohen Kosten einer Auslandsentsendung (siehe hierzu z. B. Kiepe & Habermann, 1984), ist der Umstand, dass einheimische Mitarbeiter – und diese sind im Tochterunternehmen in der Mehrzahl – an eine ausländische Führungsspitze berichten, als gravierendstes Problemfeld zu nennen (vgl. Hoffmann, 1977). Dabei spielen, wie Zeira (1976) belegt, auch Frustrationen einheimischer Mitarbeiter hinsichtlich der Entwicklung der eigenen Karriere eine Rolle. Wesentliche dysfunktionale Effekte ergeben sich darüber hinaus aber auch aus generellen, kollektiven Ängsten und Vorurteilen, denen nicht selten durch kulturunsensibles und kulturarrogantes Verhalten der Entscheidungsträger Vorschub geleistet wird. Dies trifft nicht nur auf Entsendungen in Dritte-Welt-Länder zu, in denen schnell Erinnerungen an Kolonialzeiten geweckt werden können, sondern auch beispielsweise auf die Entsendung von Deutschen oder Japanern in die USA; hier kann zum Teil ebenso leicht an empfindlichen Selbstverständnissen gerührt werden.

2.2 Polyzentrische Strategie

Vorteile polyzentrischer Besetzungsstrategien liegen auf der Hand: Die Integration der Tochterunternehmung im Gastland ist unproblematischer, wenn die Leitung einheimischen Führungskräften übertragen wird. Sprachprobleme entfallen, und die Kenntnis der Infrastruktur erleichtert den Einstieg in den ausländischen Markt. Insbesondere die Kontakte zu staatlichen Stellen gestalten sich oftmals reibungsloser. Ebenso entfallen innerbetriebliche Reibungsflächen, wenn die Führungsebene „dieselbe Sprache spricht". Darüber hinaus entstehen weder Entsendungskosten noch Reintegrationsprobleme.

Dem stehen jedoch gravierende Nachteile gegenüber: Ohne Entsendung von Stammhausangehörigen ist die Übertragung sowohl des technischen Know-how sowie von Kommunikationswegen und Unternehmenskultur erschwert. Die Koppelungsfunktion der Leitung des Tochterunternehmens kann nur erfüllt werden, wenn in die Schnittstellengestaltung zwischen Zentrale und Niederlassung investiert wird. Die Führungsebene der Tochtergesellschaft benötigt ein hohes Maß an Unternehmensloyalität, um die Koppelungsfunktion im Sinne des Gesamtunternehmens ausüben zu können.

2.3 Geo- und regiozentrische Strategie

Spielen bei der Besetzung einer Führungsposition in einem ausländischen Tochterunternehmen Staatsangehörigkeit und kulturelle Herkunft keine Rolle, kommt es also allein auf die Qualifikation an, so können multinationale Konzerne aus einem großem Reservoir an Kandidaten auswählen. Damit könnte die Entscheidung auch auf einen Drittlandangehörigen fallen, der weder die Nationalität des Stammhauses noch die des Gastlandes besitzt.

Diese „geozentrische" Besetzungsstrategie wird zwar vielfach als logische Entwicklung in multinationalen Unternehmen betrachtet, doch finden sich nur wenige Beispiele für eine Realisierung dieses Konzeptes.

Zwar ist es einerseits zutreffend, dass ein Drittlandangehöriger ohne kulturelle Bindungen zum Stamm- und zum Gastland auf ideale Weise zwischen Zentrale und Niederlassung vermitteln kann, da er doch in seiner Loyalität allein dem Gesamtunternehmen verpflichtet ist. Andererseits finden sich bei der Entsendung von Drittlandangehörigen die gleichen Nachteile wie bei ethnozentrisch eingesetzten Führungskräften. Ihr Einsatz verursacht zum einen hohe Kosten und kann Widerstände der gleichen Art wie gegen Entsandte aus dem Stammland wachrufen, sie besitzen zum anderen weder die intime Kenntnis des Gastlandes und der Sprache noch des wirtschaftlichen und politischen Umfeldes. Die „regiozentrische" Besetzungsstrategie versucht die Nationalität insofern zu berücksichtigen, als die Führungskräfte zumindest aus den jeweiligen Regionen (Kontinente, Subkontinente) stammen müssen.

2.4 Strategieentscheidung

Die Entscheidung für eine prinzipielle Besetzungsstrategie sowie deren Begründung reflektiert generelle (organisations-)kulturelle Einschätzungen, wie bereits Tung (1982) beim Vergleich der Auswahlkriterien amerikanischer, europäischer und japanischer multinationaler Konzerne belegt (vgl. Tabelle 2). Die Daten beruhen auf Befragungen von Entscheidungsträgern der jeweiligen Unternehmen. Es werden jeweils nur die wichtigsten Begründungen aufgeführt. Befinden sich in der

Tabelle 2: Begründungen für Strategieentscheidungen bei internationalen Stellenbesetzungen amerikanischer, europäischer und japanischer multinationaler Unternehmen nach Tung (1982; Erläuterung siehe Text)

Strategie	Begründung	USA	Europa	Japan
Ethnozentrisch	- Unterstützung in der Anfangsphase der Tochterfirma	70%	68%	
	- Transfer von technischem Know-how	68%	69%	
	- Entwicklung eines international orientierten Managements (Personalentwicklungs-Aspekt)		69%	
	- „Best person on the job"			55%
Polyzentrisch	- Kenntnis der lokalen soziokulturellen Gegebenheiten	83%	72%	
	- Sprachkenntnisse	79%	69%	
	- Geringerer Kostenaufwand	61%		
	- Public-Relation-Gründe	58%		
	- „Best person on the job"			68%
Geozentrisch	- Spezialkenntnisse	55%		
	- „Best person on the job"	53%	53%	

Tabelle keine Prozentangaben zu den Begründungen, so wurden diese von den Befragten nicht oder nur vereinzelt genannt.

Japanische Unternehmen setzen so gut wie keine Drittlandangehörigen ein, sodass hier entsprechende Begründungen entfallen. Darüber hinaus muss berücksichtigt werden, dass amerikanische und europäische Unternehmen deutlich mehr Personal in weniger entwickelte Länder entsenden als in Industrieländer, japanische Unternehmen hingegen auf allen Ebenen und weniger abhängig vom Personalangebot des Landes Mitarbeiter des Stammhauses einsetzen (Tung, 1982).

Multinationale Unternehmungen können je nach den Rahmenbedingungen einen oder mehrere der drei bzw. vier Ansätze internationaler Stellenbesetzungspolitik verfolgen. Dowling (1988) konnte bei Unternehmen in den USA eine relativ gleichmäßige Verteilung der Grundorientierungen von Stellenbesetzungsstrategien feststellen, ein hoher Anteil der Unternehmen verfolgte eine Mischstrategie. In einer neueren Studie berichtet Wunderer (1993) das Ergebnis einer Umfrage bei 16 Personalvorständen von Großunternehmen in Deutschland im Jahre 1991 sowie ihre Prognose für das Jahr 2000 – es zeigte sich in der Prognose vor allem eine Verringerung der ethnozentrischen zugunsten der geozentrischen Strategie (vgl. Weber et al., 2001).

Die Internationalisierungsstrategien von Perlmutter lassen sich nach Rall (1988) in einem „Internationalisierungsportfolio", d.h. einer Matrix abbilden, dessen Achsen durch „Globalisierungsvorteile" (Integration) sowie „Lokalisierungsvorteile" (Differenzierung) gebildet werden. Dabei sind die maßgeblichen Bezugspunkte die generellen Ziele des internationalen Engagements eines Unternehmens, allen voran höhere Gewinnchancen und Absatzsteigerung im Ausland oder Risikostreuung über Märkte und Kundengruppen (vgl. Scherm, 1999).

Die Wahl der grundsätzlichen Stellenbesetzungsstrategie hängt nach Perlmutter (1969; Heenan & Perlmutter, 1979) wesentlich von der Einstellung des Top-Managements bzw. von dem verwendeten Führungsstilkonzept ab. Weitere Einflussfaktoren, die im Zusammenhang mit den Personaleinsatz- bzw. Personalbereitstellungsstrategien im internationalen Kontext diskutiert werden, identifiziert Scherm (1999). Er unterscheidet vier Gruppen von Einflussfaktoren:

Stammhaus bzw. Unternehmenszentrale:
- Grundeinstellung zur internationalen Geschäftstätigkeit und daraus abgeleitete Unternehmensstrategien,
- Organisationsstruktur,
- Internationalisierungsgrad,
- Unternehmenskultur.

Umweltbedingungen des Gastlandes: z. B.
- Rechtliche und politische Rahmenbedingungen,
- Qualifikationsniveau (Lebensstandard),
- Lokale Arbeitsmarktsituation,
- Einflüsse relevanter Interessengruppen.

Merkmale der Auslandsgesellschaft: z. B.
- Alter,
- Größe,
- Technologie,
- Branche,
- Beteiligungsgrad,
- Erfolgssituation,
- Anzahl unternehmerischer Funktionen.

Individuelle Merkmale:
- Bereitschaft zum Auslandseinsatz,
- Familiäre Situation.

Die Bedeutung der jeweiligen Einflussfaktoren wird von den Zielen beeinflusst, die mit der Entsendung von Mitarbeitern ins Ausland verbunden sind. Sie ergeben sich aus den Rahmenbedingungen der Unternehmenstätigkeit. Scherm (1999) unterscheidet drei Zielkategorien:

1. *Transfer von Know-how:*
Mit Know-how-Transfer ist die Übertragung von technologischem Wissen sowie von Managementkenntnissen, aber auch die Reduktion von Defiziten bei geeigneten und qualifizierten Bewerbern gemeint.

2. *Koordination und Kontrolle der Unternehmenseinheiten:*
Mit diesem Zielkomplex sind die Steuerungsaktivitäten angesprochen, die eine personenbezogene Komponente umfassen. Die Schaffung einer gemeinsamen Un-

ternehmenskultur, die Gestaltung von persönlichen Kontakten u.a. zur Sicherung von Interessen, die Implementierung bestimmter Verhaltensweisen sowie von Koordinations- und Kontrollinstrumenten durch entsprechend handelnde Personen.

3. *Führungskräfteentwicklung*:
In international tätigen Unternehmen spielt die Auslandsentsendung als Element der Personalentwicklung insbesondere von Führungskräften eine wichtige Rolle. Hierzu zählen die Sammlung internationaler Erfahrungen und der Erwerb einer internationalen Perspektive anstelle nationaler Sichtweisen für das Management.

Die verschiedenen Zielkategorien sind nicht isoliert voneinander und müssen in jeder internationalen Unternehmung nebeneinander und mit jeweils verschiedener Gewichtung betrachtet werden.

Es muss betont werden, dass es – unter Berücksichtigung aller Vor- und Nachteile der unterschiedlichen Stellenbesetzungsstrategien – nicht *die* einzig richtige Strategie gibt. Entscheidend für den Erfolg einer Vorgehensweise ist vor allem die jeweilige Unternehmenskultur, die bei der prinzipiellen Strategieentscheidung die wesentliche Rolle spielt – und auch *explizit* spielen sollte.

Das Vermarkten der nationalen Identität vom Unternehmen ist in vielen Firmen wesentlicher Bestandteil des erfolgreichen Produktmarketing (z. B. „made in Germany"). Die Verwurzelung in einem Stammland prägt eine eigene Unternehmenskultur, die auf eine besondere Weise Identität schafft und vielfach als erfolgsleitend betrachtet wird. Je stärker sie ausgeprägt ist, umso poly- oder geozentristischer lässt sich möglicherweise bei der Stellenbesetzung vorgehen.

Das Herausstellen des Herkunftslandes kann jedoch auch weniger vorteilhaft sein, ebenso kann der Firmenname dem Konsumenten unbekannt sein – hier schafft möglicherweise allein der Produktname Identität. Auch in solchen Fällen muss die Entscheidung für eine Entsendungsstrategie der spezifischen Situation Rechnung tragen.

Aus der grundlegenden Entscheidung für eine Besetzungsstrategie und der Personalbedarfsplanung resultieren die entsprechenden Ressourcen. Wird unternehmensintern, aus dem Stammhaus oder auch aus anderen Tochterfirmen rekrutiert? Kann der Bedarf überhaupt intern gedeckt werden, oder sind Neueinstellungen notwendig? Diese Fragen berühren nicht allein Aspekte des Personalmarketing und der -rekrutierung, sondern knüpfen an Fragen der Personal- und Organisationsentwicklung an.

3. Personalbeschaffung in internationalen Unternehmen

Eine geeignete Personalbedarfsermittlung gibt Auskunft über die Anzahl und die Qualifikationen von Mitarbeitern, die für die Zielerreichung erforderlich sind. Die Rekrutierung kann *unternehmensintern oder -extern* erfolgen, wobei im internationalen Kontext gegenüber allein national agierenden Unternehmen einige weitere Aspekte hinzukommen (vgl. Scherm, 1999):

- Die unternehmensinterne Rekrutierung kann auch grenzüberschreitend erfolgen;
- Speziell für den Auslandseinsatz, aber auch – in abgeschwächter Form – für die grenzüberschreitende Kommunikation und Zusammenarbeit national besetzter Stellen bestehen zusätzliche Anforderungen, die eine Rekrutierung in speziellen Arbeitsmarktsegmenten erfordern;
- Die unternehmensexterne Rekrutierung steht sehr heterogenen Arbeitsmarktbedingungen gegenüber, wobei die Art des Auftretens als Nachfrager auf dem Arbeitsmarkt vom jeweiligen Internationalisierungsmodell abhängt;
- Nationale Unterschiede der potenziellen Mitarbeiter müssen im Rahmen des Personalmarketings besonders berücksichtigt werden.

3.1 Unternehmensinterne Rekrutierung

Die Vorteile interner Rekrutierung sind insbesondere die geringeren Einarbeitungskosten, da der Mitarbeiter bereits Kenntnisse über unternehmensspezifische Sachverhalte besitzt und die Unternehmenskultur kennt. Darüber hinaus kann ein Auslandseinsatz auch im Sinne eines Karriereschritts Bestandteil von Personalentwicklungsmaßnahmen darstellen; auch bedeutet die interne Rekrutierung ein wesentlich geringeres Auswahlrisiko als die externe, da die Informationsgrundlage aufgrund bereits vorliegender Leistungs- und Potenzialbeurteilungen deutlich besser ist.

Eine internationale Unternehmung hat grundsätzlich drei Quellen zur internen Deckung des Personalbedarfs in einer Auslandsgesellschaft: (1) die Stammunternehmung (Unternehmenszentrale), (2) die Auslandsgesellschaft, in welcher der Personalbedarf besteht (Gastlandunternehmung), und (3) die übrigen Gesellschaften in so genannten Drittländern (Scherm, 1999).

Aufgrund der Auswahlrisiken bei einer externen Personalbeschaffung dominiert die interne Rekrutierung für die Stellenbesetzung von Auslandspositionen. Die empirische Bestandsaufnahme im Rahmen des *Cranfield Project on Strategic International Human Resource Management* (vgl. Weber et al., 2001), einer europaweiten Untersuchung in insgesamt 3.165 international tätigen Unternehmen, ergab, dass besonders im mittleren Management mit 75,8 Prozent weit überwiegend eine interne Personalbeschaffung erfolgt, im Top-Management betrug der Anteil mit 53,1 Prozent deutlich weniger; im unteren Management wurden 64 Prozent der Stellen intern besetzt.

3.2 Unternehmensexterne Rekrutierung

In international tätigen Unternehmen ergeben sich im Vergleich zu rein national tätigen Unternehmungen erhebliche Unterschiede bei der externen Rekrutierung (Scherm, 1999):

- Gleiche oder ähnliche formale Qualifikationen sind nicht zwangsläufig vergleichbar,
- die erforderlichen formalen Qualifikationen fehlen häufig im Ausland,
- Arbeitsmarktbedingungen sind unterschiedlich (hinsichtlich sozialer, rechtlicher, zeitlicher Aspekte sowie z. B. der Konkurrenz),
- Erwartungen der Arbeitskräfte differieren mit dem unterschiedlichen nationalen bzw. soziokulturellen Hintergrund,
- Beschaffungspraktiken unterscheiden sich von Land zu Land.

Horsch (1995) zeigt, dass nur in etwa der Hälfte der von ihm befragten Unternehmen Mitarbeiter, die in naher Zukunft ins Ausland entsandt werden sollten, extern rekrutiert wurden. Eher kleinere Unternehmen, die erst seit kurzer Zeit international tätig waren, suchten Mitarbeiter für Auslandspositionen unternehmensextern.

Bei der externen Rekrutierung von Führungskräften wird das relativ große Stellenbesetzungsrisiko vielfach durch den Einsatz externer Berater aufgefangen. Die Ergebnisse der europaweit angelegten *Cranfield*-Studie (vgl. Weber et al., 2001) zeigen, dass externe Berater vor allem für die Rekrutierung von im internationalen Kontext tätigen Führungskräften der oberen Hierarchieebenen herangezogen werden.

4. Anforderungen an ein internationales Auswahlverfahren

Die Güte einer Personalentscheidung bestimmt das Risiko einer Fehlbesetzung – dies trifft für den nationalen wie für den internationalen Kontext zu. Es gilt, das Risiko einer Fehlbesetzung zu minimieren, indem der oben dargestellte Zusammenhang zwischen den Operationalisierungen der Prädiktoren und den tatsächlichen Kriterien optimiert wird.

Allerdings liegen nur vereinzelt empirische Befunde zu dieser Problematik vor, und es mangelt insgesamt an einer Integration dieser vereinzelten und uneinheitlichen Befunde in einen theoretischen Rahmen, der eine Konzeptualisierung des Beurteilungs- und Auswahlprozesses im Sinne eines Vorhersagemodells erlaubt. Die Entwicklung von Modellen und Methoden der Mitarbeiterauswahl – wie auch der Beurteilung und Förderung – im Hinblick auf einen Auslandseinsatz sowie deren Einbindung in einen theoretischen Rahmen steht noch aus.

Zusammenfassend sind folgende Anforderungen an die Entwicklung eines Vorhersagemodells der internationalen Personalauswahl zu stellen:

1. Identifikation bzw. Festlegung des Kriteriums bzw. der Kriterien,
2. Bestimmung von Beziehungen der Kriterien zueinander,
3. Identifikation der Prädiktoren und deren Beziehungen zueinander,
4. Bestimmung des Gewichts, das den einzelnen Prädiktoren unter spezifischen Bedingungen zukommt,

5. Konzeptualisierung dieser spezifischen Bedingungen als situative- und personelle Moderatorvariablen.

Erst wenn diese Punkte erfüllt sind, kann von einer Theorie des Auslandserfolges gesprochen werden, die etwa die Formulierung von Hypothesen über den Zusammenhang der einzelnen Bestimmungsstücke erlaubt.

Dann erst kann beispielsweise die Aussage überprüft werden, dass unterschiedliche Positionen und Aufgaben der Auslandstätigkeit auch unterschiedliche Anforderungen an eine Führungskraft stellen. Auch der Einfluss unterschiedlicher Entsendungsarten, z. B. kurzfristige Interventionen, langfristige Unternehmensleitung oder auch nur kurzfristige Know-how-Vermittlung kann erst dann bestimmt werden, ebenso wie der Einfluss der geographischen Region des Auslandseinsatzes – ein Aspekt, dem unseres Erachtens im Auswahlprozess meist eine zu geringe Bedeutung beigemessen wird. Beispielsweise kann nicht ohne weiteres davon ausgegangen werden, dass der langjährig in den USA „auslandserfahrene" Manager sein Auslands-Know-how auf Asien übertragen kann. Darüber hinaus muss auch Berücksichtigung finden, dass der Zusammenhang zwischen Prädiktor und Kriterium individuellen, in der Person des Einzelnen liegenden Bedingungen (d.h. *personellen Moderatorvariablen*) unterliegt.

Damit sind für die Praxis Instrumente und Verfahren notwendig, die zwei Zielrichtungen verfolgen:

1. die Vorhersage des Erfolges einer Person auf einer spezifischen Position im Ausland sowie die Abschätzung des Grades der Generalisierbarkeit der Vorhersage, und
2. eine Beurteilung des Förderungs- und Trainingspotenzials der Führungskraft bzw. des Mitarbeiters im Hinblick auf einen möglichen Auslandseinsatz.

5. Status quo internationaler Personalauswahl

Im vorangegangenen Abschnitt wurden die Anforderungen dargelegt, die an ein *optimales* Personalauswahlsystem für internationale Stellenbesetzungen zu stellen sind. Im Folgenden soll nun der aktuelle Stand betrachtet werden. Was genau wird in Forschung und Praxis unter Auslandserfolg verstanden? Wie wird Auslandserfolg gemessen? Welche Prädiktoren sagen Auslandserfolg vorher? Mit welchen Instrumenten und Verfahren wird die Eignung der Kandidaten für internationale Positionen gemessen? Wie gestaltet sich der Auswahlprozess?

Es zeichnet sich dabei sowohl für die Praxis der internationalen Personalauswahl als auch für die Forschung ein insgesamt wenig befriedigendes Bild ab. Die entscheidenden Problemfelder der internationalen Personalauswahl werden in Abschnitt 5.4 nochmals hervorgehoben.

5.1 Kriterien erfolgreicher Auslandstätigkeit

In den Kriterien spezifiziert die Organisation, was sie unter erfolgreicher Auslandstätigkeit versteht. Der gesamte Auswahlprozess hat zum Ziel, jenen Kandidaten auszuwählen, dessen vorhergesagter Kriteriumswert vor dem Hintergrund der zu besetzenden Stelle optimal ist. Dabei sind verschiedene *Operationalisierungen von Auslandserfolg* denkbar:

Erfolg bzw. Misserfolg wird gleichgesetzt mit den Ergebnissen der betrieblichen *subjektiven Leistungsbeurteilung*. Dabei beurteilen in der Regel die Vorgesetzten einmal im Jahr die Leistung ihrer Mitarbeiter hinsichtlich vorab definierter Dimensionen. Gegenstand der Beurteilung sollte hierbei das beobachtbare Arbeitsverhalten und das Ausmaß der Zielerreichung sein (*Management by Objectives*). An beobachtbarem Verhalten orientierte Skalenentwicklungen, z. B. die *Behaviorally Anchored Rating Scales* (BARS, vgl. Schwab, Heneman & DeCoitis, 1975) und die *Behavioral Observation Scales* (BOS, vgl. Latham, Fay & Saari, 1979) scheinen dabei typische Beurteilungsfehler zu verringern. Zwar ist es fast durchgängige Praxis, jedoch nicht zwingend, dass die Leistung eines Mitarbeiters durch dessen Vorgesetzten beurteilt wird. Denkbar ist auch eine Beurteilung der Leistung durch Kollegen, durch unterstellte Mitarbeiter und auch eine Selbstbeurteilung.

Der Erfolg bzw. Misserfolg eines Kandidaten in einer bestimmten Position kann ebenso mittels *objektiver Leistungsmessung* erfasst werden. Diese Klasse von Kriterien setzt ein zählbares Produkt der Arbeitsleistung voraus. So wäre es etwa denkbar, den Erfolg des Vertriebsleiters einer Auslandstochter ausschließlich an der Höhe des erzielten Umsatzes oder des Marktanteils zu messen. Dies setzt natürlich voraus, dass der erzielte Umsatz ausschließlich auf die Arbeitsleistung des Individuums zurückführbar ist (und nicht auf instabile Umweltfaktoren wie beispielsweise Wechselkursschwankungen, Handelsrestriktionen u.ä.). Es gibt sicherlich nur sehr wenige Positionen in Organisationen, bei denen Leistung derart eindeutig und objektiv quantifizierbar ist (vgl. v. Rosenstiel, Molt & Rüttinger, 1988).

Eine andere Klasse von Kriterien wird als *pseudo-objektive Leistungsmessung* bezeichnet. Hierunter fallen Erfolgsindikatoren wie etwa Absentismus, Fluktuation, Verhältnis zwischen geplanter und tatsächlicher Entsendungsdauer. Bei diesen evaluativen Standards stellt sich jedoch prinzipiell das gleiche Problem wie bei der objektiven Leistungsmessung. Wenn ein Auslandsmitarbeiter beispielsweise seine auf drei Jahre angelegte Entsendung bereits nach einem Jahr abbricht, so kann dies die unterschiedlichsten Gründe haben: Der Mitarbeiter könnte beispielsweise tatsächlich seiner Aufgabe im Ausland nicht gewachsen sein (dann wäre das Verhältnis zwischen geplanter und tatsächlicher Entsendungsdauer ein relevantes Kriterium), er könnte aber ebenso gut von der Unternehmenszentrale zurückgerufen worden sein, etwa um im Stammhaus ein dringendes Problem zu lösen (in diesem Fall wäre das vorzeitige Abbrechen ein irrelevantes Kriterium).

Eine weitere Klasse von Kriterien bezeichnen Landy und Rastegary (1989) als *Hands-on-Measures*. Dabei müssen die Mitarbeiter zu einem bestimmten Zeitpunkt eine a priori festgelegte Arbeitsprobe unter kontrollierten Bedingungen abliefern. Diese Arbeitsprobe stellt in der Regel einen besonders wichtigen Aspekt der Arbeitsleistung dar, der beispielsweise mit der *Methode der kritischen Ereignisse* (Flanagan, 1954) ermittelt werden kann. Positiv bewertet wird die Leistung des Mitarbeiters dann, wenn er diese Arbeitsprobe entsprechend vorab definierter Standards bewältigt. Arbeitsproben sind zwar eher als Prädiktoren bekannt (z. B. als Bestandteil eines Assessment-Centers), finden aber auch zunehmend als Kriterien Verwendung. Dieses inhaltsorientierte Vorgehen birgt auf den ersten Blick einen gravierenden Nachteil: Indem man sich bei der Kriterienformulierung sehr eng an den Charakteristiken des Arbeitsplatzes orientiert, gelangt man zwar zu relevanten Kriterien für diesen spezifischen Arbeitsplatz; die Generalisierbarkeit dieser Kriterien auf andere Arbeitsplätze ist jedoch nur schwer möglich. Dass dies aber nicht unbedingt nachteilig sein muss, wird in Abschnitt 6 dargelegt.

Die Verwendung einer dieser Kriterienklassen schließt natürlich die gleichzeitige Verwendung einer anderen nicht aus. Vieles spricht dafür, den Erfolg einer Arbeitstätigkeit anhand mehrerer Kriterien zu messen (vgl. z. B. Weinert, 1987). Dabei kann es sich, je nach Fragestellung, als sehr hilfreich erweisen, Kriterien aus den Bereichen der subjektiven Leistungsbeurteilung, der (pseudo-) objektiven Leistungsmessung und der *Hands-on-Measures* zu kombinieren.

Soweit zu den *möglichen* Operationalisierungen von Kriterien. In der Realität zeigt sich jedoch ein anderes Bild. Dies veranlasst Tucker (1974) von einem „Kriterienproblem" zu sprechen, das er bei der Definition des Entsendungserfolges feststellte. Erfolg im Ausland werde niemals präzise definiert oder gemessen. Ronen (1986) kritisiert, dass in der Praxis der internationalen Personalauswahl geprüfte Kriterien erfolgreicher Auslandstätigkeit *völlig* fehlen. Dies ist unseres Erachtens noch zu optimistisch formuliert. Tatsächlich fehlen meist nicht nur geprüfte Kriterien, sondern auch ungeprüfte. Mit anderen Worten, die Leistung eines Auslandsmitarbeiters, die ja letztendlich vorhergesagt werden soll, scheint in der Praxis der internationalen Personalauswahl wenig zu interessieren. In der Regel begnügt man sich mit dem abstrakten, ultimativen Kriterium, oder es werden Kriterium und Prädiktor miteinander verwechselt.

Nicht sehr viel anders ist die Situation im Bereich der interkulturellen Managementforschung. Wird in einer Studie einmal explizit ein Kriterium genannt und gemessen – was selten genug vorkommt –, so handelt es sich hierbei fast ausschließlich um das *allgemeine Anpassungsvermögen* des Mitarbeiters an die Kultur des Gastlandes (*cross-cultural adjustment*, Black, 1990; *acculturation*, Mendenhall & Oddou, 1985). Damit sind Anpassungsleistungen an allgemeine Merkmale einer Kultur (z. B. Essen, Wetter, Einkaufs- und Unterhaltungsmöglichkeiten, Infrastruktur u. Ä.) gemeint.

Das Anpassungsvermögen ist in der Regel eindimensional konzeptualisiert und wird z. B. mit Torbiörns (1982) *General Adjustment Scale* erfasst. Die Auslandsmitarbeiter beurteilen während oder nach dem Auslandsaufenthalt ihr Anpassungsvermögen selbst. Es wird entweder direkt erfragt („Wie gut oder schlecht haben Sie sich an das Essen im Gastland gewöhnt?"), oder aber es wird von der

Zufriedenheit auf das Anpassungsvermögen geschlossen („Wie zufrieden oder unzufrieden sind Sie mit dem Essen im Gastland?"). Somit liegt hier ein Kriterium vor, das auf einer subjektiven Selbstbeurteilung beruht.

Black (1990) kritisiert die eindimensionale Konzeptualisierung des Anpassungsvermögens und schlägt drei faktorenanalytisch gewonnene Dimensionen vor: *generelle Anpassung* (entspricht der *General Adjustment Scale*), *Anpassung an die lokale Arbeitssituation* (Arbeitsplatzverantwortlichkeiten, Leistungsstandards, Planungs- und Arbeitstechniken) und *Anpassung an lokale Interaktion* (Zusammenarbeit mit einheimischen Kollegen und Kunden, Führung einheimischer Mitarbeiter, Kontakt mit Einheimischen auch außerhalb des beruflichen Umfeldes). Auch hier beurteilen die Auslandsmitarbeiter ihre Anpassungsleistung auf den drei Dimensionen selbst.

Kealey und Ruben (1989; vgl. Twisk, 1995) unternehmen den Versuch, das Kriterium „internationale Effektivität" zu definieren. Ihre Definition besteht aus drei Komponenten:

1. *Individuelle (und familiäre) Anpassung und Zufriedenheit*
2. *Berufliche Kompetenz*
3. *Interkulturelle Interaktion*

Möchte man diese Definition als Maßstab für den Erfolg eines Auslandseinsatzes heranziehen, etwa um die Validität eines Auswahlverfahrens zu evaluieren, sind folgende Punkte zu beachten (vgl. Scherm, 1999):

Einzelkomponenten können ein unzutreffendes Bild des Entsendungserfolgs vermitteln:
Die angeführten Komponenten sind nicht immer voneinander unabhängig. So ist das Wohlbefinden der Familie eine wichtige Voraussetzung für die berufliche Leistung des Entsandten; allerdings kovariieren die drei Komponenten auch nicht vollständig.

Selbsteinschätzungen müssen durch Fremdbeurteilungen ergänzt werden:
Entsendungserfolg wird oft anhand von Selbsteinschätzungen bestimmt – dies kann zu Verzerrungen führen, da Selbsteinschätzungen sich häufig von Fremdeinschätzungen unterscheiden.

Einseitige Kausalschlüsse sind zu vermeiden:
Häufig kann zwischen Ursache und Wirkung von Auslandserfolg nicht unterschieden werden: wenn sich ein Entsandter in der Landessprache verständigen kann, stellt dies fraglos eine gelungene Anpassung dar; allerdings ermöglicht erst ein gewisses Maß an Sprachfertigkeit den Kontakt mit den Einheimischen und damit die Anpassung an das Gastland.

Prädiktoren der beruflichen Effektivität sind möglicherweise schlechte Prädiktoren der Eingewöhnung im Gastland:
Die Ergebnisse zweier Längsschnittstudien (Kealey, 1989; Ruben & Kealey, 1979; vgl. Stahl, 1995) deuten darauf hin, dass bestimmte Personenmerkmale so-

wohl mit Eingewöhnungsproblemen als auch mit beruflicher Effektivität im Ausland einhergehen. In der Studie von Ruben und Kealey (1979) hatten Mitarbeiter, denen die Relativität ihrer Werthaltungen bewusst war, die ausgeprägtes Einfühlungsvermögen zeigten und offen auf Menschen zugehen konnten, zwar anfangs unter erheblichen Eingewöhnungsschwierigkeiten zu leiden, fanden sich aber später am besten im Gastland zurecht.

Zusammenfassend kann festgehalten werden, dass die Praxis der Kriterienverwendung bei der Auswahl für Auslandsentsendungen die Frage nach der Angemessenheit der verwendeten Kriterien im besonderen Maße aufwirft. In der Literatur finden sich keine geprüften Kriterien, mit deren Hilfe Auslandserfolge objektiv oder zumindest pseudo-objektiv gemessen oder auch nur fremdbeurteilt – beispielsweise durch Angehörige des Gastlandes, z. B. einheimische Kollegen, Führungskräfte oder Mitarbeiter – werden könnten. Wenn in der Literatur die Verwendung von Kriterien berichtet wird, so wird in der Regel das Kriterium Anpassungsfähigkeit herangezogen und anhand einer subjektiven Selbsteinschätzung durch die Auslandsmitarbeiter gemessen. Seltener wird auch die Leistung oder Effektivität des Expatriates beurteilt. Nur in Ausnahmefällen wird eine Relation zwischen diesen beiden Kriterientypen thematisiert (vgl. Deller, 1996).

5.2 Prädiktoren des Auslandserfolges

Aufgrund der zuvor diskutierten Problematik des Fehlens geprüfter Kriterien erfolgreicher Auslandstätigkeit mag es zunächst verwundern, dass sich eine ganze Reihe von Studien zu Prädiktoren eines erfolgreichen Auslandseinsatzes finden. Die Funktion des Prädiktors besteht ja gerade in der Vorhersage eines messbaren Kriteriums. Fehlt das Kriterium, so wird zwar *irgendetwas* vorhergesagt, jedoch weiß niemand genau, was. Leichner (1979) weist zu Recht auf die Problematik dieses hypothesenfreien Vorgehens hin: Ohne Hypothese (über den Zusammenhang zwischen Prädiktoren und dem Kriterium Auslandserfolg) muss die auswählende Organisation über die Interpretation der erhobenen Daten intuitiv zu einem Eignungsurteil gelangen. Dieses Urteil ist notwendigerweise wesentlich stärker an der Persönlichkeit des Kandidaten orientiert als an der Problemstellung. Die folgende Darstellung der Prädiktoren von Auslandserfolg muss vor diesem Hintergrund betrachtet werden.

5.2.1 Fachliche Qualifikationen, Eigenschaften und situative Merkmale

Die in der Literatur genannten Prädiktoren des Auslandserfolges wurden vor allem durch Befragung gewonnen. Hierzu werden in der Regel Human-Resources-Managern (oder allgemein solchen Personen, die für die Auswahl von Auslandsmitarbeitern mitverantwortlich sind) Eigenschafts- und Merkmalslisten vorgelegt, die eine Personencharakterisierung erlauben. Die Personalmanager beurteilen dann subjektiv, wie wichtig jede Eigenschaft und jedes Merkmal ihres Erachtens für den Erfolg von Auslandsmitarbeitern ist und ob sie im Auswahlprozess geprüft werden. In anderen Studien werden auf die gleiche Weise die Auslandsmitarbeiter selbst nach der Wichtigkeit von bestimmten Eigenschaften und Merkmalen befragt. Schließlich resultieren Listen von Merkmalen und Eigenschaften, die nach ihrer Wichtigkeit für den Auslandserfolg geordnet sind. Sie stellen letztlich implizite Eignungshypothesen dar, da der Zusammenhang dieser Prädiktoren mit expliziten Kriterien ungeprüft ist.

Stellvertretend für eine Reihe solcher Untersuchungen zeigt Tabelle 3 eine solche Liste, wie sie aus einer Befragung 70 amerikanischer Personalmanager resultierte.

Auch für den europäischen Raum finden sich solche Listen (vgl. z. B. Lentz, 1989). Insgesamt sind diese Studien jedoch wenig differenziert. Es wird in allgemeiner Form nach den Merkmalen und Eigenschaften des erfolgreichen Auslandsmanagers gefragt. Situative Einflüsse finden keine Berücksichtigung. Somit stehen derartige Ansätze eindeutig in der Tradition der Eigenschaftstheorie, die Erfolg ausschließlich in personalen Determinanten des Verhaltens begründet sieht (*Great Man*-Denken). Es verwundert von daher auch nicht, dass solche Listen eher die Karikatur des erfolgreichen Managers, der *perfekten Führungskraft* zeichnen.
Auch in einer Untersuchung von Wirth (1992) zeigt sich die Betonung der fachlichen Qualifikationen als wesentliche Anforderung, die an Auslandsmitarbeiter gestellt wird. Er befragte die Personalmanager von 63 deutschen Unternehmen zu den generellen Anforderungen an *Expatriates*. Die Rücklaufquote betrug 65 Prozent, unter den beteiligten Firmen befanden sich neun der zehn umsatzstärksten deutschen Unternehmen; die beteiligten Unternehmen hatten zum Untersuchungszeitpunkt zusammen 14.800 Mitarbeiter ins Ausland entsandt – damit kann von einer gewissen Repräsentativität der Ergebnisse ausgegangen werden. Es wurden die in Tabelle 4 aufgelisteten Anforderungen genannt.

Tabelle 3: Eigenschaften und Merkmale von Kandidaten für Auslandspositionen, die bei der Auswahlentscheidung berücksichtigt werden (Häufigkeit der Nennungen in Prozent; nach Business International Corporation, 1978, Übers. d. Verf.)

Prädiktor	*Häufigkeit der Nennung in %*
Erfahrung	42.9
Anpassungsfähigkeit, Flexibilität	40.0
Fachwissen	34.3
Kompetenz, Fähigkeit, frühere Leistung	34.3
Managementpotenzial	22.9
Sprachkenntnisse	11.4
Auslandsinteresse	10.0
Sensitivität	7.1
Bildung	5.7
Initiative, Kreativität	5.7
Unabhängigkeit	4.3
Kommunikationsfähigkeit	4.3
Reife, emotionale Stabilität	2.9

Tabelle 4: Anforderungen an Expatriates – Ergebnisse von Wirth (1992, S. 157; Mehrfachnennungen waren möglich)

Genannte Anforderungen	Häufigkeit der Nennungen in %
• *Fachliche Eignung:*	
Fachliche Qualifikationen	95
Berufserfahrung	64
• *Persönliche Eignung:*	
Persönlichkeitsbild (Selbstdisziplin, Ausgeglichenheit, Toleranz)	75
Physische und psychische Belastbarkeit	65
• *Kulturbezogene Eignung:*	
Sprachkenntnisse	68
Vertrautheit mit der Unternehmenskultur	64
Kommunikationsfähigkeit	56
Lern- und Anpassungsfähigkeit	48
Organisations- und Improvisationstalent	35
Pädagogisches Geschick	3
• *Stabile Familienverhältnisse*	16

Auch nach Gross (1994) konzentrieren sich viele Unternehmen noch immer auf die fachlichen Fähigkeiten des Mitarbeiters als wesentliches Anforderungsmerkmal, obgleich die persönlichkeitsbezogenen Eigenschaften als entscheidend für den Erfolg eines Auslandseinsatzes angesehen werden. Als *fachliche Auswahlmerkmale* nennt Gross (1994): Führungsqualitäten, Marktkenntnisse, Produktkenntnisse, Verfahrenskenntnisse, betriebswirtschaftliches Wissen, Beherrschung der Landessprache und der „*Silent Language*" (Hall, 1959). Die Autorin führt weiterhin die folgenden *persönlichkeitsbezogenen Selektionskriterien* auf: Anpassungsvermögen an ein neues Umfeld, Kommunikationsfähigkeit, emotionale Stabilität, Toleranz, geistige Flexibilität, Risikobereitschaft, Urteilsschärfe, Entscheidungssicherheit und Gesundheit. Zusätzlich stellt Gross (1994) die Bedeutung von *Flexibilität und Anpassungsfähigkeit der Ehefrau bzw. Familie* als einen entscheidenden Prädiktor für den Erfolg einer Auslandsentsendung dar.

Tung (1981) analysiert die Auswahlpraktiken für Auslandsentsendungen von 80 international tätigen US-amerikanischen Unternehmen und kommt zu vier Dimensionen, die prädiktiven Wert für Erfolg bei der Auslandsentsendung besitzen sollen: *Fachkenntnisse, Persönlichkeitsmerkmale und Beziehungsfähigkeit, Umfeldvariablen, Familiensituation.*

Tung (1981) berücksichtigt in ihrer Studie *situative Variablen* und zeigt, dass Personalmanager in Abhängigkeit von Funktion und Hierarchieebene (also von Merkmalen des Arbeitsplatzes) der zu besetzenden Position unterschiedliche Prädiktoren für den Auslandserfolg heranziehen. Tabelle 5 zeigt die verschiedene Bedeutung der Prädiktoren für die Auswahl von Führungskräften und Spezialisten.

Tabelle 5: Wichtigkeit von Prädiktoren (Häufigkeit der Nennungen in Prozent) des Auslandserfolges in Abhängigkeit von der zu besetzenden Position (nach Tung, 1981, Übers. d. Verf.)

Prädiktor	Führungs-positionen	Spezialisten-positionen
Reife, emotionale Stabilität	98	86
Fachwissen	91	68
Managementfähigkeit	86	18
Kommunikationsfähigkeit	85	53
Anpassungsfähigkeit, Flexibilität	83	62
Initiative, Kreativität	82	52
Bildung	81	52
Erfahrung in der Firma	68	37
Respektierung der Gastkultur	68	71
Auslandsinteresse	62	59
Anpassungsfähigkeit der Familie	61	49
Unabhängigkeit	48	22
Sprachkenntnisse	42	46
Stabilität der Partnerschaft	35	29
Auslandserfahrung	22	12
Geschlecht	14	7
Alter	10	10

Auf weitere *situative Moderatorvariablen* weist Sourisseaux (1992) hin. Er kann zeigen, dass Personalmanager den Prädiktoren in Abhängigkeit von der Branche des suchenden Unternehmens (Produktion vs. Dienstleistung vs. Non-Profit), dem Unternehmensbereich, dem der gesuchte Auslandsmitarbeiter zugeordnet ist (Vertrieb und Marketing vs. Produktion vs. Administration) und dem Zielkontinent (Afrika vs. Asien vs. Europa vs. Nordamerika vs. Südamerika) unterschiedliche Bedeutung beimessen.

Sourisseaux (1992) kann weiterhin aufzeigen, dass auch Personalmanager und Personalberater die Bedeutung möglicher Prädiktoren erfolgreicher Auslandstätigkeit sehr unterschiedlich gewichten. Tabelle 6 zeigt zusammenfassend die signifikanten Rangplatzunterschiede zwischen beiden Personengruppen.

Personalberater, die bei der Besetzung von Auslandspositionen häufig zu Rate gezogen werden, verfügen offensichtlich über andere, implizite Eignungshypothesen als ihre Auftraggeber. Erstere suchen das Klischee der dynamischen Führungskraft, während letztere offensichtlich eher Personen mit hoher zwischenmenschlicher Sensibilität Auslandserfolg zuschreiben. Interessant wären Erkenntnisse, wie diese impliziten Erfolgsbilder in gemeinsamen Rekrutierungsprojekten von Beratern und Managern aufeinander prallen und Entscheidungsprozesse letztlich ablaufen.

Tabelle 6: Statistisch signifikante Rangplatzunterschiede in der Beurteilung der Prädiktoren für Auslandserfolg zwischen Personalberatern und Personalmanagern (Sourisseaux, 1992)

Für Personalberater wichtiger als für Personalmanager	Für Personalmanager wichtiger als für Personalberater
Einsatzfreude	Einfühlungsvermögen
Dynamik	Politisches Feeling
Tatendrang	Teamgeist
Auslandserfahrung	Auffassungsvermögen
Internationale Gewandtheit	Motivationsfähigkeit
Verhandlungsgeschick	
Unternehmensgeist	

Gonzales und Negandhi (1967) befragten nicht die Personalmanager, sondern die Auslandsmitarbeiter selbst nach der Bedeutung verschiedener Prädiktoren für die Vorhersage des Auslandserfolges. Die Ergebnisse zeigen, dass die Auslandsmitarbeiter andere Prädiktoren als bedeutsam für die Vorhersage von Auslandserfolg erachten als Personalmanager. So betonen etwa die Auslandsmitarbeiter in wesentlich stärkerem Maße die Bedeutung der Familie, in deutlich geringerem Ausmaß jedoch das Interesse an einer Auslandstätigkeit.

Mendenhall & Oddou (1985; vgl. auch Mendenhall, Dunbar & Oddou, 1987; Oddou & Mendenhall, 1984) schlagen nach mehreren Literaturanalysen drei (nicht empirisch) ermittelte Dimensionen bzw. Faktoren vor, auf denen sich die verschiedenen Prädiktoren des Auslandserfolges ordnen lassen (vgl. Tabelle 7).

Tabelle 7: Drei Faktoren der Prädiktoren des Auslandserfolges (Mendenhall, Dunbar & Oddou, 1987, S. 333)

Factor 1 **Self-Orientation**	Factor 2 **Others-Orientation**	Factor 3 **Perceptual-Orientation**
Stress Reduction	Relationship Skills	Flexible Attributions
Reinforcement Substitution	Willingness to Communicate	BroadCategory Width
Physical Mobility	Non-Verbal Communication	Tolerance for Ambiguity
Technical Competence	Respect for Others	Being Non-Judgemental
Dealing with Alienation	Empathy for Others	Being Open-Minded
Realistic Expectations		Field-Independence

Die zusätzliche *Cultural-Toughness-Dimension* weist darauf hin, dass die geforderte Anpassungsfähigkeit in fremden Ländern stark von der dortigen Kultur bzw. der Kulturdistanz (Fremdheit) abhängt.

Unter Einbezug der Dimensionen von Tung (1981) sowie von Mendenhall und Oddou (1985) stellt Ronen (1986, vgl. Weber et al., 2001) ein Modell mit *fünf* Kategorien von Erfolgsattributen dar (Tabelle 8).

Black (1990) liefert eine der wenigen Studien, in denen die Beziehung zwischen persönlichen Merkmalen des Auslandsmitarbeiters als Prädiktor und einem multidimensional konzeptualisierten Kriterium (Anpassungsleistung) empirisch untersucht wird. Es werden drei Dimensionen der Anpassungsleistung unterschieden: generelle Anpassung, Anpassung an die Arbeitssituation im Ausland, Anpassung an die Interaktionssituation im Ausland (vgl. Abschnitt 5.1) und die Güte der Anpassung auf allen drei Dimensionen gemessen. Fünf Prädiktoren werden zur Vorhersage des dreidimensionalen Kriteriums herangezogen: *kulturelle Flexibilität* (die Fähigkeit, Aktivitäten, die der Mitarbeiter zu Hause genossen hat und die im Ausland nicht durchführbar sind, durch andere Aktivitäten zu ersetzen), *soziale Orientierung* (die Fähigkeit, mit Einheimischen Beziehungen und Freundschaften zu schließen), *Bereitschaft zur Kommunikation* (der Wunsch, sich mit Einheimischen auszutauschen), *kooperative Konfliktorientierung* (die Tendenz, Lösungen

Tabelle 8: Kategorien von Erfolgsattributen von Ronen (1989, zit. nach Weber, Festing, Dowling & Schuler, 2001, S. 128)

Tätigkeitsbezogene Faktoren:	- Technische Fähigkeiten - Kenntnis der Tätigkeit in der Unternehmenszentrale und im Gastland - Managementfähigkeiten - administrative Kompetenz
Beziehungsfähigkeit:	- Toleranz gegenüber Unklarheit/Zweideutigkeit - Flexibilität im Verhalten - Vorurteilsfreiheit - Kulturelle Empathie und geringer Ethnozentrismus - zwischenmenschliche Fähigkeiten
Motivation:	- Glaube an die Mission, - Kongruenz mit dem Karriereplan, - Interesse an Auslandserfahrung, - Interesse an der spezifischen Kultur des Gastlandes, - Bereitschaft, neue Einstellungs- und Verhaltensmuster anzunehmen.
Familiensituation:	- Bereitschaft des Ehepartners, im Ausland zu leben - Anpassungsfähiger und unterstützender Ehepartner - stabile Ehe
Sprachliche Fähigkeiten:	- Sprache des Gastlandes, - nonverbale Kommunikation.

für Konflikte zu finden, die beide Konfliktparteien zufrieden stellen) und schließlich *Ethnozentrismus* (die Tendenz, eigene Werte, Traditionen und Verhaltensmuster als richtig und andere als falsch zu beurteilen). Alle Prädiktoren, mit Ausnahme des Ethnozentrismus, korrelieren signifikant mit allen drei Dimensionen des Kriteriums. Das verblüffende Ergebnis, dass das Ausmaß der ethnozentristischen Orientierung keinen Einfluss auf den Auslandserfolg hat, erklärt der Autor mit Unzulänglichkeiten des verwendeten Messinstrumentes (F-Skala; Adorno, Frenkel-Brunswick, Levinson & Stanford, 1950). Leider wurde in der Studie nicht geprüft, ob personelle Variablen die Stärke des Zusammenhanges zwischen Prädiktoren und Kriterien beeinflussen. So ist beispielsweise denkbar, dass die ethnozentrische Orientierung als *personelle Moderatorvariable* den Zusammenhang zwischen Prädiktor und Auslandserfolg bedeutsam beeinflusst.

Der Ansatz von Engelhard und Wonigeit (1991) hebt auf die Veränderungen der Qualifikationsanforderungen an Manager durch die EG-Binnenmarktentwicklung ab. Die Europäisierung in den Unternehmenstätigkeiten erfordere neben *generellen* auch *kulturelle Managementqualifikationen*. Die Autoren beziehen sich bei der Entwicklung des Modells auf den EG-Binnenmarkt, jedoch können die kulturellen Managementqualifikationen analog für internationale Tätigkeiten insgesamt herangezogen werden. Neben den generellen Managementqualifikationen fallen unter die kulturellen Managementqualifikationen folgende Anforderungen:

- *Personenbezogen (Ego-Dimension):*
  - Fähigkeit zur Stressbewältigung
  - Fähigkeit zur Substitution (kulturgebundener) zufriedenheitsstiftender Aktivitäten
  - Fähigkeit zur Handhabung von Entfremdung und Isolation
  - Mobilitätsfähigkeit
  - Ganzheitliches kulturübergreifendes Denken

- *Interaktionsbezogen (Alter-Dimension):*
  - Fähigkeit zur Entwicklung dauerhafter interpersonaler Beziehungen zu Angehörigen fremder Kulturen
  - Interkulturelle Kommunikationsfähigkeit

- *Umweltbezogen (Perzeptionsdimension):*
  - Fähigkeit zur korrekten Attribution fremdkultureller Verhaltensmuster
  - Fähigkeit zur kognitiven Anpassung an fremdkulturelle Bewertungsschemata

5.2.2 Interkulturelle Kompetenz

Als zentraler Prädiktor für den Erfolg einer Auslandsentsendung wird häufig *interkulturelle Kompetenz* betrachtet, ein Konzept, das seit langem Gegenstand von Forschungsbemühungen ist und im Kontext verschiedener Forschungstraditionen konzeptualisiert wurde (vgl. Kap. 18 von Bergemann & Bergemann im vorliegenden Band). Wurde interkulturelle Kompetenz zunächst vor allem als eine Persönlichkeitseigenschaft betrachtet (vgl. z. B. Church, 1982; Dinges, 1983; Kealey & Ruben, 1983; Stening, 1979), so wurden später auch situative Variablen des Entsendungserfolgs berücksichtigt (vgl. z. B. Dinges & Lieberman, 1989). Damit wurde schließlich einer *interaktionistischen Sichtweise* der Weg bereitet, die eine wechselseitige Beeinflussung von Persönlichkeitseigenschaften und situativen Determinanten für die Vorhersage erfolgreicher internationaler Tätigkeit postuliert (vgl. Imahori & Lanigan, 1989; Spitzberg 1997; Spitzberg & Cupach, 1984, 1989; Stening, 1979).

Interkulturelle Kompetenz wird von verschiedenen Autoren bzw. Arbeitsgruppen sowohl theoretisch als auch empirisch mehrdimensional konzeptualisiert. Gudykunst, Wiseman und Hammer (1977; vgl. Hammer 1989; Wieseman, Hammer & Nishida, 1989) unterscheiden in ihrem Ansatz neben Fähigkeiten bzw. Fertigkeiten (*Skills*) und kognitiven vor allem affektive Aspekte des Konstrukts. Ruben (1989; Ruben & Kealey 1979; Kealey 1989) betont *Verhaltensmerkmale* und *Fertigkeiten* und begründet interkulturell kompetentes Verhalten aus verhaltenstheoretischer und lernpsychologischer Sicht.

Chen und Starosta (1996) integrieren im Sinne eines *Synthesemodells* unterschiedliche Konzepte und unterscheiden *kognitive*, *affektive* und *verhaltensbezogene* Dimensionen interkultureller Kompetenz („interkulturelles Bewusstsein"/- „intercultural awareness", „interkulturelle Sensibilität"/„intercultural sensitivity" und „interkulturelle Gewandtheit"/„intercultural adroitness"), welche wiederum jeweils durch eine Reihe von empirisch gefundenen Faktoren definiert werden (vgl. Fritz, Möllenberg & Werner, 1999 sowie Fritz & Möllenberg, Kap. 10 im vorliegenden Band).

Eine einheitliche Konzeptualisierung interkultureller Kompetenz steht allerdings aus, wenngleich mittlerweile eine umfassende empirische Befundlage entstanden ist, die interkulturelle Kompetenz als mehrdimensionales Konstrukt beschreibt (vgl. Fritz & Möllenberg, 1999; einen Überblick über die Konstruktentwicklung und den Stand der Diskussion geben Müller & Gelbrich, 1999).

5.2.3 Familiäre Unterstützung

Das Gelingen bzw. das Scheitern eines Auslandseinsatzes ist häufig weniger eine Frage der Anpassung des entsandten Mitarbeiters, in der Regel des Ehemanns, als vielmehr die der begleitenden Familie oder Ehefrau. Auf diesen Sachverhalt weisen, wie oben zitiert, bereits Tung (1981), aber auch Ronen (1990) und Wirth (1992), hin. Während der Mitarbeiter das Einsatzland häufig schon von Geschäftsreisen her kennt, in der Firma von Anfang an in ein umfangreiches Netzwerk sozialer Kontakte eingebunden ist und sich bei Problemen an erfahrene Kollegen wenden kann, ist die begleitende Ehefrau bei der Bewältigung der Eingewöhnungsschwierigkeiten meistens weitgehend auf sich allein gestellt.

Die Ergebnisse einer Untersuchung von Stoner, Aram und Rubin (1972) verweisen bereits darauf, wie wichtig die Unterstützung der Ehefrau für den beruflichen Erfolg des Auslandsentsandten ist (vgl. Stahl, 1998). Die Ergebnisse der Untersuchung zeigen, dass Mitarbeiter, die von ihrer Ehefrau bei der Entscheidung für den Auslandseinsatz unterstützt wurden, später im Einsatzland deutlich bessere Leistungsbeurteilungen erhielten als allein stehende Mitarbeiter. Verheiratete Mitarbeiter, deren Frauen gegenüber dem Auslandsaufenthalt neutral oder gar ablehnend eingestellt waren, wiesen die schlechtesten Leistungsbeurteilungen auf.

Zwar ist für die Anpassung und Leistung im Auslandseinsatz nicht entscheidend, ob ein Mitarbeiter verheiratet ist oder nicht, allerdings kann eine Partnerin oder die Familie eine wesentliche Hilfe sein. Bei mangelnder sozialer Unterstützung – etwa weil die Familie überlastet ist – fehlt dem Mitarbeiter hingegen eine wichtige *Coping-Ressource* gegen die mögliche Stressbelastung des Auslandseinsatzes. Zusätzlich können die Anpassungsprobleme eines Familienmitglieds im Sinne eines „*contagion*"-Effekts auf andere Familienmitglieder übertragen werden und so zu einer Beeinträchtigung der beruflichen Leistung des Mitarbeiters führen (vgl. Stahl, 1998, S. 68ff.). Stephens und Black (1991) konnten beispielsweise zeigen, dass sich Auslandsmanager, deren Ehefrauen ebenfalls eine Arbeit im Gastland gefunden hatten, wesentlich angepasster an das Gastland fühlten als Entsandte, deren Partnerinnen im Gastland ohne Arbeit blieben.

5.2.4 Motivation zum Auslandseinsatz

Neben den für den Auslandseinsatz notwendigen Qualifikationen und persönlichen Voraussetzungen ist die *Motivation des Mitarbeiters* für einen Einsatz im Ausland eine wesentliche Voraussetzung für den Erfolg. Auf diesen Sachverhalt soll hier nochmals explizit hingewiesen werden, wobei die tatsächlich *freiwillige* Entscheidung des Mitarbeiters für eine Auslandsentsendung wesentlich ist. Nur wenn eine ausreichende Motivation für eine Auslandsentsendung vorliegt, ist es sinnvoll, den Mitarbeiter als potenziellen Entsendungskandidaten zu betrachten. Dabei können die Entscheidungsmotive des Einzelnen durchaus unterschiedlich sein (vgl. 1.5). Sie sollten aber, um eine Enttäuschung und damit eine Gefährdung der Leistungsfähigkeit des Mitarbeiters zu vermeiden, realistisch sein (vgl. Scherm, 1999).

5.2.5 Anforderungen an Fachkräfte und Führungskräftenachwuchs internationaler Unternehmen

Im Wesentlichen waren bisher Prädiktoren für eine Auslandsentsendung von *Führungskräften* Gegenstand der Betrachtung. Da die Übergänge zwischen dem für längere Zeit ins Ausland Entsandten und dem im Inland international agierenden Manager fließend sind, werden auch für letztere „internationale Qualifikationen" entscheidend. Welchen Stellenwert besitzen sie aber für den Führungskräftenachwuchs und für Fachkräfte, und in welchem Maße sind sie für diese in Auswahlsituationen relevant?

Fachkräfte – ob hoch qualifizierte Spezialisten oder Mitarbeiter auf Meisterebene – werden bislang im Rahmen internationalen Personalmanagements wenig berücksichtigt (vgl. jedoch Tung, 1981). Dies gilt in ähnlicher Weise für den Führungskräftenachwuchs, dem allerdings in den letzten Jahren aufgrund des zunehmend schwieriger zu deckenden Bedarfs deutlich mehr Bemühungen galten.

Für den Führungskräftenachwuchs gelten prinzipiell dieselben Anforderungen wie für Führungskräfte, allerdings muss nicht das *Vorhandensein* der erforderlichen Merkmale eruiert werden, sondern es muss ein ausreichendes *Potenzial* erkennbar sein, das den Erwerb der erforderlichen Qualifikationen bzw. Prädiktoren erlaubt.

Für Fachkräfte in internationalen Unternehmen, ob vom Inland aus international tätig oder im Rahmen einer Auslandsentsendung, ergeben sich gegenüber Führungskräften Anforderungsunterschiede, die stark von dem Einsatz der jeweiligen Fachkraft abhängig sind.

Generell lässt sich sagen, dass auch bei Spezialistentätigkeiten von Fachkräften ein gewisses Maß an Kommunikations- und Teamfähigkeit unumgänglich ist; dies gilt insbesondere dann, wenn der Mitarbeiter im Rahmen seiner Aufgabenerfüllung mit verschiedenen Unternehmensbereichen auch grenzüberschreitend zusammenarbeitet. Für den internationalen *Know-how*-Transfer ist pädagogisch-didaktisches Geschick erforderlich, Sprachkenntnisse sowie interkulturelles Verständnis erscheinen für eine derartige Aufgabe als die *conditio sine qua non*.

5.2.6 Prädiktoren als Werte

Die Frage nach Prädiktoren des Erfolges einer Auslandsentsendung oder internationaler Tätigkeit hat bisher zu zahlreichen Untersuchungen geführt. Unterschiedliche Ergebnisse werden zumeist auf methodische Unterschiede zurückgeführt, so auf die unterschiedliche Gewichtung von relevanten Merkmalen oder Eigenschaften sowie situativer Variablen oder auf die Unterschiede der untersuchten bzw. befragten Stichproben.

Die explizite Berücksichtigung unterschiedlicher Personengruppen aus verschiedenen Ländern oder Regionen sowie der Vergleich mehrerer Befragungszeiträume macht deutlich, dass die Beurteilung verschiedener Merkmale als Prädiktoren auch als *Werturteil* verstanden werden muss. Unterschiedliche Anforderungen an Führungskräfte sind demnach Konsequenzen unterschiedlicher Werthaltungen – auf diesen Sachverhalt weisen Beerman und Stengel hin (siehe Kap. 2 im vorliegenden Band).

Anschaulich wird der Wertewandel hinsichtlich der Anforderungen an Führungskräfte bei der Betrachtung von Studienergebnissen aus mehreren Jahren, aber auch Studien, die Stichproben aus verschiedenen Ländern einschließen, verweisen auf unterschiedliche Werthaltungen. So legte die Unternehmensberatung Korn & Ferry (1989; vgl. Beerman & Stengel im vorliegenden Band) eine Studie vor, in der 1.508 Führungskräfte aus 20 Ländern teilnahmen, die sowohl Einschätzungen zum damaligen Anforderungsprofil sowie – damals prospektiv – zum „Manager 2000" geben sollten. Für beide Einschätzungen gab es länderspezifische Beurteilungen, die darüber hinaus Unterschiede für die beiden zu beurteilenden Zeiträume zeigten (vgl. Kap. 2 von Beerman & Stengel im vorliegenden Band).

5.3 Ablaufplan für die internationale Personalauswahl

Ronen (1986) schlägt einen Ablaufplan vor, um den Auswahlprozess im Rahmen internationaler Stellenbesetzungen zu strukturieren (siehe Abbildung 3). Er geht von einer *Anforderungsanalyse* aus, die sich nicht allein auf den jeweiligen *Arbeitsplatz* bezieht; ebenso stellen nach Ronen (1986) auch Merkmale der *Organisation* sowie der *Landeskultur* die Basis jeder Stellenbesetzung dar.

Die Anforderungsanalyse des Arbeitsplatzes erlaubt die Identifizierung der Prädiktoren, die eine adäquate Aufgabenerfüllung erwarten lassen. Dies ist die entscheidende Voraussetzung bei der Entwicklung von Strategien der Personalauswahl und Personalentwicklung für die Auslandstätigkeit dar, deren Effektivität erst so überprüft werden kann.

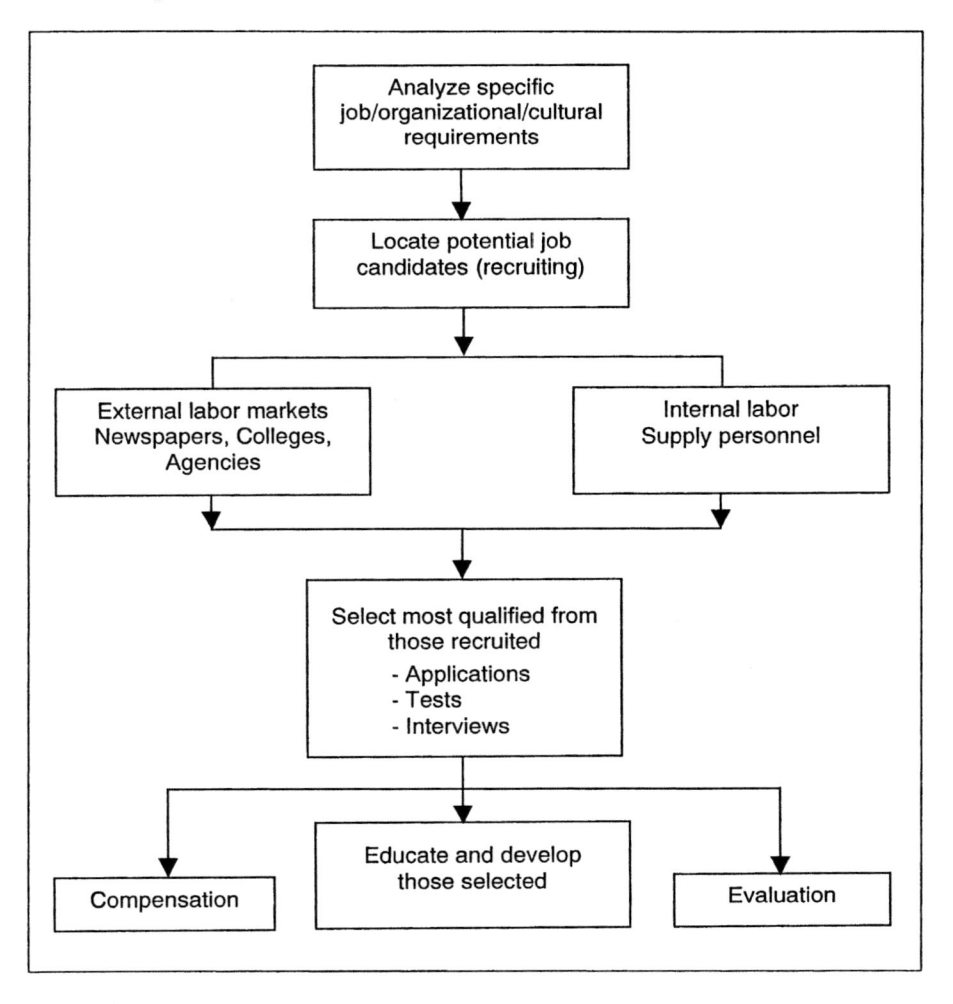

Abbildung 3: Ablaufplan zur internationalen Stellenbesetzung nach Ronen (1986, S. 524)

Erst mit der Definition der Standards bzw. Kriterien kann eine erfolgreiche Auslandstätigkeit evaluiert werden. Wesentliche Merkmale der Organisation, die berücksichtigt werden müssen, sind der im Entsendungsland dominierende Führungsstil, oder allgemein, die *Unternehmenskultur* der Auslandsniederlassung. Dies bedeutet aber nicht immer eine starke Ausrichtung bei der Personalauswahl an der jeweiligen Unternehmenskultur im Sinne einer bestmöglichen Integration des Mitarbeiters in die Auslandsgesellschaft; soll eine Entsendung primär aus Gründen der Organisationsentwicklung erfolgen, z. B. um die Unternehmenskultur des Stammhauses zu übertragen, ist eine Diskrepanz zwischen der Person des Entsandten und der ausländischen Organisation geradezu notwendig (vgl. Stahl, 1995).

Schließlich muss nicht nur die Unternehmenskultur, sondern auch die Landeskultur des Gastlandes berücksichtigt werden. Wesentliche Faktoren hierbei sind die Unterschiede in den Umgangsformen, Normen und kulturellen Prägungen zwischen dem Gastland und Entsenderland.

Nach dem Ablaufschema von Ronen (1986) folgt der Anforderungsanalyse von Arbeitsplatz, Organisation und Landeskultur die Ansprache möglicher Kanndidaten. Dies kann innerbetrieblich oder unternehmensextern über geeignete Instrumente – Zeitungsanzeigen, Hinweise von Mitarbeitern oder Personalberatungsunternehmen – erfolgen. Mithilfe geeigneter Verfahren (siehe unten) wird der bestgeeignetste Kandidat ausgewählt. Es schließen sich Trainingsmaßnahmen an, um spezifische Qualifikationen zu vermitteln; weiterhin ist die Evaluation der Auswahlentscheidung die *conditio sine qua non*.

5.4 Verfahren und Instrumente zur Auswahl von Auslandsmitarbeitern

Ziel einer Stellenbesetzung ist es zunächst, mit einer optimalen Personalansprache bestgeeignete Kandidaten zu erreichen. Bei der Personalauswahl geht es anschließend darum, denjenigen Kandidaten mit der besten Eignung für die Position zu identifizieren; dies ist der Kandidat, der die Prädiktoren für eine mit der Stellenbesetzung intendierten Zielerreichung optimal erfüllt (siehe Absatz 1.3). Die grundsätzliche Vorgehensweise ist aus der nationalen Stellenbesetzung bekannt.

Der Erfolg einer Personalauswahl ist damit immer nur mit einer bestimmten Wahrscheinlichkeit vorherzusagen. Die Güte der Auswahlentscheidung lässt sich aber durch ein systematisches Vorgehen unter Hinzuziehen des verfügbaren Instrumentariums verbessern. Bei der gegebenen relativ geringen Reliabilität und Validität der verschiedenen Auswahlverfahren kann davon ausgegangen werden, dass ihre Kombination zu einer besseren Auswahlentscheidung führt als der Einsatz eines einzigen Instruments oder gar der Verzicht auf systematisches Vorgehen überhaupt.

Bei der Auswahl für einen Auslandseinsatz wird ein Vorgehen in mehreren Schritten vorgeschlagen (vgl. auch Scherm, 1999):

1. Definition der *Zielkriterien*: Was soll mit der Stellenbesetzung erreicht werden?

2. Ableitung der entsprechenden spezifischen *Prädiktoren*: Ausbildung, berufliche Vorerfahrungen, fachliche Kenntnisse und Fertigkeiten, Faktoren wie interkulturelle Kompetenz, Persönlichkeitsmerkmale, Motive, Einstellungen und Werthaltungen etc.;
3. Definition geeigneter *Operationalisierungen* der Prädiktoren: Wie lassen sich die gefundenen Prädiktoren angemessen beobachten bzw. identifizieren?
4. Vorauswahl anhand der *Bewerbungsunterlagen* bei externen Bewerbern bzw. anhand von früheren *Leistungs- und Potenzialbeurteilungen* bei intern zu rekrutierenden Kandidaten;
5. *Interviewgespräche*, die eine über die vorliegenden Bewerbungsunterlagen bzw. *Leistungs- und Potenzialbeurteilungen* hinausgehende Beurteilung des Kandidaten erlauben und zugleich der Information des Kandidaten dienen. Dabei geht es im Wesentlichen um die weitere Überprüfung, in welchem Maße die relevanten Prädiktoren bei dem jeweiligen Kandidaten erfüllt sind;
6. Bei einer Auslandsentsendung sollte immer ein *Gespräch mit dem (Ehe-) Partner* zur Identifikation der Auslandsmotivation und der Unterstützung des zu entsendenden Mitarbeiters bzw. Kandidaten erfolgen;
7. Weitere *Auswahlverfahren* für Kandidaten der engeren Wahl sollten herangezogen werden: Testverfahren, Assessment Center, weitere Interviews etc. (siehe unten);
8. Gegebenenfalls muss auch die physische Konstitution im Rahmen einer arbeitsmedizinischen Untersuchung überprüft werden;
9. Der oder die Kandidaten der engsten Wahl sollten die Möglichkeit einer „Besichtigung" des zukünftigen Einsatzortes erhalten, sofern dieser nicht zuvor bekannt ist. Bei Ländern mit eingeschränkter Lebensqualität und schwierigen Lebensumständen sollten solche *Look-and-see-Trips* obligatorisch sein.

5.4.1 Strukturiertes Auswahlinterview

Das nach Auffassung von Personalmanagern beste und somit auch populärste Instrument zur Auswahl von Auslandsmitarbeitern ist das *Interview* (Heller, 1980). Die Merkmalsausprägungen der Kandidaten bezüglich relevanter Prädiktoren werden mehr oder weniger systematisch erhoben. Es sollen im Interview vor allem aber Informationen über das *Selbstkonzept* des Kandidaten (Beurteilungen und Bewertungen etwa des eigenen Lebensweges) und über Motive, Werte und Zukunftsperspektiven gewonnen werden. Darüber hinaus kann über das Interviewverhalten beispielsweise die allgemeine soziale Kompetenz erschlossen werden. Die geringe Vorhersagegüte üblicher Auswahlinterviews lässt sich durch systematisches Interview- und Beurteilungstraining und durch eine Standardisierung des Interviews verbessern. In der Praxis existieren Leitfäden, die den Interviewprozess strukturieren. Tabelle 9 zeigt beispielhaft einem solchen Interviewleitfaden (weitere Beispiele finden sich in Business International Corporation, 1974; Cascio, 1986; Howard, 1974; Karras, McMillan & Williamson, 1971).

Zunehmend gehen Unternehmen dazu über, nicht nur den Kandidaten selbst, sondern auch dessen Ehepartner und Familie zu interviewen. Mit gutem Grund, wie oben gezeigt wurde – eine Reihe von Untersuchungen belegt die große Bedeutung des familiären Umfeldes für das Anpassungsvermögen des Auslandsmitarbeiters (vgl. 5.2.3).

Die insgesamt sehr niedrige Validität herkömmlicher Interviewverfahren (Robertson & Smith, 1989) führte zu einer zunehmenden Einbindung situativer Elemente in das Interview. Ein Beispiel dafür ist das *Four-Hour Environmental Interview*, das die Mobil Oil in den USA mit jedem potenziellen Auslandsmitarbeiter und dessen Ehepartner führt (Alexander, 1970).

Zur situativen Interviewtechnik ist auch das *Adaptability Screening* zu zählen. Dabei werden potenzielle Auslandsmitarbeiter und deren Ehepartner mit verschiedenen Erscheinungsweisen des Kulturschocks und den damit verbundenen Krisen vertraut gemacht (vgl. den Beitrag von Thomas, Hagemann & Stumpf im vorliegenden Band). Durch das Kennenlernen dieser kritischen Situationen soll das häufig durch Euphorie gefärbte Auslandsbild durch realistische Erwartungen ersetzt werden.

Rund zwei Drittel aller Entsendungsentscheidungen in international tätigen Unternehmen erfolgen auf der Grundlage von Auswahlinterviews. Häufig werden diese Interviews in Form von unstrukturierten Gesprächen geführt, wobei sich die zuständigen Personalverantwortlichen gern auf ihre „langjährige Auswahlerfahrung" berufen. Trotz der geringen methodischen Gütekriterien des Interviews erfüllt es neben der Auswahlfunktion eine Reihe weiterer wichtiger Aufgaben, wie z. B. die Vermittlung von Informationen über die Auslandsposition und das Vereinbaren der Entsendungsbedingungen.

Tabelle 9: Interviewleitfaden zur Auswahl von Auslandsmitarbeitern (nach Noer, 1975, Übers. d. Verf.)

Motivation

Erkunden Sie das Interesse an einer Auslandstätigkeit. Verifizieren Sie das Interesse durch frühere Aktivitäten des Kandidaten, z. B. Reisen, Sprachkurse, Ausländer im persönlichen Bekanntenkreis etc.
Erkunden Sie, ob der Kandidat eine realistische Erwartungshaltung bezüglich der Lebens- und Arbeitsbedingungen im Ausland hat.
Erkunden Sie die Einstellung des Partners zu einem Auslandsaufenthalt.

Gesundheit

Erkunden Sie, ob gesundheitliche Probleme des Kandidaten oder eines Familienmitglieds dem Erfolg der Auslandsentsendung entgegenstehen könnte.
Erkunden Sie, ob sich der Kandidat guter körperlicher und seelischer Gesundheit erfreut, und voraussehbare Änderungen.

Sprachliche Fähigkeiten

Besitzt der Kandidat das Potenzial zum Erlernen von Sprachen?
Welche Sprachen beherrscht der Kandidat? Wieweit sind sie von Nutzen für die aktuelle Auslandsentsendung?
Besitzt die Ehefrau die erforderlichen Sprachkenntnisse?

Fortsetzung Tabelle 9: Interviewleitfaden ...

Familiäres Umfeld

Wie oft ist die Familie in der Vergangenheit umgezogen, welche Probleme gab es dabei, wann war der letzte Umzug?
Welches Ziel verbindet der Ehepartner mit dem Umzug?
Wie viele Kinder hat der Kandidat, und wie alt sind diese?
Wie stabil ist die Partnerschaft?
Werden alle Kinder mit ins Ausland gehen? Wenn nein, warum nicht?
Wo und unter welchen Bedingungen leben die Großeltern, wie oft müssen sie besucht werden?
Werden irgendwelche Anpassungsprobleme erwartet?
Wie werden die einzelnen Familienmitglieder auf den Umzug reagieren?
Gibt es Probleme bei der Ausbildung der Kinder?

Persönliche Ressourcen und Initiativen

Ist der Kandidat unabhängig? Kann er eigene Entscheidungen treffen, unabhängig zu Beurteilungen kommen und sie vertreten?
Hat der Kandidat die intellektuellen Voraussetzungen, den unterschiedlichen Anforderungen simultan gerecht zu werden?
Ist der Kandidat in der Lage, trotz Widrigkeiten seine Ziele zu erreichen und die erforderlichen Ergebnisse vorzulegen?
Wird der Kandidat mit unklaren Hierarchien- und Verantwortlichkeitsdefinitionen im Rahmen der Auslandsentsendung umgehen können?
Wird der Kandidat die Unternehmensziele und die Firmenphilosophie den lokalen Führungskräften und dem Personal erklären können?
Besitzt der Kandidat ein ausreichendes Selbstvertrauen, genügend Selbstdisziplin und Selbstbewusstsein, um Schwierigkeiten zu meistern und komplexe Problemstellungen zu bewältigen?
Ist der Kandidat in der Lage, eigeninitiativ Ziele zu verfolgen?
Ist er in der Lage, in einer fremden Umgebung zu arbeiten, ohne die gewohnte Kommunikationsinfrastruktur und unterstützende Dienste?

Anpassungsvermögen

Ist der Kandidat sensibel für das Verhalten anderer, ist er offen für die Meinung anderer, ist er kooperativ und kompromissfähig?
Wie reagiert der Kandidat auf neuartige Situationen, versteht und akzeptiert er Unterschiede?
Ist er sensibel für kulturelle Unterschiede, und kann er kulturelle Barrieren überwinden?
Kennt der Kandidat seine eigenen kulturgebundenen Werthaltungen?
Wie reagiert der Kandidat auf Kritik?
Wird er im Ausland mit Einheimischen Kontakte finden und aufrechterhalten?
Ist er geduldig bei der Lösung von Problemen?

Karriereplanung

Betrachtet der Kandidat die Auslandsentsendung nur als eine temporäre Auslandstätigkeit?
Ist seine Karriereplanung realistisch?
Bestanden jemals irgendwelche Probleme in der Laufbahnentwicklung des Kandidaten?

Finanzielle Aspekte

Bestehen finanzielle Verbindlichkeiten bzw. rechtliche Verpflichtungen, die die Auslandsentsendung berühren könnten, wie z. B. laufende Immobilien- oder Autokredite oder Kosten für die Ausbildung der Kinder?

Strukturiertes Auswahlinterview für den Auslandseinsatz

Stahl (1995) hat in Modifikation vom Konzept des multimodalen Auswahlinterviews von Schuler (1992) ein *strukturiertes Auswahlinterview für den Auslandseinsatz* entwickelt. Ziel des Auswahlinterviews von Schuler (1992) war es, die üblicherweise geringe prognostische Validität von Auswahlinterviews zu verbessern, indem es sich an folgenden Durchführungs- und Auswertungsrichtlinien orientiert:

- Anforderungsbezogene Gestaltung,
- Durchführung in strukturierter bzw. (teil-)standardisierter Form,
- Verwendung geprüfter und verankerter Skalen zur Antwortbewertung,
- Trennung von Informationssammlung und Entscheidung,
- Ergänzung des Auswahlprinzips von Interviewfragen nach subjektiver Evidenz durch das der empirischen Prüfung von Einzelfragen,
- Vorbereitung der Interviewer durch ein kompetent durchgeführtes Training.

Das multimodale Interview nach Schuler (1992) erfasst die relevanten Prädiktoren durch unterschiedliche Methoden, ähnlich dem Vorgehen im Assessment Center. Es stellt ein valides Verfahren dar, das vor allem bei der Auswahl von Führungs- und Führungsnachwuchskräften eingesetzt wird. Das Interview beinhaltet acht Schritte, von denen die *Selbstvorstellung*, der *situative Fragenteil* und die *biographiebezogenen Fragen* für die spätere Auswahlentscheidung ausschlaggebend sind:

1. *Gesprächsbeginn*
2. *Selbstvorstellung des Bewerbers*
3. *Berufsorientierung und Organisationsauswahl*
4. *Freies Gespräch*
5. *Biographiebezogene Fragen*
6. *Realistische Tätigkeitsinformation*
7. *Situative Fragen*
8. *Gesprächsabschluss*

Die Beurteilung der jeweiligen Interviewkomponenten erfolgt unterschiedlich, durch summarische Eindrucksbildung, nach anforderungsbezogenen Dimensionen auf mehrstufigen Skalen oder auf beispiels- bzw. verhaltensverankerten Skalen.

Das strukturierte Auswahlinterview für den Auslandseinsatz von Stahl (1995) ist aus den Hauptbestandteilen des *Multimodalen Interviews* aufgebaut und besteht aus den drei Kernkomponenten:

1. *Selbstvorstellung des Bewerbers*,
2. *Biographische Fragen*,
3. *Situative Fragen und Rollenspiele*.

Bei der *Selbstvorstellung* berichtet der Kandidat über seine beruflichen Zielsetzungen und die allgemeinen Lebensziele, wobei die Familie explizit berücksichtigt wird. Dabei sollen die Fragen nach den Zielen und Erwartungen, die der Mitarbeiter mit der Auslandsentsendung verbindet, im Mittelpunkt stehen. Folgende Fragen sind zu beantworten (Stahl, 1995, S. 56):

- Was qualifiziert den Mitarbeiter nach eigener Ansicht für den Auslandseinsatz?
- Sind die Erwartungen des Mitarbeiters realistisch oder stark überzogen?
- Betrachtet der Mitarbeiter den Auslandseinsatz ausschließlich als Karrierechance?
- Verbergen sich hinter dem Entsendungswunsch berufliche oder private Probleme?
- Wurden die Konsequenzen der Entsendung, auch hinsichtlich der weiteren beruflichen Laufbahn, ausreichend reflektiert?
- Bestehen innerhalb der Familie Widerstände gegen den Auslandseinsatz?
- Falls der Partner berufstätig ist, welchen Stellenwert nimmt der Beruf ein?
- Ist der Partner gegebenenfalls dazu bereit, seine berufliche Tätigkeit aufzugeben?

Im *biographischen Teil* des Interviews werden Fragen zu Bereichen gestellt, die einen engen Zusammenhang mit der Eignung für einen Auslandseinsatz aufweisen:

- Bisherige Mobilität innerhalb und außerhalb Deutschlands,
- Internationale Erfahrungen in Form von Studienaufenthalten, Praktika, Auslandseinsätzen oder Einsätzen in multinationalen Arbeitsgruppen,
- Fremdsprachenkenntnisse und die Art und Weise, wie sie erworben wurden,
- Vielseitigkeit und Breite des Interessenspektrums,
- Wissen über das Gastland,
- Erfahrungen mit Angehörigen der Gastkultur.

Mit sogenannten *situativen Fragen* wird der Kandidat aufgefordert, zu schildern, wie er sich in bestimmten problematischen Situationen, wie sie für die Zielposition typisch sind, verhalten würde. Die Beurteilung der Antworten erfolgt anhand von Ratingskalen und orientiert sich an positiven und negativen Verhaltensbeispielen für die betreffenden Situationen. Auch kann der Bewerber in diesem Zusammenhang in ein Rollenspiel verwickelt werden. Die beispielhaften problematischen Situationen werden durch Befragung von derzeitigen oder ehemaligen Entsandten aus dem Einsatzland, für das ein strukturiertes Auswahlinterview konstruiert werden soll, ermittelt (*„Critical Incident Technique"*). Die Skalen zur Eindrucksbeurteilung und Antwortbewertung beziehen sich auf Personenmerkmale, die sich als wichtige Prädiktoren des beruflichen Erfolges in dem jeweiligen Einsatzland erwiesen haben (z. B. Ambiguitätstoleranz, Verhaltensflexibilität, Gruppenorientierung).

5.4.2 Psychologische Testverfahren und Fragebogen

Die Akzeptanz von *psychologischen Testverfahren* bei der Personalauswahl ist in der Regel geringer als jene von Interviews. Allerdings lassen sich mit Tests Beurteilungsfehler besser vermeiden, und die geforderten Gütekriterien sind eher erfüllt. Dies gilt sicherlich für Leistungstests, die z. B. allgemeine Intelligenz, Konzentrationsfähigkeit, spezifisches Wissen, aber auch neuere Konstrukte wie Lernfähigkeit oder soziale Intelligenz testen. Dagegen erfahren allgemeine Persönlichkeitsfragebogen, die soziale Sensibilität, Selbstbewusstsein, Geselligkeit, Extraversion u.a. erfassen sollen, in einer Auswahl- und Beurteilungssituation oftmals bewusste Verzerrungen im Sinne sozialer- bzw. situativer Erwünschtheit. Dieses Problem zeigt sich ebenso bei Verfahren, die Werte und Motive in den Mittelpunkt der Vorhersage stellen (vgl. z. B. Wienerts *Inventar der persönlichen Motive*, vgl. Sarges & Weinert, 1991).

Psychologische Tests scheinen bei der Auswahl von Auslandsmitarbeitern eine sehr geringe Rolle zu spielen. Tung (1982) berichtet, dass lediglich 3 Prozent der amerikanischen, 5 Prozent der japanischen und immerhin 14 Prozent der westeuropäischen multinationalen Unternehmen psychologische Testverfahren zur Vorhersage des Auslandserfolges verwenden. Es ist davon auszugehen, dass sich diese Tendenz nicht verändert hat und sie auch gegenwärtig nur von sehr wenigen Unternehmen bei der Auswahl von Auslandsmitarbeitern eingesetzt werden.

Heller (1980) sieht keinen Sinn in der Verwendung psychologischer Testverfahren zur Messung der Auslandseignung, solange relevante Kriterien des Auslandserfolges weitestgehend fehlen.

Andererseits gibt es Argumente dafür, die prädiktive Valenz von Testverfahren für den Auslandserfolg weiter zu untersuchen: Tests können zum einen mit geringem Aufwand und somit als ökonomisches Screening-Verfahren eingesetzt werden, zum anderen scheinen bestimmte Persönlichkeitsmerkmale mit Erfolg im Auslandseinsatz einherzugehen, die auf anderem Wege, etwa durch Verhaltensbeobachtung, nicht gut gemessen werden können.

Mendenhall und Oddou (1985) waren bereits in den Achzigerjahren der Auffassung, dass eine ganze Reihe psychologischer Test- und Fragebogenverfahren vorliege, die einen wertvollen Beitrag zur Vorhersage des Auslandserfolges liefern können (z. B. *F-Skala*, *Guilford-Zimmerman Temperament Survey*, *Allport-Vernon Study of Values*). Weiterhin zeigt sich in einer Längsschnittstudie von Kealey (1989; vgl. Stahl, 1995) das Merkmal „Self-Monitoring" – gemessen mit der *Self-Monitoring Skala* von Snyder (1974) – als signifikanter Prädiktor des Auslandserfolges. Müller (1991) legt Untersuchungen mit dem *Test der Auslandsorientierung* (TAO) in verschiedenen Ländern vor. Darüber hinaus wurden Ambiguitätstoleranz, erfasst mit der „*Scale of Tolerance of Ambiguity*" (Budner, 1962; vgl. Reis, 1996) und bestimmte Attributionsstile, gemessen mit dem „IPC-Fragebogen zu Kontrollüberzeugungen" von Krampen (1981) mit dem Anpassungserfolg im Auslandseinsatz in Zusammenhang gebracht. Flexibilität wird z. B. mit dem „Flexibilitätsfragebogen" von Bitterwolf (1992) und Werthaltungen z. B. mit dem „*Values Survey Questionnaire*" von Hofstede (1980) erfasst. Während Robinson (1978) den Ethnozentrismuswert, indirekt gemessen mit dem *California Test*, als Prädiktor für Auslandserfolg betrachtet, kann Black (1990) hingegen keine signifikante Korrelation zwischen Ethnozentrismus, gemessen mit der F-Skala von

Adorno und Mitarbeitern (1950), und Auslandserfolg zeigen. Ronen (1986) schlägt die Verwendung von projektiven Verfahren (z. B. thematischen Apperzeptionstests) vor, aufgrund ihrer fraglichen Validität und geringen Akzeptanz im Bereich von Industrie und Organisation kommen sie jedoch kaum zur Anwendung.

Prinzipiell sollen psychologische Testverfahren nur dann eingesetzt werden, wenn es um die Erfassung von Merkmalen geht, für die der empirische Nachweis erbracht wurde, dass sie mit dem Auslandserfolg in Zusammenhang stehen, und die anders nicht valider gemessen werden können. Grundsätzlich sollten im Auswahlverfahren Instrumente zum Einsatz kommen, die sich möglichst auf die jeweilige Arbeitssituation beziehen.

Testverfahren, die sich nahe an der erwarteten Problemsituation des Aufgabenbereichs orientieren, sind etwa *computergestützte Simulationen*, die komplexe Problemlösungen erfordern (vgl. z. B. Kluwe, 1990). Sie erfreuen sich relativ hoher Akzeptanz, die entscheidend durch die Transparenz der Verfahren bedingt ist (vgl. Schuler, 1989). Diese ist im Allgemeinen auch bei situativen Verfahren, die heute meist im *Assessment-Center* zusammen mit Tests und Interviews Anwendung finden, gegeben (vgl. 5.4.5). Hier werden Prädiktoren aus dem sozial-interaktiven Bereich erfasst, die beispielsweise in führerlosen Gruppenübungen, Diskussionen, der Bearbeitung von Fallstudien, Planspielen, Präsentationen u.Ä. ermittelt werden.

Ein weiteres Instrument ist der *biographische Fragebogen*, ein im nationalen Rahmen erfolgreicher Ansatz, der auch im Kontext internationaler Personalentscheidungen eine sinnvolle Ergänzung darstellen könnte.

5.4.3 Biographischer Fragebogen

Biographische Fragebogen (vgl. Stehle, 1986) orientieren sich weitestgehend an objektiven Daten der Biographie, aber auch an erfahrungs- und einstellungsbezogenen Variablen. Es werden bei erfolgreichen Mitarbeitergruppen diejenigen objektivierbaren Daten (etwa formaler Bildungsgrad, Häufigkeit des Firmenwechsels, persönliche Verhältnisse etc.) erhoben, die diese Gruppe von weniger erfolgreichen Mitarbeitern unterscheidet. Diese Merkmale werden dann als spezifische Prädiktoren für die Gruppe erfolgreicher Mitarbeiter gewertet.

Als Vorteile Biographischer Fragebogen, die zur Validität des Verfahrens beitragen, gelten nach (Stehle, 1986):

- Vermeidung oder Verringerung interviewspezifischer Einflussquellen,
- Vermeidung ungeplanter Interaktionen,
- Vermeidung der Entscheidung von Sympathieeinflüssen,
- Trennung von Datenerhebung und -auswertung,
- Statistische Urteilsbildung.

Die Vorgehensweise bei der Erstellung und Auswahl eines biographischen Fragebogens zur Auswahl von Führungskräften für einen Auslandseinsatz ist prinzipiell identisch mit dem Vorgehen bei der inländischen Personalauswahl. Biographische Fragebogen können im Rahmen einer sequenziellen Auswahlstrategie im

Sinne einer Vorauswahl anderen Verfahren vorangestellt werden, um bestimmte Mitarbeiter von vornherein auszuschließen und bei geeignet erscheinenden Bewerbern Problembereiche zu identifizieren. Der relativ hohe Aufwand bei der Entwicklung von biographischen Fragebogen muss beachtet werden, wenn sie als Instrument zur internationalen Personalauswahl in Betracht gezogen werden, da entsprechende Verfahren für spezifische Gruppen entwickelt werden müssen (vgl. Düftler, 1991; Stahl, 1995).

5.4.4 Mitarbeiter-Selbsteinschätzung

Ein bislang wenig beachtetes Auswahlverfahren stellt die Mitarbeiter-Selbsteinschätzung dar, das als zusätzliches Instrument zur internationalen Personalauswahl herangezogen wird. Typische Fragen der Checkliste *„Kulturelle Anpassungsfähigkeit"* zitiert Cascio (1994; vgl. Deller, 1996):

- Würde Ihr Ehepartner seine Karriere unterbrechen, um Sie bei einem Auslandseinsatz zu begleiten? Wenn ja, wie wird dies, Ihrer Meinung nach, Ihren Partner und Ihre Beziehung zueinander beeinflussen?
- Mögen Sie die Herausforderung, in neuen Situationen einen eigenen Weg zu finden?
- Die Suche einer Anschlussaufgabe wird primär in Ihrer Verantwortung liegen. Wie schätzen Sie Ihre Fähigkeit der Netzwerkbildung und des Eintretens für die eigenen Interessen ein?
- Wie gut können Sie neue Sozialkontakte initiieren?
- Wenn Sie Ihre persönliche Vergangenheit betrachten, können Sie Episoden benennen, die von einem echten Lerninteresse an Völkern und Kulturen zeugen?
- Haben Sie Ihren Urlaub häufig im Ausland verbracht?
- Besuchen Sie hin und wieder ausländische Restaurants?
- Sind Sie darauf vorbereitet, mit Ihrer Verwandtschaft deutlich weniger Kontakt zu haben?
- Ist die Auslandsentsendung für Sie ein Weg, Ihre Eheprobleme zu lösen?

Zu den Gütekriterien dieses Verfahrens liegen keine Informationen vor, auch mangelt es an Erfahrungen mit der Selbsteinschätzungs-Checkliste.

5.4.5 Assessment Center

In der Literatur wird der *Assessment Center-Ansatz* als vielversprechend für die internationale Personalauswahl bezeichnet (vgl. z. B. Ronen, 1986; Mendenhall, et al., 1987). Ein wesentlicher Vorteil des Assessment Center-Ansatzes besteht darin, dass Prädiktoren und Kriterien strukturell identisch sind (v. Rosenstiel et al., 1988). Beide beziehen sich auf beobachtbares Verhalten. Die Situation wird hier nicht als Störgröße gesehen, sondern geht als standardisierte Variable in das Design des Assessment Center-Konzepts ein. Somit könnten auch Elemente der Gastkultur in ein Assessment Center eingehen, die bei anderen Messinstrumenten notwendigerweise unberücksichtigt bleiben müssen. Im nationalen Rahmen, etwa zur Vorhersage des Karriereerfolgs, hat sich das Assessment Center längst bewährt. Die prognostische Qualität liegt in der Regel bei Korrelationskoeffizienten zwischen 0,40 und 0,70 (vgl. Huck, 1973).

Assessment Center erfüllen von allen eignungsdiagnostischen Verfahren am ehesten die Forderung, bei der Auswahlentscheidung für Auslandsentsendungen Informationen aus unterschiedlichen Quellen heranzuziehen (Mendenhall et al., 1987). Im Assessment Center werden jeweils mehrere Teilnehmer durch mehrere speziell trainierte Beobachter – in der Regel Führungskräfte mit einschlägigem Erfahrungshintergrund – in unterschiedlichen Bewährungssituationen hinsichtlich mehrerer für die Zielposition relevanter Anforderungen beurteilt. Sie werden zur externen und internen Personalauswahl herangezogen, sowie zunehmend – heute fast überwiegend – auch zur Laufbahnplanung, Trainingsbedarfsanalyse, Kompetenzerweiterung und im Bildungscontrolling eingesetzt. Entscheidende Vorteile des Assessment Centers gegenüber anderen Auswahlmethoden liegen in der größeren Anforderungsbezogenheit, Verhaltensorientierung sowie ihrer höheren Objektivität, Reliabilität und Validität. Ihre prädiktive Güte ist allerdings von der Einhaltung methodischer Vorgehensweisen, wie etwa der Auswahl unterschiedlicher Testsituationen und dem Heranziehen geschulter sowie geeigneter Beobachter, abhängig. Assessment Center besitzen bei den Teilnehmern in der Regel eine hohe Akzeptanz („soziale Validität"), wenn die Aufgaben, Tests und Übungen aus dem betreffenden Arbeitsfeld stammen. Darüber hinaus können sie zur Gestaltung der Unternehmenskultur genutzt werden.

Das Assessment Center-Verfahren findet vor allem zur Auswahl von Führungskräften der unteren und mittleren Ebene Anwendung; für Top-Managementfunktionen kommt das Einzel-Assessment – das nach ähnlichen Prinzipien konzipiert ist – zum Einsatz.

Interkulturelles Assessment Center

Stahl (1995) stellt ein *Interkulturelles Assessment Center* (IAC) vor, das an der Universität Bayreuth entwickelt wurde. Es soll vor allem Persönlichkeitsmerkmale erfassen, die als Prädiktoren des Auslandserfolgs identifiziert werden konnten; allerdings wurden auch Merkmale wie z. B. „Metakommunikation" aufgenommen, die aufgrund theoretischer Überlegungen als vielversprechende Prädiktoren gelten können. Im Mittelpunkt des IAC's stehen sozial-kommunikative Fähigkeiten.

Die Mehrzahl der Übungen in dem IAC wurde mit dem Ziel konstruiert, das Verhalten des Teilnehmers in kulturellen Überschneidungssituationen (Thomas, 1988) beobachtbar zu machen. Die zugrunde liegenden „critical incidents" wurden überwiegend anhand von Interviews mit Auslandsentsandten in Deutschland, Japan und den USA ermittelt (Stahl, 1995). Weitere problematische Situationen in anderen Entsendungsländern wurden verschiedenen Fallstudien und „Kulturassimilatoren" entnommen und für diesen Zweck modifiziert. Das IAC beinhaltet darüber hinaus einen Fragebogen zur Erfassung „interkultureller Kompetenz". Anforderungsmerkmale und Übungen im Interkulturellen Assessment Center sind in Tabelle 10 aufgeführt.

Tabelle 10: Anforderungsmerkmale und Übungen im *Interkulturellen Assessment Center* der Universität Bayreuth (nach Stahl, 1995)

Übungen	Ambigui-tätstoleranz	Emotionale Stabilität	Selbstre-flexion	Kontrollüber-zeugungen	Leistungs-motivation	Kontakt-fähigkeit	Einfühlungs-vermögen	Polyzen-trismus	Verhaltens-flexibilität	Metakom-munikation
(1) Einzelübungen										
Vorstellung	X	X	X	X	X	X	X	X	X	
Ausdruck von Emotionen		X					X		X	
Rollenspiele	X	X	X				X	X	X	X
Analyse von Filmsequenzen							X			
Schriftliche Fallstudien			X				X	X		
Fallstudie Marketing-Sitzung	X							X		
Film und Rollenspiel							X	X	X	
Fragebogen interkult. Kompet.	X	X	X	X	X	X	X	X		
(2) Gruppenübungen										
Gruppendiskussion Auslandseinsatz		X			X		X	X	X	X
Gruppendiskussion Betriebsklima		X			X	X	X	X	X	X
Know-how-Transfer-Übung	X	X	X		X	X	X	X	X	X

Probleme internationaler Assessment Center

Lohff (1996) diskutiert eine Reihe von Problemen, die im Zusammenhang mit internationalen Assessment Center auftreten können:

1. Organisation
Internationale Assessment Center sind noch aufwendiger als nationale. Da die Teilnehmergruppe in der Regel aus unterschiedlichen Ländern stammen und die Beobachter Führungskräfte der höheren Ebene sind, bedarf es einer weiten Vorausplanung.

2. Kosten
Aufgrund der Zusammensetzung der Teilnehmergruppe wie auch der beteiligten Führungskräfte sind internationale Assessment Center teuer. Selbst wenn die Zeit des Top-Managements nicht in die Kalkulation einbezogen wird, erhöhen vor allem die Reisekosten den Budgetbedarf gegenüber nationalen Assessments.

3. Politische Durchsetzbarkeit
Nur wenige internationale Unternehmen verfügen heute über ein internationales *Human Resources Management* von genügend großer Durchsetzungskraft, um globale oder zumindest europäische Standards und Vorgehensweisen etwa für die Personalauswahl zu implementieren. Wenn nationale Belange berührt und nationale Gebräuche beeinträchtigt werden, können sich Widerstände entwickeln. Nationale Empfindlichkeiten und Widerstände zu erkennen und zu beseitigen, erfordert ein hohes Maß an Erfahrung im Umgang mit internationalen Projekten sowie an Wissen über die Assessmentpraxis in verschiedenen Ländern.

4. Sprache
Die praktische Ausführung internationaler Assessment Center hat eine unmittelbare Implikation: Die meisten Übungen müssen in einer Sprache durchgeführt werden, die von allen Teilnehmern und Beobachtern beherrscht wird; dies ist meistens Englisch. Damit kann es zu einer Konfundierung zwischen der Bewertung von Management- und Sprachkompetenzen kommen – allerdings entspricht dies auch einer realistischen Simulation der Arbeitswelt eines sich international entwickelnden Managers.

5. Cross-cultural Fairness
Unterschiedliche Management-Stile werden in den verschiedenen Ländern unterschiedlich positiv oder negativ bewertet. Diese Bewertungstendenzen finden sich auch in den Beobachtungen von Assessment Centern wieder.

Während das Training der Führungskräfte, die als Beobachter und Beurteilende an dem Assessment Center teilnehmen, im nationalen Kontext auch als Personalentwicklungsmaßnahme und unter dem Aspekt der Entwicklung einer Unternehmenskultur zu verstehen ist, kann im internationalen Kontext das Training der Beobachter als *Training interkultureller Kompetenz* aufgefaßt werden, das besonderen Nutzen auch für diese Zielgruppe bietet.

5.5 Probleme internationaler Personalauswahl

Vergleicht man den Status quo der internationalen Personalauswahl mit den Forderungen, die an Auswahlsysteme zu stellen sind (vgl. Abschnitt 4), so zeigt sich eine eher düstere Bilanz. Hauptverantwortlich hierfür ist sicherlich das schon mehrmals erwähnte Kriterienproblem, denn dieses zieht notwendigerweise andere Probleme (z. B. Prädiktor-, Validitäts- und Messprobleme) nach sich. Die Frage, wie das „metaphysische", ultimative Kriterium in praktikable, quantifizierbare Kriterien übertragen werden kann, bleibt weitgehend unbeantwortet. Hinzu kommt das Problem der Kriterien- und Prädiktorenäquivalenz in unterschiedlichen kulturellen Bereichen, das sich natürlich auch in den Messinstrumenten widerspiegelt.

Die meisten Unternehmen behandeln ein internationales Auswahlproblem wie ein nationales, getreu dem Motto: „Nichts. Kein Bedarf. Es gibt gute und schlechte Manager. Und wer in Frankfurt ein guter Manager ist, der wird auch in Singapur ein guter Manager sein!" (Antwort eines Personalmanagers auf die Frage, was seine Firma unternimmt, um speziell Auslandsmitarbeiter auszuwählen und zu entwickeln.)

Andere Unternehmen sind sich zwar des ultimativen Kriteriums „Auslandserfolg" bewusst, unternehmen jedoch keine Versuche, dieses in praktikable und quantifizierbare Kriterien umzusetzen oder verwechseln Prädiktoren mit Kriterien. In der Forschung versuchen sich einige wenige Studien mit begrenztem Erfolg an der Entwicklung interorganisational und interkulturell generalisierbarer Kriterien.

Worin ist die Ursache dieser unbefriedigenden Situation zu sehen? Unseres Erachtens spielt hierbei der Generalisierungsanspruch, den die klassische Eignungsdiagnostik erhebt, eine wichtige Rolle. Aber brauchen wir wirklich Erfolgskriterien, die für alle Positionen, Organisationen und Kulturen Gültigkeit beanspruchen? Ist die Definition des erfolgreichen Managers oder Mitarbeiters nicht genauso sinnvoll und praktikabel wie der Versuch, den *guten Menschen* zu definieren?

Im Zuge der Diskussion um die Unternehmenskultur betonen Unternehmen wie auch Organisationsforscher geradezu die unverwechselbare Identität jeder Organisation, wie sie sich im jeweils spezifischen Wertesystem zeigt. So ist beispielsweise häufig zu beobachten, dass der erfolgreiche Manager von Unternehmen A zu Unternehmen B wechselt und dort völlig versagt, obwohl er ein nahezu identisches Verhalten zeigt. Offensichtlich werden im Unternehmen B andere Kriterien erfolgreichen Verhaltens als im Unternehmen A verwendet.

Wenn, um bei dem Beispiel zu bleiben, der erfolgreiche Manager von Unternehmen A zu Unternehmen B wechselt und dort ebenfalls erfolgreich agiert, anschließend jedoch zur Auslandsniederlassung B' entsendet wird und dort völlig versagt, so lässt dies – im Gegensatz zum oben beschriebenen Einfluss der Organisationskultur – auf das Wirken interkultureller Faktoren schließen.

In dieser Situation spricht vieles dafür, den Generalisierungsanspruch aufzugeben und die Kriterienentwicklung auf die Ebene der Organisation zu dezentralisieren. Interessante Hinweise in diese Richtung finden sich bei einer neueren Forschungsrichtung unter dem Schlagwort *Person-Organization-Fit* (vgl. z. B. Chatman, 1991). Dieser Ansatz muss im Bereich der internationalen Personalauswahl zu einem *Person-Organization-Culture-Fit* ausgeweitet werden. Je größer die Bedeutung des grenzüberschreitenden Personaleinsatzes in einer internationalen Unternehmung ist, desto einheitlicher muss auch die Anforderungs- und Qualifikationsanalyse erfolgen, um vergleichbare Informationen für diese Personalentscheidung zur Verfügung zu haben – auf diesen Problembereich weist Scherm (1999) hin:

- Die Personalauswahl weist nationale Unterschiede auf. So wird beispielsweise der Führungskräftenachwuchs in verschiedenen Ländern nur von Eliteschulen (z. B. Frankreich, Japan) oder mit sehr allgemeiner Ausbildung (z. B. England) rekrutiert (vgl. Hofmann & Stengel, 2000; Brühl & Groenewald, 1998; Brühl, Groenewald & Weitkamp, 1998). Zudem machen die Ergebnisse einer empirischen Untersuchung von Boldy, Jain und Northey (1993) deutlich, dass es durchaus national unterschiedliche Einschätzungen darüber gibt, welche Fähigkeiten und Eigenschaften einen erfolgreichen Manager kennzeichnen. Diese Verwendung unterschiedlicher Qualifikationsmerkmale und/oder Merkmalsgewichte im Rahmen der Personalauswahl darf in der internationalen Unternehmung nicht unbeachtet bleiben, wenn eine Anpassung an nationale Praktiken aus Gründen der Akzeptanz durch die Mitarbeiter und des Unternehmungsimage erfolgen soll.
- Basierend auf personal- oder beschäftigungspolitischen Strategien, die sich über lange Zeit in den verschiedenen Ländern entwickelt haben, finden national unterschiedliche Verfahren und Instrumente Anwendung in der Personalauswahl.
- Eng damit verbunden sind Akzeptanzbarrieren, die sich aus soziokulturellen Werthaltungen und Normen entwickelt haben und den uneingeschränkten Einsatz aller Instrumente und Verfahren in allen Auslandsgesellschaften nicht zulassen; dabei können aber durchaus auch unternehmungsspezifische Unterschiede innerhalb eines Landes bestehen.
- Bei der Übertragung von Anforderungsmerkmalen oder -profilen muss sichergestellt werden, dass diese für die Ausprägungen nicht nur übersetzt werden, sondern auch ein gemeinsames Verständnis und Übereinkommen, d.h. Akzeptanz eines bewerteten und gewichteten Qualifikationsprofils besteht.

6. Personalauswahl im internationalen Kontext: das kultursensitive Auswahlsystem (KSA)

Die Kriteriendefinition für Auslandserfolg wurde im vorliegenden Beitrag als eines der Hauptprobleme der gegenwärtigen internationalen Personalauswahl herausgearbeitet. Liegen keine expliziten Kriterien vor, ist die Identifikation geeigneter Prädiktoren nicht möglich und damit letztlich auch keine valide und transparente Auswahlentscheidung.

Wenn in den meisten Studien zur internationalen Personalauswahl das Kriterienproblem einfach ignoriert wird (d.h., es werden keine Kriterien genannt), dann bedeutet dies natürlich nicht, dass im Auswahlprozess keine Kriterien wirksam seien. Schließlich entscheidet sich eine Organisation in aller Regel zwischen mehreren Kandidaten für den vermeintlich geeignetsten. Das Problem besteht darin, dass es sich hierbei um *implizite* Kriterien handelt. In jedem international agierenden Unternehmen existieren solche *impliziten* Vorstellungen von Auslandserfolg. Diese impliziten Kriterien können jedoch für die Entwicklung eines internationalen Auswahlsystems genutzt werden, wenn sie explizit und somit einem rationalen Diskurs zugänglich gemacht werden. Dabei könnten unseres Erachtens sehr gut die Methoden der Organisationsentwicklung Anwendung finden: Ziel der Organisationsentwicklung ist es ja gerade, in einem partizipativen Prozess Wertvorstellungen (und Kriterien sind letztlich auch operationalisierte Werte) sichtbar und veränderbar zu machen.

Als ein Lösungsansatz oben angesprochener Probleme schlagen wir das *Kultursensitive Auswahlsystem* (KSA) vor. Im Folgenden wird dargelegt, wie die Entwicklung dieses Auswahlsystems, das sich der Methoden und Prinzipien der Organisationsentwicklung bedient, in einem internationalen Unternehmen Anwendung findet.

Zunächst ist festzuhalten, dass die Entwicklung eines internationalen Auswahlsystems nur mit internationaler Beteiligung realisiert werden kann. Dies bedeutet, dass sowohl in der Unternehmenszentrale wie auch in den ausländischen Niederlassungen des Unternehmens Projektteams gebildet werden, die verantwortlich an der Entwicklung des Auswahlsystems mitwirken. Die einzelnen Projektteams werden von einer Steuerungsgruppe koordiniert. In der Regel wird diese Steuerungsgruppe ihren Sitz in der Unternehmenszentrale haben und interkulturell besetzt sein.

In einem ersten Arbeitsschritt werden die in der Zentrale und in den Niederlassungen vorhandenen impliziten Kriterien des Auslandserfolges erhoben. Verantwortlich für die Datenerhebung sind die einzelnen Projektteams. Als Erhebungstechniken können prinzipiell alle Verfahren der empirischen Sozialforschung in Betracht gezogen werden. Da es sich hier um eine Problemstellung explorativer Art handelt, sind halbstrukturierte Interviews angemessen. Die Steuerungsgruppe stellt den einzelnen Projektteams unterstützende Methoden (z. B. Leitfäden) zur Verfügung und gibt bei Problemen der Datenerhebung gegebenenfalls Hilfestellung. Jedes Projektteam übergibt dem Steuerungsteam am Ende dieser ersten Phase eine Liste von Kriterien, die in der jeweiligen Organisationseinheit implizit zur Beurteilung des Auslandserfolges herangezogen werden.

Im zweiten Arbeitsschritt werden die Daten von der Steuerungsgruppe analysiert, geordnet und in einer Form aufbereitet, die die Beziehungen der verschiedenen Kriterien aufzeigt. Dabei sollte beispielsweise deutlich werden, ob einige Kriterien in allen Ländern eine Rolle spielen, ob manche Kriterien eines Landes denen anderer Länder diametral entgegenstehen oder ob weitere Kriterien nur in einem bestimmten Land genannt werden. Darüber hinaus muss sichergestellt sein, dass denselben Kriterien in verschiedenen Kulturen äquivalente Bedeutung zukommt. Neuere Verfahren der Datenstrukturanalyse (z. B. *Similarity Structure Analysis*, Borg & Lingoes, 1987; *Formale Begriffsanalyse*, Ganter & Wille, 1988) können hierbei zum Einsatz kommen.

Im dritten Arbeitsschritt werden die aufbereiteten Kriterienbündel an die einzelnen Projektteams zurückgemeldet und die Projektteams mit den Grundzügen der Kriteriumsoperationalisierung vertraut gemacht. Sie erarbeiten daraufhin Vorschläge, wie und mit welchen Verfahren diese Kriterien gemessen werden können.

Im vierten Arbeitsschritt beauftragt die Steuerungsgruppe Experten (Organisationspsychologen) mit der Prüfung und Integration der verschiedenen Operationalisierungsversuche. Es ist denkbar, dass nach dieser Integration einige der operationalisierten Erfolgskriterien interkulturelle Gültigkeit innerhalb der Organisation beanspruchen, andere wiederum nur in bestimmten Kulturen eine Rolle spielen (vgl. auch Kopper & Sourisseaux, 1990; Sourisseaux, 1989). Im Anschluss daran erarbeiten die Experten *hypothesengeleitet* ein Vorhersagemodell und schlagen relevante Prädiktoren sowie geeignete Messinstrumente vor.

Das Ergebnis dieser Arbeit wird in einem fünften Arbeitsschritt über die Steuerungsgruppe den einzelnen Projektteams kommuniziert. Diese kommentieren die Vorschläge und nennen möglicherweise weitere Prädiktoren oder alternative Erfassungsmöglichkeiten.

Im sechsten und letzten Arbeitsschritt entwickeln die Experten im Auftrag der Steuerungsgruppe unter Berücksichtigung aller Vorarbeiten ein formales Auswahlsystem. Die Steuerungsgruppe prüft die Kompatibilität des Systems mit den Unternehmensleitsätzen, der generellen Führungsphilosophie und anderen personalwirtschaftlichen Instrumenten, insbesondere dem Beurteilungssystem. Wesentlich ist dann, dass das KSA auf breiter Basis in der Organisation verankert wird. Dabei muss deutlich werden, dass es sich nicht um ein starres Verfahren handelt. Wie bei der Organisationsentwicklung handelt es sich auch bei der Entwicklung eines Auswahlsystems um einen infiniten Prozess. Veränderungen in der Gesellschaft und in der Organisation können Abänderungen der Kriterien erfordern. Die kontinuierliche, empirische Überprüfung des Vorhersagemodells kann sowohl die Entwicklung neuer Prädiktoren als auch die Neukonstruktion oder Modifizierung bestehender Messinstrumente erforderlich machen.

7. Zusammenfassung und Ausblick

Ausgehend von allgemeinen Überlegungen zur Personalauswahl und ihrer Stellung im modernen Personalmarketing wurde ein Überblick über den aktuellen Stand der internationalen Personalauswahl gegeben. Der Status quo muss als problematisch und unbefriedigend bezeichnet werden. Ein besonderes Problem stellt die Kriteriendefinition für Auslandserfolg dar. Mit dem Kultursensitiven Auswahlsystem wird ein Ansatz vorgelegt, der es erlaubt, diese Probleme unter Verwendung von Verfahren und Methoden der Organisationsentwicklung zu lösen. Dabei wird die Definition von Auslandserfolg organisationsspezifisch entwickelt, der Generalisierungsanspruch klassischer Eignungsdiagnostik wird aufgegeben.

Es ist zu erwarten, dass – im Zuge der Diskussion um die Unternehmenskultur, die ja gerade die Einzigartigkeit jeder Organisation betont – ein solcher Ansatz in den international agierenden Unternehmen in zunehmendem Maße Akzeptanz findet.

Aber auch der organisationspsychologischen interkulturellen Forschung kann ein solcher Ansatz wesentliche Impulse geben. Vergleiche von organisationsspezifischen Vorhersagemodellen – etwa durch meta-analytische Verfahren (vgl. Cooper, 1984) oder facettentheoretische Analysen (vgl. Borg & Lingoes, 1987) – können organisationsvariante und -invariante Merkmale liefern und somit eine Grundlage für die Entwicklung einer Theorie des Auslandserfolges bilden.

Literatur

Adorno, T. W., Frenkel-Brunswick, E., Levinson, D., Stanford, R. (1950). The authoritan personality. New York: Harper.

Alexander, W. (1970). Mobil's four-hour environmental interview. Worldwide P&I Planning 4, 18-27.

Bergemann, N. (1994). Interkulturelles Management. In: A. Thomas (Hrsg.), Psychologie und multikulturelle Gesellschaft (S. 247-250). Göttingen: Verlag für Angewandte Psychologie.

Bitterwolf, W. (1992). Flexibilität des Handelns: Empirische Untersuchungen zu einem Persönlichkeitskonstrukt. Regensburg: Roderer.

Black, J. S. (1990). The relationship of personal characteristics with the adjustment of Japanese expatriate managers. Management International Review 30, 119-134.

Boldy, D., Jain, S., Northey, K. (1993). What makes an effective european manager? Management International Review 33, 157-169.

Borg, I., Lingoes, J. C. (1987). Multidimensional similarity structure analysis. New York: Springer.

Brühl, R., Groenewald, H. (1998). Bildungssysteme und internationales Personalmanagement – einleitende Vorbemerkungen. In: R. Brühl, H. Groenewald, J. Weitkamp (Hrsg.), Betriebswirtschaftliche Ausbildung und internationales Personalmanagement (S. 1-7). Wiesbaden: Gabler.

Brühl, R., Groenewald, H., Weitkamp, J. (Hrsg.) (1998). Betriebswirtschaftliche Ausbildung und internationales Personalmanagement. Wiesbaden: Gabler.

Budner, S. (1962). Intolerance of ambiquity as a personality variable. Journal of Personality 30, 29-50.

Business International Corporation (1974). 151 Checklists – decision making in international operations. New York: Business International Corporation.

Business International Corporation (1978). Successful repatriation demands attention, care, and a dash of ingenuity. Business International 3, 65-67.

Cascio, W. F. (1986). Managing human resources: Productivity, quality of work life, profits. New York, NY: McGraw-Hill.

Chatman, J. A. (1991). Matching people and organizations: Selection and socialization in public accounting firms. Administrative Science Quaterly 36, 459-484.

Chen, G.-M., Starosta, W. J. (1996). Intercultural communication competence: A synthesis. Communication Yearbook 19, 353-383.

Cooper, H. (1984). The integrative research review: A social science approach. Beverly Hills: Sage.

Deller, J. (1996). Interkulturelle Eignungsdiagnostik. In: A. Thomas (Hrsg.), Psychologie interkulturellen Handelns (S. 283-316). Göttingen: Hogrefe.

Dinges, N. G. (1983). Intercultural competence. In: D. Landis, R. W. Brislin (Eds.), Handbook of intercultural training, Vol. 1 (pp.176-202). New York: Pergamon Press.

Dinges, N. G., Lieberman, D. A. (1989). Intercultural communication competence: coping with stressful work situations. International Journal of Intercultural Relations 13, 371-385.

Dowling, P. J. (1988). International and domestic personnel/human recource management: similarities and differences. In: R. S. Schuler, S. A. Youngblood, V. L. Huber (Eds.), Readings in personnel and human resource management (3rd ed.) (pp. 456-462). St. Paul, Minn.: West Publ.

Engelhard, J., Wonigeit, J. (1991). Euro-Manager: Veränderungen der Qualifikationsanforderungen an Manager durch die EG-Binnenmarktentwicklung. In: R. Marr (Hrsg.), Euro-strategisches Personalmanagement, Bd. 1 (S. 171-196). München, Mering: Rainer Hampp.

Flanagan, J. C. (1954). The critical incident technique. Psychological Bulletin 51, 327-358.

Fritz, W., Möllenberg, A. (1999). Die Messung der interkulturellen Sensibilität in verschiedenen Kulturen – eine internationale Vergleichsstudie. Bericht des Instituts für Wirtschaftswissenschaften, TU Braunschweig.

Fritz, W., Möllenberg, A., Werner, T. (1999). Die interkulturelle Kompetenz von Managern – Ihre Bedeutung für die Praxis und Perspektiven für die Forschung. Bericht des Instituts für Wirtschaftswissenschaften, TU Braunschweig.

Ganter, B., Wille, R. (1988). Conceptual scaling. Preprint Nr. 1174, Darmstadt: Technische Hochschule, Fachbereich Mathematik.

Gonzales, R., Negandhi, H. (1967). The United States overseas executive: His orientation and career patterns. East Lansing: Michigan State University Press.

Gross , P. (1994). Die Integration der Familie beim Auslandseinsatzvon Führungskräften – Möglichkeiten und Grenzen international tätiger Unternehmen. Hallstadt: Rosch.

Gudykunst, W. B., Wiseman, R. L., Hammer, M. R. (1977). An analysis of an integrated approach to cross-cultural training. International Journal of Intercultural Relations 1: 99-110.

Hall, E. T. (1959). The silent language. New York, NY: Doubleday.

Hammer, M. R. (1989). Intercultural communication competence. In: M. K. Asante, W. B. Gudykunst (Eds.), Handbook of international and intercultural communication (pp. 247-260). Newbury Park: Sage.

Harvey, M. G. (1985). The executive family: An overlooked variable in international assignments. Columbia Journal of World Business. Spring, 84-93.

Heenan, D. A., Perlmutter, H. V. (1979). Multinational organizational development: A social architectural approach. Reading, Mass.: Addison-Wesley.

Heinen, E. (1987). Unternehmenskultur als Gegenstand der Betriebswirtschaftslehre. In: E. Heinen (Hrsg.), Unternehmenskultur – Perspektiven für Wissenschaft und Praxis (S. 1-48). München/Wien: Oldenbourg.

Heller, J. E. (1980). Criteria for selecting an international manager. Personnel 57, 47-55.

Hoffmann, C. D. (1977). Führungspositionen in der Auslandsniederlassung. Personal 29, 52-55.

Hofmann, L. M, Stengel, M. (2000). Anforderungsprofile von Führungskräften im europäischen Vergleich. In: E. Regnet, L. M. Hofmann (Hrsg.), Personalmanagement in Europa (S. 86-97). Göttingen: Verlag für Angewandte Psychologie.

Hofstede, G. (1980). Culture's consequences. International differences in work-related values. Beverly Hills, CA: Sage.

Hofstee, W. K. B. (1985). Liever klinisch? Grenzen aan het objectiviteitsbeginsel bij beoordeling en selectie. Netherlands Tijdschrift voor de Psychologie 40, 459-473.

Horsch, J. (1995). Auslandseinsatz von Stammhaus-Mitarbeitern. Eine Analyse ausgewählter personalwirtschaftlicher Problemfelder multinationaler Unternehmen mit Sitz in der Bundesrepublik Deutschland. Frankfurt/Main: Lang.

Howard, C. G. (1974). Model for the design of a selection program for multinational executives. Public Personnel Management, March-April, 138-145.

Huck, J. R. (1973). Assessment centers: A review of the external and internal validities. Personnel Psychology 26, 191-212.

Imahori, T. T., Lanigan, M. L. (1989). Relational model of intercultural communication competence International Journal of Intercultural Relations 13, 241-268.

Karras, E. J., McMillan, R. F., Williamson, T. R. (1971). Interviewing for a cultural match. Personnel Journal, April, 276-279.

Kealey, D. J. (1989). A study of cross-cultural effectiveness: theoretical issues, practical applications. International Journal of Intercultural Relations 13, 349-370.

Kealey, D. J., Ruben, B. D. (1983). Cross-cultural personnel selection: Criteria, issues and methods. In: D. Landis, R. W. Brislin (Eds.): Handbook of Intercultural Training. Vol. 1 (pp. 155-175). New York: Pergamon Press.

Kiepe, K., Habermann, T. (1984). Entsendung von Mitarbeitern ins Ausland. Heidelberg: Sauer.

Kluwe, R. H. (1990). Computergestützte Systemsimulationen. In: W. Sarges (Hrsg.): Management-Diagnostik (S. 458-462). Göttingen: Hogrefe.

Kopper, E., Sourisseaux, A. L. J. (1990). Managing cultural diversity in multinational workteams. Beitrag zum 16th Congress of the International Society for Intercultural Education, Training and Research, Kilkenny, Ireland.

Korn & Ferry International (1989). 21st century report. Reinventing the CEO. New York, N.Y.: Korn & Ferry International and Columbia University Graduate School of Business.

Krampen, G. (1981). IPC-Fragebogen zu Kontrollüberzeugungen. Göttingen: Hogrefe.

Landy, F. J., Rastegary, H. (1989). Criteria for selection. In: M. Smith, I. T. Robertson (Eds.), Advances in selection and assessment. Chichester: Wiley.

Latham, G. P., Fay, C., Saari, L. M. (1979). Application of social learning theory to training supervisors through behavior modeling. Jornal of Applied Psychology 32, 299-311.

Leichner, R. (1979). Psychologische Diagnostik: Grundlagen, Kontroversen, Praxisprobleme. Weinheim: Beltz.

Lentz, B. (1989). Der polyglotte Supermann. Manager Magazin, 5, 257-270.

Lindner, D. (1999). Bestimmungsfaktoren der „Abbruchbereitschaft" von Auslandsentsandten: Eine theoretische und forschungspragmatische Analyse. Zeitschrift für Personalforschung 13, 246-268.
Lohff, A. (1996). Internationale Assessment und Development Center. In: W. Sarges (Hrsg.), Weiterentwicklung der Assessment Center-Methode (S. 295-215). Göttingen: Verlag für Angewandte Psychologie.
Mendenhall, M. E., Dunbar, E., Oddou, G. R. (1987). Expatriate selection, training and career-pathing: A review and critique. Human Resource Management, 26, 331-345.
Mendenhall, M. E., Oddou, G. R. (1985). The dimensions of expatriate acculturation: A review. Academy of Management Review, 10, 39-47.
Miller, E. L. (1973). The international selection decision: A study of some dimensions of managerial behavior in the selection process. Academy of Management Journal, 16, 239-252.
Miller, E. L., Cheng, J. L. C. (1978). A closer look at the decision to accept an overseas position. Management International Review, 4, 25-33.
Müller, S. (1991). Die Psyche des Managers als Determinante des Exporterfolges. Stuttgart: Wissenschaft und Forschung.
Müller, S., Gelbrich, K. (1999). Interkulturelle Kompetenz und Erfolg im Auslandsgeschäft: Status quo der Forschung. Dresden: Technische Universität Dresden, Fakultät Wirtschaftswissenschaften (Dresdner Beiträge zur Betriebswirtschaftslehre Nr. 21/99).
Noer, D. M. (1975). Multinational people management: A guide for organizations. Washington: Bureau of National Affairs.
Oddou, G. R., Mendenhall, M. E. (1984). Person perception in cross-cultural settings: A review of cross-cultural and related literature. International Journal of Intercultural Relations, 8, 77-96.
Pausenberger, E. (1983). Die Besetzung von Geschäftspositionen in ausländischen Tochtergesellschaften. In: E. Dülfer (Hrsg.): Personelle Aspekte im internationalen Management (S. 41-59). Berlin: E. Schmidt.
Pausenberger, E., Noelle, G. F. (1977). Entsendung von Führungskräften in ausländische Niederlassungen. Zeitschrift für betriebswirtschaftliche Forschung 29, 346-366.
Perlmutter, H. V. (1965). L'entreprise internationale trois conceptions. Revue Economique et Sociale 23, 151-165.
Perlmutter, H. V. (1969). The tortuous evolution of the multinational corporation. Columbia Journal of World Business 4, 9-18.
Perlmutter, H. V., Heenan, D. A. (1979). Multinational organizational development. Reading, MA: Addison-Wesley.
Rall, W. (1988). Strategien für den weltweiten Wettbewerb. In: H. Henzler (Hrsg.), Handbuch Strategische Führung (S. 197-217). Wiesbaden: Gabler.
Reis, J. (1996). Inventar zur Messung der Ambiguitätstoleranz (IMA). Heidelberg: Asanger.
Robertson, I. T., Smith, M. (1989). Personnel selection methods. In: M. Smith, I. T. Robertson (Eds.), Advances in selection and assessment (pp. 89-112). Chichester: Wiley,.
Robinson, R. D. (1978). International business management – A guide to decision making. Hinsdale: Dryden.
Ronen, S. (1986). Comparative and multinational management. New York: Wiley.
Rosenstiel, L. v., Molt, W., Rüttinger, B. (1988). Organisationspsychologie. Stuttgart: Kohlhammer.
Ruben, B. D. (1989). The study of cross-cultural competence: traditions an contemporary issues. International Journal of Intercultural Relations 13: 229-230.

Ruben, B. D., Kealey, D. J. (1979). Behavioral assessment of communication competency and the prediction of cross-cultural competence adaptation. International Journal of Intercultural Relations 3: 15-47.

Sarges, W. (1994). Eignungsdiagnostische Überlegungen für den Management-Bereich. In: D. Bartussek, M. Amelang (Hrsg.), Fortschritte der Differentiellen Psychologie und Psychologischen Diagnostik (S. 415-434). Göttingen: Hogrefe.

Sarges, W., Weinert, A. B. (1991). Früherkennung von Management-Potentialen. In: W. E. Feix (Hrsg.): Personal 2000. Visionen und Strategien erfolgreicher Personalarbeit (S. 267-301). Frankfurt/Main, Wiesbaden: FAZ/Gabler,.

Scherm, E. (1999). Internationales Personalmanagement (2. Aufl.). München: Oldenbourg.

Schneider, S. C. (1988). National vs. corporate culture: Implications for human resource management. Human Resource Management 27, 231-246.

Schuler, H. (1989). Die Validität des Assessment-Center. In: C. Lattmann (Hrsg.), Das Assessment-Center-Verfahren der Eignungsbeurteilung (S. 223-250). Heidelberg: Physica.

Schuler, H. (1992). Das Multimodale Einstellungsinterview. Diagnostica 38, 281-300.

Schwab, D., Heneman, H. G., DeCoitis, T. (1975). Behaviorally anchored rating scales: A review of the literature. Personnel Psychology 28, 549-562.

Snyder, M. (1974). Self-monitoring of expressive behavior. Journal of Personality and Social Psychology 30, 526-537.

Sourisseaux, A. L. J. (1989). The conceptualization of culture in organizational studies. Beitrag zum 4th West European Congress on the Psychology of Work and Organization, Cambridge.

Sourisseaux, A. L. J. (1992). Interkulturelle Kompetenz. Forschungsbericht des Instituts für Psychologie der TH Darmstadt.

Spitzberg, B. H. (1997). A model of intercultural communication competence. In: L. A. Samovar, R. E. Porter (Eds.): Intercultural Communication: A Reader (pp. 379-391) (9th ed.). Belmont: Wadsworth,.

Spitzberg, B. H., Cupach, W. R. (1984). Interpersonal communication competence. Beverly Hills: Sage.

Spitzberg, B. H., Cupach, W. R. (1989). Handbook of interpersonal competence research. Heidelberg, Berlin, New York: Springer.

Stahl, G. K. (1995). Die Auswahl von Mitarbeitern für den Auslandseinsatz: Wissenschaftliche Grundlagen. In: T. M. Kühlmann (Hrsg.): Mitarbeiterentsendung ins Ausland. Auswahl, Vorbereitung, Betreuung und Wiedereingliederung (S. 31-72). Göttingen: Verlag für Angewandte Psychologie.

Stahl, G. K. (1998). Internationaler Einsatz von Führungskräften. München, Wien: Oldenbourg.

Stehle, W. (1986). Personalauswahl mittels biographischer Fragebogen. In: H. Schuler, W. Stehle (Hrsg.), Biographische Fragebogen als Methode der Personalauswahl (S. 17-57). Stuttgart: Verlag für Angewandte Psychologie.

Stening, B. W. (1979). Problems in cross-cultural contact: A literature review. International Journal of Intercultural Relations 3, 269-313.

Stephens, G. K., Black, S. (1991). The impact of spouse's career-orientation on managers during international transfers. Journal of Management Studies 28, 417-428.

Stoner, J. A. F., Aram, J. D., Rubin, J. (1972). Factors associated with effective performance in overseas work assignments. Personnel Psychology 25, 303-318.

Thorndike, E. L. (1949). Personnel Selection: Test and Measurement Techniques. New York: Wiley.

Torbiörn, I. (1982). Living abroad: Personal adjustment and personnel policy in the overseas setting. New York: Wiley.
Tucker, M. F. (1974). Screening and selection for overseas assignments: assessment and recommendations to the U.S. Navy. Denver: The Center for Research and Education.
Tung, R. L. (1981). Selection and training of personnel for overseas assignments. Columbia Journal of World Business 16, 68-78.
Tung, R. L. (1982). Selection and training procedures of U.S., European, and Japanese multinationals. California Management Review 25, 57-71.
Tung, R. L. (1988). The new expatriates – Managing human resources abroad. Cambridge, MA: Ballinger, Harper & Row.
Twisk, T.-F. (1995). Assessment von internationalen Managern. In: J. M. Scholz (Hrsg.), Internationales Change-Management. Internationale Praxiserfahrung bei der Veränderung von Unternehmen und Humanressourcen (S. 121-137). Stuttgart: Schäffer-Poeschel,.
Weber, W., Festing, M., Dowling, P. J., Schuler, R. S. (2001). Internationales Personalmanagement (2. Aufl.). Wiesbaden: Gabler.
Weinert, A. B. (1987). Lehrbuch der Organisationspsychologie. München, Weinheim: Psychologie Verlags Union.
Wind, Y., Douglas, S. P., Perlmutter, H. V. (1973). Guidelines for developing international marketing strategies. Journal of Marketing 37, 14-23.
Wirth, E. (1992). Mitarbeiter im Auslandseinsatz. Planung und Gestaltung. Wiesbaden: Gabler.
Wiseman, R. L., Hammer, M. R., Nishida, H (1989). Predictos of intercultural communication competence. International Journal of Intercultural Relations 13, 349-370.
Wunderer, R. (1993). Internationalisierung als Herausforderung für das Personalmanagement. In: A. G. Coenenberg, M. Djarrahzadeh, J. Funk (Hrsg.), Internationalisierung als Herausforderung für das Personalmanagement. Stuttgart: Schäffer-Poeschel.
Zeira, Y. (1976). Rotation of expatriates in MNCs. Management International Review 16, 37-46.
Zeira, Y., Banai, M. (1981). Attitudes of host-country organizations towards MNC's staffing polices: Cross-country and cross-industry analyses. Management International Review 21, 38-47.

8

Training interkultureller Kompetenz

Alexander Thomas, Katja Hagemann und Siegfried Stumpf

Neben der beschleunigten technologischen Entwicklung ist es vor allen Dingen die Internationalisierung der Märkte, die an Manager in Wirtschaft und Verwaltung neue Anforderungen stellt. Initiieren, organisieren, führen, kontrollieren, bewerten und andere Managementaufgaben vollziehen sich nicht mehr in kulturell relativ homogenen Umwelten, sondern unter kulturell sehr heterogenen und divergenten Bedingungen.

Wie gut sind Manager auf diese neuen Aufgaben vorbereitet? Ronen (1986, S. VIII) gibt darauf die immer noch gültige Antwort:

> It is sad to realize how badly these issues have been neglected. The reason may be that many managers find it preferable to analyze and manipulate products, machines, and numbers than people. Too often, managers expect people to respond to rules, regulations, and directives the same way in one context as in another. Yet people, whatever else they may be, are unpredictable. Hence, the common temptation to hope that managerial problems within challenging environments will simply resolve themselves if left alone.

Als entscheidende Voraussetzung für den Arbeitserfolg im Ausland bzw. in der Kooperation mit Ausländern werden in Organisationen bislang als bedeutsam angesehen: erstens fachliche Qualifikation, zweitens Fremdsprachenkenntnisse und drittens Landes- und Kulturkenntnisse. Dabei liegt der Schwerpunkt der Qualifikationsbeurteilung eindeutig im Bereich der fachlichen Kenntnisse und der Fremdsprachenkenntnisse. Häufig wird dabei die fachliche Qualifikation unreflektiert und ohne nähere Analyse als gegeben vorausgesetzt. Die Festlegung von Mindestanforderungen an die fremdsprachliche Leistungsfähigkeit entbehrt bisher objektiver und eindeutiger Kriterien. Die Fremdsprachenkenntnisse werden meist aufgrund eines subjektiven Eindrucksurteils geschätzt oder nach dem Besuch eines Fremdsprachenkurses als gegeben vorausgesetzt. Nach wie vor wird Landes- und Kulturkenntnissen im Vergleich zu den fachlichen Qualifikationen und Fremdsprachenkenntnissen nur eine untergeordnete Bedeutung beigemessen. Wenn auch vielfach noch eingesehen wird, dass ein Mindestmaß an landeskundlichen Informationen, etwa zur historischen Entwicklung oder geographischen Beschaffenheit eines Landes, wünschenswert ist, so wird häufig der Stellenwert interkultureller Handlungskompetenzen, die zu einem effektiven Verhalten in einer fremden Kultur und gegenüber deren Angehörigen befähigen, stark unterschätzt. Weder in der Managerauswahl noch der Managerausbildung ist bisher der Entwicklung und Förderung dieser interkulturellen Managementkompetenzen genügend Aufmerksamkeit geschenkt worden. Die folgenden Ausführungen lassen die Bedeutung dieses Bereichs internationalen Managements deutlich werden und behandeln zentrale Aspekte interkulturellen Handlungstrainings.

Im Folgenden geht es schwerpunktmäßig um das interkulturelle Training als einem Instrument zur Vorbereitung von Führungskräften auf einen Auslandseinsatz. Die Ausführungen sind wie folgt aufgebaut: Zunächst wird geklärt, was unter einem Training interkultureller Kompetenzen zu verstehen ist und welchen Zielen sich diese Trainings zuordnen lassen. Dann erfolgt in Abschnitt zwei eine Bestimmung der Begriffe „Kultur", „interkulturelles Handeln" und „interkulturelle Kompetenz". Abschnitt drei dient der Beschreibung typischer Verlaufsprozesse bei der Bewältigung interkultureller Handlungsanforderungen. Die zahlreichen Bedingungsgrößen, die bei der Gestaltung eines interkulturellen Trainings zu beachten sind, werden in Abschnitt vier erörtert. In Abschnitt fünf werden unterschiedliche Konzepte und Methoden des interkulturellen Trainings vorgestellt und diskutiert. Abschnitt sechs dient der Darstellung der in der Praxis häufig vernachlässigten Thematik der Wirksamkeitsüberprüfung von interkulturellen Trainings. Sodann werden Konsequenzen aus den vorangegangenen Ausführungen für die Trainingskonzeption und -durchführung abgeleitet. Abschnitt acht zeigt auf, welche weiteren unternehmensbezogenen Anwendungsbereiche des interkulturellen Trainings es neben der Vorbereitung von Führungskräften auf Auslandseinsätze gibt. Schließlich folgt eine zusammenfassende Schlussbemerkung.

1. Begriff und Zielsetzungen des interkulturellen Trainings

Allgemein umfasst interkulturelles Training alle Maßnahmen, die darauf abzielen, einen Menschen zur konstruktiven Anpassung, zum sachgerechten Entscheiden und zum effektiven Handeln unter fremdkulturellen Bedingungen und in Interaktion mit Angehörigen der fremden Kultur zu befähigen. Das Ziel dieses Trainings besteht in der Qualifizierung der Teilnehmer zum Erkennen und zur konstruktiven und effektiven Bewältigung der spezifischen Managementaufgaben, die sich ihnen gerade unter den für sie fremden Kulturbedingungen und in der Interaktion mit fremdkulturell geprägten Partnern stellen.

Dabei ist nicht nur an die Bewältigung der berufsbedingten Anforderungen zu denken, sondern auch an die persönliche Lebensgestaltung im Ausland. Gerade unter den Bedingungen beruflicher Tätigkeit im Ausland verschmelzen berufliche und persönliche Handlungs- und Erfahrungsbereiche eng miteinander.

In den meisten Fällen wird das Training interkultureller Managementkompetenz als eine den Auslandseinsatz *vorbereitende* Trainingsmaßnahme organisiert. Wie die vielfältigen Forschungen und Praxiserfahrungen zur Wirksamkeit solcher vorbereitender Trainingsmaßnahmen zeigen (Landis & Brislin, 1983c), kann die interkulturelle Managementkompetenz wesentlich gesteigert werden, wenn zusätzliche, den Arbeitsaufenthalt im Ausland *begleitende* Verlaufstrainings durchgeführt werden. Besonders bei jüngeren Führungskräften, für die ein häufigerer Arbeitsaufenthalt im Ausland vorgesehen ist, empfehlen sich zusätzliche *nachbereitende* Trainings, in denen die interkulturellen Erfahrungen untereinander und mit Experten diskutiert und reflektiert werden können. Nur so kann man zu einem vertieften Verständnis der fremdkulturellen Arbeits- und Lebenssituation vordringen. Ein auf diese Weise qualifiziert aufgearbeitetes Erfahrungswissen lässt sich bei wiederholter Übernahme interkultureller Managementaufgaben handlungswirksam einsetzen.

2. Bestimmung von Kultur, interkulturellem Handeln und interkultureller Kompetenz

Bei der Analyse von Zielen eines Trainings zur interkulturellen Managementkompetenz ist es hilfreich, von einem Kulturbegriff auszugehen, der dieses komplexe Phänomen strukturieren hilft. *Kultur* wird hier definiert als ein universelles, für eine Gesellschaft, Nation, Organisation und Gruppe typisches Orientierungssystem. Dieses Orientierungssystem wird aus spezifischen Symbolen gebildet (z. B. Sprache, bedeutungshaltige Zeichen, typische Verhaltensweisen) und in der jeweiligen Gesellschaft, Organisation, Gruppe usw. tradiert. Es beeinflusst das Wahrnehmen, Denken, Werten und Handeln aller Mitglieder und definiert somit deren Zugehörigkeit zur Gesellschaft. Das Orientierungssystem ermöglicht den Mitgliedern der Gesellschaft ihre eigene Umweltbewältigung, es erlaubt eine rasche Kommunikation, erleichtert die Orientierung in komplexen sozialen Feldern und fördert die reibungslose und effektive interpersonale Kooperation (Thomas, 1991).

Interkulturelles Handeln findet in einer kulturellen Überschneidungssituation statt, in der gewohnte, eigenkulturell geprägte Verhaltensweisen, Denkmuster und Emotionen mit fremden, ungewohnten Verhaltensweisen, Denkmustern und Emotionen fremdkulturell geprägter Interaktionspartner zusammentreffen. Die bisher zur Zielerreichung geeigneten Handlungsweisen, Bewertungs- und Interpretationsmuster versagen ganz oder teilweise, die Kommunikation mit den Interaktionspartnern ist erschwert, und ihre Reaktionen werden nur ungenügend oder überhaupt nicht verstanden. Wie Hofstede (1983) feststellt, können hoch bedeutsame Werte der eigenen Kultur für die Mehrheit der Bevölkerung in der Gastkultur von sehr viel geringerer Bedeutung und damit weniger handlungswirksam sein, obwohl sich immer wieder Personen oder auch einzelne Gruppen im Gastland finden werden, für die diese Werte ebenfalls von Interesse sind.

Um in interkulturellen Überschneidungssituationen effektiv handeln zu können, müssen Führungskräfte über *interkulturelle Kompetenz* verfügen. Nach Thomas, Kammhuber und Layes (1997, S. 67-68) ist interkulturelle Kompetenz die Fähigkeit, kulturelle Bedingungen und Einflussfaktoren im Wahrnehmen, Urteilen, Empfinden und Handeln bei sich selbst und anderen Personen zu erfassen, zu würdigen, zu respektieren und produktiv einzusetzen im Sinne von wechselseitiger Anpassung, von Toleranz gegenüber Inkompatibilitäten, sowie einer Entwicklung synergetischer Formen des Zusammenlebens und der Weltorientierung.

Interkulturelles Handeln ist eingebettet in ein Kräftedreieck, bestehend aus den *kulturellen Unterschieden* (bedingt durch die verschiedenen Orientierungssysteme), den *individuellen Unterschieden* (bedingt durch Persönlichkeitsmerkmale und lebensgeschichtliche Entwicklung) und den vorhandenen *interkulturellen Kenntnissen und Erfahrungen*.

Abbildung 1: Determinanten interkulturellen Handelns

Kulturelle Unterschiede zwischen den beteiligten Kulturen beeinflussen Qualität, Quantität und Dauer der Anpassungsprobleme. Großen Differenzen in einem Überschneidungsbereich (z. B. Art der nonverbalen Kommunikation) können geringe Differenzen in einem anderen Bereich gegenüberstehen (z. B. geschlechtsspezifische Rollenbeziehungen). Diese Unterschiede werden entweder direkt erlebt oder über die Interaktion mit Personen der Fremdkultur aus deren Sicht erfahren. Dabei kommt es zu Ähnlichkeits- und Vertrautheitserlebnissen sowie zu Fremdheitserlebnissen. Je weniger sich die beiden Kulturen in zentralen Merkmalen überschneiden, desto stärker wirkt das Fremdheitserleben. Es kann bei leichter Ausprägung Neugier- und Annäherungsverhalten, bei starker Ausprägung aber Angst, Verunsicherung und Ablehnung bzw. Flucht zur Folge haben.

Individuelle Unterschiede zeigen sich in der Fähigkeit, mit neuen Situationen fertig zu werden. Dabei sind demographische und persönlichkeitsspezifische Variablen wie Alter, Geschlecht, kognitive Fähigkeiten, sozio-ökonomischer Status und Bildungsstand von Bedeutung. Zum Beispiel wurde häufig beobachtet, dass junge, eher intelligente und gebildete Personen schneller zu interkulturellen Anpassungsleistungen fähig sind als ältere, weniger intelligente und weniger gebildete Personen. Interkulturelle Handlungskompetenz scheint eng verknüpft zu sein mit geistiger Beweglichkeit, Umstellungsfähigkeit, sozialer Offenheit und einem hohen Maß an Toleranz. So konnte etwa Eder (1989) in ihrer Studie nachweisen, dass Studenten, die sich für ein Auslandsstudium interessieren, von vornherein über ein höheres Maß an sozialer Handlungskompetenz verfügen als andere Studenten und dass sie diese während eines einjährigen Auslandsstudiums noch steigern.

Interkulturelle Austauscherfahrung spielt besonders zu Beginn der erforderlichen Anpassungsleistung eine große Rolle. Da jede Kultur ein spezifisches Orientierungssystem ausgebildet hat, kann nicht davon ausgegangen werden, dass eine Person, die längere Zeit in Land A gelebt hat und dort erfolgreich war, keine oder nur geringe Schwierigkeiten haben wird, sich an die Kultur des Landes B anzupassen. Mit einem häufigen Kulturwechsel wächst allerdings auch die Fähigkeit, sich schnell und effektiv in neuen Orientierungssystemen zurechtzufinden. Sorgfältige Vorbereitung auf die kulturellen Besonderheiten der Überschneidungssituation, fremdkulturelle Freundschaftsbeziehungen und soziale Unterstützung im Gastland erleichtern die Anpassungsleistungen.

Ein vorbereitendes und orientierendes Training interkultureller Managementkompetenz sollte das Vertrautsein mit der Fremdkultur so weit fördern, dass im interkulturellen Handeln ein mittlerer, positiv erlebter Grad an Fremdheit nicht überschritten wird. Es sollte weiterhin soziale Fertigkeiten schulen, die geeignet sind, sich selbstständig mit den fremdkulturellen Umwelten vertraut zu machen, die es dem Handelnden erlauben, dabei auftretende Ängste, Selbst- und Identitätsbedrohungen, soziale Konflikte und psychische Belastungen zu erkennen und produktiv zu verarbeiten.

3. Kulturschock, Anpassung und Integration

Grundsätzlich ist jeder Aufenthalt in einem fremden Land, in einer fremden Kultur, das Bemühen um eine Anpassung an die fremden Lebensverhältnisse, an die Denk- und Handlungsgewohnheiten der Gastlandbewohner und das Erbringen von Anpassungsleistungen beruflicher sowie privater Art eine Sonder- und Grenzsituation im menschlichen Leben und somit für die Persönlichkeitsentwicklung des Handelnden selbst sowie für seine soziale Umwelt von einschneidender Bedeutung. Zweifellos ist der berufsbedingte Auslandseinsatz in vielen Fällen für die berufliche und persönliche Weiterentwicklung von außerordentlichem Vorteil. Andererseits kann die Bewährung in einer unvertrauten kulturellen Umwelt und die Bewältigung der dadurch entstehenden besonderen Anforderungen als extrem belastend, stressvoll und schockierend erlebt werden. Leben und Arbeiten in einer unvertrauten kulturellen Umwelt kann Angst, Verwirrung, Desorientierung und depressive Reaktionen zur Folge haben. In extremen Fällen – besonders, wenn der Auslandsaufenthalt erzwungen wird, keine Rückzugsmöglichkeiten in die vertraute Kultur bestehen oder eine Reintegration mit noch höheren Belastungen verbunden ist – treten psychosomatische Erkrankungen auf, es kann zu einer sozialen Isolation und zu Feindseligkeit gegenüber der Gastkultur kommen. Die mit dem Auslandseinsatz verbundenen spezifischen Belastungen für den betroffenen Mitarbeiter sowie sein familiäres Umfeld spiegeln sich nicht zuletzt in den in der Literatur aufgeführten Misserfolgsquoten von Auslandsentsendungen wider. So werden je nach Studie Fehlschlagshäufigkeiten in der Höhe von 15 bis 50 Prozent genannt, wobei der dadurch angerichtete ökonomische Schaden für das entsendende Unternehmen mit Schätzungen von 250.000 $ bis 1.000.000 $ je Fehlschlag angegeben wird (vgl. Bhagat & Prien, 1996, S. 217). Eine aktuelle Feldstudie zur Auslandsentsendung von Black und Gregersen (1999), die in 750 U.S.-amerikanischen, europäischen und japanischen Firmen durchgeführt wurde, macht deutlich, was in der Tendenz auch frühere Untersuchungen ergeben haben: Zwischen 10 und 20 Prozent der ins Ausland entsandten Manager brachen ihren Aufenthalt vorzeitig ab, unzufrieden mit ihrer neuen Aufgabe oder mit der neuen Umgebung; fast ein Drittel der Manager erfüllte nicht die Erwartungen, und ein Viertel kündigte bald nach der Rückkehr, was auch einen immensen Know-how-Abfluss für die betroffenen Unternehmen bedeutete. Die Ursachen für diese ernüchternde Bilanz bringen die Autoren auf den einfachen Nenner: „In erster Linie Auswahl falscher Leute, schlechte Vorbereitung und gedankenlose Behandlung nach der Rückkehr" (Black & Gregersen, 1999, S. 103). Zunehmend wird erkannt, dass auch das familiäre Umfeld des Mitarbeiters bei Auslandsentsendungen mit einzubeziehen und zu unterstützen ist. So ist z. B. der mitreisende Ehepartner im Ausland zahlreichen Belastungen ausgesetzt; fehlende Anpassung des Ehepartners an die Verhältnisse im Ausland ist nach Mendenhall und Oddou (1988) ein zentraler Grund für den Abbruch von Auslandsentsendungen.

Es wurde häufig beobachtet, dass diese Belastungserscheinungen und -ergebnisse als Folgen des Kulturschocks und der damit zusammenhängenden Entwicklungen wie Rollenschock, Rollenanspannung, Rollenambiguität und kulturelle Erschöpfung auftreten. Wenn diese Wirkungen des Kulturschocks auch in individuell unterschiedlicher Intensität und Dauer auftreten, so ist doch besonders in der Anfangsphase der Anpassung an eine fremde Kultur und auch bei der Reintegration in die heimatliche Kultur mit ihnen zu rechnen. Die Intensität, die Dauer und die psychischen sowie sozialen Wirkungen des Kulturschocks hängen ab von dem Grad der Distanz zwischen Heimat- und Gastkultur, der Qualität des Vorwissens und der Erfahrung mit ähnlichen Situationen, dem Grad der Anforderungen, die der Beruf und die private Lebensführung im Gastland stellen, und der individuellen Kompetenz, sich in ungewohnten und fremdartigen Situationen zurechtzufinden und sie aktiv zu bewältigen (Furnham & Bochner, 1986).

In vielen Untersuchungen der Austauschforschung konnte bestätigt werden, dass der kulturelle Anpassungsprozess psychische und physische Belastungen zur Folge hat, die mit der Dauer des Aufenthalts nicht kontinuierlich abnehmen, sondern typischen Schwankungen unterworfen sind. Abbildung 2 zeigt eine Zusammenfassung dieser Forschungsergebnisse.

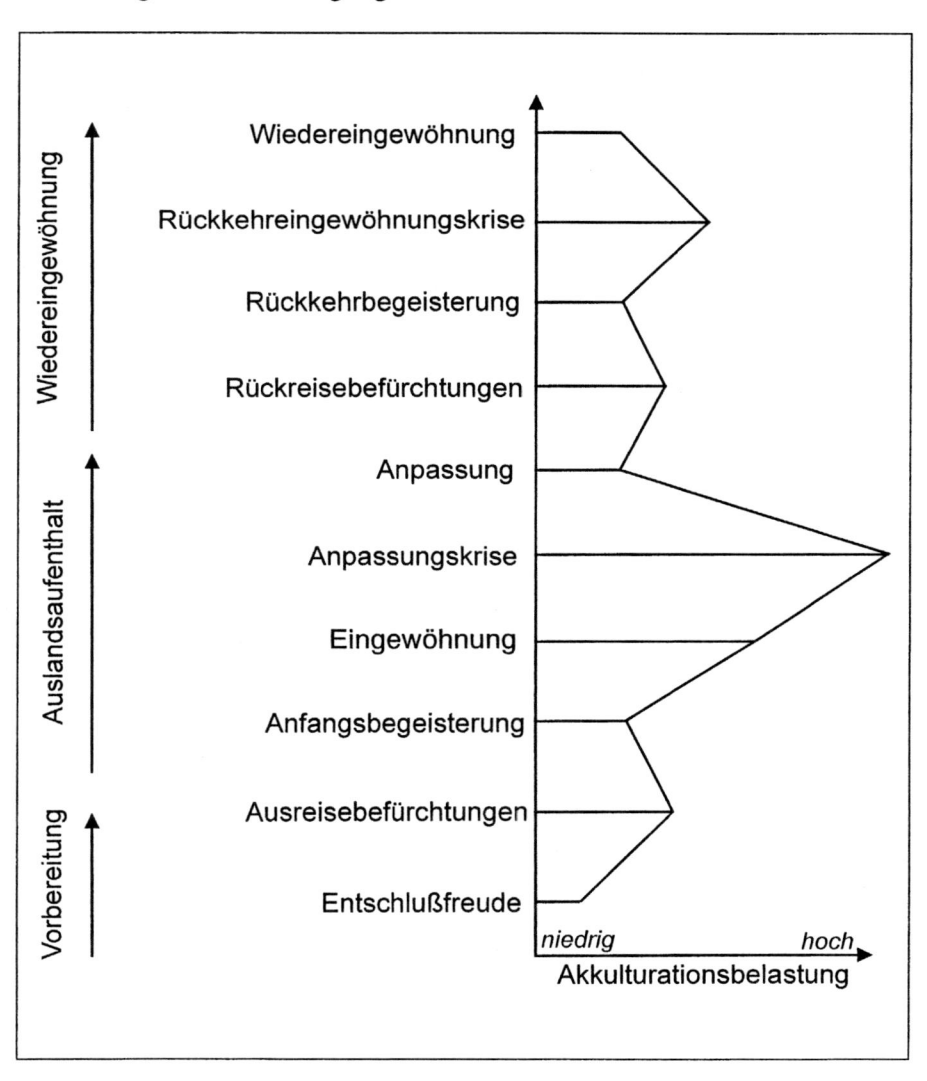

Abbildung 2: Verlauf der Anpassungsleistung im interkulturellen Handeln (nach Berry, 1985)

Nach der ersten Anfangsbegeisterung steigen die Anpassungsbelastungen im Verlauf der psychischen Eingewöhnung immer stärker an und führen eventuell zu einer Anpassungskrise, die, falls sie produktiv bewältigt wird, von einer relativ belastungsfreien Phase der kulturellen Anpassung abgelöst wird. Eine ähnliche, aber nicht so intensive Anpassungsbelastung erfolgt dann wieder zu Beginn der Rückkehr in die bekannte, aber nun nicht mehr gewohnte Heimatkultur.

Neben Versuchen, die Chronologie des Anpassungsverlaufs zu beschreiben, sind typologische Anpassungskonzepte entwickelt worden. Für die interkulturelle Managementkompetenz ist das von Bochner (1982) vorgelegte Konzept des Wandels kultureller Identität im interkulturellen Handeln von Bedeutung. Er unterscheidet vier Typen des Wandels kultureller Identität, für die sich zum Teil empirisches Belegmaterial finden lässt:

1. Der *Assimilationstyp* lehnt die eigene Heimatkultur radikal ab und übernimmt problemlos die Werte und Normen der Fremdkultur. Es kommt zum Verlust der eigenen kulturellen Identität, was eine Reintegration in die heimatliche Kultur erheblich erschwert.

2. Der *Kontrasttyp* erlebt die Unterschiede zwischen der eigenen und der fremden Kultur sehr deutlich. Er lehnt die Gastkultur radikal ab und betont auf dem Hintergrund der fremdkulturellen Erfahrungen den Wert der eigenen Kultur. Die Folgen dieser Haltung sind eine Verstärkung ethnozentristischer Tendenzen bis hin zum Chauvinismus.

3. Der *Grenztyp* erfährt beide Kulturen als Träger bedeutungsvoller Werte und Normen. Da diese aber für ihn inkompatibel sind und ihm keine Integration gelingt, schwankt er unentschlossen zwischen beiden Kulturen. Dies kann einen belastenden Identifikationskonflikt zur Folge haben, aber auch in Reformbestrebungen und Bemühungen um sozialen Wandel einmünden.

4. Der *Synthesetyp* kann die für ihn bedeutsamen Elemente beider Kulturen so zu einer „neuen Ganzheit" verschmelzen, dass dies für ihn zu einer Bereicherung seiner Persönlichkeit führt. Für die Gesellschaft entstehen aus dieser Haltung Chancen zur interkulturellen Verständigung und zur Entwicklung einer multikulturellen Identität oder kulturellen Universalität. Der Synthesetyp bietet als Einziger die Chance, das zu verwirklichen, was häufig unter Begriffen wie „third culture mind" oder „world identity" bezeichnet wird, nämlich eine Identifizierung mit Werten und Normen, die nicht mehr einer Kultur allein zu Eigen sind, sondern mehrere Kulturen überspannen. Eine wirklich produktive Lösung des durch fremdkulturelle Einflüsse erzwungenen Wandels der kulturellen Identität scheint tatsächlich nur dem Synthesetyp zu gelingen.

Fasst man dieses typologische Anpassungskonzept nicht als Persönlichkeitstypologie auf, sondern versteht darunter eher bestimmte Einstellungsrichtungen und Handlungstendenzen, dann hat das Konsequenzen für das Training interkultureller Managementkompetenz. Bei der Erfüllung von Managementaufgaben können entsprechend den jeweiligen Zielen und den gegebenen sozialen und situativen Bedingungen alle vier Anpassungstypen handlungswirksam werden, wenn auch in unterschiedlich starker Ausprägung. Weiterhin können durch entsprechendes Training die Einstellungs- und Handlungstendenzen des Synthesetyps gefördert werden. Die Analyse und Spezifizierung der dem Synthesetyp gemäßen Einstellungen und Verhaltensweisen im Gastland unter Berücksichtigung der jeweiligen Managementanforderungen wäre dann eine zentrale Grundlage effektiven Trainings interkultureller Managementkompetenzen.

Bei der Integration in die Gastkultur und der Reintegration in die Heimatkultur sind nicht nur Anpassungsleistungen zu erbringen, sondern in weit umfangreicherem Maße kognitive und emotionale Umstrukturierungs- und Integrationsleistungen. Gewohnte soziale Lebensräume (berufliche und private) müssen umstrukturiert, neu bewertet und den veränderten kulturellen Bedingungen entsprechend organisiert werden. Dazu reicht weder ein starres Festhalten am gewohnten, eigenkulturell geprägten Orientierungssystem noch ein blindes Anpassen an die fremde Kultur. Produktiv und effektiv kann nur eine Integration im Sinne einer Synthesebildung sein. Die zielführenden Handlungsmöglichkeiten in beiden Orientierungssystemen, die sowohl eine berufliche Problemlösung als auch eine befriedigende private Lebensführung erleichtern, müssen erkannt und miteinander verbunden werden. Diese Leistung ist zwar vom Manager selbst zu erbringen, doch bedarf er dabei der sozialen Unterstützung einmal aus dem ihm vertrauten sozialen Beziehungsnetz (Familie, Verwandte, Freunde, Arbeitskollegen), insbesondere von den mit ins Ausland reisenden Familienmitgliedern bzw. den im Heimatland zurückbleibenden, aber an der Auslandstätigkeit Anteil nehmenden Familienmitgliedern, und zum anderen von den Interaktionspartnern im Gastland.

Die soziale Unterstützung seitens der Gastlandbewohner für die Entwicklung dieses Integrationsprozesses wird in ihrer Bedeutung häufig unterschätzt. Sie stellt sich nur selten von selbst ein, vielmehr muss aktiv um sie geworben werden, oder sie muss sich aus der Art und Weise der Interaktion mit den Gastlandbewohnern entwickeln. Die Fähigkeit hierzu ist Bestandteil interkultureller Managementkompetenz (Thomas, 1990).

4. Bedingungsgrößen der Trainingsgestaltung

Interkulturelle Anpassung ist gerade dann gefordert, wenn kulturelle Differenzen besonders augenfällig sind, intensiv erlebt werden und handlungswirksam sind. Nach Argyle (1982) ist dies insbesondere bei folgenden Merkmalen kritischer sozialer Interaktionssituationen der Fall:

- Sprache
- Nicht-sprachliche Formen der Kommunikation (z. B. Mimik und Gestik)
- Soziale Verhaltensregeln im Bereich der interpersonalen und Intergruppenbeziehungen (z. B. Begrüßen, Beschenken bzw. Bestechen, Kaufen und Verkaufen, Essen und Trinken, Pünktlichkeit, Sitzhaltungen, Auffordern und Ablehnen u. a.)
- Soziale Beziehungen (z. B. Familienbeziehungen, Hierarchiebeziehungen in Gruppen und Organisationen, Kasten und Klassen, Über- und Unterordnung)

- Motive und Motivation (z. B. individuelle und sozial akzeptierte Motivkonzepte, Formen der Leistungsmotivation und der sozialen Motivation, Machtmotivation, soziale Dominanz und Extraversion, Selbstwertkonzept)
- Wertkonzepte und Ideologien (kognitive Konzepte der Bewertung und Attribuierung von Verhaltensweisen, individuelle Werte und soziale Wertkonzepte, Welt- und Menschenbilder).

Beim Training interkultureller Managementkompetenz sind solche kritischen Bereiche sozialer Interaktionssituationen zu berücksichtigen, doch erscheint es nicht sinnvoll, Trainingsinhalte zu eng an solchen Listen zu orientieren. Eine effektive Planung des Trainings muss die jeweiligen Besonderheiten der Managementtätigkeit und die Erfahrungen und Arbeitsanforderungen der Zielgruppe, für die das Training konzipiert wird, analysieren und gewichten und schließlich mithilfe eines allgemeinen Konzepts interkultureller Handlungsdeterminanten spezifizieren und neu definieren. Die folgenden Aspekte sollten in einem solchen Training Berücksichtigung finden (siehe Abbildung 3):

Die Charakteristika der Trainingsteilnehmer, wie z. B. ihre berufliche Ausbildung, ihre Position im Unternehmen, ihr Arbeitsaufgabenbereich, ihr Arbeitsauftrag im Ausland und ihre bisherigen Erfahrungen mit Managementaufgaben unter interkulturellen Handlungsbedingungen sind zu beachten. Des Weiteren spielen die Motivation für den Auslandseinsatz und die Ausprägung persönlicher Wertvorstellungen sowie die Einstellung gegenüber dem Gastland eine Rolle. Zu fragen ist auch, ob eine alleinige Vorbereitung der Führungskraft ausreicht. Oftmals bereitet die Anpassung an die fremden Lebensbedingungen den Ehepartnern und anderen Familienmitgliedern ungleich größere Probleme als den Auslandsmitarbeitern, die zumindest im Arbeitsbereich vertraute Strukturen antreffen.

Weiterhin sind die in der *Zielkultur* allgemein und für die Interaktionspartner im Ausland speziell geltenden *zentralen kulturellen Standards* von Bedeutung.

Das Konzept der Kulturstandards besagt, dass zentrale Kulturstandards den Mitgliedern der jeweiligen Kultur eine Orientierung für ihr eigenes Verhalten liefern und ihnen ermöglichen zu entscheiden, welches Verhalten als normal, typisch und noch akzeptabel anzusehen bzw. welches Verhalten abzulehnen ist. Abweichungen von diesen Standards werden außerhalb gewisser Toleranzgrenzen als abnorm, außergewöhnlich, fremd usw. registriert und abgelehnt. Als zentral werden diejenigen Kulturstandards bezeichnet, die weite Bereiche der Wahrnehmung, des Denkens, des Urteilens und Handelns bestimmen und die für die interpersonale Wahrnehmung und Beurteilung von zentraler Bedeutung sind. Zentrale Kulturstandards wirken gleichsam wie implizite Theorien und sind über den Prozess der Sozialisation internalisiert (Thomas, 1988, S. 153).

Als zentrale Kulturstandards haben sich in mehreren Untersuchungen die folgenden Bereiche erwiesen: Interpersonale Distanzregulation, Ambiguitätstoleranz, Hierarchieorientierung, Tendenz, das „Gesicht zu wahren", Streben nach sozialer Harmonie, Kollektivismus versus Individualismus und Leistungsorientierung. Die Vermittlung solcher Kulturstandards stellt den zentralen Teil des Trainings dar.

Abbildung 3: Bedingungen interkulturellen Handlungstrainings (vgl. Thomas, 1989)

Das Training muss die in der *Heimatkultur* geltenden *zentralen Kulturstandards* thematisieren und in ihrer handlungswirksamen Bedeutung den Trainingsteilnehmern bewusst machen. Dies ist keine leichte Aufgabe, da es sich hierbei um „kulturelle Selbstverständlichkeiten" handelt, die zwar das Verhalten und Erleben nachhaltig prägen, deren Einfluss aber meist nicht bewusst wahrgenommen wird.

Das Training muss die *allgemeinen Anforderungen* an ein effektives Management in kulturellen Überschneidungssituationen berücksichtigen, wie sie in der Forderung nach einer Befähigung zu konstruktiver Anpassung, sachgerechtem Entscheiden und effektivem Handeln zum Ausdruck kommen. Hierzu gehört die positive Bewältigung von Stress, der durch Desorientierung, Unsicherheitsgefühle und Verständigungsschwierigkeiten stärker als sonst auftritt. Die Konfrontation etwa mit einer fremden Mentalität, ungewohnten Entscheidungswegen und einem anderen Verständnis von Prioritäten kann zu extremen Frustrationen führen. Häufig wirkt sich diese seelische Belastung auf die Familie aus, deren Mitglieder im Ausland stärker als zu Hause aufeinander angewiesen sind. Häusliche Konflikte und Spannungen sind die Folge. Nicht wenige Auslandseinsätze werden aus familiären Gründen vorzeitig abgebrochen.

Neben den allgemeinen Anforderungen, die mit interkulturellem Management verbunden sind, ist der mit dem spezifischen Arbeitsauftrag im Gastland verbundene *spezifische Anforderungskomplex* zu berücksichtigen. Dazu sind häufig auftretende und für den Arbeitsauftrag typische Anforderungssituationen, konfliktträchtige Interaktionen und zu Missverständnissen Anlass gebende Handlungsweisen zu identifizieren und nach kulturspezifischen Merkmalen zu analysieren.

Die allgemeinen und spezifischen Anforderungen der interkulturellen Überschneidungssituationen müssen sich maßgeblich in der Formulierung der *Trainingsziele* niederschlagen.

Organisationskulturelle Besonderheiten sind bei der Trainingskonzeption zu beachten: Die spezifischen Werte und Normen, die in den jeweiligen Organisationen im Heimatland und auch im Gastland handlungswirksam sind, müssen mit berücksichtigt werden (vgl. Götz & Bleher, 1999).

Wissenschaftliche Erkenntnisse über Bedingungen, Ablaufprozess und Wirkungen interkulturellen Handelns sowie Erkenntnisse auf der Grundlage kulturvergleichender Untersuchungen, besonders unter Berücksichtigung der Formen interkulturellen Managements, sind für die Bestimmung der Trainingsinhalte bedeutsam (Landis & Brislin, 1983a).

5. Trainingskonzepte und -methoden

Wer nach praktikablen und erprobten Konzepten und Methoden interkulturellen Trainings sucht, ist vor allem auf die amerikanische Fachliteratur angewiesen (siehe Kohls, 1985; Landis & Brislin, 1983a, b, c). In der Literatur gibt es unterschiedliche Ansätze zur Klassifikation interkultureller Trainingsformen (vgl. z. B. Gudykunst & Hammer, 1983, S. 121ff.). Es sind eine Fülle von Kriterien denkbar, anhand derer eine solche Klassifikation erfolgen kann, z. B. Trainingsziele, Trainingsmethoden, Trainingsdauer oder die Aufgaben und Rollen des Trainers. Die folgenden Ausführungen stützen sich auf das häufig verwendete Klassifikationssystem von Gudykunst und Hammer (1983; vgl. auch Gudykunst, Guzley & Hammer, 1996). Diese Autoren unterscheiden interkulturelle Trainingsformen anhand zweier Merkmale mit jeweils dichotomer Ausprägung:

(1) *Trainingsmethodik*: Informations- versus erfahrungsorientierte Trainings;

(2) *Trainingsinhalt*: Kulturallgemeine versus kulturspezifische Trainings.

Im Rahmen des informationsorientierten Ansatzes werden Methoden eingesetzt, mit denen sich vor allem kognitive Zielsetzungen verfolgen lassen, die darauf ausgerichtet sind, Wissen über eigene und fremde Kulturen aufzubauen. Diesem Zweck dienen z. B. Vorträge oder Diskussionsrunden, in denen Wissen über kulturelle Unterschiede und Gemeinsamkeiten präsentiert und diskutiert wird. Im Gegensatz dazu geht man beim erfahrungsorientierten Ansatz davon aus, dass Menschen am besten durch eigene Erfahrungen lernen. Deswegen versucht man in erfahrungsorientierten Trainings, z. B. durch den Einsatz von Simulationsübungen und Rollenspielen, Erfahrungen mit kognitiven, affektiven und verhaltensbezogenen Erlebnisanteilen in den Trainingsteilnehmern zu induzieren, um diese anschließend durch gezielte Reflexionsprozesse aufzuarbeiten (vgl. hierzu auch Boud, Keogh & Walker, 1985; Kolb, 1984).

Die Inhalte interkultureller Trainings lassen sich anhand der Dichotomie kulturallgemein versus kulturspezifisch darstellen. Kulturspezifische Trainings zeichnen sich dadurch aus, dass es in ihnen um jeweils eine bestimmte Kultur geht, auf die die Trainingsteilnehmer vorbereitet werden sollen. In kulturallgemeinen Trainings wird dagegen nicht nur eine einzelne fremde Kultur thematisiert, vielmehr sollen die Trainingsteilnehmer generell sensibilisiert und grundsätzlich auf interkulturelles Handeln vorbereitet werden.

Durch eine Kombination beider Klassifikationskriterien ergibt sich das in Abbildung 4 dargestellte Schema, das zwischen vier Klassen interkulturellen Trainings differenziert.

	informationsorientiert		
kulturallgemein	Klasse I: Informationsorientierte kulturallgemeine Trainings	Klasse II: Informationsorientierte kulturspezifische Trainings	**kulturspezifisch**
	Klasse IV: Erfahrungsorientierte kulturallgemeine Trainings	Klasse III: Erfahrungsorientierte kulturspezifische Trainings	
	erfahrungsorientiert		

Abbildung 4: Klassifikation interkultureller Trainingsformen nach Gudykunst und Hammer (1983)

Im Folgenden werden diese verschiedenen Trainingsformen eingehender beschrieben (vgl. Gudykunst et al., 1996; Gudykunst & Hammer, 1983).

5.1 Das informationsorientierte kulturallgemeine Training

Informationsorientierte kulturallgemeine Trainings zielen darauf ab, dem Trainingsteilnehmer Wissen über die Bedeutung und Tragweite kultureller Gemeinsamkeiten und Unterschiede zu vermitteln. Auf diese Weise soll der Teilnehmer generell für interkulturelle Problemstellungen sensibilisiert und grundsätzlich auf interkulturelles Handeln vorbereitet werden.

Inhaltlich geht es bei dieser Trainingsform um die grundlegenden Gemeinsamkeiten und Unterschiede zwischen Kulturen und deren Bedeutung für menschliches Erleben und Verhalten. So wird z. B. der Kulturbegriff geklärt, zentrale Charakteristika von Kulturen werden beschrieben und deren Wirkungsweise wird demonstriert, z. B. hinsichtlich der Unterschiede zwischen kollektivistischen und individualistischen Kulturen.

Methodisch können im Rahmen dieser Trainingsform eine Vielzahl von Techniken eingesetzt werden, wobei die wichtigsten Verfahren sind:

- *Vorträge und Diskussionen*: Zentrale Informationen werden durch kurze oder längere Referate des Trainers den Trainingsteilnehmern nahe gebracht. Diese Referate können durch Unterlagen oder Folien unterstützt werden. In begleitenden oder anschließenden Diskussionen mit den Trainingsteilnehmern können die dargebotenen Informationen vertieft werden.
- *Videomaterial*: Geeignetes Anschauungsmaterial, das im Rahmen dieser Trainingsform eingesetzt werden kann, bieten z. B. die Filme der Going-International-Serie von Copeland und Griggs (1986), die allerdings sehr auf ein amerikanisches Publikum zugeschnitten sind.
- *Kulturallgemeine Culture-Assimilator-Verfahren*: Zentraler Bestandteil dieser Verfahren sind eine Vielzahl kritischer Ereignisse, anhand derer die Wirkungsweise kultureller Unterschiede demonstriert werden kann. Prototypisch ist hier das Verfahren von Brislin, Cushner, Cherrie und Yong (1986), das 100 kritische Ereignisse aus einer Vielzahl unterschiedlicher Kulturen umfasst. Dabei werden kulturell relevante Themen wie Umgang mit Macht und Hierarchie, Arbeit und Zeit oder Individualismus und Kollektivismus behandelt. Aufgrund seiner Bedeutung im Rahmen der Vorbereitung auf Auslandseinsätze wird das Culture-Assimilator-Verfahren in Abschnitt 5.5 ausführlicher dargestellt.

Informationsorientierte Trainings lassen durchaus eine aktive Einbindung der Trainingsteilnehmer in das Trainingsgeschehen zu: So können dargebotene Informationen zusammen mit den Trainingsteilnehmern diskutiert werden, und zahlreiche Varianten der Gruppenarbeit sind möglich, wobei diese z. B. zur Vertiefung und Reflexion der behandelten Themen eingesetzt werden können. Zudem können so genannte situierte Lernumgebungen geschaffen werden (vgl. Kammhuber, 2000), die es dem Lernenden erlauben, Problemstellungen eigenständig zu erkunden und aktiv am Wissensaufbau mitzuwirken, wobei hier auch ein stärkeres Miteinbeziehen der jeweiligen individuellen Vorerfahrungen möglich ist (zu einer Anwendung in einem kulturspezifischen Vorbereitungstraining vgl. Limpächer, 1998).

In Trainings dieser Art finden hauptsächlich kognitive Lehr- und Lernmethoden Anwendung. Dies hat zur Folge, dass die Teilnehmer in erster Linie mit der Aufnahme und Verarbeitung von Informationen beschäftigt sind. Die emotionale Auseinandersetzung mit fremden Kulturen wird dabei weitgehend ausgeklammert.

5.2 Das informationsorientierte kulturspezifische Training

Methodisch wird hier im Wesentlichen auf die im vorigen Abschnitt geschilderten Verfahren zurückgegriffen, wobei sich aber die Trainingsinhalte aufgrund der Kulturspezifität deutlich unterscheiden. Das Training dient in erster Linie dazu, den Teilnehmern wichtige Daten und Fakten über eine fremde Kultur zu vermitteln. In der Regel handelt es sich dabei um ein Gastland, in das die Trainingsteilnehmer ausreisen werden, ihre persönlichen Lebensumstände und die fachlichen Aufgaben, die sie übernehmen sollen.

In Vorträgen, durch Filme und anhand von schriftlichem Material werden die Teilnehmer über die wirtschaftlichen, politischen und sozialen Verhältnisse des Gastlandes informiert. Auslandserfahrene Kollegen berichten von ihren Erfahrungen im Umgang mit den Menschen der fremden Kultur, geben Tipps und Hinweise zu klimatischen Bedingungen, Wohnsituation, Freizeitmöglichkeiten und dazu, was ins Reisegepäck gehört.

Fallbeispiele illustrieren kulturelle Unterschiede in ausgewählten Bereichen (zum Beispiel im Arbeitsverhalten, im sozialen Umgang zwischen Männern und Frauen, im System gesellschaftlicher Normen). Aus ihnen werden Verhaltensregeln abgeleitet, die den Teilnehmern zur Handlungsorientierung dienen und ihre Integration im Gastland erleichtern sollen.

Informationen können den Trainingsteilnehmern zudem anhand kulturspezifischer Culture-Assimilator-Verfahren nahe gebracht werden. Zentraler Bestandteil sind dabei eine Reihe von Schilderungen kritischer Interaktionssituationen, die Angehörige der Heimatkultur in der Gastkultur erlebt haben. In Abschnitt 5.5 werden diese Verfahren ausführlicher dargestellt.

Psychische Aspekte des Auslandsaufenthaltes, wie die Bewältigung von Stress und Heimweh, der Einfluss kulturspezifischer Werte und Normen auf das Verhalten und Erleben und der Verlaufsprozess der Anpassung an eine fremde Kultur, werden beim informationsorientierten Training z. B. mittels Trainerpräsentationen oder Videofilmen angesprochen. Die aktive Einbindung der Trainingsteilnehmer kann unter anderem über Diskussionsrunden und Gruppenarbeiten erfolgen.

Das Training findet in der Regel vor Verlassen des Heimatlandes oder kurz nach der Ankunft im Gastland statt. Es entspricht dem Bedürfnis der Teilnehmer und ihrer Partner nach handfesten Informationen, die in Vorbereitungsmaßnahmen umgesetzt werden können. Die vermittelten Verhaltensregeln werden als Handlungsanweisungen verstanden, die Orientierung ermöglichen und dadurch das Gefühl der Unsicherheit reduzieren.

In der Praxis zeigt sich immer wieder, dass die Beschränkung auf diese Form der Vorbereitung insbesondere auslandsunerfahrene Teilnehmer zu der Auffassung verleitet, die Integration in eine andere Kultur verlaufe problemlos, wenn man sich an eine gelernte Liste „richtiger" Verhaltensregeln halte. Angesichts der bereits beschriebenen Komplexität und Vielschichtigkeit interkultureller Lern- und Anpassungsprozesse ist hierin die wesentliche Schwäche eines rein informationsorientierten Trainingskonzeptes zu sehen.

Ebenso wie für das informationsorientierte kulturallgemeine Training gilt hier, dass aufgrund der hauptsächlich verwendeten kognitiven Lehr- und Lernmethoden emotionale Aspekte weitgehend unberücksichtigt bleiben. Eine emotionale Auseinandersetzung mit der fremden Kultur und eine Verarbeitung der dadurch ausgelösten Gefühle, z. B. Neugier, Freude, Euphorie, aber auch Verunsicherung und Angst, findet nur sehr eingeschränkt statt.

5.3 Das erfahrungsorientierte kulturspezifische Training

In dieser Trainingsform wird versucht, dem Trainingsteilnehmer eine spezifische fremde Kultur dadurch nahe zu bringen, indem ihm ermöglicht wird, die andere Kultur im Rahmen eines Seminars zu erleben und zu entdecken. Damit sollen kognitive, emotionale und verhaltensbezogene Erlebnisanteile im Trainingsteilnehmer induziert werden, die ein Lernen ermöglichen sollen, das über „bloßes Wissen" hinausgeht.

Erfahrungsorientierte Lernverfahren müssen insbesondere zwei Anforderungen genügen:

(1) Die Trainingsteilnehmer müssen im Laufe des Trainings *Erfahrungen machen*, die in Bezug auf die Themenstellung und Zielsetzung des Trainings relevant sind.
(2) Die Trainingsteilnehmer müssen im Rahmen des Trainings Möglichkeiten haben und dabei unterstützt werden, diese Erfahrungen systematisch zu *reflektieren* und in ihre individuellen Wissensstrukturen und Handlungsschemata zu *integrieren*.

Um diese Anforderungen zu erfüllen, muss in dieser Trainingsform auf ein anderes Methodenrepertoire als in informationsorientierten Trainings zurückgegriffen werden. Zu diesem Methodenrepertoire gehört insbesondere:

- *Kultursimulationsspiele*: Unter Kultursimulationsspielen versteht man Verfahren, die kulturelle Systeme für den Teilnehmer erlebbar machen sollen. Kern eines Simulationsspieles ist ein Szenario, das die wesentlichen Charakteristika eines abzubildenden kulturellen Systems beschreibt. Auf diese Weise wird eine künstliche „Mikrowelt" geschaffen, die analog zu realen kulturellen Systemen aufgebaut sein soll. Üblicherweise übernehmen Teilnehmer in dieser Mikrowelt bestimmte Rollen, die es ihnen möglich machen, die Regeln und Eigenheiten dieses Systems „am eigenen Leibe" zu erfahren. Kulturspezifische Simulationsspiele zeichnen sich dadurch aus, dass sie versuchen, ein reales kulturelles System abzubilden, während kulturgenerelle Simulationsspiele, die im nächsten Abschnitt dargestellt werden, fiktive Kulturen darstellen. Nach Gudykunst et al. (1996) sind allerdings nur wenige kulturspezifische Simulationsspiele vorhanden. Dieser Umstand deutet darauf hin, dass die Abbildung realer kultureller Systeme durch Simulationen ein schwieriges und aufwendiges Unterfangen ist. Ein Beispiel für ein kulturspezifisches Simulationsspiel ist die Markhall Simulation (vgl. Gudykunst et al., 1996, S. 71), die kulturelle Einflüsse auf Managementstil, Interaktionen am Arbeitsplatz und Arbeitsprozesse in japanischen und US-amerikanischen Unternehmen simuliert. Die Simulation umfasst zwei Szenarien, wobei eines ein prototypisches amerikanisches Unternehmen und das andere ein prototypisches japanisches Unternehmen darstellen soll. Das amerikanische Unternehmen zeichnet sich aus durch führerzentrierte Entscheidungsprozesse, Ein-Wege-Kommunikation, kurzfristige Beschäftigungsverhältnisse, spezialisierte und segmentierte Arbeitsaufgaben und individuelle Verantwortungszuschreibung. Das japanische

Unternehmen ist demgegenüber charakterisiert durch partizipative Entscheidungsprozesse, Zwei-Wege-Kommunikation, langfristige Beschäftigungsverhältnisse, weniger spezialisierte und segmentierte Aufgabenstellungen und kollektive Verantwortungszuschreibung.

- *Rollenspiele*: Rollenspiele können innerhalb von Kultursimulationsspielen auftreten, sie können aber auch als eigene Methode verwendet werden. Ebenso wie Kultursimulationsspiele bauen auch Rollenspiele auf einem Szenario auf, das aber wesentlich einfacher konstruiert ist und zum Teil nur aus einer knappen Teilnehmerinstruktion besteht. In kulturspezifischen Rollenspielen wird eine kulturelle Überschneidungssituation nachgestellt und durchgespielt, so z. B. eine Verhandlungssituation zwischen einem Deutschen und einem Amerikaner. Hierbei sind verschiedene Vorgehensweisen möglich. Ist die Teilnehmergruppe selbst bikulturell zusammengesetzt, so kann die Rollenverteilung in Übereinstimmung mit der eigenen kulturellen Zugehörigkeit erfolgen (Deutscher spielt den Deutschen, Amerikaner den Amerikaner), aber auch Gegenbesetzungen sind möglich (Deutscher spielt Amerikaner, Amerikaner spielt Deutschen). Bei erster Verfahrensweise wird das Spiel realistischer werden, die zweite dagegen, die eine sehr gute Instruktionsqualität voraussetzt, hat den Vorteil, dass man üben kann, die Sichtweise der anderen Kultur zu übernehmen und in Verhalten umzusetzen.

- *Bikulturelle Workshopdesigns*: Ein bikultureller Workshop setzt voraus, dass die Trainingsteilnehmer aus zwei unterschiedlichen Kulturen stammen. Die Teilnehmer arbeiten während des Workshops gemeinsam an spezifischen Fragestellungen, die üblicherweise einen Bezug zur kulturellen Thematik aufweisen. So können z. B. Diskussionen über kulturelle Gemeinsamkeiten und Unterschiede stattfinden, Fallstudien zu kritischen Interaktionssituationen analysiert oder Rollenspiele durchgeführt werden. Von primärer Bedeutung sind hier allerdings nicht die Arbeitsinhalte, sondern der Bearbeitungsprozess, der umfangreiche Interaktionserfahrungen mit der jeweils anderen Kultur zulassen muss. Nach der Bearbeitung der Inhalte werden diese Interaktionserfahrungen und -prozesse gemeinsam analysiert und reflektiert, mit dem Ziel, dass dadurch handlungsrelevantes Wissen über die jeweils andere Kultur aufgebaut wird. Die Trainer nehmen während des Workshops eine Moderatorenrolle ein und unterstützen so die Teilnehmer bei der Aufarbeitung der Workshoperlebnisse. Vorteilhaft ist hierbei, wenn mit einem bikulturellen Trainerteam gearbeitet wird, sodass beide Teilnehmerkulturen abgedeckt werden können.

Die Stärke von erfahrungsorientierten Verfahren ist, dass sie relevante Erfahrungen hervorrufen können, die neben kognitiven auch emotionale und verhaltensbezogene Komponenten umfassen. Allerdings besteht hier das Problem, diese Erfahrungen innerhalb des Trainings adäquat zu verarbeiten und in das bisherige Wissen zu integrieren. Während den informationsorientierten Trainings insbesondere von Praktikern der Vorwurf gemacht wird, dass sie zu „kopflastig" seien, bestehen auch beim erfahrungsorientierten Training viele Möglichkeiten des suboptimalen Verlaufs. So könnten z. B. die Teilnehmer die gemachten Erfahrungen aufgrund des Spiel- oder Simulationscharakters vom Training mit dem Etikett „ganz nett, aber im wirklichen Leben ist es bestimmt anders" abtun. Ferner ist es möglich, dass die Teilnehmer diese Erfahrungen nicht einordnen können, sodass nur ein Gefühl der Verwirrung zurückbleibt, oder die Teilnehmer interpretieren die Erfahrungen so, dass der eigene Selbstwert möglichst wenig in Mitleidenschaft gezogen wird, indem sie z. B. eigene Misserfolgserlebnisse in der Kooperation mit Angehörigen der anderen Kultur einseitig der „Gegenseite" anlasten. All dies zeigt, wie wichtig es ist, nicht nur über geeignete Verfahren zur Erfahrungsgenerierung zu verfügen, sondern zudem adäquate Reflexions- und Aufarbeitungsmethoden einzusetzen, wobei hier auch die sozialen, interkulturellen und pädagogischen Kompetenzen des Trainers eine wesentliche Rolle spielen.

5.4 Das erfahrungsorientierte kulturallgemeine Training

Im Unterschied zu dem im vorigen Abschnitt geschilderten kulturspezifischen Ansatz geht es hier darum, den Trainingsteilnehmer für Kulturelles zu sensibilisieren und ihm insbesondere erlebbar zu machen, wie Kulturen grundsätzlich das Denken, Fühlen und Verhalten von Menschen beeinflussen. Dabei wird Wert darauf gelegt, dass der Teilnehmer erfährt, wie sein eigenes Denken, Fühlen und Verhalten durch seine Kulturzugehörigkeit beeinflusst wird.

Methodisch wird hier auf ähnliche Verfahren, wie im vorigen Abschnitt geschildert, zurückgegriffen. So werden *Workshopdesigns* eingesetzt, wobei die Teilnehmer nicht nur aus zwei, sondern aus mehreren Kulturen stammen. Die Interaktionsprozesse zwischen den Teilnehmern werden wiederum analysiert, um daraus allgemeine Schlussfolgerungen über das Bestehen und die Wirkungsweise kultureller Verschiedenheit und Gemeinsamkeit abzuleiten. Zudem gibt es eine Vielzahl von *Kultursimulationsspielen*, die im Rahmen dieser Trainingsform eingesetzt werden können. Das bekannteste dürfte hier BAFA BAFA (Shirts, 1973) sein, das Verständnis für grundlegende Prozesse interkulturellen Lernens vermitteln soll. In einer definierten Spielsituation interagieren die Teilnehmer als Mitglieder unterschiedlicher Fantasiekulturen miteinander, ohne zunächst die Spielregeln zu kennen, die das Verhalten der jeweils anderen Gruppe bestimmen. Sie sollen auf diese Weise dazu angeregt werden, sich eine fremde Kultur durch hypothesengeleitetes Explorationsverhalten schrittweise zu erschließen. Ferner sind hier auch *Selbstbewertungsverfahren* zu nennen, mit denen die eigene interkulturelle Kommunikationskompetenz eingeschätzt werden kann. So hat Gudykunst (1994) ein Inventar mit 20 Fragebögen erstellt, mittels derer man z. B. eigene Unsicherheiten und Ängste im Umgang mit Angehörigen fremder Kulturen erfassen kann oder eigene Tendenzen zu Vorurteilen und Ethnozentrismus. Diese Bögen können individuell ausgefüllt und die Ergebnisse anschließend in kleinen Teilnehmergruppen oder in Plenumsdiskussionen besprochen werden.

Möglichkeiten und Risiken, die mit dem erfahrungsorientierten Ansatz einhergehen, decken sich mit den Ausführungen im vorigen Abschnitt.

Im Vergleich zum informationsorientierten Training wird hier eine wesentlich umfassendere Aktivierung der Teilnehmer bewirkt. Frustrationen und Unsicherheit angesichts von Missverständnissen und Kommunikationsschwierigkeiten als auch die Freude am Entdecken und Verstehen kulturbedingter Verhaltensweisen können unmittelbar erfahren werden. Eine adäquate Aufarbeitung solcher Erfahrungen ist unbedingt erforderlich. Dies setzt sowohl angemessene Aufarbeitungsmethoden sowie psychologische Schulung, soziale Kompetenz und interkulturelle Erfahrung seitens des Trainers voraus. Von den Teilnehmern werden Aufgeschlossenheit für interaktive Formen des Lernens und Abstraktionsfähigkeit gefordert. Bei dieser Form der Auslandsvorbereitung steht die allgemeine Förderung der interkulturellen Handlungskompetenz gegenüber der Vermittlung kulturspezifischer Informationen im Vordergrund. Diese Trainingsform eignet sich deshalb, wie auch das kulturallgemeine informationsorientierte Training, zur Vorbereitung von Gruppen, deren Mitglieder in verschiedene Länder entsandt werden.

Im Zeichen der zunehmenden Internationalisierung des Managements könnten kulturallgemeine Trainings zu einem Bestandteil der allgemeinen Managementausbildung werden.

5.5 Culture-Assimilator-Training

Eine besondere Stellung unter den verschiedenen Konzepten und Methoden des interkulturellen Trainings nimmt der „Culture Assimilator" ein, der neuerdings auch als „Intercultural Sensitizer" bezeichnet wird. Hierbei handelt es sich um ein Lernprogramm, das den Teilnehmern in schriftlicher Form oder als Computerprogramm vorgelegt wird. Es enthält Beschreibungen interkultureller Interaktionssituationen, bei denen nur die Kenntnis der zugrunde liegenden Kulturstandards zu einer kulturadäquaten Interpretation des fremden Verhaltens führt. Das Programm konfrontiert den Lernenden mit verschiedenen Erklärungsmöglichkeiten, von denen nur jeweils eine der Erklärung entspricht, die ein Angehöriger der betreffenden Kultur für die Situation geben würde. Zu jeder Alternative werden Erläuterungen gegeben, warum es sich um die richtige bzw. falsche Erklärung handelt. Der Culture Assimilator basiert auf sozialpsychologischen Attributionstheorien und gehört zu den am besten erforschten Trainingsmethoden. Es gibt Programme für verschiedene Kulturen (arabische, iranische, griechische u. a.) und unterschiedliche Zielgruppen (Studenten, Angehörige der US-Armee, Geschäftsleute etc.).

Die Entwicklung von Assimilator-Programmen im deutschsprachigen Bereich hat in den letzten Jahren einige Fortschritte gemacht. So wurden am Institut für Psychologie der Universität Regensburg, Abteilung Sozial- und Organisationspsychologie, mehrere Culture-Assimilator-Verfahren entwickelt und auf ihre Wirksamkeit überprüft, so zur Vorbereitung deutscher und chinesischer Fach- und Führungskräfte auf den Auslandseinsatz in China und Deutschland (Lindner, Schenk & Thomas, in Druck; Thomas & Schenk, 2001; Thomas, Schenk & Lindner, in Druck), Süd-Korea (Brüch & Thomas, 1995) und zur Vorbereitung deutscher und amerikanischer Studenten und Praktikanten auf das Auslandsstudium oder -praktikum in Amerika bzw. Deutschland (Markowsky & Thomas, 1995; Müller & Thomas, 1995) und deutscher Studenten auf England (Schmid & Thomas, 2000). Wietere Culture-Assimilator-Verfahren zur Vorbereitung von Fach- und

Führungskräften auf den Auslandseinsatz wurden an der Universität Bayreuth (Lehrstuhl für Betriebliches Personalwesen und Führungslehre) und an der Wirtschaftsuniversität Wien entwickelt.

Zur Veranschaulichung des Verfahrens wird im Folgenden kurz der Aufbau des Culture-Assimilators für die Vorbereitung deutscher Manager auf den Chinaeinsatz beschrieben (vgl. Thomas & Schenk, 2001):

- Entsprechend der Zielsetzung des Verfahrens, ein Verständnis der Trainingsteilnehmer für die zentralen chinesischen Kulturstandards aufzubauen, ist das Verfahren in unterschiedliche Themenblöcke unterteilt, wobei jeder Themenblock einen zentralen Kulturstandard behandelt. Solche zentralen Kulturstandards sind beispielsweise das chinesische Streben nach sozialer Harmonie, der hohe Stellenwert der Gesichtswahrung in sozialen Interaktionen oder die handlungsregulierende Wirkung hierarchischer Verhältnisse.
- Zu jedem zentralen Kulturstandard gibt es eine Reihe kritischer Interaktionssituationen, deren Verlauf durch die Wirksamkeit dieses Kulturstandards bestimmt wird.
- Der Lernende liest die kritische Interaktionssituation und hat nun die Aufgabe, die Situation zu interpretieren und den beschriebenen Situationsverlauf zu erklären. Hierzu gibt es vier verschiedene Antwortalternativen, die unterschiedlich angemessen für die Situationserklärung sind. Der Kandidat entscheidet sich für eine Antwortalternative und bekommt umgehend eine Rückmeldung und Erklärung, inwieweit diese Alternative tatsächlich zutreffend ist. Sollte der Kandidat eine unzureichende Antwort gewählt haben, so sollte er solange an der Situation weiterarbeiten, bis er auf die richtige Antwortalternative kommt.
- Hat der Kandidat eine befriedigende Erklärung für die Interaktionssituation gefunden, so gilt die nächste Frage der Problemlösung, d. h. nachdem erkannt wurde, worin das Problem besteht, soll der Kandidat nun überlegen, was man als Deutscher in solch einer Situation tun kann. Anschließend werden dem Kandidaten mögliche Lösungswege aufgezeigt.
- Nachdem alle einem Themenblock zugehörigen Interaktionssituationen durchgearbeitet wurden, wird der darin wirksame gemeinsame zentrale Kulturstandard ausführlich erklärt und in der Entwicklungsgeschichte der jeweiligen Kultur, also z. B. in seiner Religion oder Philosophie begründet.

Die Entwicklung eines solchen Verfahrens erfordert eine enge Zusammenarbeit zwischen Sozialwissenschaftlern, auslandserfahrenen Praktikern, ausländischen Experten und auftraggebender Organisation. Insbesondere sind hier empirische Untersuchungen und Analysen notwendig, denn nur so ist gewährleistet, dass fundamentale Konzepte wie die zentralen Kulturstandards oder Materialien wie die verwendeten kritischen Interaktionssituationen Aussagekraft und Realitätsbezug haben.

6. Evaluation interkultureller Trainings

Wenn interkulturelle Trainings eingesetzt werden, um Mitarbeiter auf Auslandseinsätze vorzubereiten, liegt die Frage nahe, welche Effekte diese Trainings haben und insbesondere, ob die Maßnahmen die erwünschten Ergebnisse auch tatsächlich erzielen. Mit diesen Fragestellungen beschäftigt sich die Evaluationsforschung.

Leider muss gesagt werden, dass eine wissenschaftlich fundierte Evaluation von interkulturellen Trainings nur selten stattfindet. Dies verwundert angesichts der Tatsache, dass solche Trainingsmaßnahmen keineswegs kostenneutral sind, da u. a. Konzeptionskosten und Trainerhonorare anfallen sowie auch die Kosten zu berücksichtigen sind, die durch die Abwesenheit der Trainingsteilnehmer vom Arbeitsplatz entstehen. Dieses Evaluationsdefizit lässt sich aber nicht nur für interkulturelle Trainings feststellen, sondern scheint generell für Personalentwicklungsaktivitäten zu gelten: Viele Unternehmen nehmen beträchtliche Kosten auf sich, um Personalentwicklungsmaßnahmen zu konzipieren und vorzunehmen, wobei eine systematische und fundierte Untersuchung, ob diese Investitionen auch die intendierten Effekte haben, weitgehend unterbleibt. Dies muss insbesondere jeden überraschen, der unter einem Unternehmen ein streng rationales Gebilde zum Zwecke der Erzielung ökonomischer Gewinne versteht. Folgende Gründe kann man für das Bestehen des Evaluationsdefizits anführen (vgl. Wexley & Latham, 1994):

- *Die Unternehmensleitung fordert keine Evaluation der Personalentwicklungsaktivitäten ein*: Dies kann darauf zurückzuführen sein, dass es bei Personalentwicklungsaktivitäten eher um die symbolische Wirkung als die tatsächliche Wirksamkeit geht. So dokumentieren diese Maßnahmen, dass das Unternehmen in seine Mitarbeiter investiert, dass es seine Mitarbeiter als „wichtiges Kapital" betrachtet und dass es sich für die Herausforderungen der Zukunft vorbereitet und dafür gerüstet sein wird. Das Hervorrufen dieser Eindrücke und Wahrnehmungen bei den Mitarbeitern, aber auch in der breiten Öffentlichkeit kann als weit wichtiger betrachtet werden als tatsächliche Trainingseffekte.
- *Unklare Maßnahmenziele*: Die Ziele von Personalentwicklungsmaßnahmen sind häufig nur unklar bestimmt. So soll z. B. ein interkulturelles Training Mitarbeiter auf Auslandseinsätze vorbereiten, aber was genau sind die Ziele dieser Maßnahme? Soll der Mitarbeiter für die fremde Kultur sensibilisiert werden, sollen die Verhandlungen mit den Angehörigen der Zielkultur für beide Seiten befriedigender ablaufen oder soll der Mitarbeiter dabei unterstützt werden, bestimmte Vorgaben aus der Konzernzentrale vor Ort effektiv umzusetzen? Vielfach werden solche Fragen nicht genau genug geklärt. Wenn aber schon die Ziele einer Maßnahme unklar sind, dann ist die Frage, ob die Maßnahme die intendierten Ziele erreicht hat, von vornherein unbeantwortbar.
- *Fehlende Evaluierungsfähigkeiten*: Die fundierte Evaluierung von Maßnahmen erfordert viel methodisches Fachwissen. So müssen Ziele operationalisiert werden, reliable und valide Messverfahren müssen zum Teil entwickelt und

kompetent eingesetzt werden, und eine Vielzahl von Daten ist auszuwerten und sinnvoll zu interpretieren. All dies erfordert eine Vielfalt spezifischer Kenntnisse und Fähigkeiten, die nicht immer vorhanden sind.
- *Evaluation bedeutet Kosten und Risiko*: Evaluationsvorhaben sind häufig zeit- und arbeitsintensiv, und sie fügen den üblichen Personalentwicklungsaktivitäten einen weiteren Kostenfaktor hinzu. Zudem bergen sie auch das Risiko, dass daraus negative Evaluationsergebnisse resultieren, die die weitere Durchführung einer Maßnahme gefährden und zudem negative Sanktionen hervorrufen für die Personen, die die Maßnahme initiiert haben oder sie durchführen.

Eine fundierte Analyse der Probleme und Lösungsmöglichkeiten zur Evaluation interkultureller Trainings liefert die Arbeit von Kinast (1998). Eine wesentliche Schwierigkeit bei der Evaluation interkultureller Trainings besteht darin, dass hierzu Kriterien benötigt werden, anhand derer man die Effektivität der Maßnahme feststellen kann. Die Kriterien, die zur Messung des Erfolgs von Trainingsmaßnahmen herangezogen werden, können nach Kirkpatrick (1967) grundsätzlich auf vier Ebenen liegen:

(1) Reaktionen: Wie sind die subjektiven Bewertungen, Einstellungen und Gefühle der Trainingsteilnehmer zum Training?

(2) Lernen: Was haben die Trainingsteilnehmer durch das Training gelernt? Inwiefern haben sich durch das Training Einstellungen, Wissen oder Fähigkeiten verändert?

(3) Verhalten: Welche Auswirkung hat das Training auf das Handeln der Teilnehmer? Inwieweit wird das, was im Training gelernt wird, tatsächlich angewendet und umgesetzt? Inwieweit gibt es einen Transfer des Erlernten in das Arbeitsfeld des Teilnehmers?

(4) Resultate: Welche Ergebnisse ziehen die Umsetzungsversuche der Teilnehmer nach sich? Welche Auswirkungen hat das Training auf die Leistungen des Teilnehmers? Inwieweit können durch das Training organisationale Ziele z. B. hinsichtlich Produktivität oder Qualität effektiver oder effizienter erreicht werden?

In der Regel werden Kriterien, die auf den ersten beiden Ebenen liegen, häufiger in Evaluationsbemühungen einbezogen, während die umsetzungs- und ergebnisorientierten Kriterien der Ebenen drei und vier, die für Unternehmen von besonderem Interesse sein müssten, selten erfasst werden. Diese Tendenz dürfte auch darin begründet sein, dass aussagekräftige Daten zu Veränderungen auf der dritten und vierten Ebene schwieriger zu erheben und zu interpretieren sind.

Während die Wissenschaft in der Regel ein Erkenntnisziel hat, das darin besteht, die relevanten Wirkmechanismen von Trainings aufzudecken, um herauszufinden, welche Trainingsmethoden unter welchen Bedingungen auf welche Weise wirken, verfolgt der Praktiker eher anwendungsbezogene Zielsetzungen, d. h. er will seine Maßnahmen verbessern und optimieren. Aus diesem Grund bietet es sich in der Praxis an, formative Evaluation zu betreiben, die prozessbegleitend erfolgt und deren Ergebnisse direkt zur Optimierung der laufenden Maßnahme genutzt werden. Diese der Aktionsforschung nahe stehende Evaluationsrichtung lässt zwar keine eindeutigen Kausalaussagen zu Wirkmechanismen zu, ist aber unter praktischen Gesichtspunkten eine akzeptable Evaluationsvariante, da sie durch

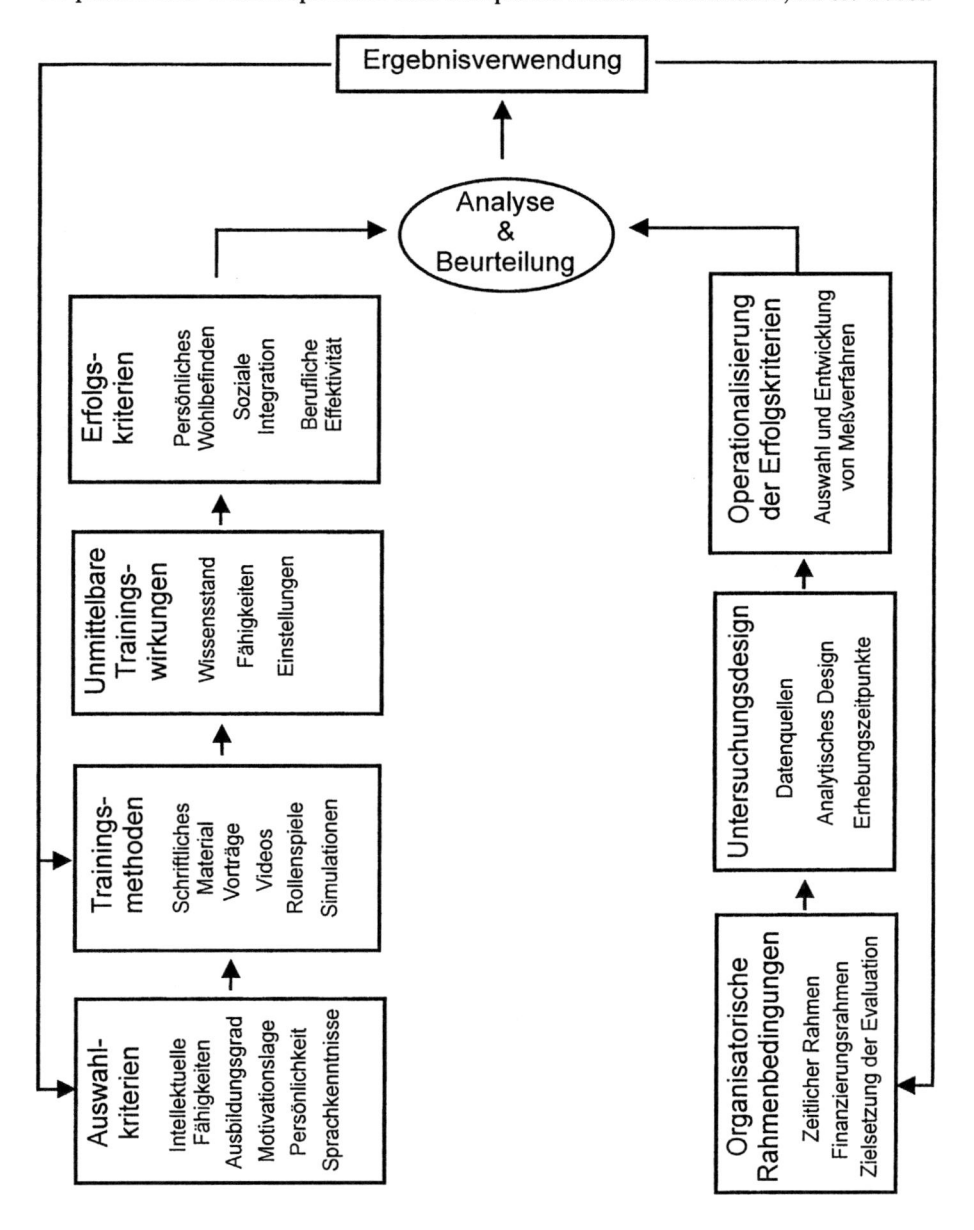

Abbildung 5: Wirkungen interkulturellen Trainings und deren Evaluation (nach Blake, Heslin & Curtis, 1996)

Verzahnung von Maßnahmengestaltung und -evaluierung direkt der Maßnahmenoptimierung dient.

Blake, Heslin und Curtis (1996) beschreiben in einem Grundsatzartikel die wichtigsten Faktoren, die in einer Untersuchung der Wirkungen interkulturellen Trainings berücksichtigt werden sollten. Abbildung 5 zeigt diese im Überblick. Der linke Teil des Diagramms enthält die für das Training und seine Wirkungen relevanten Faktoren. Der rechte Teil bezieht sich auf die Gestaltung und die Durchführung der Evaluation.

Bei der Interpretation der Untersuchungsergebnisse müssen die *Auswahlkriterien* für die Trainingsteilnehmer berücksichtigt werden, da unterschiedliche Trainingsergebnisse zu erwarten sind, wenn eine Vorauswahl stattgefunden hat. Die anzuwendenden *Trainingsmethoden* müssen genau beschrieben sein und sollten sich klar voneinander abgrenzen lassen.

Nach jedem Training können *unmittelbare Wirkungen des Trainings* als Veränderungen im Wissensstand, bei den Fähigkeiten und in den Einstellungen der Teilnehmer gemessen werden, was in dem o. a. Schema nach Kirkpatrick der Messung von Kriterien auf den Evaluationsebenen eins und zwei entspricht. Damit ist noch nichts über die Handlungswirksamkeit des Trainings unter fremdkulturellen Bedingungen ausgesagt. Es müssen demnach *Erfolgskriterien* definiert werden, die mit den Zielsetzungen des Trainings übereinstimmen. Drei zentrale Kriterien wurden in einer Reihe von Untersuchungen als relevante Faktoren identifiziert: persönliches Wohlbefinden, ein bedeutender Grad der sozialen Integration in die Gastkultur und eine hohe Effektivität im Beruf. Die *Operationalisierung* dieser Kriterien bereitet allerdings Schwierigkeiten, da die ausgewählten Variablen in Voruntersuchungen auf ihre Validität zu prüfen sind.

Im Rahmen der Festlegung des *Untersuchungsdesigns* stellt sich die Frage, welche Quellen für die Datenerhebung genutzt werden sollen. Der Großteil der bisherigen Evaluationsstudien basiert auf Selbsteinschätzungen der ins Ausland entsandten Personen, die in Interviews oder mittels Fragebögen erfasst wurden. Obwohl auf diese Weise in vielen Fällen wertvolles und für die Vorhersage des Auslandserfolges zuverlässiges Material gewonnen wurde, bezeichnen es Blake et al. als wünschenswert, darüber hinaus auch andere Personen, sowohl im Gast- als auch im Heimatland, in die Untersuchung einzubeziehen. So kann die interkulturelle Anpassung aus der Sicht der entsendenden Organisation gelungen sein, da der Mitarbeiter die gewünschten Ergebnisse erzielt. Eine Befragung von Personen der Gastkultur, die mit ihm zusammenarbeiten, kann jedoch ein anderes Bild ergeben. In der Praxis könnte eine Befragung von Kollegen und Vorgesetzten allerdings auf den Widerstand des Auslandsmitarbeiters und der Organisation stoßen. Des Weiteren ist hier zu klären, ob ein experimentelles oder korrelatives Design verwendet werden soll. Strebt man Kausalaussagen zur Trainingswirksamkeit an, so eröffnet ersteres Verfahren den Königsweg. Hierbei ist dann neben der Trainingsgruppe zumindest eine äquivalente Kontrollgruppe zu bilden und mögliche Störvariablen, die die Erfolgskriterien beeinflussen, sind zu kontrollieren (vgl. Cook & Campbell, 1979). Ein korrelatives Design, das lediglich Zusammenhangsaussagen zulässt, ist demgegenüber weniger aufwendig. Ein weiteres Problem stellt die Festlegung der Erhebungszeitpunkte dar. Der bereits beschriebene Anpassungsverlauf (siehe Abbildung 2) – dessen unterschiedliche Phasen jedoch nicht von jeder Person zur gleichen Zeit durchlaufen werden – und die damit einhergehenden Schwankungen in der Befindlichkeit lassen mehrere Erhebungen zu verschiedenen Zeitpunkten des Aufenthaltes sinnvoll erscheinen. Auch ist anzunehmen, dass im Training Gelerntes erst dann handlungswirksam wird, wenn eine entsprechende Situation tatsächlich erfahren wird.

Welche Operationalisierungen vorgenommen werden, hängt auch von den zeitlichen, finanziellen und personellen Rahmenbedingungen ab, welche die Organisation für die Evaluation zu schaffen bereit ist.

Die Zielsetzung, mit der die Evaluation vorgenommen wird, entscheidet über die *Verwendung ihrer Ergebnisse*. So können die gewonnenen Erkenntnisse über die Wirkung eines interkulturellen Trainings Anstoß zur Weiterentwicklung des Trainingskonzeptes sein und als Kosten-/Nutzenanalyse der Rechtfertigung derartiger Trainings dienen. Die zentralen Ergebnisse der Evaluation interkultureller Trainings sind in einigen Überblicksartikeln dargestellt (vgl. Black & Mendenhall, 1990; Cargile & Giles, 1996; Gudykunst & Hammer, 1983). Der Erkenntnisstand lässt sich wie folgt zusammenfassen:

- Die Wirksamkeit interkultureller Trainings wird durch eine Vielzahl von Studien gestützt. So gibt es umfangreiche empirische Belege, dass interkulturelles Training die Entwicklung von Fähigkeiten fördert, die für interkulturelles Handeln relevant sind. Positive Effekte sind nachgewiesen für den Aufbau von Selbstmanagementfähigkeiten (Umgang mit Stress und Kontrollverlust), die Entwicklung von Interaktionsfähigkeiten zur Initiierung und Aufrechterhaltung positiver Beziehungen mit Angehörigen der Gastkultur und den Aufbau kognitiver Fähigkeiten zur adäquaten Wahrnehmung und Interpretation fremdkultureller Ereignisse. Zudem sind positive Auswirkungen im Hinblick auf die Anpassung und die Integration in eine fremde Kultur belegt, d. h. interkulturelles Training unterstützt dabei, sich in eine fremde Kultur einzuleben, Vertrautheit mit dieser Kultur aufzubauen, Gefühle des Wohlfühlens zu entwickeln und mit den Erwartungen und Anforderungen der fremden Kultur gut zurechtzukommen. Schließlich lassen sich auch zahlreiche Belege dafür anführen, dass die Teilnahme an interkulturellen Trainings zu einer Steigerung der beruflichen Leistung im Ausland führt.

- Die Analysen von Black und Mendenhall (1990) sowie Deshpande und Viswesvaran (1992) zeigen zudem, dass die Konsistenz der Ergebnisse im Bereich der Entwicklung interkulturell relevanter Fähigkeiten am größten ist, während die Auswirkungen auf Anpassungs- und Integrationsleistungen sowie die berufliche Leistung im Ausland stärkeren Schwankungen unterworfen sind. Letzteres deutet darauf hin, dass gerade hier eine Vielzahl von Moderatorvariablen wirksam werden wie z. B. Persönlichkeitsmerkmale der Trainingsteilnehmer (z. B. Selbstwirksamkeitsüberzeugungen), verwendete Trainingsmethodik, Trainervariablen (z. B.

Erfahrung und Kompetenz der Trainer), Aufgabencharakteristika sowie die Diskrepanz zwischen Heimat- und Gastkultur.

- Einige empirische Belege weisen allerdings auch auf die Existenz von Bumerangeffekten hin, d. h. dass interkulturelle Trainings nicht intendierte negative Konsequenzen haben können, sodass z. B. durch die Teilnahme an einem interkulturellen Simulationsspiel die anschließend gemessene Ethnozentrismusneigung nicht wie intendiert geringer, sondern größer wurde (vgl. Cargile & Giles, 1996, S. 393ff.). Ferner berichten Gudykunst und Hammer (1983) in ihrem Überblicksartikel über einen interkulturellen Workshop zur Lösung von Intergruppenkonflikten zwischen Katholiken und Protestanten in Nordirland, der offenbar zum Teil eher schädliche als positive Effekte nach sich zog.

- In Bezug auf die Wirksamkeit der in Abschnitt 5 dargestellten unterschiedlichen Trainingsmethoden lassen sich folgende Aussagen ableiten (vgl. Cargile & Giles, 1996; Gudykunst & Hammer, 1983): Gerade für erfahrungsorientierte Trainingsverfahren gibt es bisher wenige Studien, die zudem inkonsistente Ergebnisse, die auch Bumerangeffekte umfassen, hervorgebracht haben. Weit besser untersucht sind die informationsorientierten Methoden und hier insbesondere der Culture-Assimilator. Die Ergebnisse zeigen eindeutig, dass das Culture-Assimilator-Verfahren zu einem besseren Verständnis fremder Kulturen führt, das sich z. B. darin äußert, dass Ereignisse in der fremdkulturellen Umgebung adäquater interpretiert werden können. Die Auswirkungen dieser Trainingsmethode auf Einstellungs- und Verhaltensmaße sind dagegen widersprüchlich. So werden hier zum Teil wiederum Bumerangeffekte berichtet, so z. B. dass trainierte Personen von Angehörigen der Gastkultur weniger positiv beurteilt wurden als untrainierte Personen (vgl. Cargile & Giles, 1996, S. 395).

- Vieles spricht dafür, dass interkulturelle Trainings dann besonders effektiv sind, wenn informations- und erfahrungsorientierte Methoden miteinander kombiniert werden. So untersuchte Earley (1987) mit vier Versuchsbedingungen wie sich informations- und erfahrungsorientierte Methoden auf Einstellungs-, Anpassungs- und berufliche Leistungsparameter auswirken. Dabei bekamen US-Manager, für die ein Auslandseinsatz in Korea bevorstand, entweder ein informationsorientiertes Training in Form schriftlicher Materialien zu kulturellen Unterschieden zwischen den USA und Korea, ein erfahrungsorientiertes Training mit u. a. kulturspezifischen Simulationen, beide Trainingsformen oder gar kein Training. Die Untersuchungsresultate zeigen, dass jede der beiden Trainingsformen in Bezug auf jeden Ergebnisparameter signifikant positiv wirkt, wobei die Wirkungen statistisch voneinander unabhängig sind und sich addieren. Am ausgeprägtesten war deswegen der Trainingserfolg, wenn die Kandidaten an beiden Trainings teilgenommen hatten. Auch die empirische Studie von Harrison (1992), der die Culture-Assimilator-Technik im Zusammenspiel mit einem mittels Videosequenzen und Rollenspielen induzierten Lernens am Modell untersuchte, spricht für die Kombination informations- und erfahrungsorientierter Trainingsmethoden. Werden mehrere Trainingsformen miteinander kombiniert, so muss man zudem beachten, dass auch die Reihenfolge der Trainingsanwendung bedeutsam ist.

Abschließend ist hier zu bemerken, dass die Forschungen zur Wirksamkeit von interkulturellen Trainings insbesondere in zweifacher Hinsicht kritisiert werden:

(1) Es bestünden methodische Defizite (vgl. Kealey & Protheroe, 1996). So wiesen die untersuchten Personengruppen eine gewisse Einseitigkeit auf, denn in der Mehrzahl der Fälle handelt es sich um Angehörige von militärischen oder friedenssichernden Organisationen. Zudem gebe es zu wenig Längsschnittuntersuchungen, mit denen der Verlauf der Trainingswirkungen deutlich gemacht werden könnte, und schließlich dominierten bei den gemessenen Größen Selbstauskünfte der trainierten Personen.

(2) Es bestehe ein Defizit an forschungsleitenden Theorien und Modellen. So schlagen z. B. Black und Mendenhall, basierend auf ihrer Analyse empirischer Untersuchungen, die Theorie des sozialen Lernens von Bandura (1977) als angemessenes Theoriekonzept vor. Cargile und Giles (1996) treten für ein Rahmenmodell ein, das Konzepte aus der sozialpsychologischen Intergruppenforschung, so z. B. die Theorie der sozialen Identität (z. B. Tajfel & Turner, 1986), heranzieht und mit dem sich u. a. Bumerangeffekte besser verstehen lassen.

7. Konsequenzen für die Trainingskonzeption und -durchführung

Welche der dargestellten Trainingsformen anzuwenden ist, sollte in erster Linie von dem Ziel der Maßnahme und von den Charakteristika der Zielgruppe abhängen. Die Wahl des Zeitpunktes, zu dem ein Training durchgeführt wird, sollte sich nach Art und Inhalt des Trainingskonzeptes richten.

Bei informationsorientierten Trainings müssen die Teilnehmer bereit und in der Lage sein, eine Fülle von Informationen kognitiv aufzunehmen, diese u. a. im Selbststudium zu vertiefen und zu verarbeiten. Ein solches Training sollte zwei bis drei Monate vor der Ausreise stattfinden, noch bevor die Reisevorbereitungen abgeschlossen sind.

Erfahrungsorientierte Trainings setzen die Bereitschaft der Teilnehmer voraus, sich persönlich zu engagieren und aktiv mitzuarbeiten. Es muss davon ausgegangen werden, dass es hinsichtlich der Lernstile der Teilnehmer neben individuellen Unterschieden auch kulturell bedingte Differenzen gibt. So fanden z. B. Chi-Ching und Noi (1994) in einer Untersuchung mittels des Lernstilinventars von Kolb (1985) heraus, dass Studenten aus Singapur dazu neigen, vor allem theoriebezogen zu lernen, d. h. sie sind primär an konsistenten und genauen Theorien interessiert und versuchen, Erfahrungen in diese Theorie zu integrieren, wobei bei Unstimmigkeiten zwischen Erfahrungen und Theorie eher an der Stimmigkeit der

Erfahrungen gezweifelt wird. US-Amerikaner lernen dagegen eher durch Erfahrungen und aktives Experimentieren. Gibt es Unstimmigkeiten zwischen Erfahrungen und Theorien, so werden Theorien schnell aufgegeben. Wendet man ein erfahrungsorientiertes Training an, so scheint dies eher zu dem bevorzugten Lernstil der US-Amerikaner zu passen, während die Singapurer zunächst Schwierigkeiten haben dürften, sich auf diese Art des Lernens einzustellen.

Nicht ratsam ist es, ein erfahrungsorientiertes Training zu einer Zeit abzuhalten, zu der die Teilnehmer vordringlich mit Reisevorbereitungen beschäftigt sind, da die Teilnehmer zu dieser Zeit eher an möglichst präzisen Informationen interessiert sein dürften.

Für das erfolgreiche Durcharbeiten eines Culture-Assimilator-Programms müssen die Teilnehmer über Selbstdisziplin und ein hohes Maß an Eigenmotivation verfügen. Es sollte eine Nachbereitung und Vertiefung der Einsichten unter Anleitung eines interkulturell geschulten Trainers stattfinden. Dies kann in einer Gruppe erfolgen, das Programm selbst sollte von jeder Person einzeln durchgearbeitet werden.

In der Praxis wird die Entscheidung für die eine oder die andere Trainingsform eher von materiellen, personellen und zeitlichen Rahmenbedingungen beeinflusst. Das zur Verfügung stehende Budget lässt häufig nur die Verpflichtung eines Trainers zu, obwohl bei einem „team-teaching" mit zwei Trainern die Lerneffektivität steigt. Die Teilnehmergruppe umfasst aus Gründen der Kosten- und Zeitersparnis oft nicht maximal 15, sondern 30 bis 40 Personen. Zudem wird selten mehr als ein Tag zur Verfügung gestellt. Unter solchen Bedingungen kann eine effektive interkulturelle Handlungskompetenz nicht erreicht werden. In der praktischen Durchführung von interkulturellen Trainings sind häufig Mischformen oder Kombinationen der beschriebenen Konzepte anzutreffen, was, wie im letzten Abschnitt beschrieben, durchaus Vorteile mit sich bringen kann. Es sollte dabei aber bedacht werden, dass erfahrungsorientierte Trainingsanteile bestimmte Rahmenbedingungen erfordern: Beschränkung der Teilnehmerzahl, für Rollenspiele und Gruppenarbeiten geeignete Räumlichkeiten und genügend Zeit zur Vor- und Nachbereitung einzelner Aktivitäten, um nur die wichtigsten zu nennen. Eine eintägige informationsorientierte Vorbereitung wird durch den Einbau eines Rollenspiels noch nicht zum erfahrungsorientierten Training.

8. Weitere Anwendungsbereiche für interkulturelles Training in Unternehmen

Bislang war von interkulturellem Training als einem Instrument zur Vorbereitung von Führungskräften auf einen Auslandseinsatz die Rede. Interkulturelles Training kann jedoch auch in anderen Bereichen eines Unternehmens Gewinn bringend eingesetzt werden. Im Folgenden werden hierzu einige Anregungen gegeben.

Durch das verstärkte Zusammenwachsen der Weltmärkte werden immer mehr Unternehmen mit der Notwendigkeit konfrontiert, nicht nur international präsent zu sein, sondern von ihren Mitarbeitern globales Denken und Handeln zu fordern. Interkulturelle Handlungskompetenz wird deshalb nicht nur von Auslandsmitarbeitern verlangt, sondern gleichermaßen von den Entscheidungsträgern in der Konzernzentrale sowie von Spezialisten, die in plurinationalen Arbeitsteams Produkte und Problemlösungen erarbeiten.

Mit dem Aufbau des Europäischen Binnenmarktes werden Führungspositionen in deutschen Unternehmen in zunehmendem Maße mit Ausländern besetzt. Dabei werden vor allem diejenigen Unternehmen für hoch qualifizierte internationale Nachwuchskräfte attraktiv sein, die nicht nur multinational organisiert sind, sondern bei denen Interkulturalität ein zentraler Bestandteil ihrer Corporate Identity ist. Der Einsatz von interkulturellen Trainings in verschiedenen Unternehmensbereichen kann die Entwicklung einer solchen multikulturellen Unternehmensidentität einleiten und fördern.

8.1 Interkulturelles Training zur Integration ausländischer Mitarbeiter

Als ein großer deutscher Elektronikkonzern mit der Entwicklung des Mega-Chips begann, wurde amerikanisches Know-how zu Hilfe genommen. Techniker und Ingenieure aus den Vereinigten Staaten zogen mit ihren Familien nach Deutschland, um das Projekt mit ihrem Spezialistenwissen voranzubringen. In der Zusammenarbeit mit deutschen Kollegen traten jedoch unvorhergesehene Schwierigkeiten auf. Die Amerikaner, einen lockeren, freundschaftlichen Umgangston unter Kollegen wie gegenüber Vorgesetzten gewohnt, störten sich an dem ihrer Meinung nach distanzierten, statusbewussten Verhalten der Deutschen. Sie verstanden sich als Experten und wunderten sich, dass ihre Kollegen sie nicht um Rat fragten.

Ihren Familienangehörigen fiel die Integration noch schwerer. Die amerikanischen Ehefrauen vermissten die Abwechslung und Selbstbestätigung, die sie in den USA durch ihre vielfältigen Aktivitäten in Wohltätigkeitsorganisationen und Gemeindegremien erhalten hatten. Sie konnten sich nicht verständigen, fühlten sich isoliert und nutzlos. Auftretende familiäre Spannungen wirkten sich zusätzlich negativ auf die Arbeitsmotivation und -zufriedenheit der amerikanischen Firmenmitarbeiter aus. Das Unternehmen sah sich schließlich veranlasst, ein Seminarprogramm zu entwickeln, bei dem in Workshops mit amerikanisch-deutscher Beteiligung arbeitsrelevante kulturelle Unterschiede aufgezeigt und Lösungsmöglichkeiten für daraus entstehende Konflikte erarbeitet wurden. Zudem bot man Integrationsprogramme und eine fortlaufende Betreuung für die Familienangehörigen ausländischer Mitarbeiter an.

8.2 Interkulturelles Training für plurinationale Arbeitsteams

In den Produktionsstätten deutscher Automobilkonzerne arbeiten Deutsche Seite an Seite mit Italienern, Griechen, Türken, Jugoslawen und Polen. In den Labors der großen Chemieunternehmen trifft man Forschungsteams, denen amerikanische, indische, britische und deutsche Wissenschaftler angehören. In deutschen

Krankenhäusern operieren Ärzteteams, die sich aus Deutschen, Pakistanern, Iranern und Ägyptern zusammensetzen. Längst gehören plurikulturelle Arbeitsteams zum betrieblichen Alltag vieler Unternehmen. Auch in den Vorstandsetagen halten Ausländer Einzug, wie jüngste Beispiele zeigen.

Untersuchungen zur Effektivität von Arbeitsgruppen haben ergeben, dass Entscheidungs- und Einigungsprozesse in Gruppen, deren Mitglieder drei oder mehr verschiedenen Kulturen angehören, wesentlich mehr Zeit beanspruchen und häufiger zu Konflikten führen als in vergleichbaren kulturell homogenen Gruppen. Der Verständigungsprozess wird vor allem dadurch erschwert, dass die Gruppenmitglieder sich in ihrem Verhalten an unterschiedlichen kulturellen Konzepten orientieren. Während beispielsweise ein amerikanischer Manager bei Beratungen zur Einführung eines neuen Produktes eher darauf drängt, dass das Produkt möglichst schnell und flächendeckend auf den Markt gebracht wird, um der Konkurrenz zuvorzukommen, plädiert sein auf Risikominimierung bedachter deutscher Counterpart in der Regel dafür, das Produkt zunächst in einigen ausgewählten Marktsegmenten zu testen. Für den Amerikaner steht das praktische Tun im Vordergrund. Nach dem Motto „Wer wagt, gewinnt!" ist er bereit, ein hohes Risiko einzugehen. Der Deutsche ist eher kostenbewusst und möchte auf Nummer sicher gehen. In den umfangreichen kulturvergleichenden Untersuchungen von Hofstede (1980) und Laurent (1983) zum Arbeitsverhalten und zu Führungsstilen finden sich zahllose Beispiele für solche Unterschiede.

Divergierende implizite Handlungsorientierungen begünstigen Missverständnisse. Unausgesprochene Vorurteile und ein höheres Maß an Misstrauen gegenüber Menschen einer anderen Nationalität tragen dazu bei, dass die Zusammenarbeit in multikulturellen Teams meist mit höherem Stress verbunden ist als in vergleichbaren homogenen Gruppen (Shuter, 1977).

Andererseits birgt gerade die Heterogenität der Perspektiven in kulturell gemischten Gruppen große Chancen für kreative und innovative Problemlösungen, die allerdings nicht immer genutzt werden (vgl. z. B. Stumpf, 2000; Stumpf & Thomas, 1999; Stumpf & Zeutschel, 2000; Thomas & Zeutschel, 1998). Ob eine plurikulturelle Gruppe das in ihr angelegte Potenzial tatsächlich realisieren kann oder aber die kulturelle Heterogenität zu mangelhafter Koordination oder Motivationseinbußen führt, wird wesentlich davon abhängen, wie die Gruppenmitglieder auf die Teamarbeit vorbereitet werden und welche Hilfestellungen sie während der Teamarbeit erhalten. Trainingsinterventionen können hier eine wesentliche Rolle spielen: So können die Gruppenmitglieder durch interkulturelle Trainings für kulturelle Gemeinsamkeiten und Unterschiede sensibilisiert werden. Zudem sind Teambildungsmaßnahmen sinnvoll, bei denen sich die Gruppe als Ganzes auf die künftige Zusammenarbeit vorbereitet. Ferner können interkulturelle Problemstellungen, die sich während der Teamarbeit ergeben haben, im Rahmen von Teamentwicklungsinterventionen aufgegriffen und bearbeitet werden.

8.3 Interkulturelles Training für Mitarbeiter in Marketing und Produktmanagement

Werbung arbeitet mit Symbolen. Farben, Formen, grafische Zeichen und nonverbale Gesten werden in verschiedenen Kulturen unterschiedlich wahrgenommen, und ihr Bedeutungsgehalt differiert teilweise erheblich. Die amerikanische „Okay"-Geste (eine offene Hand, deren Zeigefinger und Daumen einen Kreis formen) wird in südeuropäischen Ländern als Beleidigung oder als obszöne Aufforderung verstanden. Der Klapperstorch, in Deutschland beliebtes Symbol für die Geburt eines Kindes, signalisiert in Singapur den Tod im Kindbett. Farben dienen in besonderem Maße dazu, bestimmte Qualitäten eines Produktes hervorzuheben. Doch die Farbe Weiß, bei uns ebenso wie in vielen anderen westlichen Ländern Symbol für Reinheit und Hygiene, ist in asiatischen Kulturen das Zeichen für Trauer und Tod.

Die Unkenntnis solcher Kulturunterschiede in der Symbolbedeutung hat viele Unternehmen erhebliche Summen gekostet, die in nicht kuituradäquate Werbekampagnen investiert wurden, ganz zu schweigen von damit einhergehenden Einbußen bei Image und Marktanteil.

Die Information über interkulturelle Unterschiede und Gemeinsamkeiten in der Wahrnehmung, im verbalen und nonverbalen Ausdrucksverhalten und bei der Interpretation von Symbolen könnte die Mitarbeiter der entsprechenden Abteilungen in die Lage versetzen, eine kuituradäquate Produktwerbung zu erarbeiten. Das hierzu erforderliche Wissen könnte in einem informationsorientierten Training vermittelt werden.

8.4 Interkulturelles Training im Bereich Öffentlichkeitsarbeit

Für die Selbstdarstellung von international operierenden Unternehmen in der Öffentlichkeit gilt Ähnliches wie für die Werbung. Hier fällt die Berücksichtigung kultureller Unterschiede einer wachsenden Euphorie für die Präsentation eines weltweit einheitlichen „Corporate Images" zum Opfer. Manche unbeabsichtigte Peinlichkeit und Fehldeutung, die Mitarbeitern von PR-Abteilungen im Umgang mit internationalen Geschäftspartnern, Besuchergruppen und Pressevertretern unterläuft, ließe sich durch ein informations- oder kulturorientiertes Training als Bestandteil des Aus- und Weiterbildungsprogramms verhindern.

8.5 Interkulturelles Training bei internationalen Verhandlungen

Verhandlungen gehören zum täglichen Geschäft von Führungskräften. Immer häufiger kommen dabei die Partner aus verschiedenen Ländern. Nun ist geschäftliches Verhandeln an sich schon eine komplexe Materie. Taktisches Geschick, Redegewandtheit, gute Sach- und Menschenkenntnis, Durchsetzungsvermögen, psychologisches Gespür, die richtigen Rahmenbedingungen und vieles mehr spielen dabei eine Rolle.

Doch wie viel schwieriger wird es, die richtige Verhandlungsstrategie zu finden, wenn asiatische Zurückhaltung, südamerikanische Emotionalität, arabischer

Familiensinn oder amerikanische Informalität ins Spiel kommen. Bei krassen interkulturellen Unterschieden können die Vorstellungen der Verhandlungspartner schon bezüglich der Dauer von Gesprächen weit auseinander liegen. Als beispielsweise in Paris Friedensverhandlungen zwischen Amerikanern und Vietnamesen zur Beendigung des Vietnam-Krieges stattfinden sollten, reservierte die amerikanische Delegation ihre Hotelzimmer für eine Woche. Die vietnamesische Delegation dagegen mietete ein Chateau für die Dauer eines Jahres. Als sich die Verhandlungen hinzogen, mussten die Amerikaner Woche um Woche ihre Hotelreservierung verlängern (Adler, 1986, S. 162).

Interkulturelles Training kann Manager, die an internationalen Verhandlungen beteiligt sind, auf die Wirkung von Kulturstandards auch in Verhandlungssituationen vorbereiten. Denkbar wäre auch, dass sich beide Parteien eines „interkulturellen Übersetzers" bedienen. Dies sollte ein in beiden Kulturen erfahrener Experte sein, der die Gespräche mitverfolgt und kulturell geprägte Verhaltensweisen des jeweils anderen Verhandlungspartners erklären kann.

8.6 Interkulturelles Training bei internationalen Joint Ventures

Seit einigen Jahren werden in verstärktem Maße Unternehmenszusammenschlüsse in Form von Joint Ventures vorgenommen, wobei es sich größtenteils um grenzüberschreitende Zusammenschlüsse handelt. Nach dem Fallen des „Eisernen Vorhangs" erfasst diese Entwicklung nun auch die osteuropäischen Länder, d. h. Kulturen, deren sozioökonomische Systeme jahrzehntelang von kommunistischen und sozialistischen Ideologien beherrscht wurden. Betriebe in diesen Ländern haben einerseits einen hohen Bedarf an westlichem Know-how, sowohl was Produktionsverfahren und Technologien anbelangt, als auch bezüglich der Grundlagen der Unternehmensführung und des Finanzwesens. Andererseits findet gerade in diesen Ländern eine Rückbesinnung auf kulturelle und ethnische Besonderheiten einzelner Volksgruppen statt, werden alte Traditionen wieder belebt und es entsteht ein neues Nationalbewusstsein.

Während in der Vergangenheit die Verbreitung der Kulturstandards einer Nation in ganz Europa vornehmlich durch deren militärische und wirtschaftliche Machtstellung bewirkt wurde, geht die moderne Europa-Idee von der Vision eines gleichberechtigten Nebeneinanders aller nationalen Kulturen aus. Aus diesem Grund werden Unternehmen, die ihre Manager für interkulturelle Fragestellungen sensibilisieren, in West-Ost-Joint-Ventures erfolgreicher sein. Bei der Implementierung westlicher Managementmethoden entstehende Konflikte könnten dann antizipiert und damit besser bewältigt werden.

9. Schlussbemerkung

Trainingsmaßnahmen zur Entwicklung interkultureller Kompetenzen sind stets ein Baustein innerhalb der gesamten Personalentwicklungsaktivitäten eines Unternehmens. Der Erfolg einer Trainingsmaßnahme wird dabei immer auch davon abhängen, inwieweit die einzelnen Personalentwicklungsbestandteile adäquat miteinander verknüpft sind. Nicht jede Fähigkeit wird beispielsweise von jedem Mitarbeiter mit gleichem Erfolg erlernbar sein, da insbesondere der Erwerb komplexer Handlungsfähigkeiten gewisse Grundanlagen voraussetzt, deren Identifikation durch effektive Verfahren der Potenzialerkennung erleichtert werden kann. Zudem ist es sehr bedeutsam, mit welcher Motivationslage die Mitarbeiter in das Training gehen. Diese wird nicht zuletzt davon abhängen, wie die Organisation ihren Mitarbeitern den Sinn und die Funktion der Trainingsmaßnahme nahebringt. Und schließlich ist zu bedenken, dass entwicklungsrelevante Einflüsse auf den Mitarbeiter nicht nur in Trainings einwirken, sondern Tag für Tag durch die Realität im Unternehmen. In diesem Sinne kann man davon sprechen, dass Personalentwicklung jederzeit stattfindet, was dazu führen kann, dass im Training Wissen erworben wird, das dann im Organisationsalltag aber nicht umgesetzt wird, da dies beispielsweise bestehenden Normen und Werten im Unternehmen entgegenläuft.

Unternehmen mit ausgeprägten Internationalisierungs- und Globalisierungsbestrebungen sollten nicht nur vereinzelte interkulturelle Trainingsmaßnahmen durchführen, die dann wie der sprichwörtliche Tropfen auf dem heißen Stein wirken, sondern vielmehr ein übergreifendes kultursensitives Trainings- und Beratungsprogramm entwickeln, das wie folgt aufgebaut sein sollte (vgl. Thomas, Kinast & Schroll-Machl, 1999): Die Führungskräfte des Unternehmens sollten grundsätzlich ein kulturallgemeines Sensibilisierungstraining durchlaufen. *Expatriates* sollten auf ihren Auslandseinsatz gezielt durch kulturspezifische Trainings vorbereitet werden. Der Erfolg des Auslandseinsatzes sollte durch einsatzbegleitende Trainings und Beratungsleistungen unterstützt werden. Bei der Rückkehr von *Expatriates* sollte die Reintegration der Mitarbeiter in die Heimatkultur und -organisation systematisch vorbereitet und begleitet werden. Die kulturspezifischen Erfahrungen, die die *Expatriates* während des Auslandseinsatzes erworben haben, und das kulturspezifische Wissen, das sie auf diese Weise entwickelt haben, sollten systematisch erhoben und zum Aufbau eines Informationspools genutzt werden, der für die einzelnen Trainings- und Beratungsbausteine als aktualisierte, kultur- und unternehmensspezifische Informationsquelle genutzt werden kann.

Die Entwicklung geeigneter Trainingsmaßnahmen zur Förderung interkultureller Managementkompetenzen und zur Bewältigung der sich aus der Internationalisierung der Gesellschaft ergebenden Anforderungen bedürfen der engen Zusammenarbeit zwischen Forschung und betrieblicher Praxis. Die Erkenntnisse der kulturvergleichenden Forschungen in den Sozial- und Humanwissenschaften sowie das im internationalen Management gesammelte Erfahrungswissen müssen für die Zwecke der Trainingsentwicklung und der Trainingsevaluierung systematisch aufbereitet, analysiert und miteinander verglichen werden. Wissenschaftliche Begleitforschung im Zusammenhang mit praktischen Trainingsmaßnahmen könnte den Bestand an gesicherten Erkenntnissen ständig erweitern und aktualisieren. Hier eröffnet sich ein wichtiges Kooperationsfeld zwischen Wissenschaft und wirtschaftlichem, administrativem und politischem Handeln in einer sich immer mehr globalisierenden Gesellschaft.

Literatur

Adler, N. (1986). International dimensions of organizational behavior. Boston, MA: Kent.
Argyle, M. (1982). Intercultural communication. In: S. Bochner (Ed.), Cultures in contact (pp. 61-79). Oxford: Pergamon.
Bandura, A. (1977). Social learning theory. Englewood Cliffs, NJ: Prentice-Hall.
Berry, J. W. (1985). Psychological adaptation of foreign students. In: R. J. Samuda, A. Wolfgang (Eds.), Intercultural counselling and assessment (pp. 235-248). Toronto: Hogrefe.
Bhagat, R. S., Prien, K. O. (1996). Cross-cultural training in organizational contexts. In: D. Landis, R. S. Bhagat (Eds.), Handbook of intercultural training (2nd ed., pp. 216-230). Thousand Oaks, CA: Sage.
Black, J. S., Gregersen, H. B. (1999). Auslandseinsätze: Was sie erfolgreich macht. Harvard Business Manager 21, 103-111.
Black, J. S., Mendenhall, M. E. (1990). Cross-cultural training effectiveness: A review and a theoretical framework for future research. Academy of Management Review 15, 113-136.
Blake, B. F., Heslin, R., Curtis, S. C. (1996). Measuring impacts of cross-cultural training. In: D. Landis, R. S. Bhagat (Eds.), Handbook of intercultural training (2nd ed., pp. 165-182). Thousand Oaks, CA: Sage.
Bochner, S. (1982). The social psychology of cross-cultural relations. In: S. Bochner (Ed.), Cultures in contact (pp. 5-44). Oxford: Pergamon.
Boud, D., Keogh, R., Walker, D. (1985). Reflection: Turning experience into learning. London: Kogan Page Ltd.
Brislin, R. W., Cushner, K., Cherrie, C., Yong, M. (1986). Intercultural interactions: A practical guide. Beverly Hills, CA: Sage.
Brüch, A., Thomas, A. (1995). Beruflich in Südkorea – Interkulturelles Orientierungstraining für Manager, Fach- und Führungskräfte. Heidelberg: Asanger.
Cargile, A. C., Giles, H. (1996). Intercultural communication training: Review, critique, and a new theoretical framework. In: B. R. Burleson (Ed.), Communication yearbook 19 (pp. 385-423). Thousand Oaks, CA: Sage.
Chi-Ching, Y., Noi, L. S. (1994). Learning styles and their implications for cross-cultural management in Singapore. The Journal of Social Psychology 134, 593-600.
Cook, T., Campbell, D. T. (1979). Quasi-experimentation: Design and analysis for field settings. Chicago: Rand McNally.
Copeland, L., Griggs, L. (1986). Going international. New York: Penguin Incorporated.
Deshpande, S. P., Viswesvaran, C. (1992). Is cross-cultural training of expatriate managers effective: A meta analysis. International Journal of Intercultural Relations 16, 295-310.
Earley, P. C. (1987). Intercultural training for managers: A comparison of documentary and interpersonal methods. Academy of Management Journal 30, 685-698.
Eder, G. (1989). Zur kulturspezifischen Ausprägung von sozialer Handlungskompetenz und Interaktionsverhalten. Unveröffentlichte Diplomarbeit, Universität Regensburg.
Furnham, A., Bochner, S. (1986). Culture shock: Psychological reaction to unfamiliar environment. New York: Methuen.
Götz, K., Bleher, N. (1999). Unternehmenskultur und interkulturelles Training. In: K. Götz (Hrsg.), Interkulturelles Lernen, Interkulturelles Training (S. 11-58). München und Mering: Rainer Hampp.

Gudykunst, W. B. (1994). Bridging differences: Effective intergroup communication (2nd edition). Thousand Oaks, CA: Sage.
Gudykunst, W. B., Guzley, R. M., Hammer, M. R. (1996). Designing intercultural training. In: D. Landis, R. S. Bhagat (Eds.), Handbook of intercultural training (2nd ed., pp. 61-80). Thousand Oaks, CA: Sage.
Gudykunst, W. B., Hammer, M. R. (1983). Basic training design. In: D. Landis, R. W. Brislin (Eds.), Handbook of intercultural training, Vol 1 (pp. 118-154). Elmsford, NY: Pergamon.
Harrison, J. K. (1992). Individual and combined effects of behavior modeling and the cultural assimilator in cross-cultural management training. Journal of Applied Psychology 77, 952-962.
Hofstede, G. (1980). Culture's consequences: International differences in work related values. Beverly Hills: Sage Publications.
Hofstede, G. (1983). The effectiveness of a management abroad. Accademia Italiana de Economia Assiendale II.
Kammhuber, S. (2000). Interkulturelles Lernen und Lehren. Wiesbaden: Deutscher Universitäts-Verlag.
Kealey, D. J., Protheroe, D. R. (1996). The effectiveness of cross-cultural training for expatriates: An assessment of the literature on the issue. International Journal of Intercultural Relations 20, 141-165.
Kinast, E.-U. (1998). Evaluation interkultureller Trainings. Lengerich: Pabst.
Kirkpatrick, D. L. (1967). Evaluation of training. In: R. L. Craig, L. R. Bittel (Eds.), Training and development handbook (pp. 87-112). New York: McGraw-Hill.
Kohls, L. R. (1985). Training know-how for cross-cultural trainers. Washington International Center of Meridian House International, 1630 Crescent Place, N.W. Washington, D.C. 20009.
Kolb, D. A. (1984). Experiential learning. Englewood Cliffs: Prentice-Hall.
Kolb, D. A. (1985). Learning style inventory: Self-scoring inventory and interpretation booklet. Boston: McBer.
Landis, D., Brislin, R. W. (Eds.) (1983a). Handbook of intercultural training, Vol. I: Issues in theory and design. New York: Pergamon.
Landis, D., Brislin, R. W. (Eds.) (1983b). Handbook of intercultural training, Vol. II: Issues in training methodology. New York: Pergamon.
Landis, D., Brislin, R. W. (Eds.) (1983c). Handbook of intercultural training, Vol. Ill: Area studies in intercultural training. New York: Pergamon.
Laurent, A. (1983). The cultural diversity of western conceptions of management. International Studies of Management and Organization 13, 75-96.
Limpächer, S. (1998). Gestaltung und Vergleich von systemvermittelnder und situierter Lernumgebung zur Qualifikation interkultureller Trainings. Unveröffentlichte Diplomarbeit, Universität Regensburg.
Lindner, W., Schenk, E., Thomas, A. (in Druck). German teaching and culture assimilator – Übungsmaterial zur Vorbereitung deutscher Dozenten und Ausbildungsleiter auf den Chinaaufenthalt. Göttingen: Vandenhoeck & Ruprecht.
Markowsky, R., Thomas, A. (1995). Studienhalber in Deutschland – Interkulturelles Orientierungstraining für amerikanische Studenten, Schüler und Praktikanten. Heidelberg: Asanger.
Mendenhall, M. E., Oddou, G. R. (1988). The overseas assignment: A practical look. Business Horizons 31, 78-84.
Müller, A., Thomas, A. (1995). Studienhalber in den USA – Interkulturelles Orientierungstraining für deutsche Studenten, Schüler und Praktikanten. Heidelberg: Asanger.

Ronen, S. (1986). Comparative and multinational management. New York: John Wiley.

Schmid, S., Thomas, A. (2000). Zusammenarbeit mit Engländern – Interkulturelles Orientierungstraining für Studenten, Schüler und Praktikanten. Göttingen: Vandenhoeck & Ruprecht.

Shirts, R. G. (1973). BAFA BAFA: A cross-cultural simulation. Del Mar, CA: Simile boxed material and directions. Yarmouth: Intercultural Press.

Shuter, R. (1977). Cross-cultural small group research: A review, an analysis, and a theory. International Journal of Intercultural Relations 1, 90-104.

Stumpf, S. (2000). Effektivität internationaler Arbeitsgruppen. In: A. Wierlacher (Hrsg.), Kulturthema Kommunikation. Konzepte – Inhalte – Funktionen (S. 159-174). Möhnsee: Résidence.

Stumpf, S., Thomas, A. (1999). Management von Heterogenität und Homogenität in Gruppen. Personalführung 32, 36-44.

Stumpf, S., Zeutschel, U. (2000). Synergy effects in multinational work groups: What we know and what we don't know. In: M. E. Mendenhall, T. M. Kühlmann, G. K. Stahl (Eds.), Developing global business leaders: Policies, processes, and innovations (pp. 175-194). Westport: Quorum Books.

Tajfel, H., Turner, J. C. (1986). The social identity theory of intergroup behavior. In: S. Worchel, W. G. Austin (Eds.), Psychology of intergroup relations (pp. 7-24). Chicago: Nelson-Hall.

Thomas, A. (1988). Untersuchungen zur Entwicklung eines interkulturellen Handlungstrainings in der Managerausbildung. Psychologische Beiträge 30, 147-165.

Thomas, A. (1989). Interkulturelles Handlungstraining in der Managerausbildung. Wirtschaftswissenschaftliches Studium, 281-287.

Thomas, A. (1990). Anforderungen interkulturellen Lernens – Verstehens – Handelns im intereuropäischen Management. In: H. Methner, A. Gebert (Hrsg.), Psychologen gestalten die Zukunft (S. 189-204). Bad Dürkheim: Deutscher Psychologen Verlag.

Thomas, A. (Hrsg.) (1991). Kulturstandards in der internationalen Begegnung. SSIP-Bulletin Nr. 61. Saarbrücken: Breitenbach.

Thomas, A., Kammhuber. S., Layes, G. (1997). Interkulturelle Kompetenz. Bonn: Bundesministerium für Verteidigung.

Thomas, A., Kinast, E.-U., Schroll-Machl, S. (1999). Entwicklung interkultureller Handlungskompetenz von international tätigen Fach- und Führungskräften durch interkulturelle Trainings. In: K. Götz (Hrsg.), Interkulturelles Lernen, Interkulturelles Training (S. 97-122). München und Mering: Rainer Hampp.

Thomas, A., Schenk, E. (2001). Beruflich in China. Traqiningsprogramm für Manager, Fach- und Führungskräfte. Göttingen: Vandenhoeck & Ruprecht.

Thomas, A., Schenk, E., Lindner, W. (2001). German business and culture assimilator – Übungsmaterial zur Vorbereitung chinesischer Manager auf den Deutschlandaufenthalt. Göttingen: Vandenhoeck & Ruprecht.

Thomas, A., Zeutschel, U. (1998). Interkulturelle Synergie in Arbeitsgruppen: Projektabschlußbericht. Institut für Psychologie, Universität Regensburg.

Wexley, K. N., Latham, G. P. (1994). Ressourcen in Organisationen. Stuttgart: Klett-Cotta.

# 9

Trainings interkultureller Kommunikation in der öffentlichen Verwaltung

Ariane Bentner

Das Angebot von Fortbildungsveranstaltungen zum Thema interkulturelle Kommunikation als Bestandteil der Entwicklung von Personal der öffentlichen Verwaltung ist relativ neu. Es ist nicht zuletzt dem Umstand geschuldet, dass der Anteil ausländischer Klienten in den letzten Jahren – zumindest in den Ballungszentren – kontinuierlich gestiegen ist und die Präsenz nicht-deutscher Klienten in der Verwaltung vielerorts alltäglich geworden ist. So liegt z. B. in der Stadt Offenbach der Ausländeranteil mit über 30 Prozent im Vergleich zu anderen Städten sehr hoch. In der Innenstadt Offenbachs leben mittlerweile 60 Prozent nicht-deutsche Bewohner. Der Anteil ausländischer Klienten im Sozialhilfebezug beträgt in Offenbach 45 Prozent, während 40 Prozent der Arbeitslosen eine andere Nationalität und kulturelle Herkunft haben (Mari & Schulze-Böing, 1998, S. 15).

Das bedeutet für die Mitarbeiter der öffentlichen Verwaltung, dass sich die nationale Herkunft und kulturelle Vielfalt ihrer Klienten in den letzten Jahren sukzessive verändert hat, ohne dass dies bisher bewusst wahrgenommen und gewürdigt worden wäre.

Ein Problem bei Konzeption und Durchführung von interkulturellen Fortbildungsangeboten für Verwaltungspersonal ist die Gefahr, in eine Defizit-Fokussierung abzugleiten. Damit ist die Gefahr gemeint, von der Sicht auf die (unbestreitbar vorhandenen) Probleme in Behörden überwältigt zu werden und die vorhandenen Ressourcen und Lösungsmöglichkeiten aus dem Blick zu verlieren.

Dies soll im Folgenden etwas genauer ausgeführt werden. Das Augenmerk liegt insbesondere auf dem Arbeitszusammenhang, in dem Verwaltungsmitarbeiter tätig sind. Anschließend werden die Grundlagen unserer interkulturellen Trainings vorgestellt.

1. Zum Stellenwert von Weiterbildung in der Verwaltung

Bereits die Diskussion darüber, wie eine Person sich verhalten möge, die über interkulturelle Kompetenzen verfügt, ist häufig von hohen moralischen und normativen Ansprüchen begleitet (vgl. Bennett, 1986; Hinz-Rommel, 1994). Der Tenor dieser Ansprüche liegt meist auf der Entwicklung einer differenzierten Persönlichkeitsstruktur, die gewisse Kenntnisse über andere Kulturen besitzt, sensibel mit wahrgenommenen kulturellen Unterschieden umgehen und diese aushalten und handhaben kann.

Im Konzept von Bennett (1986) zur Förderung der „cultural awareness" liegen die Schwerpunkte anders. So wird die Entwicklung interkultureller Sensibilität als Phasenprozess betrachtet, den Individuen durchlaufen können. Sie bewegen sich dabei gegenüber fremden Menschen und Kulturen zwischen den beiden Polen Ethnozentrismus und Ethnorelativismus. Ausdruck ethnozentristischer Einstellungen wäre z. B. die Verleugnung und Abwehr von Unterschieden, die zwischen Menschen verschiedener Kulturen auftreten können, nach dem Motto: „Ich behandle alle Klienten gleich, für mich gibt es keine Unterschiede." Dagegen wäre die Akzeptanz von interkulturellen Unterschieden und die Integration dieser Differenzen in die eigene Persönlichkeit ein Ausdruck einer ethnorelativistischen und differenzierten Haltung.

Die Entwicklung solcher differenzierender Haltungen gegenüber anderen Kulturen ist sicher wünschenswert, aber sie bedarf erheblicher zeitlicher und finanzieller Investitionen und ist sicher nicht mit einem Drei-Tages-Training zum Thema „interkulturelle Kommunikation" zu erreichen. Vielmehr wäre hierfür ein langfristig angelegtes Personalentwicklungskonzept erforderlich, das die Förderung interkultureller Kompetenz als *ein* Qualifizierungsangebot neben anderen für Mitarbeiter der öffentlichen Verwaltung zum Ziel hat. Diese Kompetenz müsste aber auch innerhalb der Verwaltung zunächst einmal gewürdigt und nicht zuletzt auch (finanziell) honoriert werden.

Öffentliche Verwaltungen stehen heute generell unter starkem wirtschaftlichem Druck. Vielfach hat sich der Anspruch von Leitungskräften an ihre Mitarbeiter in den letzten Jahren verändert. Erfahrungsgemäß neigen gerade interne Personalentwickler und Leitungskräfte, die in Veränderungsprozesse zur Verwaltungsreform involviert sind, dazu, von ihren Mitarbeitern schnell zu viel an Kompetenzzuwachs zu verlangen und sie damit massiv zu überfordern. Die Absichten sind – insbesondere unter dem finanziellen Druck – verständlich, denn Leitungskräfte haben ja ein berechtigtes Interesse an einem positiven Image ihrer Verwaltung. Häufig war und ist jedoch das bisherige Weiterbildungsverhalten in der Behörde eher durch Abstinenz gekennzeichnet bzw. durch die Beschränkung auf das Allernotwendigste. Dies sind meist fachliche Fortbildungen, so zu neuen rechtlichen Regelungen.

Die gezielte Förderung kommunikativer und sozialer Kompetenzen in der Verwaltung als Erfordernis für alle, die mit Klienten umgehen, ist bisher erst ansatzweise vorhanden. Denn bekanntlich haben sich die Arbeitsbedingungen gerade in den so genannten „publikumsintensiven" Ämtern für das Personal in den letzten Jahren verändert. Es werden Anforderungen an das Verwaltungspersonal gestellt, denen dieses wegen fehlender sozialer und kommunikativer Kompetenzen nicht mehr gerecht werden kann.

Häufig bestehen auch Vorbehalte von Vorgesetzten und Kollegen gegen die Teilnahme an Fortbildungen, die nicht den rein fachlich-rechtlichen Rahmen betreffen. Außerdem befürchten Verwaltungsmitarbeiter wachsende Aktenberge während ihrer Abwesenheit, sodass sie sich lieber erst gar nicht zu einer Fortbildung anmelden.

Gleichzeitig ist die Reputation der Verwaltung in der Öffentlichkeit gesunken, während die Ansprüche der Klienten an eine kunden- und serviceorientierte Behandlung bei der Behörde gestiegen sind. All dies führt zu einer subjektiv als Überforderung erlebten Haltung von Verwaltungsmitarbeitern mit zahlreichen erwünschten und unerwünschten Nebeneffekten, die letztlich allzu leicht in einen Kreislauf der Überforderung und Konflikteskalation münden kann (vgl. Kulawik & Wolf, 1998; Seifert, 1996).

2. Zur „Gewohnheitswirklichkeit" von Verwaltungspersonal

Mit „Gewohnheitswirklichkeit" ist in Anlehnung an systemische Konzepte diejenige Wirklichkeitskonstruktion gemeint, die den eigenen Alltag ausmacht und das alltägliche Befinden, Denken und Fühlen in hohem Maße bestimmt (vgl. Mücke, 1998).

Die Situation von Verwaltungsmitarbeitern, die Umgang mit Klienten aus anderen Kulturen haben, lässt sich so skizzieren, dass seit Anfang der Neunzigerjahre eine dramatische Verschärfung der Arbeitsbedingungen in den Bereichen zu beobachten ist, die intensiven Publikumsverkehr aufweisen. Dies betrifft insbesondere die Sozialen Dienste, die Sozialämter, Jugendämter, Wohnungsämter und Ausländerbehörden, also alle Ämter, die existenzsichernde Hilfs- und Leistungsangebote vermitteln sollen.

Am Beispiel der Arbeit im Sozialamt lassen sich die wichtigsten Probleme als „normale Härten des klassischen Verwaltungsalltags" beschreiben: Diese lauten „mangelhafte Klientenorientierung", „mangelhafte Zielausrichtung", „punktuell reaktive statt prozessual-fallbezogene Intervention", das „Fehlen arbeitsmethodischer Standards" sowie eine „unzureichende Mitarbeiterqualifikation" (Barthel, 1998, S. 151) und bilden quasi die „Gewohnheitswirklichkeit" des Verwaltungspersonals. Im Einzelnen zeigt sich diese „Gewohnheitswirklichkeit" auf dem Sozialamt so:

1. Die Lebenssituation des vorsprechenden Klienten wird vom Sachbearbeiter nicht adäquat wahrgenommen, sondern vorschnell den im Bundessozialhilfegesetz formulierten Problemlagen angepasst. Vom Beratungssetting her dominiert die Tendenz der Sachbearbeiter, eher mit dem PC als mit dem Klienten zu kommunizieren und während der „Vorsprache" des Klienten die abgefragten Daten

synchron in den PC einzugeben. Dies ist teilweise funktional für ein zeitnahes Verwaltungshandeln, aber dysfunktional in anderer Hinsicht: Damit ist die Aufmerksamkeit des Beraters nicht beim Klienten, der wenig Gelegenheit findet, sein Anliegen vorzubringen. „Klienten werden unterbrochen, sobald der Sachbearbeiter sein Anliegen verstanden zu haben glaubt" (Becker-Mrotzek, 1992, zitiert nach Barthel, 1998, S. 151).

Häufig wird eine eher „harte" und unnachgiebige Haltung gezeigt, Akzeptanz und Wertschätzung für (ausländische) Klienten sind selten. Es versteht sich von selbst, dass dieses Verhalten im Umgang mit Klienten aus anderen Kulturen noch leichter zu kommunikativen Schwierigkeiten führen kann, als dies mit „Einheimischen" ohnehin schon der Fall ist. Das fehlende Nachfragen des Sachbearbeiters ist nicht zuletzt auch deshalb dysfunktional, weil es zu Missverständnissen und Falschannahmen bezüglich des eigentlichen Anliegens des Klienten führt, die „er später mit aufwendiger Nacharbeit, viel Schriftverkehr und Vorsprachen korrigieren muss" (Barthel, 1998, S. 151). Dies ist uneffektiv und unwirtschaftlich und verursacht Kosten, die die Behörde ja gerade einzusparen angehalten ist.

2. Auch die Zusammenarbeit mit anderen Stellen, die für den vorsprechenden Klienten mögliche Hilfsangebote bereitstellen könnten, verläuft häufig nicht zufrieden stellend:

> ... die Kommunikation an den Schnittstellen der unterschiedlichen sozialen Dienste gestaltet sich problematisch, ist von Missverständnissen, Kompetenzgerangel und gegenseitigen Beschuldigungen gekennzeichnet .... Dies führt beim Sozialamts-Mitarbeiter seinerseits dazu, dass ihm das notwendige Überblicks- und Zusammenhangswissen über die unterschiedlichen Hilfsangebote fehlt, dass seine kognitive Landkarte der sozialen Dienste kaum dafür ausgestattet ist, die komplexen Lebenssituationen der Klienten adäquat zu verstehen und zuzuordnen. (Barthel, 1998, S. 151)

Diese Tendenz verschärft sich bei zunehmender kultureller „Befremdung" des Sachbearbeiters durch den Klienten und mündet schnell in einen Kreislauf von Unterstellungen, Vorurteilen und Aggressivität.

3. Die im Rahmen der erlebten Überforderung konstruierte „Gewohnheitswirklichkeit" der Sachbearbeiter führt zur Etablierung spezifischer Reaktionsmuster, die der Personalentwickler der Stadtverwaltung Offenbach etwas süffisant als „Management by Hobby" bezeichnet (Barthel, 1998, S. 153). Darunter versteht er individuelle Strategien der Sachbearbeiter, die sich aufgrund fehlender Handlungssicherheit und Zielausrichtung im Amt etablieren. „Management by Hobby" ist der durchaus funktionale Versuch des Personals, eigene Ängste angesichts der rechtlich und persönlich komplexen Situation der Klienten in Schach zu halten. Immer schwebt ja über jeder Entscheidung des Sachbearbeiters das Damoklesschwert des Rechtsweges, d.h. der Klient kann gegen (fast) jede Entscheidung

Widerspruch einlegen, und der Sachbearbeiter kann zur Rechenschaft gezogen werden. In der Praxis zeigt sich dieses Verhalten so:

> Die Mitarbeiter entwickeln u.U. feste, irritationsresistente Überzeugungen und Denkmuster, die sie gegen alltägliche Infragestellungen und Unsicherheiten schützen sollen. Diese finden ihren Niederschlag z. B. in Klischees – etwa gegenüber dem Klientel (das mitunter als faul, unehrlich, arbeitsscheu ... wahrgenommen wird), aber auch in starren Einstellungen gegenüber dem eigenen Arbeitsbereich: „Man kann sowieso nichts machen"– und es soll, bzw. darf auch nichts geschehen, denn es würde die prekäre und schwierig aufrechterhaltene Handlungsstabilität nur labilisieren. So führt die grundlegende berufliche Handlungsunsicherheit zur potentiellen Abschottung des eigenen Bereichs; der problematisierende, hinterfragende Einblick ins eigene Arbeitsfeld wird leicht als generelle Infragestellung erlebt und muss abgewehrt werden. (Barthel, 1998, S. 153)

Sind die genannten Beispiele der beruflichen „Gewohnheitswirklichkeit" in der Verwaltung für alle Beteiligten ohnehin schon belastend genug im Umgang mit Klienten, die sich sprachlich verständlich machen können, so muss es im Kontakt mit Klienten aus anderen Kulturen, die nur geringe oder gar keine Fremdsprachenkompetenz haben, zwangsläufig zu einer Verschärfung durch „critical incidents" (kritische Ereignisse) kommen. Gleichzeitig bieten aber diese kritischen Ereignisse auch Chancen und Auswege, festgefahrene Denkmuster aufzulösen und zur Aufhebung der lieb gewordenen Verhaltensmuster zu gelangen.

Ängste, Skepsis und Widerstände der Mitarbeiter in der Seminarsituation erschweren die gemeinsame Arbeit. Schließlich können sich Trainer, die Fortbildungsangebote für Zielgruppen in der öffentlichen Verwaltung anbieten, leicht eingeladen fühlen, diese „Problemsichtweisen", d.h. die Fokussierung auf die vielen Probleme, Defizite und Unzulänglichkeiten im Kontext der Verwaltung zu übernehmen. Verwaltungsmitarbeiter gelten aufgrund ihrer Verhaltensmuster als eher „schwierige" Teilnehmer und sind bei vielen Trainern nicht sonderlich beliebt bzw. sogar teilweise gefürchtet wegen ihrer Tendenz, im Seminar in bestimmten Situationen „Macht" als Verhaltensmuster einzusetzen. Als Trainer besteht hier die Gefahr, sich von den Teilnehmern zu Machtkämpfen eingeladen zu fühlen oder sich vom Habitus und Auftreten der Teilnehmenden verunsichern und abschrecken zu lassen. Eine erhöhte Aufmerksamkeit ist erforderlich, um sich nicht von einer Problemkaskade überschwemmen zu lassen.

3. Lösungen (er-)finden: Zur Konzeption interkultureller Trainings in der Verwaltung und systemisch-konstruktivistische Grundannahmen

Angesichts dieser strukturellen Problemlage stellt sich die Frage, wie ein interkulturelles Training als Bestandteil interner Fort- und Weiterbildung in der Verwaltung beschaffen sein muss, um die „Gewohnheitswirklichkeit" der Beteiligten einerseits als Ressource zu betrachten, ernst zu nehmen und andererseits auch zu irritieren, zu stören sowie ein interkulturelles „Neulernen" zu ermöglichen.

Im Folgenden sollen einige konzeptionelle Überlegungen vorgestellt werden, die unseren interkulturellen Trainings zugrunde liegen. Ziel ist es, zu zeigen, wie wir versuchen, für unsere Teilnehmer passende Lösungen und Auswege zu „erfinden", die entsprechende Situationen in der Arbeit mit ausländischen Klienten erleichtern und die Gefahr des Abweichens in defizitäre Sichtweisen und Probleme minimieren können.

Das praktizierte Konzept zur Gestaltung interkultureller Trainings für diese Zielgruppe entstand ursprünglich aus einem Forschungsprojekt an der Universität Koblenz-Landau. Auf der Basis der Ergebnisse einer qualitativen Studie über die Kommunikation zwischen ausländischen Klienten und deutschen Behördenmitarbeitern (Seifert, 1996) wurde ein eigens auf die Mitarbeiter der öffentlichen Verwaltung zugeschnittenes Curriculum entwickelt und in einem Pilotprojekt in Rheinland-Pfalz praktisch erprobt (Bentner, 1997) und evaluiert (Seifert, 1997). Das Konzept wurde seitdem kontinuierlich weiterentwickelt und den Bedürfnissen der Zielgruppe angepasst.

In den Seminaren geht es um die Förderung interkulturellen Lernens vor einem systemisch-konstruktivistischen Hintergrund. Ziel ist „ ... not the fullness with which one knows each culture, but the degree to which the process of cross cultural learning, communication and human relations have been mastered" (Hoopes, 1981, zitiert nach Bennett, 1986, S. 181).

Ausgangspunkt des Konzepts bildete die Frage, mit welchen wechselseitigen Konstruktionen sich Verwaltungsmitarbeiter und ausländische Klienten begegnen. Anknüpfend an die eingangs erwähnte „Kaskade" von Problemen, die sich im Verwaltungskontext auftun kann, ist es zunächst sinnvoll, herauszufinden, was die Beteiligten jeweils dazu beitragen können, dass ihre Konstruktionen für beide Seiten nützlicher und die Arbeit für das Verwaltungspersonal somit leichter werden könnte. Auf dem Weg dahin haben sich die drei Elemente (1) Kommunikationstraining, (2) kulturübergreifende Informationsvermittlung sowie (3) lösungsorientiertes praktisches Vorgehen (mit Übungen und Rollenspielen) bewährt.

Entsprechend der Ausgangsfrage wird versucht, den Teilnehmern mit einer systemisch-konstruktivistischen Grundhaltung zu begegnen. Was heißt das für die Praxis?

Wir gehen davon aus, dass das, was wir als Wirklichkeit wahrnehmen und erleben, in einem bestimmten Maße von den Beteiligten selbst durch ihre Wahrnehmungs- und Handlungsmuster hergestellt und also sozial konstruiert wird. Das bedeutet, dass soziale Realität von Menschen geschaffen und nicht objektiv vorhanden ist. Damit ist das, was wir für (unsere) Wirklichkeit halten, aber auch in gewissem Maße veränderbar und nicht statisch. Diese Annahme ist wichtig für das *Er-finden von Lösungen* im interkulturellen Kontext der Verwaltung. Folgende Grundannahmen sind dabei handlungsleitend:

1. „Wahrnehmung *ist* Interpretation, *ist* Bedeutungszuweisung" (Roth, zitiert nach Schmidt, 1992, S. 15). Dabei kann auf Ergebnisse der neueren Gehirnforschung zurückgegriffen werden, wonach davon auszugehen ist, dass das menschliche Gehirn in gewissem Sinne ein geschlossenes System darstellt, welches als Teil des Nervensystems „kognitiv und semantisch abgeschlossen ist" (Roth, zitiert nach Schmidt, 1992, S. 15) und keinen direkten Zugang zur Welt hat. Deshalb ist es ein selbstreferentielles System, das sich seine Wirklichkeit, seine Deutungsmuster aus sich selbst heraus entwickeln muss. Wäre unser Gehirn „umweltoffen", so wäre es unmöglich, die Fülle der Eindrücke und Sinneswahrnehmungen neuronal zu verarbeiten. Wie lassen sich diese Erkenntnisse aus der Gehirnforschung nun auf die Verwaltung anwenden?

Übertragen auf das System Behörde wäre die öffentliche Verwaltung ein selbstreferentielles System mit eigenen Codices und Verhaltensstandards. Etwas überspitzt ließe sich in Anlehnung an Luhmann formulieren, die Funktion der Verwaltung ist die Verwaltung der Verwaltung. Diese ist engstens gekoppelt an die Ausführung politischen Wollens und Handelns. Politik ist nach Luhmann „eng mit dem Besitz und dem Gebrauch von Macht ... verbunden. ... Der Code der Macht (Unterlegene/Überlegene) erlaubt die Reproduktion der politischen Kommunikation" (zit. n. Baraldi, Corsi & Esposito, 1998, S. 135). Die in der Verwaltung üblichen Wahrnehmungs- und Handlungsmuster zielen eher auf die Herstellung von Überlegenheit der Mitarbeiter gegenüber ihren Klienten als auf Parität. Dies zeigt sich insbesondere in der Konstruktion von „Ausländern". Denn ausländische Klienten leben ja im Unterschied zu deutschen

> ... in einer massiven einseitigen Abhängigkeit von den Behörden .... Sie haben ... weder Chancen, über politische Willensbildungsprozesse Einfluss auf die Art und Weise der Durchführung administrativer Handlungen und Leistungen zu nehmen, noch gelingt es ihnen, aufgrund statusbedingter Ressourcen Gegendruck auf das Verwaltungspersonal ausüben zu können. (Seifert, 1996, S. 30)

Neben weiteren Aspekten würde aus dieser Sicht das Handeln von Verwaltungspersonal immer auch im Umgang mit Macht bestehen, sei es, dass die Mitarbeiter selbst zu Unter- oder Überlegenen werden oder dass sie insbesondere ihre ausländischen Klienten dazu machen, wie z. B. die Untersuchung von Seifert (1996) zeigt. Die Ergebnisse seiner Befragung des Verwaltungspersonals lassen sich so zusammenfassen, dass

> ... die Einstellungen der interviewten Bediensteten dahin tendieren, die
> Migration eng zu funktionalisieren, die Zuwanderung restriktiv zu interpretieren und bestimmte Migrantengruppen zu diskriminieren bzw. zu privilegieren. Damit entsprechen die geäußerten Erzählungen weitgehend einem konservativen „mainstream" der politischen Kultur Deutschlands. Vor allem auf dem Hintergrund der negativen Haltung gegenüber Flüchtlingen und Asylbewerbern, wie sie bei einigen Bediensteten deutlich wird, wird auch verständlich, daß das Personal negative Typisierungen der zitierten Art gegenüber bestimmten Klientengruppen benutzt. (Seifert, 1996, S. 81)

Jenseits individueller Einstellungen und Haltungen des Verwaltungspersonals würde danach aus systemisch-konstruktivistischer Sicht lediglich die im politischen System erforderliche Produktion von Über- und Unterlegenheit herbeigeführt, auch wenn dies die Beteiligten einen hohen persönlichen Preis kostet. Die Mitarbeiter „bezahlen" beispielsweise dafür mit Stress, Frustration, Ärger und Ängsten. Erfahrungsgemäß ist die Thematisierung des Umgangs mit und eigenen Erlebens von Macht, Über- und Unterlegenheit im Seminar leichter, wenn die Mitarbeiter beide Seiten dieser Medaille genauer betrachten können, ohne in eine Rechtfertigungshaltung gedrängt zu werden. Zu betrachten wäre einmal ihre eigene erlebte Unterlegenheit z. B. gegenüber den (An-) Weisungen „von oben", die sich in einer immer noch weit verbreiteten Kultur des Anordnens von Aufgaben oder Aktivitäten durch Vorgesetzte ausdrückt. Häufig werden die Bediensteten auch kurzfristig und ungefragt zu Weiterbildungen „abgeordnet" und geschickt, etwa weil dort noch Plätze frei sind. Es hat sich die Erfahrung als nützlich erwiesen, den Teilnehmern im Seminar für die Reflexion der eigenen Befindlichkeit zu dieser Frage entsprechend viel Zeit zum Austausch untereinander in Kleingruppen zu lassen.

Die andere Seite gilt der Betrachtung der Marginalisierung von Schwächeren, in diesem Fall von „Ausländern" als Unterlegene durch die Verwaltung. Dieser Schritt ist erst möglich, nachdem die Teilnehmer ihre eigene Situation reflektiert haben und eine gewisse Offenheit und Sensibilisierung für das Thema entstanden ist. Hierbei kann aus unserer Erfahrung eine Information über Behördenkommunikation den Einstieg erleichtern. Im Anschluss daran bearbeiten die Teilnehmer ihre Erfahrungen dazu.

Dabei zeigt sich, wie im interkulturellen Kontext das übliche Verwaltungshandeln zunehmend gestört wird, z. B. durch fehlende Sprachkenntnisse der nichtdeutschen Klienten. Ablehnende Bescheide können zwar erteilt und verschickt werden, aber ob die Adressaten sie verstehen, ist eine ganz andere Frage. Die Erfahrungen der Seminarteilnehmer zeigen eher das Gegenteil, beispielsweise unvermindertes Vorsprechen und Antragstellen ausländischer Klienten nach Ablehnungen. Dies zeigen auch die Ergebnisse der Untersuchung von Seifert (1996). Aus dieser Sicht wäre der Umgang mit Klienten, die deutsches Verwaltungshandeln – aus welchen Gründen auch immer – nicht verstehen, immer eine Störung der Selbstreferenz im System Verwaltung. Und Störungen können im Training als solche erkannt und bearbeitet werden.

2. „Erkenntnis ist Entdeckung der Wirklichkeit" (Baraldi et al., 1998, S. 100). Damit soll zum Ausdruck gebracht werden, dass die Fähigkeit zur Beobachtung aus systemisch-konstruktivistischer Sicht eine zentrale Voraussetzung für jeden Erkenntnisgewinn darstellt. Dies ist jedoch nicht neu. Im interkulturellen Training spielt die Reflexion von Beobachtungen der Teilnehmer die zentrale Rolle, und es ist wichtig, die Fähigkeit zur Beobachtung noch mehr zu entwickeln. Denn jede Beobachtung kann letztlich nur „unter bezug auf ihre eigenen Möglichkeitsbedingungen beobachtet werden, wie es im Prinzip des blinden Flecks ... formuliert ist" (Baraldi et al., 1998, S. 102). Blinde Flecken sind Punkte auf der menschlichen Netzhaut, auf der sich keine Rezeptoren befinden. Aus diesem Grunde ist das menschliche Sehfeld unvollständig. Übertragen auf den Verwaltungskontext bedeutet das, dass es eine „richtige" Beobachtung oder Wahrnehmung der Klienten nicht geben kann, sondern nur unterschiedliche Beobachtungen von Verhaltensweisen, die möglicherweise irritierend oder unverständlich erscheinen. Wichtig ist an dieser Stelle die Entwicklung der Fähigkeit, „Unterscheidungen zu unterscheiden" (Baraldi et al., 1998, S. 104). Ein Beispiel soll dies verdeutlichen:

Eine Sachbearbeiterin auf dem Sozialamt ärgert sich zunehmend über das Verhalten einer türkischen Familie, die zu ihren Klienten gehört. Es beginnt schon damit, dass jedes Mal alle Familienmitglieder zu ihr kommen, obwohl sie für die Antragsbearbeitung im Grunde nur den so genannten Haushaltsvorstand benötigt. Die Familienmitglieder, das sind der Vater, der kaum ein Wort deutsch spricht, die Mutter, die noch nie ein Wort (weder türkisch noch deutsch) gesagt hat, sowie eine Tochter und der Sohn. Weiterhin ärgert sich die Sachbearbeiterin darüber, dass der Vater, der so gut wie keine Deutschkenntnisse hat, ihr immer direkt gegenübersitzt, während die Mutter im Hintergrund stehen bleibt und schweigt. Im Zimmer der Sachbearbeiterin befinden sich nur zwei Sitzgelegenheiten für Klienten. Die Sachbearbeiterin würde nach ihrem Verständnis lieber der Mutter einen Sitzplatz offerieren, während der Vater eigentlich stehen bleiben könnte. Damit konnte sie sich aber bisher bei der türkischen Familie nicht durchsetzen. Ein weiteres Ärgernis für die Sachbearbeiterin bildet die Beobachtung, dass die eigentliche Konversation ausschließlich vom noch minderjährigen Sohn der Familie mit der Sachbearbeiterin bestritten wird, der neben dem Vater sitzt. Der Sohn übersetzt vom Vater zur Sachbearbeiterin und zurück. Mutter und Schwester bleiben aus dieser Konversation weitgehend ausgespart.

Für die weitere Bearbeitung dieser Situation geht es nun darum, sich darin zu erproben, erst einmal genauer zu *beschreiben*, welche Verhaltensweisen die Sachbearbeiterin beispielsweise bei der Familie aus der Türkei im Einzelnen beobachtet hatte. Die Seminarteilnehmer werden ermutigt, diese Beschreibungen so *neutral* wie möglich zu halten, d.h. mit so wenig Deutungen und Interpretationen wie nötig auszukommen. Dies fällt Verwaltungsmitarbeitern meist nicht schwer, da sie daran gewöhnt sind, sachlich zu kommunizieren. Somit kann ganz nebenbei die

Struktur der Verwaltungskommunikation zusätzlich als Ressource genutzt werden. Wird der Fokus im Training vom *Bewerten zum Beschreiben* verschoben, so besteht die Möglichkeit, auch emotional belastete Situationen wie die hier beschriebene zunächst zu neutralisieren und zu ent-emotionalisieren. Das heißt nichts anderes als „Unterscheidungen zu unterscheiden". Dies ist für die Teilnehmer oft eine neue Erfahrung und ein erster Ausweg aus Kommunikationssituationen auf dem Amt, die sonst allzu schnell in einen Kreislauf der Konflikteskalation münden würden.

3. Im Anschluss an Heijl (1992) können Gruppen als soziale Systeme betrachtet werden, „wobei die Gruppenmitglieder eine gemeinsame Realität als Bereich sinnvollen Handelns und Kommunizierens erzeugen und auf ihn bezogen interagieren". Dabei ist davon auszugehen, dass soziale Systeme eine konservative (bewahrende) Tendenz haben: Das heißt, aus konstruktivistischer Sicht neigen Menschen dazu, eher solche Verhaltensweisen zu praktizieren, die sich in der Vergangenheit *bereits bewährt und als erfolgreich erwiesen* haben, und nicht so sehr dazu, neue auszuprobieren. Hintergrund hierfür ist die Erfahrung, dass soziales Handeln von Menschen durch die Existenz einer gemeinsamen Realität eher stabilisiert wird. Dagegen löst das Erproben neuer Verhaltensmuster zunächst Ängste und Widerstände aus, nicht zuletzt weil das neue Verhalten noch nicht bekannt und bewährt ist.

Für die Arbeit im interkulturellen Training heißt das, dass bewusst an solche Verhaltensweisen und Erfahrungen der Teilnehmer im Umgang mit ihren Klienten angeknüpft werden soll, die sich in der Vergangenheit bereits bewährt haben. Gleichzeitig sammeln wir solche Verhaltensmuster, die sich in der Vergangenheit *nicht oder weniger bewährt* haben und stellen beide gegenüber. Dieses Vorgehen betont die vorhandenen Ressourcen der Verwaltungsmitarbeiter, anstatt die Defizite im Verhalten zu fokussieren. Auf diese Weise lassen sich häufig schnell Lösungen für als „schwierig" erlebte Situationen mit als „schwierig" attribuierten Klienten deutscher oder ausländischer Herkunft „er"-finden.

Hierzu ein Beispiel aus der Arbeit mit einer Gruppe von Hausverwaltern einer städtischen Gesellschaft: Die Hausverwalter haben täglich Umgang mit fast ausschließlich ausländischen Kunden, die für ihre Feiern Räumlichkeiten der städtischen Gesellschaft anmieten. Es können teilweise bis zu tausend Personen an den Festen teilnehmen. Auf den Feiern kommt es häufig zu Beschwerden von Anwohnern und Nachbarn (Lärmbelästigung), zu Konflikteskalationen unter den Gästen bzw. zwischen Kunden und Hausverwaltern über nicht eingehaltene Absprachen, z. B. bezüglich der Uhrzeit, wann die Feier zu Ende sein muss. Gelegentlich ist es in der Vergangenheit auch zu tätlichen Gewalthandlungen unter den Gästen gekommen, bei denen die Polizei eingreifen musste.

Eine Sammlung bewährter und nicht bewährter Verhaltensweisen in diesen Situationen der Hausverwalter im Training zeigt Tabelle 1.

Tabelle 1: Bewährte und nicht bewährte Verhaltensweisen im Beispiel des Hausverwalters (Erläuterungen siehe Text)

Bewährtes	Nicht Bewährtes
• Ruhig und sachlich bleiben	• Aggressiv werden
• Konsequentes Auftreten (und sicher!)	• „Chef" rauskehren
• Kompromisse eingehen	• Mit mehreren Ansprechpartnern gleichzeitig sprechen bzw. diskutieren
• Schriftliche Absprachen	• Schulmeistern
• Freundlich und zuvorkommend	• Schreien
• Einfühlungsvermögen	• Laut werden
• Toben lassen	• Mitfeiern!
• Wertschätzend sein	• Gering schätzend sein
• Ansprechpartner sein	• In Konflikte einmischen

Bewährt haben sich für die Teilnehmer bisher solche Verhaltensweisen, die eine hohe soziale und teilweise auch interkulturelle Kompetenz ausdrücken und die deeskalierend wirken. Die Hausverwalter haben bereits hinreichend Erfahrung mit der Wahrnehmung von Unterschieden zwischen verschiedenen ausländischen Kunden und ihren Gästen gemacht, sodass wir im Training darauf fokussieren können, an den bewährten Verhaltensweisen anzusetzen und diese beispielsweise im Rollenspiel noch auszubauen, während wir das nicht-bewährte Verhaltensrepertoire aus arbeitsökonomischen Gründen eher vernachlässigen können, da es sich für die Bewältigung vergleichbarer Situationen als nicht so nützlich erwiesen hat.

Im nächsten Schritt wird dann mit den Teilnehmern im Gruppeninterview mithilfe der systemischen Fragetechniken (z. B. zirkuläres Fragen, vgl. hierzu Simon & Rech-Simon, 1999) erarbeitet, an welche der bereits *bewährten* Verhaltensweisen sie in zukünftigen Situationen leicht anknüpfen könnten. Die Teilnehmer werden etwa gefragt, in welchen möglichen Situationen es für sie leicht wäre, das schon einmal gezeigte, bewährte Verhalten wieder zu praktizieren. Hier werden meist Situationen erwähnt, die von den Teilnehmern mit einem hohen Maß an Gestaltungsmöglichkeiten einhergingen und die nicht bedrohlich wirkten. Diese Verhaltensweisen werden von den Trainern positiv konnotiert, und die Teilnehmer werden ermutigt, diese beizubehalten. Den Teilnehmern wird vermittelt, dass sie wesentliche Kompetenzen interkulturellen Handelns bereits besitzen und praktizieren bzw. dass sie gar nicht so viel Neues hinzulernen müssen, wie sie möglicherweise befüchtet haben. Dies kann insbesondere solche Teilnehmer entlasten, die wie die Hausverwalter eher mittlere und niedrige Bildungsabschlüsse aufweisen und für die Lernen und Fortbildungen eher ungewohnte und stressbesetzte Bestandteile ihrer Arbeit darstellen.

Andererseits kann nun auch gefragt werden, wie die Teilnehmer eine – schwierige – Situation mit ihren (ausländischen) Klienten erlebt hatten, in der sie nicht gut zurechtgekommen waren bzw. in der sich das gezeigte Verhalten nicht bewährt hatte. Meist zeigen sich hier eindeutige Gefühle von Überforderung und Allein-gelassen-Werden durch Vorgesetzte oder sogar durch die Polizei, die nicht unterstützend eingriff. Dieser Befund des Sich-ausgeliefert-Fühlens konnte häufig gerade bei solchen Mitarbeitern beobachtet werden, die intensivem Publikumsverkehr mit ausländischen Klienten ausgesetzt sind und die von ihren Vorgesetzten wenig Unterstützung und Schutz erfahren. Hier kann die im Verwaltungskontext vielfach praktizierte Kultur des „Wegdelegierens" bzw. Abschiebens von Verantwortung nach unten eine prekäre Wirkung entfalten, weil die Mitarbeiter sich in solch schwierigen Situationen auch körperlich bedroht fühlen und nicht genug Schutz erfahren.

Die nächste Frage ist, was die Teilnehmer benötigen, um zukünftig auch in einer als schwierig oder sogar bedrohlich erlebten Situation interkulturell kompetent und zufrieden stellend handeln zu können.

A) Brauchen sie eine gute Lösung auf der strukturellen Ebene der Institution Verwaltung, d.h. mehr Anerkennung für ihre Leistungen und bisherigen Lösungsversuche, mehr Unterstützung und Schutz von oben und eine entsprechende Ausstattung mit personellen und materiellen Ressourcen? Oft wirken die räumlichen Gegebenheiten in der Verwaltung allein schon konfliktgenerierend, z. B. wenn mehrere Sachbearbeiter sich einen engen Raum teilen und in diesem zeitgleich ihre Klienten beraten sollen, die ja häufig mit ihrer ganzen Familie kommen. Der hierbei entstehende Geräuschpegel produziert bei allen Beteiligten Stress und Aggressivität. Ein professionelles Beratungsgespräch ist unter solchen Bedingungen von vornherein zum Scheitern verurteilt. Die Lösungen für diese strukturellen Probleme können in einem interkulturellen Training natürlich nicht herbeigeführt werden, sondern bestenfalls im Kontext der Verwaltungsreform an die entsprechende Stelle bzw. die Auftraggeber rückgekoppelt werden.

B) Benötigen die Teilnehmer mehr interkulturelles Wissen, um das Verhalten ihrer Kunden besser nachvollziehen und verstehen zu können? Hier können entsprechende Inputs zum Thema „Welche Unterschiede kann es zwischen Menschen aus verschiedenen Kulturen geben?" angeboten werden. An dritter Stelle folgt meist der Wunsch nach mehr kommunikativer Kompetenz allgemein, d.h. mehr Übung in kundenorientierter Gesprächsführung und Beratung.

4. Geeignete Methoden interkulturellen Trainings

Für das methodische Vorgehen im interkulturellen Training mit Verwaltungsmitarbeitern haben sich insbesondere solche Vorgehensweisen bewährt, die die Haltungen und Einstellungen, mit denen die Teilnehmer ins Seminar kommen, zunächst als Ressource betrachten, anstatt sie als „politisch nicht korrekt" oder auch ausländerfeindlich zu bewerten. Aus unserer Erfahrung kommen gerade Verwaltungsmitarbeiter tendenziell eher mit einer vorsichtig-skeptischen Grundhaltung und ohne allzu konkrete Lernwünsche ins Seminar – nach dem Motto: „Wir wollen mal schauen, was hier geboten wird." Konkrete Probleme im Umgang mit (ausländischen oder deutschen) Klienten werden nicht oft als Grund für die Teilnahme genannt. Auch Wünsche nach Veränderung des *eigenen* Verhaltens im Umgang mit Kunden wird von dieser Zielgruppe kaum als Motiv zur Seminarteilnahme formuliert. Eher umgekehrt: viele Teilnehmer kommen mit der Erwartungshaltung ins Seminar, etwas darüber zu lernen, wie sie ihre Kunden verändern könnten.

Daher ist es sehr wichtig, mit der Gruppe einen vertrauensvollen Kontakt aufzubauen und zu klären, ob es außerdem *spezielle* Lernwünsche der Teilnehmer gibt. Skepsis und Vorbehalte der Teilnehmer werden respektiert und als nützliche Ressource angesehen.

Im weiteren Verlauf des Seminars ist es dann auch möglich, auf „humorvollrespektlose" Weise bestimmte Verhaltensweisen der Teilnehmer im Umgang mit ihren Klienten infrage zu stellen. Dabei werden im systemischen Sinne Interventionen eingeführt, das bedeutet, die Betroffenen werden einerseits dazu ermutigt, neue Verhaltensweisen zu erproben und andererseits dazu eingeladen, alte, möglicherweise nicht so bewährte Verhaltensweisen neu zu dosieren oder sogar aufzugeben. Die Interventionen der Trainer dienen insbesondere bei den praktischen Übungen und Rollenspielen dazu, dysfunktionale Verhaltensmuster im Kontakt mit (ausländischen) Klienten zu irritieren.

Wo immer ein Symptom oder Problem dadurch entsteht oder enthalten wird, daß charakteristische Kommunikation regelhaft wiederholt stattfindet (d.h. es wird etwas getan, was besser unterlassen würde), zielen die Interventionen darauf, das problemerhaltende Muster zu beseitigen („stören"). Falls das Symptom oder Problem dadurch entsteht oder erhalten wird, daß lösungsdienliche Muster nicht etabliert werden (d.h. es wird etwas unterlassen, was besser getan würde), zielen die Interventionen darauf, die Ausbildung solcher, eine Lösung herbeiführender Muster zu initiieren (sie anzuregen). (Simon & Rech-Simon, 1999, S. 215)

Neben dem Vermitteln kognitiver Wissensbestände etwa zu den Themen Kommunikation, Migration und kulturspezifische Differenzen besteht auf der Handlungsebene die Aufgabe der Trainer darin, die Teilnehmer zu unterstützen, mithilfe verschiedener Methoden zu neuen, lösungsorientierten Auswegen im Umgang mit ihren Klienten zu gelangen. Dies kann geschehen durch die Anleitung entsprechender Übungen und Rollenspiele, aber auch durch die humorvollrespektlose „Störung" lieb gewordener Gewohnheiten der Trainingsteilnehmer. Wichtig ist aber immer auch die Reflexion und gründliche Abwägung und Würdigung der nützlichen und funktionalen Anteile des bisherigen Verwaltungshandelns, bevor die Beteiligten sich davon verabschieden.

In der Praxis hat sich gezeigt, dass häufig bereits kleinste Verhaltensveränderungen beim Verwaltungspersonal eine große Wirkung bei den Kunden zeigen können: Dies ist immer wieder beim Thema Blickkontakt mit den Klienten zu beobachten. Es wird (z. B. im Rollenspiel) sehr schnell deutlich, dass es durchaus einen bemerkenswerten Unterschied machen kann, wenn der Sachbearbeiter statt seinen PC seine Kunden hin und wieder einmal anschaut, auch wenn die Sprachprobleme noch so groß sein mögen. Die Atmosphäre verändert sich meist spürbar für alle Beteiligten, die Kunden fühlen sich eher wertgeschätzt und sind kooperativer, und die Arbeit kann leichter vonstatten gehen.

4.1 Vom Nutzen der Vorurteile

Vorurteile tauchen in jedem interkulturellen Training auf und spielen eine tragende Rolle. Methodisch können sie in Form von Geschichten als Ressource genutzt werden (vgl. Filtzinger & Johann, 1999).

Geschichten aus dem interkulturellen Kontext enthalten meist „politisch nicht korrekte" Elemente in Form von Vorurteilen und Stereotypien. An bestimmten Stellen im Training erzählen wir jeweils Geschichten. Aber auch die Teilnehmer werden eingeladen, einander in Kleingruppen Geschichten zu bestimmten Themen zu erzählen.

Vorurteile und Stereotypien gelten in den sozialwissenschaftlichen Diskursen als *unerwünschte* und *negative* Voraussetzungen von Intoleranz und Fremdenfeindlichkeit. Demgegenüber betonen eher interaktionstheoretische Konzepte die Orientierungs- und Schutzfunktion, die Vorurteile im Alltag für die Einzelnen beinhalten. Aus dieser Perspektive erscheinen sie zusammen mit den Stereotypien als vereinfachende Verallgemeinerungen, als „Durchschnittsurteile für soziale Sachverhalte", die sich hauptsächlich auf Kategorien von Personen beziehen, als durchaus rigide Etikettierungen von ganzen Personengruppen, die mitunter, so wird augenzwinkernd zugestanden, sogar ein „Körnchen Wahrheit" beinhalten mögen (Schäfer, 1988, S. 11 ff.).

4.2 Erzählen von Episoden

Dies lässt sich an dem empirischen, aus der sprachwissenschaftlichen Diskursanalyse stammenden Befund des *Erzählens von Episoden* im interkulturellen Zusammenhang verdeutlichen: So zeigt sich als die „wohl häufigste Art, Fremdkulturelles begreifbar zu machen," eine systematische Verwendung von *Episoden* durch Sprechende (Müller, 1995, S. 44 ff.). Episoden werden sowohl im *Alltagsgespräch* eingesetzt, wenn z. B. über Erlebnisse im Ausland oder Begegnungen mit Fremden im Inland berichtet wird; sie finden sich als Berichte über das Fremde überhaupt (Reiseberichte, Mentalitätsvergleiche usw.), aber auch besonders im Bereich der „*Didaktisierung des Fremdverstehens*" (Müller, 1995, S. 44 ff.), also in der interkulturellen Weiterbildung, in Vorbereitungsseminaren für Auslandseinsätze bei internationalen Tätigkeiten usw. (vgl. hierzu auch Nazarkiewicz, 1996).

Als Episoden lassen sich nun Sprechakte definieren, die routinehaft als Geschichten erzählt oder auch schriftlich fixiert werden, und die folgende Charakteristik aufweisen:

a) *Inhalt*: Der Inhalt ist bezogen auf eine zeitlich zurückliegende Handlung, ein singuläres Ereignis; die Geschichte enthält etwas Ungewöhnliches ... und der Sprecher ist einer der Beteiligten.
b) *Form*: Die Rede ist in direkter Rede gehalten und enthält evaluativ-expressive Sprachformen, Nennungen wichtiger Details, oftmals im „historischen Präsens".
c) *Interaktionsgeschehen*: Das Erzählen umfaßt mindestens einen Zuhörer, der die Geschichte nicht erlebt hat, und einen Erzähler, der das Geschehen miterlebt hat und die narrative Diskurseinheit initiiert. (Müller, 1995, S. 47)

Das Erzählen von Episoden folgt also einem recht schematischen Ablauf und enthält stereotype Abfolgen von Handlungen wie etwa die Schilderung eines Restaurantbesuchs oder einer Urlaubsreise. Für das episodale Erzählen im interkulturellen Zusammenhang scheinen solche Erlebnisse bevorzugt zu werden, die entweder so genannte *critical incidents* (kritische Ereignisse) enthalten, die sich für den Sprecher/die Sprecherin aus kulturellen Inkompatibilitäten mit Fremden ergeben haben und/oder aber *alltägliche Ereignisse*, in denen kulturtypische Einschätzungen über andere zum Ausdruck kommen. Müller (1995, S. 47) geht davon aus, dass „der gesamte interkulturelle Lernprozeß um Episoden herum konstruiert" ist und dort sogar eine dominierende Rolle spielt. Bevorzugt werden solche Ereignisse zum Gegenstand von Episoden, in denen kulturelle Fremdheitserfahrungen als möglicherweise extrem gegensätzlich zur eigenen Kultur erlebt werden, wobei von den Sprechenden „in der Regel fremde, mit den eigenen inkompatible Handlungsmuster angeführt" werden. Unbewusstes Ziel des Sprechenden ist es, den Zuhörenden plausibel zu machen, warum die eigenen „Handlungspläne gescheitert sind" (Müller, 1995, S. 46).

Zur Veranschaulichung sei ein Beispiel für eine solche Episode aus einem interkulturellen Training bei der Deutschen Lufthansa zitiert, das Nazarkiewicz (1996) aufgezeichnet hat. Es handelt sich um einen Dialog zwischen der Leiterin (Leslie) und einem Teilnehmer (Peter) über den vermeintlichen Konformismus der Amerikaner:

Leslie: Wir, sag' ich mal, wir neigen dazu, Individualismus so zu verstehen, daß der Mensch so rein hedonistischen Zielen nachgeht, also ich möchte nur *fun* haha, ja? Oder ist das nicht so 'ne Assoziation bei uns, daß Individualismus, ja gut, jemand ist vielleicht auch Außenseiter, er hat – geht ... so seinen ganz speziellen Interessen nach, die er vielleicht noch alleine macht, oder was versteht Ihr unter Individualismus?
Peter: Ja so individualistisch ist der Amerikaner ja nicht. Ich weiß nicht, wie Du da drauf kommst, denn McDonalds und die ganzen eh Städte, ja in

Amerika sind ja nicht individualistisch. Du kommst hin: if you have seen one you have seen them all, ja? (S. 68)

Diese kurze interkulturelle Episode enthält womöglich nicht alle Elemente, die weiter oben als Definition gegeben wurden. Aber sie beinhaltet zumindest Spuren davon: eine verkürzte Form des eigenen Erlebens amerikanischer Städte durch den Sprecher Peter, der als Flugbegleiter schon häufig dort war, sowie das Sprechen im historischen Präsens („Du kommst hin"), die Thematisierung von Fremdheitserfahrung und schließlich eine stereotypisierende Einschätzung dieser fremden amerikanischen Kultur.

Der Gebrauch von Episoden und Geschichten kann im interkulturellen Training noch forciert werden, zum Beispiel mit Übungen zum Thema „Fremdheit erfahren", wo die Teilnehmer gebeten werden, eigene Erlebnisse im Ausland (z. B. aus dem Urlaub) zu sammeln und zu reflektieren. Ein weiteres Thema ist die Sammlung von Stereotypisierungen zu der Frage: „Mein schönstes Vorurteil über Migranten ...". Meist zeigt sich nach dieser Arbeit in der Kleingruppe und der anschließenden gemeinsamen Reflexion und Diskussion im Plenum ein neuer, emotional weniger besetzter Zugang zum Thema.

Geschichten und Episoden können aber auch vom Trainer erzählt werden. Ausgewählt werden meist solche Geschichten, die für die Zielgruppe neue und irritierende Aspekte beinhalten. Die Teilnehmer werden gebeten, nach dem Anhören der Geschichte in Kleingruppen zu überlegen, was hier wohl interkulturell „schief gelaufen" sein könnte. Hier ein Beispiel einer „wahren" Geschichte aus der interkulturellen Managementforschung:

Der Manager eines deutschen Unternehmens reist innerhalb kurzer Zeit zum vierten Mal zu Vertragsverhandlungen nach China. Die bisherigen Gespräche fanden in einer außerordentlich angenehmen Atmosphäre statt. Die Chinesen waren sehr an dem interessiert, was der deutsche Manager vorschlug. Aber so richtig vorwärts ging bei den Verhandlungen nichts.

Aus dem Verlauf der Verhandlungen gewann der deutsche Manager den Eindruck, daß die Chinesen ihn nur hinhalten wollen, um möglichst viele Informationen aus ihm herauszupressen, mit denen sie dann sein Unternehmen gegen die Konkurrenz ausspielen wollten. Er wurde wütend und war verärgert über seine Verhandlungspartner. Bei einer erneuten Sitzung zeigte er eine Reaktion, die man hierzulande mit dem Ausdruck „denen mal ordentlich Bescheid sagen" und „kräftig auf den Tisch hauen" umschreiben würde. Völlig unvermittelt schrie der deutsche Manager seine Verhandlungspartner an, er sei nicht mehr bereit, sich weiter hinhalten zu lassen. Das „Um den heißen Brei herumreden" müsse endlich aufhören. Er wolle Klarheit und Verbindlichkeit, und überhaupt, seine Geduld sei nun am Ende.

Die chinesischen Verhandlungspartner wurden blaß und schwiegen. Die Verhandlungen kamen zu keinem Abschluß. Nach der Rückkehr in seine

Heimat erfuhr der Manager von seinen Vorgesetzten im Stammhaus, daß dies seine letzte Chinareise gewesen sei. Die Chinesen hätten zwar weiterhin Interesse an dem geplanten Joint Venture geäußert, aber die Verhandlungen müßten wohl wieder von vorne beginnen, und zwar mit einem anderen Firmenvertreter. (Thomas, 1996, S. 126)

Nach dem Erzählen dieser Geschichte werden die Seminarteilnehmer gebeten, zu diskutieren, was wohl in dieser Situation dazu geführt haben könnte, dass die interkulturelle Verständigung zwischen den Geschäftspartnern gescheitert ist, sodass der deutsche Manager seinen Job verlor. Erfahrungsgemäß werden gerade von Verwaltungsmitarbeitern solche Geschichten als besonders empörend erlebt, in welchen a) „Ausländer" Macht über Inländer haben und/oder b) Interaktionen zwischen Menschen verschiedener Kulturen scheitern und personelle Konsequenzen nach sich ziehen (Abmahnung, Kündigung, Arbeitsplatzverlust o.ä.).

Die Vorstellung, dass das eigene Verhalten aufgrund fehlender sozialer oder interkultureller Kompetenz zum Scheitern führt, ist in der Verwaltung noch fremd. Auswege und Lösungen jenseits der Angst werden jedoch möglich, wenn gemeinsam daran gearbeitet werden kann, welche Handlungsalternativen dem deutschen Geschäftsmann aus der Sicht der Teilnehmer noch zur Verfügung gestanden hätten. Daraus lassen sich nicht zuletzt auch neue Ideen gewinnen, wie das eigene Handlungsrepertoire für schwierige Situationen zukünftig erweitert werden könnte.

5. Ausblick: Welche Wirkungen haben interkulturelle Trainings in der öffentlichen Verwaltung?

Wirksam ist, was wirkt, ist ein systemischer Grundsatz. Es kommt allerdings darauf an, wo und in welcher Dosierung. Aus unserer bisherigen Erfahrung können interkulturelle Trainings für Verwaltungsmitarbeiter dann am besten wirken, wenn sie eingefahrene Verhaltens- und Interaktionsmuster irritieren und „humorvoll-respektlos" stören. Sie können neues (interkulturelles) Wissen generieren und die Fähigkeit zur (Selbst-) Beobachtung und Reflexion fördern sowie einen allmählichen Zuwachs an „cultural awareness" herbeiführen. Abschließend sollen einige solcher Auswirkungen anhand von Ergebnissen der wissenschaftlichen Begleitforschung, die im Rahmen des o.g. Forschungsprojektes an der Universität Koblenz-Landau unsere Arbeit begleitet hatte, beispielhaft skizziert werden (Seifert, 1997).

Zunächst ließen sich bei unseren Teilnehmern unmittelbar nach dem interkulturellen Seminar Auswirkungen feststellen im Hinblick auf ihre Einstellungen zum Thema und zu ihren ausländischen Klienten, die durchaus im Sinne einer Erweiterung ihrer „cultural awareness" zu deuten sind. Hierzu äußerten sich die Teilnehmer in der Abschlussrunde, die von der wissenschaftlichen Begleitforschung aufgezeichnet wurde, folgendermaßen:

> Ja, also ich bin hierher gekommen zu dieser Veranstaltung wie gesagt als Opfer ... Ich fühle mich jetzt zwar nicht mehr als Opfer ... Sie hat mir trotzdem was gebracht, die Veranstaltung. Ganz einfach deshalb, weil ich mich manchmal als ausländischer Klient gefühlt habe. (Seifert, 1997, S. 30)

> Für meine Bürotätigkeit kann ich nur sagen, ich glaube nicht, dass man festgefahrene Strukturen von heute auf morgen ändern kann. Das nicht. Aber man kann diese Denkanstöße mitnehmen, vor allen Dingen eigene Fehler erkennen. ... Sehr gut gefielen mir die Erkenntnisse aus der Auswertung der Zeitbegriffe „monochron" und „polychron". Dies hat aufgezeigt, dass ich vieles jetzt besser verstehe und so das Verhalten so mancher Nationalitäten auch jetzt besser einschätzen kann. Es war gut, uns das einmal aufzuzeigen. (Seifert, 1997, S. 31-32)

> Also für mich war es so, dass ich künftig mich noch mehr bemühen werde, mit Klienten aus anderen Kulturkreisen, die mir also fremd sind, für diese Klienten und ihr Verhalten mehr Verständnis aufzubringen. Und was ich weitergehend versuchen werde, ist also bei der Kommunikation nicht nur die Schwerpunkte auf die Inhalte zu legen ... Ich werde versuchen, diese Beziehungsseite mehr einzubeziehen. (Seifert, 1997, S. 32)

Deutlich wird an diesen Statements, dass bei den Teilnehmern Nachdenken in Gang gekommen ist, welches das bisherige Verhalten verändern kann. Erste Anregungen und Anleitung dazu gibt es bereits im Training.

Erfreulicherweise ließen sich auch noch drei Monate nach dem Training entsprechende Auswirkungen bei den Teilnehmern feststellen. So resümiert Seifert (1997) als Ergebnis seiner Follow-up-Evaluation:

> Retrospektiv wurde von den meisten Befragten angegeben, dass der wichtigste Ertrag in einer gestiegenen Sensibilität für die Belange der ausländischen Klienten bestünde ... So sprachen 7 der Befragten solche Aspekte an wie „Vorurteile reflektieren", „Verständnis für fremde Kulturkreise", „mehr Verständnis für bestimmte Verhaltensweisen ausländischer Mitbürger", „in Zukunft mehr auf die interkulturelle Thematik achten", oder wie es ein Bediensteter zusammenfassend formulierte: „Der wichtigste Ertrag ... für mich persönlich ist eigentlich die Erkenntnis, dass man mehr das kulturelle und persönliche Umfeld der ausländischen Klienten versuchen muss zu verstehen, um aus dieser Warte heraus den Umgang besser zu gestalten." (S. 36)

Eine andere, nicht weniger spannende Resonanz der Teilnehmer auf das interkulturelle Training bezieht sich auf die im Seminar erlebten Methoden, von denen einige weiter oben vorgestellt wurden. Diese wurden so erlebt, dass sie den Teilnehmern ermöglichten, im systemischen Sinne „Unterscheidungen zu unterscheiden" (Baraldi et al., 1998, S.100). So äußerten die Teilnehmer u.a. folgende Eindrücke:

... Und ich war dann halt sehr angenehm überrascht schon wie es mit der Vorstellungsrunde losgegangen ist. Das war ja mal eine ganz andere Vorstellung, dass man sich gegenseitig vorstellt. Und da habe ich gedacht, das sind ja innovative Methoden, das habe ich so noch nie erlebt, da muss das Seminar ja interessant werden. Ich habe mich da auch nicht getäuscht. Und so ging es positiv weiter ... (Seifert, 1997, S. 31)

Was mir sehr gut gefallen hat, waren die Übungen. Das war interessant, abwechslungsreich und dieser Wechsel von Übungen und Information, das hat mich besonders angesprochen. Mir war es keine Minute langweilig ... Für meine Arbeit konnte ich sehr vieles mit nach Hause nehmen ... Es hat mir andere Perspektiven eröffnet, dieses Seminar... (Seifert, 1997, S. 33)

... sondern ich habe das so erlebt, dass Sie das, was Sie uns theoretisch vermitteln wollten auch praktisch für uns erlebbar gemacht haben. Das heißt, dass es nicht nur um eine Wissensvermittlung ging, sondern dass das, was in der Kommunikationstheorie zum Ausdruck kam, für mich zumindest auch verkörpert worden ist. Also, ich habe das durchaus als Einheit erlebt. Ich fand den Methodenwechsel sehr interessant. ... weil ich sehr angenehm überrascht bin, dass dieses Seminar sehr lebendig war oder auch noch ist. (Seifert, 1997, S. 33)

Besonders erfreulich war die Erkenntnis aus der drei Monate später ermittelten Follow-up-Evaluation, dass die Verwaltungsmitarbeiter im Training methodisch einen Unterschied zu dem bisher Gewohnten erfahren hatten. Dass die Intention, mit den Teilnehmern neue Lösungen zu „er-finden", geglückt ist und wirken konnte, zeigt auch die zusammenfassende Resonanz eines Teilnehmers, der Folgendes schrieb: „Die Arbeitsweise auf dem Seminar war für mich zuerst irritierend, am Ende war ich begeistert, was alles möglich ist" (Seifert, 1997, S. 36).

Eine andere Frage ist, welchen Stellenwert interkulturelle Trainings verwaltungsintern – als Bestandteil der Personalentwicklung – in der Behörde haben können. Hier liegen erst wenige Erfahrungen vor. Es hat sich jedoch gezeigt, dass interkulturelle Trainings für Verwaltungsmitarbeiter von der Leitungsebene als relevant und unabdingbar betrachtet und bewertet werden müssen, wenn sie intern mehr bewirken sollen als rein individuelle Interessen der Mitarbeiter an diesem Thema zu bedienen. Diese Relevanz wird von den Führungskräften bisher erst ansatzweise gesehen, und zwar auch in Kommunen mit überdurchschnittlich hohen Ausländeranteilen.

Literatur

Baraldi, C., Corsi, C., Esposito, E. (1998). GLU. Glossar zu Niklas Luhmanns Theorie sozialer Systeme. Frankfurt am Main: Suhrkamp.

Barthel, C. (1998). Fallmanagement aus der Sicht der Personalentwicklung am Beispiel des Pilotprojektes „FAMS" bei der Stadtverwaltung Offenbach am Main. In: C. Reis, M. Schulze-Böing (Hrsg.), Planung und Produktion sozialer Dienstleistungen. Die Herausforderung „neuer Steuerungsmodelle" (S. 149-166). Berlin: Edition Sigma.

Bennett, M. J. (1986). A developmental approach to training for intercultural sensitivity. International Journal of Intercultural Relations 10, 179-186.

Bentner, A. (1997). Interkulturelle Kompetenz in der Verwaltung. Seminarmodule für interkulturelle Trainings mit Verwaltungsfachkräften und Mitarbeiter/-innen von Behörden. Unveröffentlichtes Typoskript, Landau/Pfalz.

Filtzinger, O., Johann, E. (1999). Interkulturelle Anstöße. 10 Jahre Projekt „Interkulturelle Pädagogik im Elementarbereich (IPE)". Mainz: Landesbeauftragte für Ausländerfragen bei der Staatskanzlei Rheinland-Pfalz.

Heijl, P. M. (1992). Konstruktion der sozialen Konstruktion: Grundlinien einer konstruktivistischen Sozialtheorie. In: S. J. Schmidt (Hrsg.), Der Diskurs des radikalen Konstruktivismus (S. 303-339). Frankfurt am Main: Suhrkamp.

Hinz-Rommel, W. (1994). Interkulturelle Kompetenz. Ein neues Anforderungsprofil für die soziale Arbeit. Münster/New York: Waxmann.

Kulawik, C., Wolf, R. (1998). Kundenorientierung und Kundenzufriedenheit in der öffentlichen Verwaltung. Unveröffentlichte Diplomarbeit, FH Gießen-Friedberg, FB Wirtschaft, Gießen.

Mari, C., Schulze-Böing, M. (1999). Lokale Netzwerke und gesellschaftliche Integration. Konzept und erste Ergebnisse des Projekts V.I.A.-integra der Stadt Offenbach. In: Stadt Offenbach am Main (Hrsg.), Migration als Zukunftspotential. Herausforderungen an die kommunale Praxis. Dokumentation der Fachtagung am 15. Oktober in Offenbach am Main. Materialien zur Arbeitsförderung 3 (S. 15-21). Unveröffentlichtes Typoskript, Offenbach.

Mücke, K. (1998). Systemische Beratung und Therapie. Ein pragmatischer Ansatz. Berlin: deGruyter.

Müller, B. (1995). Sekundärerfahrung und Fremdverstehen. In: J. Bolten (Hrsg.), Cross Culture – Interkulturelles Handeln in der Wirtschaft (S. 43-58). Berlin: deGruyter.

Nazarkiewicz, K. (1996). „Sind jetzt noch Fragen zum Inder?" Interkulturelles Lernen und Personalentwicklung bei Stewardessen der deutschen Lufthansa. In: A. Bentner, S. Petersen (Hrsg.), Neue Lernkultur in Organisationen. Personalentwicklung und Organisationsberatung mit Frauen (S. 60-90). Frankfurt/M., New York: Campus.

Schäfer, B. (1988). Entwicklungslinien der Stereotypen- und Vorurteilsforschung. In: B. Schäfer, F. Petermann (Hrsg.), Vorurteile und Einstellungen. Sozialpsychologische Beiträge zum Problem der Orientierung (S. 11-65). Köln: Westdeutscher Verlag.

Schmidt, S. J. (Hrsg.) (1992). Der Diskurs des radikalen Konstruktivismus. Frankfurt/M.: Suhrkamp.

Seifert, M. J. (1996). Verstehen und Verstanden werden. Probleme interkultureller Kommunikation in rheinland-pfälzischen Behörden. Ergebnisse einer Befragung. Herausgegeben von der Landesbeauftragten für Ausländerfragen bei der Staatskanzlei, Mainz.

Seifert, M. J. (1997). Evaluation des Pilotseminars: „Interkulturelle Kompetenz in der Verwaltung". Unveröffentlichtes Typoskript, Institut für Interkulturelle Bildung, Universität Landau, Landau.

Simon, F. R., Rech-Simon, C. (1999). Zirkuläres Fragen. Systemische Therapie in Fallbeispielen. Ein Lernbuch. Heidelberg: Carl Auer.

Thomas, A. (1996). Analyse der Handlungswirksamkeit von Kulturstandards. In: A. Thomas (Hrsg.), Psychologie interkulturellen Handelns (S. 107-133). Göttingen u.a. : Hogrefe.

10

Interkulturelle Kompetenz als Gegenstand internationaler Personalentwicklung

Wolfgang Fritz und Antje Möllenberg

Zu den wichtigsten Quellen des Unternehmenserfolgs zählen neben der Marktorientierung insbesondere die Mitarbeiterorientierung eines Unternehmens sowie die Qualität seiner Human-Ressourcen (vgl. Fritz, 1990, S. 104, 1995, S. 261, 266, 1997, S. 61f., 213). In besonderem Maße gilt dies für international tätige Unternehmen, deren Erfolg auf Auslandsmärkten wesentlich vom Einsatz auslandsorientierter und international erfahrener Führungskräfte und Mitarbeiter abhängt (vgl. Müller, 1991, 1996).

1. Die interkulturelle Kompetenz von Führungskräften als neuer Gegenstand der Personalwirtschaft und des Marketing

In zunehmendem Maße wird die *interkulturelle Kompetenz* zur entscheidenden Schlüsselqualifikation von Managern im Ausland (vgl. Fritz, Möllenberg & Werner, 1999; Ingelfinger, 1995; H. Karmasin & M. Karmasin, 1997, S. 192 ff.; Schneidewind, 1996). Dies zeigt sich z. B. daran, dass US-amerikanische Führungskräfte im Ausland nicht selten an ihrer Unfähigkeit scheitern, sich in einer fremden Kultur zurechtzufinden. Nach Expertenschätzung enden zwischen 20 und 50 Prozent aller Versetzungen ins Ausland mit einer vorzeitigen Rückkehr der „Expats" in die USA. Bei einer Entsendung in Entwicklungsländer erhöht sich dieser Anteil sogar auf 70 Prozent (vgl. Copeland & Griggs, 1986, S. XIX). Auch viele westeuropäische Manager haben oft erhebliche Probleme, sich z. B. in den kulturellen Gegebenheiten Mittel- und Osteuropas zurechtzufinden und kehren deshalb vorzeitig in ihre Heimat zurück (vgl. o. V., 1996). Es liegt auf der Hand, dass die sich aus einer unzureichenden interkulturellen Kompetenz der Entsandten ergebenden Kosten der Internationalisierung ein erhebliches Ausmaß annehmen können.

Für die erfolgreiche Internationalisierung eines Unternehmens ist interkulturell kompetentes Personal somit eine wichtige Voraussetzung. Dies hat kürzlich auch von Pierer besonders betont, indem er die kulturelle Sensibilität von Führungskräften als wichtige Vorbedingung nicht nur für den Umgang mit Kunden aus Auslandsmärkten, sondern auch für die Zusammenarbeit mit Unternehmen, die eine andere Unternehmenskultur aufweisen, hervorgehoben hat (v. Pierer, 1999). Daraus ergeben sich zunächst Aufgaben für die betriebliche *Personalwirtschaft*, insbesondere für die Personalauswahl und die Personalentwicklung. Diese personalwirtschaftliche Perspektive wird im Folgenden unter dem Aspekt der *Personalentwicklung* vertieft, die alle Maßnahmen umfasst, mit denen das Leistungspotenzial der Unternehmensmitglieder verbessert werden soll (vgl. Hentze, 1994, S. 315) – und damit u. a. auch ihre interkulturelle Kompetenz (zur kultursensitiven Personalauswahl vgl. Bergemann & Sourisseaux, Kap. 7 im vorliegenden Band).

Da die Internationalisierung auch als eine Basisstrategie des Marketing aufgefasst werden kann (vgl. Raffeé, 1984, S. 74), stellt die Entwicklung interkulturell kompetenten Personals aber ebenso eine wichtige Aufgabe für das interne Marketing eines Unternehmens dar. Damit ist insbesondere das so genannte *personalorientierte interne Marketing* eines Unternehmens angesprochen, das u. a. die personellen Voraussetzungen für die erfolgreiche Realisation von Marketing-Strategien schaffen soll, wozu auch Maßnahmen der internationalen Personalentwicklung zählen (vgl. Fritz & von der Oelsnitz, 2001, S. 27; von der Oelsnitz, 1999, S. 247 ff.; Stauss, 1995, Sp. 1048 f.). Personalentwicklung und Marketing gehen hier ineinander über.

Die *interkulturellen Trainingsinhalte und -methoden* richten sich im Wesentlichen nach dem Anforderungsprofil und damit sowohl nach dem zugrunde gelegten Verständnis von interkultureller Kompetenz als auch nach der Art der Aufgabe und der Dauer des Auslandseinsatzes (vgl. Bittner, 1996; Kammel & Teichelmann, 1994; Thomas, Hagemann & Stumpf, Kap. 8 im vorliegenden Band). In der Literatur findet sich eine Vielzahl von Ansätzen zur Konzeptualisierung *interkultureller Kompetenz* (umfassende Reviews z. B. bei Chen & Starosta, 1996; Collier, 1989; Dinges, 1983; Martin, 1993; Dinges & Baldwin, 1996). Unter ihnen lassen sich fünf wesentliche Typen identifizieren (vgl. Fritz et al., 1999): *Einstellungsmodelle*, die interkulturelle Kompetenz analog dem psychologischen Einstellungsbegriff konzeptualisieren (vgl. Gudykunst, Wiseman & Hammer, 1977; Hammer, Gudykunst & Wiseman, 1978); *Fertigkeitsmodelle*, die interkulturelle Kompetenz als gelernte Verhaltenswiesen auffassen (Ruben, 1976, 1977); *Synthesemodelle* wie das von Chen und Starosta (1996), die die einzelnen Fertigkeiten den Dimensionen des Einstellungsmodells zuordnen; *relationale Modelle*, die die Beziehung zum Interaktionspartner in die Analyse mit einbeziehen (Imahori & Lanigan, 1989; Spitzberg & Cupach, 1984, 1989) sowie *Interaktionsmodelle*, die darüber hinaus auch den Handlungskontext in Form situativer Elemente berücksichtigen (Dinges & Lieberman, 1989; Hammer, Nishida & Wiseman, 1996; Kealey, 1989; Parker & McEvoy, 1993).

Aus dem starken Fokus auf Personenvariablen bei allen Modellen folgt zunächst die Annahme einer grundsätzlichen Trainierbarkeit interkultureller Kompetenz. Allerdings werden eindeutige Erfolgskriterien für interkulturelle Kompetenz nicht genannt und eine Evaluation des Trainingserfolgs dadurch erschwert. Des Weiteren legen die neueren Forschungsergebnisse nahe, dass die Performanz in einer interkulturellen Interaktion nicht nur durch individuelle Merkmale, sondern vor allem von den situativen Bedingungen mitbestimmt wird, was in Trainingsansätzen zu berücksichtigen wäre. Ferner kann keineswegs von einer einheitlichen Definition interkultureller Kompetenz gesprochen werden, jedoch besteht eine gewisse Übereinstimmung dahingehend, dass die *Effektivität* bezüglich des Handlungsziels sowie die *Angemessenheit* der Handlung bezüglich der kulturellen Erwartungen der Interaktionspartner wesentliche Merkmale interkultureller Kompetenz darstellen. Zudem werden allgemein *kognitive, affektive und behaviorale Elemente der interkulturellen Kompetenz* unterschieden (vgl. Fritz et al., 1999; Müller & Gelbrich, 1999).

Analog setzen auch die Trainingsansätze in der Regel eindeutige Schwerpunkte auf einer dieser Ebenen interkultureller Kompetenz (Brislin, 1989; Thomas, Hagemann & Stumpf, Kap. 8 im vorliegenden Band). So existieren zum einen mehr kognitiv betonte, zum anderen eher erlebnisorientierte Maßnahmen sowie deren Mischformen. Daneben unterscheiden Gudykunst und Hammer (1983) zusätzlich noch kulturspezifische und nicht kulturspezifische Trainings. Dieser Systematik lassen sich alle wichtigen Trainings zuordnen (vgl. Cargile & Giles, 1996); exemplarisch seien einige Beispiele zur Erläuterung ausgewählt (vgl. z. B. Kammel & Teichelmann, 1994; Oechsler, 1997; Thomas, Hagemann & Stumpf, Kap. 8 im vorliegenden Band):

Ein Vertreter der kulturübergreifenden kognitiven Methode ist der *Culture-General Assimilator* von Brislin. Nach attributionstheoretischen Erkenntnissen aus der Psychologie lernen die Teilnehmer in einem computerbasierten Lernprogramm, wichtige Ereignisse *(critical incidents)* vor dem Hintergrund anderer Kulturen korrekt zu beurteilen. An das Lernprogramm können sich Diskussionen und Rollenspiele anschließen.

Andere informationsorientierte Trainingsformen vermitteln durch kognitive Lehr- und Lernmethoden aktuelle Daten und Fakten über spezielle Kulturen. Beispiele hierfür sind Präsentationen und Diskussionen sowie schriftliche Materialien. Das Ergebnis ist in der Regel eine „Gebrauchsanweisung" für das Gastland in Form von Verhaltensregeln und aktuellen Informationen. Zu den Vertretern dieser Gruppe zählt auch die *Methode der kognitiven Verhaltensmodifikation*, die auf der Basis lernpsychologischer Erkenntnisse das Sanktionssystem der fremden Kultur transparent macht und Techniken zum Umgang damit vermittelt. Des Weiteren existieren einige kulturspezifische Adaptationen des Culture Assimilators, die sich folgerichtig *„Culture-Specific Assimilator"* nennen.

Kultur- bzw. interaktionsorientierte Trainings betonen demgegenüber auch die emotionale Komponente und das Erleben, indem die Lernenden stärker einbezogen werden (vgl. Brislin, 1989, S. 445). Das Bewusstsein für Werte und Normen anderer Kulturen wird besonders gefördert. Das geschieht z. B. durch Rollenspiele und Simulationen und kann sowohl kulturübergreifend als auch kulturspezifisch ausgelegt sein.

Ein besonders bekannter Vertreter der kulturübergreifenden Variante ist das *Simulationsspiel BaFà BaFà* von Shirts. Die interkulturelle Interaktion wird hier simuliert, indem die Teilnehmer unter Moderation durch einen Trainer die kulturellen Verhaltens- und Wertmuster zweier fiktiver Kulturen erlernen und in der Interaktion ihre Gefühle und Einstellungen kennen lernen. An dieser Stelle sei außerdem das *Sensitivity-Training* genannt, welches durch einen Feedback-gesteuerten Gruppenprozess eine Sensibilisierung für eigene und fremde Gefühle und Verhaltensweisen erzielen soll. Zu den kulturspezifischen erlebnisorientierten Maßnahmen gehören „*field trips*", d. h. betreute Ausflüge in das Gastland sowie direkter Kontakt mit Menschen des Gastlandes.

Im Folgenden soll auf empirischer Basis untersucht werden, welche Bedeutung der interkulturellen Kompetenz als Gegenstand der Personalentwicklung in Unternehmen zukommt, welche interkulturellen Ausbildungs- und Trainingsmaßnahmen in der Praxis tatsächlich eingesetzt werden und wie deren Eignung und Erfolg aus der Sicht der Praxis zu beurteilen sind.

2. Interkulturelle Personalentwicklung in der Praxis – eine empirische Bestandsaufnahme

2.1 Untersuchungsmethode

Von den 100 in der Rangliste der Wirtschaftswoche Nr. 52/1997 veröffentlichten Großunternehmen wurden 60 ganz oder überwiegend in deutschem Eigentum stehende, international engagierte Unternehmen 1998 schriftlich befragt (zu den Einzelheiten siehe Schwarz, 1998, S. 36 ff.). In Deutschland tätige ausländische Großunternehmen wurden ausgeklammert, da bei ihnen die Personalentwicklung vermutlich oft durch die ausländische Konzernmutter bestimmt sein und damit prinzipiell andere Akzente aufweisen dürfte.

In einem telefonischen Vorkontakt wurde die für die auslandsbezogene Personalentwicklung zuständige Abteilung bzw. Person ermittelt, die letztlich den Fragebogen ausfüllen sollte. 33 Unternehmen reagierten auf den dann folgenden schriftlichen Kontakt, und 29 ganz oder teilweise auswertbare Fragebögen gingen ein, was einer Rücklaufquote von rund 48 Prozent entspricht. Trotz dieses hohen Rücklaufs sind aufgrund der zahlenmäßig nur kleinen Stichprobe die im Folgenden dargestellten Untersuchungsergebnisse mit dem üblichen Vorbehalt zu versehen. Dennoch dürfte den Befunden eine erhebliche Bedeutung zukommen, da sie auf Auskünften der größten und international erfahrensten deutschen Unternehmen beruhen.

2.2 Untersuchungsergebnisse

2.2.1 Definition und Bedeutung der interkulturellen Kompetenz in der Praxis

Die Frage, welche Bedeutung die interkulturelle Kompetenz für die Unternehmen hat und was darunter genauer zu verstehen ist, erbrachte sehr unterschiedliche Antworten (vgl. Schwarz, 1998, S. 46). Vielfach wird die interkulturelle Kompetenz nur auf ein erfolgreiches Zusammenarbeiten mit Angehörigen fremder Kulturen bezogen. Toleranz, Offenheit und Neugier gegenüber Neuem und Fremdem werden ebenfalls mit interkultureller Kompetenz gleichgesetzt, ebenso die perfekte Beherrschung der Sprache des Gastlands. Seltener versteht man in der Praxis unter interkultureller Kompetenz auch die Fähigkeit, in anderen Kulturkreisen angemessen auftreten zu können.

Diese Verständnisvielfalt in der Praxis ähnelt durchaus der Problemsituation auf wissenschaftlicher Ebene. Auch dort existieren z.T. sehr unterschiedliche Definitionen und Konzeptualisierungen der interkulturellen Kompetenz (vgl. Fritz et al., 1999). Etwa die Hälfte der befragten Unternehmen sieht die interkulturelle Kompetenz im Rahmen der auslandsorientierten Personalentwicklung generell als sehr wichtig an, 40 Prozent halten sie immerhin noch für wichtig. Hinsichtlich einzelner Weltregionen werden dabei jedoch teilweise erhebliche Unterschiede gesehen. Wie aus Tabelle 1 hervorgeht, messen die befragten Unternehmen der interkulturellen Kompetenz vor allem in Asien, den islamischen Ländern und in Schwarzafrika eine außerordentlich hohe Bedeutung bei. Wesentlich weniger relevant erscheint diese Fähigkeit dagegen in Australien, der Europäischen Union und in Nordamerika. Interessant ist, dass die Unternehmen die USA und Kanada als interkulturell noch weniger problematisch ansehen als etwa die Europäische Union. Offenbar erfordern die vergleichsweise größeren Kulturunterschiede innerhalb der EU ein höheres Maß an interkultureller Kompetenz im Wirtschaftsleben als eine Tätigkeit in Nordamerika.

Tabelle 1: Die Bedeutung der interkulturellen Kompetenz in verschiedenen Weltregionen

Weltregion		Interkulturelle Kompetenz ist sehr wichtig (Häufigkeit der Nennungen)
1.	Asien	95%
2.	Islamische Länder	90%
3.	Schwarzafrika	65%
4.	Ehemaliger Ostblock	60%
5.	Lateinamerika	55%
6.	Europäische Union	40%
7.	Australien	40%
8.	Nordamerika	35%

2.2.2 Der Einsatz interkultureller Ausbildungs- und Trainingsprogramme

Obwohl der interkulturellen Kompetenz in der Praxis ein hoher Stellenwert beigemessen wird – und dies allein schon bei Geschäftsaktivitäten in Nachbarländern innerhalb der EU und wesentlich stärker noch bei solchen in Osteuropa – , schlägt sich diese Erkenntnis bislang noch nicht in demselben Unfang in der Personalentwicklung nieder. So betreiben nur rund 30 Prozent der Unternehmen seit fünf und mehr Jahren eine *interkulturelle Ausbildung*, rund 20 Prozent bilden dagegen erst seit weniger als einem Jahr oder überhaupt noch nicht interkulturell aus. Etwa die Hälfte der Unternehmen praktiziert seit einem bis drei Jahren eine interkulturelle Personalentwicklung (vgl. Schwarz, 1998, S. 60).

Die *kulturelle Sensibilität* stellt ein *Ausbildungsthema* von grundsätzlich großer Wichtigkeit dar, auf das etwa 60 Prozent der Unternehmen in ihren auslandsorientierten Ausbildungsprogrammen direkt eingehen. Darüber hinaus werden auch mit den übrigen Ausbildungsinhalten teilweise Sachverhalte angesprochen, die einer Verbesserung der interkulturellen Kompetenz zumindest indirekt zuträglich sein können, etwa Sprache, Verhaltensweisen und Landeskultur. Politik und Geschichte gehören dagegen zu den eher nachrangigen auslandsbezogenen Themen. Bei der Durchführung der Ausbildungsveranstaltungen wirken in der Mehrheit der Fälle externe Trainer sowie Angehörige des jeweiligen Ziellandes mit (vgl. Schwarz, 1998, S. 48 f., 56).

Zur Entwicklung eines kultursensitiven Managements steht grundsätzlich, wie oben erläutert, eine Reihe *verschiedener Ausbildungs- und Trainingsprogramme* zur Verfügung, die in der betrieblichen Personalentwicklung zum Einsatz kommen können (vgl. Holzmüller, 1997, S. 67 ff.; Kammel & Teichelmann, 1994; Thomas, Hagemann & Stumpf, Kap. 8 im vorliegenden Band), vereinzelt aber auch schon auf der vorgelagerten Ebene der Hochschulausbildung Eingang finden (vgl. Fritz, Kerner, Kim & Mundorf, 1995, 1999; Holzmüller & Schuh, 1998). Die befragten Unternehmen greifen im Rahmen ihrer interkulturellen Ausbildung auf die in Abbildung 2 genannten Instrumente zurück (vgl. Schwarz, 1998, S. 50). Im Vordergrund stehen dabei – neben dem Selbststudium – Informations- und Präsentationsseminare, die Abordnung zu ausländischen Tochterunternehmen, Coaching, Gruppendiskussionen mit internationaler Beteiligung sowie das Teamentwicklungstraining. Abbildung 2 belegt aber auch, dass spezielle Maßnahmen, die gezielter auf eine Verbesserung der interkulturellen Kompetenz als individuelle Fähigkeit abstellen, wie z. B. Cultural Self-Awareness, Sensitivity-Training und Culture-Assimilator-Programme, in der Praxis seltener eingesetzt werden. Damit bestätigt unsere Studie, dass der Einsatz des Assimilator-Trainings in Deutschland noch in den Anfängen steckt (vgl. Thomas & Hagemann, 1996, S. 188). Bei den dominierenden Ausbildungs- und Trainingsprogrammen steht dagegen die interkulturelle Kompetenz meist weniger direkt im Vordergrund. Die große Bedeutung, welche der interkulturellen Kompetenz für die auslandsorientierte Personalentwicklung in der Praxis zugeschrieben wird, zeigt sich vorerst noch nicht in demselben Maße in der Auswahl und im Einsatz der Personalentwicklungsinstrumente.

Tabelle 2: Der Einsatz von Instrumenten interkultureller Personalentwicklung

Personalentwicklungsinstrumente	Einsatz (Häufigkeit der Nennungen)
1. Selbststudium	85%
2. Informations- und Präsentationsseminar	75%
3. Abordnung zu Tochterunternehmen	75%
4. Coaching	65%
5. Gruppendiskussion (international)	50%
6. Teamentwicklungstraining	50%
7. Mitnahme auf Auslandsreise	40%
8. Rollenspiel-Seminar	35%
9. Cultural Self-Awareness	25%
10. Sensitivity-Training	20%
11. Urlaubsvertretung Ausland	20%
12. Question-Answer-Sessions	20%
13. Kognitive Verhaltensmodifikation	15%
14. Culture-Assimilator-Training	5%

2.2.3 Die Eignung interkultureller Ausbildungs- und Trainingsprogramme

Auch die Unternehmen selbst beurteilen *die Eignung der eingesetzten Personalentwicklungsinstrumente* zur Erhöhung der interkulturellen Kompetenz in differenzierter Weise. Dies geht aus Abbildung 3 hervor (vgl. Schwarz, 1998, S. 51-55). Informations- und Präsentationsseminaren, Question-Answer-Sessions und der kognitiven Verhaltensmodifikation wird meist eine geringere Eignung zugesprochen als den übrigen Maßnahmen. Als in höherem Maße geeignet sehen die Unternehmen dagegen insbesondere die Abordnung zu Tochtergesellschaften im Ausland, das Coaching sowie das Culture-Assimilator-Training an.

Wirft man aus dieser Perspektive erneut einen Blick auf die in Tabelle 2 dargestellten Resultate, so fällt auf, dass zwar einerseits Maßnahmen wie etwa das Coaching und die Abordnung der Mitarbeiter zu ausländischen Tochtergesellschaften häufig praktiziert werden. Dies gilt aber nicht in gleichem Maße für andere, von den Unternehmen ebenfalls als sehr gut oder doch wenigstens als gut geeignet eingestufte Maßnahmen, wie z. B. Cultural Self-Awareness, Culture-Assimilator- und Sensitivity-Training. Trotz der von den Unternehmen selbst betonten Bedeutung gerade auch dieser Personalentwicklungsinstrumente haben sie in der Praxis bisher noch keine weite Verbreitung erlangt.

Instrumente	Eignung (Modalwerte)				
	sehr gut geeignet	gut geeignet	geeignet	kaum geeignet	ungeeignet
Informations- und Präsentationsseminar			●		
Selbststudium		●			
Question-Answer-Session			●		
Gruppendiskussion (international)		●			
Rollenspiel-Seminar			●		
Kognitive Verhaltensmodifikation				●	
Cultural Self-Awareness		●			
Culture Assimilator-Training	●				
Sensitivity-Training		●			
Teamentwicklungstraining		●			
Abordnung zur Tochtergesellschaft	●				
Mitnahme auf Auslandsreise		●			
Urlaubsvertretung Ausland		●			
Coaching	●				

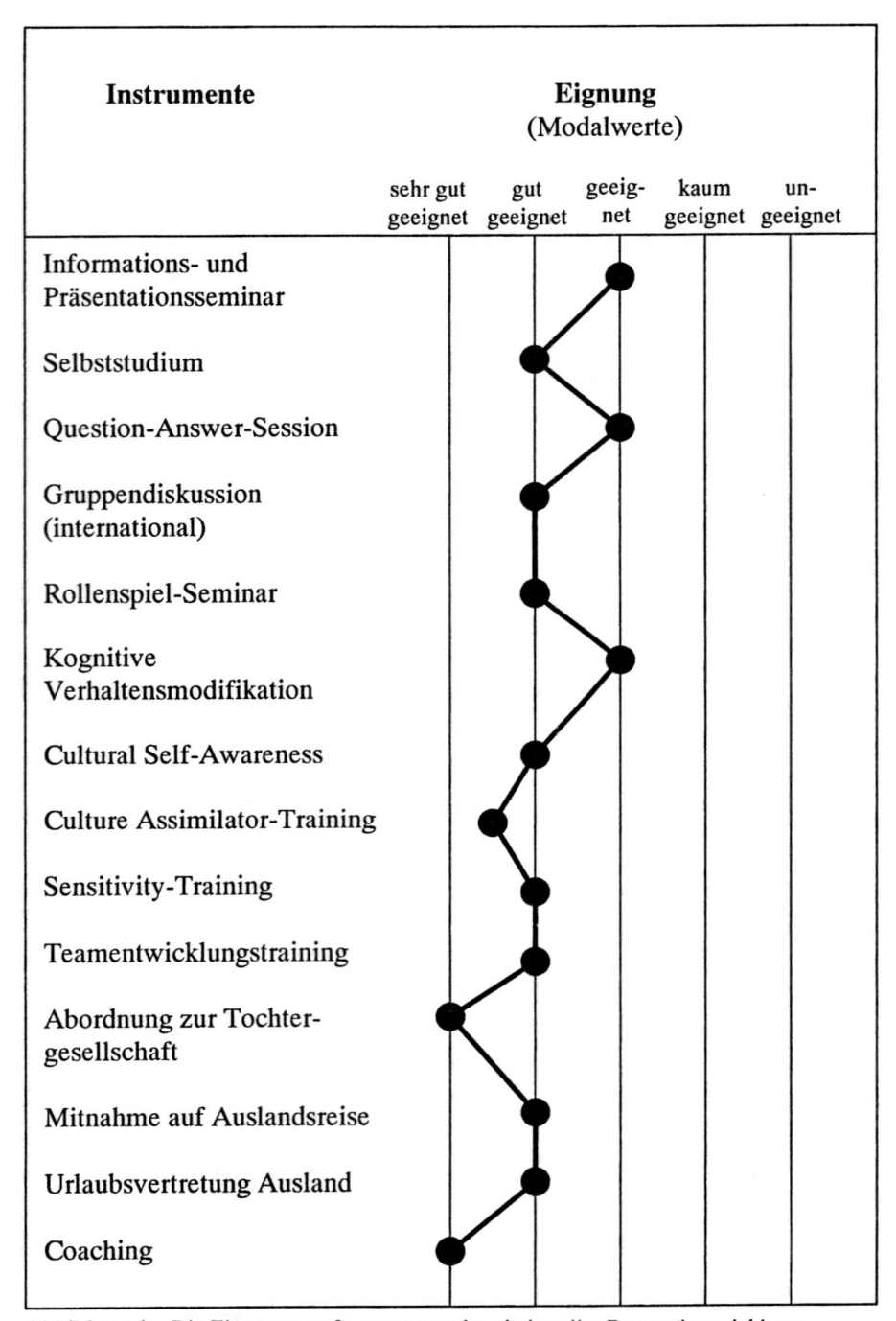

Abbildung 1: Die Eignung von Instrumenten interkultureller Personalentwicklung

Nicht unproblematisch erscheint der starke Akzent, den die Unternehmen auf die *Abordnung von Mitarbeitern zu ausländischen Tochtergesellschaften* legen (vgl. Abbildung 1). Solche Entsendungen können nämlich leicht scheitern, wenn sie die Expatriates in eine fremde Kultur führen und nicht sorgfältig genug vorbereitet worden sind. Dies belegt nicht nur das eingangs erwähnte Beispiel US-amerikanischer Unternehmen (s. o.). Auch unsere Untersuchung erbringt Anhaltspunkte dafür, dass sich die Unternehmen diesem Risiko aussetzen: 80 Prozent der Unternehmen geben an, dass sie ihren Mitarbeitern weniger als vier Monate zur Vorbereitung auf den Auslandseinsatz zur Verfügung stellen; in 50 Prozent der Fälle beträgt die Vorbereitungszeit sogar weniger als zwei Monate (vgl. Schwarz, 1998, S. 56). Ob in einer derart kurz bemessenen Zeitspanne tatsächlich eine angemessene Vorbereitung auf den Einsatz in einem fremden Kulturbereich möglich ist, erscheint fraglich. Offenbar werden Auslandsentsendungen oftmals ad hoc entschieden, wodurch den Betroffenen kaum ausreichend Vorbereitungszeit bleibt, zumal sie in dieser Phase ohnehin erhöhter Arbeitsbelastung und Stress ausgesetzt sind und daher auf eine möglichst ökonomische Verwendung ihrer Zeit achten müssen (vgl. Bittner, 1996).

Für einen erfolgreichen Auslandseinsatz spielen die familiären Umstände des Entsandten eine zunehmend wichtige Rolle. Daher ist in vielen Fällen z. B. auch die Einbeziehung des Lebenspartners in die Vorbereitung des Auslandseinsatzes von großer Bedeutung. 60 Prozent der Unternehmen schließen die Lebenspartner der Expatriates aber von den Vorbereitungs- und Schulungsprogrammen aus (vgl. Schwarz, 1998, S. 56). Dass dies häufig das Risiko des Scheiterns einer Auslandsentsendung erhöht, liegt auf der Hand.

2.2.4 *Der Erfolg interkultureller Ausbildungs- und Trainingsprogramme*

Wer den Erfolg interkultureller Ausbildungs- und Trainingsprogramme ermitteln will, sieht sich mit dem Problem konfrontiert, dass praktisch brauchbare und zugleich wissenschaftlich fundierte Instrumente der Erfolgsmessung noch kaum existieren (vgl. Thomas et al., Kap. 8 im vorliegenden Band). Einen Grund stellt die nicht zu unterschätzende Problemkomplexität dar. Sie liegt zum einen in der Vielzahl von Kriterien, die für die Erfassung einer erfolgreichen Auslandstätigkeit zwar existieren, jedoch in der Regel methodisch anfechtbar sind (vgl. Bergemann & Sourisseaux, Kap. 7 im vorliegenden Band). Zum anderen kommt der Erfolg eines Auslandsentsandten häufig erst durch das Zusammenwirken einer Reihe personaler, unternehmensbezogener und situativer Faktoren zustande (vgl. Fritz et al., 1999). Eine kausale Zurechnung des – wie auch immer gemessenen – Auslandserfolgs des Entsandten auf die von ihm absolvierten interkulturellen Ausbildungs- und Trainingsprogramme erscheint dadurch zumindest erheblich erschwert. So begnügt man sich in der Praxis auch häufig mit einfachen Hilfsverfahren zur Evaluation interkultureller Trainings, etwa einer Teilnehmerbefragung oder der Selbsteinschätzung der Auslandsentsandten, sofern solche Evaluationen angesichts der geschilderten Schwierigkeiten überhaupt durchgeführt werden (vgl. Thomas et al., Kap. 8 im vorliegenden Band).

Vor diesem Hintergrund überrascht es nicht, dass 44 Prozent der Unternehmen, die interkulturell ausbilden, keine Überprüfung der Ausbildungs- und Trainingsergebnisse durchführen. Von jenen Unternehmen, die dagegen eine solche Kontrolle vornehmen, glauben 67 Prozent, eine Verbesserung der Auslandseinsätze zu erkennen. Sie treffen diese Feststellung jedoch nur auf der Basis eines allgemeinen Eindrucks vom Erfolg oder Misserfolg der Auslandstätigkeit der Entsandten (vgl. Schwarz, 1998, S. 68). Eine detaillierte Kontrolle des Erfolgs der interkulturellen Ausbildungs- und Trainingsprogramme findet auch hier bislang noch kaum statt. Dennoch ist der Befund immerhin ein empirisches Indiz dafür, dass die interkulturelle Personalentwicklung positive Auswirkungen für die Unternehmen haben kann.

3. Resümee

International engagierte deutsche Großunternehmen sehen die interkulturelle Kompetenz auslandsorientierter Mitarbeiter als eine außerordentlich wichtige Schlüsselqualifikation für eine erfolgreiche Auslandstätigkeit an. Gleichwohl gehen die inhaltlichen Vorstellungen von der interkulturellen Kompetenz in der Praxis weit auseinander. Dem entspricht ein ebenso uneinheitlicher konzeptueller Stand in der Forschung. Die Entwicklung und Evaluation von interkulturellen Trainings wird dadurch nicht unerheblich beeinträchtigt.

Vorhandene Modelle der interkulturellen Kompetenz behandeln vorwiegend persönliche Eigenschaften und Voraussetzungen, was zunächst gute Ansatzpunkte für interkulturelle Trainings zu bieten scheint. Entsprechend den Dimensionen interkultureller Kompetenz finden sich Trainings, die eher kognitiv, affektiv oder behavioral akzentuiert sind. Zur Bestimmung der Effektivität oder der Angemessenheit, die von Merkmalen der Arbeitsaufgabe und des Geschäftspartners abhängen, fehlen aber Modelle, die beide derartigen Situationselemente mit einbeziehen. In diesem Zusammenhang wirkt sich auch ungünstig aus, dass die meisten Modelle die Erfolgskriterien für interkulturelle Kompetenz vernachlässigen, sodass die Definition des Trainingserfolgs und damit auch eine Evaluation des Trainings kaum möglich sind. Darüber hinaus unterscheiden bisherige Modelle nur unzureichend zwischen der interkulturellen Kompetenz als individuellem Verhaltenspotenzial und der Performanz als tatsächlichem Verhalten, was in der Vergangenheit für erhebliche konzeptuelle Unklarheit gesorgt hat.

Ein geeignetes Modell wäre beispielsweise als lineares Strukturgleichungsmodell höherer Ordnung zu formulieren, das als latente Variablen den situativen Kontext sowie die Einstellungsdimensionen der interkulturellen Kompetenz mit der Angemessenheit, Effektivität und ggf. Effizienz als latenten Variablen der Performanz verknüpft (vgl. Fritz et al., 1999). Dabei muss Wert auf die Erarbeitung differenzierter, multipler Erfolgskriterien gelegt werden. Die zukünftige Forschung muss sich verstärkt solchen integrierenden Modellen zuwenden. Die Einbeziehung wesentlicher situativer Bedingungen wird nur möglich sein, wenn ein konsequent interdisziplinärer Ansatz verfolgt wird.

Bereits für den Einsatz von Mitarbeitern im europäischen Ausland messen die Unternehmen deren interkultureller Kompetenz eine große Bedeutung bei. Dies gilt in weitaus höherem Maße aber für einen Auslandseinsatz in Asien oder in islamischen Ländern. Erst allmählich beginnt sich diese Bedeutungseinschätzung auch in der Personalentwicklung niederzuschlagen, denn interkulturelle Ausbildungs- und Trainingsprogramme werden erst seit wenigen Jahren in größerem Umfang praktiziert.

Von jenen Maßnahmen, welche die Unternehmen selbst für die Verbesserung der interkulturellen Kompetenz am geeignetsten halten, kommt aber nur ein Teil auch tatsächlich zum Einsatz, vor allem die Abordnung von Mitarbeitern zu ausländischen Tochtergesellschaften und das Coaching. Andere, ebenfalls als sehr geeignet angesehene Instrumente, wie z. B. Cultural Self-Awareness, Culture-Assimilator- und Sensitivity-Training, werden demgegenüber meist vernachlässigt. Nicht nur darin, sondern auch in der eher unkritischen Einstellung gegenüber der Abordnung von Mitarbeitern zu ausländischen Tochtergesellschaften bei einer gleichzeitig oft sehr kurz bemessenen Vorbereitungszeit der Betroffenen wird deutlich, dass die Entsandten in vielen Fällen ihren Auslandsaufenthalt nur unzureichend präpariert antreten müssen. Vielfach scheint daher eine wesentlich intensivere und systematischere Vorbereitung unumgänglich, um jene Misserfolge zu vermeiden, die sich aus den Schwierigkeiten der Expatriates in einem fremden kulturellen Umfeld ergeben können. Unsere Untersuchung liefert aber auch ein empirisches Indiz dafür, dass interkulturelle Personalentwicklungsmaßnahmen den Anfangserfolg von Entsandten begünstigen können.

Anmerkung

Diese Studie wurde gefördert durch Mittel der Professor-Otto-Beisheim-Stiftung, München (Projekt „Interkulturelle Kompetenz").

Literatur

Bittner, A. (1996). Psychologische Aspekte der Vorbereitung und des Trainings von Fach- und Führungskräften auf einen Auslandseinsatz. In: A. Thomas (Hrsg.), Psychologie interkulturellen Handelns (S. 317-339). Göttingen: Hogrefe.

Brislin, R. W. (1989). Intercultural communication training. In: M. K. Asante, W. B. Gudykunst (Eds.), Handbook of international and intercultural communication (pp. 441-457). Newbury Park: Sage.

Cargile, A. C., Giles, H. (1996). Intercultural communication training: Review, critique, and a new theoretical framework. In: B. R. Burleson (Ed.), Communication Yearbook (pp. 385-423). Thousand Oaks: Sage.

Chen, G.-M., Starosta, W. J. (1996). Intercultural communication competence: A synthesis. Communication Yearbook 19, 353-383.
Collier, M. J. (1989). Cultural and intercultural communication competence: Current approaches and directions for future research. International Journal of Intercultural Relations 13, 287-302.
Copeland, L., Griggs, L. (1986). Going international. New York: Plume.
Dinges, N. G. (1983). Intercultural competence. In: D. Landis, R. W. Brislin (Eds.), Handbook of intercultural training (pp. 176-202). New York, NY: Pergamon.
Dinges, N. G., Baldwin, K. D. (1996). Intercultural competence. A research perspective. In: D. Landis, R. S. Bhagat (Eds.), Handbook of intercultural training (pp. 106-123). Thousand Oaks, CA: Sage.
Dinges, N. G., Lieberman, D. A. (1989). Intercultural communication competence: Coping with stressful work situations. International Journal of Intercultural Relations 13, 371-385.
Fritz, W. (1990). Marketing – ein Schlüsselfaktor des Unternehmenserfolgs? Marketing-ZFP 12, 237-246.
Fritz, W. (1995). Marketing-Management und Unternehmenserfolg (2. Aufl.). Stuttgart: Schäffer-Poeschel.
Fritz, W., Kerner, M., Kim, C. K., Mundorf, N. (1995). Die E-Mail Debate. Instrument der internationalen Management-Ausbildung. Personal 47, 20-24.
Fritz, W., Kerner, M., Kim, C. K., Mundorf, N. (1999). Die Vermittlung interkultureller Kompetenz durch die internationale E-Mail Debate. Arbeitsbericht des Instituts für Wirtschaftswissenschaften, Technische Universität Braunschweig.
Fritz, W., Möllenberg, A., Werner, T. (1999). Die interkulturelle Kompetenz von Managern – ihre Bedeutung für die Praxis und Perspektiven für die Forschung. Arbeitsbericht des Instituts für Wirtschaftswissenschaften, Technische Universität Braunschweig.
Gudykunst, W. B., Hammer, M. R. (1983). Basic training design. In: D. Landis, R. W. Brislin (Eds.), Handbook of intercultural training (pp. 118-154). New York: Pergamon.
Gudykunst, W. B., Wiseman, R. L., Hammer, M. R. (1977). An analysis of an integrated approach to cross-cultural traininig. International Journal of Intercultural Relations 1, 99-110.
Hammer, M. R., Gudykunst, W. B., Wiseman, R. L. (1978). Dimensions of intercultural effectiveness: an exploratory study. International Journal of Intercultural Relations 2, 382-393.
Hammer, M. R., Nishida, H., Wiseman, R. L. (1996). The influence of situational prototypes on dimensions of intercultural communication competence. Journal of Cross-Cultural Psychology 27, 267-282.
Hentze, J. (1994). Personalwirtschaftslehre 1 (6. Aufl.). Bern u.a.: Haupt.
Holzmüller, H. H. (1997). Kulturstandards – ein operationales Konzept zur Entwicklung kultursensitiven Managements. In: J. Engelhard (Hrsg.), Interkulturelles Management (S. 55-74). Wiesbaden: Gabler.
Holzmüller, H. H., Schuh, A. (1998). Zur Internationalisierung der Management- und Marketing-Ausbildung. In: A. Mosser, H. Palme, H. Pfeiffle, J. H. Pichler (Hrsg.), Die Wirtschaftsuniversität Wien – Bildung und Bildungsauftrag (S. 141-157).
Imahori, T. T., Lanigan, M. L. (1989). Relational model of intercultural communication competence. International Journal of Intercultural Relations 13, 241-268.
Ingelfinger, T. (1995). Interkulturelle Kompetenz als Notwendigkeit der Internationalisierung. Marktforschung und Management 39, 103-106.

Kammel, A., Teichelmann, D. (1994). Internationaler Personaleinsatz. München: Oldenbourg.
Karmasin, H., Karmasin, M. (1997). Cultural Theory. Wien: Lind.
Kealey, D. J. (1989). A study of cross-cultural effectiveness: theoretical issues, practical applications. International Journal of Intercultural Relations, 13 (3), 349-370.
Martin, J. N. (1993). Intercultural communication competence: a review. In: R. L. Wiseman, J. Koester (Eds.), Intercultural communication competence (pp. 16-32). Newbury Park: sage.
Müller, S. (1991). Die Psyche des Managers als Determinante des Exporterfolgs. Stuttgart: M&P-Verlag für Wissenschaft und Forschung.
Müller, S. (1996). Auslandsorientierung als Zielsetzung der Personalentwicklung. In: A. Thomas (Hrsg.), Psychologie interkulturellen Handelns (S. 341-364). Göttingen: Hogrefe.
Müller, S., Gelbrich, K. (1999). Interkulturelle Kompetenz und Erfolg im Auslandsgeschäft: Status Quo der Forschung. Dresdner Beiträge zur Betriebswirtschaftslehre, Nr. 21.
o.V. (1996, 13. Dezember). Auslandseinsatz gezielt vorbereiten. Blick durch die Wirtschaft.
Oechsler, W. A. (1997). Verfahren zur Auswahl, Vorbereitung und Entsendung von Stammhausdelegierten ins Ausland. In: K. Macharzina, M.-J. Oesterle (Hrsg.), Handbuch Internationales Management (S. 669-784). Wiesbaden: Gabler.
Oelsnitz, D. von der (1999). Marktorientierter Unternehmenswandel. Wiesbaden: Deutscher Universitäts-Verlag.
Parker, B., McEvoy, G. M. (1993). Initial examination of a model of intercultural adjustment. International Journal of Intercultural Relations 17, 355-379.
Pierer, H. von (1999). Kulturelle Sensibilität. Wirtschaftswoche (38), 181.
Raffeé, H. (1984). Strategisches Marketing. In: E. Gaugler, O. H. Jacobs, A. Kieser (Hrsg.), Strategische Unternehmensführung und Rechnungslegung (S. 61-81). Stuttgart: Poeschel.
Ruben, B. D. (1976). Assessing communication competency for intercultural adaptation. Group & Organization Studies 1, 334-354.
Ruben, B. D. (1977). Guidelines for cross-cultural communication effectiveness. Group & Organization Studies 2, 470-479.
Schneidewind, D. K. (1996). Eine neue Kompetenz. Gablers Magazin 10, 34-37.
Schwarz, S. (1998). Der Stellenwert interkultureller Kompetenz: Personalentwicklung als Bestandteil internationaler Marketingstrategien in ausgewählten Großunternehmen. Unveröffentlichte Diplomarbeit, Technische Universität Braunschweig, Institut für Wirtschaftswissenschaften, Abt. Betriebswirtschaftslehre, insbes. Marketing.
Spitzberg B. H., Cupach, W. R. (1984). Interpersonal communication competence. Beverley Hills: Sage.
Spitzberg B. H., Cupach, W. R. (1989). Handbook of interpersonal competence research. New York: Springer.
Stauss, B. (1995). Internes Marketing. In: B. Tietz, R. Köhler, J. Zentes (Hrsg.), Handwörterbuch des Marketing (2. Aufl., Sp. 1045-1056). Stuttgart: Schäffer-Poeschl.

11

Ausbildung interkultureller Managementkompetenz an deutschen Hochschulen – Anforderungen und Status quo

Britta Bergemann und Niels Bergemann

Der Wandel zu globalen Wettbewerbsstrukturen erfordert immer häufiger die Wahrnehmung von Managementaufgaben auf internationaler Ebene. Dies hat Konsequenzen auch für die Qualifikation von Führungskräften: internationale bzw. interkulturelle Managementkompetenz wird vielfach als *die* Grundvoraussetzung wirksamer Führung internationaler Teams und als einer der bestimmenden Faktoren unternehmerischen Erfolgs im internationalen Umfeld und im Rahmen von Auslandsentsendungen erachtet.

Es wurde in der Vergangenheit eine Vielzahl von Untersuchungen vorgelegt, die den Stellenwert von Auslandserfahrungen, Kenntnissen, Fähigkeiten und Persönlichkeitseigenschaften als Prädiktoren für eine erfolgreiche internationale Tätigkeit belegen sowie zur Klärung des Konstrukts der *interkulturellen Kompetenz* beitragen sollte (vgl. Stahl, 1995). Nur zu oft fand die Definition von Prädiktoren dabei allerdings losgelöst von messbaren Erfolgskriterien statt, anhand derer individuelle Leistungen als Erfolg beurteilt werden können – unabhängig davon, dass etwa bei einer Auslandsentsendung Prädiktoren der beruflichen Effektivität schlechte Prädiktoren der Eingewöhnung im Gastland sein können (vgl. Kealey, 1989).

Die Frage, was *interkulturelle Kompetenz* ausmacht, ist seit mindestens vier Jahrzehnten Gegenstand von Forschungsbemühungen, die unterschiedliche Forschungsansätze hervorgebracht haben (vgl. Chen & Starosta, 1996; Dinges & Baldwin, 1996; Fritz & Möllenberg, 1999, Kap. 10 im vorliegenden Band; Martin, 1993; Müller & Gelbrich, 1999; Stahl, 1995, 1998). Die wissenschaftliche Konzeptualisierung des Konstrukts der interkulturellen Kompetenz ist allerdings bislang nicht befriedigend und durch eine Reihe offener Fragen gekennzeichnet. So ist die Diskussion nicht abgeschlossen, ob es sich tatsächlich um ein eigenständiges Konzept oder ob es sich vielmehr um *soziale Kompetenz im interkulturellen Kontext* handelt. Handelt es sich um ein ein- oder mehrdimensionales Konstrukt? Lassen sich unterschiedliche Faktoren des Konstrukts darstellen und replizieren? Welche Faktoren oder Faktorenkonstellationen sind erfolgsentscheidend für eine internationale Tätigkeit wie etwa eine Auslandsentsendung? – Dies sind nach wie vor offene Forschungsfragen, ebenso wie die nach der *Validierung des Konstrukts* (vgl. Müller & Gelbrich, 1999).

1. Konzepte interkultureller Kompetenz

Die bislang vorgelegten Konzeptualisierungen interkultureller Kompetenz lassen sich überwiegend als *Eigenschaftskonzepte* umreißen, erst spätere Ansätze berücksichtigen situative Variablen, d. h. den Kontext der interkulturellen Interaktion, oder Merkmale der Interaktionspartner (Spitzberg, 1997). Es liegen mehrere Übersichtsarbeiten zur eigenschaftstheoretischen Konzeptualisierung interkultureller Kompetenz vor (Church, 1982; Dinges, 1983; Kealey & Ruben, 1983; Stening, 1979). Zahlreiche Untersuchungen werden referiert, die jeweils eine Reihe von Persönlichkeitsmerkmalen als Prädiktoren interkultureller Effektivität auflisten, die auf der Basis unterschiedlicher Befragungen entwickelt wurden.

Unabhängig von verschiedenen methodischen Problemen besteht ein wesentlicher Einwand gegen diese Auflistungen von Persönlichkeitsmerkmalen als konstituierende Facetten des Konstrukts „interkulturelle Kompetenz" in der mangelhaften Überprüfung anhand definierter Erfolgskriterien und vor allem der Nichtberücksichtigung *situativer Faktoren* (z. B. Spitzberg, 1989; vgl. Bergemann & Sourisseaux, Kap. 7 im vorliegenden Band). Situative Determinanten des Entsendungserfolgs fanden zunehmend Beachtung, nachdem in unterschiedlichen Studien kein oder nur ein schwacher Zusammenhang zwischen Eigenschaften und späterem Erfolg der Auslandsentsendung gefunden wurde (z. B. David, 1972; Dinges & Guthrie & Zektick, 1967; Hammer, Nishida & Wiseman, 1996; Lieberman, 1989; Mischel 1965; Parker & McEvoy, 1993; vgl. Stahl, 1995). Allerdings – hierauf weist Stahl (1995) hin – zeigen neuere Studien, dass der fehlende bzw. schwache Zusammenhang zwischen Persönlichkeitsmerkmalen und Erfolg der Auslandsentsendung zum Teil auch auf mangelhafte Operationalisierungen und ungeeignete Messmethoden zurückgeführt werden muss.

Interaktionsansätze betonen schließlich die Relevanz sowohl von Persönlichkeitseigenschaften als auch von Umweltfaktoren als situative Variablen sowie ihre *wechselseitige Beeinflussung* für die Vorhersage erfolgreicher internationaler Tätigkeit (Imahori & Lanigan, 1989; Spitzberg, 1997; Spitzberg & Cupach, 1984, 1989; Stening, 1979).

Hall (1959, 1966, 1976, 1984) rückt im Rahmen eines kommunikationswissenschaftlichen Ansatzes von interkultureller Kompetenz die kognitive Dimension in den Vordergrund der Betrachtung, indem er davon ausgeht, dass interkulturell effektiv nur derjenige agieren kann, der die Kulturgebundenheit seines Gegenübers erkennt und dessen Verhalten „kulturneutral" zu dekodieren versteht.

Strukturdimensionen interkultureller Kompetenz wurden von unterschiedlichen Autoren bzw. Arbeitsgruppen sowohl theoretisch als auch empirisch konzeptualisiert. Gudykunst und Mitarbeiter (Gudykunst, Wiseman & Hammer, 1977; Hammer, 1989; Wiseman, Hammer & Nishida, 1989) unterscheiden in ihrem Ansatz neben Fähigkeiten bzw. Fertigkeiten (*Skills*) und kognitiven vor allem affektive Aspekte des Konstrukts. Ruben (1989; vgl. Kealey, 1989; Ruben & Kealey, 1979) betont *Verhaltensmerkmale* und *Fertigkeiten* im Gegensatz zu Eigenschaften und affektiven Aspekten und begründet interkulturell kompetentes Verhalten aus verhaltenstheoretischer und lernpsychologischer Sicht. Andere Autoren betrachten die kognitiven Aspekte als wesentliche Faktoren interkultureller Kompetenz (z. B. Collier, 1989; Collier, Ribeau & Hecht, 1986). Im Sinne eines *Synthesemodells* integrieren Chen und Starosta (1996) unterschiedliche Konzepte und unterscheiden kognitive, affektive und verhaltensbezogene Dimensionen („interkulturelles Bewusstsein"/„intercultural awareness", „interkulturelle Sensibilität"/ „intercultural sensitivity" und „interkulturelle Gewandtheit"/„intercultural adroitness"), welche wiederum jeweils durch eine Reihe von empirisch gefundenen Faktoren definiert werden (*self awareness*, *self monitoring* und *cultural awareness* als Faktoren interkulturellen Bewusstseins, *interaction engagement*, *respect for cultural differences*, *self confidence*, *self esteem* und *interaction attentiveness* als Faktoren interkultureller Sensitivität, und *language ability*, *initiate talking*, *establish/ maintain relationships*, *empathy*, *flexibility*, *self disclosure* als Faktoren interkultureller Gewandtheit; vgl. Fritz, Möllenberg & Werner, 1999 sowie Fritz & Möllenberg, 1999 und Kap. 10 im vorliegenden Band).

Karmasin und Karmasin (1997) konzeptualisieren interkulturelle Kompetenz im Rahmen einer umfassenden „Cultural theory" des interkulturellen Managements und beschreiben das Konstrukt als Kombination aus den Faktoren Wissen, Fertigkeiten, Erfahrungen und Einstellungen. Stahl (1998) leitete von unterschiedlichen, empirisch gefundenen Problembewältigungsstrategien im Zusammenhang mit kritischen Ereignissen während der Auslandsentsendung Persönlichkeitsmerkmale erfolgreicher bzw. erfolgloser Auslandsentsandter ab.

Insgesamt zeigen sich eine uneinheitliche Befundlage und eine noch heterogene Konzeptualisierung interkultureller Kompetenz, sowie – wie bereits oben angemerkt – eine Reihe offener Fragen. Dies ist nicht allein eine theoretische Frage, da interkulturelle Kompetenz bzw. die mehr oder weniger expliziten Konzepte davon die Grundlage von Auswahlentscheidungen und eines breiten Spektrums an interkulturellen Handlungstrainings darstellen (vgl. Bergemann & Sourisseaux, Kap. 7, und Thomas, Hagemann & Stumpf, Kap. 8 im vorliegendem Band).

2. Interkulturelle Kompetenz als Ausbildungsgegenstand

Im Folgenden soll nicht die Frage der Konzeptualisierung interkultureller Kompetenz in den Mittelpunkt der Betrachtung gerückt, sondern der Frage nachgegangen werden, wie sich das gegenwärtige *Angebot* zur Ausbildung interkultureller Kompetenz an Hochschulen und Universitäten darstellt. Wenngleich, wie oben ausgeführt, keineswegs von einer einheitlichen Konzeptualisierung interkultureller Kompetenz gesprochen werden kann, sind aufgrund des offensichtlichen Handlungsdrucks pragmatische Ansätze zur Ausbildung interkultureller Kompetenz entwickelt worden, bzw. dessen, was jeweils darunter verstanden wird.

Im weiteren Kapitel sollen die Angebote zur Ausbildung interkultureller Kompetenz an Hochschulen und Universitäten einem Anforderungskatalog, der von hochrangigen Führungskräften international tätiger Unternehmen in Deutschland formuliert wurde, gegenübergestellt werden. Die Erwartungen der Unternehmen an die interkulturelle Kompetenz ihrer Führungskräfte sind bezogen auf erfolgskritische Situationen im Führungsprozess und erlauben damit eine erste Einschätzung, inwieweit einzelne Ausbildungsangebote den Anforderungen Rechnung tragen.

2.1 Interkulturelle Kompetenz als Gegenstand betrieblicher Ausbildungsmaßnahmen

Auch wenn interkulturelle Kompetenz heute nicht mehr allein als Voraussetzung für *Auslandsentsendungen* verstanden werden kann, sondern auch als Voraussetzung für *Führungserfolg in international besetzten Teams* oder bei internationalen Zuständigkeiten vom Heimatland aus, findet der Aufbau der zielführenden Kenntnisse und Fähigkeiten vor allem in den Unternehmen selbst und zumeist als Vorbereitung für einen Auslandsaufenthalt statt – es dominieren ein- bis mehrtägige berufsbegleitende Trainings. Über Ziele und Inhalte von Trainings interkultureller Managementkompetenz liegen verschiedene Konzepte vor; Thomas, Hagemann und Stumpf (siehe Kap. 8 im vorliegenden Band) etwa schlagen in einem umfassenden Ansatz vorbereitende Maßnahmen, den Arbeitsaufenthalt im Ausland begleitende Verlaufstrainings sowie Nachbereitungstrainings vor.

Neben diesem unternehmensgesteuerten Aufbau interkultureller Kompetenz ist eine Vermittlung international erfolgskritischer Kenntnisse und Fähigkeiten – mehr oder weniger – Teil der Hochschulausbildung. Zumindest wird dies – worauf im Weiteren näher eingegangen wird – von Hochschulen und Universitäten postuliert. Gleichzeitig wird es, wie aktuelle Daten belegen, von den Unternehmen gefordert.

Eine Reihe internationaler Unternehmen verfügt über eigene Schulungszentren, deren Ziel nicht zuletzt die Internationalisierung des Managements ist. Beispielhaft seien hier das *Overseas Training Center* von Matsushita, das *Institute of International Studies* von NEC und das *International Management Training College Four Acres* von Unilever genannt. Einen anderen Weg schlagen Unternehmen ein, die mit Hochschulen oder größeren Weiterbildungsinstituten kooperieren und ihren Führungskräften spezielle berufsbegleitende Ausbildungsgänge anbieten, die sich an MBA-Studiengängen orientieren, mehrere Semester umfassen und deren Curricula insbesondere die Thematik des internationalen Managements umfassen (siehe Abschnitt 2.2).

Die Methodik und inhaltliche Ausgestaltung von Trainings interkultureller Kompetenz wurde in der Literatur ausführlich dargestellt (zur Übersicht siehe z. B. Thomas, 1995; vgl. auch Thomas et al., Kap. 8 des vorliegenden Bandes). Eine grundsätzliche Frage ist hierbei, ob interkulturelle Trainings auf einen ganz bestimmten Kulturkreis zugeschnitten sein müssen oder ob die Maßnahmen eher eine generelle interkulturelle Kompetenz im Umgang mit Personen anderer Kulturkreise vermitteln sollen. Diese Frage muss stets vor dem Hintergrund der jeweiligen Zielsetzung beantwortet werden: Geht es um die Vorbereitung einer Auslandsentsendung, ist der Schwerpunkt eher auf kulturspezifische Interventionen zu setzen, geht es dagegen um die Vorbereitung auf die Mitarbeit in einem multikulturellen Projektteam, sind kulturgenerelle Trainings angemessener? Weiterhin muss zwischen informationsorientierten oder erfahrungsorientierten Trainings unterschieden werden. Kulturspezifische oder kulturallgemeine Simulationen, wie das populär gewordene BAFA BAFA (Shirts, 1973), und Rollenspiele stellen erfahrungsorientierte Trainingsformen dar. Auch Veranstaltungen mit bi- oder plurikultureller Teilnehmerbesetzung ermöglichen Erfahrungslernen bzw. wesentliche Selbsterfahrung (vgl. z. B. Schnapper, Kap. 12 des vorliegenden Bandes). Die Identifikation und Lösung so genannter „Critical incidents", d.h. wichtiger interkultureller Interaktionssituationen, sind wesentliche Bausteine aller interkultureller Trainings, auch zum Beispiel Bestandteil des „Culture Assimilator"-Ansatzes und videobasierter oder interaktiver computerbasierter Trainingsverfahren. Schließlich muss eine Entscheidung zur Lernform getroffen werden: Seminar bzw. externes Training, Training-on-the-job oder Coaching – wobei dies unseres Erachtens eher eine Frage der Reihenfolge oder der geeigneten Kombination sein sollte. Nicht vernachlässigt werden darf der Sprachenerwerb, wenngleich das Erlernen einer Fremdsprache und die Entwicklung interkultureller Kompetenz nicht gleichgesetzt werden dürfen – was immer noch hin und wieder geschieht.

2.2 Interkulturelle Kompetenz als Gegenstand von Ausbildungsmaßnahmen an wissenschaftlichen Hochschulen und Universitäten

Wissenschaftliche Hochschulen und Universitäten sowie Fachhochschulen bieten vielfältige Studien- und Ausbildungsangebote an, die explizit internationales Management als Ausbildungsgegenstand benennen. Nicht unberücksichtigt bleiben dürfen in diesem Zusammenhang MBA- und Postgraduierten-Studiengänge, die zu einem hohen Anteil explizit international ausgerichtet sind.

Gewiss ist die oberflächlich erkennbare *internationale Ausrichtung* von Studiengängen allein kein Indiz für die Vermittlung internationaler bzw. interkultureller Kompetenz. Allerdings kann bereits an dieser Stelle konstatiert werden, dass die Datenlage hinsichtlich der curricularen Gestaltung von Studiengängen ungenügend ist. Es besteht diesbezüglich eindeutig und unverändert Bedarf an einschlägiger Curriculumsforschung (vgl. Engelhard, Hein, Saslona & Specker, 1996).

2.2.1 MBA- und Postgraduierten-Studiengänge

Giesen (2000a, 2000b) gibt eine Übersicht über unterschiedliche MBA- und Postgraduierten-Studiengängen in Deutschland. Sie werden an verschiedenen Bildungseinrichtungen – wissenschaftlichen Universitäten, Hochschulen, Fachhochschulen, Akademien in unterschiedlicher Trägerschaft und Managementinstituten – angeboten. Diese Studiengänge können entweder als Vollzeitstudium, berufsbegleitend als Teilzeitstudium oder als berufsbegleitendes Fernstudium absolviert werden.

In einer im Auftrag des Bundesministeriums für Bildung und Forschung erstellten Studie hat die *Foundation for International Business Administration Accreditation* (FIBAA, 2001) die deutschen MBA-Programme untersucht und einem internationalen Vergleich unterzogen (vgl. Giesen, 2000b). Demnach boten im Jahr 2000 in Deutschland etwa 80 Einrichtungen etwa 100 MBA-Programme an, davon 15 an staatlichen Universitäten, ca. 30 an staatlichen Fachhochschulen und ca. 50 an privaten in- und ausländischen Instituten oder Hochschulen. Etwa 90 Prozent aller Angebote stellen Kooperationen bzw. Franchise-Projekte mit zumeist US-amerikanischen oder britischen Hochschulen dar. Die Zahl der eingeschriebenen Studierenden lag zwischen 2100 und 2500. Bemerkenswert ist die rasante Entwicklung – drei Viertel der Angebote sind erst in den letzten zwei bis drei Jahren entstanden. Die Programme haben in der überwiegenden Mehrzahl eine „internationale" Ausrichtung, d.h. sie beziehen sich explizit auf internationales Management, und die meisten Programme werden in englischer Sprache abgehalten. 60 Prozent der Programme sehen Studienabschnitte im Ausland vor, und die Studierenden haben bereits zu drei Vierteln vor Beginn des MBA-Studiums längere Zeit im Ausland gearbeitet. Die „Internationalität" wird durch die internationale Wahl der Referenten, die Lernorte und den internationalen Teilnehmerkreis unterstützt. Allerdings kann nur eine systematische Recherche der unterschiedlichen Curricula Aussagen dazu liefern, welchen Stellenwert die Ausbildung *interkultureller Kompetenz* in den verschiedenen Ausbildungsangeboten einnimmt (vgl. Schlesinger, 2001).

Von Unternehmen werden MBA-Teilzeit und -Fernstudiengänge eindeutig bevorzugt, die berufsbegleitend absolviert werden können. Tabelle 1 gibt eine Übersicht der international ausgerichteten MBA-Programme (vgl. Giesen, 2000a, 2000b).

Ausbildung interkultureller Managementkompetenz

Tabelle 1: International ausgerichtete *Master of Business Administration-* (MBA-) und Postgraduierten-Studiengänge in Deutschland

Träger des Programms	Spezieller Studiengang	Dauer
Universität Augsburg – Zentrum für Weiterbildung und Wissenstransfer	MBA Unternehmensführung	20 Monate/berufsbegleitend
FH für Wirtschaft Berlin – Berlin School of Economics	Deutsch-britisches MBA Deutsch-chinesisches MBA	2 Jahre/Teilzeit 2 Jahre/Teilzeit
E.A.P. Europäische Wirtschaftshochschule Berlin	Ost-West-MBA	1 Jahr/Vollzeit
FH Anhalt, Bernburg	MBA in International Trade	1½ Jahre/Vollzeit
IWIM – Institut für Weltwirtschaft und Internationales Management der Universität Bremen	Master of Science in International Economic Relations	1 Jahr/Vollzeit
Hochschule Bremen – University of Applied Sciences	Master in Global Management	1 Jahr
International University in Germany, Bruchsal	MBA International Management (vor allem für Firmen des High-tech-Bereichs)	2 Jahre/Teilzeit
Akademie für Weiterbildung Delmenhorst	Euro-MBA	*2 Jahre*
TU Dresden/Dresden Business School (DBS)	Internationales Projektmanagement in der Bauindustrie	2 Jahre/Teilzeit
UWS Schloss Gracht – Universitätsseminar der Wirtschaft, Erfstadt-Liblar	Global Executive MBA (Kooperation mit der University of Toronto)	23 Monate/Teilzeit
Haus der Technik e.V., Essen	Part-Time International Executive MBA-Programm	2 Jahre
FH Esslingen – Hochschule für Technik	MBA in International Industrial Management	11 Monate
Europa-Universität Viadrina, Frankfurt/Oder – Collegium Polonicum	MBA Management und Marketing für Mittel- und Osteuropa	2 Jahre/Teilzeit
FH Fulda – Aufbaustudiengang EU	Postgraduierten-Studiengang Europäische Unternehmensführung/MBA	1½ Jahre
FH Furtwangen – Internationale Betriebswirtschaft	MBA International Marketing, International Business Communication	1-2 Jahre
Hochschule für Wirtschaft und Politik (HWP), Hamburg	Master-Studiengang Europäische und Internationale Wirtschaft	2 Jahre
GISMA – German International Graduate School of Management and Administration, Hannover	General Management	11 Monate (Vollzeit)/ 2 Jahre berufsbegleitend
Schiller International University, Heidelberg	MBA International Business	2 Jahre
FH Ingolstadt – University of Applied Sciences	International Project Management	1-2 Jahre
FH Karlsruhe	MBA International Management	1½ Jahre
FH Kiel	MBA	2-3 Jahre

Fortsetzung Tabelle 1: International ausgerichtete MBA-Studiengänge ...

WHU Koblenz – Wissenschaftliche Hochschule für Unternehmensführung, Otto-Beisheim-Hochschule	MBA Executive Management (Kooperation mit Kellogg Graduate School of Management, Chicago)	2 Jahre/Teilzeit
Handelshochschule Leipzig (HHL)	MBA International Management	15 Monate/Vollzeit
International Business School, Lippstadt	MBA University of Lincolnshire and Humberside	2-3 Jahre
FH Ludwigshafen/Rhein	MBA in International Management Consulting	2 Jahre/Teilzeit
Gesellschaft zur Förderung und Weiterbildung an der Universität der Bundeswehr München e.V.	European Executive MBA, International Management Program IMP	2-3 Jahre/Kombination von Präsenzunterricht und Teilzeit
Georg-Simon-Ohm-FH Nürnberg	European MBA, MBA-Programm „Weiterbildungsstudium Internationale Betriebswirtschaft"	1 Jahr/Vollzeit 1 Jahr/Teilzeit
FH Nürtingen	MBA Internationales Management	1½ Jahre
FH Offenburg – University of Applied Sciences	International Management Consulting (MBA)	2 Jahre
FH Osnabrück	MBA – Business & Management in Mittel- und Osteuropa	2-3 Jahre
Hochschule für Gestaltung, Technik und Wirtschaft Pforzheim	MBA: Deutsche und Europäische Wirtschaft, Internationales Management und Marketing	1-2 Jahre
FH Reutlingen	MBA in Internationalem Marketing Masterstudium Internationales Management	1½ Jahre Vollzeit, max. 4 Jahre Teilzeit; 3 Jahre Fernstudium, 1 Jahr Vollzeit
Universität des Saarlandes – Europa-Institut, Saarbrücken	MBA General Management	1½ Jahre Vollzeit bis 4 Jahre Teilzeit
SIMT – Stuttgart Institute of Management and Technology	MBA International Management	2 Jahre/Vollzeit oder 18 Monate/Vollzeit 4 Jahre/Teilzeit
Bayerische Julius-Maximilians-Universität Würzburg	MBA Business Integration	2 Jahre/Teilzeit

2.2.2 Lehrangebote an Fachhochschulen

In den vergangenen Jahren hat eine Reihe von *Fachhochschulen* Studiengänge etabliert, deren praxisbezogene betriebswirtschaftliche Ausbildung explizit international ausgerichtet ist (vgl. Bund-Länder-Kommission für Bildungsplanung und Forschungsförderung & Bundesanstalt für Arbeit, 2001; Bundesministerium für Bildung und Forschung, 2000). Eine Aufstellung dieser Ausbildungsgänge findet sich in Tabelle 2.

Tabelle 2: Betriebswirtschaftliche Studiengänge an deutschen Fachhochschulen mit internationaler Ausrichtung (Quelle: Bund-Länder-Kommission für Bildungsplanung und Forschungsförderung & Bundesanstalt für Arbeit, 2001)

Fachhochschule	Studiengang	Partnerhochschulen
Aachen FH	Betriebswirtschaftliche Technik, deutsch-niederländischer Studiengang;	Niederlande
	Wirtschaft, integrierter deutsch-französischer, deutsch-britischer und europäischer Studiengang	Frankreich, Griechenland, Großbritannien, Irland, Italien, Schweden, Spanien
Albstadt-Sigmaringen FH	Betriebswirtschaft	Finnland, Holland, Großbritannien
Anhalt FH (Bernburg)	Internationale Betriebswirtschaft	Frankreich, Großbritannien, Russland
Augsburg FH	Betriebswirtschaft	
Berlin FHW	European Business Administration	Großbritannien
Bremen H	Angewandte Weltwirtschaftssprachen und internationale Unternehmensführung (Wirtschaftsarabistik, -sinologie, -japanologie);	Arabische Länder, China, Japan;
	Wirtschaft und Verwaltung;	Niederlande, Großbritannien, Irland, Dänemark, Finnland, Schweden, Italien;
	Finanz- und Rechnungswesen und Marketing;	Großbritannien, Frankreich, Spanien;
	Betriebswirtschaft/Internationales Management;	Großbritannien, Frankreich, USA, Spanien;
	International Studies of Global Management	
	Management im Handel	USA, Schweden
Bielefeld FH	Europäischer Studiengang Management	Frankreich, Großbritannien, Portugal, Spanien, Niederlande
Bochum FH	Betriebswirtschaft, Business in Europe	Großbritannien, Frankreich, Italien, Spanien
Dortmund FH	International Business: Deutsch-Niederländisch, Deutsch-Britisch, Deutsch-Französisch, Deutsch-Spanisch	Frankreich, Großbritannien, Niederlande, Spanien
Dortmund International School of Management (ISM)	Asset- und Finanzmanagement; Internationale Betriebswirtschaft	USA, Frankreich, Kanada, Spanien, Hawaii, Irland, Argentinien, Großbritannien
Dresden HTW	International Business Studies	Großbritannien, Frankreich, Osteuropa
Düsseldorf FH	Internationale Betriebswirtschaft	Großbritannien, USA, Irland, Frankreich, Belgien
Flensburg FH	Betriebswirtschaft	Großbritannien
Frankfurt/M. FH	Finance and Law	Frankreich, Großbritannien, Niederlande
Fulda FH	Internationales Management	USA

Fortsetzung Tabelle 2: Betriebswirtschaftliche Studiengänge an deutschen Fachhochschulen mit internationaler Ausrichtung ...

Furtwangen FH	Internationale Betriebswirtschaft/ International Business Management	China, Frankreich, Spanien, USA
Gelsenkirchen FH	Wirtschaft, deutsch-französischer, deutsch-niederländischer Studiengang	Frankreich Niederlande
Hamburg FH	Außenwirtschaft/Internationales Management	
Harz HS (Wernigerode)	International Business Studies; Etudes Internationales Gestion (Internationale Betriebswirtschaft)	Frankreich, Großbritannien, USA, Niederlande
Hof FH	Internationales Management	Großbritannien, Frankreich, Italien, Spanien, Finnland, USA, Kanada, Tschechische Republik, Südafrika
Iserlohn Business and Information Technology School	Betriebswirtschaftslehre	
Iserlohn Märkische FH (Hagen)	Technische Betriebswirtschaft	Großbritannien
Karlsruhe FH	Internationales Management	Großbritannien
Kiel FH	Betriebswirtschaft	Belgien, Finnland, Frankreich, Großbritannien, Irland, Norwegen (geplant), Polen, Schweden, Spanien, USA,
Landshut FH	Europäische Betriebswirtschaft (ESB)	USA, Großbritannien, Frankreich, Irland, Spanien
Ludwigshafen FH	Internationales Management und Controlling; European Business Studies (EB)	Großbritannien, Frankreich, Spanien; Europäisches Ausland
Mainz FH	International Business	
München eba (Private Europäische Betriebswirtschafts-Akademie)	Internationale Betriebswirtschaft	Großbritannien, Frankreich, Italien, Irland, Spanien
Münster FH	Betriebswirtschaft, deutsch-lateinamerikanischer Studiengang; European Business Programme (EBP)	Brasilien, Chile, Kolumbien, Mexiko; Großbritannien, Frankreich, Niederlande, Spanien
Niederrhein FH (Mönchengladbach)	Internationales Marketing; Wirtschaftsingenieurwesen (Logistik-Management)	Frankreich; Niederlande
Nürnberg FH	Internationale Betriebswirtschaft/ International Business	
Nürtingen FH	Internationales Finanzmanagement	Europa, Amerika, Fernost
Offenburg FH (Gengenbach)	Technische Betriebswirtschaft	Frankreich
Osnabrück FH	European Business Studies (EB); European Business and Management	Großbritannien, Frankreich, Spanien
Oldenburg/Ostfriesland/ Wilhelmshaven FH (Emden)	Europäisches Transportmanagement (ETM); Internationale Wirtschaftsbeziehungen (NC)	Großbritannien, Niederlande; Finnland, Frankreich, Irland, Großbritannien, Niederlande, Spanien, Ungarn, Schweden

Fortsetzung Tabelle 2: Betriebswirtschaftliche Studiengänge an deutschen Fachhochschulen mit internationaler Ausrichtung ...

Paderborn U-GH (Meschede)	European Studies in Technology and Business (ETB)	
Pforzheim FH	Internationale Betriebswirtschaft	Frankreich
Ravensburg-Weingarten FH	Produktion und Management	Großbritannien
Regensburg FH	Europäische Betriebswirtschaft (ESB)	USA, Großbritannien, Frankreich, Irland, Spanien
Reutlingen FHTW	Außenwirtschaft; Europäische Betriebswirtschaft (ESB); Produktionsmanagement; International Business	Frankreich, USA; Großbritannien, Frankreich, Spanien; Frankreich; USA
Saarbrücken HTW	Betriebswirtschaft	Frankreich
Saarbrücken, Deutsch-Französisches Hochschulinstitut (DFHI)	Betriebswirtschaft	Frankreich
Stralsund FH	Baltic Management Studies	Estland, Lettland, Litauen, Polen, Russland, Dänemark Norwegen, Schweden
Trier FHTW	International Business	Frankreich, Griechenland, Großbritannien, Irland, Schweiz, Spanien, USA
Wiesbaden FH	International Business Administration	Australien, Frankreich, USA, Spanien, Großbritannien, Italien, Japan
Wolfenbüttel FH	European Business and Banking; European Business and Technology	Großbritannien; Großbritannien
Worms FH	Internationale Betriebswirtschaft und Außenwirtschaft; European Business Management	Europa, USA
Zwickau FH	Languages and Business Administration	Frankreich

Die Anzahl der international ausgerichteten Studiengänge an den Fachhochschulen hat in den letzten Jahren eindrucksvoll zugenommen, im Semester 2001/ 2002 wuden in 48 der 107 deutschen Fachhochschulen international ausgerichtete betriebswirtschaftliche Studiengänge angeboten. Zum Vergleich: An wissenschaftlichen Hochschulen und Universitäten betrug diese Relation für das Semester 2001/2002 23 zu 67 (Bund-Länder-Kommission für Bildungsplanung und Forschungsförderung & Bundesanstalt für Arbeit, 1998, 2001).

Im Rahmen des Fachhochschulstudiums mit internationaler Ausrichtung absolvieren die Studenten in der Regel mindestens zwei Semester an einer Partneruniversität im Ausland. Zum Teil kann zusätzlich zum deutschen Studienabschluss – in der Regel stellt dies das *Diplom (FH)* dar – der ausländische Studienabschluss erworben werden. Es muss auch hier offen bleiben, inwieweit allein ein Curriculum, das eine Studienphase in einem anderen Land vorschreibt, bereits internationale bzw. interkulturelle Kompetenz vermittelt; z. T. ist diese Thematik allerdings auch explizit Lehrinhalt der jeweiligen Curricula. Genauere Analysen zu dieser

Fragestellung liegen bislang nicht vor; ebenso fehlen Daten, wieweit diese Ausbildungsgänge spezifischen Einfluss auf späteres erfolgreiches interkulturelles Management haben.

Nicht unerwähnt bleiben sollen in diesem Zusammenhang Berufsakademien, die zum Teil wirtschaftswissenschaftliche Ausbildungen mit explizit internationaler Ausrichtung anbieten (vgl. Bund-Länder-Kommission für Bildungsplanung und Forschungsförderung, 2001). Berufsakademien bieten dreijährige Ausbildungen an, die dual organisiert sind, d.h. die Studierenden wechseln turnusmäßig zwischen der „staatlichen" Studienakademie und der „Bildungsstätte der Praxispartner". So bieten etwa die Berufsakademien Mannheim, Ravensburg und Villingen-Schwenningen Ausbildungen in „Internationalem Marketing", die Berufsakademie Mosbach in „International Business Administration" an

2.2.3 Lehrangebote an wissenschaftlichen Hochschulen und Universitäten

Zur Rolle der *wissenschaftlichen Hochschulen* bzw. *Universitäten* beim Aufbau internationaler Kompetenz liegen gegenwärtig nur wenige Untersuchungen vor. Gaugler (1994) zeichnet die Beachtung der „internationalen Dimension von Unternehmensaktivitäten" in der betriebswirtschaftlichen Ausbildung von den Handelsakademien und Handelshochschulen im 18. und 19. Jahrhundert bis in die heutige Zeit nach und beschreibt die Internationale Betriebswirtschaftslehre als Schlüsselqualifikation, die eine notwendige, allerdings nicht hinreichende Voraussetzung für den Erwerb interkultureller Managementkompetenz darstellt. Diese erfordere zusätzliches Wissen und zusätzliche Kenntnisse über die Inhalte der Internationalen BWL hinaus; sie beziehen soziale interkulturelle Fähigkeiten und Fertigkeiten ein (Gaugler, 1994, S. 313-314). Zur Entwicklung interkultureller Managementkompetenz („interkulturelle Managemententwicklung") gehören nach Gaugler

- Wirtschaftssprachen,
- ökonomisch relevantes Kulturwissen sowie
- Befähigung zur kulturüberschreitenden Kommunikation.

Gaugler weist auf die unterschiedlichen Möglichkeiten der interkulturellen Ausbildung des Führungsnachwuchses der Wirtschaft sowohl im Rahmen der Studiengänge für Wirtschaftsakademiker als auch im Rahmen der beruflichen Weiterbildung hin. Er votiert für eine „Inventur einschlägiger Hochschulaktivitäten" (Gaugler, 1994):

> Da sich im Zuge der fortschreitenden Globalisierung/Internationalisierung der Wirtschaft immer mehr Hochschulen für eine entsprechende Anreicherung ihrer Studienangebote interessieren, besteht Bedarf an einem Überblick über die im deutschen Sprachraum existierenden Aktivitäten der Fakultäten und der betriebswirtschaftlichen Hochschullehrer bei der Vermittlung interkultureller Kompetenzen in der Ausbildung (Studium) des Führungsnachwuchses und bei der Weiterbildung von Führungskräften.

Eine entsprechende Studie sollte nicht nur eine Inventur entsprechender Aktivitäten enthalten; sie sollte den Versuch unternehmen, die Akzeptanz und Effektivität dieser Bemühungen bei Studierenden, bei Führungskräften und in international operierenden Unternehmen zu evaluieren.

Von einem derartigen Forschungsprojekt kann man einen beträchtlichen Nutzen für die weitere Entwicklung der internationalen Dimension der Betriebswirtschaftslehre erwarten. (S. 327)

Dieser Forderung nach empirischen Untersuchungen über das Angebot des Ausbildungsgegenstandes „interkulturelle Managementkompetenz" im Studium und in der Weiterbildung von Führungskräften stehen nur relativ wenige Arbeiten, die sich um Klärung dieser Fragen bemühen, gegenüber.

Eine erste deutsche Bedarfserhebung im Sinne einer „Abnehmer-Experten-Befragung", die als Grundlage für die Entwicklung eines Curriculumkonzepts „Internationales Management" im Auftrag des Ministeriums für Wissenschaft und Kunst in Baden-Württemberg diente, wurde von Macharzina und Engelhard bereits 1985 vorgelegt (Macharzina & Engelhard, 1987). Es wurden 300 baden-württembergische Unternehmen befragt, die als Zufallsstichprobe unter Berücksichtigung von „Auslandstätigkeit" und „Unternehmensgröße" gezogen wurden. Die Fragen beantworteten „kompetente Kontaktpersonen" der Unternehmen, die Rücklaufquote betrug 49 Prozent; insgesamt konnten 107 Fragebogen in die Auswertung einbezogen werden.

85 Prozent der Antwortenden favorisierten ein universitäres Aufbaustudium, unternehmensinterner Weiterbildung oder der Integration der Thematik in die universitäre Erstausbildung wurde damit ganz überwiegend eine Absage erteilt. Der Bedarf wurde insbesondere auf die spezifischen Anforderungen für Problemlösungen, die mit dem Auslandsgeschäft verbunden sind, bezogen (Antwort von 82% der Befragten). Als Zulassungsvoraussetzung wurde neben dem Abschluss eines Hochschulstudiums von 85 Prozent der Befragten Berufserfahrung genannt. Hinsichtlich des zeitlichen Rahmens votierten 84 Prozent der Befragten für ein 6-monatiges (39%) oder einjähriges (45%) Aufbaustudium. Daraus kann geschlossen werden, dass es den Unternehmen darum ging, die Abwesenheit solchermaßen qualifizierter Mitarbeiter von der Unternehmenspraxis möglichst kurz zu halten. Folgende Ziele waren für die Befragten für das geforderte Aufbaustudium maßgeblich (vom wichtigsten zum weniger wichtigen):

- Führungs-, Team- und Kommunikationsfähigkeit, insbesondere im Umgang mit ausländischen Mitarbeitern;
- Erfolgreiches unternehmerisches Handeln unter fremdartigen Kulturbedingungen;
- Anwendung von Wissen zur Lösung von Führungsproblemen im internationalen Bereich;
- Fähigkeit zur kritischen Reflexion von Entwicklungen in der internationalen Unternehmenstätigkeit;

- Orientierung über neues Wissen auf dem Gebiet des Internationalen Managements;
- Erwerb länderbezogenen Wissens;
- Erwerb von Wissen auf dem Gebiet des Internationalen Managements.

Die Befragten votierten als Lehrmethode überwiegend für Fallstudien (85%), gefolgt von Projektseminaren (70%), Vorträgen (66%) und Planspielen (58%). Die Autoren betonen den Vorrang des Trainings von Fähigkeiten vor der Wissensvermittlung. Bezüglich der Zusammensetzung des Lehrpersonals wurde eine maßgebliche Beteiligung von Praktikern explizit gewünscht. Die Autoren befragten darüber hinaus die Vertreter der Unternehmen über die relevanten Studieninhalte hinsichtlich Wirtschaftssprachen, Marketing, Finanzwirtschaft, Führung, Logistik, Personalwesen, Rechnungswesen, Organisation, Steuern, Produktion und „externe Rahmenbedingungen".

Folgende „Richtlernziele" für die Einrichtung eines Aufbaustudienganges „Internationales Management", welche die Autoren aus der Expertenbefragung ableiten, werden von den Autoren genannt (Macharzina & Engelhard, 1987, S. 206):

- Vermittlung von Führungsfähigkeiten für das Auslandsgeschäft, insbesondere im Hinblick auf die erfolgreiche unternehmerische Betätigung in fremden Kulturen;
- spezifische Förderung von auslandsrelevanten Persönlichkeitsmerkmalen (Leitbild: Internationaler Manager);
- klarer Anwendungs- bzw. Praxisbezug der Wissens- und Fähigkeitenvermittlung auf der Basis theoretischer Erklärungs- und Gestaltungskonzepte;
- Förderung einer vertieften eigenständigen Urteilsbildung über Probleme und Entwicklungen in der Praxis des internationalen Managements.

In einer 1996 veröffentlichten Befragung zur „Internationalisierung der Betriebswirtschaftslehre an wissenschaftlichen Hochschulen/Universitäten in Deutschland, Österreich und der Schweiz" (Engelhard et al., 1996) kommen die Autoren zu dem Schluss, dass die Internationalisierung deutschsprachiger wissenschaftlicher Hochschulen bzw. Universitäten zwar vorankomme, Internationales Management aber lediglich Zusatzcharakter im Rahmen des betriebswirtschaftlichen Lehrangebots aufweise. Die eigenständige Positionierung des Internationalen Managements im System der Wissenschaften trete deutlich dahinter zurück. Während über die Bedeutung von Fragestellungen des Internationalen Managements weitgehend Einigkeit herrsche, werde nach Engelhard et al. (1996) die institutionelle Verankerungsform – eigenständige Disziplin oder Ergänzung eines Funktionsbereichs – kontrovers diskutiert.

Im Einzelnen gehen Engelhard et al. (1996) in ihrer Befragung der betriebswirtschaftlichen Dekanate bzw. Fachvertretungen von 96 wissenschaftlichen Hochschulen und Universitäten in Deutschland, Österreich und der Schweiz der Problemstellung nach, inwieweit deutschsprachige wissenschaftliche Hochschulen und Universitäten dem *Internationalisierungserfordernis* in betriebswirtschaftlichen Studiengängen gerecht werden und welchen Status die Thematik des Internationalen Managements hier einnimmt.

Anhand der Kriterien „relativer Ressourceneinsatz" und „Internationalisierungsgrad", verstanden als Ausmaß, in dem sich Forschung und akademische Veranstaltungen mit Fragen des Internationalen Managements beschäftigen, grenzen die Autoren in Anlehnung an ein Konzept von Kutschker (1996), mit dem dieser drei Dimensionen der Internationalisierung einer Unternehmung unterscheidet, verschiedene Internationalisierungsformen voneinander ab und unterscheiden zwischen *Internationalisierungsformen ohne institutionelle* und *mit institutioneller Verankerung*. Tabelle 3 fasst dies schematisch zusammen.

Tabelle 3: Internationalisierungsformen betriebswirtschaftlicher Fachbereiche an wissenschaftlichen Hochschulen und Universitäten (nach Engelhard et al., 1996, S. 20)

a) *ohne* institutionelle Verankerung

1	Nachwuchswissenschaftler, deren Forschungsgebiete im Bereich des Internationalen Managements liegen (Doktoranden/Habilitanden)
2a	Angebot einzelner Lehrveranstaltungen zum Internationalen Management (ggfs. unter Hinzuziehung von Lehrbeauftragten)
2b	Fachvertreter der BWL behandeln die internationale Dimension in ihren jeweiligen Fachgebieten mit

b) *mit* institutioneller Verankerung

FORSCHUNG	LEHRPROGRAMME	WISSENSCHAFTLICHE EINRICHTUNGEN
(3a) Forschungsstelle, die sich mit Fragen des Internationalen Managements beschäftigt (3b) Forschungsinstitut, das sich mit Fragen des Internationalen Managements beschäftigt	(3) Wahlpflichtfach „Internationales Management" bzw. Paketfach „Internationales Management" (4) Studienschwerpunkt „Internationales Management" (5) Diplom- bzw. Magisterstudiengang, Aufbaustudiengang „Internationales Management"	(3) Lehrstuhl, der neben einem funktionsorientierten Teilgebiet Fragen des Internationalen Managements gewidmet ist bzw. Lehrstuhl, der einem funktionsorientierten Teilgebiet innerhalb des Internationalen Managements gewidmet ist (4) Lehrstuhl, der ausschließlich dem Internationalen Management gewidmet ist

Von insgesamt 96 an alle deutschen, österreichischen und schweizerischen wissenschaftlichen Hochschulen und Universitäten mit wirtschaftswissenschaftlichen Einrichtungen und Lehrangeboten verschickten Fragebogen erhielten die Autoren 83 zurück, die zur Auswertung herangezogen werden konnten. Das wesentliche Ergebnis ist in Abbildung 1 dargestellt.

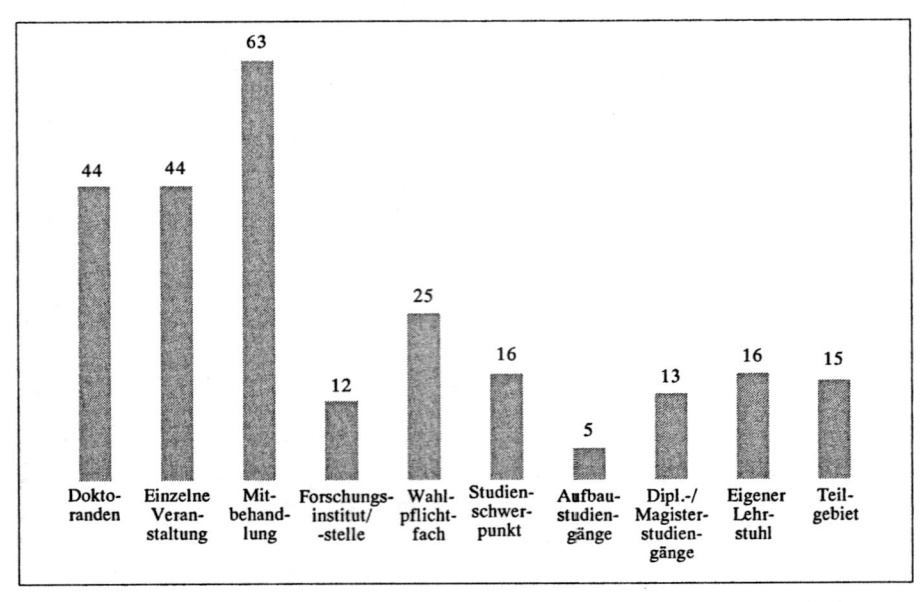

Abbildung 1: Aspekte der Internationalisierung betriebswirtschaftlicher Lehrangebote an wissenschaftlichen Hochschulen und Universitäten in Deutschland, Österreich und der Schweiz (Anzahl der Nennungen; n=83; Quelle: Engelhard et al., 1996)

Zwar boten 44 der 83 befragten Hochschulen und Universitäten eigene Veranstaltungen zur Thematik an und 63 der befragten Hochschulen Veranstaltungen, in denen die Thematik mitbehandelt wurde, jedoch existierte nur an 16 Hochschulen ein Studienschwerpunkt. Dem Internationalen Management kommt nach Engelhard et al. (1996) folglich bei den meisten der deutschsprachigen wissenschaftlichen Hochschulen und Universitäten der Charakter einer *Zusatzdimension* zu. Eine Konzentration auf geringere Internationalisierungsformen, die von einer eigenständigen Positionierung absehen, ist auszumachen. Auch die zur Absicherung der Ergebnisse zusätzlich erhobenen Daten über Planungsabsichten untermauern den Trend einer lediglich *ergänzenden* Berücksichtigung der Thematik des Internationalen Managements.

Der Untersuchung von Engelhard et al. (1996) liegt eine Definition für Internationales Management zugrunde, die sowohl Funktionen (Absatz, Produktion, Finanzen/Controlling etc.) als auch Prozesse (Planen, Organisieren, Führen, Kontrollieren) umfasst (vgl. Perlitz, 2000). Inwieweit von den genannten Lehrveranstaltungen zum Internationalen Management Aspekte *interkulturellen Handelns* berücksichtigt werden, wird nicht transparent.

Resümierend wird festgestellt, dass die Internationalisierungssituation an deutschsprachigen wissenschaftlichen Hochschulen und Universitäten durch eine gewisse Ambivalenz gekennzeichnet ist, indem zwar einerseits in den letzten Jahren offenbar Bewegung in das Feld „Internationales Management" gekommen zu sein scheine, sich aber andererseits – zumindest hinsichtlich intensiverer Internationalisierungsformen wie etwa obligatorisches Auslandsstudium, systematische Anerkennung von im Ausland erbrachter Studienleistungen oder grenzüberschreitende Forschungsprojekte – ein Stillstand abzeichne.

Anschaulich wird dieser Befund z. B. in der Tatsache, dass sich noch 1999 auf dem VI. Deutschen Wirtschaftskongress, einem Forum für Unternehmen und Studenten an der Universität Köln, unter dem Motto „Return on Globalization" nur ein einziger von insgesamt 62 Vorträgen und Workshops mit dem Thema *interkulturelle Managementkompetenz* befasste.

Ein Zusammenhang zwischen den Inhalten betriebswirtschaftlicher Ausbildung und Möglichkeiten zu internationaler Mobilität wird von Brühl, Groenewald und Weitkamp (1998) dargestellt. Da mit einer Ausweitung unternehmerischer Tätigkeit über Landesgrenzen hinweg auch eine internationale Rekrutierung von Fach- und Führungskräften erforderlich wird, will man Managementpositionen in ausländischen Tochtergesellschaften nicht ausschließlich durch Transfers aus der Muttergesellschaft besetzen (vgl. Bergemann & Sourisseaux, Kap. 7 im vorliegenden Band), somit haben Ausbildungssysteme nicht mehr nur nationale Bedeutung. Dabei können durchaus Schwierigkeiten auftreten, die Qualifikationen potenzieller Bewerber einzuschätzen, da die Ausbildung in den wirtschaftswissenschaftlichen Fächern zwischen den Ländern erheblich voneinander abweicht (vgl. Brühl et al., 1998).

Brühl et al. (1998) geben einen Überblick über die Studiengänge der Betriebswirtschaft in Deutschland, England, Frankreich, Spanien, einigen osteuropäischen Ländern und Japan, und die aktuelle wirtschaftswissenschaftliche Ausbildung an dortigen Universitäten, *Business Schools*, *Grandes Ecoles*, privaten Handelshochschulen und Fachhochschulen wird beschrieben und jeweils mit einem Ausbildungsgang illustriert. Die Beiträge enthalten Informationen über den Aufbau und die Dauer des Studiums, Spezialisierungsmöglichkeiten und den Praxisbezug der Ausbildung. Allerdings – so die Herausgeber in ihren einleitenden Vorbemerkungen – liege eine international *vergleichende Darstellung* zu diesem Thema bislang nicht vor (Brühl & Groenewald, 1998).

In einer eigenen Untersuchung über den Status der Thematik des interkulturellen Managements an betriebswirtschaftlichen Fakultäten deutschsprachiger wissenschaftlicher Hochschulen und Universitäten wurde der Frage nachgegangen, inwieweit das dortige Lehrangebot das Internationalisierungserfordernis widerspiegelt (Bergemann & Bergemann, 2001). Zu diesem Zweck wurde das betriebswirtschaftliche Lehrangebot der Wintersemester 1998/99 und 2001/02 sämtlicher deutscher Universitäten und wissenschaftlichen Hochschulen erfasst. Inwieweit auch andere Veranstaltungen im Rahmen eines allgemein gehaltenen Titels *internationale Themen* behandelten, konnte so nicht ermittelt werden und muss einer detaillierteren Analyse vorbehalten bleiben. Die vorgelegte Untersuchung zeigt einen Anstieg der Lehrangebote, die sich mit internationalen Fragen beschäftigten; markanter sind allerdings die strukturellen Veränderungen. So nahm der Anteil der betriebswirtschaftlichen Institute zu, die international ausgerichtete Studiengänge anbieten (26,6% im WS 1998/99 gegenüber 34,3% im WS 2001/02), und in zunehmenden Maße sind länderübergreifende „Doppeldiplome" möglich, außerdem wurden vermehrt „internationale Studiengänge", die eine Auslandsrotation in einer ausländischen Partneruniversität vorsehen, eingerichtet. Darüber hinaus wurden seither MBA-Studiengänge auch an betriebswirtschaftlichen Instituten der Universitäten und Hochschulen etabliert.

Zusammenfassend muss festgehalten werden, dass bislang nur wenig detaillierte Information über den Status der Thematik des Internationalen bzw. Interkulturellen Managements an deutschsprachigen Hochschulen und Universitäten vorliegt und die Forderung von Gaugler (1994) nach mehr empirischer Evidenz zu dieser Thematik nach wie vor aktuell ist.

3. Internationale Managementkompetenz: Was erwarten internationale Unternehmen?

Welche Erwartungen haben demgegenüber die Unternehmen an die Ausbildung des Führungskräftenachwuchses für internationale Aufgaben? Diese Frage stellten Bergemann und Bergemann (2001) an die Entscheidungsträger der 300 größten international tätigen Unternehmen in Deutschland. Die Entscheidungsträger wurden nicht nur danach befragt, welcher Stellenwert internationaler Managementkompetenz in ihrem Unternehmen beigemessen wird und wie Mitarbeiter auf eine internationale Tätigkeit bzw. auf eine Auslandsentsendung vorbereitet werden, sondern auch, welches Ausbildungs- und Erfahrungsprofil vom Führungskräftenachwuchs für internationale Aufgaben erwartet wird. Es wurde gefragt, was aus Sicht des jeweiligen Unternehmens den *international erfolgreichen Manager ausmacht*: Was ist unternehmerischer Erfolg im Ausland? Welche Ausbildung in Persönlichkeit braucht ein Manager, um im Ausland erfolgreich zu sein? Wo und wie sollten die erforderlichen Kompetenzen erworben werden?

3.1 Fragebogenuntersuchung[1]

Die Fragebogen wurden 1998/1999 an die 300 größten international tätigen Unternehmen in Deutschland geschickt. Die Antworten der Vertreter von 102 Unternehmen gingen in die Auswertung ein. Es handelte sich zu 70 Prozent um Unternehmen mit mehr als 10.000 Mitarbeitern (37% mit mehr als 50.000 Mitarbeitern); 52 Prozent der befragten Unternehmen hatten einen Umsatz von über zehn Milliarden DM p.a. (40% über 30 Milliarden). Die Unternehmen hatten ein hohes Maß an Auslandsaktivitäten – dabei lagen diese vornehmlich in West- (98%) und Ost-Europa (95%), gefolgt von Fernost (79%), Mittel- und Südamerika (75%) sowie Nordamerika (73%).

Es antworteten teilweise die angeschriebenen Vorstandsvorsitzenden und Geschäftsführer selbst (19%) oder Mitglieder des Vorstands oder der Geschäftsleitung (20%); die restlichen Fragebogen wurden überwiegend von Direktoren, Bereichs- und Abteilungsleitern aus dem Bereich Personal und Personalentwicklung bearbeitet. Bei den Antwortenden handelte es sich um 99 männliche und drei weibliche Personen mit einem Durchschnittsalter von 48 Jahren (Standardabweichung: 9 Jahre; Altersbereich: 27-67 Jahre); 84 der Antwortenden hatten einen Hochschul-, 11 einen Fachhochschulabschluss, 31 waren promoviert.

68 Prozent der Antwortenden waren zuvor im Ausland tätig gewesen, über 20 Prozent mehr als einmal. Von Interesse dürfte die Aussage von 75 Prozent der Antwortenden sein, dass sich der Auslandsaufenthalt förderlich auf die persönliche Karriere ausgewirkt habe und sich nur für sechs Prozent der Auslandsaufenthalt „gar nicht" gelohnt habe; demgegenüber habe sich der Auslandsaufenthalt nur für 59 Prozent der Antwortenden als Karrieresprung im entsendenden Unternehmen ausgewirkt, sogar für 27 Prozent „gar nicht" oder eher nicht.

In über 45 Prozent der befragten Unternehmen hatten 10 Prozent oder mehr der zum Befragungszeitpunkt im Unternehmen tätigen Führungskräfte Auslandserfahrung von mindestens sechs Monaten. 34 Prozent der Antwortenden hatte nach dem Studium an einem internationalen Management-Training teilgenommen, sechs Prozent sogar zweimal und drei Prozent dreimal. Die Angaben zu den Inhalten variierten von „General Management" bis hin zu „Verkaufen in Thailand".

Es kann davon ausgegangen werden, dass durch die Zusammensetzung der Stichprobe, nämlich die höchste Führungs- und Entscheidungsebene von 102 Unternehmen der 300 größten international tätigen Unternehmen in Deutschland, ein verlässliches Bild unternehmerischer Erwartungen an die interkulturelle Managementkompetenz der Führungskräfte gezeichnet werden kann und der Einschätzung, in welcher Weise diese erworben werden sollte, Gewicht beizumessen ist.

3.2 Ergebnisse

Die Ansprechpartner wurden neben ihren Erwartungen an die Ausbildung, Erfahrung, Fähigkeiten und Eigenschaften derjenigen Führungskräfte, die für eine erfolgreiche Auslandsentsendung als wesentlich erachtet werden, auch zu den gegenwärtigen Gegebenheiten in ihren Unternehmen hinsichtlich der Vorbereitung für Auslandstätigkeiten befragt.

3.2.1 Auslandsvorbereitung

Führungskräfte werden relativ kurz auf eine bevorstehende Tätigkeit im Ausland vorbereitet. Der überwiegende Teil der Unternehmen (72%) entsendet ihre Mitarbeiter zur Vorbereitung zu externen Fortbildungskursen, die zumeist nur wenige Tage dauern, etwa die Hälfte der Maßnahmen dauern maximal vier Wochen. Etwa ebenso häufig (71%) werden die Führungskräfte durch ein „Training-on-the-job" im Ausland, das zu 70 Prozent bis maximal drei Monate dauert, auf einen Auslandseinsatz vorbereitet.

Sofern die Unternehmen Mitarbeiter für die Auslandsvorbereitung freistellen, gibt es eine klare Präferenz für die Vermittlung von Sprachkompetenz, gefolgt von kulturellem Wissen; Verhaltens- und Verhandlungstraining sowie Wirtschafts- und Politikwissen über das Zielland werden weniger häufig genannt (siehe Tabelle 4).

Tabelle 4: Inhalte der Auslandsvorbereitung in 102 der 300 größten internationalen Unternehmen in Deutschland (Angaben in Prozent)

	Wichtigkeit*					M**
	5	4	3	2	1	
Sprachkurse	39	43	10	6	1	4.1
Kulturelles Wissen	11	35	38	8	8	3.4
Verhaltenstraining	5	27	32	21	15	2.9
Verhandlungstraining	1	16	37	25	19	2.5
Wirtschaftswissen	3	16	22	36	22	2.4
Politikwissen	3	6	31	28	31	2.2

* 5=sehr wichtig, 1=gar nicht wichtig; Angaben in Prozent (gerundet); ** Mittelwert

Die meisten Antwortenden sehen eine Tätigkeit im Ausland als erfolgreich an, wenn *Know-how-Transfer*, die Entwicklung eines globalen Bewusstseins und Personalentwicklung geleistet werden. Die Erzielung quantitativer Größen wie Umsatz- und Gewinnsteigerung oder Erhöhung der Kundenzahl spielen hingegen nach dieser Umfrage eine geringere Rolle.

3.2.2 Erwartetes Ausbildungs- und Erfahrungsprofil

Knapp 70 Prozent suchen für ihr internationales Geschäft Führungskräfte mit einem abgeschlossenen Hochschulstudium. Über die Inhalte dieses Studiums bestehen allerdings unterschiedliche Vorstellungen. Ein Auslandssemester wird durchweg befürwortet.

Deutlich kleiner ist die Gruppe, die parallel zum Hauptstudiengang Spezialkurse für wichtig hält. Ein Zusatzstudium im Ausland wird zwar positiv gewertet, allerdings deutlich weniger als ein Auslandssemester. Dies lässt darauf schließen, dass aus Sicht der Unternehmen der zeitliche Aufwand für die Zusatzqualifikation „interkulturelle Kompetenz" möglichst kurz gehalten werden soll. Sehr großen Wert legen die Unternehmen auf Wissen, das in der betrieblichen Praxis erworben wurde. So stehen studienbegleitende Praktika oder Auslandserfahrung, die man sich in der beruflichen Praxis angeeignet hat, an vorderster Stelle der genannten Erfolgskriterien.

Tabelle 5: Voraussetzungen für einen erfolgreichen Auslandsaufenthalt (Angaben von 102 Führungskräften der 300 größten internationalen Unternehmen Deutschlands; Angaben in Prozent)

	Wichtigkeit*					M**
	5	4	3	2	1	
Studienbegleitende Praktika	14	44	13	1	0	4.3
Auslandssemester	31	43	25	0	0	4.1
In der beruflichen Praxis erworbene Auslandserfahrung	38	46	9	3	3	4.1
Hochschulstudium	21	42	31	4	2	3.8
Zusatzstudium im Ausland	15	36	33	15	1	3.5
Bestimmte Fachrichtung	6	37	34	15	7	3.2
Studienbegleitende Spezialkurse	6	24	42	22	7	3.0

* 5=sehr wichtig, 1=gar nicht wichtig; Angaben in Prozent (gerundet); ** Mittelwert

Nach Maßgabe der Antwortenden sind bei interkulturellem Spezialwissen, das die Hauptstudienfachrichtung begleiten sollte, andere Schwerpunkte zu setzen als bei jenem, das vor einer Auslandsentsendung im Rahmen der beruflichen Praxis trainiert werden soll. Zwar führt auch hier die Erlangung fremdsprachlicher Kompetenz die Rangreihe an, doch der Vermittlung von kulturellem Wissen wird mehr Bedeutung beigemessen als bei der berufsbegleitenden Weiterbildung.

Tabelle 6: Erwartete Inhalte interkultureller Spezialkurse während des Studiums (Angaben von 102 Führungskräften der 300 größten internationalen Unternehmen Deutschlands; Angaben in Prozent)

	Wichtigkeit*					M**
	5	4	3	2	1	
Sprachkurse	21	42	31	4	2	4.3
Verhaltenstraining	6	37	34	15	7	3.5
Verhandlungstraining	6	24	42	22	7	3.3
Kulturelles Wissen	15	36	33	15	1	3.2
Wirtschaftswissen	14	44	13	1	0	3.1
Politikwissen	31	43	25	0	0	2.8

* 5=sehr wichtig, 1=gar nicht wichtig; Angaben in Prozent (gerundet); ** Mittelwert

Bei den erwarteten Kenntnissen über das Land einer Auslandsentsendung führt neben den obligaten *Sprachkenntnissen* die Kenntnis der *Arbeitsphilosophie* des Ziellandes an (Tabelle 7).

Tabelle 7: Erwartete Kenntnisse über das Zielland (Angaben von 102 Führungskräften der 300 größten internationalen Unternehmen Deutschlands; Angaben in Prozent)

	Wichtigkeit*					M**
	5	4	3	2	1	
Sprachen	65	24	8	2	1	4.5
Kenntnis der Arbeitsphilosophie	23	52	18	5	2	3.9
Wirtschaftswissen	16	44	35	3	2	3.7
Kenntnis der Lebensphilosophie	18	43	31	7	2	3.7
Kulturelles Wissen	12	47	33	6	2	3.6
Kenntnis des Alltagslebens	15	28	48	7	2	3.5
Politikwissen	6	34	45	12	2	3.3

* 5=sehr wichtig, 1=gar nicht wichtig; Angaben in Prozent (gerundet); ** Mittelwert

Bezüglich des Fähigkeitsprofils von internationalen Managern erachten 71 Prozent der antwortenden Führungskräfte „kommunikative Fähigkeiten" als sehr wichtig, etwa zwei Drittel „soziale Fähigkeiten", gefolgt von 57 und 56 Prozent der Führungskräfte, die „Managementfähigkeiten" und die „Bereitschaft zu lebenslangem Lernen" für „sehr wichtig" halten. Eine deutlich geringere Aussicht auf Erfolg werden der „Kompromissbereitschaft" oder dem „taktischen Geschick" beigemessen.

Befragt nach den wesentlichen Situationen, die interkulturell kompetent beherrscht werden müssen, um im Ausland unternehmerisch erfolgreich zu sein, gaben fast alle antwortenden Führungskräfte das Beherrschen von „Teamwork" (93%), gefolgt von „Vertragsverhandlungen" (90%) und dem „Verkaufsgespräch" an. Informellen Kontakten, wie *Small talk*, werden weit weniger Bedeutung beigemessen.

4. Anforderungen der Unternehmen und Status quo der Hochschulausbildung internationaler Managementkompetenz

Die aktuelle Befragung von 102 Top-Managern der 300 größten international tätigen Unternehmen Deutschlands erbrachte unter anderem folgende Ergebnisse:

- Führungskräfte werden relativ kurz auf eine bevorstehende Auslandstätigkeit vorbereitet;
- der Erwerb von Sprachkompetenz dominiert nach wie vor die Auslandsvorbereitung deutlich, kulturelles Wissen und Verhaltenstrainings spielen eine nachgeordnete Rolle;
- Auslandstätigkeit wirkt sich förderlich auf die persönliche Karriere aus, allerdings nicht unbedingt in dem entsendenden Unternehmen.

Weiterhin machen die Studienergebnisse die Forderung der Unternehmen deutlich, dass die Ausbildung internationaler Managementkompetenz heute – neben der in der beruflichen Praxis erworbenen Auslandserfahrung – möglichst *bereits in der universitären Erstausbildung* angesiedelt sein sollte, wobei als Wege der Kompetenzaneignung vor allem studienbegleitende Praktika und Auslandssemester betrachtet werden. Dies steht im Gegensatz zu den Ergebnissen der Befragung von Macharzina und Engelhard (1987) bei 107 baden-württembergischen Unternehmen – die Befragten präferierten hier ein sechsmonatiges bis einjähriges Aufbaustudium zur Qualifizierung im Bereich des Internationalen Managements. Die Unterschiede mögen auf die verschiedenen Unternehmensstichproben, die unterschiedlichen Ansprechpartner in den Unternehmen und die unterschiedlichen Erhebungszeitpunkte zurückzuführen sein; heute gehört internationale Managementkompetenz eher zum Anforderungsstandard als noch vor 15 Jahren. Allerdings können die Unterschiede in den Ergebnissen auch Ausdruck veränderter Merkmalspräferenzen in der Personalauswahl darstellen – heute werden in verstärktem Maße möglichst junge und voll qualifizierte Führungsnachwuchskräfte gesucht.

Den von den Unternehmen formulierten Anforderungen wird in unterschiedlichem Grad Rechnung getragen. So greifen Postgraduierten- und MBA-Studiengänge zwar die Forderung nach der Einbindung internationaler Thematiken auf, stellen aber eine von den Unternehmen eher nicht gewünschte Verlängerung der Studiendauer dar. Darüber hinaus findet die gegenwärtige Form der Etablierung von MBA-Studiengängen nicht ungeteilte Zustimmung (vgl. Albach, 2000).

Inwieweit im Rahmen der internationalen Ausbildung auch Aspekte der Handlungsebene berührt werden, etwa durch Verhaltenstrainings, ist fraglich. Es kann jedoch vermutet werden, dass diese Aspekte – eher der angelsächsischen Tradition entstammend – hinter der Vermittlung von reinem Fachwissen zurücktreten. Die Beschäftigung mit Internationalem Management ist nicht gleichzusetzen mit Bemühungen zur Entwicklung interkultureller Kompetenz.

Am stärksten scheinen die Fachhochschulen den Forderungen nach Vermittlung interkultureller Kompetenz während des Studiums in Form von Auslandsstudien oder Auslandspraktika gerecht zu werden. Allerdings muss auch hierzu betont werden, dass Auslandsaufenthalte möglicherweise eine gute *Voraussetzung* für die Entwicklung interkultureller Kompetenz darstellen, allein garantieren sie diese wahrscheinlich nicht. Es ist davon auszugehen, dass es zur Sensibilisierung für interkulturelle Problematiken unter anderem auch der Erörterung auf der Metaebene bedarf, die allerdings allein durch einen Auslandsaufenthalt nicht erreicht wird.

Schließlich muss auf die Kluft zwischen dem gegenwärtigen Stand der Konzeptualisierung des Konstrukts „interkulturelle Kompetenz" einerseits und den forcierten Bemühungen in der Praxis zu ihrer Vermittlung hingewiesen werden. Es ist jedoch davon auszugehen, dass erst bei einem allgemein anerkannten Begriff von interkultureller Kompetenz *Common sense* bezüglich wesentlicher Modalitäten ihrer Vermittlung erreicht werden kann.

5. Zusammenfassung und Ausblick

Zunehmende Globalisierung wirtschaftlicher – wie wissenschaftlicher, gesellschaftlicher und politischer – Prozesse fordert eine veränderte Aus- und Weiterbildung, die dieser Entwicklung gerecht wird. Im betriebswirtschaftlichen Kontext bedeutet dies eine Intensivierung der Ausbildung im Internationalen Management, worauf unter anderem Engelhard et al. (1996) mit einer empirischen Erhebung an den deutschsprachigen wissenschaftlichen Hochschulen hinweisen. Allerdings ist dabei eine alleinige Fokussierung auf genuin betriebswirtschaftliche Funktionen und Prozesse des Internationalen Managements nicht ausreichend; neben dem fraglos wichtigen Erwerb von Sprachen spielt dabei der Erwerb interkultureller Kompetenz eine entscheidende Rolle. Doch lässt sich diese nicht *en passant* vermitteln.

Neue Denkansätze und Perspektiven zur Konzeptualisierung und Vermittlung interkultureller Kompetenz sind weder allein in der akademischen Tradition noch ausschließlich im unternehmerischen Tagesgeschäft zu finden. Neue Konzepte für unternehmerisches Handeln lassen sich nur im fortgesetzten, fachübergreifenden Dialog zwischen Wirtschaft, Wissenschaft und Ausbildungseinrichtungen ermitteln.

Die Unternehmen stehen vor einem Wandel. Wenn heute interkulturelles Wissen zwar in vielen Unternehmen noch nicht den Status von wirtschaftlichen Kenntnissen und Fachwissen erreicht hat, wird trotzdem nach Einschätzung vieler Entscheidungsträger der Wirtschaft eine interkulturelle Ausrichtung von Aus- und Weiterbildung, Kenntnissen und Fähigkeiten in Zukunft weiter an Bedeutung zunehmen.

Vor diesem Hintergrund suchen die Unternehmen heute Manager, die zwar ein wirtschaftswissenschaftliches oder technisch-naturwissenschaftliches „Basisfach" an einer Hochschule studiert haben, das sie befähigt, wirtschaftliche Zusammenhänge sowie Produkte, Funktionen und Prozesse des eigenen Unternehmens erfolgreich zu beeinflussen, daneben aber auch jene Kenntnisse und Fähigkeiten erworben haben, die sie auf dem internationalen Parkett erfolgreich machen.

Anmerkung

[1] Die Autoren bedanken sich auch an dieser Stelle für die hohe Bereitschaft der Führungskräfte der beteiligten Unternehmen zur Mitarbeit. Dem Asien-Pazifik-Ausschuss der deutschen Wirtschaft, Köln, der Arthur Andersen Management Beratung, Eschborn, und dem Arbeitskreis Interkulturelles Management an der Universität des Saarlandes, Saarbrücken, danken die Autoren für die Unterstützung der Studie.

Literatur

Albach, H. (2000). MBA oder Diplom-Kaufmann: Was sagt uns die Theorie der Produktdifferenzierung? ZfB 70, 1061-1062.

Bergemann, B., Bergemann, N. (2001). Interkulturelle Managementkompetenz – Anforderungen multinationaler Unternehmen und deren Reflexion im Curriculum deutscher Universitäten und wissenschaftlichen Hochschulen. Unveröff. Manuskript.

Bergemann, N. (1994). Interkulturelles Management. In: A. Thomas (Hrsg.): Psychologie und interkulturelle Gesellschaft (S. 247-250). Göttingen: Verlag für Angewandte Psychologie.

Brühl, R., Groenewald, H. (1998). Bildungssysteme und internationales Personalmanagement – einleitende Vorbemerkungen. In: R. Brühl, H. Groenewald, J. Weitkamp (Hrsg.), Betriebswirtschaftliche Ausbildung und internationales Personalmanagement. Wiesbaden: Gabler.

Brühl, R., Groenewald, H., Weitkamp, J. (Hrsg.) (1998). Betriebswirtschaftliche Ausbildung und internationales Personalmanagement. Wiesbaden: Gabler.

Bundesministerium für Bildung und Forschung (2000). Die Fachhochschulen in Deutschland. Bonn: Bundesministerium für Bildung und Forschung (3., überarbeitete Aufl.).

Bund-Länder-Kommission für Bildungsplanung und Forschungsförderung & Bundesanstalt für Arbeit (1998). Studien- und Berufswahl 1998/99. Nürnberg: Bildung und Wissen.

Bund-Länder-Kommission für Bildungsplanung und Forschungsförderung & Bundesanstalt für Arbeit (2001). Studien- und Berufswahl 2001/02. Nürnberg: Bildung und Wissen.

Chen, G.-M., Starosta, W. J. (1996). Intercultural communication competence: a synthesis. Communication Yearbook 19, 353-383.

Church, A. T. (1982). Sojourner adjustment. Psychological Bulletin 91, 540-572.

Collier, M. J. (1989). Cultural and and intercultural communication competence. Current approaches and directions for future research. International Journal of Intercultural Relations 13, 287-302.

Collier, M. J., Ribeau, S. A., Hecht, M. L. (1986). Intercultural communication rules and outcomes within three domestic cultures. International Journal of Intercultural Relations 10, 439-457.

David, K. H. (1972). Intercultural adjustment and applications of reinforcement theory to problems of culture shock. Trends 4, 1-64.

Dinges, N. G. (1983). Intercultural competence (pp. 176-202). In: D. Landis, R. W. Brislin (Hrsg.), Handbook of intercultural training, Vol. 1. New York: Pergamon Press.

Dinges, N. G., Lieberman, D. A. (1989). Intercultural communication competence: coping with stressful work situations. International Journal of Intercultural Relations 13, 371-385.

Engelhard, J., Hein, S., Saslona, K., Specker, T. (1996). Internationalisierung der Betriebswirtschaftslehre an wissenschaftlichen Hochschulen und Universitäten in Deutschland, Österreich und der Schweiz – Stand der Institutionalisierung und Entwicklungsperspektiven. Bamberg: Otto-Friedrich-Universität Bamberg, Lehrstuhl für Betriebswirtschaftslehre, insbes. Europäisches Management (Bamberger Betriebswirtschaftliche Beiträge Nr. 109).

Foundation for International Business Administration Accreditation (FIBAA) (2001). Praxisnah und international – der MBA in Deutschland. Bonn: Bundesministerium für Bildung und Forschung.

Fritz, W., Möllenberg, A., Werner, T. (1999). Die interkulturelle Kompetenz von Managern – ihre Bedeutung für die Praxis und Perspektiven für die Forschung. Bericht des Instituts für Wirtschaftswissenschaften, TU Braunschweig.

Fritz, W., Möllenberg, A. (1999). Die Messung der interkulturellen Sensibilität in verschiedenen Kulturen – eine internationale Vergleichsstudie. Bericht des Instituts für Wirtschaftswissenschaften, TU Braunschweig.

Gaugler, E. (1994). Konsequenzen aus der Globalisierung der Wirtschaft für die Aus- und Weiterbildung im Management (S. 309-328). In: B. Schiemenz, H. J. Wurl (Hrsg.), Internationales Management – Beiträge zur Zusammenarbeit. Wiesbaden: Gabler.

Giesen, B. (2000 a). Das MBA-Studium (3. Aufl.). Köln: Staufenbiel Institut für Studien- und Berufsplanung.

Giesen, B. (2000 b). MBA – Karriere mit drei Buchstaben (S. 195-216). In: J. Graf (Hrsg.), Seminare 2001. Jahrbuch der Management-Weiterbildung. Bonn: Manager Seminare Gerhard May.

Gudykunst, W. B., Wiseman, R. L., Hammer, M. R. (1977). An analysis of an integrated approach to cross-cultural training. International Journal of Intercultural Relations 1, 99-110.

Guthrie, G. M., Zektick, I. N. (1967). Predicting performance in the Peace Corps. The Journal of Social Psychology 71, 11-21.

Hall, E. T. (1966). The hidden dimension. New York, NY: Doubleday.

Hall, E. T. (1984). The dance of life. The other dimension of time. New York, NY: Anchor Press/Doubleday.

Hall, E. T. (1959). The silent language. New York, NY: Doubleday.

Hall, E. T. (1976). Beyond culture. New York, NY: Anchor Press/Doubleday.

Hammer, M. R. (1989). Intercultural communication competence (pp. 247-260). In: M. K. Asante, W. B. Gudykunst (Hrsg.), Handbook of international and intercultural communication. Newbury Park: Sage.

Hammer, M. R., Nishida, H., Wiseman R. L. (1996). The influence of situational prototypes on dimensions of intercultural communication competence. Journal of Cross-Cultural Psychology 27, 267-282.

Imahori, T. T., Lanigan, M. L. (1989). Relational model of intercultural communication competence. International Journal of Intercultural Relations 13, 241-268.

Karmasin, H., Karmasin, M. (1997). Cultural theory. Ein neuer Ansatz für Kommunikation, Marketing und Management. Wien: Linde.

Kealey, D. J. (1989). A study of cross-cultural effectiveness: theoretical issues, practical applications. International Journal of Intercultural Relations 13, 349-370.

Kealey, D. J., Ruben, B. D. (1983). Cross-cultural personnel selection: Criteria, issues and methods (pp. 155-175). In: D. Landis, R. W. Brislin (Hrsg.). Handbook of intercultural training. Vol. 1. New York: Pergamon Press.

Kutschker, M. (1996). Internationalisierung der Unternehmensentwicklung. In: K. Machazina, M.-J. Oesterle (Hrsg.), Handbuch Internationales Management. Wiesbaden: Gabler.

Macharzina, K., Engelhard, J. (1987). Bildungsbedarf im Internationalen Management. Die Betriebswirtschaft 47, 191-211.

Martin J. N. (1993). Intercultural communication competence: a review (pp. 16-32). In: R. L. Wiseman, J. Koester (Hrsg.), Intercultural communication competence. Newbury Park/CA: Sage.

Mischel, W. (1965). Predicting the success of Peace Corps volunteers in Nigeria. Journal of Personality and Social Psychology 1, 510-517.

Müller, S., Gelbrich, K. (1999). Interkulturelle Kompetenz und Erfolg im Auslandsgeschäft: Status quo der Forschung. Dresden: Technische Universität Dresden, Fakultät Wirtschaftswissenschaften (Dresdner Beiträge zur Betriebswirtschaftslehre Nr. 21/99).

Parker, B., McEvoy, G. M. (1993). Initial examination of a model of intercultural adjustment. International Journal of Intersultural Relations 17, 355-379.

Perlitz, M. (2000). Internationales Management (4. Aufl.). Stuttgart: Lucius & Lucius.

Ruben, B. D. (1989). The study of cross-cultural competence: traditions an contemporary issues. International Journal of Intercultural Relations 13, 229-230.

Ruben, B. D., Kealey, D. J. (1979). Behavioral assessment of communication competency and the prediction of cross-cultural competence adaptation. International Journal of Intercultural Relations 3, 15-47.

Schlesinger, C. (2001). Erfolgstitel für Manager. Capital, Heft 24, 176-181.

Shirts, R. G. (1973). BAFA BAFA: A cross-cultural simulation. DelMar, Ca.: Simile II/Yarmouth: Intercultural Press.

Spitzberg, B. H. (1989). Issues in the development of a theory of interpersonal competence in the intercultural context. International Journal of Intercultural Relations 13, 241-268.

Spitzberg, B. H. (1997). A model of intercultural communication competence (pp. 379-391). In: L. A. Samovar, R. E. Porter (Hrsg.), Intercultural communication: a reader (9. Aufl.). Belmont: Wadsworth.

Spitzberg, B. H., Cupach, W. R. (1984). Interpersonal communication competence. Beverly Hills: Sage.

Spitzberg, B. H., Cupach, W. R. (1989). Handbook of interpersonal competence research. Heidelberg, Berlin, New York: Springer.

Stahl, G. K. (1995). Die Auswahl von Mitarbeitern für den Auslandseinsatz: Wissenschaftliche Grundlagen (S. 31-72). In: T. M. Kühlmann (Hrsg.), Mitarbeiterentsendung ins Ausland. Auswahl, Vorbereitung, Betreuung und Wiedereingliederung. Göttingen: Verlag für Angewandte Psychologie.

Stahl, G. K. (1998). Internationaler Einsatz von Führungskräften. München, Wien: Oldenbourg.

Stening, B. W. (1979). Problems in cross-cultural contact: A literature review. International Journal of Intercultural Relations 3, 269-313

Thomas, A. (1995). Die Vorbereitung von Mitarbeitern für den Auslandseinsatz: Wissenschaftliche Grundlagen (S. 85-118). In: T. M. Kühlmann (Hrsg.), Mitarbeiterentsendung ins Ausland. Auswahl, Vorbereitung, Betreuung und Wiedereingliederung. Göttingen: Verlag für Angewandte Psychologie.

Wiseman, R. L., Hammer, M. R., Nishida, H. (1989). Predictos of intercultural communication competence. International Journal of Intercultural Relations 13, 349-370.

12

International orientierte Personalentwicklung

Ekkehard Wirth

Früher bestand die Hauptaufgabe der in den Unternehmenszentralen für das Personalwesen Ausland zuständigen Stellen darin, durch Entsendung von Fach- und Führungskräften für den Know-how-Transfer vom Stammhaus in die Auslandsgesellschaften zu sorgen. Dass Auslandseinsätze gleichzeitig der persönlichen Entwicklung der Mitarbeiter sowie dem besseren Kommunikationsfluss im Unternehmen dienten, war eher ein unbeabsichtigter, teils sogar unbewusster Nebeneffekt.

Seit einigen Jahren ist hier ein Wandel zu beobachten: Der Auslandseinsatz wird heute als zentrales Instrument einer international orientierten Personalentwicklung (IPE) erkannt.

So bemüht sich etwa die Philips AG intensiv, die in ihrem Unternehmen als „Dutch Mafia" bekannte Spezialistengruppe von Mitarbeitern, die von einer Auslandsgesellschaft zur nächsten wandern, aufzulösen. Einer größeren Zahl von Führungskräften soll ermöglicht werden, durch eine zwei- bis vierjährige internationale Job-Rotation Auslandserfahrung zu sammeln. „Today the management value of such assignments is seen too high to waste" (Bartlett & Ghoshal, 1989, S. 189).

Auch bei Unilever haben sich die Motive für internationale Einsätze verändert:

> Originally the reason was usually that you didn't have a local who could do the job (...). That still happens, but a further feeling has grown that the most able managers ought to get international experience because they are going to hold top jobs; therefore they need experience of working in different cultures. In recent years, I had several product group directors who said that they would like an expatriate on the board of their local company. Not

just because they haven't got a national, not just because it would be good for the expatriate, but because it would be good for the company to have a bit of challenge to the one-best-way of doing things. (Evans, Lank & Farquhar, 1989, S. 122)

Die Deutsche Bank sieht in ihrer Auslandspersonalpolitik einen Wandel von der „Pionierphase" zur „Internationalisierungsphase". Stand früher die Notwendigkeit im Vordergrund, neue Geschäftsfelder im Ausland mit Experten aus dem Stammunternehmen aufzubauen, übernehmen jetzt meist einheimische Führungskräfte, die vorher zum Teil in Deutschland ein Training durchlaufen haben, die Verantwortung in den Auslandsgesellschaften. Statt weniger Langzeit-Versetzungen gibt es eine größere Zahl von kürzeren Einsätzen im Ausland (Rautenberg, 1989).

VW charakterisiert die bisherigen Schwerpunkte des internationalen Personalmanagements folgendermaßen: „Anlaß der Entsendungen ist normalerweise ein akuter Bedarf bei der Auslandsgesellschaft; Gesichtspunkte der Personalentwicklung (...) werden nur selten berücksichtigt." Es wird von einer „Einbahnstraße" der Entsendung zu den Auslandsgesellschaften gesprochen. In der Gegenrichtung gäbe es lediglich den Transfer von meist jüngeren Trainees zur Muttergesellschaft. In Zukunft aber werde die internationale Erfahrung und Kompetenz durch Karriereplanung in die Entwicklung des Managers integriert und der Führungsnachwuchs aller Konzerngesellschaften durch Programme systematisch an international und global orientiertes Handeln herangeführt (Robinson, 1989).

Für die Bayer AG gilt: „Wir haben es zu einer Conditio sine qua non erhoben, daß obere Führungspositionen nur mit auslandserfahrenen Managern besetzt werden" (Strenger, 1987, S. 236). Die Basis zum Aufbau eines internationalen Managements hat das Chemie-Unternehmen mit der Herausgabe der „Grundsätze zur internationalen Bayer-Personalpolitik für Führungskräfte" geschaffen. Darin wird u.a. verbindlich festgelegt, dass:

- Aufstiegschancen für Führungskräfte von der Nationalität unabhängig sind;
- die Firma den Einsatz von Managern außerhalb ihres jeweiligen Heimatlandes aktiv unterstützt;
- der internationale Einsatz von Führungskräften in erster Linie der Personalentwicklung dient;
- Führungspositionen im Topmanagement grundsätzlich nur Kandidaten mit internationaler Erfahrung übertragen werden (Reinert, 1989).

Diese Beispiele machen die Ausrichtung des Themas deutlich. In den Personalressorts internationaler Unternehmen kommt es zu neuen Bewegungen. Die Personalentwicklungs- (PE-)Abteilungen entdecken die internationale Dimension ihres Tätigkeitsfeldes und gleichzeitig werden die für die Auslandsentsendung zuständigen Personalabteilungen mit dem PE-Aspekt des Auslandseinsatzes konfrontiert. Der internationale Personaleinsatz wird als zentrales Instrument des internationalen Personalmanagements erkannt.

IPE unterscheidet sich von PE dadurch, dass sie als Personalmanagement-Instrument zentral koordiniert und länderübergreifend eingesetzt wird und auf die Mitarbeiter aller Auslandsgesellschaften bezogen ist.

Nachfolgend wird die Entwicklung und Umsetzung von IPE-Konzepten diskutiert. Zunächst sollen jedoch kurz die besonderen Anforderungen an eine international orientierte Führungskraft skizziert werden, sind diese doch notwendigerweise Ausgangspunkt jedes IPE-Konzeptes.

1. Anforderungen an international orientierte Führungskräfte

„The future is something which everyone reaches at the rate of 60 minutes an hour, whatever he does, whoever he is" (Lewis, zitiert nach Lepage, 1990, S. 257).

Aussagen über die Anforderungen an zukünftige Führungskräfte zu machen, hat etwas Paradoxes an sich, weil wir keine Möglichkeit haben herauszufinden, was die Zukunft bringt. Wir sind alle Reisende, unterwegs in ein Land, das niemand zuvor besucht hat, mit einer Kultur und einem Klima, das wir nur erahnen können. Und wie alle Reisenden wissen, ist es eine Herausforderung, den Koffer zu packen, ohne das Klima zu kennen. Aus diesem Grund wird lediglich versucht, die typischen Charakteristika einer international ausgerichteten Führungskraft grob zu skizzieren und die Beschreibung auf die wichtigsten Merkmale zu beschränken.

1.1 Komplexität wahrnehmen

Die besondere Komplexität des Handlungsfeldes einer Führungskraft in einem internationalen Unternehmen wird vielfach als spezifisch herausgestellt. Aus den Sozialwissenschaften ist bekannt, dass der Mensch nicht „die Realität" wahrnimmt, sondern vielmehr das, was er wahrzunehmen gelernt hat, d. h. die „eigene Realität". Da der Mensch typischerweise in einem einfachen Kontext aufwächst, ist er wenig befähigt, komplexe Systeme wahrzunehmen. Familie, Freundeskreis, Schule und Nachbarschaft als die durch Jahrhunderte dominierenden sozialen Systeme sind im Vergleich zu den großen und komplexen internationalen Unternehmen einfach strukturiert. Sie sind physisch erfahrbar und daher begreifbar. Sinnesapparat, Denk- und Handlungsweisen sind diesem Kontext angepasst.

Das System „Industrieunternehmen", und noch verstärkt das „internationale Unternehmen", sprengt diesen Kontext völlig. Verschiedene Dimensionen sind zu berücksichtigen, viele Variablen interagieren miteinander und jeder Effekt kommt durch ein vernetztes Zusammenwirken vielschichtiger Einflüsse zustande. Die Komplexität ist hier weit größer als die der uns vertrauten Systeme und es ist diese Komplexität, die das alles überragende Managementproblem in nationalen – noch augenfälliger – in internationalen Firmen darstellt.

Die Art der Auseinandersetzung mit dieser Komplexität kann helfen, effektives von ineffektivem Management zu unterscheiden. Ineffektive Manager nehmen Komplexität überhaupt nicht wahr oder ignorieren sie. Effektive Manager vermögen die volle Komplexität ihrer Situation zu erfassen und entsprechend zu handeln. Sie vereinfachen auch, aber in wohl überlegter und umsichtiger Weise. Und sie wissen, dass nichts für ein Unternehmen so schädlich ist wie unausgewogene, eindimensionale Zielsetzungen (Malik, 1989).

1.2 Balance finden

International orientierte Führungskräfte müssen also eine „weite Sicht" haben und in der Lage sein, komplizierte Dialoge zu führen. Die Erbringung eines effektiven Beitrages für ein komplexes, internationales Unternehmen erfordert aber vor allem die Kunst des Ausbalancierens, des Abwägens und Ausgleichens. Es zeichnet eine Führungskraft aus, wenn sie lernt, mit Mehrdeutigkeiten und Ungewissheiten zu leben sowie Toleranz gegenüber individuellen und kulturellen Unterschieden zu zeigen. Führungspersönlichkeiten haben das Wertegesetz erkannt, dass jeder Wert nur in ausgehaltener Spannung zu seinem positiven Gegenwert ein wirklicher Wert ist, und dass er sich nur steigern lässt, wenn auch die Spannung zum Gegenwert erhöht wird, wenn also gleichzeitig dieser Gegenwert mitwächst (Beispiele: Selbstständigkeit – Teamfähigkeit; Durchsetzung – Kompromissfähigkeit; Selbstsicherheit – Selbstkritik; Identifikation – Distanz etc.). Spannungen werden nicht als Bedrohung, sondern als Chance für eine Entwicklung der Persönlichkeit, aber auch für eine kreative Organisationsentwicklung gesehen (vgl. Helweg, 1951).

Aus der Sicht der Organisation ist die Schlüsselqualifikation einer international orientierten Führungskraft das Finden der Balance zwischen globaler Integration und lokaler Verantwortung. Hofstede (1989) beschreibt dies folgendermaßen:

As even multinationals are held together by people (...) two roles are particularly crucial:
– Country business unit managers. They should be able to function in two cultures: the culture of the business unit, and the corporate culture (...).
– Corporate diplomats, i.e. home country or other nationals impregnated with the corporate culture, multilingual, from various occupational backgrounds, and experienced in living and functioning in various foreign cultures.

1.3 Distanz gewinnen

Ein weiteres wichtiges Merkmal einer international orientierten Führungskraft ist, dass sie einen nutzbringenden Beitrag für andere Menschen und für das Unternehmen leisten will und kann. Voraussetzung hierfür ist eine gewisse innere Distanz zu sich selbst und zur eigenen kulturellen Prägung.

Führungskräfte sind dafür verantwortlich, dass ihre eigenen Anstrengungen und Mühen und jene ihrer Mitarbeiter auch zu positiven Resultaten führen. Diese können nur erzielt werden, wenn sie sich über den Beitrag im Klaren sind, den sie im Rahmen ihrer Tätigkeit zur Erreichung der Gesamtziele der Organisation zu leisten haben.

Ein entscheidender Beitrag kann nur geleistet werden, wenn die Führungskraft ihre eigenen Stärken und die Stärken ihrer Mitarbeiter kennt. Leistung entsteht in dem Maße, in dem es gelingt, die Aufgaben so zu gestalten, dass möglichst viele Menschen ihren Beitrag dort erbringen können, wo sie Begabungen und Stärken haben. Klarheit über den Beitrag führt zur Konzentration auf die gesetzten Prioritäten.

Konzentration impliziert auch, sich nicht nur um seine eigene kulturelle Prägung zu drehen, sondern zu lernen, sich selbst zurückzunehmen und somit zu öffnen für die Anliegen anderer.

1.4 Anforderungsprofile der Praxis

Die zuvor beschriebenen drei Grundanforderungen sind eher abstrakter Art. In diesem Abschnitt soll der Frage nachgegangen werden, welche Anforderungen Unternehmen konkret an international agierende Führungskräfte stellen.

Dabei fällt auf, dass einzelne Unternehmen zwar unterschiedliche Schwerpunkte setzen, dass sich aber vielfach die drei oben dargestellten „Kernqualitäten" herauskristallisieren.

Korn & Ferry International, eine international tätige Unternehmensberatung, führte zu diesem Punkt zusammen mit der Columbia University eine Befragung von 1500 Top-Führungskräften aus 20 Ländern durch. Folgendes Anforderungsprofil des „Managers 2000" wurde daraus abgeleitet: „In the year 2000, the CEO will be Creative, Enthusiastic, and Open-minded as well as Collaborative, Ethical, and Organized. The new leader will be both intuitive and analytical, both risk-taking and diplomatic" (Korn & Ferry International & Columbia University, 1989, S. 55). Neue Aspekte, die diese Studie – im Vergleich zu ähnlichen Umfragen in früheren Jahren – aufzeigte, betreffen die Forderung einer festen ethischen Grundhaltung und die zunehmende Betonung der Fähigkeit, kompetente Mitarbeiter durch gezielte Förderung heranzubilden.

Tichy und Devanna (1986) erkennen – basierend auf einer Untersuchung in großen US-Unternehmen – sieben Charakteristika der „Transformational Leaders":

- they identify themselves as change agent;
- they are courageous individuals;
- they believe in people;
- they are value-driven;
- they are lifelong learners;
- they have the ability to deal with complexity, ambiguity, and uncertainty;
- they are visionaries.

Matsushita hat die besonderen Fähigkeiten eines international orientierten Managers in dem Akronym „SMILE" zusammengefasst: „*S*peciality (the needed skill, capability, or knowledge), *M*anagement ability (particularly motivational ability), *I*nternational (willingness to learn and ability to adapt), *L*anguage facility, and *Endeavour* (vitality, perseverance in the face of difficulty)" (Bartlett & Ghoshal, 1989, S. 187).

Bei Daimler-Benz gilt: „Statt provinzieller Kurzsichtigkeit und fehlenden Gespürs für fremde Verhaltensweisen brauchen wir (...) mehr Führungspersonal mit globalem Horizont" (Klein & Lentz, 1987, S. 228).

Volkswagen sucht „Manager mit Flexibilität und einer global ausgerichteten Vision der Zukunft" (Robinson, 1989) sowie „Moderatoren, die Teams ausbalancieren" und „konstruktive Unruhestifter" (Posth, 1989, S. 2).

Für international tätige Firmen gibt es nun entweder die Möglichkeit, von außerhalb des Unternehmens solche Personen zu gewinnen, die diese Qualifikationen mitbringen (Internationales Personalmarketing; vgl. den Beitrag von Bergemann & Sourisseaux im vorliegenden Band), oder intern nach Mitarbeitern mit entsprechendem Potenzial Ausschau zu halten und sie gezielt zu fördern, damit diese Fähigkeiten zur Entfaltung kommen (*Internationale Personalentwicklung*). Personalmarketing wird von einigen weltweit tätigen Unternehmen bereits länderübergreifend betrieben, um vor allem die Nachwuchsführungskräfte zu finden, die bereits in einer frühen Entwicklungsphase internationale Erfahrungen sammeln konnten. Im Folgenden soll jedoch die zweite Alternative besprochen werden, also die international orientierte PE, die die erste keineswegs ausschließt.

2. Konzepte internationaler Personalentwicklung

Eine „Conference-Board-Umfrage" unter 277 Vorstandsvorsitzenden multinationaler Unternehmen ergab, dass als Management-Aufgabe mit oberster Priorität das Erkennen und Fördern von international orientierten Führungskräften gesehen wird (vgl. Evans & Lorange, 1989). Damit internationale Aktivitäten nicht an mangelnden Management-Talenten scheitern, muss der systematische Aufbau eines international orientierten Managements künftig mehr sein als ein reines Lippenbekenntnis.

Dies wird auch in den folgenden Stellungnahmen zweier Vorstände deutlich:

> The word summarizing today's business outlook is uncertainty, and the response must be flexibility. For a complex, international, multifunctional organization (...), the prerequisite for flexibility is a highly skilled, mobile, international body of staff. (Baxendell, zitiert nach Evans, Lank et al., 1989, S. 123)

> Jetzt kommt es darauf an, den Prozeß der Internationalisierung unserer Mitarbeiter auf allen Ebenen unserer Unternehmen so voranzutreiben, daß globalen Marktgegebenheiten globales Denk- und Handlungsvermögen gegenübersteht. (Posth, 1987, S. 445)

Die Zielsetzung ist somit formuliert. Das Ergebnis der unter Mitgliedsfirmen der *Deutschen Gesellschaft für Personalführung* (DGFP) durchgeführten Umfrage zeigt, dass die Bedeutung einer unternehmensintegrierten und länderübergreifenden Personalentwicklung erkannt ist und verstärkte Aktivitäten im Gange sind. IPE hat Leitbildcharakter (Wirth, 1992; vgl. Tabelle 1).

Tabelle 1: IPE-Programme in deutschen Unternehmen (nach Wirth, 1992)

IPE-Programm vorhanden	57%
IPE-Programm geplant	24%
IPE-Programm nicht geplant	19%

Welche Hilfen bietet auf diesem Forschungsgebiet die Wissenschaft der Praxis? „In der Literatur fehlen bisher praktische Empfehlungen zur konkreten Ausgestaltung von IPE", so stellten Joggi und Rutishauser 1980 (S. 165) fest, und dies hat sich noch nicht wesentlich verbessert. Dies liegt möglicherweise zum einen an der Schwierigkeit, angesichts der vielfältigen Bedingungen eines international tätigen Unternehmens allgemeingültige Vorschläge für IPE-Konzepte zu machen, zum anderen gewiss auch an einem Mangel „vorbildlicher Studienobjekte".

Im Folgenden soll das Thema „IPE" definiert und ein Vorschlag für ein IPE-Konzept vorgelegt werden.

Bevor das Spezifische der IPE – im Vergleich zur Personalentwicklung im Allgemeinen – erklärt werden kann, muss zunächst PE definiert werden: PE bedeutet gezielte Förderung von Mitarbeitern aus den eigenen Reihen zur Vorbereitung auf die Übernahme größerer Verantwortung (Wirth, 1989). Aufgabe der PE ist es, den Mitarbeitern jene Qualifikationen und Problemlösestrategien zu vermitteln, die sie zur Bewältigung flexibler Arbeitsanforderungen benötigen. Der Umgang mit und die Sicherheit in komplexen Situationen muss im Mittelpunkt der PE stehen (Rieckmann, 1989). Zielgruppe der PE sind – dem Verständnis von PE in vielen Unternehmen folgend – in erster Linie gegenwärtige und potenzielle Führungskräfte.

PE schafft die personellen Voraussetzungen zur langfristigen Zukunftssicherung des Unternehmens und kann zur persönlichen Entfaltung der Mitarbeiter beitragen (Thom, 1987). Das richtige Entwicklungstempo zu finden, ist nicht immer leicht. Wenn sich PE auf die Erhaltung der Fach- und Methodenkompetenz beschränkt, verkümmert sie von selbst. Wenn sie sich zur Karriereförderung verführen lässt, wird sie von Erwartungshaltungen erdrückt. Somit wandert man bei der PE auf einem schmalen Grat (Hofstetter, 1989).

Der Begriff „Personalentwicklung" wird verwendet, weil er sich im Sprachgebrauch der Wirtschaftswelt eingebürgert hat. Die Bedeutung besser treffen würde der Begriff „Führungskräfteförderung". Denn kein Unternehmen – selbst nicht dessen „Personalentwickler" – kann Personal entwickeln. Es kann die Mitarbeiter lediglich dahingehend fördern, dass sie sich weiterentwickeln und zu Persönlichkeiten werden, durch die etwas Individuelles, Charakteristisches „hindurchtönt" (lat.: *personare*).

Wie üblich – und auch notwendig – provokativ, dabei aber selbst wieder in Gefahr, einseitig zu werden, äußert sich Neuberger (1990, S. 317):

> Der Ausdruck Personalentwicklung ist ein Euphemismus (...). Nicht Persönlichkeiten sollen sich entwickeln (...), sondern Persönlichkeiten sollen zu Personal umgeformt werden. Der Objektcharakter der Person wird deutlich im transitiven Gebrauch des Verbs: Das Personal soll entwickelt werden!

Zwei Aspekte machen das Spezifische der IPE aus; auf diese soll nun eingegangen werden.

Charakteristisch für IPE ist zunächst die Zielgruppe, die nicht auf ein Land beschränkt bleibt, sondern die weltweit tätigen Führungs- und Nachwuchsführungskräfte eines Unternehmens umfasst. Ausgangspunkt der IPE ist die zentral koordinierte Erfassung des im Gesamtunternehmen vorhandenen Führungspotenzials. In der Praxis existieren oder funktionieren diese länderübergreifenden Potenzialermittlungssysteme aber bisher noch nicht überall. Außerdem sind Entwicklungsmaßnahmen für die weltweite Führungsmannschaft nicht immer koordiniert und international ausgerichtet. IPE-Maßnahmen beziehen sich zum Teil nur auf „Expatriates". Der Aspekt der Förderung von Führungskräften aus den Auslandsgesellschaften betrifft die PE *im* Ausland.

Zweites charakteristisches Merkmal der IPE ist die PE *durch* Auslandserfahrung: Führungs- und Nachwuchsführungskräften werden verantwortungsvolle Tätigkeiten im Ausland übertragen, weil man erkannt hat, dass das Sammeln von Erfahrungen im Ausland das wirksamste Mittel ist, international orientierte Manager und – daraus resultierend – ein internationales Management aufzubauen. In den Austausch über Ländergrenzen hinweg werden sowohl Führungskräfte der Auslandsgesellschaften als auch jene der Stammgesellschaft einbezogen. Wichtig ist in diesem Zusammenhang die Rolle der Führungskraft, also der Person, die für die Förderung des Mitarbeiters während des Auslandseinsatzes in erster Linie zuständig ist.

3. Personalentwicklung *im* Ausland

IPE bedeutet, dass es zu einer Integration des PE-Systems der Zentrale und den PE-Systemen der Auslandsgesellschaften kommt. Ganz exakt müsste die Überschrift dieses Abschnittes dann eigentlich „PE auch im Ausland" oder „PE im Inland und im Ausland" lauten. Wenn im Ausland PE noch nicht systematisch eingeführt ist, muss zudem erst einmal Aufbauarbeit geleistet werden, z. B. Schulung der Mitarbeiter des Personalbereichs und der Führungskräfte.

Noch so gute Förderprogramme haben wenig Wirkung, wenn nicht eine durchdachte PE-Planung vorausgegangen ist. PE-Planung im internationalen Kontext wird im Mittelpunkt dieses Abschnittes stehen. Voraussetzungen zur Entwicklung von Planungssystemen sind die vorherige Eingrenzung der Zielgruppe der IPE und die institutionelle Stärkung der IPE durch die Unternehmensleitung. Auf diese Voraussetzungen wird deshalb zunächst eingegangen.

Ist es das Ziel, ein unternehmensweites IPE-System aufzubauen, so muss dies an einer zentralen Stelle koordiniert werden. In großen Unternehmen ist es jedoch nicht möglich und auch nicht sinnvoll, sämtliche PE-Maßnahmen zentral steuern zu wollen. Hier bietet sich eine Arbeitsteilung zwischen der IPE-Zentralstelle und den PE-Abteilungen der Auslandsgesellschaften an. Da der persönliche Kontakt der PE-Stelle zu den Teilnehmern der Förderprogramme und deren Vorgesetzten unverzichtbar ist, wird grundsätzlich eine Dezentralisierung der PE angestrebt. Von übergeordneter Bedeutung kann es allerdings sein, dass das Führungspotenzial auch über die Länder- und Bereichsgrenzen hinaus transparent wird; zum Beispiel, um die entsprechenden Mitarbeiter speziell zu fördern, oder auch, um sie in andere Unternehmensbereiche und Länder zu versetzen.

So könnte vereinbart werden, dass die dezentralen PE-Stellen alle PE-Maßnahmen koordinieren, mit Ausnahme von Programmen, die für einen bestimmten Kreis von Führungs- und Nachwuchsführungskräften vorgesehen sind. Jedes Unternehmen muss für sich ausrechnen, wo die Grenze gezogen werden soll, bei deren Überschreitung die Kosten einer zentralen Steuerung den Nutzen übersteigen.

Im Folgenden werden als Zielgruppe der IPE diejenigen Führungs- und Nachwuchsführungskräfte angenommen, die ein Orientierungsmuster nach genereller Managementkompetenz haben (vgl. Modell des „career anchors" von Schein, 1978). Diese so genannten „High-Potentials" („HiPos") sind besonders begabte und zuverlässige Manager, die die Fähigkeit zur Übernahme einer strategisch bedeutsamen Schlüsselposition haben. Sie werden durch die Unternehmenszentrale gefördert und durchlaufen – so das Ergebnis einer Studie von Derr, Jones und Toomey (1988) – in vielen Unternehmen drei meist klar definierte Phasen. Zunächst werden sie als Kandidaten ausgewählt (Phase 1), dann gefördert (Phase 2) und schließlich als Verantwortungsträger eingesetzt (Phase 3).

Einzelne Führungskräfte werden also mehr gefördert als andere. Eine zusätzliche Förderung heißt aber auch, sich mit Zeit und Energie intensiver zu engagieren und nach erfolgreicher Förderung eine besondere Last der Verantwortung tragen zu müssen. „High-Potentials" sollten jedoch nicht so stark in den Mittelpunkt gerückt werden, dass dies bei den restlichen Führungskräften das Gefühl eines „Zweiter-Klasse-Mitarbeiters" und somit Demotivation auslöst. Wenn IPE hauptsächlich „High-Potentials" im Blick hat, so sollte dies keine Wertung sein. Die Unternehmenszentrale muss die Rahmenbedingungen dafür schaffen, dass zur selben Zeit auch all die anderen potenziellen und gegenwärtigen Manager dezentral auf intensive Weise gefördert werden, dass das zentrale PE-System mit den dezentralen Systemen zusammenarbeitet und dass Durchlässigkeit zwischen beiden Systemen besteht. Eine zu große Zahl von Nachwuchsführungskräften auf Schlüsselpositionen vorbereiten zu wollen, ist unwirtschaftlich und hätte Frustrationen zur Folge.

Mit der Zielgruppe unterscheiden sich auch die Inhalte von zentralen IPE- und dezentralen PE-Programmen. Legt man das von Katz (1955) entwickelte Qualifikationsprofil von Führungskräften („Three-Skill-Approach") zugrunde, so wird in IPE-Programmen vor allem Methoden- und Sozialkompetenz und weniger Fachkompetenz vermittelt. IPE konzentriert sich also auf fachübergreifende Entwicklungsmaßnahmen.

IPE-Maßnahmen zielen nicht auf die momentane Verbesserung der Leistung, sondern bereiten auf zukünftige Einsätze vor; sie qualifizieren die Menschen, die die Unternehmenszukunft gestalten und beeinflussen sollen.

Auf einzelne IPE-Programme wird im Abschnitt „PE durch das Ausland" eingegangen. Bevor die Frage beantwortet wird, wie diese „High-Potentials" weltweit entdeckt und gefördert werden können, sollen notwendige institutionelle Voraussetzungen für IPE erörtert werden.

3.1 Internationale Personalentwicklungs-Stelle

Antriebsfeder für IPE ist die Unternehmensleitung. Vertreter der Geschäftsführung müssen die Ziele der IPE-Programme klar und deutlich formulieren, den Führungskräften – z. B. durch punktuelle Mitwirkung an den Programmen – signalisieren, dass sie hinter der IPE stehen, und sie müssen IPE selbst zu einem wesentlichen Bestandteil ihrer persönlichen Arbeit machen.

Wichtig für die Umsetzung von IPE ist die Einrichtung einer bereichs- und länderübergreifenden IPE-Stelle. Sie sollte einen direkten Zugang zur Unternehmensspitze haben, um ihre IPE-Planungen direkt aus der Unternehmensstrategie ableiten zu können und um größere Akzeptanz bei den Linienvorgesetzten zu erhalten. Der Vorstand von Philips wertete beispielsweise – nachdem die Einführung eines umfassenden IPE-Systems entschieden war – das für die Koordination zuständige „Corporate Staff Bureau" auf, indem er es direkt unter der Vorstandsebene ansiedelte. „Those with responsibility for our management development system must have direct access to the most senior management of the company" (Bartlett & Ghoshal, 1989, S. 189).

Um IPE zu intensivieren, kann die Unternehmensleitung der zuständigen Zentralstelle ein zentrales Budget zur Verfügung stellen. Einzelnen Bereichen wird die Nennung von „High Potentials" erleichtert, wenn sie bei den Kosten für IPE entlastet werden. Ein solches Vorgehen ist gerechtfertigt, weil der Aufbau eines internationalen Managements eine übergeordnete Aufgabe ist.

Die zentrale IPE-Stelle wird auch damit beauftragt, indirekt die PE-Arbeit in den Auslandsgesellschaften zu unterstützen. PE-Know-how kann z. B. durch Schulungen in den Tochterunternehmen und durch unternehmensweite Personalleiter- oder Personalentwicklertreffen zum Erfahrungsaustausch vermittelt werden. Des Weiteren sollte eine weltweite Vergleichbarkeit von Potenzialermittlungsverfahren, aber auch von Vergütungssystemen in den verschiedenen Auslandsgesellschaften angestrebt werden. Die IPE-Stelle ist bei Fragen bezüglich der PE für die strategische Abstimmung und Koordination zuständig.

Voraussetzung für eine erfolgreiche Arbeit der IPE-Koordinationsstelle ist der gute Kontakt zu den „Kunden", d. h. zu den lokalen Führungskräften und zu den Teilnehmern der Förderprogramme selbst. Besuche bei den Auslandsgesellschaften oder – idealerweise – längere Auslandsaufenthalte helfen, die Situation vor Ort angemessen einschätzen zu können. Auch sollten im zentralen Personalressort ausländische Mitarbeiter eingesetzt werden.

Um langfristig wirkliche Wechselbeziehungen zwischen In- und Ausland zu erreichen, kann dieses Prinzip – Führungspositionen im Stammhaus mit Ausländern zu besetzen – natürlich auch auf andere Funktionsbereiche übertragen werden. Diese Besetzungspolitik gezielt anzuwenden und Aufstiegschancen in der Zentrale von der Nationalität unabhängig zu machen, kann dem so genannten „Head-Office-Field-Syndrome" – dem Gefühl, vom Stammunternehmen nicht verstanden zu werden – entgegenwirken (Heenan & Perlmutter, 1979) und indirekt der IPE zu mehr Akzeptanz und Durchschlagskraft verhelfen.

3.2 Internationale Personalentwicklungs-Planung

Ein Kernproblem der IPE besteht, wie bereits mehrmals angeklungen, darin, weltweit die talentiertesten Nachwuchsführungskräfte kennen zu lernen, um sie dann intensiv fördern zu können. Potenzielle Kandidaten der Förderprogramme können z. B. zunächst zu Seminaren und Workshops eingeladen werden. Dies ist jedoch ein sehr aufwendiges Verfahren, und selbst diese Kandidaten müssen vorher auf irgendeine Weise ermittelt werden. Außerdem müssen Positionen gefunden werden, die internationale Erfahrungen erfordern, und andere, die einen internationalen Horizont vermitteln.

Jürg Leupold, ehemals zuständig für PE bei der Ciba-Geigy AG, hält eine fehlende international integrierte Personalplanung für die Ursache einer bisher nur auf dem Papier und im Wunschdenken existierenden weltweiten Job-Rotation und IPE in deutschen Unternehmen. Ohne eine solche international integrierte Personalplanung aber „ist internationale Stellenbesetzung doch nur eine Feuerwehrübung" (Lichtenberger, 1989, S. 71).

Nach Tichy, Fombrun und Devanna (1982) waren es bis vor wenigen Jahren nur eine Hand voll von US-Unternehmen (z. B. General Motors, Exxon, General Electrics, Texas Instruments, IBM und Procter & Gamble), die IPE-Management wirklich strategisch durchführten.

Technisch gesehen beinhaltet IPE die systematische Erfassung der Qualifikationen, Potenziale und Erwartungen der weltweit tätigen Führungs- und Nachwuchsführungskräfte sowie die individuelle Förderung ihrer Qualifikationen durch planvolle Steuerung der beruflichen Entwicklung (Rieckmann, 1989). Um den Forderungen nach flexibler und individueller PE Rechnung zu tragen, werden für die Abstimmung mit den verschiedenen Unternehmensbereichen sowohl technische (Pläne) als auch personelle Koordinationsinstrumente (Kommissionen und Planungsrunden) eingesetzt.

IPE-Planung schafft bereichs- und länderübergreifende Transparenz und Vergleichbarkeit der bei den Mitarbeitern vorhandenen „Potenziale" und fördert die Objektivität und Chancengleichheit bei Stellenbesetzungen, was langfristig zu einer Stärkung der Führung im Unternehmen beiträgt (Woriescheck, 1989). Das Gesamtsystem der IPE-Planung hat zwei Schwerpunkte: Neben dem strukturbezogenen Aspekt, der sich auf Stellenbeschreibungen und Nachfolgeplanung bezieht, ist dies der personenbezogene Aspekt, der Potenzialeinschätzung und Führungsnachwuchslisten betrifft (Sattelberger, 1989a).

Bei der IPE-Planung wird der zukünftige Bedarf an in internationalen Aufgaben tätigen Führungskräften (Soll) mit dem vorhandenen Potenzial aus allen Gesellschaften (Ist) verglichen. Die Bedarfsermittlung resultiert im Nachfolgeplan; die Ergebnisse der Potenzialeinschätzung werden in Führungsnachwuchslisten zusammengefasst. Nachfolgeplanung und Potenzialeinschätzung laufen parallel. Die Ergebnisse aus diesen Verfahren werden auf Bereichsebene in Führungskräfte-Planungsrunden und übergeordnet in speziellen Kommissionen diskutiert. In der Förderplanung werden individuelle und gruppenbezogene Förderprogramme entwickelt, die aus dem Vergleich zwischen Anforderungen und Eignungen deutlich gewordene Abweichungen ausgleichen helfen.

3.2.1 Nachfolgeplanung

Durch Nachfolgeplanung soll die Kontinuität in der Führung sichergestellt und erreicht werden, dass die richtige Person mit der richtigen Förderung die richtige Position zum richtigen Zeitpunkt innehat. Aufgabe der Zentralstelle „IPE" ist es, jährlich durch Gespräche mit Führungskräften sowie Vorständen und anhand von Stellenplänen festzustellen, welche Führungspositionen in den Auslandsgesellschaften sowie im Stammunternehmen selbst innerhalb von drei bis fünf Jahren frei bzw. neu geschaffen werden. Darüber hinaus muss ermittelt werden, welche Kandidaten aus verschiedenen Bereichen und Ländern – sowohl bei vorhersehbarem als auch bei unvorhergesehenem Ausfall von Mitarbeitern – als mögliche Nachfolger infrage kommen. Hierbei sollte Auslandsrückkehrern bei sonst gleicher Eignung der Vorzug gegeben werden (Schmidt-Dorrenbach, 1989; Worieschek, 1989).

3.2.2 Potenzialeinschätzung

Durch die Potenzialeinschätzung werden vorhandene und entwickelbare Kenntnisse und Fähigkeiten der Mitarbeiter ermittelt. Die Verantwortung hierfür liegt bei der jeweiligen Führungskraft. Er wird durch die IPE-Stelle beraten; diese koordiniert auch den unternehmensweiten Ermittlungsprozess und achtet auf die regelmäßige und möglichst objektive Durchführung. Den Führungskräften werden im Sinne eines Orientierungsrahmens und Maßstabes solche Anforderungsmerkmale vorgegeben, die zu international vergleichbaren und integrationsfördernden Ergebnissen beitragen können. Dieses Anforderungsprofil, auf das bereits in Abschnitt 1 eingegangen wurde, soll es der Führungskraft erleichtern abzuschätzen, ob ein

Mitarbeiter geeignet sein könnte, internationale Führungsaufgaben zu übernehmen.

Für die vorläufige Entwicklungsplanung ist dieses Vorgehen akzeptabel. Kommt es aber zu konkreten Förderungsplanungen, so sollte die zentrale IPE-Stelle prüfen, ob nach kulturspezifischen Maßstäben beurteilt wurde und ob der jeweilige Mitarbeiter eventuell nur in bestimmten Regionen einsetzbar ist. Hier zeigt sich, wie nützlich es ist, wenn die Verantwortlichen in der IPE-Abteilung aufgrund eigener internationaler Erfahrungen in der Lage sind, individuelle und kulturangepasste Lösungen zu finden. Das Problem eines für alle Kulturkreise gleichermaßen geltenden Anforderungsprofils ist dadurch zwar nicht zu lösen, es kann aber abgemildert werden.

Die Führungskraft führt mindestens einmal pro Jahr ein spezielles Gespräch mit dem Mitarbeiter, um mit ihm Ziele, Aufgaben, Arbeitsergebnisse, mögliche Fördermaßnahmen und berufliche Perspektiven zu besprechen. Auch hier müssen aufgrund kultureller Unterschiede Einschränkungen bezüglich der möglichen Offenheit solcher Gespräche gemacht werden.

Die Potenzialeinschätzung nicht nur vom direkten, sondern auch vom nächsthöheren Vorgesetzten vornehmen zu lassen, hat den Vorteil, dass dieser eher die realistischen Anforderungen von Top-Management-Positionen kennt. IBM, Philips und Exxon arbeiten mit vergleichenden Bewertungssystemen, d. h. Mitarbeiter werden von mehreren Führungskräften gleichzeitig eingeschätzt (Evans, Lank & Farquhar, 1989).

Auch wenn es nur in wenigen Unternehmen zu formalisierten zweiten Gesprächen zwischen nächsthöherem Vorgesetzten und Mitarbeiter kommt, so stimmt der Vorgesetzte die Potenzialeinschätzung in der Praxis doch meist noch einmal mit seinem Chef ab. Die Ergebnisse sind Basis so genannter „Führungskräfte-Planungsrunden", einem wichtigen Element des Potenzialeinschätzungsverfahrens.

Zu diesen Gesprächen treffen sich Führungskräfte der Linie mit Vertretern der IPE-Abteilung – und da dies nicht immer realisierbar ist, auch mit Verantwortlichen des Personalressorts im entsprechenden Unternehmensbereich –, um darüber zu sprechen, welche Mitarbeiter neu in den Pool der „High-Potentials" aufgenommen werden, um ein aktuelles Bild von der Entwicklung der sich bereits im Programm befindlichen Führungs- und Nachwuchsführungskräfte zu zeichnen und um über mögliche Förderungsmaßnahmen zu diskutieren. In diesen Gesprächen erhält die IPE-Abteilung – ausgehend von der Nachfolgeplanung – auch gleichzeitig wertvolle Informationen über frei werdende und möglicherweise mit Teilnehmern des Förderprogramms zu besetzende Stellen.

Dieses Feedback durch die Linienvorgesetzten ist für die IPE von zentraler Bedeutung. In diesem Zusammenhang sollen zwei Vorgehensweisen angesprochen werden, die es der Unternehmensleitung ermöglichen, zu einer verbesserten Zusammenarbeit und zu einem Ausgleich zwischen den eher kurzfristigen Interessen der Linie und den längerfristigen Interessen der zentralen Stabsstelle zu gelangen.

Durch die Auflage an Geschäftsbereiche, nur diejenigen Mitarbeiter in bestimmte Führungsebenen zu befördern, die auch der zentralen IPE-Abteilung als geeignet genannt wurden, wird verhindert, dass Potenzialträger innerhalb des Bereiches oder des Landes „versteckt" werden. Die Tendenz, „High-Potentials" nicht zu benennen, besteht, weil deren Förderung für den Vorgesetzten den Verlust der fähigsten Mitarbeiter bedeuten kann.

Ein Vorgesetzter kann außerdem dadurch motiviert werden, Mitarbeiter mit Potenzial an andere Bereiche und ins Ausland abzugeben, dass man die Fähigkeit, Talente zu fördern, zu einem wichtigen Beurteilungskriterium für diese Führungskraft macht. Philips geht sogar so weit, die Bonusleistung je nach Förderungsleistung zu variieren (Evans, Lank & Farquhar, 1989).

3.2.3 Förderplanung

In großen Unternehmen ist nach den Planungsrunden der Planungsprozess noch nicht abgeschlossen. Die IPE-Stelle bereitet die Ergebnisse der Potenzialeinschätzung in so genannten „Führungsnachwuchslisten" auf. In diesen Listen wird z. B. die geographische Mobilität registriert und klassifiziert, sie enthalten Informationen darüber, welcher Kandidat sofort, nach einem bestimmten Training oder voraussichtlich nach einem Förderprogramm als verantwortliche Führungskraft für internationale Aufgaben einsetzbar ist. Der Wert dieser Listen liegt nicht nur in der ständig – meist über EDV – abrufbaren Information, sondern vor allem auch in den Überlegungen, die jeder Eintragung vorausgehen (Schmidt-Dorrenbach, 1989).

Die IPE-Stelle versucht weiter, die Ergebnisse aus der Potenzialeinschätzung und der Nachfolgeplanung zur Deckung zu bringen. Das Einbeziehen des Nachfolgeplans ermöglicht es, dass weltweit frei werdende Stellen zum Lernfeld für Nachwuchsführungskräfte werden können, dass also entsprechende Stellen nicht erst künstlich geschaffen werden müssen.

Weiterhin entwickelt die IPE-Stelle konkrete Entscheidungsalternativen für IPE-Maßnahmen und Stellenbesetzungen und legt diese einer übergeordneten Kommission vor. Vorstände und weitere Mitglieder des Topmanagements aus verschiedenen Ländern treffen sich zu einem Audit, um endgültig über Fördermaßnahmen für „High Potentials" – häufig ein Kreis von etwa einem Prozent des Gesamtmanagements –, und in einigen Unternehmen auch gleichzeitig über die Besetzung von Spitzenpositionen zu entscheiden. Diese Kommissionen auf oberster Ebene heißen z. B. bei Shell „General Management Development Committee", bei IBM „Executive Resources Committee", bei Exxon „Employee Development Committee" (Evans, Lank & Farquhar, 1989, S. 134) und bei Hoechst „Kommission Führungskräfte".

Durch die Institutionalisierung des Entscheidungsprozesses wird eine größere Objektivität und eine bessere Koordination der IPE erreicht. Dieses sind die Voraussetzungen für einen systematischen Austausch von Führungskräften über die Bereichs- und Ländergrenzen hinweg. IPE bleibt nicht allein den Geschäftsbereichen überlassen. Spezielle IPE-Kommissionen unter der Leitung der Geschäftsführung bilden die Gewähr dafür, dass das Management hinter den IPE-Programmen steht. Die Unternehmensleitung zeigt durch die aktive Teilnahme am IPE-

Entscheidungsprozess, dass ein international orientiertes Management zu den wichtigsten Aktiva des Unternehmens zählt.

Sind die Entscheidungen für individuelle Förderungen getroffen, so heißt das für die IPE-Abteilung noch nicht, dass die Projekte abgeschlossen sind. Vielmehr beginnt jetzt die Detailarbeit an den einzelnen Förderplänen, inklusive der Gespräche mit den Mitarbeitern über deren Interessen und Intentionen und mit den Vorgesetzten über die konkrete Gestaltung der Förderung. Dazu im nächsten Abschnitt mehr.

4. Personalentwicklung *durch* Auslandserfahrung

Aus dem Wandel innerhalb und außerhalb der Unternehmen – der sich etwa in der Zunahme internationaler Kooperationsprojekte oder in der wachsenden Komplexität des Wissensmanagements dokumentiert – leitet sich für das Management die Notwendigkeit neuer Formen von Führung und Zusammenarbeit ab. Als Beispiel sei die Fähigkeit genannt, in internationalen Projekten unternehmerisch agieren zu können. Aus neuen Anforderungen an Führungskräfte ergeben sich infolgedessen auch neue Forderungen an die IPE, denn die jetzt notwendigen Qualifikationen lassen sich mit herkömmlichen Lernmethoden allein nicht erwerben.

Im Folgenden werden Vorschläge unterbreitet, wie IPE heute bedarfsorientiert gestaltet werden kann. Es wird auf das Projektlernen, das ein zentrales Element der IPE darstellt, eingegangen und die Wichtigkeit einer guten Vorgesetzten-Mitarbeiter-Beziehung in Förderungsprojekten der IPE herausgestellt.

4.1 Projektlernen

Unter Projektlernen i.w.S. fallen gezielt geplante internationale Job-Rotationen. Auslandseinsätze werden zum wichtigsten Instrument der IPE, denn Internationalität lässt sich am besten durch internationale Erfahrung lernen und begreifen.

Im Rahmen des Projektlernens wird versucht, die künstliche Trennung von Lern- und Arbeitsorganisation so weit wie möglich aufzuheben und bei der Förderung von Führungskräften „natürliche Lernräume" stärker zu nutzen. Entwicklung wird also weniger als eine Funktion von formalisierten Lehrprogrammen gesehen, sondern mehr als Ergebnis der bewussten Begegnung und Auseinandersetzung mit der betrieblichen Realität (Sattelberger, 1989a).

Es ist erstaunlich, wie weit sich manche Techniken des Lernens im Management von dieser natürlichen Art entfernt haben. Viele Probleme in der PE sind entstanden, weil die alte Weisheit, dass Arbeit selbst der beste Lehrmeister ist, in Vergessenheit geraten war. Praktisch sämtliche Fertigkeiten, die ein Mensch im Laufe seines Lebens zu beherrschen lernt, wie Lesen, Schreiben oder Rechnen, erwirbt er letztlich auf eine einzige Weise: nicht durch Zuhören, sondern durch reales Tun.

Hierbei ist eine methodische Unterstützung durch Dritte von großem Vorteil, weil nur wenige Menschen die Fähigkeit besitzen, etwas zu tun und sich gleichzeitig selbstkritisch zu korrigieren. Methodische Anleitung beschleunigt den Lernprozess und verhindert, dass man sich Fehler aneignet, die man später nur noch schwer ausmerzen kann. Das eigentliche Lernen resultiert aber immer aus realem Tun (Malik, 1989).

In *On-the-job*-Fördermaßnahmen wird diese Erkenntnis schon lange umgesetzt. Diese werden in Zukunft an Bedeutung zunehmen und durch unterstützende Methoden ergänzt werden. Bisher war häufig die PE-Abteilung für die Maßnahmen „off-the-job" (Seminare) verantwortlich und der Linienvorgesetzte für die PE „on-the-job"; es gab wenige Berührungspunkte. PE-Verantwortliche erkennen aber mehr und mehr die zentrale Rolle des Vorgesetzten im PE-Prozess am Arbeitsplatz. Lernen wird immer mehr dezentralisiert, indem „PE-Leute" zu den Vorgesetzten vor Ort gehen, um Hilfestellung in Methodenfragen und „Anwendungsberatung" zu geben; die Vorgesetzten werden hierdurch befähigt, den Lernprozess ihrer Mitarbeiter – quasi als Multiplikatoren – konstruktiv zu begleiten.

In innovativen PE-Programmen ist Projektlernen ein wichtiger Bestandteil. PE wird zu einem organisierten Lernen in einem längerfristigen Prozess mit mehrstufigen, verknüpften Qualifizierungsmaßnahmen und Praxisprojekten. Seminare dienen mehr der Initialzündung von Projekten und der retrospektiven Reflexion; sie sind also nur noch selten Stätten des eigentlichen Lernens (Sattelberger, 1989c). Es erscheint sinnvoll, die bereits auf anderen Ebenen des Unternehmens gemachten Erfahrungen hinsichtlich des Projektlernens – hier sind z. B. Qualitätszirkel oder Lernstatt zu nennen – gezielt auch auf die Führungskräfteförderung zu übertragen.

Projektlernen wird als problemorientiertes Lernen zur Lösung realer unternehmerischer Fragen verstanden. Damit PE-Programme nicht versanden, darf die Problemsituation nicht diffus bleiben oder, anders ausgedrückt, es muss „Leidensdruck" vorhanden sein (Hofstetter, 1989). Theoretische Grundlage des Projektlernens ist das von Revans (1982) in den sechziger Jahre des letzten Jahrhunderts entwickelte Konzept des „Action Learning". Problemorientiertes Lernen beruht danach auf drei einfachen Prinzipien:

- Reife Menschen lernen am besten, wenn sie selbst mit wirklichen Problemen konfrontiert werden, deren Lösungen unbekannt sind.
- Die eigenen Erfahrungen können zusammen mit denen anderer überprüft werden, um Lösungen für größere Probleme zu finden.
- „Learning by doing" ist besonders effektiv, wenn ein Problem in einer fremden Situation angegangen wird (Foy, 1982).

Nach dieser Theorie ist es also für ein erfolgreiches Lernen entscheidend, dass das Projekt für den Bearbeiter fremd ist. Es liegt somit eine echte Chance darin, einen Mitarbeiter in eine fachlich fremde Umgebung zu versetzen oder ihn bewusst einer kulturell fremden Umwelt auszusetzen.

4.2 Führungskräfte als Mentoren

IPE wird zunehmend als eine Linienaufgabe gesehen. Das Management wird in die Pflicht genommen. Aufgabe der IPE-Stelle ist es, Rahmenbedingungen für eine „lernende Organisation" zu schaffen. Die IPE-Stelle versteht sich als Dienstleister, dessen Arbeitsgrundlage klar formulierte Aufträge der Unternehmensleitung sind. Neben der Konzeption und Steuerung spezieller Förderungsprogramme für „High-Potentials" konzentriert sie sich auf Schulung und Beratung von Linienmanagern, damit diese ihrer „Lehraufgabe" gerecht werden können.

Für Drucker (zitiert nach Sattelberger, 1989b) ist es die erzieherische Tätigkeit, die Manager vor allem anderen auszeichnet. Aufgabe des Vorgesetzten ist es beispielsweise, Rollenmodell und persönlicher Ratgeber zu sein, Akzeptanz und Feedback zu vermitteln und herausfordernde Aufgaben zu übertragen, aber gleichzeitig für Schutz und Sicherheit zu sorgen. Ein Vorgesetzter in diesem Sinne kann als „Mentor" bezeichnet werden.

Für den Erfolg eines individuellen Förderprogramms kommt der persönlichen Beziehung zum Vorgesetzten eine große Bedeutung zu. Schlüsselqualifikationen werden – im Sinne von Banduras (1979) *Modell-Lernen* – am Beispiel von Menschen gelernt, die selbst Schlüsselqualifikationen besitzen und sie in der Praxis nutzen. Befragungen von Spitzenmanagern bestätigen, dass sie der Begegnung mit einem solchen „Lern- oder Modellvorgesetzten" für ihre eigene berufliche Entwicklung eine entscheidende Bedeutung beimessen (Gaugler, 1986; Malik, 1989).

Nach Bilitza (1989) haben Abteilungen mit einem führungsstarken Leiter immer auch einen soliden „Unterbau". „Solche erstklassigen Manager und Mentoren sorgen immer wieder für erstklassige Nachwuchsführungskräfte."

Megginson (1988) hat dieses „Mentorentum" zu anderen Formen der unterstützenden Beziehung zwischen Vorgesetzten und Mitarbeitern abgegrenzt. Bei der *Unterweisung* bzw. *Instruktion* steht die Vermittlung von Fachwissen im Vordergrund, beim *Coaching* die Leistungsverbesserung und beim *Mentorentum* die umfassende, tief gehende Vermittlung von Werten.

Eine wichtige Aufgabe der IPE-Stelle besteht darin, „High-Potentials" mit den für sie „passenden", sich in der Karrieremitte befindlichen Vorgesetzten zusammenzubringen. Dies ist für IPE-Verantwortliche deshalb nicht einfach, weil es idealerweise eine gute Kenntnis der oberen Führungsmannschaft der in aller Welt verteilten Unternehmensbereiche voraussetzt. Hilfreich sind hierbei einzelne Mitarbeiter in den Auslandsgesellschaften, die zuverlässige Auskünfte geben können.

Gerade bei Auslandseinsätzen ist es wichtig, dass die Beziehung zum „Vorgesetzten auf Zeit" von oben beschriebener Qualität ist. Der Vorgesetzte kann in dem für die Nachwuchsführungskraft fremden Lernfeld entscheidend zum Erfolg der Fördermaßnahme beitragen. In einigen Unternehmen wird die Rolle des Mentors und die des Vorgesetzten bewusst auf zwei Personen verteilt, weil der Mentor dadurch die Nachwuchsführungskraft unvoreingenommener beraten kann.

In der Praxis ist es darüber hinaus üblich, dass erfahrene Führungskräfte teilweise auch deshalb in eine Auslandsgesellschaft entsandt werden, um dort als Mentoren tätig zu werden und einheimische Nachwuchsführungskräfte auf verantwortungsvolle Führungsaufgaben vorzubereiten. Dass diese Entsandten hiervon ebenfalls profitieren und viel hinzulernen, ist ein willkommener Nebeneffekt.

4.3 Interkulturelle Projektseminare

Das länderübergreifende Projektseminar ist ein Beispiel für Projektlernen i.e.S., das dem Mentor eine zentrale Stellung zuschreibt. Dieses Projektseminar – eine zunehmend populärer werdende IPE-Maßnahme – wird im Folgenden anhand eines konkreten Firmenmodells vorgestellt. Vorab soll ein Überblick über die Vielfalt der möglichen IPE-Programme gegeben werden.

Neben interkulturellen Projektseminaren existiert eine ganze Reihe weiterer international ausgerichteter Trainingsprogramme, wie etwa Führungsseminare und Sprachkurse für Manager aus allen Auslandsgesellschaften. Große internationale Unternehmen haben teilweise eigene, campusartige Schulungszentren, wo Führungs- und Nachwuchsführungskräfte aus allen Regionen der Welt mit der jeweiligen Firmenphilosophie vertraut gemacht werden. Ob es das „Overseas Training Center" von Matsushita, das „Institute of International Studies" von NEC oder das „International Management Training College – Four Acres" von Unilever ist, alle haben die Internationalisierung ihres Managements zum Hauptziel. Otis gründete eigens zu diesem Zweck eine Universität, die „Otis-University".

Ähnliche Programme wie jene an den unternehmenseigenen Schulen werden natürlich auch von Instituten wie Insead, IMD und MCE sowie Universitäten wie Harvard, MIT, Michigan und Stanford angeboten. Diese Bildungseinrichtungen können aber naturgemäß nicht zu einer größeren Identifikation mit dem eigenen Unternehmen beitragen. Dies ist wiederum der Hauptvorteil von IPE-Programmen, die im herkömmlichen Seminarstil ablaufen, und vielfach auch der Hauptgrund für deren Durchführung.

Philips bietet seinem Topmanagement-Nachwuchs ein besonderes Projektseminar namens „Oktogon" an. Der Begriff „Oktogon" (Achteck) steht für ein IPE-Programm, in dem bestimmte Trainingseinheiten zu Managementmethoden mit einem konkreten projektmäßigen Vorgehen verknüpft werden. Der Vorstand stellt einer Gruppe von ca. 18 oberen Führungskräften ein für das Unternehmen relevantes Thema, das eine internationale Dimension hat. Die Teilnehmer dieses interkulturellen Projektteams, die das Thema in Kleingruppen innerhalb von sechs Monaten zu bearbeiten haben, kommen aus allen Unternehmens- und Funktionsbereichen der Philips-Organisation. Im Wechsel von Kleingruppen- und Plenararbeit müssen komplexe Einigungsprozesse erfolgen und Arbeitsergebnisse festgelegt werden. Insgesamt ist bei dieser Projektarbeit – neben einem achttägigen Startseminar, zwei dreitägigen Plenarsitzungen und einer zweitägigen Abschlusssitzung – von einem Aufwand von rund 20 Prozent der Arbeitszeit eines jeden Teilnehmers auszugehen. Das „Oktogon" bietet auf besondere Weise die Möglichkeit und den Reiz, in einem heterogen zusammengesetzten Team Lösungsansätze für reale Probleme zu erarbeiten. Gleichzeitig wird eine interdisziplinäre Wissensverbreitung und das Üben typischer Managementarbeitsweisen ermöglicht (Bode, 1989; Esser & Pühse, 1986).

4.4 Auslandseinsatz als internationale Personalentwicklungsmaßnahme

Es gibt verschiedene Möglichkeiten, Auslandseinsätze unter dem Aspekt der IPE durchzuführen:

Zum einen kann das Unternehmen einen Austausch zwischen der Zentrale und einer Auslandsgesellschaft oder zwischen verschiedenen Auslandsgesellschaften organisieren. Mitarbeiter, die in verschiedenen Gesellschaften ähnliche Funktionen wahrnehmen, tauschen für eine bestimmte Zeit ihre Arbeitsplätze und lernen auf diese Weise die Menschen, die Struktur und den Arbeitsstil in einem verbundenen Unternehmen sowie die Sprache und Kultur eines fremden Landes kennen.

Zum anderen ist es möglich, bei Stellenbesetzungen gezielt Kandidaten aus anderen Ländern zu berücksichtigen, um diesen dadurch Entwicklungschancen zu eröffnen. Dieses Vorgehen verursacht weniger Aufwand als das Erstgenannte und ist deshalb auch das Gebräuchlichere.

Bei einigen Firmen ist es auch üblich, für ausgewählte Nachwuchsführungskräfte für die Dauer ihrer Trainingszeit spezielle Stellen im Ausland einzurichten. Internationale Trainees arbeiten in diesen Fällen in der ausländischen Gesellschaft an konkreten Projekten mit. So findet das 18-monatige Praxistraining bei der BMW AG in wechselnden Funktionsbereichen an diversen Standorten in Deutschland und im Ausland statt.

Weitere Varianten von kurzfristigen Auslandsaufenthalten, die von Unternehmen gezielt auch zur IPE eingesetzt werden, seien kurz skizziert:

Häufig praktiziert wird die – auch temporäre – Mitwirkung an landesübergreifenden Projekten, z. B. infolge eines Kundenauftrages. Zunehmend bedeutsamer werden auch Projekte innerhalb von Kooperationen, an denen verschiedene Unternehmen aus unterschiedlichen Ländern beteiligt sind.

Bei Boehringer Ingelheim werden international besetzte Workshops durchgeführt, in denen bestimmte Problembereiche diskutiert und neue Forschungsergebnisse präsentiert werden. Sie haben eine gleichgerichtete Entwicklung der Mitarbeiter aus den Auslandsgesellschaften zum Ziel (Kreutzer, 1989).

Ein weiteres interessantes und leistungsfähiges Programm findet sich bei Procter & Gamble: Wird ein Produkt in einem bestimmten Land neu eingeführt, so werden aus anderen Ländern Assistenten hinzugezogen, damit diese den Markt und das Vorgehen bei der Neueinführung kennen lernen. Hierdurch gelingt ein unmittelbar problembezogener Know-how-Transfer und eine Erweiterung der internationalen Perspektive bei einzelnen Mitarbeitern (Kreutzer, 1989).

In einigen Unternehmen findet ein länderübergreifender Personalaustausch mit befreundeten Unternehmen statt. Im Vorfeld dieser Vorgehensweise ist jedoch abgeklärt werden, wie weit die Mitarbeiter Einblick in das jeweils andere Unternehmen erhalten sollen.

Auch Geschäftsreisen ins Ausland können für junge Nachwuchsführungskräfte eine Entwicklungsmaßnahme sein, weil sie – beispielsweise durch den Kontakt mit den ausländischen Geschäftspartnern – internationale Erfahrung vermitteln.

Ganz unterschiedliche Auffassungen gibt es bezüglich des idealen Zeitpunktes eines Auslandseinsatzes. Rieckmann (1988) schlägt vor, eine Nachwuchsführungskraft zunächst in einer Stabsfunktion mit Verantwortung einzusetzen, in der sie – gewissermaßen in einem geschützten Raum – ihre Kräfte erproben kann. Ist das Potenzial für weitere Entwicklungsschritte in Richtung „Linie" gegeben, könnte der Mitarbeiter dann eine „artverwandte" Linienverantwortung übertragen bekommen. Erst nach einer Bewährungszeit auf dieser Position sollte eine weitere Job-Rotation ins Ausland erfolgen. Anschließend kann es dann zu einem Wechsel in eine Linienposition kommen.

Im Gegensatz dazu sollte nach Zeira (1976) der Auslandseinsatz relativ frühzeitig erfolgen. Gemäß Lewins (1951) *Feldtheorie* bezeichnet sie den Auslandsaufenthalt einschließlich des Trainings in der Vorbereitungszeit als „Aufbau- und Bewegungsphase", die anschließende Tätigkeit – möglichst in der Unternehmenszentrale – als „Einfrierphase". Hiermit ist gemeint, dass durch das Lernen in fremden Unternehmensteilen zunächst die Offenheit für unterschiedliche Mentalitäten gefördert und danach das für das Unternehmen angemessene und notwendige Verhalten gefestigt wird.

Auch Insead-Professor Werner schlägt ein frühzeitiges „Auslandsassignment" vor. Seiner Auffassung nach wäre der Auslandseinsatz sogar als Startposition ideal; als Alternative dazu sieht er eine Aufgabe in einem Zentralbereich mit internationalen Dimensionen. Zu einer Stabsstelle rät er aber nicht, weil seiner Ansicht nach gut ausgebildete Hochschulabsolventen schon zu denken gelernt haben. „Was sie noch lernen müssen, ist unternehmerisches Handeln" (Lentz & Schulte, 1988, S. 284).

Für einen Einsatz im Ausland bald nach dem Berufsstart spricht, dass wahrscheinlich zu diesem Zeitpunkt die Mobilität eines Mitarbeiters noch nicht durch eine Familie und Eigenheim eingeschränkt ist, und dass sich die Kosten durch geringere Gehaltskosten ebenfalls niedriger halten lassen. Gegen einen frühen Auslandsaufenthalt spricht demgegenüber das Risiko, viel zu investieren, ohne den Mitarbeiter vorher in einer bestimmten Bewährungszeit kennen gelernt zu haben.

Vergleicht man die Förderplanung verschiedener Länder, so zeigt sich, dass eine einheitliche Vorgehensweise der IPE nicht existiert. Derr (1987) verglich in seiner Studie die japanische, die deutsche und die angelsächsische „PE-Tradition".

Das japanische Modell beruht auf der sorgfältigen Rekrutierung von Eliten. Eine Vorauswahl erfolgt bereits durch das japanische Bildungssystem. Wer hierdurch ausgewählt wird, erhält bereits in den ersten Jahren eine intensive Förderung durch Versetzungen ins Ausland, Training und Mentoring. Erst nach dieser – fünf- bis achtjährigen – Sozialisationsphase beginnt der Wettbewerb unter den „High-Potentials". Zwar werden sie im Vier-Jahres-Rhythmus befördert, während die restlichen Mitarbeiter erst nach einem längeren Zeitraum aufsteigen. In vielen Firmen führt jedoch bereits ein einmaliges Nichterreichen der Beförderung in der vierjährigen Periode zum Stillstand der Karriere. Diesen Führungskräften wird dann nahe gelegt, das Unternehmen zu verlassen und eine Laufbahn im „anderen" Japan – d. h. in kleineren oder ausländischen Unternehmen – zu versuchen.

Das deutsche Modell ist stark der Tradition der formalen Berufsausbildung und der funktionalen Laufbahnen verpflichtet. Die duale Berufsausbildung wird häufig auch bei Hochschulabgängern angewendet. Viele durchlaufen ein zweijähriges Traineeprogramm, um eine breite Ausbildung im Unternehmen zu erhalten und um die für sie geeignetste Stelle zu finden. Im Anschluss daran übernimmt der Mitarbeiter eine entsprechende Funktion, wodurch er sich zu einem Experten entwickelt; dies trägt zur weiteren Karriere bei. Auslandseinsätze sind relativ selten.

In der angelsächsischen Kultur und in einigen holländischen Firmen ist die Rekrutierung von Nachwuchsführungskräften nicht auf Studenten der Eliteschulen beschränkt. Viele zukünftige Führungskräfte werden zunächst wegen ihrer technischen Qualifikationen eingestellt. Die ersten Jahre im Unternehmen sind ebenfalls eine Bewährungszeit, aber eher implizit als explizit. Die IPE-Stelle hat es daher nicht leicht, die Nachwuchsführungskräfte mit „Potenzial" zu identifizieren und speziell zu fördern, beispielsweise durch internationale Einsätze. Der Trend in vielen amerikanischen und auch in britischen Unternehmen geht jedoch hin zu einer frühzeitigen Identifizierung der Mitarbeiter mit großem Führungspotenzial (Evans, Lank & Farquhar, 1989).

Die Gegenüberstellung dieser drei Modelle zeigt, dass japanische Unternehmen Auslandseinsätze bisher am gezieltesten als IPE-Maßnahme einsetzen. Nach Peters (1986) arbeiteten 1986 ca. 30.000 Japaner als „Expatriates" in den USA, während zur selben Zeit in ganz Japan nur etwa 800 US-Bürger tätig waren. Pott und von Kutzschenbach (1987) schätzen die Zahl der japanischen „Expatriates" in Deutschland auf 20.000, die der deutschen Entsandten in Japan dagegen nur auf 4.000.

4.5 Horizonterweiterung durch Auslandseinsätze

In der bereits erwähnten Korn & Ferry-Studie (1989) wurde 1.500 Top-Führungskräften u.a. die Frage gestellt, welche Erfahrungen der Vorstand zukünftig braucht, um seine Rolle ausfüllen zu können. Am zweithäufigsten – nach direkten Erfahrungen in verschiedenen Funktionsbereichen – wurde hier der Einsatz außerhalb des Heimatlandes genannt.

Diese Ergebnisse sind ein Beleg dafür, welch große Bedeutung dem Auslandseinsatz als Entwicklungsmaßnahme beigemessen wird. Die Befragten gehen davon aus, dass Erfahrungen im Ausland den Horizont des Individuums erweitern und die Verhaltensflexibilität fördern.

Guptara (1989) behauptet dagegen, dass diese Annahme keine generelle Gültigkeit besitzt, da Auslandserfahrungen auch Vorurteile verstärken und folglich die individuelle Perspektive sogar zusätzlich begrenzen können.

Bartlett und Ghoshal (1989, S. 188 f.) stellten jedoch nach einer groß angelegten Untersuchung international tätiger Unternehmen fest:

> (...) many companies recognized that the best way to develop a broad international perspective in their managers was through personal experi-

ence. By moving selected managers across functions, between business, and among geographic units, a company (...) develops individuals with the breadth of experiences and perspectives necessary to manage in a flexible manner.

Kobrin (1988) befragte US-Führungskräfte mit Verantwortung in internationalen Geschäften, ob sie ihre Karriere bereits mit internationaler Erfahrung begonnen hatten. Die große Mehrheit hatte die ersten interkulturellen Erfahrungen erst während eines durch eine Versetzung bedingten Auslandseinsatzes gemacht, und überraschend viele der Befragten gaben an, dass dieser Auslandsaufenthalt ihr Leben verändert und ihren Horizont erweitert habe.

Für Evans (1986) ist das „management of mobility" ein gutes, jedoch zu wenig genutztes Instrument, um sowohl innovative als auch integrative Fähigkeiten zu verbessern. Nach einem Auslandseinsatz habe die Führungskraft meist eine mehr langfristige, unternehmensbezogene und weniger egozentrische Perspektive sowie beispielsweise ein größeres Verständnis für notwendige organisatorische Veränderungen.

Die Autorität junger Führungskräfte basiert häufig zunächst auf technischer und funktionaler Erfahrung. Wenn ihnen aber durch internationale Job-Rotation Verantwortung für solche Mitarbeiter übertragen wird, die ein anderes Expertenwissen als sie selbst besitzen, entwickeln sie zusätzlich eine ganz wesentliche Managereigenschaft:

They begin to develop the managerial skills and attitudes in „getting results through the expertise of others" that are indispensable in general management. The experience they acquire in different geographic regions, functions and divisions also provides them with a hands-on feel for their businesses. (Evans, Lank & Farquhar, 1989, S. 140)

Wie eine Untersuchung von Edström und Galbraith (1977) ergab, verhalten sich Menschen, die in ein größeres System eingebunden sind, in einer grundlegend anderen Weise als solche, die nur ein eng begrenztes System kennen. Sie sind toleranter gegenüber Andersartigkeit, anpassungsfähiger und psychisch besser darauf vorbereitet, Innovationen einzuführen.

Ein konkreter Fall aus der Praxis liefert einen indirekten Beweis: In einem europäischen Unternehmen war es üblich, Führungskräfte auf Schlüsselpositionen in Auslandsgesellschaften durch vorherige kürzere Einsätze in anderen Auslandsniederlassungen vorzubereiten. Weil dieses Vorgehen im Laufe der Zeit große Kosten verursachte, entschied sich das Unternehmen, diese Job-Rotationen durch entsprechende Seminare zu ersetzen. Man kehrte aber zu der ursprünglichen Politik zurück, als festgestellt wurde, dass diese Seminare keinen adäquaten Ersatz darstellten (Zeira, 1976).

Allgemein gilt, dass der Auslandseinsatz und das damit verbundene Verlassen der bisherigen Umgebung eine Reihe von Trennungen bedingt, die als Verlust erlebt, aber auch positiv gewertet werden können, weil neue Verhaltensspielräume entstehen. Der Einsatz in einer fremden Umwelt schafft die Notwendigkeit der Anpassung und erzeugt einen gewissen „Leidensdruck", weil Gewohntes infrage gestellt und eventuell aufgegeben werden muss. Er bewahrt aber auch davor, in ein bequemes „Fahrwasser" hineinzugeraten oder in alten Gewohnheiten zu verharren.

Dennoch hat Guptara (1989) Recht mit seinem Hinweis, dass ein Auslandseinsatz auch eine Verstärkung von Vorurteilen, eine Perspektivenverengung und somit insgesamt einen negativen Effekt zur Folge haben kann. Auch hier gilt eben der alte Satz, dass jede Chance immer auch ein Risiko impliziert. Ob der internationale Einsatz positiv oder negativ erlebt wird, hängt wohl im Wesentlichen von zwei Dingen ab: erstens von der Einstellung des Mitarbeiters und auch dessen Familie zu einer Tätigkeit in einem fremden Land, und zweitens von der Frage, ob der Mitarbeiter dieser Herausforderung auch gewachsen ist. Aufgabe der IPE-Stelle ist es, im ersten Fall „Überzeugungsarbeit" zu leisten, jedoch nicht zu überreden und auf keinen Fall jemanden zu seinem „Glück" zu zwingen, und im zweiten Fall sorgfältig zu prüfen, ob die individuellen Voraussetzungen für einen Auslandseinsatz vorhanden sind.

Ein weiterer Vorteil internationaler Einsätze – neben einer möglichen Horizonterweiterung des einzelnen Mitarbeiters – besteht darin, dass sie einen integrativen Einfluss auf das Unternehmen ausüben und die Entwicklung einer weltweiten Unternehmenskultur unterstützen. Auslandseinsätze sind als Maßnahmen der internationalen Organisationsentwicklung ein wichtiges Mittel der Sozialisation im Unternehmen. Häufige Transfers führen zu einem informellen Kommunikationsnetz und zu einem besseren Verständnis zwischen der Zentrale und den Auslandsgesellschaften.

Der Aspekt der internationalen Organisationsentwicklung wird auch in dem Beitrag von Marcotty und Solbach in diesem Band ausführlich behandelt.

5. Zusammenfassung

Mit zunehmender Internationalität und Komplexität der Unternehmen wächst die Notwendigkeit von international orientierter Personalentwicklung (IPE). Viele große Firmen erkennen IPE als einen zentralen Bestandteil ihrer Unternehmensstrategie.

IPE hat zwei Ziele. Zum einen geht es um die Verstärkung des Managements durch eine weltweite Ausschöpfung der Personalpotenziale. Eine zentrale, direkt aus der Unternehmensstrategie abgeleitete IPE-Planung schafft bereichs- und länderübergreifende Transparenz der vorhandenen Personal-Ressourcen. Zum anderen sollen Führungskräfte aller in- und ausländischen Unternehmensbereiche systematisch an international orientiertes Handeln herangeführt werden, indem ihnen Einsicht in internationale Zusammenhänge und kulturelle Kompetenz vermittelt wird. Auslandseinsätze und interkulturelle Projektseminare sind zwei konkrete IPE-Maßnahmen, die helfen, den Horizont zu erweitern und Verhaltensflexibilität zu fördern.

Literatur

Bandura, A. (1979). Sozial-kognitive Lerntheorie. Stuttgart: Klett-Cotta.
Bartlett, C. A., Ghoshal, S. (1989). Managing across borders: The transnational solution. London: Hutchinson Business Books.
Bilitza, U.-V. (1989). Strategieorientierte Personalpolitik. Vortrag anlässlich des 56. Treffen der Erfas-Gruppe I h der Deutschen Gesellschaft für Personalführung (DGFP), Duisburg.
Bode, K.-H. (1989). Projektmanagement. Vortrag anlässlich der DGFP-Fachtagung „Personalentwicklung", Würzburg.
Derr, C. B. (1987). Managing high potentials in Europe: Some cross-cultural findings. European Management Journal 5, 72-79.
Derr, C. B., Jones, C., Toomey, E. L. (1988). Managing high potentials employees: Current practices in thirtythree U.S. Corporations. Human Resource Management 3, 273-290.
Edström, A., Galbraith, J. (1977). Alternative policies for international transfers. Management International Review 17, 11-22.
Esser, O., Pühse, U. (1986). Führungskräfteentwicklung und Führungskräftefortbildung bei Philips. In: H. C. Riekhof (Hrsg.), Strategien der Personalentwicklung (S. 215-226). Wiesbaden: Gabler.
Evans, P. (1986). The strategic outcomes of human resource management. Human Resource Management 25, 149-167.
Evans, P., Lorange, P. (1989). The two logics behind human resource mangement. In: P. Evans, Y. Doz, A. Laurent (Eds.), Human resource management in international firms (pp. 144-162). Houndmills: Mac Millan.
Evans, P., Lank, E., Farquhar, A. (1989). Managing human resources in the international firm: Lessons from practice. In: P. Evans, Y. Doz, A. Laurent (Eds.), Human resource management in international firms (pp. 113-143). Houndmills: Mac Millan.
Foy, N. (1982). Die Wirtschaft entdeckt problemorientiertes Lernen. Harvard Manager 5, 171-190.
Gaugler, E. (1986). Gedanken zur Vermittlung von Schlüsselqualifikationen in der organisierten Weiterbildung. Schriftenreihe Studien zur Bildung und Wissenschaft, Nr. 36, Bonn.
Guptara, P. (1989). Transnationals lead the way. International Management 10, 76-77.
Heenan, D. A., Perlmutter, H. V. (1979). Multinational organizational development. Reading, Mass.: Addison-Wesley.
Helweg, P. (1951). Charakterologie. Stuttgart: Klett.
Hofstede, G. (1989). Multicultural management. Vortrag anlässlich der „21st International Personnel Management Conference" von MCE, Venedig.
Hofstetter, H. (1989). Entwicklungsstrategien für Spezialisten und „Entwickelte". Vortrag anlässlich der DGFP-Fachtagung „Personalentwicklung", Würzburg.

Joggi, W., Rutishauser, B. (1980). Auswirkungen der Personalpolitik schweizerischer multinationaler Unternehmungen auf ihre Führungskräfte in den schweizerischen Hauptsitzen in europäischen Niederlassungen. Dissertation, Winterthur.
Katz, R. L. (1955). Skills of an effective administrator. Harvard Business Review 33, 33-42.
Klein, R., Lentz, B. (1987). Die Brücke zum Aufstieg. Manager Magazin Nr. 3, 228-241.
Kobrin, S. J. (1988). Expatriate reduction and strategic control in american multinational corporations. Human Resource Management 27, 63-75.
Korn & Ferry International, Columbia University (1989). Reinventing the CEO. New York, N.Y.: Korn & Ferry Publ.
Kreutzer, R. (1989). Global Marketing – Konzeption eines länderübergreifenden Marketing. Wiesbaden: Deutscher Universitätsverlag.
Lentz, B., Schulte, B. (1988). Neue Manager für die Alte Welt. Manager Magazin Nr. 9, 246-287.
Lepage, R. (1990). Developing the international manager for 1990 und beyond. In: Management Centre Europe (Ed.), Management development (pp. 257-260). Brussels: MCE.
Lewin, K. (1951). Field theory and social science. New York: Harper & Row.
Lichtenberger, B. (1989, 19. Mai). Lernen im Stammhaus. Wirtschaftswoche, S. 66-71.
Malik, F. (1989). Unternehmensführung – eine strategisch komplexe Aufgabe. Vortrag anlässlich des 7. Treffens der DGFP Erfa-Gruppe PE4, München.
Megginson, D. (1988). Instructor, coach, mentor: Three ways of helping for managers. Management and Education and Development 19, 33-46.
Neuberger, O. (1990). Der Mensch ist Mittelpunkt. Der Mensch ist Mittel. Punkt. Personalführung 1, 3-10.
Peters, T. (1986). Competition and compassion. California Management Review 4, 11-26.
Posth, M. (1987). Konsequenzen aus der Globalisierung der Märkte. Personalführung 7, 445-446.
Posth, M. (1989). Die Herausforderung, eine unsichere Zukunft zu gestalten. Vortrag anlässlich der 14. Konferenz der EAPM, Paris.
Pott, U., Kutzschenbach, C. v. (1987). Grenzenloser Markt? Gablers Magazin, 10, 10-15.
Rautenberg, W. (1989). The management of expatriate staff in Deutsche Bank. Vortrag anlässlich der MCE-Tagung „Managing and compensating expatriates", Brüssel.
Reinert, K. (1989). Aufbau eines internationalen Managements. Vortrag anlässlich des 3. DGFP-Kongresses, Wiesbaden.
Revans, R. W. (1982). The origins and growth of action learning. Goch: Bratt.
Rieckmann, H. (1988). 20 Thesen zur zukünftigen Managemententwicklung in der Wirtschaft. In: M. Kastner, B. Gerstenberg (Hrsg.), Neue Trends im Personalwesen (S. 49-59). Landsberg: Moderne Industrie.
Rieckmann, H. (1989). Organisationsentwicklung als Element strategischer Personalpolitik und Personalentwicklung. Vortrag anlässlich des 3. DGFP-Kongresses, Wiesbaden.
Robinson, W. B. (1989). Internationale Personalentwicklung. Vortrag anlässlich der DGFP-Fachtagung „Internationaler Personaleinsatz", Offenbach.
Sattelberger, T. (1989a). Coaching – eine neue Aufgabe für Personalverantwortliche. Vortrag anlässlich der DGFP-Fachtagung „Coaching", Düsseldorf.

Sattelberger, T. (1989b). Der Coach und Mentor ersetzt viele Seminare. Congress & Seminar 2, 10-14.
Sattelberger, T. (1989c). Personalentwicklung als strategischer Erfolgsfaktor. In: T. Sattelberger (Hrsg.), Innovative Personalentwicklung (S.15-37). Wiesbaden: Gabler.
Schein, E. H. (1978). Career dynamics. Matching individual and organizational needs. Reading, Mass.: Addison-Wesley.
Schmidt-Dorrenbach, H. (1989). Internationale Laufbahnplanung. In: K. Macharzina, M. K. Welge (Hrsg.), Handwörterbuch Export und Internationale Unternehmen (S. 1276-1288). Stuttgart: Poeschel.
Strenger, H. (1987). Der Manager lernt vor Ort. Manager Magazin Nr. 3, 236-241.
Thom, N. (1987). Personalentwicklung als Instrument der Unternehmensführung. Stuttgart: Poeschel.
Tichy, N. M., Devanna, M. A. (1986). The transformational leader. New York: Wiley.
Tichy, N. M., Fombrun, C. J., Devanna, M. A. (1982). Strategic human resource management. Sloan Management Review 2, 47-61.
Wirth, H. (1989). Personalentwicklung. Vortrag anlässlich des 39. DGFP-Seminars, Düsseldorf.
Wirth, E. (1992). Mitarbeiter im Auslandseinsatz. Wiebaden: Gabler.
Woriescheck, G. (1989). Personalentwicklungs- und Nachfolgeplanung. Vortrag anlässlich der DGFP-Fachtagung „Personalentwicklung", Würzburg.
Zeira, Y. (1976). Management development in ethnocentric multinational corporations. California Management Review 4, 34-42.

13

Multicultural Teams

Enid Kopper

It is almost impossible to open a business textbook, journal, or the latest management bestseller without coming across the word "global": "At the present time phrases such as 'global village', 'think global, act local', 'global cultural bazaar', 'global market', 'global shopping mall', 'global financial net' indicate that the viewpoint concerning business activities is taking on an increasingly global prespective" (Kiechl, 1997, p.18, translated by the author). What "globalization" implies at the interpersonal level when employees of differing nationalities and cultures work together in teams is the topic of this chapter.

There is relative consensus among the experts that organizations are culture-bound; meaning that domestic culture tends to predominate over company culture (Bergmann, 1990; Hofstede, 1984, 1991; Kiechl, 1990; Laurent, 1983; Trompenaars, 1997). As a consequence, management theory and techniques such as process consultation, matrix organization design, Management by Objectives, managing diversity and/or organizational development are difficult to transfer directly across cultural boundaries. The implication is that team-theory and function are also culturally biased and that "teamwork" will mean different things to people coming from different countries and/or ethnic backgrounds.

The actual implementation issues in culturally diverse teams are addressed less frequently in the literature. For example, what cultural aspects should a German project leader, who has never lived abroad, pay attention to while managing his or her team of French, British, American, and Japanese colleagues? How do EDP specialists in a Swiss multinational concern from five different countries installing a standardized auditing system in forty subsidiaries around the world experience multicultural teamwork? Similar questions arise daily in international task forces implementing technology transfers, joint ventures, strategic alliances, research, and development projects, etc.

Utilizing examples from 15 years of consulting and training (Kopper & Kiechl, 1997), I will define different types of multicultural teams, briefly address the most important communication issues which effect such work groups, and examine how diverse teams function in practice. The final sections of this chapter explore critical themes for successful multicultural teamwork and possible solutions to the problems.

1. Types of Multicultural Teams

Both the function and purpose of teams within the global work environment is in transition. Expectations about team structure, goals, communication style, group planning, peer relationships, decision making, and the role of the team leader frequently diverge. Only a few years ago, if you asked employees what a team is, the common sense definition most people gave was a group of people working together – at the same place and the same time – to achieve common objectives. Nowadays, their initial remarks often include referrals to geographical distance, time zones, languages, and mentalities separating the members. The concept of virtual teams in which bridges must be built across distance, time, and culture is more atune to today's reality. An overview of forms of transnational teams is given in Table 1.

Table 1: Major types of transnational teams (adapted from Schneider & Barsous, 1997, p. 183)

1. *International joint venture*
   Two or more nationalities are represented in nearly equal proportions
2. *Business development*
   Team members of multiple nationalities responsible for developing some aspect of the business (e.g., launching a product multinationally)
3. *Project*
   Team members of multiple nationalities and functions working on a particular project (e.g., installing oil pipelines across three countries)
4. *Functional*
   Team members of multiple nationalities working in a particular functional area (e.g., Marketing, R&D, quality assurance)
5. *Regional headquarters*
   Several nationalities from a single region (e.g., Scandianavia, Asia Pacific, Central Europe) responsible for strategic coordination
6. *Corporate headquarters*
   A corporate-level team composed of multiple nationalities (e.g., setting worldwide recruitment policies)

A single employee may be involved in two or three such teams at the same time. Although the contents and purpose of transnational teams vary, the core issues surrounding communication, sharing information, conflict solving, decision making, leadership, etc. remain the same. People working in domestic environments in countries with a number of languages and ethnic groups must cope with the same time, distance, language, and cultural issues as in transnational organizations. Since productive communication is one of the most critical issues in multicultural teams, some of the most common difficulties in this area are summarized in the next section.

2. Obstacles in Multicultural Team Communication

What happens to the quality of communication when cultural differences intervene (see also Knapp in this volume)? A corporate trainer for an American multinational puts it this way: "I sometimes have the feeling that participants at our international meetings don't understand anything, nod their heads in agreement; and then go home and do exactly as before." As Adler (1997) so aptly states,

> The process of translating meanings into words and behaviors – that is, into symbols – and back again into meanings is based on a person's cultural background. ... The greater the difference in background between senders and receivers, the greater the difference in meanings attached to particular words and behaviors. (p. 69)

2.1 Language

The subtlety of language and the crucial problem of grasping meaning, not only words, has important implications for international communication. While we in the West strongly strive for clearly defined words and express a rational "either-or" attitude in our languages; the Japanese language illustrates the "art of insinuation", of fine nuances, of reading-between-the-lines, and of silence ... (Erlinghagen, quoted from Hilb, 1985, translated by the author).

Language reflects the diverging values of societies. For example, Swiss-German has a vast selection of words dealing with "work" but few concerned with "pleasure" (Lötscher, 1983). The English words achievement, commitment, common sense, deal, fair play, management, and skill do not have exact equivalents in German. On the other hand, German has an extremely differentiated vocabulary dealing with education and training which is lacking in English. Communication substance and style is an issue for the Swiss-Germans, who consider German a foreign language used only for written communication (*Schriftdeutsch*). Ex-East and West Germans discovered after 40 years of separate development that the same words in their "common language" have different meanings and sometimes inhibit, rather than enhance, communication in the workplace (Kopper, 1993).

The dominant trend to employ English as the international language can lead to confusion in spoken and written communication. "There are many varieties of English, including native and non-native varieties ... 'I speak British-ly, Indian-ly, Japanese-ly' and so on refer to other ways of speaking English. ... The question is: How does one speak English interculturally?" (Baxter, 1983, p. 306). In addition, an impoverishment of communication may occur when the speakers do not have the same feeling for the refinements and nuances of the language. The underlying psychological meaning and emotional impact is either changed or lost. Fisher (1980) states this problem even more pointedly:

> When someone is speaking English as a second language, the tendency is to retain the subjective meaning of the native language ... Hence, there is a good chance that people will not be speaking with the same meaning even when they are speaking the same language, ... (p. 62)

That language can be a potential cause of conflict is illustrated in the Swiss subsidiary of an American financial institution. The US managers speak almost no German. The necessity for the Swiss employees to communicate in a foreign language sometimes contributes to misunderstanding, feelings of being at a disadvantage, and resentment. Some Swiss perceive the Americans as demanding, direct, "tough" – a close knit clique which sticks together and extends little effort to integrate them. The North Americans are interested only in their own careers, "flashy", and skilled in overstatement; i.e., they overestimate their own abilities and underestimate those of the Swiss. Qualified Swiss feel that their capabilities and performance are not appreciated. On the other hand, the US managers complain that despite their attempts to learn German, many Swiss switch back into English after a few minutes of conversation. The Swiss respond to this objection by saying that they want to use every opportunity to practice and improve their English.

A Swedish multinational corporation decided to tackle the internal communication problem by designing a "common business language" called "LOTS", Swedish for pilot, which was intended to guide strategic business planning at all levels of the organization. After 6 years of international implementation the general manager of the Swiss subsidiary had the following comments:

> In addition there are questions of interpretation: what one country considers long-term is short-term for another. Every country sets objectives differently. LOTS is a process that should be done in a group. In certain countries, people rarely work together in groups.

In other words, the issues of subjective meaning, as well as differing cultural behavior still produces misunderstandings and discrepancies.

The selection of a working language, especially in a bicultural team, may cause friction: "Choice of language can create winners or losers, as language dominance is often synonymous with power and influence" (Schneider & Barsous, 1997, p. 195). A technical project group in a German-French joint venture agreed to express themselves in their native languages. The obvious prerequisite was that all members had a good working knowledge of the other language. In multicultural groups, in which one language – usually English – is the only choice, the special requirements for effective communication as shown in Table 2 must be addressed.

Table 2: Points for native speakers in linguistically diverse groups (adapted from Adler, 1997, pp. 89-90; Schneider & Barsous, 1997, pp. 195-200; Seelye & Seelye-James, 1996, p. 14)

- Speak slowly and clearly.
- Use simple words and sentences.
- Avoid slang and idiomatic expressions.
- Repeat and summarize important points.
- Pause frequently and wait during silence.
- Divide the materials and topics into smaller modules.
- Use visual aids (graphs, pictures, tables, etc.) both to convey and to record key concepts.
- Rephrase and paraphrase both statements and questions of others.
- Monitor that everyone understands the same thing by what is said and agreed.
- Encourage and draw out quieter members.
- Structure the meeting so that participants have an opportunity to discuss as pairs or in triads.
- Take more breaks.

2.2 Nonverbal Communication

"When you speak in person, people are influenced 55 percent by your 'nonverbals', 38 percent by your tone of voice and 7 percent by your words" (Van Skiver, 1999). In a cross-cultural context, without a common language, the impact of nonverbal communication such as facial expressions, eye contact, spatial behavior, bodily contact, and gestures may be even greater. When high-touch, high-gaze cultures such as Arabs and Latin Americans meet low-touch, low-gaze cultures such as North Americans and Northern Europeans "the low-contact person is seen as aloof, cold and unfriendly, whereas the high-contact person may be seen as a perverted creep." (Furnham & Bochner, 1986, p. 207). In the business situation, everything from presenting a document with the left hand in Arab countries; to not shaking hands each time you meet in Belgium or Switzerland; to pushing a door, chair or other objects with your feet in Taiwan (Copeland & Griggs, 1985) may be a cause for offense. Inappropriate non-verbal behavior can have catastrophic consequences as illustrated in the following critical incident (Kopper & Kiechl, 1997, translated by the author):

Five top managers from the home office in the USA visited their counterparts in a recently acquired German firm. After a number of postponements, the first meeting finally took place. The General Manager from US headquarters stood casually at the front of the conference room, with one hand in his pants pocket jingling his coins, and talked spontaneously about the common future of their companies without showing any overheads. After completing his presentation, the US general manager sat down, put his feet on the table, stretched his legs, and leaned back in his chair. A number of Americans left the room during the presentation to make phone calls. The report of the Americans' unbelievable rude behavior spread like wild fire thoughout the German company. The Germans' outrage concerning the conduct of the Americans was loud and unanimous. (p. 211)

Some studies suggest that adopting appropriate behavioral patterns of the other culture; e.g., amount and intensity of eye contact, distance when standing or sitting, amount of touching, direction of gaze when talking or listening, smiling, etc.; can facilitate effective interpersonal relationships (Brislin & Yoshida, 1994, pp. 103-105). In the above example, such tips to the American managers would have certainly helped them avoid creating a very negative first impression. In the short term, guidelines regarding etiquette, courtesies, and "do's and don't's" of public behavior in specific countries and regions, as well as careful observation, can prevent gross errors. In the long run, only submersion in another culture can facilitate the integration of non-verbal behavior on a subconscious level.

2.3   Information Selection and Disclosure

"The entire process of sharing information in global teams is one of the most daunting problems managers encounter" (O'Hara-Devereaux & Johansen, 1994, p.157). Information overload in the form of voice mail, phone calls, e-mail, faxes, written materials, as well as personal discussions and meetings is a concern in almost every team and organization. In addition, the process of selecting and disclosing information at both the interpersonal and professional level is culturally conditioned; i.e., what information and how much should be communicated. A Chinese participant stated that in her country knowledge is a professional, competitive advantage and not shared; e.g., "you don't want to pass on information or the other person may become better than you". Within a culturally diverse work group, one needs to pay attention to factors such as whether information flows up and down the hierarchy or is accessible in every direction; for example, do team members take the initiative to bring up a topic or wait for a superior to do so, do they proactively contribute their expertise in a meeting or wait to be asked by the team leader, and do they distribute information to subordinates. The type and style of communication may be culturally conditioned. For example, do staff members seek personal contact with colleagues, pick up the phone, or send e-mails? Is formal (written protocol) or informal (chat over a cup of coffee) communication preferred?

Sometimes providing the wrong sort of information can cause embarassment; for example, "At a recent seminar for European managers, the American trainer told the entire story of his life, including his divorce, within the first five minutes. I think he was trying to be open, but the Europeans found his behavior offensive". In other words, at the group level, what you say and how you say it in what context, so called "team talk" (Schneider & Barsous, 1997, p. 195), enhances or inhibits problem solving, information flow, and learning. Members of Latin-European cultures find the "facts and figures" communication style of Central and Northern Europeans to be cold and impersonal. Northern Europeans are initially less inclined to spend time on building personal relationships; but consider that by working together everyone in the group will get to know each other. In multicultural gatherings, one often observes Germans, Dutch, and Scandinavians fidgeting in their seats while an Italian or Spanish colleague goes through a lengthy personal introduction before beginning his or her presentation. Trompenaars (1997) confirmed this phenomenon with his dimension measuring 'affective' cultures, such as Italy and France, in which showing emotions and talking about personal relationships in the work situation is acceptable; and 'neutral' cultures, such as Germany, in which a detached, impersonal, and objective approach is the norm in business relations. The correct communication patterns are usually taken for granted by the members of a team or organization. The hidden rules of interpersonal interaction only become apparent when they have have been broken by someone unfamiliar with them.

Situations in which a manager from one culture communicates with a native of another culture (one-on-one) or supervises a group from a different culture (token groups) can be quite difficult. Specific examples of work or project groups with members from two cultures (bicultural groups) and with members representing three or more ethnic backgrounds (multicultural groups) are presented in the next section.

3. Collaborating in Culturally Diverse Teams

Two main types of transnational teams are identified in Table 1. The first category works together for a relatively short period of time and has a specific objective, e.g., joint venture teams, business development, and project. The second sort work together indefinitely and have more strategic objectives, e.g., regional headquarters and functional and corporate headquarters groups. Culturally diverse teams within a single country may be of either category and will face similar issues. In sections 3.1 to 3.4, some specific examples of teams represented in Table 1 are discussed. The first case below, in which an US American Corporation acquires a Swiss company, illustrates many aspects of a successful joint venture team.

3.1 An International Acquisition

Some of the key cultural questions to be addressed in any acquisition include: What role does culture play in the big picture of an international acquisition? Which aspects are cultural general or cultural specific? How can the problems be defined and evaluated once awareness is present? What strategies, approaches, and activities are most effective in addressing the problems?

In the successful takeover of a Swiss-German company by a larger US company, the cultural issues were addressed at a relatively early stage; i.e., 1 year after the takeover. This case is noteworthy, because the Swiss company succeeded in bringing the cultural problems to the attention of the Americans and winning their cooperation, although the US firm was in the position of dominant partner (Suter, 1997, pp. 77-87).

3.1.1 Brief History of the Takeover

The USA Allen-Bradley Corporation (A-B), Milwaukee, Wisconsin, and the Swiss Sprecher+Schuh (S+S) in Aarau were international industrial companies with their headquarters in mid-size cities. Both were founded about a century ago as family firms and had a history as long-term, stable employers. A-B, with a workforce of about 11,000 people, was taken over by a larger US concern, the Rockwell Corporation, in 1985. A-B and S+S had been competitors, but fabricated products with potential synergies. A-B and S+S staff met periodically at conferences and international trade shows; i.e., some employees were acquainted. For A-B, acquiring S+S was part of a strategic expansion into Europe. S+S, on the other hand, was too small to survive in the global market, despite innovative products, and needed a financially strong partner.

Nine months after the acquisition, A-B centralized the entire saleforce at the European headquarters in Brussels, and an American financial manager and a logistics manager arrived in Switzerland. S+S was assigned the role of European logistics center, and the S+S work force was reduced within 18 months from 1,500 to 800 employees worldwide. After this initial "culture shock", new operational procedures as well as a management team of Swiss, Germans, and Americans was put into place. Swiss management contacted Trans-Cultural Relations approximately three months after the restructuring. The main concern was that 400 S+S employees had to communicate regularly in English, either face-to-face or by phone, with A-B. In addition, the Swiss felt that they were generally at a disadvantage, because the Americans were more assertive and better at selling themselves.

3.1.2 Cultural Aspects

As a first step, individual diagnostic interviews were conducted with ten S+S employees at various levels of the hierarchy with differing functions and nationalities. The purpose of the interviews was to investigate employee perceptions of postive and negative aspects of the acquisition, similarities and differences between A-B and S+S, strengths and weakness of S+S, potential areas for synergy as well obstacles to collaboration. Ideas about both short- and long-term post-acquisition objectives were also touched upon.

The main issues of the interview partners centered around the following topics:

- *communication, information flow, language:*
  "The American (direct, author's addition) communication style on the phone or by fax can be personally insulting to the Swiss."
- *teamwork, collaboration, and identification with S+S:*
  "There is a loss of motivation of the feeling of belonging and pride in Sprecher+ Schuh."
- *motivation, decision making, and management style:*
  "The Americans decide more quickly; i.e., 'decide quickly and worry later'. But they make more superficial decisions than the Swiss."
- *work habits, procedure, and logistics:*
  "We have different approaches to developing new products: In Sprecher+ Schuh our motto is 'To do it even better is the greatest challenge to something already well done'; in A-B , 'Never change a winning horse'."
- *culture:*
  "It's also important to stay formal with Americans; e.g., using first names doesn't necessarily mean the same thing as using the informal 'du' form in German."

A comparable series of interviews was conducted with A-B employees in Milwaukee. The results were similar; i.e., language, stereotypes, and cultural differences as important issues.

3.1.3 Follow-up Measures and Outcomes

After the diagnostic interviews presented in 3.1.2, the interviewees, the S+S personnel manager, and A-B representatives participated in two half-day workshops in Aarau to discuss the results and decide upon the next steps. A number of measures were agreed upon and continuously implemented over the next 3 years. All S+S staff who communicated in their daily work with A-B attended company-financed intensive English course during working hours. A short-term employee exchange program of 2-3 months was set up between A-B and S+S. The participants in the program contributed their experiences and impressions to a "survival manual" for their colleagues. Both companies created pamphlets for business visitors to the other location, explaining business practices and etiquette, as well as practical information for daily life; e.g., shop and bank hours, meal times, holidays, etc. Articles on the other firm and country, with reports on the communication project, were published regularly in both S+S and A-B in-house newspapers and magazines.

A number of factors contributed to the success of the joint project "Improvement of communications" (Table 3). First of all, although the initiative for the project came from S+S, A-B was informed and involved from the start. Both A-B and S+S had a solid base of common experience as international firms to build on as well as similar company histories. Since A-B had been through a takeover, management was aware of the practical and emotional impact and what problems could arise. A-B was ready to support and participate in all activities that would have a positive effect on communication.

Table 3: Elements contributing to effective intercultural teamwork

- Get commitment and involvement of all parties.
- Include employees from different hierarchical levels.
- Focus on work-related issues.
- At least one party (preferably all) has international experience.
- First impressions count! Sensitize key players to cultural aspects.
- Publicize initiatives and activities within the organization.

After the initial impulse from top management, the project began quickly and efficiently. Employees representing a diversity of interests and functions were included. Cultural issues which directly affected work life were addressed first; e.g., language, telephone etiquette, meetings, business greetings, work procedures, and practical information for a sojourn in the other location, etc. Advance information on the counterpart's culture was distributed. Last but not least, both A-B and S+S launched P-R activities emphasizing the importance of the project (see 3.1.3).

In late 1999, 6 years after the acquisition, the personnel manager at Rockwell Automation in Aarau (formerly S+S), who has been with the company for 12 years, stated that "We are no longer a Swiss firm, but an American subsidiary". The employees' mentality, attitude and approach has changed. The two key factors which contributed most to the integration process of Sprecher+ Schuh into Rockwell Automation were the cultural communication project and staff turnover. First, the "Improvement of Communications" program accelerated the change process. Secondly, employee fluctuation was approximately 8-10% per year from 1993-1999. This means that 50% of the current workforce had started to work in a more or less American style corporate culture. This type of environment is especially attractive for younger people. In addition, the English language skills of the personnel have improved, either due to targeted hiring of people who speak English, or through the continuous in-house English classes in which 60-70 employees per year regularly participate.

3.2 Business Development Teams

In a study of 12 global business teams with members, representing 9 nationalties, located in 7 different countries, Hofner (1996) found that productive teams communicated more often in informal, social ways than the less productive teams. "Global" indicated a team that included members living on different continents who manage a business between countries and regions. "Productivity" referred to the creation of results useful to the organization. The highly productive teams engaged in more informal conversations, telephone discussion, and in-person meetings. The entire team met between one to three times per year face-to-face. A summary of key factors is shown in Table 4.

Table 4: Profile of productive global business teams (adapted from Hofner, 1996, p. 250)

Productivity - Team agrees they are performing well - High task orientation - High process awareness - Consistent, strategic direction from senior management	**Communication** - Frequent communciation (700/year) - Frequent informal conversation - Value social interaction - Feel understood and respected - Informed about team progress - Share perceptions about teamwork
Meetings - Focus on task and feelings - Critical analysis of issues - Flexible discussion style - Alternative problem-solving styles - Leadership rotates among members - Members act as cultural interpreters/ mediators for each other - Humor and jokes validating differences	**Writing** - Focus on non-personal, task-related information - Encouraging, positive writing style - Make impersonal positive comments - Include few personal comments - Use e-mail cautiously to exchange task related information and confirm decisions
Team Leader role - Acts as process facilitator and contributor - Task orientation - Structures the process - Creates an atmosphere of mutual support - Encourages open disagreement - Gives opinions early in the discussion - Seeks challenge of his/her opinions from members	**Difference and Disagreement** - Members disagree frequently - Play „devil's advocate" - Feel comfortable disagreeing - Unanimously desire to work together again, despite differences

3.3 Transnational Project Teams

The strategic and operative implications of teamwork in multinational corporations with thousands, or hundreds of thousands of employees, and production facilities scattered around the world are even more complicated as illustrated in the case of Gas Turbine Power Plants (GTPP). GTPP is a European industrial concern with over 200,000 employees worldwide and manufacturing centers in Germany, Sweden, Switzerland, Austria, Denmark, Finland, Italy, Norway, and the United Kingdom. GTPP's major business segments are power plants, industrial equipment, transportation, and environmental technologies. GTPP has a decentralized structure and a complex matrix organization in which top managers are responsible for a country or group of countries, a corporate function, and a business segment. The company describes itself as "European": top managers at the Executive Vice President level and the forty business area managers are Europeans and North Americans. The company culture is performance and achievement oriented with an emphasis on "going it alone", self-motivation, promoting champions, and "a complete focus on business".

What does a project mean to GTPP? "To build a power plant in India with German technology, transformers from Great Britain, an Italian general contractor, and a Swiss with overall project responsiblity. Six business areas, 200-300 employees from five countries, 20 languages, and $200-300 million are involved. Within this structure, the project leader and the 20-25 decision makers responsible for countries, business areas, and products meet approximately once a month to discuss progress and performance."

The key people should have a common vision of what they are attempting to accomplish. For the project managers, this process includes four steps:

1. To accept the immense complexity of the projects to be realized on a tight schedule
2. To creatively handle the conflict potential resulting from the inevitable mistakes, failures, delays, and discrepancies
3. To think about and solve future, as opposed to past or present, problems
4. To be happy and find success in an environment with high conflict potential

The strategy of "creating a simultaneous mind" implies a universal standard of values which should apply to all: a typical manifestation of individualistic cultures such as the USA, Australia, and Great Britain (Hofstede, 1991). The message in steps 2 and 4 is that conflicts are positive and to be confronted directly and openly. This is the normal approach of individualist cultures to conflict resolution as opposed to more collectivistic cultures such as China and Japan. The emphasis on future orientation in step 3, as well as on individual achievement and recognition, reflects the company culture of positive risk-taking.

What are some of the culturally related issues which might arise within the project teams? When working in Southern European countries such as Greece, Portugal, and Spain, in the Middle and Far East, and in South America, the problems surrounding the individualism versus collectivism dimension could be significant. The cultures of these countries do not encompass a universal system of values, but values which are relevant to their own "ingroup" but not necessarily to "outgroups". Therefore, unless the "ingroup" can be expanded to incorporate a global organization, common strategies such as to "create a simultaneous mind" could be difficult for team members from more collectivistic cultures to understand and accept. In addition, open communication and direct conflict solving are practiced less frequently in these cultures. Among the European managers, we could predict conflicts revolving around risk taking: how many mistakes are permited? Should we practice "learning by doing", see how a process works and fix it as we go along, or should we look for the best way first? For example, the Swiss and Germans, with their culture of technical perfection, find the idea of intrinsic errors difficult to accept.

Another key issue is the informal interplay of power and status. This involves the cultural dimension of power distance (PDI, Hofstede, 1984, 1991), which is the degree to which subordinates accept that their bosses have more power. In high PDI countries; which include much of South East Asia, South America and Africa; as well as Eastern Europe, France, Greece, and Portugal, the boss is right because he or she is the boss and you do your work because the boss wants it that way (Adler, 1997). The boss has a relatively authoritarian role as decision maker and controller in an hierarchical structure. In low PDI countries, including North America, Central and Northern Europe; a participative management style is the norm. The boss should delegate responsibility, as well as encourage initiative and feedback.

3.4 Multinational Functional Teams: "A home away from home"

Multicultural work units can function extremely well as teams, especially if the employees are together at a single location. Team members know that they must cooperate to achieve their objectives no matter what their national origin. In other words, they are all in the "same boat" as non-nationals. They develop a strong sense of commitment and identification with the firm, especially when empowerment, job enrichment, team recognition, and training and development are implemented. A positive example in this regard is the independent company ABB-Semiconductors, in Baden, Switzerland. Forty two percent of the workforce are expatriates and immigrants from a wide variety of countries. The majority state that they feel more at home at ABB than in Switzerland; i.e., ABB has become their family. One female employee from Thailand states she is treated in a derogatory fashion outside the workplace, i.e., in the best case she is perceived as a dancer in nightclub, in the worst case, as a prostitute. She experiences much more tolerance in the firm: "There it is all the same if you come from Brazil, Thailand or Slovenia; the only thing that counts is to do your job well" (Hug, 1998).

In 1997, Trans-Cultural Relations interviewed sixteen people in a Swiss telecommunications company with 300 employees of ten nationalities. In this dynamic firm, the interviewees especially enjoyed the international environment, the good relationships in their work groups, and the opportunity to solve challenging problems and achieve results. Ten of the 16 interview partners specifically mentioned "the possibility to learn a lot in a multicultural environment" as one of the positive factors. On the negative side, the interview partners perceived a strong tendency to departmentalization, deficient cross-functional teamwork and communication, and undefined interfaces between teams. In contrast to ABB semiconductors, the management board – also consisting of members from five countries – was seen as lacking in team spirit and not serving as a model for the whole company. The interviewees were convinced that they could make better use of their skills if there was much more empowerment from management combined with clear goals and strategies, as well as improved top-down communication. In this organization, intercultural teamwork functioned well in the work groups, but not within the entire organization. A tentative conclusion is that top management must be committed to cross-functional teamwork in order to benefit from potential synergies among the culturally diverse staff in smaller units.

Trans-Cultural Relations facilitated a series of team building seminars for a Swiss governmental agency in four Southern Asian offices (India, Pakistan, Bangladesh, and India) in 1997-1999. The participants included approximately 25% Swiss expatriates and 75% local employees. One pattern that emerged was a strong in-group identification within the small work units, plus a tendency to idealize the behavior of their own team. This is a normal phenomenon in group dynamics. What was unusual, compared to European organizations, was the extremely strong desire for the entire workforce to function as one team; i.e., as a family (the same expression used in ABB-Semiconductors above), conceivably related to the individualistic-collectivistic dimension discussed in section 3.2. The concept of the team as a "family" included ideas such as mutually agreed upon and complementary roles, a positive and supportive atmosphere with no disharmony or friction, mutual trust, common objectives, and values. One important topic was the actual distribution of status and privilege in society, as well as in the organization, and the effect upon their teamwork. The female staff had particularly high expectations in this regard and spoke up vigorously for more equality. One hypothesis is that the Swiss-lead institution functions as a haven of emancipation in a society grounded on traditional (male), hierarchical values. The women experience new roles and live out another side of their personalities; i.e., women have a lot to gain and little to lose by acting as change agents pushing for equality. The European managers, on the other hand, stated that it was difficult to reward individual performance, because of the status and collectivism issues. The local employees assumed that the manager was distributing personal favors, not compensating outstanding job performance.

3.5 Functional Teams at Lower Levels of the Hierarchy

At the end of 2000, 23% of the Swiss workforce was non-Swiss (885,800 persons), of whom 61% (544,250) were employed in tourism, food and restaurant, construction, machine and chemical, and in the health care industries (Bundesamt für Ausländerfragen, 2001). One can safely state that there is an immense need for multicultural team skills in this segment of the workforce. Many of the foreign workers, especially first generation immigrants, are relatively unskilled and uneducated with limited language fluency and are employed part time at minimum wages. Managers frequently adopt high power distance practices with these employees; e.g., giving orders and creating regulations and tight procedures. This constituency is motivated to work in teams as well, whether in cleaning crews, hospital wards, or manufacturing units. For example, a number of industrial firms have involved their workers in the transformation from manual to automated production and have included team training as part of the process. The driving force in these instances was the necessity for teamwork to handle the sophisticated machinery and processes. For more unskilled jobs, such as in service industries, team training is the exception rather than the rule. SV-Service, a Swiss catering firm (Meyer, 1997), ran an intercultural team training for cafeteria workers (33% foreigners, 80% women) for five afternoons over a 6-week period. The results were encouraging: the participants stated that getting to know each other during the program resulted in better cooperation at work. The managers noted that by the end of the course, the participants communicated more with the guests, as well among themselves.

According to Adler (1997), multicultural teams can be used to the greatest advantage for projects involving complex, creative tasks in which a wide variety of approaches, attitudes, and mentalities contibute to an innovative solution. Such teams are most valuable in the planning and development phases of a project. However, operational, multinational teams, such as GTPP, ABB-Semiconductors, or the Swiss government agency offices, are the rule rather than the exception around the globe. As the GTPP manager writes in a memorandum: "With the increasing complexity and internationalization of the business, the social competence and multicultural behavior of the individual becomes more important". In other words, heightened awareness of cultural factors and their effect on the efficiency of the team is needed. Some of the significant success factors for effective multicultural teamwork are explored in the following section.

4. Facilitating Teamwork in Culturally Diverse Groups

"The task for global teams, then, is to determine the appropriate balance between understanding cultural differences and focusing on commonalities" (Hofner, 1996, p. 228). A number of authors in the past few years have focused on how to create this balance, as well as on elements contributing to effective teamwork.

4.1 Diagnosing the Problems

Rhinesmith (1993) discusses seven variables to diagnose the effectiveness of multicultural teams. He emphasizes that a major mistake made by people developing or leading multicultural teams is to assume that problems have a cultural basis before considering individual and personality-related factors. The following guidelines should be utilized in this order to examine difficulties in multicultural teams:

1. Personal styles – as sources of conflict or inefficiency
2. Stage of team development – clarity of roles, responsibilities, power and conflict management
1. Effective team functioning – problem-solving, communication, decision making, team norms of behavior

2. Stage of professional development – assumptions concerning skills and competence levels of team members

Only after the first four points have been evaluated does Rhinesmith recommend moving on to an analysis of possible cultural differences:

5. National culture – differences in perception of self, others, the world; patterns of thinking; language; or nonverbal behavior
3. Corporate culture – differences in corporate values and interests or in norms and styles of behavior
7. Functional culture – differences due to functions or professional disciplines

4.2 Recognizing Warning Signals

Once the team members establish that a cultural component plays a role, they should take a look at underlying assumptions, norms, and attitudes taken for granted in their own culture, as well as for explanations of the situation, from other standpoints. The ability to empathize with the other party's perception of issues and events is a must. The key question here is "What else is true: how else can one explain the situation?" (Fisher, 1988, p. 34). It is also valuable to recognize specific warning signals before acute conflicts break out. for example:

- Do the same problems or conflicts repeatedly arise within a multicultural group or between groups, independently of the individuals involved? During a 10-year period in one corporation, issues surrounding management style recurred between Swedish headquarters and the German subsidiary despite numerous reorganizations and job rotations.

- Are stereotypes about persons from other nationalities constantly employed to justify problems? "The English have no idea how to run a project group. Everything is left to chance.", "All the French managers want is to increase their own influence, they don't really care about their employees.", "The Germans are so busy writing regulations, they can't keep track of what is going on in the market.", etc.

- Is the behavior of a colleague or subordinate from another country regarded by members of the majority culture as strange, immoral, suspicious, inexplicable or even a little crazy? A Turkish manager in a Swiss company was regarded as untrustworthy, because the Swiss felt he was always too nice and hid his true opinions. Tensions increased to the point where the manager returned early to Turkey, despite good performance in Switzerland.

- Is a group polarized on certain issues along national or cultural lines? Swiss corporate executives complain frequently that their American managers constantly do things without planning, consulting with them, or considering the long-term consequences: American "ready-fire-aim" pitted against Swiss prudence and thoroughness.

- Does a steady stream of misunderstandings, irritations, rumors, back-biting, etc. go on between individuals or groups from different cultures? Could these problems have to do with language barriers and/or differing value orientations in the communication process?

- Do co-workers from some countries seldom speak or express an opinion during discussions? Who speaks a lot, who is silent, or speaks less is related to language ability, cultural attitudes, as well as status and acceptance in the group. "Persons perceived as competent high context communicators (e.g., Asians, Africans, author's addition) tend to be reserved from the European or North American point of view; i.e., silent, waiting, and listening. Being reserved, however, is considered as being active, not as passive behavior, as in low context communication." (Gudykunst, 1998). A higher status team member, or a leader, frequently expresses opinions first. If this person waits until the end of the discussion to speak, other team members may respond by adopting or deferring to the leader's opinion.

- Is the role of the team leader unclear? The individualism and power distance dimensions contribute to the difficulties surrounding the role of the leader in multinational teams. In a 21-nation study of role conflict, ambiguity and overload Peterson et al. (1995, p. 446) concluded that "role stress (of middle managers, author's addition) varies substantially more by country than by demographic and organizational factors". Managers from high PDI, mainly non-Western, countries reported that their roles are quite clear, but they have too much to do. On the other hand, European and North American managers, primarily from low PDI countries, experience their workloads as more manageable, but are uncertain how to do it. In other words, hierarchy and rules can reduce role ambiguity, but at the cost of overload.

- Do the team members agree about objectives, i.e., where they want to go, but disagree about how they want to get there? For example, who is responsible for achieving the agreed upon goals? What happens when a European from a low PDI country takes over the leadership of a team in a high PDI country. Team members are frequently surprised and pleased by the manager's cooperative approach; but hesitate to take on the additional responsibilty. The low PDI team leader can easily end up with the high PDI role and work overload: "It's faster to do it myself than convince a subordinate to do the job". The process of attaining a level of participation acceptable and satisfactory to both leader and team members often requires years.

4.3 Encouraging Team Synergy

A global player does not know all the cultures of the world; he or she just has the personality, experience, and learning methodology to effectively cope with the unknown. (Anonymous)

People often assume that if we have contact with member of other cultures, our attitudes towards these people will become less prejudiced and ethnocentric. However, contact can either improve relations or increase friction. One of the main tasks of the group leader is to make the team processes transparent. Experience has shown that cooperation and a positive attitude among diverse team members is facilitated when the following characteristics of the contact situation are taken into account (Gudykunst, 1994; Kopper & Kiechl, 1997; O'Hara-Devereaux & Johansen, 1994):

- Members of the groups have approximately equal status
- The group members hold similar beliefs, values, and attitudes
- Cooperation within the group is maximized and competition is minimized
- Strong institutional support for the contact is provided; e.g., the team is encouraged to meet personally
- Nonsuperficial contact (e.g., private discussions of a personal nature) is encouraged
- A continuous and regular communication routine is established among all members (e-mails, phone calls, video conferences)
- Specials skills and competences of individual members are recognized
- Jointly agreed upon milestones are set up and honored by all team members
- Members of the groups are willing to learn from each other
- The group celebrates successes together

In both the public and private sectors, in Europe, North America, or Asia, team members confront the same basic problems: lack of communication, poor information flow, insufficient feedback, unclear roles, etc. Cultural elements, either as a common basis to build team synergies or as contributors to difficulties are rarely acknowledged at the start, but come up later as part of the team building process.

In a multicultural project group, a preventive measure is a cultural communication workshop following the start-up phase. This approach allows the participants to get to know each other first and then to increase awareness of potentially problematic cultural differences before conflicts arise. International sales, marketing, and product managers, who must deal with colleagues from many countries, can also profit from such a workshop.

The training must be task focused and directly related to the situation of the group. A useful tool to encourage good relations and mutual commitment from the beginning is for the group to define common guidelines for their work together. Agreeing upon the manner and way (meta-communication) in which team members want to work together builds trust and cooperation. One of the most common rules created by the team is: "To treat each other with respect", or "to treat others equally". With this phrase the cultural aspect comes into play. In the Hofner study (1996, p. 247) "mutual respect and commitment" was a factor frequently mentioned as enhancing productivity. When the team defines what mutual respect means and what this implies about the way they want to treat each other, they take a major step in establishing cross-cultural ground rules. For example, one Indian participant stated: "No 'feudal' set up involving caste, privileges and status within the team".

The ability to differentiate between individual behavior and cultural stereotypes and, in some cases, to even discard inaccurate stereotypes, is a key factor for success in intercultural teamwork (Kopper, 1991, p. 62). If international personnel perceive an individual from another country through the colored glasses of their own cultural stereotypes, they will be unable to collect objective information about that person and his or her situation and may well respond inappropriately, ineffectively, or even harmfully. This is an especially sensitive point in multicultural work groups in which a few persons – or even a single individual – personifies an entire culture. It is impossible to assess how close to, or far away from, this particular individual's behavior is from the stereotype of the "typical" Chinese, German, Malaysian, etc. I find it extremely valuable to bring these stereotypes – whether about one's own country or those of other nationalities or ethnic groups – up front when the team is still in the forming phase. This means acknowledging the stereotypes we carry in our heads, talking about how much or how little they have to do with our own behavior, and finally agreeing on strategies and activities to cope effectively with them.

5. Summary and Conclusions

Our use of language, the information we send and receive, our nonverbal behavior, and the way we make decisions are all influenced by culture. Therefore, the first commandment of effective multicultural teamwork is "assume differences until similarities are proven". Collaboration can be improved by merely understanding that differences exist and then trying to discover the content of those differences.

In contrast to 20, or even 10 years ago, people all over the world communicate with each other on a daily basis, study, travel, and/or work abroad. It is trivial to state today that all business is global, meaning that even in the domestic market, we are constantly confronted with international trends, products, and processes. A positive spin off of this process is an expanding awareness of belonging to a "global community". In other words, to move about and interact comfortably in strange countries and cultures, either virtually or physically, is taken for granted. How does this megatrend affect multicultural teams? Although team members often have a lot of information about, and experiences with, other countries and cultures, they are sometimes unaware of how their own behavior impacts others.

The ability to consciously notice other ways of doing and being, critically reflect upon one's own preferred style, and the flexibility to try another approach are crucial to effective multicultural teamwork. These teams provide us with a tremendous opportunity for personal enrichment and growth as well as for learning the skills so urgently needed in our global work environment.

References

Adler, N. J. (1997). International Dimensions of Organizational Behavior (3rd ed.). Cincinnati: South-Swetern College Publishing.
Baxter, J. (1983). English for Intercultural Competence. In: D. Landis, R. W. Brislin (Eds.), Handbook of Intercultural Training, Vol 1 (p. 306). New York: Pergamon Press.
Bergmann, A. (1990). Nationale Kultur – Unternehmenskultur. Die Unternehmung 44, 360-370.
Brislin, R. W., Yoshida, T. (1994). Intercultural Communication Training: An Introduction. Thousand Oaks, CA: Sage Publications.
Bundesamt für Ausländerfragen (Hrsg.) (2001). Die Ausländer in der Schweiz: Bestandsergebnisse. Statistischer Bericht. Bern-Wabern.
Copeland, L., Griggs, L. (1985). Going International. New York: Random House.
Erlinghagen, H. (1985). Japan. In: M. Hilb (Hrsg.), Personalpolitik für Multinationale Unternehmen (S. 45). Zürich: Industrielle Organisation.
Fisher, G. (1980). International Negotiation: A Cross-Cultural Perspective. Chicago: Intercultural Press.
Fisher, G. (1988). International Negotiation. In: L. A. Samovar, R. W. Porter (Eds.), Intercultural Communication Reader (5th ed., pp. 193-200). Belmont, CA: Wadsworth Publishing.
Furnham, A., Bochner, S. (1986). Culture Shock. London: Methuen.
Gudykunst, W. B. (1994). Bridging Differences: Effective Intergroup Communication (2nd ed.). Thousand Oaks, CA: Sage.
Gudykunst, W. B. (1998). Individualistic and Collectivisitic Perspectives on Communication: An Introduction. International Journal of Intercultural Relations 22, 107-134.
Hofner, D. M. (1996). Productive Behaviors of Global Business Teams. International Journal of Intercultural Relations 20, 227-259.
Hofstede, G. (1984). Cultures Consequences, International Differences in Work Related Values (abridged edition). Beverly Hills: Sage.
Hofstede, G. (1991). Cultures and Organizations: Software of the Mind. Cambridge, UK: McGraw-Hill.
Hug, A. (1998, 16. Juli). Zweiklassenland im Gotthardstaat. Die Wochenzeitung 29, 13.
Kiechl, R. (1990). Ethnokultur und Unternehmungskultur. In: C. Lattmann (Hrsg.), Unternehmenskultur – theoretische und praktische Implikationen (S. 107-130). Heidelberg: Physica Verlag.
Kiechl, R. (1997). Interkulturelle Kompetenz. In: E. Kopper, R. Kiechl (Hrsg.), Globalisierung: von der Vision zur Praxis (S. 11-30). Zürich: Versus Verlag.
Kopper, E. (1991). Der globale Manager: ein kultureller Verwandlungskünstler. io Management Zeitschrift 60, 61-64.

Kopper, E. (1993). Swiss and Germans: Similarities and Differences in Work-Related Values, Attitudes, and Behavior. International Journal of Intercultural Relations 17, 167-184.
Kopper, E., Kiechl, R. (1997). Globalisierung: von der Vision zur Praxis – Methoden und Ansätze zur Entwicklung interkultureller Kompetenz. Zürich: Versus Verlag.
Laurent, A. (1983). The Cultural Diversity of Western Conceptions of Management. International Studies of Management and Organization 13, 75-96.
Lötscher, H. (1983). Der Waschküchenschlüssel oder Was wenn Gott Schweizer wäre. Zürich: Diogenes.
Meyer, B. (1997). Förderung der interkulturellen Zusammenarbeit auf Mitarbeiterinnen-Ebene: Beobachtungen im Mikrokosmos. In: E. Kopper, R. Kiechl (Hrsg.), Globalisierung: von der Vision zur Praxis (S. 121-137). Zürich: Versus Verlag.
O'Hara-Devereaux, M., Johansen, R. (1994). Global Work: Bridging Distance, Culture and Time. San Francisco: Jossey-Bass.
Peterson, M. F., Smith, P. B. et al. (1995). Role Conflict, Ambiguity and Overload: A 21-Nation Study. Academy of Management Journal 38, 429-452.
Rhinesmith, S. H. (1993). A Manager's Guide to Globalization. Homewood, Illinois: Business One Irwin.
Schneider, S. C., Barsous, J.-L. (1997). Managing Across Cultures. London: Prentice Hall Europe.
Seelye, H. N., Seelye-James, A. (1996). Culture Clash. Illinois: NTC Business Books.
Skiver, J. van (1999, August). Just the Facts, Ma'am. Training & Development Magazine, 25.
Suter, M. (1997). Kulturelle Aspekte bei der Uebernahme einer Schweizer Firma durch einen amerikanischen Konzern: Ein Erfahrungsbericht. In E. Kopper, R. Kiechl (Hrsg.), Globalisierung: von der Vision zur Praxis (S. 77-88.). Zürich: Versus Verlag.
Trompenaars, F. (1997). Riding the Waves of Culture (2nd ed.). London: Nicholas Brealey.

14

Multicultural/Multinational Teambuilding After International Mergers and Acquisitions

Mel Schnapper

This chapter describes an approach to building effective multicultural/multinational teams where common objectives and tasks must be achieved by team members who come from different organizational and national cultures.

I will discuss the general problems and conflicts that occur when organizations integrate personnel through mergers and acquisitions and bring people together whose values, style, beliefs and reactions may differ radically or just enough to create confusion, tension and apprehension about the "right" way to get things done. This often occurs with the imposition of the procedures of one group upon the other. These problems are intensified when this occurs between companies from different countries. Intercultural communication and organizational behavior theory explains these situations and offers possible solutions.

I have developed a pragmatic approach to help resolve these particular conflicts which I call "Multinational/Multicultural Teambuilding" or "MMT". This chapter describes the implementation, dynamics and specific outcomes of one application.

1. The Human Aspect of Mergers and Acquisitions

In the last 10 years we have witnessed an acceleration of the merging and acquisition of huge corporations on a world-wide scale. In some cases these mergers have been successful and as often they have not.

There are many reasons for the failures – financial, marketing, incompatible top management philosophies, inadequate planning, etc. – but they will not be described at length here. This chapter will focus on situations in which organizational cultures and national cultures have been in conflict. When this has been a critical dimension of incompatibility, MMT has been shown to be an effective intervention.

The idea of culture is not new. It has been studied by many behavioral scientists for centuries. The last several decades of attention to the developing countries has led to an explosion of the field of applied anthropology. There are now many Ph.D. programs in applied behavioral science for studying and promoting change within organizations, usually called "Organization Development" (O.D.) or "Organization Behavior" (O.B.).

However, the accelerated mergers and acquisitions within and between national borders have resulted in even more attention being placed on the conscious management of how employees from diverse organizational and national backgrounds can be brought together effectively. MMT brings together the theoretical and pragmatic applications of two disciplines and traditions – the planned macro-cultural change at the level of national culture and the planned micro-cultural change at the organizational level.

2. National and Organizational Cultures

Many mergers and acquisitions have failed within national borders because of incompatible organizational cultures. Sometimes one organization has norms or dominant behavioral tendencies that have been a "culture shock" to the acquired corporate environment. Since organizational culture reflects many things, the chances for incompatibility are likely.

Culture has been defined perhaps thousands of times. For our purpose, culture refers to the behaviors, beliefs, assumptions and history of the organization or cultural entity, be it group, tribe, region or country. Of equal importance to history is mythology, which, if one believes it to be true, is called one's religion.

Corporations also have a religion. It is that collection of stories and "truths" that are seen as non-negotiable with predictable consequences for nonconformance. The religious aspect is critical because like religion, specific data or "proof" need not alter the belief systems: For example, if you confront the President, you'll be fired; if you don't dress a certain way or maintain certain work habits, you'll have little career opportunity, etc.

When the strength of this corporate culture clashes with a weaker, though equally opposite set of beliefs, behavioral norms, etc., the more powerful elements are likely to triumph, usually after months or even years of wasteful, acrimonious conflict. There are many examples of these cultural battles exacting extreme costs of energy, productivity, creativity and emotions (Vansina, 1974).

When corporate cultural differences are combined with national cultural differences, the conflicts are exacerbated even more, with less mutual understanding and chance for resolution. If a company has a cultural norm supportive of lifetime employment and the acquiring company originates from a country where employees are "fired at will", laying people off even for legitimate business reasons (such as redundant staff, restructuring, redistribution along different organizing principles, etc.) will be seen as ruthless, heartless and exploitative. The acquiring personnel will think their processes are legitimate and a natural and normal way to conduct business.

These then are the major issues and parameters for utilizing an approach such as MMT, which promotes the formal recognition of cultural differences and highlights them. This is so people can understand, through common tasks, that the ways to achieve them are myriad.

Before continuing, it is critical to define some terms that will be used distinctly here, though used interchangeably by many. These terms are national, international, multinational and transnational:

- national: having the origins, focus and behaviors of an exclusive country;
- international: having the origins and behaviors of one country, yet focused on the operational success within other countries as well;
- multinational: having the origins of one country with the incorporation of some behaviors, whether by intent or accommodation, of other countries where it operates and is focused;
- transnational: though having originated in one country, operations and staff and foci are integrated across many countries and the corporate entity must consider all cultures on a near equal basis.

With these terms clearly defined, we can now address the issue of the evolution of a national company increasing its international operations to the extent that those operations merit its modest cultural adaptation. At some point, the international operations of a company may demand greater flexibility and cultural diversity in its management practices so that it is multinational. It may ultimately reach the stage of a transnational company, where its national origin and focus is hardly recognizable, except by some senior historians.

At any stage of this evolutionary process, which is not necessarily predictable, there will be interfaces between procedures, practices, policies and, ultimately, the personnel who carry them out. When this staff represents different countries and national cultures, conflict is almost inevitable.

3. The Traditional Organization Development Solution

A traditional organization development way of dealing with organizational conflict has been around for several decades. Briefly, O.D. utilizes various behavioral science techniques which enable the participants in an organizational change effort to take ownership of the data, the problem definition and, ultimately, the solutions and their implementation (Bennis, 1969; French & Bell, 1973).

The focus is on action learning, where every step of the change is evaluated by the actual participants so they can alter the nature of the change and make conscious choices about the norms and culture they are developing.

A simple example would be for participants to recognize that one common behavior has been that those with the highest status in the work group interrupt those with less status. The O.D. intervention would be to have the participants formally agree that, regardless of status differences in the group, no one is to interrupt anyone else. This is likely to require an outsider or facilitator to confront those who continue the old behavior. Ultimately, the facilitator would not be needed, as group members "own" the responsibility to enforce their own evolving culture.

3.1 Cultural Assumptions

This O.D. model assumes an egalitarian culture where conflict is legitimate and confrontation, in a somewhat public manner, is acceptable. It also assumes a culture where people can openly express their feelings, perceptions of each other, and make known up and down status hierarchies and across territorial boundaries what they like and dislike about the "other". These are but some of the cultural assumptions of the democratic and expressive norms of the traditional O.D. approach (Beckhard, 1969).

3.2 Repeated Failures

Obviously, these norms represent a problem for many organizational and national cultures where status is highly respected and never challenged, feelings are kept to oneself and expressed only in the most subtle ways, and perceptions of others are never shared for risk of losing face or being embarrassed. Yet, this traditional model of O.D. and a specific intervention called "Team Building" has been used world-wide, often shocking those people exposed to it for the first time.

This traditional model is inappropriate for several reasons, some of which are:

1. The trauma of these norms may be such that participants never recover the "civility" of their old ways that made corporate life bearable.
2. The new norms are not sustainable without the constant presence of the outside facilitator, who, if even an employee/consultant, cannot attend to all that must be managed.
3. The degree of stress on some may even constitute "emotional blackmail" as they are subjected to uncomfortable norms dictated to them.

There are real paradoxes here. If a multinational team has agreed to be more confrontative, this agreement may be suspect. The members whose culture dictates compliance to the will of the majority may have given in to their colleagues and dare not express that this is the case. Dynamics of this nature may have even occurred in the several successful MMT interventions I will describe, though this unique approach should keep these to a minimum.

The frequent failure of this approach for a multinational group is partly because of the different definitions of what constitutes cooperation, teamwork and appropriate feedback. From my experience in team building within my own culture, there is an acknowledgement that the essential meaning and personal histories of team members constitute a basis for many of the new norms that are introduced by the traditional team building approach. However, my experience with multinational teams, when I used these traditional techniques, is that almost every nuance of this conventional teambuilding approach is fraught with cultural ethnocentrism.

Specifically, in my early years of using and espousing this approach, I would feel pleased when deeply felt resentment and fear were being expressed across international boundaries. I saw this as progress due to the candid expression of long-held feelings. I also learned, sometimes long after the teambuilding experience, that the team had not improved its performance; in fact, the opposite was often the case.

In a few situations I was able to interview the original participants to find out what had happened to original commitments and action plans based on all the other accomplishments of the team building sessions. I learned that those who were Western or North American in their cultural orientation were confused by the poor long-term performance of the team. They, like me, had seen dramatic encounters during the sessions with verbal resolution of conflict, role clarification, and negotiations about a whole host of issues.

The non-Western participants and those not oriented to open confrontation, especially across international or status boundaries, were confused and felt quite depressed about the situation as a whole. For them, the entire experience was a violation of all of their norms of respect for status and avoidance of confrontation – certainly confrontation of a public nature. They saw these negotiations as being carried out under circumstances of incredible duress and intimidation.

So, here, I saw for the first time, and have seen many times since, how the same experience seemed to some to promote group harmony, cooperation and productivity, while to others it was perceived in opposite terms. This seemed to depend on national culture of origin, where one's basic conditioning to group life had been inculcated.

4. Multicultural/Multinational Teambuilding (MMT)

I then decided that the traditional teambuilding approach was not only inappropriate; it was ineffective and would benefit no one in the long term. The bells and whistles of the early interventions and apparent progress were illusory.

4.1 Cultural Awareness

My initial formulation of the MMT model borrowed heavily from the "intercultural workshop" developed by David Hoopes at the University of Pittsburgh for foreign student orientation to American campus life and culture (Hoopes, 1970). His approach was to use familiar symbols, games, and words to show multicultural/multinational groups of students how culturally sensitive the meanings of all the behaviors in the workshop were.

From this and my other work in multicultural/multinational organizations, I developed the MMT model for use with employees of multinational corporations and international organizations where common task accomplishment was non-negotiable (Schnapper, 1973, 1978, 1979, 1985). The student groups had the luxury of walking away from their experience. My teambuilding participants were to live with each other, usually for years after the teambuilding session.

4.2 Task Orientation of MMT

The challenge of MMT was to combine the cultural awareness techniques of the intercultural workshop and task orientation of traditional teambuilding.

There is a tremendous difference between achieving understanding for its own sake and maintaining it when common tasks must be accomplished. Often, participants will have long, sustained work relationships and even work histories that may go back decades.

4.3 Benefits of MMT

MMT is a specialized approach which helps culturally diverse work groups achieve high productivity and cooperation. This is accomplished without denying or suppressing the cultural differences. Very often, these cultural differences, if not understood and managed, can lead to lower productivity, increased waste, and lack of cooperation.

MMT can help organizations save time, excessive costs, employee turnover, and labor dissatisfaction that often results from interaction between colliding cultures. Occasional misunderstandings resulting from cultural differences may have raised levels of antagonism and hostility to unmanageable levels. Many trainers and O.D. consultants, in attempting to make work groups more productive, typically ignore these differences and use traditional approaches which are often inappropriate and ineffective.

MMT helps team members recognize and use cultural differences in productive and creative ways. These cultural differences typically consist of

1. styles of leadership,
2. perception,
3. values,
4. problem-solving approaches,
5. ways of resolving conflict,

6. ways of sharing perceptions,
7. means of determining priorities, and
8. evaluation criteria

– and these are only a few of the factors that might come into play as cultural dynamics evolve in this unique work group. As a task-focused group evolves, these differences must be brought to the surface, negotiated, and resolved.

MMT focuses on the contexts of various teambuilding issues to an extent which allows team members to share their differences and see them as variables to be recognized, appreciated, and included in all of its procedures.

For example, MMT helped a multinational project team appreciate how differently emotions (the context of all behavior) are expressed by North and South Americans, thus clearing up many misunderstandings which resulted from this ignorance.

Quite frequently, multinationals will hire many professionally qualified staff from different countries and assume that their professional expertise will allow them to facilitate effective teamwork. Too often, their lack of managerial, interpersonal, and intercultural skills minimizes their ability to effectively contribute their expertise. MMT provides these skills.

This is a time of quick start-up project teams handling projects all over the world. Team members need to quickly move into new situations with strangers and begin delivering results that are often urgent and crucial to the success of these international projects. Experts of all sorts are highly mobile, moving in and out of organizational and geographical areas.

MMT eases the adjustment process as well as minimizes the ways in which cultural differences and frustrating barriers prevent successful interaction and task accomplishment.

5. Specific Application: An Example of an MMT Project

This specific example I will describe is one that best shows how to integrate the theory of intercultural communication, applied anthropology, and organization development techniques of teambuilding to a real work environment with real tasks, objectives, and risks.

5.1 The Situation

The client is a multinational industrial chemicals company with plants in the U.S., England, and Belgium with a sales and marketing organization that is world-wide. As an industrial chemicals company it evolved as a subsidiary of a consumer products company whose food line produced agricultural waste which was later found to be the source of a valuable chemical. Over the years it had grown into a major profit center for the company and for as long as it was profitable it was left alone.

Sales were to the foundry industry world-wide. In the 1930s, all 6 plants were domestic. When I came there, two plants had been acquired in Europe. These two plants had existed for some 30 years each under British and Belgian ownership and were just now contending with its new American ownership, which had been pretty much laissez-faire.

There was such a loose organization that even the corporate function of international marketing was not truly international. There were different prices for the same product, depending on the production site, and no real integration of marketing and sales efforts on a world-wide basis. However, a soft market provoked a corporate move toward a more tightly integrated organization and I was to help integrate the human resource procedures!

I worked with two major sites – a factory town north of London where the dominant British work force felt besieged by a growing East Indian population. I was repeatedly told by my British clients how the only two movie theaters had shown only Indian films for the last several years.

The other town was in Belgium with a predominantly Flemish work force, a British plant manager (who was wise enough to study Flemish, not French) and a minority assortment of an American, South African, Frenchman. These plant managers reported to a vice president of European operations – a Hungarian with French citizenship living in Paris, the European headquarters of this company! The mix of cultural variables was quite vast. And all of this in the context of an American corporate culture that was well known and respected within many countries.

5.2 The Task

My task was to install a standard performance appraisal system that would measure and judge individual performance. It would ultimately determine salary increases, promotions, and career mobility on a world-wide basis across a variety of functions, levels, functional cultures (marketing, manufacturing, sales, research and development), geographical cultures (American, British, Belgian), and nationals from even more cultures (French, German, South African, Italian, etc.).

I was to do this after decades of neglect by the corporation of a formal, logical, or methodical approach within its American headquarters, domestic facilities, or its European operations. Except for annual corporate meetings, occasional trips, and exchange of technical information, there was a great deal of freedom for everything.

The dilemma and challenge was to please everyone and be effective. Fortunately, I had already been to Europe and met most of the leadership who had been exposed to some of the MMT approach. This experience had been very positive since it highlighted, supported, and even gloried in the multiculturalism that each team represented. It was also dramatically different from the host of corporation-imposed policies and procedures that were seemingly multiplying during the business downturn.

Table 1: Time Schedule of MMT Workshop

Day One

08:00 am	**Introduction to the Purpose and Objectives**
09:00 am	**Culture – National and Organizational**
	This is a formal presentation about these concepts as explained earlier in this text. Participants are asked for contributions from their own experience.
10:00 am	**Nonverbal Communication**
	A presentation on the cultural basis of human emotion and gesture. Participants share their own perceptions of these concepts and of each other based on these concepts (Schnapper, 1975).
11:00 am	**Case Study: The Coal Corporation**
	A simulation that requires teams to pick an ideal candidate to manage a coal company in Nigeria. Afterwards there is a discussion about common task, sharing of information, and competition versus cooperation (Nylen, Mitchell & Stout, 1967).
12:00	**Lunch**
	(Always 1 1/2 hours in length. That alone wins friends).
01:30 pm	**Organizational Cultures**
	Theirs and Ours. The mirroring technique for sharing perceptions of "self" and "other", only this is done at the level of corporate culture and national culture. Based on Beckhard's (1967) organizational mirroring technique. The data I generated are shown in tables 2 and 3.
03:00 pm	**Cultural Variables – Desirable and Undesirable**
	Discussion of what variables will help and which variables will hinder the accomplishment of the task at hand.
04:00 pm	**Feedback and Evaluation**
	An opportunity for the consultant to get feedback and for the group to share its perception of the first day.
05:00 pm	**End of Day One**

Day Two

08:00 am	**Performance Appraisal – What It Is and What It's Supposed to Accomplish**
	A general explanation of the system and how it contributes to professional development, career opportunity, and equity of reward systems.
09:00 am	**How It's Done in Europe**
	A freewheeling discussion about traditional ways of handling these issues.
10:00 am	**The Corporate System**
	Which parts of it are appropriate and which are inappropriate.
11:00 am	**How to Implement**
	An exploration of what parts of the formal system would be implemented and done in a culturally appropriate way.
12:00	**Lunch**
01:30 pm	**Role Play**
	A selection of situations that require feedback, judgment, training, and establishing the appropriate reward for that particular performance standard.
04:30 pm	**Feedback and Evaluation**
05:00 pm	**End of Workshop**

I had already established myself as different from the other corporate people in that I started with their needs first and developed programs responsive to their needs. They were my client. My headquarters boss may have paid me, but they were my client.

5.3 The Workshop Design

I will go into some detail about the specific dynamics since that is what is so dramatically different about MMT, but first, the MMT Purpose and Objectives:

Purpose: This workshop will enable participants to understand the various cultural and organizational variables that can contribute to more effective teamwork and organizational success.

Objectives: As a result of this session, participants will be able to

- identify the specific cultural variables that influence decision making, teamwork, task accomplishment, role clarity, and productivity;
- conclude which of these variables contribute and which do not contribute to effective teamwork;
- develop organizationally and culturally appropriate means and alternatives to manage the team culture;
- apply all of the above to a process of conducting performance appraisals that meets the needs of the corporation and is culturally appropriate to the facility.

To reach these objectives, a specific workshop design was established (see Table 1).

Table 2: Lists of London Workshop ("How we see them – how we see ourselves")

	Chicago - Headquarters	Europe
1.	More bureaucracy (rigid)	Entrepreneurial
2.	More specialized	Flexible-generalists
3.	No in-depth intercultural experience	Many cultures, languages
4.	Homogeneous	Heterogeneous
5.	Jobs are more money oriented	Other rewards (friendship, etc.)
6.	Policies accepted	Skepticism, questioning
7.	Centralized	Individualized
8.	What's U.S. is international	Let's see what works here
9.	Hurried/intense	Slower
10.	Robot type managers	Expressive
11.	Hard/unfeeling	Compassionate
12.	Organization all important	Living
13.	Poor external communication outside U.S.	We talk to each other
14.	One law	Many laws
15.	Performance Planning & Review	Not an incentive is an incentive
16.	Paper work appropriate	Verbal work appropriate
17.	Criticism not ok	Criticism ok
18.	"Right"	"Wrong"
19.	100% perfection, even though done late	Results 75% to have impact
20.	Committee decisions & consensus	Individual responses
21.	Corporate arrogance	Lackey complex

Table 3: Lists of Heel, Belgium Workshop ("How we see them – how we see ourselves")

	Chicago - Headquarters	Europe
1.	Bureaucratic	Entrepreneurial
2.	Accept what's given by top management	Screen utility of objectives
3.	Corporate arrogance	Living with it
4.	It works here, so do as we say	Many ways
5.	Highly specialized jobs	Jack of all trades
6.	Need for high organization	Need for self starters
7.	More sophisticated management	More common sense techniques
8.	One culture and one language	Several cultures and languages
9.	Facade building "consensus"	Call it as you see it
10.	Perfectionist	Results oriented
11.	Criticism unwelcome	Possible
12.	If we want something, we should get it now	If we want something, we may get it
13.	Low risk-taking	Reasonable risk-taking
14.	Legitimate need for more sophisticated management techniques	More informal approach
15.	Facade building	Confrontation
16.	Censorship	Frankness
17.	Chicago demands – do it now!	Europe: when we get to it
18.	Communication lines poor	Free data showing
19.	Job rotation	Cannot switch around

5.4 Developing Cross Cultural Data

Eventually I led the participants to an exercise to explore the differences between their national and European organizational cultures and that of the corporate headquarters that was imposing this new procedure.

The exercise "organizational mirroring" (Beckhard, 1967) encourages different groups in confrontation with each other to share perceptions of each other and produced the following lists of the generalized European self perception ("how we see ourselves") and their perception of their American-dominated corporate headquarters ("how we see them") (see Table 2 and 3).

Table 4: Labor/Social Environment in U.S.A. – Chicago

1. Implementation of systems, conformity in salary, promotion, etc.
2. Requests to do things with no apparent reason
3. Restrictions of local authority – any salary increase at any level, even to change part time to full time
4. Decisions given – no reason
5. Lack of appreciation of local needs and facilities
6. One language, conformist, no pay code, unions not so "all powerful", everybody for themselves, expect community work

In addition to these different sets of perceptions which gets to the heart of culture, some of the very real differences in labor/social environments were articulated that determined some of these differences in perception (see Table 4 and 5).

Table 5: Labor/Social Environment in Europe

1. Multi-lingual individuals
2. Government pay codes
3. Unions strong and unified
4. Social policies protect unfortunate
5. Please yourself outside of work

5.5 Conclusions of the Workshop and Follow-up

The conclusion of the two-day workshop was that the European groups decided that the formal performance appraisal system was for the most part not relevant to their needs. They promised that they would abide by the requirements for some kind of data that would fulfill corporate expectations. Thus, what the corporation received was the strict "letter of the law" kinds of data. Most of the skills and formal procedures were not adopted.

What did happen though is significant. The Europeans readily agreed to a system that met their needs and would give the corporate powers an adequate level of performance data for the new performance review system.

What would have probably occurred had I not used the MMT approach was reflected in the few years before my arrival. There was a constant state of tension between European and American operations. Europeans dreaded visiting corporate headquarters and the vice-president of European operations was almost fired for being "immature". My perception is that he was emotional and expressive and not compatible with corporate headquarters executive boardroom behavior.

Fortunately, I was able to follow up on events, even after my own departure from the company. Several years later, I can report that the basic format is still in use in Europe even though abandoned in the United States. The level of adaptation was sustainable from the beginning. Because the Europeans had an opportunity to discuss and modify the proposed format, they were committed to and comfortable with the final process.

The American headquarters staff, on the other hand, were told to execute a system they had had little part in developing and were told to sustain a system at a level well beyond their perceived needs.

This is but one of many examples of how the MMT approach can be used to help build teams that are multinational and multicultural. The performance appraisal system was the particular common task in this example. Other foci of the MMT have been long-range planning, reorganizing a marketing function, improved productivity, and goal-setting.

6. Summary and Outlook

The main point of this article is to describe the inappropriate use of a widely-practiced version of a North American-based behavioral science intervention and to show how this approach may be counter-productive in a European setting. Additionally, I have described and detailed an alternative, which I call "Multicultural/Multinational Teambuilding" or "MMT". This approach heightens the awareness of cultural differences in a multicultural task team and allows participants to fully express their differences. This insures that ultimate decision-making and problem-solving are truly owned by all who must later carry out the various solutions.

My hope is that (in contrast to the assumption by many that we are all heading toward a global corporate culture), there will an additional sensitivity to the powerful force that culture still has in all multinational arenas, even when the newly created company, as a result of mergers and acquisitions, seems to have a unified managerial structure and culture.

The essence of the MMT approach is not the particular model, schedule, or techniques described in this article. The essence of this approach is that every situation demands a uniquely sensitive and culturally appropriate approach.

References

Beckhard, R. (1967). The confrontation meeting. Harvard Business Review 45, 149-155.
Beckhard, R. (1969). Organization development: Strategies and models. Reading, MA: Addison-Wesley.
Bennis, W. G. (1969). Organization development: Its nature, origins and prospects. Reading, MA: Addison-Wesley.
French, W. L., Bell, C. H. (1973). Organization development. Englewood Cliffs, NJ: Prentice-Hall.
Hoopes, D. (Ed.) (1970). The workshop – Pittsburgh model. Readings in intercultural communications, Vol. I. Pittsburgh, PA: Regional Council for International Education.
Nylen, D., Mitchell, J. R., Stout, A. (1967). Handbook of staff development and human relations training: Materials developed for use in Africa. Washington, DC: National Training Labs.
Schnapper, M. (1973). Experiential intercultural training for international operations. Pittsburgh, PA: University of Pittsburgh, Ph.D. Dissertation.
Schnapper, M. (1975). Nonverbal communication and the intercultural encounter. In: J. E. Jones, W. Pfeiffer (Eds.), Annual handbook for group facilitators. La Jolla, CA: University Associates.
Schnapper, M. (1978). Multinational training for multinational corporations. In: M. K. Asante, E. Newmark (Eds.), Handbook of intercultural communications: Theories and practice. Beverly Hills, London: Sage.

Schnapper, M. (1979). Some multicultural/multinational aspects of organization development. Paper, presented at the American Society for Training and Development Conference, Washington, DC.
Schnapper, M. (1985). How to identify and resolve intercultural conflict. Paper, presented at the Society for Intercultural Education, Training and Research Conference, Washington, DC.
Vansina, L. S. (1974). Improving international relations and effectiveness within multinational organizations. In: A. John (Ed.), New technologies in organization development. La Jolla, CA: University Associates.

15

Gemeinsam forschen in Europa: Projektmanagement in europäischen Teams in Forschung und Entwicklung

Anette Mack und Jonathan Loeffler

Die Internationalisierung von Forschungs- und Entwicklungsprozessen (F&E-Management) gewinnt mit zunehmender Globalisierung wirtschaftlicher Prozesse an Bedeutung. Länderübergreifende Wissensgenerierung birgt für Unternehmen, die Technologieführerschaft anstreben, viele Chancen zur Steigerung der Wettbewerbsfähigkeit. Gleichzeitig steigen jedoch auch die Herausforderungen für das Management solcher Prozesse (vgl. Gassmann, 1997; Bontellier, Gassmann & Zedtwitz, 2000).

1. Europäische Forschungs- und Entwicklungsförderung

Forschungs- und Entwicklungsprojekte, die von der Europäischen Kommission gefördert werden, erfordern die Zusammenarbeit in internationalen Projektteams. Firmen und Forschungseinrichtungen aus verschiedenen Ländern schließen sich zusammen, um ein gemeinsames Produkt oder einen Prozess zu entwickeln. Teilnehmen können Unternehmen und Forschungseinrichtungen aus den europäischen Mitgliedsstaaten sowie den assoziierten Staaten Norwegen, Liechtenstein, Israel, Schweiz, Island und den neu assoziierten mittel- und osteuropäischen Ländern Bulgarien, Estland, Lettland, Litauen, Polen, Rumänien, Slowakei, Slowenien, Tschechische Republik, Ungarn, Zypern. In der Regel bilden Partner aus fünf bis acht Ländern ein Konsortium – in manchen Projekten sind es sogar mehr als zehn Partner aus ebenso vielen Ländern. Dies stellt für viele der Partner eine neue Situation dar, die zu Schwierigkeiten und Missverständnissen führen kann.

Unterschiedliche Erwartungen und Ziele, aufeinander prallende Kommunikationsstrategien und verschiedene Motive sind oft die Ursache für Missverständnisse. Dabei spitzt sich die Kommunikation im Forschungs- und Entwicklungsbereich besonders zu, da es hier um ein Abwägen und Aushandeln von geteiltem geistigem Eigentum, Patentabsicherungen und von vertraulichem Know-how geht. Die Zusammenarbeit transnationaler Konsortien stellt sich oftmals als eine Gratwanderung zwischen Innovation und Unternehmenskultur dar. Die Unsicherheit, ob man seine neueste technologische Entwicklung dem Partner anvertrauen könne, wird durch Unsicherheiten im Umgang mit Partnern unterschiedlicher kultureller Herkunft verstärkt.[1] Die Zusammenarbeit von Industrie und Forschung im internationalen Kontext erfordert nicht nur hohe technische Qualifikationen, sondern auch sehr gute Managementerfahrungen und soziales Gespür.

Der folgende Beitrag schildert die verschiedenen Entwicklungsphasen eines typischen europäischen Forschungsprojektes, an dem Partner aus unterschiedlichen Ländern beteiligt sind. Er zeigt erfolgreiche Lösungsmöglichkeiten für Probleme, die bei internationalen Forschungs- und Entwicklungsprojekten häufig anzutreffen sind.

2. Phasen und Rahmenbedingungen internationaler Projektarbeit

Vor dem Beginn eines grenzüberschreitenden Projektes müssen dem Projektinitiator die Phasen und Rahmenbedingungen genau bekannt sein. Nur dann ist eine realistische Planung des Projektes möglich. Kooperationen in Forschung und Entwicklung bieten den Partnern Vorteile vielfältiger Art. Eine Partnerschaft eröffnet den beteiligten Unternehmen die Möglichkeit der Risiken- und Kosten- sowie Arbeitsteilung. Der Austausch zwischen unterschiedlichen Unternehmen verschiedener Länder kann einen Zugewinn an Know-how und die Chance, vom anderen zu lernen, bedeuten. Neue Märkte werden erschlossen, und das Image der Partner kann durch die europäische Dimension verbessert werden.

2.1 Technologiebeobachtung

Die erste Phase des Projektaufbaus besteht aus der Beobachtung bereits vorhandener Technologien. Wenn ein Unternehmen das Rad nicht zum zweiten Mal erfinden möchte, sollte es, bevor es seine Innovation umsetzt, systematisch den Stand der Technologieentwicklung seiner Konkurrenten analysieren. Die systematische Prüfung von bereits entwickelten Technologien erfolgt durch die Beobachtung von Wettbewerbern, von Kunden und Lieferanten, von Forschungs- und Entwicklungsergebnissen und von technologieorientierten Unternehmenskooperationen. Die Europäische Kommission hat ein breites Instrumentarium zur Unterstützung geschaffen. So wurde bereits 1993 das Netzwerk der *Innovation Relay Centres* (IRC) ins Leben gerufen. Es bündelt mittlerweile ca. 70 Konsortien mit über 250 Büros in 30 Ländern. Die IRC helfen vorwiegend kleinen und mittleren Unternehmen bei der Antragstellung und Partnersuche für internationale Projekte und begleiten den internationalen Technologietransfer. Mithilfe von Projektbeschreibungen ist es möglich, über dieses Netzwerk einen oder mehrere Partner aus dem Ausland zu finden. Das Steinbeis-Europa-Zentrum in Stuttgart ist seit 1993 offizielles EU-Verbindungsbüro für Forschung und Technologie in Baden-Württemberg und unterstützt als *Innovation Relay Centre* diesen Prozess (siehe Kasten; vgl. Niess & Würtz, 1998).

Das Steinbeis-Europa-Zentrum (SEZ) in Stuttgart wurde 1990 als operative Einheit des Europabeauftragten des Wirtschaftsministers von Baden-Württemberg gegründet und hat die Aufgabe, Unternehmen in Fragen der europäischen Forschungs- und Technologieprogrammen zu beraten und zu unterstützen. Seit 1993 ist das SEZ offizielles EU-Verbindungsbüro für Forschung und Technologie (*Innovation Relay Centre*) und von der Kommission zusätzlich damit betraut, die Nutzung von Ergebnissen europäischer Forschung und Technologieentwicklung zu fördern. 1995 bis 2000 war das SEZ Koordinator eines Konsortiums, das die Unternehmen der Länder Baden-Württemberg, Bayern und Thüringen betreute. Seit 2000 ist ein Konsortialpartner aus der deutschsprachigen Schweiz, die *Schweizerische Zentrale für Handelsförderung*, Zürch, in das Netzwerk integriert.

Das SEZ ist in verschiedene Kooperations-Netzwerke eingebunden, insbesondere in das Netzwerk der über 470 Steinbeis-Transferzentren innerhalb und außerhalb von Baden-Württemberg sowie dem Netzwerk der EU-Verbindungsbüros.

Die *Steinbeis Stiftung für Wirtschaftsförderung* ist eine Stiftung des bürgerlichen Recht. Sie wurde 1971 von der Landesregierung Baden-Württemberg gegründet und mit einem Stiftungskapital von 30 Millionen DM ausgestattet. Sie erschließt das vorhandene Forschungs- und Entwicklungs-Potenzial nach wissenschaftlichen Gesichtspunkten und macht dieses den Unternehmen über die Steinbeis-Transferzentren zugänglich; sie ist damit Bindeglied zwischen Wissenschaft und Wirtschaft. Die Stiftung mit ihrer Zentrale im Haus der Wirtschaft in Stuttgart ist Anlaufstelle und Partner für professionellen Technologie- und Know-how-Transfer.

Das Steinbeis-Europa-Zentrum bietet Unternehmen mehrere Alternativen der Technologiebeobachtung an. Über eine IRC-interne Datenbank werden Technologieangebote und -gesuche aus 30 Ländern erfasst. Mittels kundenspezifischer Schlüsselbegriffe liefert eine Datenbankrecherche Informationen über kundendefinierte Technologien. Eine weitere Recherche ist über die europäische Datenbank CORDIS (*Community Research and Development Information Service*) möglich, die Datenbanken über Projekte und Partner beinhaltet und europaweit Technologieangebote und -gesuche sowie Projektskizzen von Technologieentwicklungen bündelt, die durch die Europäische Union gefördert werden. Themen- und branchenspezifische Kooperation mit internationaler Beteiligung bietet eine Möglichkeit für den transnationalen Technologietransfer, aber auch für die Technologiebeobachtung. Hier können sich Unternehmen und Forschungseinrichtungen über den Stand der technologischen Entwicklungen in Europa informieren und potenzielle Partner für Kooperationen finden (vgl. Niess, 1997).

2.2 Projektpartner

Bevor ein Unternehmen seine Projektpartner wählt, sollten zumindest drei Fragen beantwortet werden: Warum ist eine Kooperation sinnvoll? Auf welche Art und Weise kann das Unternehmen von einer Partnerschaft profitieren? Was sind Nachteile der Kooperation? Ist die Auswahl möglicher Kooperationspartner nicht wohl überlegt, kann es zu gravierenden Nachteilen kommen. Interessenskonflikte, Zeitverlust durch lange Verhandlungen, Wettbewerb untereinander, Verlust von Flexibilität – potenzielle Chancen können sich so ins Gegenteil kehren. Bevor sich das Konsortium zusammenschließt, sollte der Antragsteller den gesamten Ablauf des Projekts vor Augen haben und mögliche Probleme antizipieren. Vor allem gilt es herauszufinden, wo die Interessen der Partner liegen und ob diese mit dem Projekt vereinbar sind.

Kennt ein Unternehmen keine geeigneten Partner oder benötigt es einen spezifischen Partner für eine bestimmte Funktion im Projekt, so kann es über das Netzwerk der *Innovation Relay Centres* Unterstützung erhalten. Die Suche nach potenziellen Partnern lässt sich in zwei Phasen gliedern. In der ersten Phase findet eine Vorauswahl aufgrund von Datenbankrecherchen und anderen Quellen statt. Unternehmen sollten auch ihr unmittelbares Umfeld in Betracht ziehen; Zulieferer, Kunden und Partner der Wertschöpfungskette bilden potenzielle Partner. Eine Marktstudie kann eine Analyse und Einschätzung der Wettbewerbssituation liefern. Bei der Vorauswahl sollte das Unternehmen Partner, die Wettbewerber sein könnten, meiden und darauf achten, dass der Partner in die Branche passt. Geographische Lage, Größe und die finanzielle Situation des Unternehmens sind ebenfalls Kriterien, die mit in die Entscheidung einfließen. In der zweiten Phase nimmt der Antragsteller direkt Kontakt mit den potenziellen Partnern auf. Dabei empfiehlt es sich, einen Fragebogen zu entwickeln, der die Produktpalette, den Markt, die Aktivitäten, Forschungserfahrungen, Exportländer und Organisationsstruktur des Partners und Weiteres abfragt. Mithilfe eines solchen Fragebogens hat das Unternehmen die Möglichkeit, ein Profil des Partners zu erstellen, um damit den potenziellen Partner besser einschätzen zu können. Die Wahl der weiteren Partner erfolgt analog. Position und Interessen der Partner am Projekt müssen klar dargelegt und festgehalten werden. Am Ende der Konsortienbildung steht die Entwicklung des Businessplans. Beide Phasen werden von den *Innovation Relay Centres* unterstützt.

2.3 Antragstellung für die Forschungs- und Entwicklungsförderung

In regelmäßigen Abständen rufen die Generaldirektionen der Europäischen Kommission zur Einreichung von Projektanträgen auf. Die Aufrufe erfolgen thematisch und getrennt nach Förderprogrammen. Die Förderprogramme wiederum sind über die „Rahmenprogramme für Forschung und technologische Entwicklung" definiert, die für fünf Jahre festgelegt werden. EU-Projekte sind vorwettbewerblich, jedoch sollten die Endnutzung und Verwertung der Projektergebnisse ein Thema im Projekt sein. Die Förderung ist eine Spitzenförderung – nur qualitativ hochwertige Ideen und Vorschläge werden ausgewählt. Die Fördersumme beträgt in der Regel 50 Prozent der gesamten Projektkosten, das heißt, allein mit der Förderung lassen sich keine Projekte durchführen. Eine gute Ausgangsbasis ist sicherlich eine Projektkonzeption, die auch ohne Zuschüsse auskäme.

Vor Antragstellung sollten die Schwerpunkte der einzelnen Partner im Projekt festgelegt werden. Das Konsortium sollte die gesamte Wertschöpfungskette abbilden – vom Know-how- und Ideenträger über den Entwickler, den industriellen Hersteller zum Endanwender. Es integriert Partner mit unterschiedlichen Rollen und Aufgaben, Alibipartner um der Transnationalität willen sind nicht ratsam. In der Regel arbeiten kleine und mittlere Unternehmen mit Forschungseinrichtungen, Großunternehmen und Universitäten zusammen. Hier treffen nicht nur verschiedene Nationalitäten, sondern auch Vertreter aus verschiedenen Unternehmenskulturen aufeinander. Im Antrag werden die Rollen der Beteiligten eindeutig formuliert und im Kostenplan das Budget definiert. Das Projekt sollte eine eindeutig europäische Dimension aufweisen; das heißt, durch den unterschiedlichen wirtschaftlichen und kulturellen Hintergrund von Partnern aus unterschiedlichen europäischen Ländern sollte ein besseres Forschungsergebnis erzielt werden, als dies bei einem national operierenden Konsortium der Fall wäre.

Seit 1984 wurden von der Europäischen Kommission bisher sechs Rahmenprogramme für Forschung und technologische Entwicklung verabschiedet, die mit deutlich steigendem Budget ausgestattet wurden. Während für das erste Rahmenprogramm im Zeitraum von 1984-1988 ein Betrag von 3,27 Millionen Euro zur Verfügung gestellt wurde, belief sich das Budget für das 5. Rahmenprogramm im Zeitraum 1998-2002 bereits auf 14,96 Millionen Euro.

Tabelle 1: *5. Rahmenprogramm für Forschung und technologische Entwicklung* im Zeitraum 1998-2002 sowie die jeweiligen Budgets der Europäischen Kommission (Budget in Mio. € und Prozent des Gesamtbudgets; Gesamtbudget 14,96 Mio. €)

Thematische Programm	*Budget*
1. Lebensqualität und Management lebender Ressourcen	2,41 (16%)
2. Benutzerfreundliche Informationsgesellschaft	3,60 (24%)
3. Wettbewerbsorientiertes und nachhaltiges Wachstum	2,70 (18%)
4. Energie, Umwelt und nachhaltige Entwicklung	2,12 (14%)
Horizontale Programme	
5. Sicherung der internationalen Stellung der Gemeinschaftsforschung	0,47 (3%)
6. Förderung der Innovation und der Einbeziehung von kleinen und mittelständischen Unternehmen	0,36 (2%)
7. Ausbau des Potenzials an Humanressourcen in der Forschung, Verbesserung der sozioökonomischen Wissensgrundlage	1,28 (9%)
Joint Research Centres (EC und Euratom)	1,02 (7%)
Euratom Rahmenprogramm/Nukleare Energie	0,98 (7%)

In Tabelle 1 sind die thematischen Schwerpunkte des 5. Rahmenprogramms aufgelistet; die jeweiligen Budgets verweisen auf die inhaltliche Fokussierung des Programms. Tabelle 2 gibt die Themenschwerpunkte für den Förderzeitraum des 6. Rahmenprogramms von 2002 bis 2006 wieder; es wurde von der Europäischen Kommission mit einem Gesamtbudget von 16,27 Millionen Euro ausgestattet. Neben den sieben Schwerpunktprogrammen dieses Rahmenprogramms sind wietere Fördermaßnahmen, etwa im Bereich der Programme „Innovation" und „internationale Zusammenarbeit", vorgesehen.

Tabelle 2: *6. Rahmenprogramm für Forschung und technologische Entwicklung* im Zeitraum 2002-2006 sowie die jeweiligen Budgets der Europäischen Kommission (Budget in Mio. €; Gesamtbudget 16,27 Mio. €)[2]

Thematische Programme	*Budget*
1. Genomforschung und Biotechnologie im Dienst der Medizin	2,0
2. Informationsgesellschaft	3,6
3. Nanotechnologie, Materialien, Produktionsverfahren	1,3
4. Luft- und Raumfahrt	1,0
5. Lebensmittelsicherheit und Gesundheitsrisiken	0,6
6. Nachhaltige Entwicklung	0,2
7. Bürger und modernes Regieren	1,7

3. Fallbeispiele für kritische Momente im Projektverlauf

Die Zusammenarbeit in internationalen Teams erfordert eine verstärkte Sensibilität gegenüber den Teampartnern. Teilnehmer aus verschiedenen Kulturen mit unterschiedlichen Mentalitäten treffen hier aufeinander und können sich zunächst nicht auf eine gemeinsame Arbeits- oder Teamkultur stützen. Die Regeln und Vereinbarungen der Zusammenarbeit müssen erst erarbeitet und explizit gemacht werden. Oft findet eine Verbalisierung und Diskussion über Arbeitsstandards und Regeln der Zusammenarbeit jedoch nicht statt – beides ist allerdings unabdingbar, wenn ein Verstehensprozess eingeleitet werden soll. Die folgenden drei Beispiele zeigen, wie die Kommunikation im Team gestört werden kann, wenn diese Voraussetzung nicht gegeben ist und insbesondere ungenügende Hintergrundinformation über kulturell bedingte Unterschiede zwischen den Teammitgliedern hinsichtlich ihres Erlebens und Verhaltens vorhanden ist. (Die Beispiele sind Krewer (1996) entnommen).

3.1 Kein Konsens in der Gruppe

Beim dritten Projekttreffen nehmen Partner aus Italien, Griechenland, U.K., den Niederlanden und Spanien teil. Die Atmosphäre ist gespannt. Während der ersten Diskussionsrunde können die Partner sich nicht auf einen gemeinsamen Zeitplan einigen. Auch nach einer halbstündigen Auseinandersetzung kommt es zu keinem Konsens. Die Partner reagieren daraufhin mit zunehmender Frustration.

> P1: What the hell are we here for? During a whole hour of discussion we did not arrive at one single conclusion. What an utter waste of time!
> P2: How true! But it's not just waste of time we are wasting – it's money as well!
> P3: We need to reach a general consensus on how to cooperate in our project, otherwise it's all a waste of time!
> *Danach folgt eine Kaffeepause, in der sich verschiedene Kleingruppen bilden.*
> P4: How rude they are I can't believe it!
> P3: Their problem is, they always want to determine what has to be done and how it should be done – almost immediately. I think it all comes down to the fact that they think they have not been given enough of the contract!
> *In einer anderen Gruppe kommt eine weitere Diskussion auf.*
> P1: Not only are they completely unsure and disorganised, but they don't even know what they want! How can we be expected to put our faith in them?
> P2: Maybe so. But if it was left to us, we would have cleared it up in five minutes.
> *Der Koordinator hat Mühe, alle Partner wieder an einen Tisch zu bringen.*

Das Beispiel zeigt eine massive Störung der Kommunikation im Konsortium während eines Treffens. Die Partner haben unterschiedliche Vorstellungen, wie das Treffen ablaufen solle. So sind sich die Partner P1 und P2 darüber einig, dass die Sitzung Punkt für Punkt nach einer bestimmten Agenda abgearbeitet werden solle. P2 glaubt dies mit dominanter Führung und durch eine eindeutige Tagesordnung in fünf Minuten abhaken zu können. P3 hingegen möchte, dass ein Konsens demokratisch erzielt wird und dass jeder der Partner Stellung bezieht. P4 beklagt sich über den unhöflichen Ton von P1 und P2 und fühlt sich überfahren, findet darin aber Verständnis bei P3, der eine vermittelnde Rolle einnimmt. Da sich in der Pause verschiedene Fronten formieren, spitzt sich die Situation zu.

3.2 Chef oder Koordinator?

> Der englische Projektkoordinator eröffnet das Konsortialtreffen mit einem detaillierten Bericht über den Stand des Projektes. Er spricht jeden der Partner direkt an, um zu verdeutlichen, welche Schritte noch erreicht werden müssen, bevor der Bericht an die Europäische Kommission geschickt werden soll.
> Nach seinem Bericht diskutieren alle Partner über weitere Aktivitäten bezüglich der Verbreitung von Ergebnissen in den jeweiligen Ländern. Der Koordinator war gerade dabei, einige Vorschläge zu unterbreiten, als der Partner aus Irland Einwände äußert. Nach kurzer Auseinandersetzung ist das Problem gelöst, und die Partner scheinen sich untereinander einig. Der Koordinator fragt nach weiteren Einwänden und ist verwundert, dass sich niemand äußert.
> Während der Kaffeepause beobachtet der Koordinator, dass mehrere Partner untereinander lebhaft in Französisch diskutieren und sich ihm gegenüber distanziert und unfreundlich zeigen. Als er nach weiteren Kommentaren fragt, erntet er grobe Bemerkungen. Im weiteren Verlauf des Treffens fühlt er sich abgelehnt und zurückgestoßen, ohne den Grund dafür zu wissen.

In diesem Beispiel wird die schwierige Rolle des Projektkoordinators thematisiert. Er ist den anderen Projektpartnern nicht gleichgestellt. Zudem hat er die undankbare Aufgabe, Berichtabgabe und Einhaltung der Verträge zu kontrollieren. Möglicherweise ist sein Verhalten im Beispiel zu dominant; die Partner erhalten wenig Spielraum für eigene Initiativen. Er unternimmt keinen Versuch, die Gruppe als Ganzes anzusprechen, um einen Konsens zu erzielen, und zeigt sich damit wenig teamorientiert. Da es sich um einen englischen Muttersprachler handelt, hat er eventuell die Sprachkompetenz eines Teils der Partner überschätzt.

3.3 Vom funktionierenden zum verärgerten Team

Herr Weber ist der deutsche Koordinator eines Innovationsprojekts, dessen Ergebnisse nun umgesetzt und verbreitet werden sollen. Die Partner aus Griechenland, Italien, Frankreich, U.K. und Schweden sind interessiert, potenzielle Endanwender der Technologie aus Deutschland zu finden. Während der Definitionsphase des Technologietransferprojektes einigten sich alle Partner über die Zielsetzungen im ersten Jahr (Marktanalyse, Verkaufsmöglichkeiten, Anwendungsfelder). Nach dieser Phase schlägt der Koordinator ein Evaluierungsschema vor, das als Grundlage für die Berichterstattung dienen soll. Alle Partner zeigen sich mit dieser effizienten Lösung zufrieden und sind froh über diesen für sie bequemen Weg.

Als Herr Weber gegen Ende des Jahres die Berichte der Partner anfordert, passiert Folgendes. Die Berichte des griechischen und des italienischen Partners kommen zu spät. Der englische Partner liefert einen sehr kurzen Beitrag, der einer Liste gleichkommt. Der Bericht des französischen Partners ist zu lang und weitschweifend. Nur der Partner aus Schweden liefert einen Bericht, welcher der Erwartung von Herrn Weber entspricht. Herr Weber schreibt jedem Partner einen Brief, in dem er Verbesserungsvorschläge unterbreitet. Dabei bezieht er sich streng auf die Abmachungen.

Obwohl Herr Weber glaubt, konstruktiv gehandelt zu haben, wird er im nächsten Treffen von den Partnern als typischer Deutscher kritisiert. Er wird ärgerlich, beschwert sich über das „mediterrane Chaos", den französischen Intellektualismus und den englischen „egozentrischen Pragmatismus". Daraufhin reagieren die Partner empfindlich und sind verletzt.

Auch hier geht es um die Aufgabe des Koordinators. Zu Beginn des Projekts herrscht enthusiastische Stimmung. Das Team ist harmonisch, man ist sich einig über Ziele und Vorgehensweise. Möglicherweise wurden hier nicht genügend Vor- und Nachteile diskutiert und mögliche Problemfelder antizipiert. Wahrscheinlich wurde nicht über die verschiedenen Arbeitsstile der Partner gesprochen. Stillschweigend nahm jeder der Partner an, dass man unter denselben Bedingungen arbeite. In einem ersten Treffen hätte dies thematisiert werden können, um so eine Arbeitsgrundlage des Teams zu schaffen.

Vielleicht ist die Reaktion des Koordinators in der Berichtsphase übertrieben. Er hätte mehr Toleranz beweisen können oder seine Kritik etwa durch ein Telefonat höflicher gestalten können. Am Ende sind alle Partner unzufrieden, verärgert und sogar beleidigt. In diesem Moment brechen die nationalen Klischees und Vorurteile aus.

4. Ablauf internationaler Forschungsprojekte

Die Beispiele aus der Praxis zeigen die Schwierigkeiten in internationalen Projektteams auf, die aufgrund der Beteiligung von Partnern mit unterschiedlichem kulturellem Hintergrund auftreten können. Die Komplexität der Probleme wird mit der Anzahl der Beteiligten aus unterschiedlichen Kulturen steigen – ein Sachverhalt, den der Projektkoordinator stets beachten sollte. Von großer Bedeutung ist allerdings auch die Beachtung und Einhaltung der Rahmenbedingungen von EU-Projekten für die zielorientierte und damit erfolgreiche Abwicklung des Projekts, aber auch als eindeutiger Referenzrahmen im Falle von Konflikten in der Zusammenarbeit.

4.1 Projektaufbau und Projektplanung

Der erste Lösungsansatz, um Konflikte und Verzögerungen zu vermeiden, ist eine sorgfältige *Projektplanung*. Besonders bei internationalen Projekten ist sie wichtig als Basis der Zusammenarbeit, da sie im Fall von Konflikten als eindeutig vereinbarter Projektrahmen herangezogen werden kann.

4.1.1 Projektdefinition

F&E-Förderprojekte der EU haben immer einen stark vorwettbewerblichen Charakter und eine lange Vorlaufzeit. Aus diesem Grund ist es entscheidend, dass der Initiator des Projekts die Projektziele definiert, bevor er Kontakt mit den Partnern aufnimmt. Dabei müssen folgende Fragen geklärt werden:

- Stimmen die Projektziele mit der Unternehmensstrategie überein?
- Mit welchem finanziellen, zeitlichen und materiellen Aufwand ist zu rechnen?
- Bis wann soll das Produkt auf dem Markt sein?
- Wie wird das Marktvolumen und die Marktakzeptanz eingeschätzt?
- Welches sind die Vorteile gegenüber dem aktuellen Stand der Technik?

Die Klärung dieser Fragen ist wichtig für den Kontakt mit den Partnern. Eine klare Präsentation des Projekts, in der die Projektziele, die Grundstruktur, die Rolle der Partner, die personellen Ressourcen und das Budget definiert sind, ist notwendig, um das Vertrauen der Partner zu gewinnen.

4.1.2 Aufbau des Konsortiums, Kontakt zu den Partnern

Nach einer sorgfältigen Projektdefinition ist die Zusammensetzung des Konsortiums ein entscheidender Erfolgsfaktor. Wie bereits erwähnt, sollten die Partner entlang der Wertschöpfungskette des zu entwickelnden Produktes beziehungsweise Prozesses ausgewählt werden. In der Regel nehmen zwischen fünf bis acht Partner an einem Projekt teil. Mit steigender Anzahl der Partner steigt der Koordinierungsaufwand. Man sollte den optimalen Kompromiss für das jeweilige Projekt finden. Die Mindestzahl von zwei Partnern aus zwei verschiedenen EU- Ländern ist nur ein formales Kriterium der EU für die Antragstellung bei EU-Förderprogrammen. In der Praxis haben solche Vorhaben so gut wie keine Chance, gefördert zu werden, weil das Projekt eine zu geringe europäische Dimension aufweist. Mehrere Faktoren sind bei der Auswahl der Partner wichtig:

- Es sollten möglichst Partner gewählt werden, mit denen das Unternehmen bereits in vorangegangenen Projekten gute Erfahrungen gemacht hat.
- Die Beteiligung direkter Wettbewerber sollte vermieden werden.
- Endanwender sollten in das Projektteam integriert werden, um die Marktakzeptanz zu erhöhen.
- Die Ressourcen europäischer Netzwerke wie zum Beispiel die *Innovation Relay Centres* oder *National Contact Points* sollten genutzt werden.
- Es ist empfehlenswert, Kontakt mit Partnern aufzunehmen, die schon an durch EU geförderten F&E-Projekten teilgenommen haben und damit bereits einschlägige Erfahrung in transnationaler Zusammenarbeit besitzen.
- Jeder Projektteilnehmer sollte sich ein genaues Bild über die Kapazität, das Know-how und die Motivation der anderen Beteiligten machen.

Nachfolgend ist das Beispiel einer erfolgreichen Konsortiumsbildung entlang der Wertschöpfungskette dargestellt (siehe Kasten mit Abbildung 1).

Fallbeispiel eines erfolgreichen Konsortiums der Firma Weldmaster: Entwicklung eines neuartigen Widerstands-Punktschweiß-Roboters[3]

Die Firma Weldmaster mit Sitz in einer norddeutschen Großstadt stellt mit etwa 100 Mitarbeitern Schweißroboter für den in- und ausländischen Markt her. Zu den Kunden der Firma Weldmaster gehört vor allem die Automobilindustrie, welche die Produkte von Weldmaster vor allem im Karosseriebau einsetzt. Weldmaster beabsichtigt die Entwicklung eines neuartigen Widerstands-Punktschweiß-Roboters. Ziel des Forschungsvorhabens ist es, den Schweißvorgang so zu regeln, dass eine sichere Schweißverbindung mit der gewünschten Qualität zustande kommt. An dem Projekt sind neben Weldmaster noch eine Reihe in- und ausländischer Projektpartner beteiligt. Das Konsortium bildet die Wertschöpfungskette zweier wichtiger Anwenderbranchen ab (siehe Abb.1).

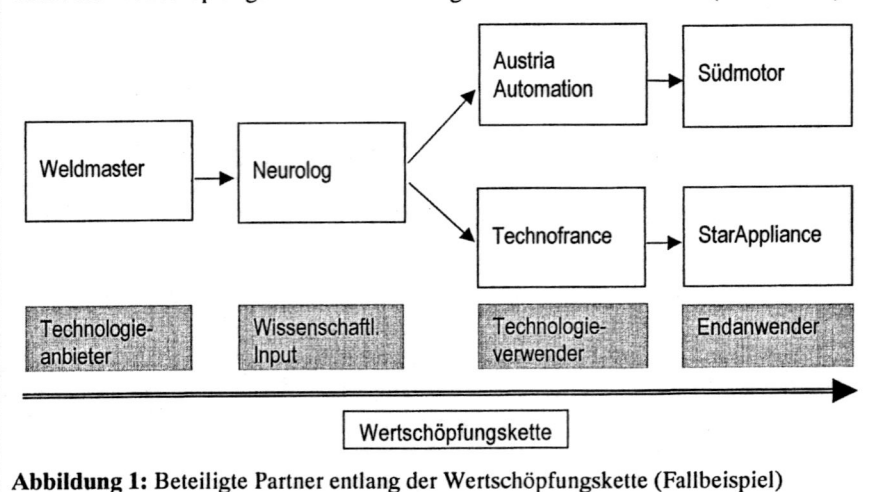

Abbildung 1: Beteiligte Partner entlang der Wertschöpfungskette (Fallbeispiel)

4.1.3 Projektplanung und Antragstellung

Für die genaue Projektplanung ist ein Treffen mit allen Partnern notwendig, vor allem dann, wenn sich die Partner untereinander noch nicht kennen. Die Projektplanung beinhaltet die Definition der Arbeitspakete, der Meilensteine, des Zeitplans sowie der Ressourcen. Es ist die Gelegenheit, die Aufgaben für die Antragstellung zu verteilen.

Ein „social event", wie ein gemeinsames Abendessen, sollte auf jeden Fall vorgesehen sein, um allen die Möglichkeit zu geben, sich besser kennen zu lernen. Diese soziale Komponente kann helfen, kulturelle Barrieren zu überwinden.

4.1.4 Projektdurchführung, Vertragsverhandlungen und Kooperationsvereinbarung

Nachdem das Projekt genehmigt worden ist, beginnen die Vertragsverhandlungen mit der Europäischen Kommission. Am Ende wird der Vertrag unterschrieben. Oft fordert die EU eine Budgetverringerung von bis zu 20 Prozent. Dies beruht auf Änderungswünschen und Ergänzungen vonseiten der Gutachter. Die Verhandlungen werden mit Unterschreiben des Vertrages abgeschlossen.

Zugleich empfiehlt es sich, einen Kooperationsvertrag zwischen den Partnern abzuschließen, der dazu dient, die Zusammenarbeit und die Nutzungs- sowie Schutzrechte zu klären. Dieser Vertrag ist ein wesentliches Element einer transparenten und guten Zusammenarbeit. Die Unterstützung eines externen Beraters oder Juristen empfiehlt sich, um Zufriedenheit aller Partner zu gewährleisten.

Von Anfang bis Ende des Projektes finden regelmäßige Meetings und Berichterstattungen statt – mindestens allerdings alle sechs Monate. Für die Vorbereitung und Durchführung der Treffen hat der Koordinator Sorge zu tragen, dem eine wesentliche Rolle beim Projekt zukommt.

4.2 Die Rolle des Koordinators

Die zweite wichtige Voraussetzung für ein erfolgreiches Projekt ist die Erfahrung und Fähigkeit des Koordinators.

4.2.1 Akzeptanz des Koordinators und Projektmanagers

Üblicherweise ist der Koordinator der Antragsteller und verantwortlich für den Zusammenhalt des Konsortiums. Es gibt auch die Möglichkeit, extern einen Berater mit dem Projektmanagement zu beauftragen. In diesem Fall übernimmt der Projektmanager die Rolle des Moderierens, Vermittelns und Organisierens. Er ersetzt den Koordinator nicht, kann ihn aber *coachen* und bei seinen Aufgaben beraten. Wenn im Folgenden vom Koordinator die Rede ist, so ist immer auch der Projektmanager gemeint.

Der Koordinator von F&E-Projekten sieht sich oftmals „zwischen zwei Stühlen sitzen". Handelt es sich um einen externen Projektmanager, hat dieser nicht denselben Status wie die anderen Partner und muss zunächst einen Weg finden, als Koordinator akzeptiert zu werden. Er sieht sich mit Vertretern aus verschiedenen Kulturen und aus verschiedenen Unternehmenstypen konfrontiert. Die Mitglieder des Konsortiums bringen unterschiedliche Erfahrungen und Erwartungen mit, und die Motivation kann stark variieren. Die unterschiedlich ausgeprägte Motivation ist unmittelbar bedeutend für den Erfolg und die Entwicklung des Projekts. Sie ist individuell bedingt, kulturell geprägt und kann je nach Entscheidung der Führungsschicht im jeweiligen Unternehmen variieren. So kann für ein kleines Unternehmen ein EU-Projekt alles bedeuten, während ein großes Unternehmen demselben Projekt vielleicht geringe Priorität einräumt. Für den Koordinator gilt es, diese Hintergründe zu erkennen; er sollte sie aber nicht in jedem Fall thematisieren. Es ist sinnvoll, dass er ein Gespür für derartige Zusammenhänge entwickelt, denn die anderen Partner werden ihn in jedem Fall zur Verantwortung ziehen, wenn etwas schief läuft oder wenn einer der Partner aussteigt.

4.2.2 Die Führungsrolle des Koordinators

Der Koordinator besetzt die zentrale Position im Team, er moderiert und vermittelt zwischen den einzelnen Partnern. Dabei können unterschiedliche Erwartungen der Projektpartner dazu führen, dass er von den einen als guter, von den anderen als schlechter Koordinator beurteilt wird. Ein niederländisches Projektmitglied mag eher einen offenen und partizipativen Stil schätzen, während ein italienischer Manager sich vielleicht Charisma und Autorität des Koordinators wünscht (vgl. hierzu das Konzept der Machtdistanz von Hofstede, 1991). Der Koordinator setzt den äußeren Rahmen für die Entwicklung des Projekts. Er treibt die Diskussion voran, ist Initiator bei der Ausarbeitung von Arbeitsstandards, er überwacht und dokumentiert die Prozesse im Team. Organisatorisch geht es ihm darum, eindeutige Ziele zu setzen, die Rolle der einzelnen Partner präzise zu definieren, einen detaillierten Zeitplan aufzustellen, klare finanzielle Verhältnisse zu schaffen und die Nutzungsrechte der Ergebnisse vom Projekt zu klären. Er ist weiterhin Kontaktperson zu den Beamten bei der Europäischen Kommission, das heißt, er übermittelt die Ergebnisse der Vertragsverhandlungen und kümmert sich um die pünktliche Fertigstellung der Zwischen- und Endberichte. Er schafft Transparenz in administrativen und finanziellen Fragen.

4.2.3 Soziale Kompetenz und Umfeld

Die Anforderungen an die soziale Kompetenz des Koordinators sind hoch. Er ist verantwortlich für die Arbeitsatmosphäre im Team und sollte eventuelle Unstimmigkeiten und Streitigkeiten thematisieren sowie Lösungsansätze anbieten. Er muss zugleich Freiräume für Flexibilität und persönliche Kontakte schaffen und sollte nicht zu sehr dominieren. Gerade in den Tiefs eines Projekts ist seine motivierende Unterstützung gefragt. Als nicht involvierter Partner kann er beispielsweise die Qualität des Projekts hervorheben und den Nutzen für jeden der Partner betonen. Motivieren heißt vor allem die Arbeit attraktiv gestalten, erreichbare Ziele formulieren, aber auch die Kommunikation offen gestalten, Gespräche führen und Zeit zur Selbstreflexion lassen. Die Gestaltung von Freiräumen, Pausen, Abend- und Rahmenveranstaltungen, in denen das Team informell zusammenkommt, sind erfahrungsgemäß von großer Wichtigkeit. Vorurteile werden abgebaut, und persönliche Beziehungen können entstehen, die als informelle Kontakte für den Erfolg eines Projektes entscheidend sein können.

4.2.4 Manager von Kommunikation

Psychologisches Gespür und organisatorisches Talent sind für die Kommunikation im Team wichtige Voraussetzungen. Nach Knapp (siehe Kap. 4 im vorliegenden Band) verbringen Manager 70 Prozent ihrer Zeit mit Kommunizieren. Er unterscheidet drei Formen der Kommunikation: die verbale (explizite), die nonverbale und die paraverbale (implizite) Form. Gerade in Teams mit Partnern von kulturell verschiedener Herkunft ist der Anteil nonverbaler und paraverbaler Kommunikation entscheidend. Blickkontakt, Intonation, Sprechtempo, Art und Regelung des Sprecherwechsels sowie Lautstärke (paraverbal) können in verschiedenen Kulturkreisen unterschiedliche Bedeutungen haben. Die nonverbalen „cues", wie Mimik und Gestik sind implizit und dem Sprecher nicht bewusst, können jedoch ausschlaggebend für Harmonie, Sympathie oder Antipathie sein (vgl. Knapp, Kap. 4 im vorliegenden Band). Eine entspannte Körperhaltung zum Beispiel kann in Nordeuropa und den USA keinerlei Bedeutung haben, in arabischen Ländern aber als Zeichen der Unhöflichkeit und Respektlosigkeit gedeutet werden.

Koordinatoren sind in der Regel keine Ethnologen oder Anthropologen, sollten aber sensibel dafür sein, dass es neben der verbalen Kommunikation einflussnehmende Elemente der non- und paraverbalen Kommunikation gibt. Auf diese Weise lassen sich Fehlattributionen, die aus dem kausal-logischen Bereich oder dem rein verbalen Zusammenhang abgeleitet werden, korrigieren.

5. Trainingsangebote für transnationale Konsortien in F&E

Ein interkulturelles Training in F&E kann sich grundsätzlich an zwei Zielgruppen wenden, zum einen an den Koordinator oder den Projektmanager selbst, zum anderen an alle potenziellen Partner im Konsortium. Im ersten Fall sollte das Training mit einer Schulung zum Projektmanagement und zum Erwerb sozialer beziehungsweise interkultureller Kompetenz gekoppelt sein. Das Training der Partner sollte besonders auf die Interaktionen zwischen den Partnern ausgerichtet sein.

Ein Training wird im F&E-Bereich dann sinnvoll, wenn sich ein Unternehmen entschlossen hat, einen Antrag mit mehreren ausländischen Partnern bei der Europäischen Kommission zu stellen. Da sich das Konsortium bereits zum Zeitpunkt der Antragstellung gebildet hat und aus einem multikulturellen Team besteht, bietet sich ein interaktionsorientiertes Training an. Die Kontakte beschränken sich meist auf den europäischen Kontext, sodass eine Einführung in die Politik und Länderkunde der Herkunftsländer der Projektpartner zwar sinnvoll, aber nicht zwingend ist. Die Zielgruppe besteht in der Regel aus Ingenieuren und Jungmanagern, die bereits mehrere Länder Europas bereist haben. Statt einer länderkundlichen Einführung empfiehlt es sich, die Bilder, Stereotypen, Erfahrungen und das vorhandene Wissen, das die Partner bereits erworben haben, zu thematisieren.

5.1 Materialien und Vorarbeiten der Europäischen Kommission

Seit einigen Jahren schenkt die Europäische Kommission dem interkulturellen Aspekt der Zusammenarbeit transnationaler Konsortien mehr Beachtung. Als Begleitmaßnahme für Innovationsprojekte im Programm „*Innovation*" wurde das Trainingskonzept „*Innovation across cultural borders*" entwickelt (Krewer, 1996). Die Materialien zum Training bestehen aus einem Arbeitsbuch und einer Diskette und können im Team oder individuell bearbeitet werden. Teil I ermöglicht die Ausarbeitung des individuellen Managementprofils und das der Partner, sodass eine kontrastive Auswertung von Selbst- und Fremdprofil, von Realität und Ideal möglich ist. Teil II beruht auf der Methode des „Cultural Assimilators" und schildert sechs Fallbeispiele aus der Praxis transnationaler Konsortien in Innovationsprojekten. In allen Fallbeispielen werden Situationen geschildert, die zu Problemen im Team geführt haben. Der Lernende soll nun mittels „multiple choice" angeben, welche die Hintergründe für den Zusammenbruch der Kommunikation sein könnten. Die Antworten werden dann kommentiert und mit Erklärungen versehen.

Das Trainingsprogramm „*Innovation Across Cultural Borders*" wurde im Projekt PROINNO (*Promoting European Innovation Culture*)[4] weiterentwickelt. Das Projekt wurde im Rahmen des Innovationsprogramms (Schwerpunkt 6 des 5. Rahmenprogramms, vgl. Tabelle 1) geförderte. Krewer Consult wurde in diesem Zusammenhang von der Europäischen Kommission beauftragt, verschiedene Workshoptypen und Trainingsmaßnahmen für verschiedene Zielgruppen zu entwickeln, die zusammen mit der SEZ angeboten wurden (Krewer, 2000). Die Workshops wenden sich an Koordinatoren, Projektteilnehmer von Innovationsprojekten, an Mitarbeiter der Europäischen Kommission und an nationale Einrichtungen, die mit der Betreuung von EU-Projekten und Programmen beauftragt sind. Die Workshops sind für einen Tag konzipiert und sowohl für eine monokulturelle als auch für eine interkulturelle Zielgruppe zugeschnitten. Die wichtigsten Ziele von PROINNO lassen sich folgendermaßen zusammenfassen:

- Vermeidung von Missverständnissen und Blockaden in der internationalen Kommunikation.
- Entwicklung eines effizienten und angenehmen Managements der Zusammenarbeit von Konsortien in Forschung und Entwicklung.
- Entwicklung von Strategien zur optimalen Nutzung der vorhandenen „Human Ressources".
- Optimierung von Kommunikation im internationalen Team.
- Transfer der jeweiligen internationalen Projekterfahrung in den gewohnten Arbeitskontext.
- Entwicklung von Strategien für internationale Personal- und Organisationsentwicklung auf europäischer Ebene.

Im 5. Rahmenprogramm für Forschung und Technologische Entwicklung (1998–2002) sind im Rahmen des Innovationsnachfolgeprogramms „Förderung der Innovation und der Einbeziehung von kleinen und mittelständischen Unternehmen" (Dritter Aktionsbereich) weitere Maßnahmen für interkulturelles Projektmanagement vorgesehen. Die Konsortien der Innovationsprojekte haben in den nächsten Jahren verstärkt die Möglichkeit, Trainingsangebote wahrzunehmen.

5.2 Was sollte ein interkulturelles Training für Konsortien in F&E-Projekten leisten?

Vertreter aus kleinen und mittelständischen Betrieben scheuen weniger die Kosten für Weiterbildungs- und Trainingsmaßnahmen als den Zeitverlust, der durch die Teilnahme an solchen Trainings entsteht. Ein interkulturelles Training sollte daher den Zeitraum von ein bis eineinhalb Tagen nicht überschreiten. Primär geht es darum, eine möglichst homogene Zielgruppe einzuladen, das heißt, potenzielle Teilnehmer solcher Trainings sollten ähnliche Rahmenbedingungen mitbringen und vor vergleichbaren Aufgaben stehen. Ideal ist das Training von ein bis zwei bereits bestehenden Konsortien, die einen Antrag stellen werden oder gestellt haben.

Ein interkulturelles Training ist dann sinnvoll, wenn es anwendungsbezogen ist und eine spezifische Aufgabenstellung hat; im vorliegenden Kontext geht es immer um spezifische Trainingsmaßnahmen, die eine Vorbereitung zur Leitung transnationaler F&E-Projekte darstellen.

Ressourcen der Partner zu integrieren und zu nutzen, ist besser als ausführliche monokulturelle Einführungen. Selbst wenn die Teilnehmer „falsche" Bilder über bestimmte Länder liefern – Klischees, Stereotypen und Vorurteile sind Bestandteile kultureller Standards und gehören zum kulturellen Erbe. Sie lassen sich in der Auseinandersetzung im Team identifizieren, diskutieren und können infrage gestellt werden. Ein Trainer sollte hier selbstverständlich länderkundliches Wissen unterstützend einfließen lassen.

Will man möglichst auf die Bedürfnisse der Konsortien Rücksicht nehmen, so empfiehlt sich eine terminliche Absprache mit den einzelnen Partnern. Ein interkulturelles Training könnte dann im Anschluss an die so genannten „start-up"- und „kick-off-meetings" oder weitere Treffen stattfinden.

6. Schlüsselfaktoren für erfolgreiches Projektmanagement

Europäische Förderprojekte haben vor allem dann gute Aussichten auf Erfolg, wenn die folgenden Kriterien erfüllt sind:

- Rückgriff auf bewährte Partner, die schon seit mehreren Jahren zusammenarbeiten, sei es als Lieferanten, als Vertriebspartner, als Kunden oder als Know-how-Träger.

- Ausgewogenes Konsortium. Als vorteilhaft erweist sich, wenn die Partner die Wertschöpfungskette abbilden.
- Klare Verwertungsstrategien. Es sollte vertraglich festgelegt werden, wer welche Ergebnisse wie verwerten darf. Nur dann ist gewährleistet, dass die Partner projektrelevante Informationen weitergeben und vertrauensvoll zusammenarbeiten.
- Klare Rollenverteilung im Konsortium und gute Strukturierung des Ablaufs.
- Professionelles Projektmanagement – der Koordinator und möglichst viele Projektpartner sollten Erfahrungen in der Antragstellung und im Umgang mit der Administration der Europäischen Kommission haben.
- Verstärkte Sensibilität für die Projektpartner.
- Zeit und Raum schaffen für soziale Beziehungen.

Transnationale Projekte in Forschung und Entwicklung sind Pionierprojekte und charakterisieren sich durch eine hohe soziale Komplexität. Solche Vorhaben lassen sich nicht durch Routine und eingespielte Managementtechniken bewältigen. Der Projektmanager hat insbesondere Pilotfunktion wahrzunehmen und sollte nicht nur möglichst internationale Managementerfahrungen, sondern auch ein Gespür für interkulturelle Unterschiede mitbringen. Regelmäßige Kommunikation innerhalb des Konsortiums ist eine Voraussetzung für eine transparente Arbeitsweise; über die technologischen und finanziellen Gesichtspunkte und über die Nutzungsrechte der Projektergebnisse sollten sich alle Partner im Klaren sein. Um Missverständnisse zu vermeiden, ist es wichtig, von Beginn an die Rollen der einzelnen Partner eindeutig zu definieren; klare Zielsetzungen lassen sich mithilfe von Arbeitsplänen und „Meilensteinen„ im Projektverlauf definieren. Der Projektmanager sollte nicht nur die Pflichten, sondern auch den Nutzen und die Vorteile für den einzelnen Partner betonen. Seine Aufgabe ist es, das Team zusammenzuhalten, zu vermitteln und die Teammitglieder zu motivieren. Bei aller Ernsthaftigkeit darf er allerdings ein wichtiges Kriterium – und das gilt insbesondere für deutsche Projektmanager – nicht vernachlässigen. Die Partner an ihre Verpflichtungen zu erinnern und ihnen die Vorteile aufzuzählen, dies allein führt noch nicht zu einem erfolgreichen Projekt. Immer wieder müssen Freiräume für Flexibilität und persönliche Kontakte geschaffen werden. Partner aus unterschiedlichen Kulturen und aus verschiedenen Unternehmen – Großunternehmen, KMU und Forschungseinrichtungen – geben ungern ihre Arbeitsweise und die eigenen Gewohnheiten auf. Es gilt, ein Gleichgewicht zwischen der Projekteffizienz und individueller Arbeitsgestaltung zu schaffen.

Anmerkungen

[1] Wir gehen von einem erweiterten kulturrelativistischen Begriff aus, der für die Anerkennung, Vielfalt und Gleichberechtigung aller Kulturen plädiert (vgl. Goodenough, 1957). Kultur wird als geteiltes, gemeinsames Wissen an Standards des Wahrnehmes, Glaubens, Handelns und Bewertens einer Gruppe verstanden. Sie dient als Orientierungssystem für eine Gesellschaft, Nation oder Gruppe (vgl. Hall, 1959, 1976; Thomas, 1996).

[2] Einzelheiten zu den Programmen siehe *www.steinbeis.de* und *www.eufoerderung-bw.de*.

[3] Die Namen der beteiligten Unternehmen wurde geändert, und für die exemplarische Darstellung wurden die Sachverhalte vereinfacht.

[4] PROINNO 1998 ist eine Begleitmaßnahme der Generaldirektion XIII der Europäischen Kommission im Rahmen des Innovationsprogramms und wird von der Kooperationsstelle Hamburg koordiniert. Folgende Partner sind an diesem Projekt beteiligt: ESSEC, Frankreich, Nomisma, Bologna, Krewer Consult, Saarbrücken und die Kooperationsstelle Hamburg.

Literatur

Bontellier, R., Gassmann, O., Zedtwitz, M. (2000). Managing global innovation (2nd ed.). Heidelberg, New York: Springer.
Gassmann, (1997). Internationales F&E-Management. München, Wien: Oldenbourg.
Goodenough, W. H. (1957). Cultural anthropology and linguistics. In: P. L. Garvin (Ed.), Report on the Seventh Annual Round Table Meeting on Linguistics and Language Study (pp. 109-173). Washington, D.C.: Georgetown University Press.
Hall, E. T. (1959). The silent language. New York, NY: Doubleday.
Hall, E. T. (1976). Beyond Culture. New York, NY: Doubleday.
Hofstede, G. (1991). Interkulturelle Zusammenarbeit. Wiesbaden: Gabler.
Krewer, B. (1996). Innovation across cultural borders [Brochure and disk]. Saarbrücken: Universität Saarbrücken, Institut für Umwelt- und Kulturpsychologie/Luxemburg: Innovationsprogramm der Europäischen Kommission (DG XIII/ D/1).
Niess, P. S., Würtz, G. (1998). Euromanagement – zwei Methoden zur systematischen Entwicklung von transnationalen F&E-Projekten. MM Maschinenmarkt.
Niess, P. S. (1997). F&E-Partnerservice auf europäischer Ebene. Partner- und Begleitservice im Dienst von Forschung und Wirtschaft. Jahresbericht der Steinbeis-Stiftung.
Thomas, A. (1996). Psychologie interkulturellen Handelns. Göttingen: Hogrefe.

16

Reintegration von Auslandsmitarbeitern

Klaus Hirsch

Je bekannter wir mit dem viel gewanderten trefflichen Manne wurden, desto mehr griff in unserer Seele die Gewissheit Platz, dass er seine mannigfaltigsten, buntesten, gefahrvollsten, geheimnisvollsten Abenteuer nicht in Ägypten verlebte, sondern da, wo aus alter Gewohnheit der Name Deutschland auf der Landkarte geschrieben steht. (Wilhelm Raabe, 1867)

In Rückkehrergeschichten von Auslandsmitarbeitern deutscher Firmen, die nach einem längeren Auslandseinsatz wieder nach Deutschland zurückkehren, treffen wir immer wieder auf ähnliche Erfahrungen, wie sie Wilhelm Raabe 1867 in seinem Roman „Abu Telfan oder die Heimkehr vom Mondgebirge" formulierte. Was ist das Problem? Offensichtlich wird die Heimat nach einem längeren Aufenthalt im Ausland nicht mehr ohne weiteres als das bekannte Land erlebt. Das Unternehmen, in das der Rückkehrer zurückkommt, wird in mancherlei Punkten ebenso als verändert erfahren wie die gesellschaftliche und die private Umgebung. Mancher spricht anfangs gar von der Rückkehr in ein fremdes Land. Menschen, die im Ausland gearbeitet haben, die dort Ausländer waren, werden bei der Rückkehr mit der Erfahrung konfrontiert, dass sie im eigenen Land und in der vertrauten Firma in mancherlei Hinsicht auch wieder als „Ausländer" angesehen werden. Ethnologen haben dieses Problem als eine Art von doppelter Marginalisierung beschrieben: Was während des Aufenthaltes in einer fremden kulturellen Umgebung erlebt wurde – in einem fremden Land zu sein und zugleich Angehöriger der eigenen Gesellschaft zu bleiben – wiederholt sich bei der Rückkehr auf einer anderen Ebene: Angehöriger der eigenen Kultur und Gesellschaft und zugleich auch Fremder im eigenen Land zu sein. Diese vielfältigen Erfahrungen vom Leben im Dazwischen, im Nicht-Mehr und Noch-Nicht, nicht mehr in der Fremde und doch noch nicht zu Hause, von Entfremdung nach der Rückkehr sind in den Personalabteilungen und im Bildungswesen deutscher Unternehmen erst relativ spät in den Blick gekommen und dies gilt vielfach heute noch, auch nach Jahrzehnten internationaler Tätigkeiten.

Signifikante empirische Befunde zu diesem Problemfeld fehlen immer noch weitgehend, doch weisen die wenigen Berichte und empirischen Arbeiten darauf hin, dass die Hauptsorge deutscher Manager, nämlich nach einem Auslandseinsatz im Stammhaus keine adäquate Verwendung mehr zu finden, nicht unbegründet ist. So berichten Steinmann und Kumar (1984, S. 421), dass Entsandten berufliche Positionen, die ihnen vor Antritt der Auslandstätigkeit zugesagt worden waren, wiederholt verwehrt wurden, weil während der Abwesenheit unvorhergesehene Ereignisse eingetreten waren (organisatorische Veränderungen, Rationalisierungsmaßnahmen, Einstellungs- oder Beförderungsstop etc.).

Müller (1991) stellt empirische Befunde dar, die belegen, dass die Reintegrationserfahrungen nur bei knapp der Hälfte der befragten Führungskräfte mit dem Hauptmotiv eines Auslandseinsatzes, nämlich dem beruflichen Aufstieg, harmonisieren: 8,3 Prozent fanden sich nach dem Auslandseinsatz auf einer niedrigeren Position als vor der Entsendung wieder, 23,8 Prozent auf derselben wie vor der Entsendung, 4,8 Prozent auf der gleichen wie während des Auslandseinsatzes und 10,7 Prozent auf der gleichen wie die im Stammhaus verbliebenen Kollegen. Frustration und Demotivation sind damit bei mehr als der Hälfte der Befragten programmiert. Kündigungen nach einem Auslandseinsatz sind deshalb überproportional häufig, zumal die Rückkehrer in anderen Unternehmen oft problemlos die angestrebte Position finden – ist doch die Auslandserfahrung ein klarer Wettbewerbsvorteil auf dem Arbeitsmarkt (vgl. auch den Beitrag von Bergemann & Sourisseaux im vorliegenden Band).

Dieser Beitrag gibt die persönlichen Erfahrungen von Ausreisenden und Rückkehrern deutscher Unternehmen wieder, wie sie immer wieder auf Reintegrationsseminaren geäußert wurden. Dabei lässt sich das Phänomen Reintegration auf einige Grundmuster reduzieren, auch wenn jeder Rückkehrer und jede Rückkehrerin ihre eigenen Rückkehrgeschichten haben:

- Welchen Stellenwert haben Auslandserfahrungen für ein Unternehmen?
- Wo und wie fließen Auslandserfahrungen in die Planung von Auslandsaktivitäten ein?
- Welche Berücksichtigung finden die mannigfaltigen Anregungen aus Leben und Arbeiten in einer überseeischen Niederlassung bei der Konzeption nationaler und internationaler Unternehmensstrategien?
- Wie weit ist eine internationale Personalentwicklung in einem Unternehmen transparent ausgebaut?

Am Ende dieses Beitrages steht das Modell eines Reintegrationsprogrammes. Es sind in der Bundesrepublik immer noch sehr wenige Unternehmen, die in ihren

Bildungsprogrammen das Thema Reintegration als regelmäßigen Baustein aufgenommen haben.

Ein wesentlicher Grundsatz im Rahmen der dargestellten Problematik ist, dass die Rückkehr mit der Entsendung beginnt. Daher können Fragen der Wiedereingliederung nicht isoliert von der Entsendung gesehen werden. Die hier angesprochenen Probleme laufen immer wieder auf die Frage hinaus, welchen Stellenwert die Rahmenbedingungen von einem Auslandseinsatz für die Entscheidungen in den Unternehmen haben. Man kann überspitzt formulieren, dass der großen Bedeutung des Exports und globaler Unternehmensstrategien in Deutschland ein Defizit hinsichtlich der interkulturellen Wahrnehmung menschlicher und kultureller Werte entgegensteht. Man könnte geradezu von einer „weltoffenen Beschränktheit" sprechen. Dieser Beitrag plädiert für eine verstärkte Berücksichtigung psychologischer und kultureller Faktoren bei der Auslandsentsendung.

1. Ein globaler Blick auf internationale Entsendungen

Insbesondere ein Auslandseinsatz in Ländern des Südens kann nur im Kontext des aktuellen Entwicklungsdiskurses und der Situation der Nord-Süd-Beziehungen verstanden werden (vgl. auch den Beitrag von Marcotty & Solbach im vorliegenden Band). Deutsche Fach- und Führungskräfte, die für ihr Unternehmen eine begrenzte Zeit in einem überseeischen Land arbeiten, stehen in einer jahrhundertealten Tradition der Begegnungen zwischen Europa und Übersee. In der Geschichte jedes Auslandsmitarbeiters steckt die Geschichte von Jahrhunderten des Auszugs über die Meere. Wer längere Zeit in Übersee lebt und arbeitet, hat in einer besonderen Weise Anteil an dieser Geschichte, die zu der heutigen Aufteilung der Welt in Industrie- und Entwicklungsländer geführt hat. Es ist wichtig, die Gegenwart vor dem Hintergrund einer Geschichte zu sehen, der wir angehören und für die wir verantwortlich sind. Denn diese Geschichte hat unsere Vorstellungen von den anderen, den Fremden, geprägt, ebenso wie sie die Vorstellungen der anderen von uns geprägt hat.

Heute reisen Mitarbeiter, die in Übersee tätig werden, nicht mehr in abhängige Kolonien, sondern in politisch unabhängige Staaten mit wachsendem Selbstbewusstsein. Umso wichtiger ist es, Erinnerungen an Strukturen einer von Europa ausgegangenen Kolonialgeschichte nicht zu vergessen, da sie Einstellungen tief greifend geprägt hat. Wird ein Auslandsaufenthalt im historischen Kontext weltweiter Abhängigkeiten gesehen, so können Schwierigkeiten in der internationalen Zusammenarbeit besser eingeordnet und Auslandserfahrungen für die Arbeit im Inland besser nutzbar gemacht werden. Viele unserer heutigen Probleme in der Weltwirtschaft haben ihre Ursache darin, dass diese nach einer Ordnung funktioniert, die ursprünglich ganz nach den Interessen und Zwangsläufigkeiten der Industrieländer ausgerichtet wurde. Auslandsmitarbeiter bringen ihre vor Ort gesammelten Erfahrungen hinsichtlich dieser Strukturen mit, die auch in der Diskussion um verbesserte weltwirtschaftliche Bedingungen genutzt werden sollten. Je mehr der einzelne Mitarbeiter in der Vorbereitung des Auslandseinsatzes über Unternehmensstrategien, Marktsicherung, Know-how-Transfer, Produktionsverlagerungen etc. informiert ist, desto besser kann er seine Arbeit einordnen und Verhaltensweisen von Partnern in Übersee verstehen (vgl. Fritz, 1983). Je mehr in der Vorbereitung über psychologische Probleme einer oft unbewussten technischen und materiellen Überlegenheitsideologie des Entsenderlandes nachgedacht wird, desto eher besteht die Möglichkeit, zu echtem interkulturellem Dialog und internationaler Verständigung zu kommen. Denn der Blick in die Fremde wird durch die europäische Überlegenheit, wie sie im technischen Fortschritt zum Ausdruck kommt, nicht nur geprägt, sondern auch geblendet. Auslandsentsendung muss die aktuellen internationalen Handelsfragen immer im Blick haben wie die Diskussionen um die WTO, um strategische Allianzen und globale Strategien. Ein entwicklungspolitisches Grundwissen, das auch historische Fragestellungen einbezieht, ist heute mehr denn je von Nöten.

2. Die Situation des Rückkehrers

Leben und Arbeiten in einer fremden Kultur prägt und verändert. Menschen kommen mit oft unbewussten Verhaltensveränderungen wieder in die Heimat zurück. Der Auslandserfahrene trifft mit der Erwartung einer Anerkennung seiner Auslandstätigkeit auf Veränderungen, die in Deutschland in der Zwischenzeit stattgefunden haben, und er trifft auf Erwartungen der zu Hause Gebliebenen an den Rückkehrer. Im Folgenden sollen typische Rückkehrerfahrungen, wie sie in Seminaren immer wieder formuliert werden, beispielhaft skizziert werden. Quelle hierfür sind Protokolle von Seminaren, die der Autor mit Volkswagen AG und der Firma Bosch durchgeführt hat. Typische Rückkehrerfahrungen sind:

- Wir haben hier keine Freunde mehr.
- Unsere Interessen haben sich verändert.
- Es ist schwierig, wieder Kontakt zu den alten Bekannten zu bekommen.
- Eine besondere Schwierigkeit ist der Wohnortwechsel.
- Wir haben fremde Lebensweisen schätzen gelernt und treffen hier auf eine störende Überheblichkeit gegenüber allem Fremden.
- Wir haben gelernt, uns anzupassen und Vorurteile abzulegen.
- Wir haben erfahren, dass andere Kulturen eigene Lösungen für ihre Schwierigkeiten haben, denen wir nicht mit unseren Vorstellungen allein entgegentreten können.
- Es fallen uns bei der Rückkehr viele negative Dinge hier auf.
- Auch in Deutschland gibt es Probleme mit den Behörden.
- Der Arbeitsbereich hier ist viel zu eingeschränkt.
- Die Enge in diesem Land fällt auf.
- Hier wird weniger gearbeitet als im Ausland.
- Wir sind alle im Ausland nicht dümmer geworden.
- Hier müssen wir uns wieder geradezu anbiedern.

Die Rückkehrerfahrungen lassen sich in folgende drei Kategorien einteilen:

(1) Anstöße aus der Kulturbegegnung: Die Begegnung und die Auseinandersetzung mit anderen kulturellen Wertvorstellungen im beruflichen wie im privaten Leben in einer fremden Gesellschaft führt zu bewussten und unbewussten Verhaltensveränderungen. Häufig führt die Anpassung an die andere Umgebung zu einem neuen Verhaltensmuster, das durch die Übernahme bestimmter Eigenheiten der fremden Mentalität gekennzeichnet ist. Die Toleranz gegenüber andersartigem Verhalten wird häufig größer. Rückkehrer haben nicht selten etwas erfahren von dem Reichtum anderer Lebensmöglichkeiten, wie sie in unserer Kultur nicht oder nicht mehr gelebt werden können. Dazu zählt die erlebte Gastfreundschaft ebenso wie die herausgehobene Bedeutung der Großfamilie. Häufig gehört auch eine Einstellung dazu, die dem Leben Priorität vor der Arbeit gibt, aber auch Erfahrungen, welch großen Stellenwert Religion und Spiritualität haben können.

(2) Die neue Sicht der Heimat: Der Rückkehrer kommt aus dem Ausland mit einer Sicht der Heimat zurück, die sich mit den beruflichen und privaten Realitäten keineswegs deckt. Der Arbeitsalltag, Betriebsabläufe und Organisationsstrukturen werden auf längere Zeit hin gemessen an den mitgebrachten Kenntnissen und Erfahrungen. Dies führt nicht selten zu einer kritischen Haltung gegenüber Unbeweglichkeit im deutschen Arbeitsalltag. Die in der Regel im Ausland erworbene größere Flexibilität in einem wesentlich größeren Verantwortungsbereich stößt bei der Rückkehr auf eine oft als lähmend empfundene Kompliziertheit und Enge. Dazu kommt, dass die während des Auslandsaufenthaltes positive Einstellung zur Bundesrepublik sich in den ersten Monaten nach der Rückkehr in eine in vielen Bereichen kritische Sicht verwandelt, auch im Bereich des privaten Umfeldes. So wird oft bedauert, dass die menschlichen Kontakte hier unterentwickelt seien. Der Konsumdruck, die berufliche und private Hektik werden als Belastungen empfunden. Die neue Sicht der Heimat stellt manche Rückkehrer vor die Alternative: Anpassung oder Wiederausreise.

(3) Zukunftserwartungen: Rückkehrer kommen in der Regel mit relativ hohen Erwartungen bezüglich ihrer Karriere zurück. Der Einsatz im Ausland wird als Anspruch auf einen Karrieresprung verstanden. Dieser Erwartungsdruck, unterstützt von der offiziellen Firmenphilosophie „Nur wer im Ausland war, wird etwas bei uns!", muss bei jeder Reintegration als ein wichtiger Faktor berücksichtigt werden. Ein gutes Reintegrationsprogramm muss Gelegenheit zur offenen Aufarbeitung der mitgebrachten, oft übersteigerten Erwartungen bieten.

3. Die neue Situation: Worauf treffen die Rückkehrer?

Einer der entscheidenden Punkte in der Reintegrationsproblematik ist die Auseinandersetzung von Rückkehrern mit Sichtweisen und geprägten Verhaltensnormen von Daheimgebliebenen. In allen Rückkehrerseminaren wird die Klage laut, dass der ehemalige Auslandsmitarbeiter sowohl im beruflichen wie im privaten Bereich auf sehr wenig Verständnis, geringe Sensibilität und wenig Interesse hinsichtlich seiner mitgebrachten Auslandserfahrungen trifft. Es herrscht die Ansicht vor, dass ein Rückkehrer sich in erster Linie an die Gegebenheiten und Sichtweisen, die im einheimischen deutschen Umfeld herrschen, anzupassen hat. Merkwürdigerweise sehr unterentwickelt ist die Auffassung, dass von den Erfahrungen eines Auslandsrückkehrers auch die Mitarbeiter und Kollegen in der Bundesrepublik profitieren könnten. Es wird dabei die psychologische Schwierigkeit deutlich, dass jemand, der keine Auslandserfahrungen hat, nur sehr schwer Zugang zu Erfahrungen aus einem Lebensumkreis finden kann, der ihm völlig fremd ist.

Rückkehrer treffen häufig auf eine ganze Reihe von Vorurteilen gegenüber dem Land, in dem sie tätig waren. Informationen aus Fernsehsendungen und Urlaubsreisen prägen ein Bild der Fremde, das nur sehr wenig mit der Arbeits- und Alltagsrealität, wie sie Auslandsmitarbeiter während ihrer oft langjährigen Tätigkeit erlebt haben, zu tun hat. So berichten die Rückkehrer nicht selten mit einem bedauernden Unterton davon, dass Vorurteile gegenüber Ausländern, für deren Situation sie selbst jetzt eine größere Sensibilität entwickelt haben, sie schmerzlich berühren. In der Regel bringen Auslandsrückkehrer ein neues Verständnis gegenüber den in der Bundesrepublik lebenden Ausländern mit.

Hinzu kommt, dass der deutlich zu spürende Anpassungsdruck an deutsche Gegebenheiten oft zu einer resignativen Grundhaltung nach der Rückkehr führt. Rückkehrer müssen sich mit der Erwartung ihrer Umwelt auseinander setzen, dass sie sich wieder „in Reih und Glied" einzufinden haben. Außerdem begegnen sie einer, oft unausgesprochenen, vorwurfsvollen Haltung gegenüber der Auslandstätigkeit. Es wird nicht selten unterstellt, dass der Auslandsmitarbeiter quasi einen sehr gut bezahlten, mehrjährigen Urlaub hinter sich habe und nun wieder das Arbeiten in Deutschland lernen müsse.

Es bedarf einer rechtzeitigen sensiblen Rückkehrplanung, die Auslandsmitarbeiter auf diesen „Rückkehrerschock" vorbereitet. Dazu gehört auch, den nicht abzustreitenden Know-how-Verlust während des Auslandsaufenthaltes, insbesondere im technischen Bereich, möglichst gering zu halten. Dies verlangt eine gute Betreuung der Auslandsmitarbeiter während ihrer Auslandtätigkeit, wobei es sich hier um einen Bereich handelt, der nach unseren Beobachtungen am weitesten unterentwickelt ist. Dass nur sehr wenige Firmen ein Reintegrationsprogramm für ihre rückkehrenden Auslandsmitarbeiter und deren Familien anbieten, hängt mit der skizzierten Problematik zusammen. Die Integrationsprogramme der Firmen Volkswagen und Bosch, die von den Mitarbeitern sehr gut aufgenommen wurden, sind inzwischen wieder eingestellt worden, und es gibt unseres Wissens keine deutsche Firma, die ein regelmäßiges Reintegrationsprogramm für ihre Auslandsrückkehrer durchführt. Für die meisten Rückkehrer bleibt tatsächlich selten mehr als die möglichst schnelle kritiklose Wiedereingliederung oder der neue Auslandsvertrag.

4. Phasen der Rückkehr

Die Rückkehr aus dem Ausland lässt sich in einem Drei-Phasen-Modell schematisch darstellen. Diesem Modell liegen die Erfahrungen aus einer Vielzahl von Rückkehrerseminaren zugrunde (siehe Tabelle 1).

Tabelle 1: Ein Prozessmodell der Reintegration

Phase A: Naive Integration	Phase B: Reintegrationsschock	Phase C: Echte Integration
Merkmale: freundliches, oberflächliches Verstehen. Bereitwilligkeit und Offenheit für neue Erfahrungen. Allgemeiner Optimismus, Euphorie des „Wieder zu Hause Seins".	Merkmale: Erste Euphorie bröckelt ab. Man fühlt sich von den Kollegen nicht verstanden. Der Freundeskreis ist nicht mehr vorhanden. Alles hat sich verändert. Rückzug in die Resignation, in Überheblichkeit, Ärger, Unzufriedenheit. Man fühlt sich nicht zu Hause.	Merkmale: Aufbau realistischer Erwartungen. Anpassung ohne Selbstaufgabe. Erweiterung des Verhaltensspektrums und Wiedererkennen alter Verhaltensmuster.
Bis 6 Monate nach Rückkehr	Zwischen 6 und 12 Monate nach Rückkehr	Ab 12 Monate nach Rückkehr

Phase A: „Naive Integration": Im Allgemeinen kehrt der Auslandsmitarbeiter zunächst mit der Bereitwilligkeit zurück, sich wieder in der Bundesrepublik einzurichten. Die Haltung in den ersten Wochen und Monaten ist durch eine Offenheit und Bereitschaft, sich der deutschen Umgebung wieder zu öffnen und anzupassen, gekennzeichnet. Dies kann als oberflächliche Wiederanpassung bezeichnet werden. Diese Phase A ist zeitlich begrenzt und geht nach einiger Zeit in die schwierige Phase B über.

Phase B: „Reintegrationsschock": Unverständnis von Kollegen, auftretende Schwierigkeiten im betrieblichen und beruflichen Alltag, Probleme, über die in den ersten Wochen hinweggesehen wurde, gewinnen zunehmend an Gewicht. Dies führt nicht selten zu einer überheblichen Haltung des Rückkehrers gegenüber seiner Umgebung. Diese kann sich in einer aggressiven Grundstimmung ausdrücken. Unzufriedenheit und Enttäuschungen führen nicht selten zu einem inneren Rückzug. Es fällt schwer, mitgebrachte Erwartungen zurückzuschrauben. Das Unverständnis der Kollegen und das Desinteresse für die mitgebrachten Auslandserfahrungen werden als persönliche Belastung empfunden. Rückkehrer kommen sich in dieser Phase oft als Außenseiter vor. Diese Haltung wird verstärkt und kann sich verhärten, wenn sich Schwierigkeiten im persönlichen und beruflichen

Umfeld häufen. Solche Schwierigkeiten können sein: die neue Arbeitsaufgabe, die Atmosphäre am Arbeitsplatz, die Wiedereingliederung der Familie, die Situation der Ehefrau und der Kinder, Unverständnis über gesellschaftliche Entwicklungen in der Bundesrepublik.

Bleibt ein Rückkehrer in dieser Phase stecken, so bleibt ihm in der Regel nur die Wiederausreise. Dies ist nach unseren Erfahrungen nicht der Normalfall. Vielmehr findet oft unmerklich ein Übergang zu der neuen Phase C statt.

Phase C: „Echte Integration": Diese neue Phase kann als neues Verhaltensmuster gekennzeichnet werden. Der Rückkehrer hat gelernt, sich wieder zurechtzufinden, seine Erwartungen an die Realität anzupassen. Er gewinnt neues Selbstvertrauen, lernt, über den Schwierigkeiten zu stehen, er ist wieder zu Hause. Dies schließt nicht aus, dass immer wieder, auch noch längere Zeit nach der Rückkehr, ein „Rückfall" in die Phase B stattfinden kann, indem sich, hervorgerufen etwa durch Schwierigkeiten im beruflichen Umfeld, Bilder vom Ausland wieder in den Vordergrund drängen und zu einer Unzufriedenheit mit der Situation im deutschen Alltag führen.

Es hat sich bei Reintegrationsseminaren bewährt, ein solches Phasenmodell vorzustellen und Rückkehrern die Möglichkeit zu geben, sich auf einer Skala einzuordnen. Die Verdeutlichung, dass die Rückkehr ein Prozess ist, kann hilfreich sein und dazu verhelfen, über momentan schwierige Situationen der Unzufriedenheit hinwegzukommen.

Unterstützt werden kann dieses Phasenmodell durch ein anderes, das dem Rückkehrer die Möglichkeit gibt, verschiedene Einstellungen und Lebensbereiche auf einer Kurve zu fixieren (siehe Tabelle 2). Jeder Rückkehrer kann die verschiedensten Aspekte und Bereiche, beruflich und privat, für sich persönlich einordnen zwischen dem Ausland und der Bundesrepublik. Dies fördert ein Verständnis erfahrener Schwierigkeiten und kann deutlich machen, wie die persönliche Identität durch den Auslandseinsatz von verschiedenen Affinitäten, oft unbewusst, beeinflusst wird. Eine solche Kurve macht auch deutlich, wie ein längerer Auslandsaufenthalt die Persönlichkeit verändert, erweitert und bereichert.

5. Konzept eines Reintegrationsseminars

Wir haben oben schon betont, dass eine gelungene Wiedereingliederung mit einer guten Vorbereitung auf den Auslandseinsatz beginnt. Trainingsprogramme für die Reintegration müssen zusammen mit den Vorbereitungsmaßnahmen ein logisches Gesamtkonzept ergeben. Über die Konzeption von Auslandsvorbereitungen wird an anderer Stelle dieses Buches berichtet (vgl. den Beitrag von Thomas & Hagemann im vorliegenden Band). Hinzu müssten auch Maßnahmen während des Auslandseinsatzes kommen (vgl. den Beitrag von Wirth im vorliegenden Band). Dies ist ein Gebiet, auf dem bislang unseres Wissens noch am wenigsten geschieht.

Tabelle 2: Individuelle Positionsbestimmung zwischen Ausland und BRD

Wo stehe ich mit meiner, meinem, meinen, ...	IM AUSLAND	DAZWISCHEN	IN DER BRD
Arbeitseinstellung	O	O	O
Gefühl	O	O	O
Familie	O	O	O
Gedanken	O	O	O
Wünschen	O	O	O
menschlichen Kontakten	O	O	O
Verstand	O	O	O
Interessen	O	O	O
Sehnsüchten	O	O	O
Hobbys	O	O	O
Karriere	O	O	O
Frau/Mann	O	O	O
Kindern	O	O	O
Ideen	O	O	O
Erinnerungen	O	O	O
Heimatgefühl	O	O	O
Sprache	O	O	O
Verdienst	O	O	O
....	O	O	O

Inzwischen existiert bei den Firmen ein zunehmendes Bewusstsein für die Notwendigkeit von Auslandsvorbereitung, geringer geprägt ist jedoch noch immer die Einsicht in die Notwendigkeit von Wiedereingliederungsseminaren. Was die Aufarbeitung der Auslandstätigkeit während des Einsatzes angeht, so gibt es diesbezüglich noch kaum gelungene Ansätze.

Programme zur Reintegration müssten die oben angesprochenen Gesichtspunkte aufgreifen und dem zurückgekehrten Mitarbeiter die Möglichkeit geben, von seinen Erfahrungen bei der Vorbereitung, während des Einsatzes und bei der Rückkehr erzählen zu können und sachkundige Betreuung dabei zu erfahren.

Das Internationale Referat an der Evangelischen Akademie Bad Boll hat in Zusammenarbeit mit den Firmen Bosch und Volkswagen ein Konzept für Reintegrationsseminare entwickelt, das den folgenden Ausführungen zugrunde liegt (siehe Tabelle 3).

Dieses Konzept geht von der Überzeugung aus, dass es zu den Voraussetzungen für eine Bewältigung der Erfahrungen der Auslandstätigkeit gehört, sich selbst besser kennen und einschätzen zu lernen und Wechselwirkungen zwischen eigenem Verhalten und dem der Umwelt so zu erkennen, dass Lernprozesse möglich sind. So können der Auslandsaufenthalt und die Rückkehr als ein wesentlicher Einschnitt in der persönlichen Lebensplanung und Lebensgestaltung des Mitarbei-

Tabelle 3: Seminarkonzeption zur Reintegration von Auslandsmitarbeitern

Einheit 1: **„Zwischen eigener und fremder Kultur"**
Eine Einstimmung in das Seminarprogramm und die Thematik. Methodik: Auseinandersetzung mit Kurzgeschichten, den Ausreise- und Rückkehrerfahrungen anderer, Diskussion von Kurzfilmen.

Einheit 2: **„Von der Ausreise zur Rückkehr"**
Herausarbeiten der wichtigen Unterschiede der Kulturen. Methodik: moderierter Erfahrungsaustausch der Seminarteilnehmer.

Einheit 3: **„Weibliche Rückkehr, männliche Rückkehr"**
Herausarbeiten der geschlechtsspezifischen Rückkehrprobleme. Die Bedeutung des Partners/der Partnerin bei der Bewältigung von Rückkehrproblemen. Methodik: Kleingruppenarbeit mit Moderation in Männer- und Frauengruppen.

Einheit 4: **„Rückkehr in die BRD – Rückkehr in ein fremdes Land"**
Thematisierung der mit der Rückkehr in die BRD verbundenen Erwartungen, Vorstellungen und Hoffnungen und wie diese erfüllt bzw. nicht erfüllt wurden. Die Rolle des gesellschaftlichen und sozialen Wandels in der Heimat. Methodik: Kleingruppenarbeit, Rollenspiele und Arbeit mit Bildern.

Einheit 5: **„Meine Position zwischen Ausland und BRD"**
Versuch einer Positionsbestimmung wichtiger Lebens-, Arbeits- und Gefühlsbereiche. Methodik: individuelles Bearbeiten eines Fragebogens (vgl. Tabelle 2), Diskussion der aus diesem Fragebogen resultierenden Profile.

Einheit 6: **„Anstöße aus dem Auslandsaufenthalt"**
Herausarbeiten der wichtigen Qualifikationen, die durch die Auslandstätigkeit erworben werden konnten. Widerstände bei der Umsetzung dieser Fähigkeiten in der BRD. Methodik: Zweiergespräche, moderierte Kleingruppenarbeit.

Einheit 7: **„Persönliches Szenario"**
Einordnung der Auslandserfahrungen in die persönliche Lebens-, Berufs- und Karriereplanung. Methodik: Angeleitete Einzelarbeit der Teilnehmer.

Einheit 8: **„Phasen der Reintegration"**
Verdeutlichung des Prozesscharakters der Reintegration. Positionsbestimmung der Teilnehmer in diesem Prozess. Methodik: Vortrag, Einzelarbeit, Diskussion.

Einheit 9: **„Zurück in der Heimat"**
Auseinandersetzung mit der Unternehmenskultur und -philosophie des Heimatunternehmens. Methodik: Übungen zur Kooperation, zu Team- und Führungsverhalten aus dem inländischen Seminarprogramm. Diskussion der damit verbundenen Schwierigkeiten.

Einheit 10: **„Die andere Seite: Personal- und Bereichsleiter"**
Die Heimkehrer treffen auf die für die Integration in das Heimatunternehmen maßgeblichen Personen. Diese stellen ihre Erwartungen vor, berichten über Chancen und Probleme bei der Reintegration. Methodik: Präsentationen und moderierte Diskussionen zu den Ergebnissen der einzelnen Einheiten.

Einheit 11: **„Seminarauswertung"**
Abschlussdiskussion. Vorschläge zur Verbesserung der Seminarkonzeption. Abstimmung des weiteren Vorgehens. Methodik: Diskussion, Evaluationsfragebogen.

ters angesehen werden. Im Rahmen des Seminarkonzeptes, das teilnehmerorientiert angelegt ist, wird versucht, für die Teilnehmer Möglichkeiten zu schaffen, ihre berufliche und private Lebenssituation als Lernfeld zu verstehen, um in der

Umbruchsituation zu einer gefestigten Identität zu kommen. Methoden der *Themenzentrierten Interaktion* (vgl. Cohn, 1975) sind dabei hilfreich.

Die Teilnehmer sollen nicht so sehr durch Vermittlung von Sachwissen wieder eingegliedert werden, vielmehr wird Situations- und Handlungsorientierung dadurch vermittelt, dass in der gemeinsamen Arbeit Einsicht in die eigenen Werthaltungen und Verhaltensweisen und deren Veränderungen in Abhängigkeit von der Außenwelt ermöglicht wird. Wichtig ist, dass auch die Ehefrauen an den Seminaren teilnehmen können. Sie sind ganz entscheidend von einem Auslandseinsatz und der folgenden Wiedereingliederung mit betroffen, mussten sie doch nicht selten ihre berufliche Karriere durch den Auslandseinsatz des Mannes aufgeben. Die Frauen sollten rechtzeitig bei den ersten vorbereitenden Gesprächen mit einbezogen werden, was leider bei vielen Firmen noch längst nicht der Fall ist.

Zum Seminarkonzept gehören u. a. Abendrunden mit Berichten, Bildern und Filmen der Teilnehmer aus den Einsatzländern. Des Weiteren werden in informativen Einheiten, in der Regel in der Anfangsphase des Seminars, Informationen über Veränderungen in Steuer- und Sozialversicherungsfragen vermittelt.

Solche Seminare können nur gelingen, wenn sie teilnehmerorientiert angelegt sind, das heißt Schwerpunkte müssen entsprechend der Zusammensetzung der Gruppe gebildet werden. Die in Tabelle 3 dargestellten Einheiten können in einem Wochenkurs untergebracht werden, es gibt jedoch auch vielfache Möglichkeiten einer Modularisierung dieser Einheiten.

6. Reintegration zwischen Anpassung und Veränderung: der Rückkehrer als Innovator

Während wie schon erwähnt die Notwendigkeit einer guten Auslandsvorbereitung bereits vor Jahren von den Firmen erkannt wurde, spielt die Frage der Reintegration noch immer eine untergeordnete Rolle. Die Gründe hierfür sind sowohl darin zu suchen, dass von der Rückkehr in eine bekannte Umgebung ausgegangen wird, die keiner größeren Beachtung bedarf, als auch darin, dass die Sensibilität für die Bedeutung von Auslandserfahrungen erstaunlich unterentwickelt ist: „Man ziehe den Rock des Landes an, das man besucht, und bewahre den Rock des Landes auf, aus dem man stammt" (Diderot).

Der wirtschaftlichen Potenz der ehemaligen Bundesrepublik steht ein erstaunliches Desinteresse an kulturellem Lernen gegenüber. Dabei sind es gerade die Auslandsrückkehrer, die mit ihren Erfahrungen Impulse für internationale Zusammenarbeit und Verständigung setzen können. Ein Ernstnehmen ihrer Erfahrungen ist die Voraussetzung einer gelungenen Wiedereingliederung. Wenn heute der Faktor „Kultur" in zunehmendem Maße in der internationalen Zusammenarbeit „wieder entdeckt" wird, so liegt dies nicht zuletzt auch an Erfahrungen gelungener wie gescheiterter Übersee-Tätigkeiten. Die Einbeziehung soziokultureller Rahmen- und Lebensbedingungen beinhaltet letztendlich ein Ernstnehmen menschlicher Aspekte in einer von ökonomischen und technologischen Kriterien gesteuerten Wirtschaft. Psychologen und Sozialwissenschaftler können hier ebenso wie Ethnologen mancherlei Hilfestellungen leisten.

Bei der Problematik des Auslandseinsatzes darf die zentrale Frage nach der Bewahrung der persönlichen Identität nicht aus den Augen verloren werden. Leben und Arbeiten in einem fremden kulturellen Kontext kann ebenso wie die Wiedereingliederung in die Heimat nur gelingen, wenn eine Öffnung für fremde Werthaltungen und Verhaltensweisen ermöglicht wird, die von der eigenen Herkunft ausgehend zu einem Lernen von der fremden Kultur führt.

Jedes Unternehmen ist gut beraten, Auslandserfahrungen ihrer Mitarbeiter nutzbringend für die Firma einzusetzen. Hierzu müssen Möglichkeiten geschaffen werden, um Anstöße aus dem Ausland auch für den deutschen Betriebsablauf fruchtbar zu machen. Dies fängt bei der Nutzung erworbener Sprachkenntnisse an und reicht bis zu Anregungen der Rückkehrer in Bezug auf organisatorische und technische Betriebsabläufe. Da es nicht nur einen Know-how-Verlust im Ausland, sondern auch ein Know-how-Defizit, bezogen auf internationale Zusammenhänge, in den deutschen Betrieben gibt, sollte der Rückkehrer nicht nur wieder eingegliedert, sondern zugleich auch als potenzieller Innovator gesehen werden. Die Umsetzung von Auslandserfahrungen in den deutschen Betriebsalltag sollte ein wesentlicher Bestandteil von Reintegrationsprogrammen sein. Die Auswertung von erworbenem Auslandswissen durch Personalabteilungen und Fachbereiche ist geradezu eine unabdingbare Voraussetzung für eine erfolgreiche Reintegration, die nicht nur wiedereingliedert, sondern zur Aufnahme von Innovationen, die aus dem Ausland kommen, bereit ist. Im Kontext der aktuellen Diskurse um Mitarbeiterqualifikationen spielt interkulturelle Kompetenz in globalen Zusammenhängen eine immer wichtigere Rolle.

7. Zusammenfassung und Ausblick

Eine gute Reintegration von Auslandsrückkehrern beginnt mit einer guten Auslandsvorbereitung, der ein begleitendes Programm während des Auslandseinsatzes folgen sollte.

Im Ausland wird der Mitarbeiter in besonderer Weise mit fremden kulturellen Verhaltensweisen konfrontiert. Zum einen geschieht Leben und Arbeiten im Ausland in der vertrauten Umgebung der Firma vor Ort, zum anderen im Kontext fremder Lebenszusammenhänge. Dadurch wird ein Lernprozess in Gang gesetzt, der die eigene Identität oftmals infrage stellt. „Es geht darum zu lernen, was unser ist als fremd und das, was fremd war, als unsriges zu betrachten" (Merleau-Ponty).

Die Erfahrung, zwischen den Welten zu leben, in gewisser Weise marginalisiert zu sein, wiederholt sich bei der Rückkehr in die Heimat: wieder zu Hause und doch fremd. Rückkehrerfahrungen und Rückkehrergeschichten werden in deutschen Unternehmen immer noch zu wenig zur Kenntnis genommen und zu wenig für den Betriebsalltag nutzbar gemacht. Rückkehrer bringen – positive wie negative – Anstöße aus der Kulturbegegnung mit, ebenso eine neue Sicht der Heimat und oft unrealistische Erwartungen an ihre berufliche Zukunft nach der Rückkehr.

Ein Unternehmen ist gut beraten, wenn es Auslandsmitarbeitern die Gelegenheit gibt, ihre Erfahrungen intensiv aufzuarbeiten. Darüber hinaus empfiehlt es sich, Impulse aus der veränderten Sicht des Rückkehrers aufzunehmen und deren „kulturelle Kompetenz" positiv aufzugreifen. Dies fängt bei der Nutzung neu erworbener Sprachkenntnisse an und reicht bis zu konkreten Anregungen für organisatorische und technische Betriebsabläufe. Wiedereingliederung kann nur gelingen, wenn auch im heimatlichen Umfeld eine entsprechende Sensibilität für ein Lernen von Fremdem, Ungewohntem da ist und gefordert wird. Der Rückkehrer sollte nicht nur wiedereingegliedert, sondern als potenzieller Innovator angesehen werden.

Eine Möglichkeit hierzu bieten Rückkehrerseminare, die den Mitarbeitern Situations- und Handlungsorientierungen dadurch vermitteln, dass in intensiver Arbeit Einsichten in die verfestigten und veränderten Werthaltungen und Verhaltensweisen ermöglicht und diese mit erfahrenen „heimatlich-deutschen" Verhaltensweisen und Strukturen konfrontiert werden.

Literatur

Burens, P. K. (1984). Handbuch Auslandseinsatz. Heidelberg: Verlagsgesellschaft Recht und Wirtschaft.
Cohn, R. C. (1975). Von der Psychoanalyse zur themenzentrierten Interaktion. Stuttgart: Klett-Cotta.
Dadder, R. (1987). Interkulturelle Orientierung – Analyse ausgewählter interkultureller Trainingsprogramme. Saarbrücken: Breitenbach.
Fritz, R. (1983). Auslandsvorbereitungsprogramme für Führungskräfte – Ein Beitrag zur internationalen Verständigung. Unveröffentlichte Diplomarbeit an der Fachhochschule München.
Grassi, E. (1974). Reisen ohne anzukommen. München: Ruegger.
Gundlach, F. W., Hilmes, M. (1987). Wiedereingliederung von Auslandsrückkehrern. Personalführung 7, 490-493.
Hirsch, K. (1982). Als deutsche Fachkraft nach Übersee – Ein Bericht über Übersee-Vorbereitungskurse an der Evangelischen Akademie Bad Boll. Die Mitarbeit – Zeitschrift zur Gesellschafts- und Kulturpolitik 31(4), 394-401.
Hirsch, K. (1983). Wohin geht die Reise? Überseevorbereitungskurse für Experten der Industrie. epd-Entwicklungspolitik Nr. 15/16, 21-22.
Hirsch, K. (1986). Wieder zurück aus Übersee. Aktuelle Gespräche der Evangelischen Akademie Bad Boll. Bad Boll: Evangelische Akademie.
Hirsch, K. (1987). Rückfahrkarte nach Übersee – Vorbereitungs- und Rückkehrerkurse für Experten der Industrie. Materialien zur politischen Bildung, 3. Quartal, 41-44.
Hirsch, K. (1988). Abenteuerreisen zu sicheren Ufern. In: M. Fischer (Hrsg.), Jesu Botschaft zur Welt bringen – Wirtschaftliche, technologische und geistige Entwicklungen im Lichte biblischer Texte (S. 119-134). Stuttgart: Quell.

Hoffmann, W. K. H. (1980). Vom Kolonialexperten zum Experten der Entwicklungszusammenarbeit – Acht Fallstudien zur Geschichte der Ausbildung von Fachkräften für Übersee. Saarbrücken: Breitenbach.

Industrie- und Handelskammer Lübeck (1999). Auslandsknigge. Lübeck: Industrie- und Handelskammer.

Kühlmann, T. M. (Hrsg.) (1995). Mitarbeiterentsendung ins Ausland. Auswahl, Vorbereitung, Betreuung und Wiedereingliederung. Göttingen: VAP.

Kuhnla, C., Loch, A. (1987). Psychologische Analysen zur Berufstätigkeit im Ausland – Eine Studie zur Wahrnehmung von Verarbeitung interkultureller Unterschiede. Unveröffentlichte Diplomarbeit an der Universität Münster.

Landsberg, G. v., Wölke, G. (1982). Auslandsmüde Deutsche? Auslandserfahrung im Urteil der Wirtschaft. Köln: Institut der deutschen Wirtschaft.

Müller, S. (1991). Die Psyche des Managers als Determinante des Exporterfolges. Eine kulturvergleichende Untersuchung zur Auslandsorientierung von Managern aus sechs Ländern. Stuttgart: Poeschel.

Neumeier, W. (1984). Erfahrungen und Probleme nach der Rückkehr aus dem Ausland. Unveröffentlichtes Tagungsprotokoll „Schock der Heimat" der Evangelischen Akademie, Hofgeismar.

Neumeier, W. (1985). Die gut geplante Rückkehr – Wiedereingliederung am Beispiel der Robert Bosch AG. Nachrichten der Carl Duisberg Gesellschaft (2).

o.V. (1985). Damit die Rückkehr leichter wird – Erstes Seminar für Auslandsheimkehrer. Autogramm. Mitarbeiterzeitschrift der VW AG (12),10.

Stahl, G. K. (1998). Internationaler Einsatz von Führungskräften. München Wien: R. Oldenbourg.

Steinmann, H., Kumar, B. N. (1984). Personalpolitische Aspekte von im Ausland tätigen Unternehmen. In: E. Dichtl, O. Issing (Hrsg.), Exporte als Herausforderung für die deutsche Wirtschaft (S. 397-427). Köln: Deutscher Instituts Verlag.

Wittenzeller, C. (1987). Heimkehr ohne Reue. Management Wissen 1, 74-84.

17

Organisationsentwicklung in fremden Kulturen

Anja Marcotty und Wilfried Solbach

Organisationsentwicklung, wie wir sie heute verstehen, gibt es seit etwa 35 Jahren.

> Die Organisationsentwicklung bildet eine Alternative zu den traditionellen Verfahren der Organisationsgestaltung und -veränderung. Diese beschränkten sich meist auf eine Modifikation der Organisationsstruktur und basierten auf einem Expertenmodell der klassischen Organisations- und Managementlehre: von außen hinzugezogene Berater ... entwerfen Veränderungskonzepte und reichen diese als Expertisen an die Unternehmensleitung weiter. Im Gegensatz dazu geht die Organisationsentwicklung von der Erkenntnis aus, daß Menschen sich am ehesten mit dem identifizieren, was sie selber mitgestalten können. (Sievers & Trebesch, 1980, S. 49)

Wie von Bennis (1969, S. 2), ähnlich aber auch von anderen Autoren, beschrieben, ist Organisationsentwicklung – im amerikanischen Ursprungsland und im vorliegenden Text als OD (Organization Development) abgekürzt – „a response to change, a complex educational strategy intended to change the beliefs, attitudes, values, and structures of organizations so that they can better adapt to new technology, markets, and challenges and to the dizzying rate of change itself". Weinert (1981, S. 248) umschreibt diesen Prozeß wie folgt: „Organisationsentwicklung stellt einen permanenten Ausbildungs- und Trainingsprozeß dar, der durchgeführt wird, um es den Organisationsmitgliedern (und damit der Organisation selbst) zu erleichtern, sich den laufenden Veränderungen der Umwelt und der Arbeitsbedingungen anzupassen, und mit ihnen besser fertigzuwerden." Damit ist Organisationsentwicklung

> ... ein neuer Weg zur Entwicklung von Organisationen, z. B. eines Industrieunternehmens, mit dem Ziel einer aktiven und flexiblen Anpassung an die Herausforderungen einer sich ständig wandelnden Umwelt. Es ist eine Entwicklung im Sinne höherer Wirksamkeit der Organisation und größerer Arbeitszufriedenheit der beteiligten Menschen. (Becker & Langosch, 1986, S. 2)

Die 1980 gegründete Gesellschaft für Organisationsentwicklung (GOE) ist ein Verein, in dem sich Berater, Anwender und Wissenschaftler aus Deutschland, Österreich und der Schweiz zusammengeschlossen haben, um die „Philosophie" und Anwendung der Organisationsentwicklung zu verbreiten.

Die GOE versteht Organisationsentwicklung als einen längerfristig angelegten, organisationsumfassenden Entwicklungs- und Veränderungsprozess von Organisationen und der in ihnen tätigen Menschen. Der Prozess beruht auf dem Lernen aller Betroffenen durch direkte Mitwirkung und praktische Erfahrung. Sein Ziel besteht in einer gleichzeitigen Verbesserung der Leistungsfähigkeit der Organisation (Effektivität) und der Qualität des Arbeitslebens (Humanität). Unter „Qualität des Arbeitslebens" bzw. „Humanität" im Arbeitsbereich versteht die GOE nicht nur materielle Existenzsicherung, Gesundheitsschutz und persönliche Anerkennung, sondern auch Selbständigkeit (angemessene Dispositionsspielräume), Beteiligung an den Entscheidungen sowie fachliche Weiterbildungs- und berufliche Entwicklungsmöglichkeiten. (Gesellschaft für Organisationsentwicklung, 1980)

Die für die Organisationsentwicklung typische doppelte Zielsetzung – Verbesserung der Qualität des Arbeitslebens und Verbesserung der Leistungsfähigkeit der Organisation – ist selbst nach 35 Jahren auch in unserer westlichen Hemisphäre nicht ohne Probleme haltbar. Schulz-Wimmer (1983, S. 33) berichtet, dass vieles bei uns darauf hindeutet, dass ein starker Trend zum sich in der Freizeit selbstverwirklichenden Menschen besteht. Auch haben viele Menschen ein ungebrochenes Bedürfnis nach Strukturierung und Abhängigkeit. Obwohl also dieses auf der humanistischen Psychologie basierende Menschenbild des sich in der Arbeit selbst verwirklichenden Menschen heute nicht mehr uneingeschränkt haltbar ist, ist es sinnvoll und notwendig, organisatorisches Gestalten an den Zielen der Organisation und der Organisationsmitglieder zu orientieren.

1. Organisationsentwicklung im interkulturellen Kontext

In einem Überblicksaufsatz zur weltweiten Organisationsentwicklungsliteratur von Faucheux, Amado und Laurent (1982) beklagen die Autoren die gleiche kulturelle Blindheit, den Ethnozentrismus und den Anspruch der Universalität, die schon die allgemeine Managementliteratur kennzeichnen. Wie bereits die verschiedenen Ziele der Organisationsentwicklung verdeutlichen, gibt es entsprechend der Kulturkreise unterschiedliche Definitionen, Ansätze und Vorgehensweisen der Organisationsentwicklung. Überraschend ist jedoch die Tatsache, dass „ ... diese Strategien der organisatorischen Veränderung nun schon so lange als beinahe unabhängig von ihrem kulturellen und gesellschaftlichen Kontext empfohlen werden" (Faucheux et al., 1982, S. 352, Übers. d. Verf.).

Anhand umfangreicher Daten aus 40 Ländern entwickelte Hofstede (1980) ein Orientierungsmodell für die Unterscheidung nationaler Kulturen. Die vier Dimensionen dieses Modells sind: *Power Distance*, *Uncertainty Avoidance*, *Individualism* und *Masculinity/Femininity* (vgl. den Beitrag von Beerman & Stengel im vorliegenden Band).

Aufgrund des Datenmaterials scheinen Organisations- und Personalentwicklungsmaßnahmen im interkulturellen Kontext sehr schwierig.

> Management development across cultural barriers could thus be seen as an impossible task, but fortunately it should not be judged exclusively from its cognitive content. It has other important functions which probably outweigh its cognitive role. It brings people from different cultures and subcultures together and by this fact only broadens their outlook. In many organizations it has become an essential „rite de passage" which indicates to the manager-participant as well as to his or her environment that from now on he or she belongs to the manager caste. It provides a socialization in the managerial subculture, either company-specific or in general. It also provides a break with the job routine which stimulates reflection and reorientation ... American style OD meets, for example, with formidable obstacles in Latin European countries ... Latin countries lack the equality ethos which is an important motor behind OD. Latins believe less in the possibility of self-development of people. OD processes create insecurity which in a high uncertainty avoidance culture is often intolerable. In fact, OD represents a counterculture in a Latin environment. ... it can be seen as introducing a feminine approach – group dynamics and caring for others – in an otherwise masculine organization culture ... Latin organizations are not changed that way - they are usually only changed by crisis and revolution. (Hofstede, 1980, S. 266-267)

Die Arbeit in Entwicklungsländern wird häufig noch durch einen weiteren Faktor erschwert. Durch die Kolonialisierung und vor allen Dingen durch die Aufteilung der Flächen unter den Kolonialherren ergaben sich Vielvölkerstaaten. In unserem Kontext wirkt sich dieser Faktor häufig als zusätzliche, oft schwer durchschaubare Größe aus. In einer Organisation arbeiten Angehörige verschiedener Kultur- und/oder Religionskreise zusammen. Moderne Stammesfehden sind keine Seltenheit. Der externe Organisationsberater kann diese Strukturen nur schwer erkennen und verstößt so nicht selten gegen Tabus. In der wissenschaftlichen Literatur zur Organisationsentwicklung ist zu diesen Punkten nur wenig zu finden. Im Zusammenhang mit Industriekonzernen und deren Internationalisierung wird das Problem der multikulturellen Organisation in den letzten Jahren vermehrt diskutiert (z. B. Adler, 1983, 1986).

Nanayakkara, Weathersby und Richardson (1989) diskutieren kulturelle Variablen in der Führungspraxis in Nordamerika und Südasien:

> Cultural variables in leadership can be recognized along two principal dimensions: (1) leader involvement with subordinates/followers, and (2) subordinates/followers involvement with leader. Each reciprocally affects the other, both in the quality of effort expended on the organizational tasks, and in the quality of mutual support within the organizational and social system. Significant differences between leadership practices in the two cultures are: (a) North American leadership operates in a framework which enables the leader to reduce uncertainty in a given situation and maximize goals. The operating framework in South Asia does not. (b) South Asian leadership demonstrates the value of caring for the well-being of people, operating within a system that respects hierarchy and reciprocal obligations. This dimension is weak in North America.

Tabelle 1 gibt einen Überblick zum Einfluss von Kulturvariablen auf zentrale Aspekte der Führung.

2. Analyse der Organisationskultur

Wichtige Voraussetzung für eine Organisationsentwicklungsmaßnahme – nicht nur im interkulturellen Bereich – ist die zur genauen Beschreibung des Systemverhaltens notwendige Analyse der Organisationskultur. Je umfassender das Wissen über ihre Komplexität ist, desto wirkungsvoller sind alle etwaigen Organisationsentwicklungsansätze. Was Hofstede (zitiert nach Matenaar, 1983, S. 20) als „kollektive Programmierung des menschlichen Denkens" formuliert, lässt sich anhand des Modells zur Organisationskultur von Handy (1978, 1982) analysieren.

Handy (1982, S. 22) differenziert in seinem Konzept nach Macht-, Rollen-, Aufgaben- und Personenkultur. Organisationen werden einer dieser Kulturformen zugeordnet. Dies geschieht mit der Beschreibung der für die jeweilige Organisation spezifischen, charakteristischen Determinanten und, daraus resultierend, der jeweils spezifischen Strukturen. In Tabelle 2 sind die vier Kulturtypen zusammengefasst dargestellt.

Tabelle 1: Das Führungsverhalten beeinflussende Kulturvariablen in den U.S.A. und in Südasien (nach Nanayakkara, Weathersby & Richardson, 1989)

Aspects of Leadership	Cultural Themes	
	Orientations	*Emphasis*
Conceptualization and Visioning		
USA	Future (short run)	Effort and risk
	Optimistic	Tangible results
	Exclusive	Sequencing
	Experiential, inductive	Restlessness
South Asia	Distant time horizons	Relevance of past
	Bounded optimism	Vagueness of futur
	Inclusive	Risk avoiding
	Intuitive, deductive	Effort, luck, and fate
Goal Achievement		
USA	Action orientation	Visibility
	Achievement motivation	Measurability
		Energetic personality
		External definition of self
South Asia	Contemplative orientation	Conformity
	Ascription orientation	Intelligence
		Seniority and respect
		Positional definition of self
Relationship with subordinates		
USA	Individualistic	Individual rights
	Role oriented	Competition
		Informal and direct
		Limited friendship
South Asia	Individualistic	Social and emotional considerations
	Power oriented	Reciprocity
		Extended friendship

Um die Aspekte einer Organisationskultur zu verdeutlichen, ist es notwendig, eine Vielzahl von Fragen zu beantworten. Zum Beispiel: Welcher Grad an Formalisierung ist in einer Organisation notwendig? Wieviel Planung ist sinnvoll und wie weit im Voraus? Wie viel Gehorsam bzw. Initiative wird von Mitarbeitern verlangt? Wer kontrolliert wen? Welcher Wert wird Regeln und Prozeduren beigemessen? (Handy, 1978, S. 404)

Der Organisationskultur-Fragebogen von Handy wurde in den letzten fünf Jahren im Ausbildungszentrum der Deutschen Welle kontinuierlich bei Managern aus

Tabelle 2: Determinanten und Strukturen verschiedener Organisationskulturen nach Handy (1978, S. 404-405)

1. Machtkultur

Determinanten:	Zuschnitt des Systems auf Fähigkeiten und Wertvorstellungen einer kleinen Gruppe (Eliteprinzip), Machtkonzentration, Vernachlässigung demokratischer Prinzipien, Risikofreudigkeit und geringes Sicherheitsbedürfnis, Betonung wettbewerblicher Prinzipien, hohe Aggressions- und Konfliktbereitschaft
Strukturen:	Entscheidungs- und Kontrollzentralisation, ausgeprägte Hierarchien, Betonung der Stab-Linien-Beziehungen, politisch determinierte Entscheidungen, hohe Relevanz informaler Strukturen, geringe Regelungsintensität und Standardisierung zur Sicherung einer hohen Flexibilität

2. Rollenkultur

Determinanten:	Sach- und Systemorientierung der Gestaltung, Betonung von Positionsmacht, Relevanz der Logik und Rationalität, Sicherheitsbedürfnis und Risikoscheu, Bestreben nach Transparenz und Regelmäßigkeit, geringe Bedeutung und Belohnung von Eigeninitiative, wenig Innovationsfähigkeit und -bereitschaft, prozess- und nicht ergebnisorientiertes Denken
Strukturen:	Alle wesentlichen Elemente bürokratischer Organisationen, Befolgung einer Organisation ad rem, hohe Spezialisierung und ausgeprägte Differenzierungsneigung, formale Kommunikations- und Harmonisationsregelungen, Dienstweginteraktionen und Stellenbeschreibungen, (teamorientierte) Stimmrechtsentscheidungen

3. Aufgabenkultur

Determinanten:	Betonung der Systeminteressen, ergebnis- und nicht prozessorientiertes Denken, Betonung von Expertenmacht, hohe personelle Sensitivität zur Umsetzung der systemimmanenten Innovationsfähigkeit und -bereitschaft, umfassende Kollektivorientierung, Toleranz und Kooperationshaltung der Beteiligten, hohes Demokratieverständnis, Betonung der Kreativität und Aktivitätsausrichtung
Strukturen:	Befolgung einer Organisation ad rem, geringe Spezialisierung, Dezentralisationstendenzen, teamorientierte Konsensentscheidungen, schwach ausgeprägte Kontrollintensität, hohe Systemflexibilität

4. Personenkultur

Determinanten:	Zuschnitt des Systems auf Fähigkeiten und Wertvorstellungen einer kleinen, in sich homogenen Gruppe, Systemzweck rein instrumental an die Existenz dieser Personen gekoppelt, individuelle Expertenmacht und Wunsch nach Selbstverwirklichung des/der Systemmittelpunkte, deren Vorstellungen damit kulturprägend sind
Strukturen:	Professionalisierungsgrad und Expertenmacht machen eine organisatorische Strukturierung weitgehend gegenstandslos, weder organisatorische Kontrollmechanismen noch Sanktionsgewalten

der so genannten Dritten Welt verwandt: das Ergebnis für die Zivilverwaltung (*Civil Service*) ist eindeutig die Rollenkultur, in Extremfällen (z. B. Birma) zeigen sich auch ganz klare Machtkulturen. Dazu ein Zitat eines Teilnehmers: „Somebody stands at the top and shouts."

Die große Zahl von Riten, Mythen, Zeremonien, Tabus usw. verdeutlicht, dass die Organisationskultur offensichtlich nicht per se in der Lage ist zu bemerken, wann eine einmal zweckmäßige Größe ihren Anpassungswert verliert (Matenaar, 1983, S. 20).

Soll Organisationsentwicklung im interkulturellen Kontext betrieben werden, kommt der Offenlegung der Normen- und Wertvorstellungen der Beteiligten zentrale Bedeutung zu. Unter anderem führt Schulz-Wimmer (1983) hier die unterschiedlichen Interpretationen zum Begriff „Bürokratie" an. Organisationsentwicklungsvertreter üben Bürokratiekritik. Auf der anderen Seite hat Bürokratie für das Individuum auch positive Funktionen: „Sie gibt eine gewisse Sicherheit vor Übergriffen anderer Stellen, vermittelt Orientierung, erlaubt die Begrenzung des persönlichen Einsatzes in der Organisation und die Konzentration des persönlichen Engagements in möglicherweise befriedigenderen Aktivitäten außerhalb der Organisation" (Kubicek, Leuck & Wächter, 1979, 304f.).

In den meisten so genannten Entwicklungsländern trifft man auf Organisationskulturen (im Sinne von Handy, 1982), die aus einer Reihe sich beeinflussender und überlappender Faktoren (*Sub-Kulturen*) bestehen. Die wichtigsten dieser Faktoren sind:

- die (meist von den ehemaligen Kolonialherren) eingeführte und mehr oder weniger modifizierte Zivilverwaltung (z. B. Indien);
- privatwirtschaftliche und/oder sozialistische Kulturen (sowohl in Betrieben als auch in Behörden);
- traditionelle Organisationsstrukturen, die mehr oder weniger frei sind (oder waren) von westlichen Einflüssen (z. B. Thailand, China);
- religiöse Faktoren, die stark in andere Organisationsformen hineinwirken (z. B. Iran, Pakistan);
- Spezialfaktoren für einzelne Länder, so z. B. das „nomadische Element" in Somalia.

Diese Aufzählung ist natürlich nicht vollständig, mag aber doch auf die Komplexität der sich wechselseitig beeinflussenden Faktoren in Ländern der so genannten Dritten Welt hinweisen. Erschwerend kommt hinzu, dass man es in den allermeisten Fällen mit multirassischen, -linguistischen und -kulturellen Gesellschaften zu tun hat. Man muss sich darüber klar sein, dass (wie auch in „westlichen" Ländern) niemals „reine" Organisationskulturen im Sinne Handys anzutreffen sind. Hinzu kommt noch, dass mit dem zunehmenden Import westlicher Denk- und Produktionsmethoden die Anpassung an westliche Organisationsweisen fortschreitet.

3. Methoden der Organisationsentwicklung im interkulturellen Kontext

... Organisationsentwicklung in der Praxis wird nur durch eine Reihe von methodischen Schritten möglich, nämlich dadurch,

1) daß Menschen eigene Schwierigkeiten als Herausforderung erleben und als gemeinsames Problem erkennen (gemeinsames Problembewußtsein);
2) daß die Menschen durch einen Außenstehenden angeregt und ermutigt werden, diese Probleme aufzugreifen und selbständig zu lösen (Mitwirkung eines Beraters);
3) die Probleme gemeinsam aufgegriffen werden und die Betroffenen an der Erarbeitung von Maßnahmen zur Problemlösung aktiv mitwirken (Beteiligung der Betroffenen);
4) daß ämtliche das Problem bedingenden Faktoren, die sachlichen Ursachen ebenso wie die persönlichen und zwischenmenschlichen Hintergründe und Konflikte, geklärt und bearbeitet werden (Klärung von Sach- und Beziehungsproblemen);
5) daß durch die intensive Auseinandersetzung mit den sachlichen und persönlichen Problemen kreative Fähigkeiten geweckt, neue Erkenntnisse gewonnen und andere Einstellungen und Verhaltensweisen entwickelt werden (erfahrungsorientiertes Lernen);
6) daß dies alles in einem gemeinsamen Prozeß geschieht, der von allen getragen, immer wieder neu reflektiert und kontinuierlich weitergeführt wird (prozeßorientiertes Vorgehen);
7) daß ausdrücklich alle Einflusskomponenten im Systemzusammenhang berücksichtigt und die als wirksam erkannten Kräfte in den Problemlösungsprozeß einbezogen werden (systemumfassendes Denken).

Dadurch werden Entwicklungen möglich, die zu Veränderungen der Verhaltensweisen und der Verhältnisse führen. (Becker & Langosch, 1986, S. 24).

Diese eher abstrakten Voraussetzungen für das Gelingen eines Organisationsentwicklungsprojekts sollen im Folgenden durch einige für jedes OD-Projekt typische Methoden und Aktionen ergänzt werden. Diese sind in ihren Grundzügen in der OD-Literatur (z. B. Bennis, 1969) hinreichend beschrieben. Wir beschränken uns hier auf die Darstellung der Besonderheiten dieser Verfahren im interkulturellen Kontext.

3.1 Interviews und Dokumentenanalyse

Nachfolgend sollen einige wichtige Hinweise zur „Interviewtechnik" in Entwicklungsländern gegeben werden, die sich in der Praxis bewährt haben.

Hat der Berater das Einverständnis des Top-Managements für die geplante Organisationsentwicklungsmaßnahme erhalten, so muss sich der Berater bei den folgenden „Fact Finding Interviews" immer wieder vor Augen halten, dass er sich als Europäer in einer fremden Kultur bewegt. Alle generellen Regeln der externen Beratung müssen in besonderer Weise beachtet werden. Der schnellste Weg zum Misserfolg ist es, Ungeduld oder Enttäuschung zu zeigen. Man sollte möglichst niemals ein Aufnahmegerät benutzen; besser ist es zuzuhören, nur wenige Notizen zu machen und anschließend ein Gedächtnisprotokoll zu verfassen. Es spricht sich in der Organisation wie ein Lauffeuer herum, dass eine „Weißnase" unbequeme Fragen stellen will. Wer dann in der Rolle des „Ausfragers" auftritt, hat schon verspielt. Während des Interviews sollte der Interviewer keine direkten Fragen stellen, die implizit auf Negativa hinweisen. Dies könnte der Interviewpartner als Gesichtsverlust empfinden. Es ist angebrachter, durch offene Fragen dem Partner die Chance zu geben, selbst auf Probleme hinzuweisen. Damit ist die Analyse von Problemen im Interview viel mehr ein kreisförmiger, sich hintastender Prozess als eine lineare Abfrage. Die zirkuläre Interviewtechnik aus dem Bereich der Familientherapie eignet sich dabei besonders gut (vgl. Simon & Rech-Simon, 1999).

Als wichtigster Ansatz neben der *nondirektiven Gesprächsführung* ließe sich auch das *aktive Zuhören* nennen (vgl. Holzheu, 1985), ein Zuhören, das die ganze Bandbreite (inter-) kultureller Signale permanent abzutasten gewährleistet.

Das Zusammentragen von Dokumenten, d. h. von Unterlagen, Memos, internen und externen Berichten u. Ä., kann, je nach Bereitwilligkeit und Ablagesystem, zur Sisyphusarbeit werden. Auch muss sich der Berater, wie auch bei der Interviewsituation, immer vor Augen halten, dass ein gewisser kultureller „Schleier" wichtige Informationen verhüllen kann: Wie viel soll der Berater wirklich mitbekommen? Wo liegen (kulturelle) Tabus? Was ist streng intern?

Gewiss sind Verschleierungstaktiken für jeden OD-Berater im eigenen kulturellen Kontext täglich Brot – doch ist er sich hier viel eher im Klaren darüber, was verschleiert werden soll und warum. Bei dem unten dargestellten Projekt wurde von der Organisation (genauer: von der rechten Hand des Vorsitzenden) ein wichtiger Bericht, der von der Regierung verfasst worden war, dem Berater vorenthalten. Es bedurfte einiger Telefonate, um vom Autor des Berichts ein Exemplar zu erhalten. Den Bericht lässig unter den Arm geklemmt und das Büro des „Verweigerers" zu betreten, war eines. Danach gab es keine Probleme dieser Art mehr. Derartige Interventionen müssen allerdings stimmig sein und lassen nicht in jeder Kultur auf Erfolg hoffen, sondern können in anderen (Organisations-) Kulturen nachgerade kontraindiziert sein.

3.2 Verhandlungen und Kommunikation

Auf Probleme interkultureller Verhandlungsführung haben z. B. Harris und Moran (1987) sowie Adler (1986) hingewiesen und einige Strategien dargelegt (vgl. auch den Beitrag von Kopper im vorliegenden Band). Eigene Erfahrungen in Korea mögen zur Illustration dienen:

Zur Vorbereitung eines Workshops war ein Berater einige Tage vor seinen Kollegen nach Korea gereist, um eventuell anstehende organisatorische Probleme aus dem Weg zu räumen. Bei der ersten Besprechung sah sich der Berater etwa zehn Gesprächspartnern gegenüber, gerechnet hatte er mit zwei bis drei. Der Entscheidungsbefugte saß ihm nicht gegenüber, sondern am anderen Ende und kommentierte die ihn erreichenden, ins Koreanische übersetzten Diskussionsteile mit knappen zustimmenden oder ablehnenden Entscheidungen. Dem Berater wurde eindrucksvoll klar gemacht, dass er es hier mit einer völlig unerwarteten Entscheidungsprozedur zu tun hatte. Bei der eigentlichen Durchführung des Projekts war dem Berater ein junger Mitarbeiter des Instituts, an dem der Workshop stattfand, als ständiger Koordinator zugeteilt worden. Zwei Versuche, Termine, die sich aus Sicht des Beraters problemlos hätten verschieben lassen, um eine Stunde vorzuverlegen, scheiterten am hartnäckigen Verhandlungsstil des Koordinators. Zur großen Überraschung des Beraters ließ sich der Koordinator später doch noch eine Terminverschiebung abtrotzen, allerdings nur zehn Minuten.

Kommunikationsstrukturen haben sich – naturgemäß – in jedem Kulturkreis anders herausgebildet. In Somalia zum Beispiel, einem Land, das über Jahrhunderte auf gesprochene Sprache angewiesen war und in dem erst seit wenigen Jahrzehnten Schrift benutzt wird, muss die Tradition des gesprochenen Wortes – auch heute noch – eine besondere Bedeutung besitzen. Die sich in Somalia früher abspielenden „Wortschlachten" zwischen berühmten Dichtern, die sich über Jahre hinziehen konnten, lassen sich heute noch im „Kleinen" beobachten: so ist es nicht unüblich, dass auch Ausländern wie aus der Pistole abgefeuerte Fragen gestellt werden, die durchaus scharf und ironisch sein können. Wehrt man als ausländischer Berater diese rhetorischen Fechthiebe erfolgreich ab und hat die Lacher auf seiner Seite, ist man wieder ein Stückchen mehr akzeptiert. In somalischen Organisationen lässt sich beobachten, dass, quasi „en passant", Rede auf Gegenrede prallt und dies meist mit schallendem Gelächter der Umstehenden quittiert wird.

Allan (1985) zitiert dazu ein Beispiel aus der Kolonialzeit:

> The Somalis were experts at making you lose your temper. They had the most wonderful methods and unless you were very careful before long you were hopping up and down with rage. They would make you lose your temper by leaning back and laughing at you when you were speaking, meaning that what you were saying was so ridiculous, so beyond the credence of a reasonable man, that it was meant to be a joke. And if you could possibly never get cross you'd won an enormous victory. (S. 120)

Zum Sprachlichen lässt sich in unserem Zusammenhang nur fast Banales äußern: Je perfekter man z. B. die Sprache der ehemaligen Kolonialherren (also etwa British English) beherrscht, umso eher wird man akzeptiert, da Behörden- und Handelssprache in vielen Fällen (im anglophonen Afrika) noch immer die ehemalige Kolonialsprache ist. Ist die Landessprache das vorherrschende Medium, wird die Arbeit im Organisationsentwicklungsbereich schon fast unmöglich gemacht, außer – natürlich – man spricht die Landessprache.

4. Projektdefinition und -planung

Auf die Analysephase folgt bei uns ein in der Regel dreitägiger Workshop, bei dem Probleme und Ziele der Organisation und des Projekts analysiert werden und gemeinsam ein Projektrahmen abgesteckt wird. Im ersten Schritt geht es um die Problemdefinition. Mithilfe bekannter Metaplan-Methoden wird ein „Zentralproblem" herausgearbeitet, das dann zum Grundstein eines zu erstellenden „Problembaumes" wird. In strenger Ursache-Wirkung-Relation wird das Zentralproblem umrissen, d. h. man geht vertikal vor und kommt vom „Kleinen" zum „Großen".

Auch die horizontale Anordnung muss bedacht werden, indem man sich von der untersten Ebene bis zur Makroebene (oft die nationale Ebene) emporarbeitet.

Bei (fast) allen Problemanalysen in der Dritten Welt tauchen eine Reihe von „Zentralmotiven" mit tödlicher Sicherheit immer wieder auf. Und „tödlich" ist hier ganz wörtlich gemeint: lassen sich diese vermeintlich unüberwindbaren Faktoren nicht aufschlüsseln, zeichnen sich keinerlei Möglichkeiten ab, auf realistische Weise Lösungen anzugehen, so ist das Projekt beinahe „gestorben". Folgende „Killer-Probleme" treten am häufigsten auf:

- die finanziellen Mittel sind unzureichend
- es stehen keine qualifizierten Mitarbeiter zur Verfügung
- das Projekt ist politisch nicht durchsetzbar
- es existiert eine übermäßige Bürokratie („Red Tape")
- es herrscht Nepotismus
- es erfolgt keine Unterstützung durch das Management
- die Zielsituation ist unklar
- die benötigte Infrastruktur ist mangelhaft.

Nach der Erstellung des „Problembaums" ist der nächste Schritt die Ableitung des „Zielbaums". Aus einer negativen Problemhierarchie wird eine positive Zielhierarchie. Ist der Berater nicht äußerst realistisch und kritisch (oder hat er schon bei der Formulierung des Problembaums zu viele Kompromisse gemacht), kann die dann folgende Projektplanung nur von falschen Annahmen ausgehen.

In Ländern der Dritten Welt stößt dieses Vorgehen oft auf große Begeisterung: Der partizipatorische und demokratische Ansatz wird erlebt und verstanden. Als Faustregel kann fast gelten: je autoritärer das allgemeine politische und soziale Umfeld, desto begieriger wird die Ventilfunktion der Metaplan-Methode genutzt.

Vonseiten des Moderators wird allerdings eine subtile Gratwanderung verlangt. Häufig kommt es zu gruppendynamischen Problemen, die teilweise sogar die Verweigerung der Teilnehmer zur Folge haben.

Die so genannte Projektplanungsübersicht, die normalerweise am Ende des Workshops steht, versucht geplante Projektschritte („if input, then output") gegen ein Raster von Indikatoren und Annahmen zu testen und einen Zeitrahmen aufzustellen. Hier können sich interkulturelle Schwierigkeiten einstellen, da der streng lineare Charakter dieser Planungsübersicht und die oft weiten Zeiträume sich häufig mit dem Zeitverständnis der jeweiligen Kultur nicht in Einklang bringen lassen. Stoßen die Schritte „Problemanalyse" (Vergangenheit) und „Zielanalyse" (nähere Zukunft) bei den Teilnehmern noch meistens auf großes Interesse, so zeigt sich dagegen bei der Projektplanung und dem dazugehörigen Zeitrahmen, der häufig einige Jahre umfasst, ein Spannungsverhältnis. Zitat eines Teilnehmers: „This is not so interesting; we are doing this planning for your convenience, not for us."

Wendorff (1985) beschreibt in seinem Buch „Zeit und Kultur" die in vielen Entwicklungsländern vorherrschenden Zeitempfindungen im Unterschied zum europäischen, linear geprägten Zeitempfinden:

... [ein] engbegrenzter Horizont in Richtung Zukunft und Vergangenheit; fast keine linearen Zeitvorstellungen, statt dessen rhythmische und zyklische Erlebnis- und Denkweisen, Wiederholungen mit dem Grundtenor: eigentlich bleibt alles immer dasselbe; keine Vorstellung und Wertung einer auf kontinuierlichem Wege durch eigene Kraft gestaltbaren Zukunft in nähere oder gar mittlere Dimensionen hinein: wenn Zukunft mit positivem Charakter kommt, dann plötzlich von oben oder von außen; vorwiegende Zeitgleichgültigkeit, wenig und höchstens religiöse Reflexion über Zeit; gliedernde Zeitmessung ist ungenau und spielt keine wesentliche Rolle, entsprechend gibt es wenig präzise und eingehaltene Zeiteinteilung und Pünktlichkeit; es fehlt die disziplinierte, stetige Überbrückung von fixen Zeitstrecken, das vorübergehende Verzichten- und Wartenkönnen bis zur Erreichung eines gesetzten oder gar selbstgesetzten Zieles in der Zeit .... (S. 633)

Wendorff (1985, S. 634) beklagt unter anderem, dass es keine systematische interkulturelle Erforschung dieses höchst interessanten Komplexes gibt und zeigt gleichzeitig ein interkulturelles Dilemma auf: „Zu schweren Missverständnissen führt der in Entwicklungsländern von Angehörigen der westlichen Kultur beobachtete Mangel an Zeitsinn, der 'verantwortungslose', verschwenderische Umgang mit der Zeit, die Unpünktlichkeit, das ohne präzise Gliederung 'in den Tag hineinleben' ... "

Der afrikanische Theologe Mbiti (1970) bemerkt dazu Folgendes:

The question of time is of little or no academic concern to African peoples in their traditional life. For them, time is simply a composition of events which have occured, those which are taking place now and those which are immediately to occur. What has not taken place or what has no likelihood of an immediate occurence falls in the category of „no-time" ... time is a two-dimensional phenomenon, with a long past, a present and virtually no future ... (S. 21)

Aber auch in asiatischen Ländern lassen sich solche Phänomene – über die wohl jeder berichten kann, der schon einmal in Ländern der Dritten Welt gearbeitet hat – beobachten. In Pakistan z. B. ist es durchaus üblich, auf die Frage nach dem Zeitpunkt einer geplanten Verabredung die Gegenfrage gestellt zu bekommen: „European or Pakistani time?".

Eine Anekdote, die Europäern gerne in Pakistan erzählt wird, mag als Abrundung dienen: Auf einem gottverlassenen Bahnhof im tiefsten Belutschistan beobachtet der Bahnhofsvorsteher seit Jahrzehnten, dass der einmal täglich erwartete Zug immer um viele Stunden zu spät kommt. Eines Tages ist er pünktlich: auf die Sekunde genau 23.11 Uhr. Völlig erschüttert eilt der Bahnhofsvorsteher zum Zugführer, um diesen über das Ereignis auszufragen. Die Antwort: „Wir sind nicht pünktlich, wir sind genau 24 Stunden verspätet!"

5. Projektdurchführung: ein Beispiel aus Melanesien

Bei dem Projekt, das wir hier skizzieren, handelte es sich um die Überprüfung des Ausbildungsmanagements der Personal- und Trainingsabteilung einer staatlichen Behörde dieses anglophonen Entwicklungslandes. Die Regierung des Landes hatte einen Antrag auf materielle und personelle Hilfe (Beratung/Training) für den Ausbau dieser Abteilung gestellt.

Dieses Land stellt eine besondere interkulturelle Herausforderung dar: über 750 Sprachen weisen auf die ethnische Vielfalt des knapp drei Millionen Einwohner zählenden Landes hin. Hauptverkehrssprachen sind Pidgin (Tok Pisin), Motu und Englisch. Viele Orte des Landes sind nur mit dem Flugzeug zu erreichen, selbst die Hauptstadt ist nicht mit Straßen an andere Städte des Landes angeschlossen. Obwohl die Abstammung alle Bürger verbindet, existieren doch große kulturelle Unterschiede und Besonderheiten z. B. zwischen „Highlanders" aus den zentralen Hochländern, Tolais aus dem Norden und der motusprachigen Bevölkerung aus dem Süden des Landes. Durch die reichen Mineralvorkommen hat das Land ein relativ hohes Pro-Kopf-Einkommen (750 $ US), Lohn- und Preisniveau sind ebenfalls sehr hoch.

Auf zwei kulturelle Besonderheiten muss besonders hingewiesen werden: das *Wantok-System* und der *Cargo-Kult*. Als „Wantok" (von: „one talk") wird ein Angehöriger der eigenen linguistischen Gruppe bezeichnet, oft handelt es sich um Personen aus demselben Dorf. Die Auswirkungen dieses Systems (eine Art sprachlicher Nepotismus) liegen, z. B. bei Personalentscheidungen, d. h. Einstellungsfragen, auf der Hand. Auf der anderen Seite erfüllt das Wantok-System wichtige soziale Funktionen, da sich die Mitglieder derselben Gruppe wie Familienangehörige fühlen und sich auch materiell unterstützen.

Der Cargo-Kult entstand Ende des 19. Jahrhunderts und erlebte seinen Höhepunkt während des Zweiten Weltkrieges. Auch in diesem Land wurde gekämpft. Stark vereinfachend lässt sich sagen, dass die Einwohner davon ausgehen, dass ihre Verstorbenen im Jenseits eine gewisse „materielle Sorgepflicht" für die Hinterbliebenen übernehmen. Lieferungen der Kriegsteilnehmer (z. B. Abwürfe per Fallschirm) wurden als rechtmäßiges Eigentum angesehen, da die Waren offensichtlich von den verstorbenen Vorfahren waren. Eine Vorstellung davon, wie und wo diese Waren hergestellt worden waren (jenseits des Meeres!) war nicht vorhanden. Die damaligen Kolonialherren und die Alliierten, aber auch die Kriegsgegner enthielten – in den Augen der einheimischen Bevölkerung – den Einwohnern zustehende Güter (Cargo) vor. Dies führte zu Unruhen, die teilweise mit Waffengewalt bekämpft wurden. Interessanterweise kam es in den letzten Jahren zu einer Wiederbelebung des Cargo-Kultes.

Das Projekt umfasste folgende Schritte:

1. Organisationsanalyse (Interviews, Befragung zur Organisationskultur, Dokumentenanalyse)
2. Projektdefinition und zielorientierte Projektplanung
3. Diagnose der allgemeinen Rahmenbedingungen
4. Festlegung des Zeitrahmens.

Die Organisationskultur wurde mithilfe des Fragebogens von Handy (1982, S. 205-210) untersucht. Sie stellte sich danach als eine typische „Rollenkultur" oder auch „Bureaucratic Culture" nach Harris und Moran (1987, S. 198-199) dar. Der Fragebogen erscheint uns, obwohl er in einer westlichen Industrienation entwickelt wurde, als relativ gut geeignet für den Einsatz in Ländern der Dritten Welt.

Grundlage der Phase „Projektdefinition" bildete ein vierwöchiges Trainings- und Beratungsseminar, in dem den Mitarbeitern der Personal- und Trainingsabteilung die Grundlagen der Organisations- und Personalentwicklung an die Hand gegeben werden sollten.

In drei Arbeitsgruppen wurden zu verschiedenen Themen den örtlichen organisatorischen Gegebenheiten angepasste Instrumente entwickelt. Zum Abschluss der Beratung stellten die Teilnehmer des Workshops dem Management der Organisation die von ihnen entwickelten Strategien und Instrumente vor, und man kam überein, diese Instrumente zum Besten der Organisation einzuführen. Einer der wichtigsten Manager erklärte sich bereit, in seinem Bereich sofort mit der Umsetzung der vorgeschlagenen Änderungen zu beginnen.

Die Berater erfuhren etwa drei Monate später, dass diese OD-Instrumente vom nationalen Parlament verabschiedet worden waren und in der dargestellten Organisation zur Anwendung gelangen sollten.

Etwa ein Jahr später zeichnete sich folgendes Bild ab:

1. Die Umsetzung der geplanten Aktivitäten war teilweise durch permanenten „Bildungstourismus" wichtiger Führungskräfte zum Stillstand gekommen.

2. Der zuständige Abteilungsleiter, der quasi als „Motor" das Projekt vorangetrieben hatte, war befördert worden. Die Abteilung war kaum in der Lage, sich auf diese neue Situation einzustellen.
3. Aus politischen und wirtschaftlichen Gründen war der betreffenden Organisation das Budget- und Personalvolumen drastisch gekürzt worden. An eine systematische Weiterführung der begonnenen Organisationsentwicklungsarbeit war so nicht zu denken.
4. Der zuständige Minister, der das Projekt unterstützt hatte, war bei Unruhen ermordet worden.

5. Schlussbemerkung

Solche, teils drastischen Vorfälle sind bei Organisationsentwicklungsprojekten in vertrauten westlichen Kulturen nicht zu erwarten. Der interkulturell arbeitende OD-Berater ist gefordert, sich einer solchen Situation zu stellen und das begonnene Projekt nicht einfach abzubrechen oder, was vielleicht noch schlimmer wäre, sich auf rein fachliche oder technische Unterstützung zurückzuziehen. Vielmehr müsste eine neuerliche Situationsanalyse auf die veränderten organisatorischen Gegebenheiten eingehen und das Projekt mithilfe einer zweiten Beratungsschleife wieder belebt werden.

Literatur

Adler, N. (1983). Organizational development in a multicultural environment. Journal of Applied Behavioral Science 19, 349-365.
Adler, N. (1986). International dimensions of organizational behavior. Boston: Kent Publishing.
Allan, C. (1985). Tales from the dark continent. London: Futura Publication.
Becker, H., Langosch, I. (1986). Produktivität und Menschlichkeit. Stuttgart: Enke.
Bennis, W. G. (1969). Organization development: Its nature, origins, and prospects. Reading, Mass.: Addison-Wesley.
Faucheux, C., Amado, G., Laurent, A. (1982). Organizational development and change. Annual Review of Psychology 33, 343-370.
Gesellschaft für Organisationsentwicklung (GOE) e. V. (1980). Leitbild und Grundsätze der GOE. Langenfeld.
Handy, C. (1978). Zur Entwicklung der Organisationskultur einer Unternehmung durch Management-Development-Methoden. Zeitschrift für Organisation 7, 404-410.
Handy, C. (1982). Understanding organizations. Harmondsworth: Penguin Books.
Harris, P. R., Moran, R. T. (1987). Managing cultural differences. Houston: Gulf Publishing.
Hofstede, G. (1980). Culture's consequences – international differences in work-related values. Beverly Hills: Sage.

Holzheu, H. (1985). Aktiv zuhören – besser verkaufen. Landsberg: Moderne Industrie.
Kubicek, H., Leuck, H. G., Wächter, H. (1979). Organisationsentwicklung: Entwicklungsbedürftig und entwicklungsfähig. Gruppendynamik 6, 297-318.
Matenaar, D. (1983). Vorwelt und Organisationskultur. Zeitschrift für Organisation 12, 19-27.
Mbiti, J. S. (1970). African religions and philosophies. New York: Anchor Books.
Nanayakkara, G., Weathersby, R., Richardson, M. (1989). Culturally synergistic alternatives in organizational leadership: A fit between North America and South Asia. Paper presented at the 15th SIETAR conference, Boston, MA.
Schulz-Wimmer, H. (1983). Organisationsentwicklung – Grenzen und Möglichkeiten einer wissenschaftlichen Methode. Harvard Manager 2, 32-41.
Sievers, B., Trebesch, K. (1980). Bessere Arbeit durch OE: Offenheit und Effizienz. Psychologie Heute 6, 49-56.
Simon, F. B., Rech-Simon, C. (1999). Zirkuläres Fragen. Systemische Therapie in Fallbeispielen. Ein Lernbuch. Heidelberg: Auer.
Trebesch, K. (1982). 50 Definitionen der Organisationsentwicklung – und kein Ende. Zeitschrift für Organisation 11, 37-62.
Weinert, A. B. (1981). Lehrbuch der Organisationspsychologie. München: Urban & Schwarzenberg.
Wendorff, R. (1985). Zeit und Kultur. Opladen: Westdeutscher Verlag.

18

Managementstil und Netzwerkbeziehungen in Japan: Kulturelle Besonderheiten und historische Hintergründe

Stefan Müller und Katrin Hoffmann

Deutschland und Japan, so unterschiedlich sie uns erscheinen mögen und es zweifelsohne auch sind, haben aus ökonomischer Sicht vieles gemeinsam. Beide Verlierer des Zweiten Weltkrieges, konnten sie in einem beispiellosen Aufholprozess („Wirtschaftswunder") in einer unvermutet knappen Zeitspanne zu den einstmaligen Siegermächten aufschließen und diese sogar auf vielen Leistungsebenen überholen. Nach der Währungsreform startete die deutsche Wirtschaft von einer Basis, die kaum 40 Prozent des amerikanischen Niveaus ausmachte und die Japan erst 15 Jahre später erreichen sollte (vgl. Abb. 1).

Mittlerweile sehen sich die beiden einstmaligen „Achsenmächte" wieder mit der gleichen Herausforderung konfrontiert. Das deutsche wie das japanische „Wunder" wurden mit einer schnell wachsenden Staatsverschuldung und Überregulierung bezahlt, und die in beiden Ländern stark alternde Bevölkerung belastet die Sozialversicherungssysteme in einer nicht länger finanzierbaren Weise. Insbesondere verliert die traditionelle industrielle Basis, der beide Wirtschaftsmächte ihre Prosperität verdanken, angesichts Globalisierung, Übergang zur Dienstleistungsgesellschaft und anderen Facetten des weltweiten Strukturwandels an Bedeutung (vgl. Lichtblau & Waldenberger, 1997). Gerade die Hochlohnstandorte Deutschland und Japan, bzw. ihre Arbeits- und Industrieorganisation, sind in dieser Wirtschaftssituation einem gewaltigen Anpassungsdruck ausgesetzt (vgl. Müller & Kornmeier, 2000). Wir wollen deshalb im Folgenden u.a. der Frage nachgehen, in welchem Maße die japanischen Werte – und die aus ihnen hervorgegangenen Institutionen und Praktiken – eine „Kultur des Wandels" begünstigen oder erschweren (vgl. hierzu auch Müller & Kornmeier, 2001).

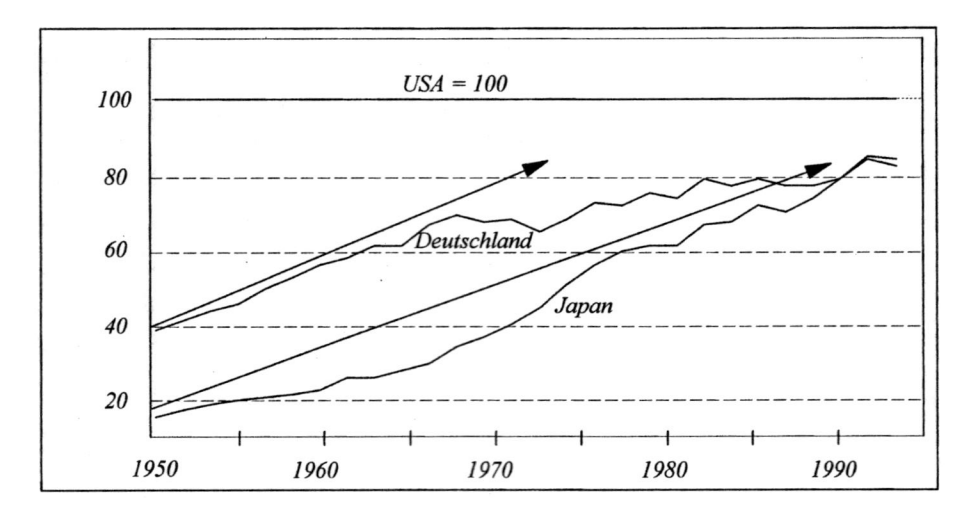

Abbildung 1: Entwicklung der deutschen und japanischen Wirtschaft im Vergleich zu den USA (in Prozent; nach Gries, 1998, S. 58)

1. Das japanische Kulturprofil

Japan ist unter speziellen kulturellen Rahmenbedingungen international wettbewerbsfähig, häufig genug sogar überlegen geworden. Dies macht den Reiz – und die Gefahr – des „Beispiels Japan" aus; denn wie die (zumeist unkritische) Diskussion der „japanischen Herausforderung" in den frühen Achtzigerjahren gezeigt hat, lässt sich ex post für fast alles eine Erklärung finden (vgl. Müller, 1983). Dank des Prinzips der selektiven Wahrnehmung können beispielsweise die einen „guten Gewissens" den sozialen Konsens für das Erstarken der japanischen Wirtschaft verantwortlich machen und die anderen Leistungsbereitschaft und Arbeitsmoral (ausgedrückt durch Arbeits- und Fehlzeiten, Urlaubstage etc.). Die Erklärungen sagen aber letztlich mehr über die Erklärenden aus als über das zu Erklärende; denn es sind deren Erklärungsmodelle, Menschenbilder etc., welche Schliff und Auflösungsvermögen des für die Selektivität verantwortlichen Wahrnehmungsfilters besorgen.

Der angemahnte Wandel (von Institutionen, Organisationsprinzipien) setzt nicht zuletzt Wertewandel voraus – bzw. muss von diesem begleitet und unterstützt werden. Die in einem Land gültigen (Mainstream-)Werte, Normen, Symbole etc. wurzeln in dessen Kultur. Von den unzähligen Definitionen und Versuchen, Kultur zu operationalisieren, hat fraglos Hofstedes (1991, 1983, 1980) Konzept weltweit die größte Bedeutung erlangt. Sein Ansatz beruht auf einer ungewöhnlich breiten empirischen Erhebung. Dabei extrahierte er fünf Kulturdimensionen und bezeichnete sie als „mentale Programmierung" der Bevölkerung einer geographisch und politisch abgrenzbaren Region. Sie korrelieren signifikant mit geographischen, ökonomischen und demographischen Faktoren (vgl. Müller & Kornmeier, 2000).

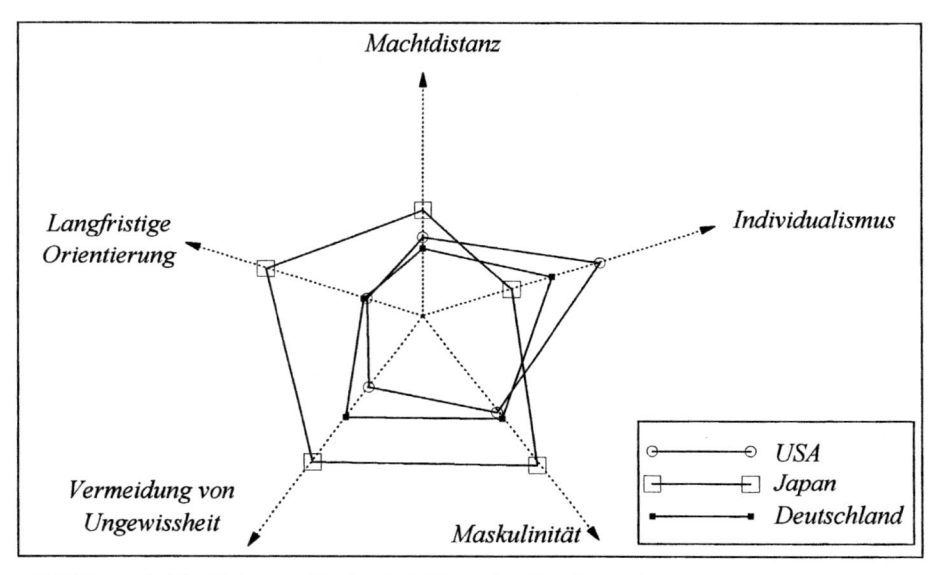

Abbildung 2: Die Kulturprofile der drei führenden Handelsnationen

Dimension 1: Individualismus versus Kollektivismus
Länder, in denen Menschen leben, die ein hohes Maß an persönlicher Selbstbestimmung und Entscheidungsfreiheit für erstrebenswert halten, werden als individualistisch bezeichnet. Davon abzugrenzen sind die kollektivistischen Kulturen, deren Subjekte sich als Mitglieder einer Gruppe fühlen und großen Wert auf Gemeinschaftssinn und tragfähige soziale Beziehungen legen. Zu diesen zählt u.a. Japan, welches, gemessen an den USA und Deutschland, eine geringe individualistische Orientierung aufweist (vgl. Abb. 2). Nach Hofstede (1991) können kollektivistische Kulturen wie folgt beschrieben werden:

- Menschen werden in Großfamilien oder Gruppen „hineingeboren", von denen sie im Verlauf ihres gesamten Lebens Schutz erwarten können, allerdings im Austausch mit ihrer unbedingten Loyalität.
- Die Vorstellung von der Gleichheit der Menschen dominiert die Idee der individuellen Freiheit.
- Die Identität des Einzelnen definiert sich über die Zugehörigkeit zu einer Gruppe.
- Harmonie und Konsens sind oberste Ziele in Austauschbeziehungen, Konfrontation ist in jedem Fall zu vermeiden.

Aus diesen übergeordneten Wertvorstellungen lassen sich für die Wirtschaftsakteure grundsätzliche Handlungsregeln ableiten. Der (protektionistische) Staat übernimmt eine tragende Rolle in der Ökonomie des Landes, indem er seine Wirtschaftspolitik primär an den Interessen der Gemeinschaft und weniger an denen von Individuen ausrichtet. Die Beziehungen zwischen den Arbeitgebern und Arbeitnehmern sind durch wechselseitige moralische Ansprüche gekennzeichnet; ihr Charakter ist familiärer Art. Dadurch ist dem Management die Aufgabe gestellt, eine Gruppe zu „betreuen" und nicht im Sinne von „Leadership" anzuleiten und zu kontrollieren.

Dimension 2: Machtdistanz
Diese Dimension beschreibt das Ausmaß, in dem die Mitglieder einer Gesellschaft bestehende Ungleichgewichte hinsichtlich Prestige, Wohlstand bzw. Macht tolerieren. Hierarchische Strukturen und die daraus hervorgehenden innerorganisatorischen Beziehungen reflektieren Machtdistanz. Die japanische Kultur akzeptiert zumindest im Vergleich zu den USA und Deutschland ein größeres Ungleichgewicht. Betrachtet man jedoch andere asiatische Länder, so ist Japan demgegenüber eher „intolerant" gegenüber ausgeprägten sozialen Unterschieden. Deshalb scheinen japanische Manager verglichen mit westlichen Führungskräften eher autokratisch, und die Organisationskultur sowie die Entscheidungsfindung neigen zu Zentralisation.

Dimension 3: Vermeidung von Ungewissheit
Wenn Unternehmen strategische Planung und Entscheidungsfindung unter Unsicherheit betreiben, so dient das demselben Zweck, den Gesetze, Normen, Tabus oder religiöse Vorschriften für eine Gesellschaft erfüllen: die Ungewissheit über die Zukunft zu reduzieren (vgl. Hahn, 1990; Tressin, 1993). In Hofstedes Untersuchung erzielten amerikanische Manager einen geringen, deutsche einen mittleren und japanische einen hohen „Uncertainty-Avoidance-Wert". Dieser gibt an, inwieweit sich die Mitglieder einer Kultur in unstrukturierten, d.h. neuartigen, unbekannten Situationen wohl oder unwohl fühlen. So betrachten Hansen u. a. (1983, S. 81ff.) die Bevorzugung kurzfristiger Unternehmensziele in den USA und die Präferenz der Japaner für langfristige Vorgaben als Ausdruck des jeweiligen Sicherheitsbedürfnisses.

In den Achtzigerjahren, als insbesondere die amerikanische Verarbeitende Industrie eine schwere Krise durchlief, während die japanischen Konkurrenten prosperierten, lag es nahe, den Erfolg der einen und den Misserfolg der anderen Seite mit der Lang- bzw. Kurzfristorientierung der Unternehmensführung zu begründen. Dass diese Erklärung jedoch zu kurz greift, zeigt u.a. die heutige Wirtschaftssituation in diesen beiden Staaten (vgl. Abb. 3). Demnach verspricht (derzeit!) die Ausrichtung auf kurzfristige Ziele mehr Erfolg.

Deutsche und japanische Organisationsforscher haben unterschiedliche Erklärungsmodelle entwickelt. Nach Nonaka und Johansson (1985) liegt die eigentliche Stärke ihrer Landsleute in deren kognitiven Fähigkeiten begründet, d.h. in deren Informations- und Entscheidungsverhalten sowie der damit verbundenen Akzeptanz von Unsicherheit, und nicht, wie ihre westlichen Kollegen meinen, in den von der Theorie Z beschriebenen sozialen Eigenschaften (Konformität, Vertrauensverhältnis). Der allgemein akzeptierten Rollenverteilung zwischen japanischen Managern der vor- und nachgeordneten Ebene sind die Vorgesetzten gehalten, Unsicherheit durch die Vorgabe mehrdeutiger Ziele und die Preisgabe einer Flut von Informationen zu provozieren (vgl. auch Shimizu, 1990). Aufgabe der untergeordneten Manager sei es dann, den organisationalen Lernprozess zu intensivieren, um diese Informationen zu bündeln und zu bewerten und somit die vom Topmanagement erzeugte Unsicherheit zu reduzieren (vgl. Sullivan & Nonaka, 1986). Auch Lücke (1988) erinnert daran, dass japanische Manager die mit einer Vielzahl und Vielschichtigkeit von Planungsdaten verbundene Ambiguität der Entscheidungssituation prinzipiell akzeptieren.

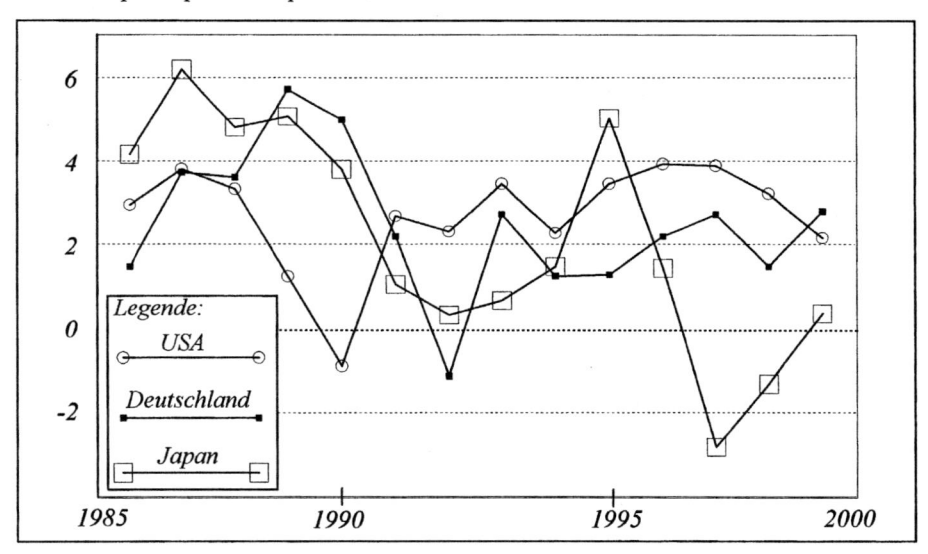

Abbildung 3: Entwicklung des BIP in Japan, Deutschland und den USA (in Prozent; Quelle: International Monetary Fund 1999)

Dimension 4: Maskuline versus feminine Orientierung
Damit ist die Dualität der Geschlechterbeziehung gemeint. Maskuline Gesellschaften zeichnen sich dadurch aus, dass die sozialen Rollen zwischen Mann und Frau klar verteilt sind, während sie in femininen Kulturen überlappen können. Japan erreichte in Hofstedes Untersuchung den höchsten Maskulinitäts-Wert, was besagt, dass dort unbedingte Leistungsbereitschaft, Karrierestreben und Entschlossenheit wichtige Werte verkörpern. Ökonomisch relevante Verhaltensweisen sind geprägt von der Vorstellung, dass

- der Mensch lebt, um zu arbeiten,
- eine Gesellschaft idealerweise eine Leistungsgesellschaft ist und dadurch wirtschaftliches Wachstum höchste Priorität hat,

- am Arbeitsplatz Gerechtigkeit, Wettbewerb unter Kollegen und das Leistungsprinzip vorherrschen und
- Manager sich durch entschlossenes und bestimmtes Verhalten auszeichnen.

Dimension 5: Langfristige versus kurzfristige Orientierung
Diese fünfte, nachträglich identifizierte Kulturdimension weist Beziehungen zu „Vermeidung von Unsicherheit" auf, die bislang aber noch nicht hinreichend erforscht sind: Langfristige Orientierung, die Japan zugeschrieben wird, kommt durch Fleiß und Ausdauer zum Ausdruck. Traditionsbewusstsein, Bereitschaft zur Erfüllung sozialer Verpflichtungen und „Wahrung des Gesichts" sind hingegen für die kurzfristige Orientierung charakteristisch.

2. „Japanisches Management": Entwicklungsphasen und sozio-kultureller Hintergrund

Wie äußern sich die abstrakten Kulturdimensionen in der japanischen Gesellschaft konkret? Konfuzianismus, Buddhismus und Schintoismus bilden die Basis für die japanische Philosophie, die Wertvorstellungen und das Verhalten der Menschen. Entsprechend gehören das Wohlbefinden der Gruppe und die persönliche Freiheit im Rahmen der Gruppenharmonie zu den Grundwerten Nippons. Arbeit gilt als wichtigstes Charakteristikum des Zen-Buddhismus: Arbeit als individuelle Pflicht, aber vor allem auch zum Wohle der Gesellschaft. Daher dient z. B. eine erfolgreiche Unternehmensführung der japanischen Kultur an sich (vgl. Schneidewind, 1991, S. 255).

2.1 Entwicklungsphasen des „japanischen Managements"

(1) Bis zum Ende des Zweiten Weltkrieges basierte die japanische Unternehmensführung auf den traditionellen Werten (Tennotum und Patriotismus), die Militärhistoriker von den Streitkräften auf die Wirtschaft übertragen hatten. Eswein (1988) begründete die Merkmale dieser Philosophie (feudalistisch-zentralistisches Liniensystem, lebenslange Beschäftigung, Senioritätsprinzip und Sozialpolitik auf Unternehmensebene) geschichtlich. Die erst 1867 zu Ende gegangene Feudalzeit habe im Verein mit der äußerst schlechten wirtschaftlichen Situation zwischen den beiden Weltkriegen für eine enge Bindung der Arbeitnehmer an „ihr" Unternehmen gesorgt.

(2) Als „japanisches Management" gilt im Westen gewöhnlich der Primat des Gruppenprinzips, das viele Elemente des traditionellen Ansatzes enthält (z. B. Senioritätsprinzip), aber dem Unternehmen eine dominante Position einräumt. Mit ihm und nicht mit seiner Arbeit oder beruflichen Funktion soll sich der Mitarbeiter identifizieren. Diesem Ziel dienen u.a.

- die Entwicklung einer eigenen Unternehmenskultur bis hin zur Verbreitung einer eigenen Betriebsideologie, die partiell die für alle verbindlichen „alten Werte" der Vor- und Zwischenkriegszeit verdrängen kann,
- die lebenslange Beschäftigung,
- die Erziehung der Mitarbeiter zu Loyalität, sowie
- umfangreiche unternehmensgebundene Sozialleistungen.

(3) Der durch die Ölkrisen der Siebziger- und den Konjunktureinbruch der späten Neunzigerjahre auch in der japanischen Wirtschaft ausgelöste Strukturwandel hat die Grenzen einer am Gruppenprinzip ausgerichteten Unternehmensführung aufgezeigt. So setzen die lebenslange Beschäftigung und das Senioritätsprinzip eine ständig expandierende Wirtschaft voraus. Deshalb und unter dem Eindruck sozialer Veränderungen (vgl. Haaf, 1986) erfährt mittlerweile das Leistungsprinzip immer mehr Beachtung (vgl. Abb. 4).

Allerdings gestaltet sich der Übergang von der Besoldung gemäß Dienstalter zum Leistungslohn schwierig. Nicht anders verhält es sich mit der Förderung von Kreativität und Eigenverantwortung zulasten der bisher als vorrangig erachteten sozialen Integration des Einzelnen in das Unternehmen. Problematisch ist auch die Frauge, wie im Rahmen des Human-Resource-Managements (vgl. Schirmer & Staehle, 1990) individuelle Motive und Bedürfnisse mit dem Harmonieprinzip in Einklang gebracht werden können. Unstrittig aber ist, dass traditionelle Wertvorstellungen (z. B. Loyalität, Schicksalsgemeinschaft Unternehmen) zu erodieren beginnen (vgl. Shimizu, 1988).

2.2 Prinzipien des „japanischen Managements"

Japanische Wissenschaftler (z. B. Iwata, 1977, 1978; 1981; Tsuda, 1977; Urabe, 1983) betonten vier Prinzipien (vgl. Abb. 4) bzw. zentrale Werthaltungen, die den sozio-kulturellen Hintergrund des Verhaltens japanischer Manager bilden und für ein außergewöhnlich hohes Maß an sozialem Konsens, den vielleicht wichtigsten Garanten der Wirtschaftskraft des Inselstaates, sorgen (vgl. auch Albach, 1990, S. 372 ff.). Dass der Begriff Konsensgesellschaft mehr als nur ein Schlagwort ist, belegen Umfrageergebnisse, wonach deutsche Führungskräfte 60-80 Prozent ihrer Managementzeit zur Überwindung unternehmensinterner Widerstände verwenden müssen, während japanische Kollegen dafür lediglich 20-30 Prozent aufwenden (vgl. Simon, 1988, S. 160). Hierin spiegelt sich deutlich die kollektivistische Prägung des Landes wider, nach der Harmonie oberstes Gebot ist und Konflikte um jeden Preis zu vermeiden sind.

Im traditionellen japanischen Managementsystem interagieren je nach Aufgabengebiet und Entscheidungssituation das Familien-, das Wohlfahrts- und das Humanprinzip mit dem Gruppenprinzip. Letzteres bedeutet den Vorrang der Interessen und Bedürfnisse der Gruppe gegenüber individuellen Ansprüchen. Nach der weithin akzeptierten tiefenpsychologischen Analyse von Doi (1982) schöpfen Japaner ihr Selbstwertgefühl aus der frühkindlichen Erfahrung, von der sozialen Umwelt mit all ihren Fehlern und Unzulänglichkeiten unbedingt angenommen zu sein, d.h. nicht aufgrund persönlicher Vorzüge, sondern ihrer schieren Existenz wegen. Zum Ausdruck kommt hier die kollektivistische Orientierung Japans, nach der sich der Einzelne über die Zugehörigkeit zu einer Gruppe definiert und sich dafür ihr gegenüber loyal verhält. „In der japanischen Gesellschaft erreicht man Erfolg nicht aufgrund individueller Aggressivität, sondern im Vertrauen auf den Schutz der Gruppe – der Familie, der Arbeitsgruppe, der Firma" (Kubota-Müller, 1989, S. 7). Dies erklärt, warum lange Zeit auch bei beruflichen Entscheidungen das Sozialverhalten Vorrang vor dem Kriterium „fachliches Können" hatte (vgl. Ueno, 1988).

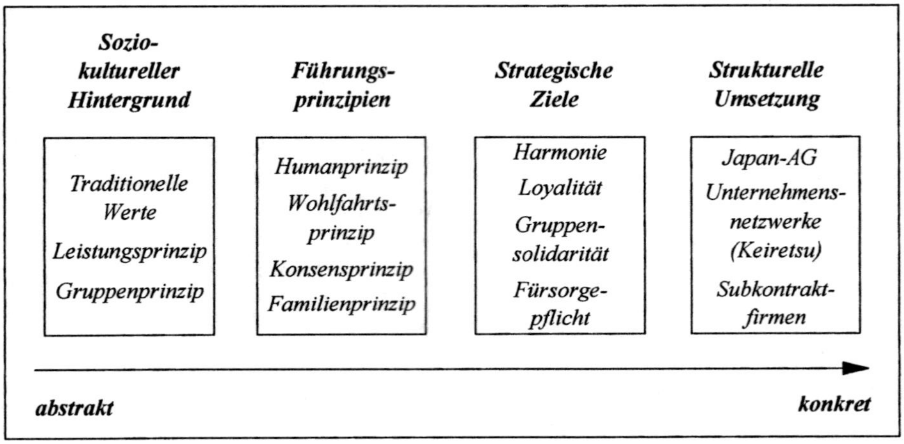

Soziokultureller Hintergrund	*Führungsprinzipien*	*Strategische Ziele*	*Strukturelle Umsetzung*
Traditionelle Werte Leistungsprinzip Gruppenprinzip	Humanprinzip Wohlfahrtsprinzip Konsensprinzip Familienprinzip	Harmonie Loyalität Gruppensolidarität Fürsorgepflicht	Japan-AG Unternehmensnetzwerke (Keiretsu) Subkontraktfirmen

abstrakt → **konkret**

Abbildung 4: Prinzipien des „japanischen Managements" und deren Verwirklichung

Die westliche Kultur zeichnet sich durch die Gültigkeit moralischer Normen aus, die im Christentum wurzeln. Respektiert der Einzelne diese, dann ist es für ihn weniger wichtig, wie andere sein Verhalten beurteilen, selbst wenn es sich dabei um eine nahe stehende Person handelt (vgl. Matsuda, 1981). Japaner hingegen richten ihre Entscheidungen und ihr Verhalten weniger an inneren als an äußeren Normen aus. Wie bewertet die relevante Bezugsgruppe das eigentliche Verhalten, und ist dieses geeignet, die Harmonie der Beziehung zwischen Individuum und Umwelt zu stören? Keller (1981) hat deshalb die japanische im Gegensatz zur „anspruchszentrierten" europäischen Gesellschaft als „verpflichtungszentriert" bezeichnet und damit die Konfliktarmut der Japaner erklärt.

Das Gruppenprinzip wird zunächst durch das Familienprinzip unterstützt. Auf die Unternehmensfamilie übertragen bedeutet dies, dass nicht wirtschaftliche Ziele (z. B. Gewinn, Marktanteil) die maßgebliche Leitlinie unternehmerischen Handelns verkörpern, sondern das Überleben der Gruppe und damit die kollektivistische Orientierung Japans (vgl. Shimizu, 1990; van Wolferen, 1990). Dieses Denken mag einer der Gründe sein, weshalb die von der amerikanischen Besatzungsmacht nach Kriegsende versuchte Zerschlagung der übermächtigen und in ihrer imperialistischen Orientierung unheilvollen riesigen Unternehmensgruppen (Zaibatsu) letztlich nicht gelang.

Die Wurzeln der – im Übrigen nur in Großbetrieben – für die Siebziger- und Achtzigerjahre charakteristischen, mit dem Begriff „Wohlfahrtsprinzip" umschriebenen Arbeitgeber-Arbeitnehmer-Beziehung reichen nur bis in die Sechzigerjahre zurück. Noch in der Nachkriegszeit wurde Japan von heftigen Arbeitskämpfen erschüttert (vgl. Hirosuke, 1989). Gemäß dieser Philosophie steigert das vertrauensvolle Zusammenwirken von Arbeitgebern und Beschäftigten zugleich das Leistungsvermögen des Unternehmens und den Wohlstand der Arbeitnehmer. Emotionale Basis hierfür war das kollektive Gefühl der Bedrohung und Armut, das in eigentümlichem Kontrast zu der auch nach dem verlorenen Krieg ungebrochenen Überlegenheitsideologie der Japaner stand (vgl. Doi, 1982) und sich anfangs insbesondere auf Naturkatastrophen und Nachbarstaaten bezog, im Zeichen der Lieberalisierung des Welthandels jedoch auf die zunächst als erdrückend empfundenen Konkurrenten aus den westlichen Industriestaaten projiziert wurde. Angesichts der hiervon ausgehenden „Gefahren" bildete sich ein allgemeines Bewusstsein vom Unternehmen als einer Art Schicksalsgemeinschaft, die einen mit den Mitteln des wirtschaftlichen Wettbewerbs geführten Krieg zu bestehen hat.

Zudem hilft das dauerhaft und konfliktfrei angelegte Verhältnis zwischen den Arbeitgebern und Arbeitnehmern, die Ungewissheit über die Zukunft zu verringern. Während der Arbeitgeber sich dessen sicher sein kann, dass die Angestellten dem Unternehmen treu bleiben und ihre gesamte Arbeitskraft diesem „opfern" werden, müssen sich letztere wenig oder keine Sorgen um ihren Lebensabend machen bzw. befürchten, im Alter durch jüngere, besser qualifizierte Arbeitskräfte ersetzt zu werden. Dadurch sind beide in der Lage, ihre gesamte Motivation für die aktuellen Herausforderungen im Unternehmen einzusetzen.

Autoren wie Urabe (1984) aber betrachten die Gültigkeit des Humanprinzips als eigentliche Besonderheit des traditionellen japanischen Managements. Die Integrität der Beschäftigten zu achten, bedeutet demnach, deren Selbstständigkeit und Eigenverantwortlichkeit z. B. durch die Sicherung der Beschäftigung, der Stellung im Unternehmen und eines angemessenen Lebensstandards zu fördern. Ziel dieses traditionellen mitarbeiterorientierten Managementstils ist es, eine vertrauensvolle Atmosphäre sowie eine Balance zwischen Anreizen und Beiträgen zu schaffen, um so einer kooperativen Einstellung der Beschäftigten den Boden zu bereiten. Die dadurch erzielte Gerechtigkeit am Arbeitsplatz und der Wettbewerb unter den Kollegen korrespondiert mit dem Maskulinitäts-Index Hofstedes.

3. Netzwerkbeziehungen als zentrales Element des japanischen Wirtschaftssystems

Fruin (1992) betont in seiner wissenschaftshistorischen Studie die Andersartigkeit des japanischen Wirtschaftssystems, welches sich durch die Interdependenz dreier Elemente (Fabrik, Unternehmen und Netzwerke zwischen Unternehmen) auszeichnet. Er skizziert die dabei zu beachtende Aufgabenverteilung wie folgt:

> Functionally postulated, factories, especially the resource-rich factories ... make products by integrating design, development, planning, and manufacturing functions, corporations create manufactoring strategies to produce in volume and variety, and they coordinate the flows between factory, firm and network; interfirm networks sell as well as make products in tandem with factories and firms. The activities of production and distribution networks are less integrated, tightly linked, and strategic than those of focused factories and major firms. (Fruin, 1992, S. 28)

Jedes der drei Systemelemente (Fabrik, Unternehmen und Netzwerk) stellt für sich genommen eine mögliche Form der Organisation ökonomischer Handlungen dar, vergleichbar den im westlichen Management diskutierten Alternativen Markt und Hierarchie. Im Zuge der japanischen Industrialisierung entwickelte sich ein überaus effizientes Gesamtsystem. Anders als in den westlichen Staaten, vor allem in den USA, fanden dabei in Japan nicht multidivisionale Organisationsformen weite Verbreitung, sondern Netzwerkbeziehungen. Inwieweit spiegeln diese die kulturellen Eigenheiten Japans wider?

3.1 Der geschichtliche Hintergrund

Als Mitte des 19. Jahrhunderts Kaiser Meiji die Selbstisolation Japans beendete, sorgte er auch für spezifische Rahmenbedingungen zur Gründung von Industrieunternehmen. Der Staat beteiligte sich an den neuen Firmen durch Investitionen und schuf somit eine der Grundlagen für die heute oft als Japan-AG bezeichnete Art der Wirtschaftsstruktur. Später wurden die Unternehmen dann an einflussreiche Privatpersonen des Landes verkauft und damit der Grundstein für die Familienkonzerne – die Zaibatsu – gelegt.

Die Zaibatsu wuchsen schnell zu pyramidenförmigen Netzwerken, an deren Spitze eine einflussreiche Holding-Gesellschaft steht. Drei der größten Unternehmensnetzwerke kontrollierten vor dem Zweiten Weltkrieg jeweils mehr als die Hälfte des entsprechenden Industriezweiges; daneben agierte eine Anzahl kleinerer, regionaler Zaibatsu (vgl. Sydow, 1991, S. 242). Gemeinsam ist allen Firmengruppen

- die finanzielle Abhängigkeit der einzelnen Unternehmen untereinander,
- eine zentrale Bank oder eine Versicherungsgesellschaft, welche die benötigten Finanzmittel und Kredite bereitstellt, sowie
- ein Generalhandelshaus („Sogo Shosha"), welches die Distribution der produzierten Güter organisiert.

In der Folge des Zweiten Weltkrieges versuchten die USA, mithilfe des 1947 erlassenen Anti-Trust-Gesetzes, die Zaibatsu zu zerschlagen. Zwar gelang – wie in Deutschland bei der IG Farben – die juristische und finanzielle Entflechtung; die starken personellen Bindungen blieben jedoch erhalten. Schon bald wieder traf sich die japanische Führungselite in den so genannten Präsidenten-Klubs („Shacho Kais") und plante die Reorganisation der Firmengruppen – die heute bekannten informellen Großkonzerne „Keiretsu" (vgl. Abb. 5). Nach innen sorgten die „Kais" für Integration, und nach außen symbolisierten sie die Netzwerkgrenzen. Wie schon zu den Zaibatsu gehörten zu den Keiretsu neben den eigentlichen Industrieunternehmen eine Großbank oder eine Versicherungsgesellschaft und ein Generalhandelshaus.

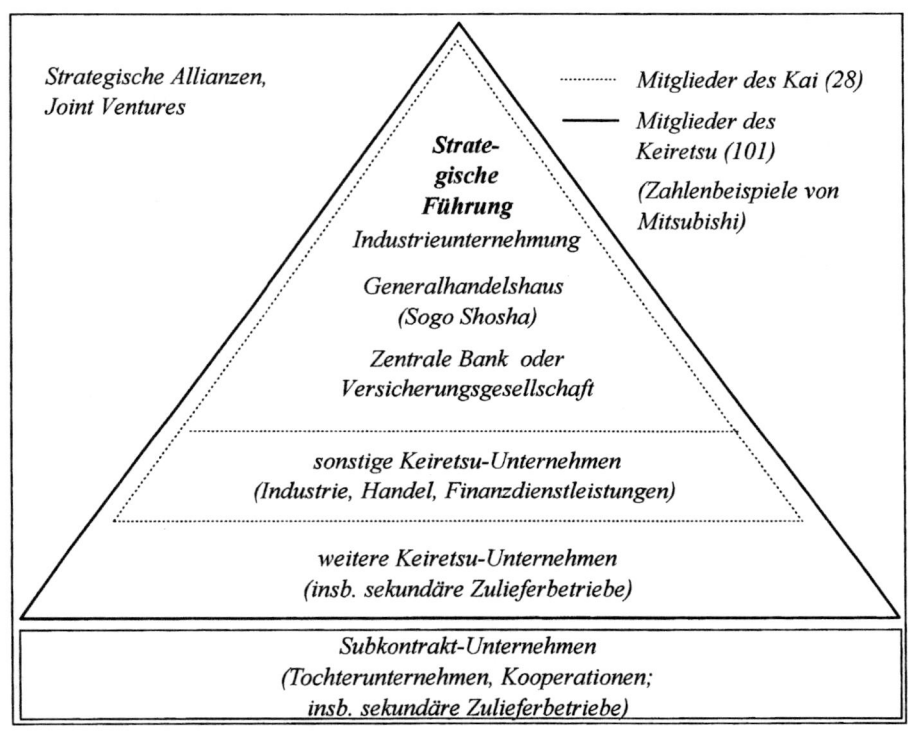

```
Strategische Allianzen,                    ........  Mitglieder des Kai (28)
Joint Ventures                             ———       Mitglieder des
                      Strate-                        Keiretsu (101)
                      gische
                      Führung                        (Zahlenbeispiele von
                                                     Mitsubishi)
                 Industrieunternehmung

                 Generalhandelshaus
                    (Sogo Shosha)

                  Zentrale Bank oder
                 Versicherungsgesellschaft

              sonstige Keiretsu-Unternehmen
           (Industrie, Handel, Finanzdienstleistungen)

              weitere Keiretsu-Unternehmen
              (insb. sekundäre Zulieferbetriebe)

                Subkontrakt-Unternehmen
            (Tochterunternehmen, Kooperationen;
               insb. sekundäre Zulieferbetriebe)
```

Abbildung 5: Struktur eines japanischen Netzwerkes am Beispiel Mitsubishi (nach Sydow, 1991, S. 242)

Das japanische Ministerium für Industrie und Handel (MITI) förderte in den Sechzigerjahren den Aufbau der Schwerindustrie mit staatlichen Subventionen und Steuererleichterungen. Im Gegenzug erhielten die hohen Beamten nach ihrer Pensionierung einen Posten in den Unternehmen, für die sie zuvor zuständig waren. So entstand ein Netzwerk von Abhängigkeiten – das W. Lockwood als „Spinnennetz ohne Spinne" bezeichnete.

Die Firma löste nun die konfuzianische Familie als Keimzelle der Gesellschaft ab. Die Firma stellte die Wohnung, sie vermittelte den Ehepartner, sie zahlte die Rente. Endlich hatten die Japaner die Marktwirtschaft mit ihrer traditionellen mittelalterlichen Dorfgesellschaft versöhnt. Ein Netz gegenseitiger Abhängigkeiten sorgte in der Firmen-Familie für Harmonie und Geborgenheit (vgl. Wagner, 1999, S. 143)

3.2 Netzwerke im heutigen Japan

Strategische Netzwerke bilden auch heute noch den Kern der japanischen Wirtschaft. Hervorzuheben sind jedoch die vertikalen, eher kooperativen denn kompetitiven stabilen Beziehungen zwischen rechtlich häufig selbstständigen, aber wirtschaftlich abhängigen Unternehmen. Die Verträge zwischen den in das Netzwerk integrierten Firmen enthalten häufig kaum mehr als die Absicht, langfristig vertrauensvoll zusammenarbeiten zu wollen, was die Kooperations- und Harmoniebereitschaft der Beteiligten demonstriert. Dies trägt zum einen dem Gedanken, zukünftige Unwägbarkeiten vermeiden zu wollen, Rechnung und ist zum anderen auch Ausdruck der kollektivistischen Gesinnung japanischer Manager.

Ouchi (1980) charakterisiert diese familienähnlichen, traditionellen und durch gemeinsame Werte verbundenen Beziehungen in Anlehnung an Durkheim als „Clans". Die fokalen Unternehmen erwarten von den Sub-Unternehmen qualitativ hochwertige Produkte „just-in-time", können diese aufgrund der Einzigartigkeit von Zulieferern in den Netzwerken jedoch nicht in existenzgefährdender Weise ausnutzen. Japanische Automobilhersteller beispielsweise schließen ihre Lieferverträge häufig für die Dauer der gesamten Produktionszeit, spezifizieren darin allerdings weder Abnahmemenge noch Abnahmepreis (vgl. Sydow, 1991, S. 244).

Bei aller Unterschiedlichkeit der einzelnen Keiretsu weisen sie doch Gemeinsamkeiten auf:

- Die Mitgliedsunternehmen agieren in der Regel auf verschiedenen Märkten, was direkte Wettbewerbssituationen ausschließt.
- Es existieren so genannte Präsidenten- und Direktoren-Klubs („Torishimariyakkai"), denen die Vorstände („Shagai yuyaku") der verbundenen Unternehmen angehören (vgl. Yamashiro, 1997, S. 234). Da ihnen die Entscheidungshoheit über die Entwicklung des Netzwerkes obliegt, sind sie zudem ein Ausdruck der großen Machtdistanz Japans.
- Zwischen den Unternehmen werden sowohl Technologie als auch Personal ausgetauscht. So entsandte Toyota 98 amtierende und pensionierte Manager in 29 Zulieferfirmen (vgl. Cusumano, 1985, S. 425).
- Investitions- und Entwicklungsvorhaben werden häufig gemeinsam geplant und verwirklicht. So zeigt ein Vergleich der Entwicklungsorganisation in Europa und Japan, dass in Japan lediglich 30 Prozent der Entwicklungsarbeit von den Herstellern autonom ausgeführt werden, in Europa dagegen 54 Prozent. Japanische Teams aus Herstellern und Zulieferern entwickeln 62 Prozent der Produkte gemeinsam, europäische nur 39 Prozent (vgl. Wildemann, 1994, S. 186).
- Das Generalhandelshaus („Sogo Shosha") übt eine zentrale Funktion aus. Es nimmt u. a. bei der für Japan überaus sensiblen Rohstoffversorgung eine Schlüsselstellung ein, kontrolliert große Teile des Imports und des Exports und verfügt über ein unvergleichlich eng geknüpftes weltweites Informationssystem, dessen sich bei Bedarf früher auch die japanische Regierung bediente (vgl. Müller & Kayo, 1988, S. 92).

- Die Fremdfinanzierung besorgen Banken oder Versicherungsunternehmen, welche der Gruppe angehören. Untereinander sind die einzelnen Firmen durch finanzielle Überkreuzverflechtungen in Form von Minderheitsbeteiligungen verbunden. Letztere dienen weniger einer am Gewinninteresse ausgerichteten Kapitalanlage, sondern symbolisieren vielmehr die interorganisationalen Beziehungen (vgl. Gerlach, 1987, S. 131ff.).

Aus dieser Besonderheit ergibt sich auch der geringe Einfluss der Aktionäre. Sie sind häufig gleichzeitig Anteilseigner und Kreditgeber des Unternehmens. Deshalb ziehen sie zum einen langfristige Beziehungen einer exzessiven Nutzung ihrer Machtstellung vor. Zum anderen werden aufgrund der kulturellen Besonderheiten Japans (z. B. Langfristorientierung) ausschließlich kurzfristig orientierte, auf Dividende bzw. Shareholder Value ausgerichtete Investoren distanziert betrachtet (vgl. Stoff, 1987, S. 73). Die geringe Eigenkapitaldecke der Unternehmen ist zudem einer der Gründe für die vertikale Vernetzung in den Keiretsu. Eine kostenintensive und risikoreiche vertikale Integration durch Zukauf anderer Firmen und die dadurch entstehende multidivisionale Organisationsform, wie in den europäischen Ländern und den USA, ist japanischen Unternehmen oft nicht möglich. Die breite Streuung des Kapitals innerhalb der Verbundgruppen behindert schließlich „feindliche Übernahmen" oder Fusionen und trägt damit wiederum zum Harmonieprinzip bei.

Die spezifische Organisation innerhalb der Keiretsu kommt nicht zuletzt den Angestellten und Arbeitern zugute. Indem die Unternehmen die Stammbelegschaft klein und stabil halten, können sie das Prinzip der lebenslangen Beschäftigung („Shushiokoyo") und das Senioritätsprinzip (vgl. Aoki, 1984, S. 27 ff.) gewährleisten. Zudem versetzt sie dies in die Lage, qualifizierte Arbeitskräfte langfristig an das Unternehmen zu binden. Da jedoch auch japanische Unternehmen eine hierarchische Struktur besitzen, schwindet auf den höheren Ebenen dieser sichtbare Ausdruck des Gruppen- und Wohlfahrtsprinzips zusehends (vgl. Urabe, Child & Kagono, 1988). Die Angestellen werden motiviert, hart zu arbeiten, um sich im betriebsinternen Wettbewerb künftige Beförderungschancen zu sichern. Ein Verantwortlicher der Personalabteilung eines Handelsunternehmens berichtete, daß es das große Ziel ihres Personalmanagements sei, die Beschäftigten zu halten, so lange ihre Produktivität hoch ist, und ihnen den Glauben zu vermitteln, jeder von ihnen könne bis zur Spitze aufsteigen (Ueno, 1988, S. 56).

Der Verbund dieser interdependenten Elemente in den Keiretsu begründet das „traditionelle" System der lebenslangen Beschäftigung, das nach japanischer Auffassung die Loyalität gegenüber dem Unternehmen und die Arbeitsmoral stärkt.

Allerdings sehen manche in diesem besonderen Treueverhältnis eine Vorstellung, die von den westlichen Nationen geschaffen wurde. Die lebenslange Anstellung in einem Unternehmen entspreche nicht konfuzianischer Fürsorgepflicht des „Firmenvaters" gegenüber seinen Angestellten-Kindern, sondern sei aus purem ökonomischen Zwang entstanden. Denn als die Industriekonzerne in den Sechzigerjahren schnell wuchsen, wurden qualifizierte Arbeitskräfte rar, worauf die Großunternehmen reagierten, indem sie die Kernbelegschaft dauerhaft anstellten (vgl. Hungermann, 1989, S. 284). Das Risiko der personellen Flexibilität wurde damit jedoch auf die vielen kleinen und mittleren Zulieferbetriebe außerhalb der Netzwerke abgeschoben. Mit ihren Beschäftigten müssen sie Schwankungen der Konjunktur ausgleichen. Letztlich werden die Angestellten in den Zulieferbetrieben – nach westlichem Maßstab – ausgebeutet, und die Renten sind vielfach so niedrig bemessen, dass nur wenigen ein Ruhestand vergönnt ist, der diese Bezeichnung auch verdient (vgl. Müller, 1990, S. 115). Während die Beziehungen zwischen den Unternehmen innerhalb der Netzwerke eher gleichberechtigt und partnerschaftlich ausgerichtet sind, gestaltet sich das Verhältnis zu den Zulieferern außerhalb der Keiretsu eher einseitig und ist mit einem gewissen Grad an Ausnutzung verbunden (vgl. Sydow, 1991, S. 246).

3.3 Schwächen der japanischen Art der Unternehmensorganisation

Anfang der Neunzigerjahre, noch während die Wissenschaftler in den westlichen Industrienationen das japanische „Wunder" analysierten, begann es in der Ökonomie des Landes zu kriseln: Die durch Abschottung von der Weltwirtschaft begünstigte Spekulationsblase an der japanischen Aktienbörse platzte. Betroffen waren davon vor allem Japans Großbanken und die vormals mächtigen Industriekonzerne. Zunächst schien der Konjunktureinbruch noch ein Problem des japanischen Finanzsystems zu sein. Doch zeigte sich bald, dass der japanische Politik-Mix aus protektionistischen und dirigistischen Maßnahmen staatlicher Stellen sowie die vielfältigen Verflechtungen innerhalb der Industrie die Krise verstärkten.

Das marode Finanzsystem Japans hatte die Großbanken dazu veranlasst, den abhängigen Unternehmen der Netzwerke Kredite zu gewähren, für die eigentlich keine Gegenleistung zu erwarten war. So konnte einerseits jahrelang die globale Expansion dieser Unternehmen finanziert werden; andererseits jedoch wurden die begünstigten Firmen nicht angehalten, ihre finanzielle Situation kritisch zu überprüfen und über die Verwendung der Kredite Rechenschaft abzulegen. Diese – rückblickend – fatale Verfahrensweise wurzelt in zwei japanischen Phänomenen: Der japanischen Unternehmung fehlt im Allgemeinen ein externes Kontrollgremium, wie es in Deutschland als „Aufsichtsrat" bekannt ist. Entscheidungsorgan und Kontrollorgan agieren üblicherweise in Personalunion, wie es das japanische Handelsrecht vorschreibt (vgl. Yamashiro, 1997, S. 258). Die Mitglieder der Direktoren-Klubs („Torishimariyakkai") treffen die Entscheidungen und sind gleichzeitig dafür verantwortlich, die Beschlüsse umzusetzen und zu prüfen. Yamashiro (1997, S. 258) rechtfertigt dieses Zusammenfallen von Funktionen mit dem unbedingten Willen der Manager zur „Selbstprüfung", um die Absicht des entscheidenden Organs „aufrichtig zu verkörpern". Hinzu kommt die spezifische Rolle der Banken im japanischen Wirtschaftssystem. Da sie zugleich Anteilseigner als auch Kreditgeber der in den Keiretsu verbundenen Unternehmen sind, gehören sie den Direktoren-Klubs an, können aber ihre – nach westlicher Auffassung – ursprüngliche Aufgabe, die Kontrolle über die Einbringung ihrer Forderungen, nicht wahrnehmen. Nicht zuletzt trägt eine weitere Eigenart der japanischen Kultur, das Konsens- bzw. Harmonieprinzip, dazu bei, dass kritische Informationen, die möglicherweise die Harmonie in den Gremien stören könnten, nicht oder wenig diskutiert werden.

Durch die vielen ungedeckten Kredite – deren Summe auf über 1,8 Billionen Mark geschätzt wird (vgl. Köhler, 1999, S. 31) – sind auch die unzähligen kleinen und mittleren Zulieferbetriebe der Keiretsu in Schwierigkeiten geraten. Ihre ökonomische Abhängigkeit und die engen finanziellen Verflechtungen zwischen den Mitgliedsunternehmen haben die Subkontraktfirmen zu den Verlierern der Krise gemacht. So tätigen diese Firmen empirischen Untersuchungen zufolge 82 Prozent ihres Umsatzes mit nur einem Abnehmer und beliefern im Durchschnitt fünf wietere Unternehmen (vgl. Peck, 1988, S. 31). Neue Kredite oder Darlehen werden aber nur noch an stabile und unabhängige Zulieferer mit guter Bonität vergeben, was die Existenz der von den Keiretsu abhängigen Unternehmen gefährdet.

Nicht nur der Vorrang von Vertrauen vor Kontrolle, auch das Prinzip der lebenslangen Beschäftigung in einem Unternehmen sowie das Senioritätsprinzip trugen zur wirtschaftlichen Misere Japans bei. Zu den Nachteilen langfristiger Orientierung in der Personalpolitik zählt, dass die Dauerbeschäftigung der Angestellten in den Unternehmen die Abschottung gegenüber Neuerungen und Innovationen begünstigt und somit die Entwicklung des Unternehmens gefährdet. Neue Arbeitskräfte und mit ihnen die aktuellen wissenschaftlichen und technologischen Erkenntnisse treten nur als junge Berufsanfänger in die Keiretsu ein, stehen dort aber in der traditionell verwurzelten (bzw. erstarrten) Hierarchie, die ihnen Verantwortung erst überträgt, wenn sie lange Jahre dem Unternehmen gedient und im Regelfall ihre Eigenständigkeit im Denken verloren haben.

So versäumten die sonst so technikbegeisterten Japaner den Anschluss an die Entwicklung des Internets u. a. auch deshalb, weil das für Risikoinvestitionen erforderliche Kapital zwar den großen Industriekomplexen, nicht aber den kleinen „ideenreichen Garagenfirmen" zugänglich ist (vgl. Wagner, 1999, S. 146). Zudem hängt die Beförderung in den Unternehmen nicht von der Kreativität und Leistung des Einzelnen ab, weshalb, auch im Interesse des Konsensprinzips, neue und individuelle Entwicklungen eher unberücksichtigt bleiben. Denkbar ist auch, dass das Wesen des Internets an sich, nämlich jedermann individuellen Zugang zu den Marktplätzen und Informationen zu bieten, den japanischen gemeinschaftsorientierten Grundwerten widerspricht.

Die besten Chancen haben Leistungsprinzip und Innovationsmanagement noch in den Zulieferbetrieben der untersten Ebene; denn deren Mitarbeiter kamen von jeher nicht in den Genuss einer lebenslangen Beschäftigung und der regelmäßigen Beförderung (nach Alter). Hinderlich erweist sich jedoch auch hier die ökonomische und finanzielle Abhängigkeit von den informellen Großkonzernen, die Aufträge und Kapital nur dann zur Verfügung stellen, wenn es ihren Interessen dient.

Das Prinzip der Dauerbeschäftigung erschwert es den Unternehmen zusätzlich auch, sich von Angestellten und Arbeitern im Zuge von Rationalisierungsmaßnahmen zu trennen. So haben die Japaner zwar „Lean Management" und „Lean Production" erfunden, indessen zu einem Zeitpunkt, als die Industrie des Landes überdurchschnittliche Wachstumsraten verzeichnete (vgl. Kojima, 1995). In den

Jahren der Wirtschaftskrise waren viele Firmen durch einen überdimensionierten Mitarbeiterstamm belastet, den sie aufgrund ihrer traditionellen, kulturhistorisch begründbaren Managementprinzipien nur schwer abbauen konnten.

4. Die Zukunft des „Modells Japan"

Einem Irrtum unterliegt, wer glaubt, Japaner hätten das Konsensprinzip oder die Langfristperspektive ökonomischen Handelns erfunden. So wie die Qualitätszirkel, die vor dem Zweiten Weltkrieg bereits in Deutschland bekannt waren und in den Fünfzigerjahren ihren Weg von den USA nach Japan fanden, waren und sind auch die übrigen Konzepte in der einen oder anderen Form Bestandteil westlichen Managements. In Japan wurden sie jedoch perfektioniert und konsequent umgesetzt, sodass sie zusammen mit den traditionellen japanischen Werten die Prosperität der Ökonomie in den Achtzigerjahren begründeten. Die Fähigkeit der Japaner, Sozialtechniken wie auch Produkte zur Reife zu bringen, verdient Anerkennung und fordert zur selbstkritischen Besinnung heraus. Offensichtlich war das kulturelle Profil Japans besser geeignet, den nachrückenden Wettbewerb zu organisieren als den vorauseilenden.

Wer allerdings annimmt, dass die langfristige und konsensorientierte Perspektive im Zuge einer Shareholder-Value-Gesellschaft bzw. der Durchsetzung des amerikanischen Managementideals dauerhaft zum Scheitern verurteilt ist, dürfte von der Vitalität des japanischen Managementsystems überrascht sein. Japanischen Management- und Organisationsforschern jedenfalls ist bereits seit langem bewusst, welche Gefahren die „despotische Zentralisation in diesem pyramidalen Dreieck" (Yamashiro, 1997, S. 276) birgt. Und auch die staatlichen Stellen sowie die Unternehmen beginnen, ähnlich wie zurzeit in Deutschland, umzudenken und strukturelle Veränderungen einzuleiten. Ein dreistufiger Plan des MITI soll beispielsweise die Konzerne dazu zwingen, ihre finanziellen Verflechtungen aufzudecken und die Anteile, die sie an anderen Unternehmen halten, künftig zu Marktpreisen zu bewerten. Ebenfalls wird versucht, marode Banken zur Geschäftsaufgabe zu bewegen oder entgegen der bisherigen japanischen Protektionismus-Tradition Fusionen mit westlichen Finanzinstituten einzugehen. Auch das Prinzip der lebenslangen Beschäftigung bröckelt. So beflügelten die japanischen Großkonzerne Sony und NEC im Frühjahr die Tokioter Aktienbörse mit der Ankündigung, mehrere zehntausend Arbeitsplätze abzubauen (vgl. Wagner, 1999, S. 147). Umgekehrt kündigten Daimler-Chrysler und General Motors an, Beschäftigten mit zumindest zehn Jahren Zugehörigkeit zum Unternehmen die lebenslange Anstellung zu garantieren.

Bezeichnenderweise fand die Ansicht, die der ehemalige Premierminister Yasuhiro Nakasone in einem Interview äußerte, landesweit Zustimmung:

> Sollten wir uns völlig amerikanischer Shareholder-Kultur unterwerfen? Ich glaube nicht. Denn Politik und Wirtschaft können nur in Einklang mit der Kultur eines Landes gedeihen. Für uns Japaner bleiben Konsens und Har-

monie ungemein wichtig: Sie verleiten uns zwar bisweilen zu Mißerfolgen, aber viel öfter erweisen sie sich als Japans besondere Stärke. (Nakasone, 1999, S. 148)

Literatur

Albach, H. (1990). Japanischer Geist und internationaler Wettbewerb. ZfB – Zeitschrift für Betriebswirtschaft 60, 369-382.
Aoki, M. (1984). Aspects of the Japanese firm. In: M. Aoki (Ed.), The economic analysis of the Japanese firm (pp. 3-43). Cambridge: MIT-Press.
Cusumano, M. A. (1985). The Japanese automobile industry. New York.
Doi, T. (1982). Amae. Freiheit in Geborgenheit. Zur Struktur japanischer Psyche. Frankfurt am Main: Suhrkamp.
Eswein, M. (1988). Gemeinschaftserziehung in japanischen Betrieben. Frankfurt am Main: Suhrkamp.
Fruin, W. M. (1992). The Japanese enterprise system: Competitive strategies and cooperative structures. Oxford: Clarendon Press.
Gerlach, M. (1987). Business alliances and the strategy of the Japanese firm. California Management Review 39, 126-142.
Gries, T. (1998). Internationale Wettbewerbsfähigkeit in globalen Märkten. Wiesbaden: Gabler.
Haaf, G. (1986). Der Preis der Harmonie. Zeitmagazin 41(25), 59-63.
Hahn, D. (1990). Strategische Unternehmensplanung – Strategische Unternehmensführung (5. Aufl.). Heidelberg: Physica.
Hansen, U., Raffée, H., Riemer, M., Segler, K. (1983). Kooperation zwischen japanischen und deutschen Unternehmen (Arbeitspapier Nr. 23). Mannheim: Institut für Marketing, Universität Mannheim.
Hirosuke, K. (Hrsg.) (1989). Japan im Umbruch. Gewerkschafter berichten über Arbeitskämpfe der Nachkriegsära. Köln.
Hofstede, G. (1980). Culture's consequences: International differences in work-related values. Beverly-Hills: Sage.
Hofstede, G. (1983). The cultural relativity of organizational practices and theories. Journal of International Business Studies 14, 75-89.
Hofstede, G. (1991). Cultures and organizations: Software of the mind. London: McGraw-Hill.
Hungermann, K. (1989). Wertbeben. Capital 28(5), 281-284.
Iwata, R. (1977). Aufbauprinzipien des japanischen Managements. Tokio (in japanischer Sprache).
Iwata, R. (1978). Sozio-kulturelle Gegebenheiten des japanischen Managements. Tokio (in japanischer Sprache).
Keller, R. (1981). Kulturelle und wirtschaftliche Eigenarten Japans. In: E. Gaugler, E. Zander (Hrsg.), Haben uns die Japaner überholt? (S. 15-50). Heidelberg: Physica.
Köhler, A. (1999). Japan: Steuerloses Schiff. Wirtschaftswoche 53(22), 30-31.
Kojima, T. (1995). Die zweite Lean-Revolution: Was kommt nach Lean-Production? Landsberg: moderne Industrie.
Kubota-Müller, B. (23. Mai 1989). Freundliches Kopfnicken bedeutet keine Zustimmung. Entscheidungsfindung im japanischen Wirtschaftsleben. Blick durch die Wirtschaft 32, 7.

Lichtblau, K., Waldenberger, F. (Hrsg.) (1997). Planung, Wettbewerb und wirtschaftlicher Wandel. Ein japanisch-deutscher Vergleich. Köln: Deutscher Instituts-Verlag.

Lücke, W. (1988). Japanische und deutsche Wirtschaft im Vergleich: Wer hat das bessere Management? Gablers Magazin 2, 38-43.

Matsuda, H. (1981). Die Eigenschaften der japanischen Unternehmensführung sowie deren Problematik angesichts der derzeitigen wirtschaftlichen Situation. In: E. Gaugler, E. Zander (Hrsg.), Haben uns die Japaner überholt? (S. 51-82). Heidelberg: Physica.

Müller, S. (1983). Internationales Marketing als wissenschaftliche Disziplin: Realität und Desiderata. Ergebnisse einer Delphi-Befragung. Jahrbuch der Absatz- und Verbrauchsforschung 29, 370-378.

Müller, S. (1990). Management und Entscheidungsfindung in japanischen Unternehmen (Arbeitspapier Nr. 83). Mannheim: Institut für Marketing, Universität Mannheim.

Müller, S., Kornmeier, M. (2000). Internationale Wettbewerbsfähigkeit: Irrungen und Wirrungen der Standortdiskussion. München: Vahlen.

Müller, S., Kornmeier, M. (2001). Strategisches Internationales Management. München: Vahlen.

Müller, S., Kayo, S. (1988). Schlüsselbegriffe zum Verständnis des japanischen Wirtschaftsgeschehens. WiSt – Wirtschaftswissenschaftliches Studium 17, 91-92.

Nakasone, Y. (1999). Japan wird gesund. Ein Standpunkt. Der Spiegel 52(33), 148.

Nonaka, I., Johansson, J. K. (1985). Japanese management: What about the hard skills? Academy of Management Review 10, 181-191.

Ouchi, W. G. (1980). Markets, bureaucracies and clans. Administrative Science Quarterly 25, 129-140.

Peck, M. J. (1988). The large Japanese corporation. In: J. R. Meyer, J. M. Gustafson (Eds.), The U.S. Business Corporation (pp. 24-33). New York.

Schirmer, F., Staehle, W. H. (1990). Untere und mittlere Manager als Adressaten und Akteure des Human Resource Managements (HRM). Die Betriebswirtschaft 50, 707-720.

Schneidewind, D. K. (1991). Zur Struktur, Organisation und globalen Politik japanischer Keiretsu. zfbf – Zeitschrift für betriebswirtschaftliche Forschung 43, 255-268.

Shimizu, R. (1988). Japanisches Management: Wandlungen und Internationalisierung. In: W. Busse van Colbe, K. Chmielewicz, E. Gaugler, E. Laßmann (Hrsg.), Betriebswirtschaftslehre in Japan und Deutschland: Unternehmensführung, Rechnungswesen und Finanzierung (S. 173-191). Stuttgart: Schäffer-Pöschel.

Shimizu, R. (1990). Top Management in japanischen Unternehmen. Die Betriebswirtschaft 50, 625-641.

Simon, H. (1988). Zeitgeiz. Manager Magazin 18(6), 162-163.

Stoff, W.-D. (1987). Entscheidet Gewinndenken den Wettbewerb? asw – Absatzwirtschaft 30, 72-79.

Sullivan, J. J., Nonaka, I. (1986). The application of organizational learning theorie to Japanese and American management. Journal of International Business Studies 17, 48-54.

Sydow, J. (1991). Strategische Netzwerke in Japan. zfbf – Zeitschrift für betriebswirtschaftliche Forschung 43, 239-254.

Tressin, J. M. (1993). Prognosen im strategischen internationalen Marketing. Berlin: Springer.

Tsuda, M. (1977). Die Logik des japanischen Managements. Tokio (in japanischer Sprache).
Ueno, H. (1988). Nippons Personalchefs müssen umdenken. Harvard Manager 10, 55-63.
Urabe, K. (1983). Das japanische Management. Tokio (in japanischer Sprache).
Urabe, K. (1984). Das japanische Unternehmen entwickelt sich. Tokio (in japanischer Sprache).
Urabe, K., Child, J., Kagono, T. (1988). Innovation und Management. Berlin: Springer.
Wagner, W. (1999). Vom Himmel herab: Modell Japan. Der Spiegel 52(28), 140-147.
Wildemann, H. (1994). Lean-Management: Entwicklungstendenzen für die Zulieferindustrie. In: C. Belz, M. Schörgel. M. Kramer (Hrsg.), Lean-Management und Lean-Marketing (S. 182-189). St. Gallen: TCW.
Wolferen, A. van (1990). Gefährliche Ignoranz. Die Regeln der Japan AG bleiben den westlichen Industrieländern völlig unbegreiflich. Die Zeit 45(36), S. 30.
Yamashiro, A. (1997). Japanische Managementlehre. München: Oldenbourg.

19

Kultur als Einflussfaktor internationaler Managemententscheidungen: das sozio-kulturelle Profil Indiens

Stefan Müller und Katja Gelbrich

Ein grundlegendes und komplexes Managementproblem ist die Wahl des Standorts. Grundlegend ist die Entscheidung über eine Allokation deshalb, weil sie nur schwer bzw. unter Verlust von Zeit und Geld zu korrigieren ist. Als komplex gilt sie, weil mehrere Vor- und Nachteile verschiedener Regionen gegeneinander abzuwägen sind. Dies gilt umso mehr, als im Zuge der Internationalisierung und Globalisierung des Wirtschaftsgeschehens eine Vielzahl von Ländern als Standort infrage kommt; die Suche beschränkt sich nicht mehr auf Regionen innerhalb des Heimatmarktes. Auf den ersten Blick scheint es, als ließen sich Unternehmen bei der internationalen Allokation von Ressourcen primär von niedrigen Lohnkosten, hohen staatlichen Subventionen sowie diversen Steuerbefreiungen leiten. Bei näherer Betrachtung erweisen sich die dadurch erwirkten Vorteile jedoch nicht selten als Pyrrhus-Siege: Wenn die *Wettbewerbsfähigkeit* der betreffenden Region gering ist, dann mag so manche Ansiedlung kurzfristig Kosten sparen, langfristig jedoch nicht konkurrenzfähig sein.

Das Entscheidungsproblem ist also noch weit komplexer als zunächst angenommen: Denn die Wettbewerbsfähigkeit eines Landes hängt von mehreren Faktoren ab. Welche dies sind, darüber wird seit langem kontrovers diskutiert. Als simple Erklärungsansätze bieten sich vorderhand die jeweiligen *geographischen* und *politischen* Gegebenheiten an:

- So gelten einige Standorte u.a. deshalb als besonders attraktiv, weil sie über erhebliche Rohstoffvorkommen verfügen. Mitunter wird aber auch die Alternativ-Hypothese herangezogen, derzufolge Länder wie die Schweiz oder Japan gerade aufgrund der Knappheit von Ressourcen gezwungen waren, sich auf den Hightech- und Dienstleistungsbereich zu konzentrieren – und es so zu beachtlichem Wohlstand gebracht haben.

- Politische Stabilität gilt seit jeher als Garant für wirtschaftlichen Aufschwung, während interne Machtkämpfe oder gar Unruhen die Attraktivität eines Marktes erheblich mindern.

Viele Betriebswirtschaftler betrachten das *Humankapital* als wichtigste Ressource von Unternehmen (vgl. Müller & Kornmeier, 2000). Und so stellt sich auch für ganze Volkswirtschaften die Frage, ob die *kulturelle Prägung* der dort lebenden Menschen die Wettbewerbsfähigkeit und damit indirekt die Standortwahl ausländischer Investoren beeinflusst (vgl. Abb. 1).

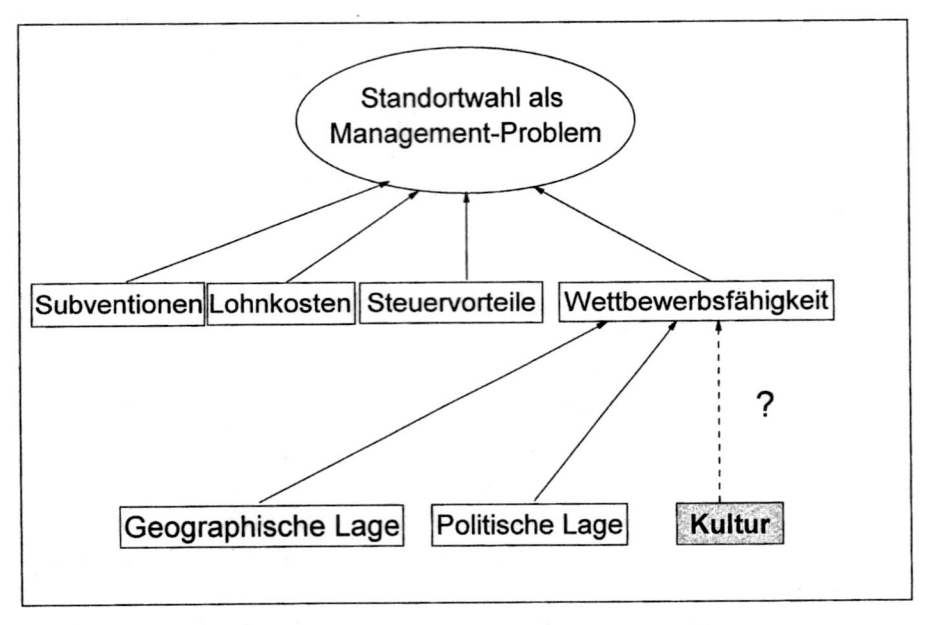

Abbildung 1: Kultur als indirekter Einflussfaktor der Standortwahl

1. Einfluss der Kultur auf die Standortwahl

Bereits zu Beginn dieses Jahrhunderts gab es Bestrebungen, den wirtschaftlichen Aufschwung bestimmter Regionen mithilfe kultureller Eigenheiten zu erklären. Beispielsweise brachte Weber (1904) die Entstehung des Kapitalismus mit der protestantischen Arbeitsmoral in Zusammenhang. Später, zu Beginn der Achzigerjahre, begründeten Wirtschaftswissenschaftler die zweistelligen Wachstumsraten der japanischen Wirtschaft u. a. mit dem Arbeitseifer und dem Gruppengeist auf der fernöstlichen Insel – zwei Phänomene, die sich auf den jahrhundertelangen Einfluss des Konfuzianismus in Japan zurückführen lassen (vgl. Müller & Kornmeier, 2002). Spätestens seit Hofstede 1984 seine Operationalisierung des Konstrukts Kultur vorstellte, ergab sich die Möglichkeit, den unterstellten Zusammenhang zwischen Kultur und wirtschaftlicher Leistungsfähigkeit auf breiter empirischer Basis nachzuweisen:

Hofstede (1984) befragte insgesamt 116.000 IBM-Mitarbeiter aus 53 Ländern bzw. Regionen nach ihren arbeitsbezogenen Einstellungen und Werten. Dabei stellte er fest, dass sich Kulturen auf vier Dimensionen systematisch voneinander unterscheiden, u. a. darin, wie der Einzelne in die jeweilige Gemeinschaft integriert wird. Dies kann im Extremfall sehr stark *(kollektivistische Kultur)*, aber auch sehr schwach sein. *Individualistische Kulturen* betrachten das Individuum als eher autark und unabhängig. Die drei anderen Kultur-Dimensionen offenbaren, in welchem Maße

- sich die Mitglieder einer Gesellschaft von unbekannten Situationen bedroht fühlen *(Unsicherheitsvermeidung)*,
- die Geschlechterrollen deutlich voneinander getrennt werden *(Maskulinität)* und
- sozial niedriger gestellte Personen die Distanz zu den oberen Schichten akzeptieren *(Machtdistanz)*.

Bisweilen wird noch eine fünfte Dimension genannt: die Langzeitorientierung. Die klassische Hofstede-Studie wurde von Amerikanern, Niederländern und Norwegern, also ausschließlich von „Westlern" konzipiert. Als Gegengewicht zu diesem ethnozentrischen Bias entwickelten Hofstede und Bond (1988) gemeinsam mit chinesischen Sozialwissenschaftlern ein weiteres Instrumentarium, um Kultur zu operationalisieren: die *Chinese Value Survey*. Die dabei gewonnenen Daten ließen sich faktorenanalytisch zu vier Dimensionen verdichten, von denen drei den Dimensionen Machtdistanz, Individualismus und Maskulinität ähnelten. Die vierte, zunächst als „konfuzianische Dynamik" bezeichnet, wurde später in Langzeitorientierung umbenannt (vgl. Hofstede, 1994, S. 161ff.). Da diese Studie jedoch nur 23 Länder umfasst, soll sie im Folgenden vernachlässigt werden.

Wie andere Forscher griffen auch Müller und Kornmeier (2000) in ihrer Sekundärstudie auf die von Hofstede vorgeschlagene Operationalisierung von Kultur zurück. Die Autoren untersuchten deren Zusammenhang mit der Lebenszufriedenheit sowie der *internationalen Wettbewerbsfähigkeit* (vgl. Abb. 2).

Wie in Abbildung 2 ersichtlich, korreliert die Dimension „Individualismus/Machtdistanz" signifikant und positiv mit der internationalen Wettbewerbsfähigkeit eines Landes. Die Attraktivität eines Landes steht also mit dessen kultureller Prägung im Zusammenhang, ja ist womöglich u.a. auf diese zurückzuführen.

Neben seiner Rolle als Promotor – oder auch Hemmschuh – der Wettbewerbsfähigkeit eines Landes dürfte der Faktor „Kultur" jedoch noch eine *weitere Rolle* bei der internationalen Standortwahl spielen. Diese verdankt er dem wenig rationalen, aber dafür menschlichen Prinzip, wonach man Fremdes als Bedrohung, Vertrautes hingegen als weniger risikoreich und daher als attraktiver wahrnimmt. Übertragen auf die weltweite Allokation von Ressourcen bedeutet dies: Unternehmen neigen dazu, ihre Investitionen in *kulturell affinen Ländern* zu tätigen. Ein empirischer Befund von Schmidl (1998) unterstützt diese Annahme. Er untersuchte die Zusammensetzung der wichtigsten deutschen Aktienfonds und stellte fest, dass darin Wertpapiere von Gesellschaften mit Sitz in Ländern mit großer kultureller Distanz zu Deutschland, unter-, in kulturell „verwandten" Ländern hingegen überrepräsentiert sind. Man könnte zwar argumentieren, dieser Effekt sei alternativ auch darauf zurückzuführen, dass die zu Deutschland kulturell affinen Länder (z. B. USA, Großbritannien) zugleich zu den führenden Wirtschaftsnationen zählen, die Variablen Kulturprofil und Attraktivität (in Bezug auf Aktienbesitz) also konfundiert sind. Dies erklärt allerdings nicht das unterdurchschnittliche Engagement beispielsweise in Japan.

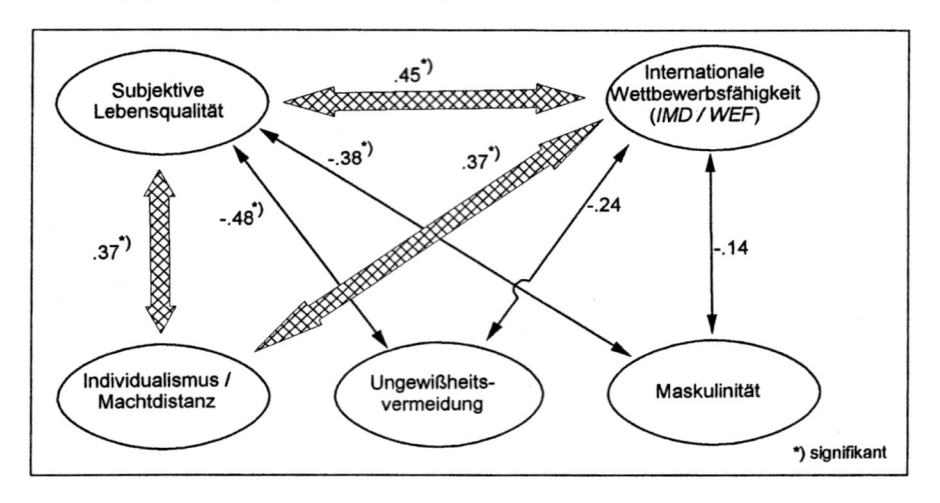

Abbildung 2: Individualismus/Machtdistanz korrelieren mit internationaler Wettbewerbsfähigkeit (vgl. Müller & Kornmeier, 2000);

Anmerkungen zur Abbildung:
(1) Der Index der „subjektiven Lebensqualität" wurde faktorenanalytisch ermittelt, wobei der Faktorenanalyse folgende Items lagen (vgl. Veenhoven, 1996):
   - „Happiness in life": „Taking all things together, would you say you are: 1= not at all happy, 2 = not very happy, 3 = quite happy, 4 = very happy?"
   - „Satisfaction with life": „All things considered, how satisfied are you with your life as a whole now?" (1 = satisfied; ....; 10 = satisfied)
(2) Der dieser Analyse zugrunde liegende Index der „internationalen Wettbewerbsfähigkeit" ist gleichfalls das Ergebnis einer Faktorenlösung. Hierzu wurden die *competion scores* verwendet, welche IMD und WEF (mit einem unterschiedlichen Messansatz) berechnet haben (vgl. Müller & Kornmeier, 1999). Die Zahlen entstammen den jeweiligen Jahrbüchern für 1998.
(3) Faktorenanalytisch lässt sich zeigen, dass „Individualismus" und „Machtdistanz" Pole einer Dimension sind (vgl. Müller & Kornmeier, 2002). Sie wurden deshalb zu einem Faktorwert zusammengefasst, sodass statt der von Hofstede (1980) ursprünglich ermittelten vier Kulturdimensionen lediglich drei in die Korrelationsanalyse einbezogen wurden: Individualismus/Machtdistanz, Ungewissheitsvermeidung und Maskulinität.
(4) Das Bruttosozialprodukt pro Kopf korreliert stark mit Individualismus/Machtdistanz (r=0.68). Um zu vermeiden, dass das ökonomische Wohlfahrtsniveau die Wirkung dieser Kulturdimension überlagert, wurde das BSP als Kontrollvariable verwendet („herauspartialisiert"). Bei den in der Abbildung dargestellten Werten handelt es sich folglich um die Koeffizienten partieller Korrelationen.

Die obigen Ausführungen sprechen also ganz allgemein dafür, dass die internationale Standortwahl (auch) kulturell bedingt ist, weil

- Die Kultur zum einen die Wettbewerbsfähigkeit einzelner Länder beeinflusst, und
- zum anderen Unternehmen dazu neigen, in kulturell affinen Ländern zu investieren (vgl. Müller & Kornmeier, 2001a).

Diese Annahmen sollen im Folgenden an einem konkreten Beispiel verifiziert werden. Als Untersuchungsobjekt wurde *Indien* gewählt, weil dieses Land neben Brasilien, Indonesien, China, und Russland zu den so genannten *Big Five*, den bevölkerungsreichsten und somit attraktivsten Schwellenländern der Erde gehört. Außerdem weist der Subkontinent einige Besonderheiten auf, die ihn als kulturellen Mittler zwischen der östlichen und der westlichen Hemisphäre auszeichnen (vgl. Müller & Kornmeier, 2001b).

2. Besonderheiten der indischen Kultur

2.1 Indien als Mittler zwischen Ost und West

Indien gilt aus verschiedenen Gründen als vergleichsweise westliches Land: Während das konfuzianische Beziehungsgeflecht chinesischer Provenienz für europäische oder amerikanische Besucher nur schwer zu durchschauen ist, ähnelt die politische Struktur des Subkontinents der westlicher Industrieländer: Sie basiert auf weitgehend demokratischen Wahlen und einer verlässlichen Rechtsordnung, die sich am britischen Westminster-Modell orientiert (vgl. Wagner, 1997, S. 9):

Die Grundrechte sind in der Verfassung festgeschrieben. Das Parlament wird alle fünf Jahre nach dem britischen Mehrheitswahlrecht gewählt. An seiner Spitze – und damit auch an oberster Stelle im Land – steht der Präsident, von Repräsentanten des Ober- und des Unterhauses sowie der Länderparlamente gewählt. Während seine Funktion allerdings vorrangig repräsentativer Natur ist, übt der Premierminister mit seinem Kabinett die politische Macht aus. Dem Prinzip der Gewaltenteilung folgend kommt die Judikative dem Obersten Gerichtshof zu.

Dieses Politik- und Rechtssystem ist zweifelsohne ein Erbe der 200 Jahre währenden britischen *Kolonialzeit*. Diese schlägt sich auch in der indischen Lebensweise nieder, die bisweilen unverkennbar westliche Züge trägt. Am deutlichsten manifestiert sich dies wohl in der Sprache. Ausländische Manager können sich in Indien problemlos auf Englisch verständigen, jedenfalls mit gebildeten indischen Geschäftsleuten. Nachdem nur etwa ein Drittel der Bevölkerung Hindi spricht, ist die Sprache der ehemaligen Kolonialherren ohnehin die *Lingua Franca* des riesigen indischen Subkontinents.

Allerdings standen auch andere asiatische Staaten, wie z. B. Hongkong oder die Philippinen, jahrzehntelang unter britischem bzw. amerikanischem Einfluss, ohne dass dies jedoch vergleichbare Spuren hinterlassen hätte. Ob der Umstand, dass die Inder den meisten ihrer asiatischen Nachbarn weit weniger und der westlichen Kultur weit mehr ähneln, als man erwarten könnte, Ursache oder Konsequenz dieses Phänomens ist, mag Ansichtssache sein. Jedenfalls gelten die Inder im Vergleich zu den Thais, Koreanern oder Taiwanern als *Idiozentriker*. In den Ländern Letzterer herrscht der vielfach beschworene Gruppengeist, der allerdings, wie die jüngste „Asienkrise" gezeigt hat, als Garant wirtschaftlicher Effizienz lange Zeit überschätzt wurde.

Dass diese These nicht aus der Luft gegriffen ist, belegen die empirischen Befunde der Studie von Hofstede (1984): Zu dessen Überraschung rangiert Indien auf der *Individualismus/Kollektivismus*-Skala an 21. Stelle, direkt hinter Spanien, während sich die anderen Kulturen der östlichen Hemisphäre mehrheitlich als eindeutig kollektivistisch erwiesen.

Um die Affinität Indiens zu anderen Kulturen zu ermitteln, wurden die Indices der von Hofstede ursprünglich untersuchten 53 Länder einer Clusteranalyse unterzogen. Es entstand die in Abbildung 3 als Dendrogramm dargestellte Struktur. Dessen Sinn erschließt sich, wenn man weiß, dass Länder sich kulturell umso näher sind, je „früher" sie fusioniert werden. Demnach ähnelt das kulturelle Profil Indiens sehr stark demjenigen von Malaysia und den Philippinen, während gravierende Unterschiede zu Japan, Indonesien, Pakistan, Taiwan oder Thailand bestehen. Japan wiederum ähnelt den arabischen Ländern weit mehr als z. B. Taiwan! Mit anderen Worten: Die Re-Analyse der Hofstede-Daten legt die Vermutung nahe, dass es den aus Europa als „Ferner Osten" wahrgenommenen einheitlichen asiatischen Kulturkreis in Wirklichkeit überhaupt nicht gibt und dieser alles andere als homogen ist.

Wie Abbildung 3 zeigt, entsprechen sich die *kulturelle* und die *geographische* Lokalisation der betrachteten Länder nur bedingt. Es lassen sich grob drei Gruppen unterscheiden:

(1) Dem Kultur-Cluster 1 gehören vorwiegend Länder Lateinamerikas und der arabischen Welt an, aber auch afrikanische, asiatische und einige (süd-)europäische. Der gemeinsame Nenner dieses auf den ersten Blick sehr heterogen wirkenden Clusters lässt sich als *südländisch* bezeichnen.

(2) Homogener stellt sich das Kultur-Cluster 2 dar; es umfasst beinahe ausschließlich *westliche* Kulturen, wozu auch Deutschland zählt. Wenn im Verlauf der Clusteranalyse die skandinavischen Länder und die Niederlande erst relativ spät mit den anderen fusioniert werden, so lässt sich dies – und damit die Sonderstellung der nordischen Staaten – primär mit deren niedrigem Maskulinitätsindex begründen: Dies bedeutet, dass dort die Geschlechterrollen weniger stark polarisiert werden als in den meisten westlichen Kulturen. Dafür sprechen u. a. die Ergebnisse einer kulturvergleichenden Studie über Geschlechterrollen in schwedischer und US-amerikanischer Printwerbung. Wiles und Tjernlund (1991) untersuchten insgesamt 253 Anzeigen und stellten fest, dass Frauen in amerikanischen Zeitschriften in 82 Prozent der Fälle eine „dekorative" Rolle spielten, während skandinavische Blätter weibliche *Testimonials* signifikant seltener in der klassischen Rolle darstellten (31 Prozent).

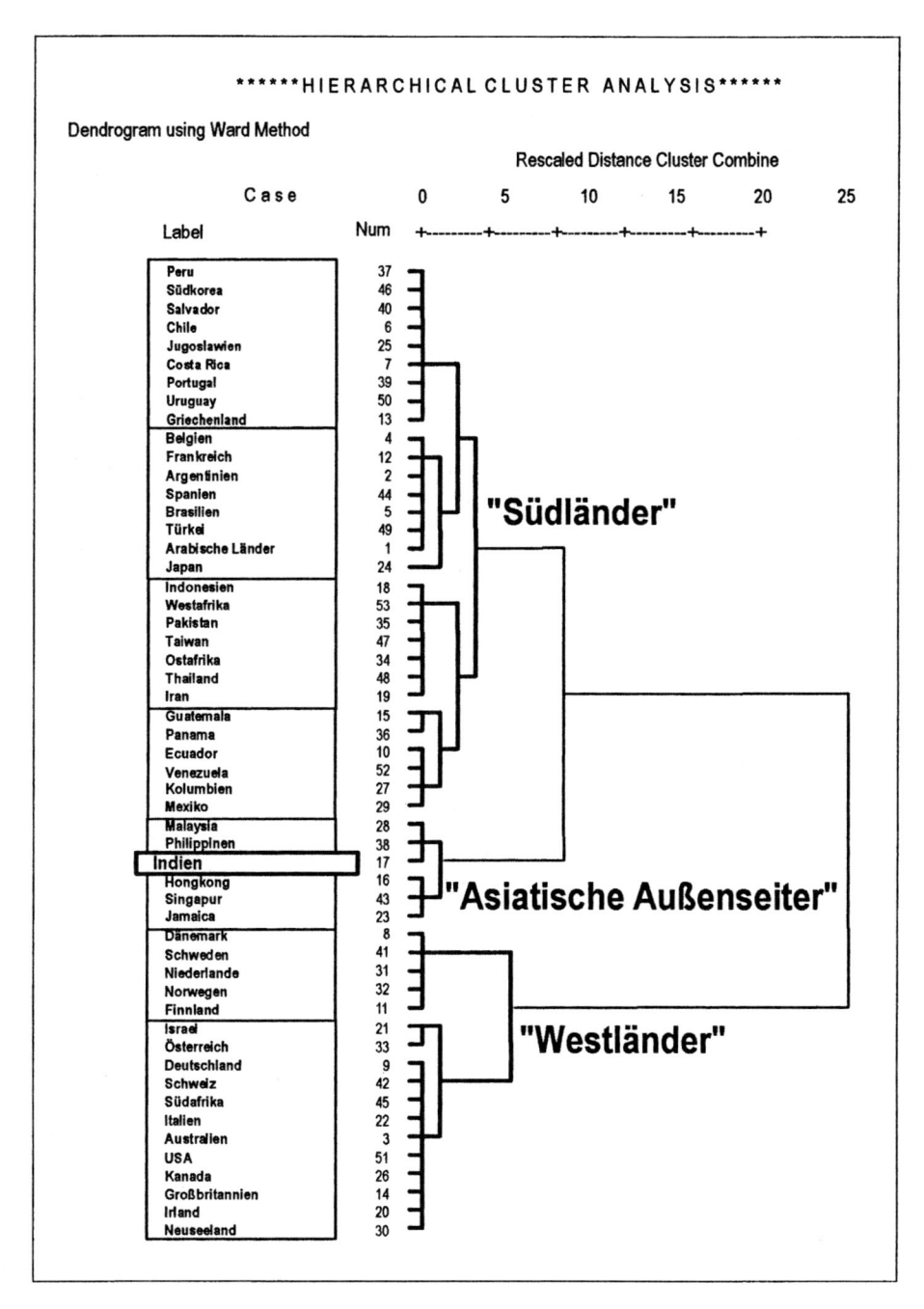

```
****** HIERARCHICAL CLUSTER ANALYSIS ******
Dendrogram using Ward Method
                              Rescaled Distance Cluster Combine
        Case              0      5      10     15     20     25
        Label         Num +------+------+------+------+------+

        Peru          37
        Südkorea      46
        Salvador      40
        Chile          6
        Jugoslawien   25
        Costa Rica     7
        Portugal      39
        Uruguay       50
        Griechenland  13
        Belgien        4
        Frankreich    12
        Argentinien    2
        Spanien       44                "Südländer"
        Brasilien      5
        Türkei        49
        Arabische Länder 1
        Japan         24
        Indonesien    18
        Westafrika    53
        Pakistan      35
        Taiwan        47
        Ostafrika     34
        Thailand      48
        Iran          19
        Guatemala     15
        Panama        36
        Ecuador       10
        Venezuela     52
        Kolumbien     27
        Mexiko        29
        Malaysia      28
        Philippinen   38
        Indien        17
        Hongkong      16
        Singapur      43          "Asiatische Außenseiter"
        Jamaica       23
        Dänemark       8
        Schweden      41
        Niederlande   31
        Norwegen      32
        Finnland      11
        Israel        21                "Westländer"
        Österreich    33
        Deutschland    9
        Schweiz       42
        Südafrika     45
        Italien       22
        Australien     3
        USA           51
        Kanada        26
        Großbritannien 14
        Irland        20
        Neuseeland    30
```

Abbildung 3: Heterogenität der Kulturen in Asien (Quelle: Hofstede, 1984; eigene Auswertung)

(3) Kultur-Cluster 3, dem Indien angehört und das fast ausschließlich *asiatische Kulturen* umfasst, wird im weiteren Verlauf der Analyse zwar mit den „Südländern" zusammengefasst; doch geschieht dies relativ spät, erst im siebenten Iterationsschritt (vgl. Abb. 3). Damit steht Indien den anderen asiatischen Staaten aus der Gruppe der „Südländer" zwar prinzipiell näher als den „Westländern", aber diese Affinität ist nicht stark genug, als dass man Asien als kulturell homogene Gruppe bezeichnen könnte. Dies verdeutlicht auch Abbildung 4, welche die jeweiligen Mittelwerte der drei Cluster auf Hofstedes Kulturdimensionen veranschaulicht.

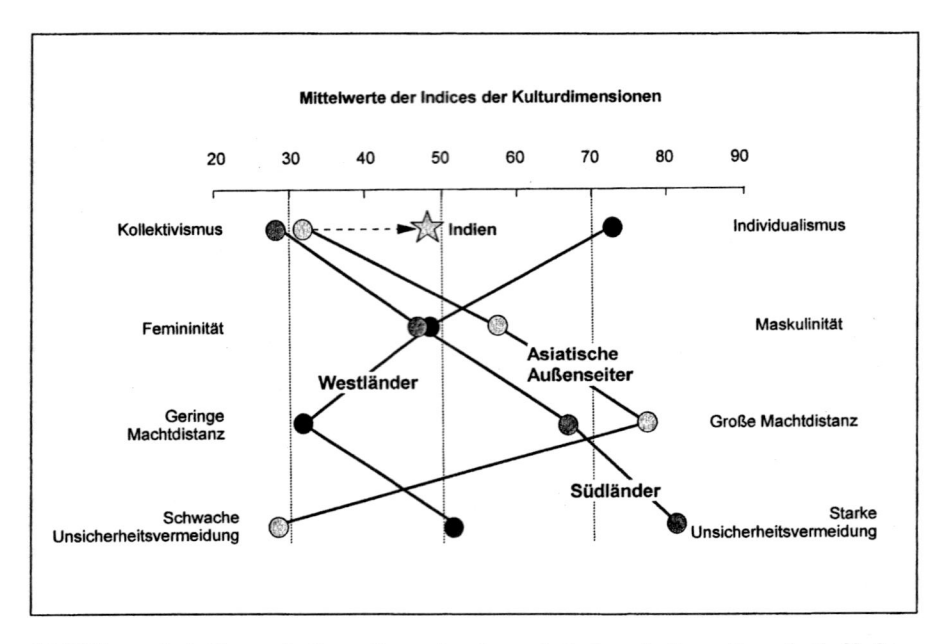

Abbildung 4: Indien – Außenseiter unter den asiatischen Außenseitern (vgl. Hofstede, 1984; eigene Auswertung)

Wie die Abbildung zeigt, ähneln sich „Asiatische Außenseiter" und „Südländer" auf drei Dimensionen (Individualismus, Maskulinität und Machtdistanz) weitgehend; sie unterscheiden sich jedoch sehr deutlich darin, ob sie *unsichere Situationen* zu vermeiden suchen oder tolerieren: Die Ländergruppe, der auch Indien angehört, hat einen auffallend niedrigen Unsicherheitsvermeidungs-Index, was nach Hofstede (1994, S. 125) deren „Neugier auf Andersartiges" und „Ambiguitätstoleranz" ausdrückt: Angehörige solcher Kulturen können Widersprüchliches „nebeneinander stehen lassen", ohne dabei Angst oder Unbehagen zu empfinden. Gerade in Indien mag diese Ambiguitätstoleranz dafür gesorgt haben, dass das Land für neues – während der Kolonialzeit vor allem westliches – Gedankengut aufgeschlossen war, es teilweise absorbierte, ohne deswegen jedoch die eigenen, angestammten Werte grundsätzlich infrage zu stellen. Möglicherweise deshalb ist Indien in der Gruppe der „Asiatischen Außenseiter" selbst ein „Einzelgänger": Zumindest fällt es durch seine vergleichsweise starke Präferenz individualistischer Werte aus dem Rahmen.

Sinha und Tripathi (1994, S. 124) begründen dieses Phänomen des „Individualismus in einer kollektivistischen Kultur" mit zwei Eigenheiten der Inder (vgl. Abschnitt 2.2):

(1) Fähigkeit, Widersprüche nebeneinander bestehen zu lassen (=Ambiguitätstoleranz)
(2) Kontextabhängigkeit ihrer Handlungen.

2.2 Ursachen für die Mittler-Rolle

(1) Ambiguitätstoleranz
Dass Widersprüche auf dem Subkontinent nicht zur Auflösung drängen, sondern koexistieren können, zeigt sich nicht nur in den krassen sozialen Gegensätzen zwischen den einzelnen Bevölkerungsschichten, sondern auch innerhalb ein und derselben Person. Aufgefordert, beispielsweise die *Arbeitsethik* der Inder zu beschreiben, würde ein wohlwollender Beobachter den Fleiß und das Engagement der indischen Computerspezialisten preisen. Sein Urteil könnte allerdings auch ganz anders ausfallen und Ineffektivität, Nachlässigkeit sowie Zögerlichkeit in den Vordergrund stellen (vgl. Sinha & Tripathi, 1994, S. 126).

Diese Dualität des Verhaltens steht exemplarisch für den *Pluralismus* einer Gesellschaft, in der die verschiedensten Meinungen, Werte und Weltanschauungen nebeneinander bestehen (vgl. Hafner, Heidrich & Heidrich, 1993). Was man aus der ethnozentrischen Sicht des Mitteleuropäers als Widersprüchlichkeit interpretieren mag, spiegelt aus einer anderen Perspektive die *Toleranz* wider, die dem Hinduismus innewohnt: Dort gibt es im Gegensatz zu den großen monotheistischen Religionen, wo Recht und Unrecht z. B. in Gestalt des Alten und des Neuen Testaments oder des Korans kanonisiert wurden, keine ultimative religiöse Autorität (vgl. Sinha & Tripathi, 1994, S. 131).

Der Hinduismus schreibt also nicht den „einzig richtigen" Weg vor, sondern begünstigt die Pluralität des Glaubens in Theorie und Praxis. Nicht zuletzt deshalb gestehen Inder fremdem Gedankengut keinen minderen Spielraum zu als dem althergebrachten, ohne allerdings darüber die eignen Positionen aufzugeben. Diese Toleranz und Weltoffenheit erklärt auch die *Mittler-Position*, welche diese Kultur zwischen der östlichen und der westlichen Hemisphäre einnimmt bzw. einnehmen könnte (vgl. Abb. 5).

Abbildung 5 stellt das Ergebnis zweier Studien zum *Selbstkonzept* von US-Amerikanern, Chinesen und Indern dar.[1] Die Befragten sollten angeben, in welchem Maße sie bestimmten Statements zustimmen. Daraus ließ sich ableiten, wie wichtig den Probanden einzelne Kategorien des Selbstbildes (eigene Interessen, berufliche Ziele etc.) sind. Wie man sieht, neigen Inder – wie Chinesen – zwar auch dazu, die eigenen Interessen den sozialen Beziehungen unterzuordnen. Während aber für die Chinesen Anpassung gleichfalls einen besonderen Stellenwert besitzt, rangieren bei den Indern berufliche Ziele an zweiter Stelle, vor der Anpassung an das soziale bzw. gesellschaftliche Umfeld.

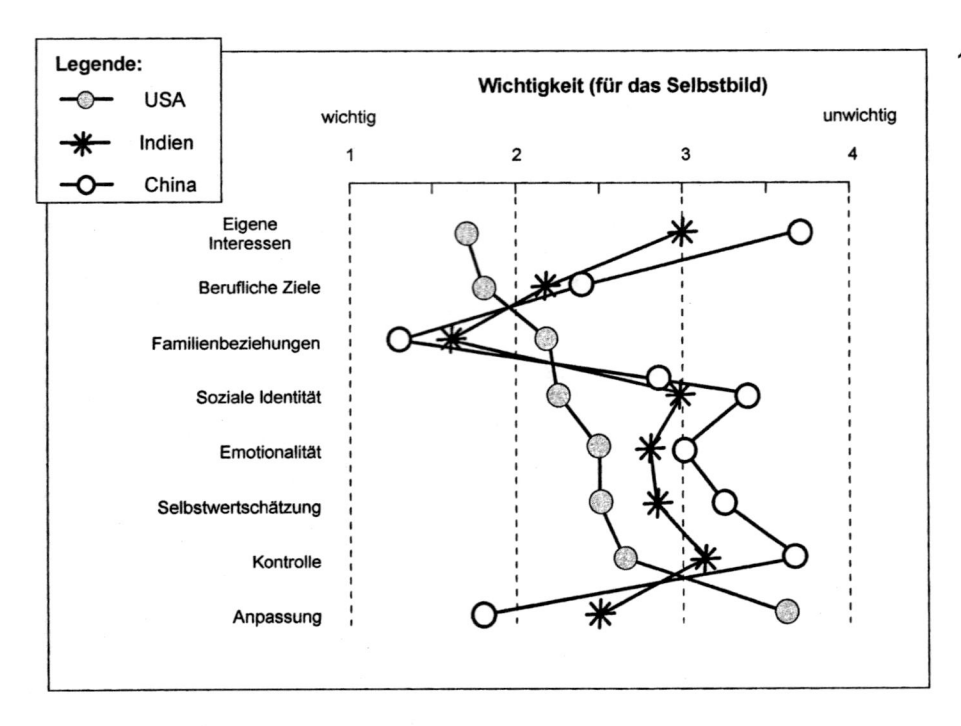

Abbildung 5: Selbstkonzept der Inder: weder eindeutig östlich noch eindeutig westlich geprägt (in Anlehnung an Chen & Yang, 1986, S. 23; Dhawan, Roseman, Naidu, Thapa & Rettek, 1995, S. 611)

Eine von Sinha und Tripathi (1994, S. 133ff.) durchgeführte Studie bestätigt ebenfalls, dass sich die indische Kultur keiner der beiden Extrempositionen Individualismus – Kollektivismus zuordnen lässt. Die Forscher gaben 82 indischen Studenten 23 Situationen vor, in denen jeweils drei Handlungsmöglichkeiten bestanden: Je eine entsprach dem Ideal einer individualistischen (westlichen) bzw. kollektivistischen (östlichen) Gesellschaft, während die dritte beide Optionen vereinte (z. B. „Was sollte für die Wahl eines Politikers ausschlaggebend sein: ihre Fähigkeiten, ihre Abstammung oder beides?"). In 17 von 23 Fällen entschieden sich die Probanden für den *Mittelweg*, fünfmal sogar für die individualistische Variante und nur einmal für die kollektivistische Lösung.

(2) Kontextabhängigkeit
Neben ihrer Ambiguitätstoleranz sorgt noch eine zweite Eigenheit der Inder dafür, dass sie sich einer simplen Ost/West-Kategorisierung weitgehend entziehen. Zwar

haben dort Moralvorstellungen theoretisch eine ausgeprägte Bedeutung; in der Praxis ist es jedoch durchaus legitim, diese nach eigenem Ermessen auszulegen – je nachdem, wie die *Situation* es erfordert.

Beispielsweise interpretieren Inder das strenge Verbot, keine Lebensmittel von Angehörigen einer niederen Kaste anzunehmen, gewöhnlich auf ihre Weise – sehr großzügig nämlich. Denn wer auf Reisen ist, z. B. auf einem Boot oder mit einem Lieferwagen, der kommt mangels einer Alternative häufig nicht umhin, von niederen Kastenangehörigen „verunreinigte" Lebensmittel anzunehmen (vgl. Sinha & Tripathi, 1994, S. 129).

Inder orientieren sich also weniger an hoch gesteckten Idealen. Dass dieser Pragmatismus nicht nur sozial akzeptiert, sondern in vielen Fällen sogar erwartet wird, zeigt auch ihr Verhältnis zur *Wahrheit*, das sich mit einem Sprichwort beschreiben lässt: „Man sollte die Wahrheit sagen; man sollte das sagen, was angenehm ist. Man sollte aber in dem Falle auf die Wahrheit verzichten, wenn sie nicht angenehm ist" (vgl. Sinha & Tripathi, 1994, S. 129). Was angenehm und was unangenehm ist, ergibt sich aus dem jeweiligen Kontext.

(3) Fazit
Ambiguitätstoleranz und Kontextabhängigkeit, und somit auch der Individualismus, wurzeln u.a. in der Religion, welche die indische Kultur nachhaltig geprägt hat: der *Hinduismus*. Er betont die Relevanz von individuellen Handlungen für das eigene Schicksal; Karma wird nämlich nicht, wie Angehörige des westlichen Kulturkreises gemeinhin glauben, mit Ergebenheit gleichgesetzt. Getreu der Vorstellung: „Was du säst, das sollst du ernten", ist es nach hinduistischer Vorstellung vielmehr Ergebnis sämtlicher bisheriger Handlungen der wieder geborenen Person. Dieses Verständnis kommt dem westlichen Ideal, „sein Schicksal in die Hand zu nehmen", sehr viel näher als dem buddhistischen Fatalismus. Andererseits kennt der Hinduismus keine gemeinsame Schuld, mit der die Bibel kollektive Leiden, wie Pest oder Hungersnot, begründet.

3. Konsequenzen für die internationale Standortwahl

In Abschnitt 1 wurde angenommen, dass die Kultur die Standortwahl in zweierlei Hinsicht zu beeinflussen vermag: Zum einen indirekt durch ihre Wirkung auf die Wettbewerbsfähigkeit, zum anderen direkt, indem Investoren mit Vorliebe in kulturell affinen Ländern investieren. Es gilt nun zu prüfen, inwiefern die in Abschnitt 2 dargestellten Besonderheiten der indischen Kultur diese Wirkung tatsächlich entfalten.

3.1 Langsame Entfaltung der Marktkräfte

Alles in allem scheint die indische Kultur geradezu prädestiniert für eine dynamische Entfaltung der Marktkräfte zu sein; denn:

- Ein starker Individualismus fördert die Eigenverantwortung – und damit Eigenschaften wie Unternehmertum, Eigeninitiative und Kreativität.
- Die Ambiguitätstoleranz der Inder sorgt dafür, dass sie Veränderungen sowie neuen Entwicklungen und Ideen prinzipiell aufgeschlossen gegenüberstehen.
- Die Kontext-Abhängigkeit ihrer Handlungen erleichtert einen pragmatischen Umgang mit schwierigen Situationen. Dadurch fällt es den Indern leichter, Neuerungen zu akzeptieren bzw. zu übernehmen, die bestimmten kulturellen Regeln widersprechen. Dies verhindert übertriebenen Dogmatismus und fördert gleichzeitig zwar nicht unbedingt die Beseitigung verkrusteter Strukturen, aber setzt sie zumindest zeitweilig außer Kraft.

Tatsächlich sprechen die Wirtschaftsdaten aus der jüngsten Vergangenheit für eine verbesserte Wettbewerbsfähigkeit:

- Das *Bruttoinlandsprodukt* wächst seit 1992 jährlich um fünf bis sieben Prozent, ein Trend, der sich nach Meinung von Experten auch in Zukunft fortsetzen wird (vgl. Müller & Gelbrich, 1999, S. 1ff.):
- Die Zahl der genehmigten und realisierten ausländischen Direktinvestitionen steigt gleichfalls stetig. Nach Aussage des indischen Finanzministers, Palaniappan Chidambaram, sollen im Jahre 2001 mindestens zehn Mrd. US $ in das Land fließen (vgl. Ziesemer, 1997, S. 24).
- Die südindische Stadt Bangalore entwickelt sich zum „Silicon Valley" des Subkontinents, in dem hoch qualifizierte einheimische Akademiker Software für ausländische Computerfirmen entwickeln. Zwar ziehen Madras und Kalkutta dank besserer Infrastruktur und leichterer Erreichbarkeit der Wirtschaftszentren auch zunehmend IT-Unternehmen an bzw. von Bangalore ab; dies ändert aber nichts an der Grundaussage.

Diese Entwicklung kann jedoch nicht davon ablenken, dass der Subkontinent im *internationalen Vergleich* erheblichen Nachholbedarf hat: Im jährlichen Monitoring der internationalen Wettbewerbsfähigkeit durch das IMD nahm Indien 1998 von insgesamt 46 Ländern nur Rang 41 ein (vgl. IMD, 1998, S. 378). Insbesondere die Gegenüberstellung Indiens mit seinen zumeist weniger individualistisch geprägten asiatischen Nachbarstaaten scheint dem allgemeinen, empirisch nachweisbaren Trend zu widersprechen, wonach Individualismus mit einer erhöhten Wettbewerbsfähigkeit einhergeht. Demnach steht das Land zwar unter den neun asiatischen Kulturen, für welche die Daten verfügbar waren, in Bezug auf Individualismus/Machtdistanz an dritter Stelle, nimmt aber in der Konkurrenzfähigkeit noch nach Indonesien den letzten Platz ein (vgl. Tab. 1).

Es liegen zu viele Belege für eine positive Beziehung „Individualismus – Wettbewerbsfähigkeit" vor, als dass man diese These in Hinblick auf Indien unbesehen außer Kraft setzen sollte. Denn möglicherweise konnte der Individualismus der Inder seine förderliche Wirkung aufgrund ungünstiger Rahmenbedingungen (noch) nicht entfalten. Hierfür lassen sich neben dem Umstand, dass dieses Land erst relativ spät Abschied von der Planwirtschaft genommen hat, im Wesentlichen

Tabelle 1: Individualismus und Wettbewerbsfähigkeit – Faktorwerte als Ergebnis einer Faktorenanalyse (vgl. Müller & Kornmeier, 2000)

Land	Individualismus/Machtdistanz	Internationale Wettbewerbsfähigkeit
Japan	.29893	.72379
Taiwan	- .55624	.86402
Indien	**- .60090**	**-1.45368**
Thailand	- .68713	- .66528
Hongkong	- .90400	1.16786
Indonesien	-1.29183	-1.25275
Singapur	-1.29951	1.80107
Philippinen	-1.37563	- .71390
Malaysia	-1.82229	.21728

zwei *(struktur-) politische Gründe* nennen (vgl. Müller & Gelbrich, 1999, S. 7ff., S. 20ff.):

- Die Infrastruktur – lange Zeit Domäne der abgewirtschafteten Staatsbetriebe – ist unzureichend.
- Nach westeuropäischen Maßstäben ist die innen- und außenpolitische Lage unübersichtlich.

Ein weiterer Grund liegt in der kulturellen Prägung der Inder: So wurde in Abschnitt 2.2 dargestellt, dass die Kontextabhängigkeit ihrer Handlungen einen eher legeren Umgang mit der Wahrheit bedingt: Was richtig oder falsch ist, hängt von der jeweiligen Situation und mithin vom persönlichen Interpretationsspielraum des Betreffenden ab. Dies leistet wiederum *Willkür und Korruption* Vorschub. Dass politische Ämter in dem 900-Millionen-Staat häufig missbraucht werden, offenbart eine nach Angaben der *Transparency International* erstellte Korruptions-Rangliste von 30 Ländern (vgl. iwd, 1998, S. 8). Jährlich lässt diese Institution Unternehmer, Manager, Politiker und Beamte für 54 Länder angeben, wie korrupt sie Staat und Wirtschaft einschätzen. Mit einem Mittelwert von 2.63 liegt Indien dabei an sechster Stelle – noch vor Italien (3.42); Deutschland nimmt mit 8.27 den 18. Rang ein (vgl. Abb. 6).

Beschuldigt wird vor allem die skandalträchtige Congress-Partei. So fand man im Haus eines früheren Ministers eine Million Dollar, fein säuberlich in Zeitungspapier verpackt. Und der Parteichef trägt als langjähriger Schatzmeister vermutlich nicht von ungefähr den Namen „Mr. Geldsack".

Vorwürfe dieser Art sind dem Ruf eines Landes nicht gerade dienlich; doch treffen sie andere Staaten nicht minder. Insbesondere im Falle Chinas, sogar auf Platz 4 der Korruptions-Rangliste positioniert (vgl. Abb. 6), lassen sich Investoren bemerkenswerterweise von diesem „Risiko" nicht abschrecken. Ob Korruption aus moralischer Sicht verwerflich ist, darüber lässt sich vor dem Hintergrund unterschiedlicher Wertmaßstäbe trefflich streiten (vgl. hierzu Müller & Kornmeier, 2000). Fraglos aber bietet sie dem, der das Investitionsrisiko scheut, ein wohlfeiles Alibi, wie der Vergleich Indien/China zeigt. Im Übrigen ist Korruption vor allem innenpolitisch relevant, z. B. bei Wahlen, tangiert also Investoren häufig nur indirekt.

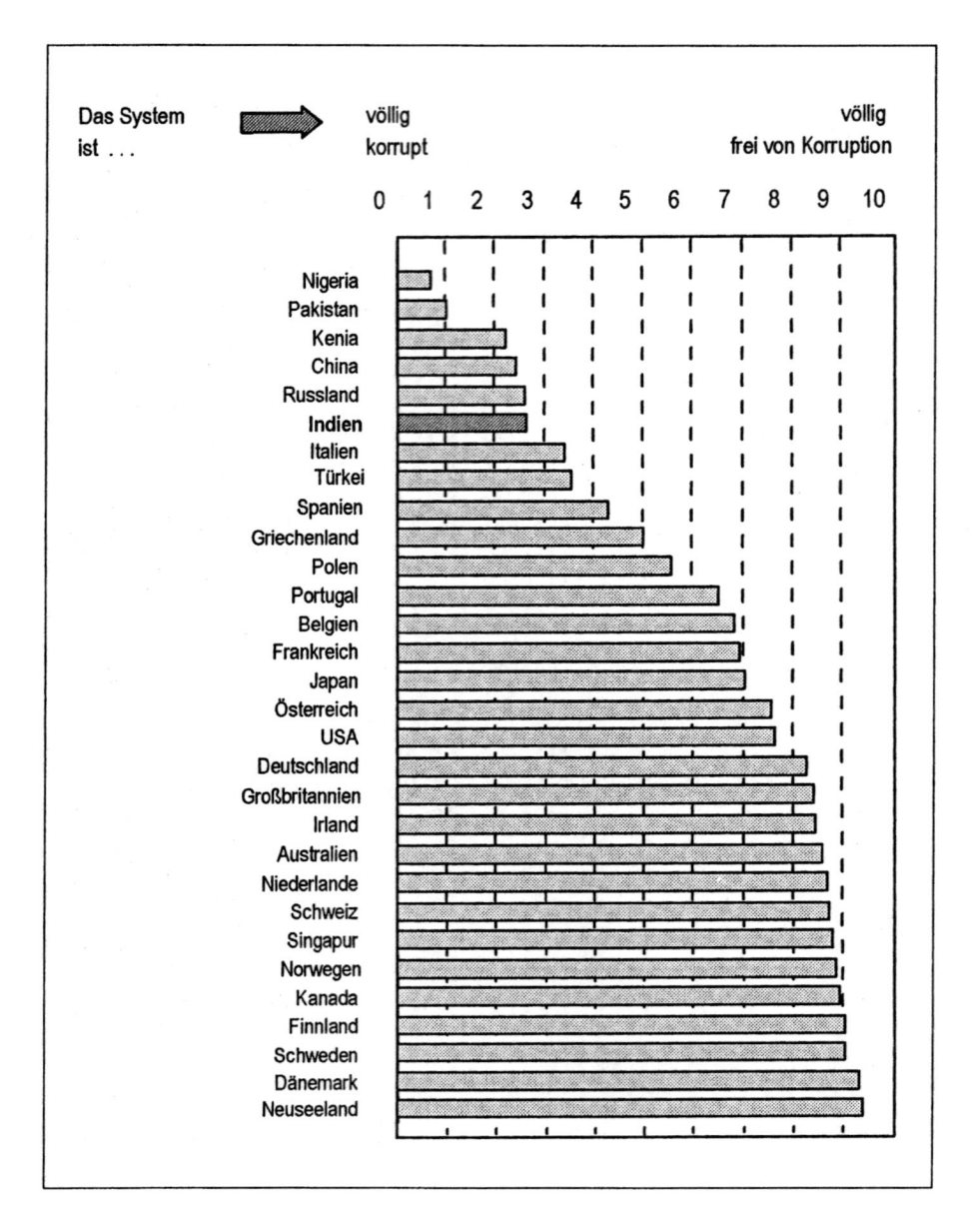

Abbildung 6: Korruption in Staat und Wirtschaft im internationalen Vergleich (Quelle: Institut der Deutschen Wirtschaft, Köln 1998, S. 8)

Eindeutig hemmend wirkt jedoch eine andere Hypertrophie staatlicher Präsenz: die Bürokratie. Überlange Genehmigungsverfahren erregen den Unmut von Investoren ebenso wie der Umstand, dass die Durchschnittszölle in Indien immer noch doppelt so hoch sind wie in den asiatischen „Tiger-Staaten". Wenn die indische Regierung zugleich ein „Heer" von Staatsdienern unterhält – allein in der Zentralregierung arbeiten vier Millionen öffentliche Angestellte, davon etwa 200.000 in der Zollverwaltung –, so stellt sich die Frage, was hier Ursache und was Folge des Problems ist.

Laut einer Umfrage von Economist unter 16 großen ausländischen Firmen bzw. Joint Ventures mit ausländischer Beteiligung in Indien betrachten diese die übermäßige Bürokratie als das *Haupthindernis*, dort zu investieren (vgl. Ahluwalia, 1994). Das ifo-Institut kam nach einer Befragung deutscher Direktinvestoren zu dem gleichen Ergebnis: Während nur 58 Prozent die zweifelsohne labile politische Lage als Hemmnis ansehen, betrachten 90 Prozent die „aufgeblähte und ineffiziente Verwaltung" als Hemmschuh (vgl. ifo Institut, 1994, S. 73). Dies mag ein Hauptgrund dafür sein, dass Indiens Anteil am Weltmarkt für Dienstleistungen und Software trotz der durch die Liberalisierung erzielten Fortschritte immer noch unter einem Prozent liegt (vgl. Seth, 1997, S. 12).

3.2 Distanz trotz kultureller Nähe

Nachdem also Probleme vor allem innenpolitischer und infrastruktureller Natur den Einfluss der Kultur auf die Wettbewerbsfähigkeit untergraben, stellt sich nunmehr die Frage, ob Indiens kulturelle Nähe – oder besser seine geringere Distanz – zu westlichen Ländern Unternehmen dieses Kulturkreises veranlasst, verstärkt in Indien zu investieren – und nicht etwa in dessen „asiatischere" Nachbarstaaten (vgl. Abschnitt 2). Am besten lässt sich diese Annahme wohl im direkten Vergleich mit dem als fernöstlich geltenden China überprüfen; denn beide Länder waren Ende der Vierzigerjahre politisch und wirtschaftlich mit einer ähnlichen Ausgangssituation konfrontiert – Indien war 1947 in die Unabhängigkeit entlassen worden, China hatte 1949 gerade die Wirren einer Revolution überstanden.

Es zeigt sich, dass das Interesse ausländischer Firmen, die sich in Asien engagieren wollten, in den letzten Jahren vornehmlich *China* galt. Die zunehmende Öffnung dieses riesigen Landes gen Westen, ein zweistelliges Wirtschaftswachstum und nicht zuletzt innenpolitische Stabilität sorgten dafür, dass zwischen 1991 und 1995 weit mehr als 100 Mrd. US $ an ausländischen Direktinvestitionen in das „Reich der Mitte" flossen. Im gleichen Zeitraum wurde nur ein Dreißigstel dieser Summe in Indien investiert (vgl. Tab. 2).

Weitere volkswirtschaftliche Indikatoren sprechen ebenfalls für den Standort China (vgl. Tab. 3).

Die kulturelle Nähe bzw. Distanz scheint also im Falle beider Länder *nicht zum Tragen* zu kommen. Als Grund hierfür ließe sich neben der bereits in Abschnitt 3.1 erwähnten Bürokratie auf dem Subkontinent anführen, dass obiger Vergleich beider Länder die Realität nur ungenau widerspiegelt, da er die Zeitdimension und damit die *aktuelle Entwicklung* auf dem Subkontinent ignoriert. Während

Tabelle 2: Ausländische Direktinvestitionen in Indien und China (in Mio. US $; Quellen: U.S. Department of Commerce, Reserve Bank of India)

Jahr	Indien	China
1991	155	4.366
1992	231	11.008
1993	568	27.515
1994	950	33.767
1995	1.959	37.521
Σ	3.863	114.177

China bereits Ende der Siebziger- bzw. Anfang der Achzigerjahre vorsichtig erste Reformen einleitete, reagierte Indien erst 1991 auf eine schwere Zahlungskrise mit einer Öffnung des Landes (vgl. Müller & Gelbrich, 1999, S. 7ff.). Aber diese Erklärung ist unbefriedigend, da auch die neusten Zahlen weiterhin tendenziell für China sprechen (vgl. Tab. 3)

Tabelle 3: China und Indien im Vergleich (Stand 1995; nach Ziesemer, 1997, S. 23)

Ökonomische und soziodemographische Kriterien	Indien	China
BIP pro Kopf* *(in US $)*	1.400	2.800
Analphabeten-Quote *(in %)*	48	22
Kindersterblichkeit *(pro 1000 Geburten)*	71	40
Anteil der unterhalb der Armutsgrenze lebenden Bevölkerung *(in %)*	53	29
Einwohner pro TV	47	5
Einwohner pro Telefon	112	62
Einwohner pro Arzt	2.211	657

* zu Kaufkraftparitäten

Der Hauptgrund ist wohl ein anderer: (Westliche) Investoren honorieren die kulturelle Nähe Indiens weniger als etwa die *Ruhe und Ordnung*, die ihnen eine straffe, wenngleich diktatorische Regierung verschaffen kann. So werden Menschenrechtsverletzungen in China von den westlichen Demokratien zwar reflexartig kritisiert, aber letztlich auch toleriert. Meinungsfreiheit und Mehrparteiensystem, wie sie in Indien, mit mehr als 900 Mio. Einwohnern die „größte" Demokratie der Welt, praktiziert werden, fordern hingegen ihren Tribut: Dass Konflikte ausgetragen statt unterdrückt werden, wozu es angesichts der heterogenen Bevölkerung Indiens hinreichend Anlass gibt, beeindruckt möglicherweise Politikwissenschaftler und Soziologen positiv, nicht jedoch Investoren.

Dies ist durchaus nachvollziehbar; denn latente *politische Querelen* – wie sie in einer pluralistischen Gesellschaft offener zu Tage treten als in einer sehr homogenen Kultur – sind schwer kalkulierbar; sie können jederzeit eskalieren und verkörpern mithin ein nicht überschaubares Investitionsrisiko. Und davon gibt es bereits genug: *Innenpolitisch* erfahren rechts-extremistische, anti-muslimische Kräfte starken Zuspruch. Die Bharatiya Janata Party (BJP), die politische Partei jener Hindu-Organisation, aus deren Reihen der Mörder von Mahatma Gandhi stammt, konnte ihren Stimmenanteil im Parlament von 7,4 Prozent im Jahre 1984 auf 23,5 Prozent im Jahre 1996 verbessern (vgl. Yadav, 1996, S. 23f.). 1998, nachdem sie sich der Öffentlichkeit weniger extremistisch und einseitig an den Interessen der oberen Kasten orientiert präsentierte, errangen die „Hindu-Nationalisten" gar die relative Mehrheit. Die bisherige Rhetorik der BJP war aber nicht dazu angetan, Investoren anzuziehen. So machen führende Repräsentanten aus ihrer Sympathie für Hitler keinen Hehl (vgl. Ventzky, 1998, S. 19). Umgekehrt büßte die regierende Congress-Partei immer mehr Stimmen ein und stellt seit 1996 nur noch 140 von 545 Abgeordneten.

Der wachsende Zuspruch für extremistische Gruppen ist nicht zuletzt ein Zeichen dafür, dass die mit der Unabhängigkeit 1947 offen ausgebrochenen ethnisch-religiösen Konflikte auf dem Subkontinent nach wie vor schwelen: Neben den Hindus leben in Indien Muslime, Christen, Sikhs, Buddhisten und Jains (vgl. Tab. 4). Die Hindus, die mit rund 84 Prozent den größten Anteil stellen, unterteilen sich wiederum in einzelne Kasten mit unterschiedlichem sozialen Status (vgl. Thakur, 1995, S. 6). Niedrige Kasten (Backward Castes) werden von den Angehörigen der oberen Kasten ebenso verachtet wie Muslime.

Tabelle 4: Die wichtigsten Sprachen und Religionen in Indien (nach *Der Fischer Weltalmanach*, 1998, S. 335ff.; Angaben in Mio. Menschen)

			Religion					
			Hindus	Moslems		Christen	Sikhs	Buddhisten	Dschainas
				Sunniten	Schiiten				
Sprache			746.3	74.3	27.9	22.3	10.2	6.5	4.6
Indo-Arische Sprachen	Hindi	350.3							
	Bengali	68.3							
	Marathi[1]	65.8							
	Urdu	46.8							
	Oriya[2]	30.3							
	Punjabi	24.7							
	Assami	14.8							
	Kashmiri[3]	34.4							
Drawida-Sprachen	Telugu	71.9							
	Tamil[4]	59.3							
	Kannada	35.7							

[1] einschl. Manipu; [2] einschl. Nepali; [3] einschl. Malajalam, Konkani; [4] einschl. Sanskrit, Sindhi

Anders als in ethnisch homogenen Kulturen, wie Korea oder Japan, sind Konflikte somit programmiert. Diese äußern sich vielerorts durchaus auch in offenen, blutigen Kämpfen, derer sich die ohnehin angeschlagene und von Korruptionsvorwürfen geschwächte Zentralregierung nur schwer erwehren kann. Besonders in der Provinz Punjab, wo militante Führer einer Unabhängigkeitsbewegung einen eigenständigen Sikh-Staat fordern, flammen immer wieder Unruhen auf. Und im mehrheitlich von Muslimen bewohnten Kaschmir kämpfen Separatisten ebenfalls für die Loslösung von Indien. *Außenpolitisch* setzt sich dieser ethnisch-religiöse Streit im ständigen Konflikt mit Pakistan fort, das 1947 als eigenständiger muslimischer Staat aus der Teilung Britisch-Indiens hervorging.

Der geringe Einfluss der Zentralregierung begünstigt nicht nur politische Unruhen; er stärkt zugleich die *Autorität der Provinzbehörden*. Dies äußert sich beispielsweise in Form der so genannten President's Rule, wonach der Gouverneur eines Bundesstaates der Bundesregierung nach eigenem Ermessen empfehlen kann, die gewählte Landesregierung abzusetzen, wenn Gefahr für die öffentliche Sicherheit besteht. Dieses Instrument wird häufig dazu genutzt, eigene parteipolitische Interessen durchzusetzen (vgl. Wagner, 1997, S. 9). Ausländische Investoren, deren Erfolg maßgeblich von der Gunst lokaler Behörden abhängt, erblicken darin einen weiteren Unsicherheitsfaktor.

4. Konsequenzen für den Managementstil ausländischer Investoren

Wenngleich also vor allem politische Entwicklungen auf dem Subkontinent (vorerst) verhindern, dass sich dort die Marktkräfte ähnlich wie in China entfalten können, so ist die Bilanz der letzten Jahre, insbesondere seit Beginn der wirtschaftspolitischen Reformen 1991, durchaus positiv. Denn indische Arbeitskräfte gelten weltweit als *gebildet* und *qualifiziert*. Zwar sind noch immer mehr als die Hälfte aller Inder Analphabeten; aber die Hochschulausbildung muss den internationalen Vergleich in keiner Weise scheuen: 20.000 hervorragend trainierte Absolventen verlassen jedes Jahr allein die Universitäten des südindischen Bundesstaates Karnataka (vgl. Ziesemer, 1997, S. 22). Gemeinsam mit dem *Lohnkostenvorteil* bietet der Subkontinent ausländischen Unternehmen daher eine attraktive Alternative bei ihrer Standortentscheidung. Dies belegt beispielsweise das von Mercedes in Indiens wichtigstem Industriestaat Maharashtra errichtete Montagewerk. Insbesondere ausländische Unternehmen der *Software-Branche* profitieren von den gut ausgebildeten Fachkräften; denn dank des Einsatzes moderner Kommunikationstechnologie ist es für sie kaum mehr wichtig, wo sie ihre Leistungen erbringen. Inzwischen arbeiten vor allem junge, gut ausgebildete Einheimische in der Fünf-Millionen-Metropole Bangalore für namhafte Computerfirmen aus aller Welt: Microsoft, Oracle, IBM, Hitachi, SAP und Siemens, um nur einige zu nennen.

Das so genannte Humankapital scheint also die wichtigste Ressource des Subkontinents zu sein und mithin für viele (westliche) Unternehmen ein Grund zum investieren. Es stellt sich nunmehr – wie bei jeder internationalen Allokation von

Ressourcen (vgl. Smith & Meiksins, 1995) – die Frage, inwiefern die Investoren ihren *Führungsstil* an die kulturellen Gegebenheiten vor Ort anpassen müssen. Denn obwohl der Subkontinent in Kapitel 3.1 quasi als Mittler zwischen Ost und West dargestellt wurde, ist Indien keineswegs ein westliches Land. Herkömmliche, hierzulande übliche Weisungen können von den Einheimischen nur allzu leicht missverstanden werden. Dafür sorgen einige ihrer bereits aufgeführten „Eigenheiten".

Da beispielsweise ihre *Ambiguitätstoleranz* vergleichsweise stark ausgeprägt ist (vgl. Kapitel 3.2), bereiten widersprüchliche Aussagen den Bewohnern des Subkontinents keinesfalls Sorge. Folglich sind sie nicht etwa bestrebt, uneindeutige Situationen, wie sie durch unpräzise Weisungen von Vorgesetzten entstehen können, durch Nachfragen aufzulösen. Es ist vielmehr wahrscheinlich, dass sie den Auftrag gar nicht – oder „nach eigenem Gutdünken" ausführen. Ein kooperativer Führungsstil (etwa: „Wir sollten hierfür gemeinsam eine Lösung zu finden ...") wie er hierzulande als erfolgreich, ja unabdingbar angesehen wird, führt daher kaum zum Erfolg; er lässt zu viele Interpretationsspielräume offen.

Schlimmer noch: Das Entgegenkommen gilt in Indien als Schwäche und führt dazu, dass die Führungsperson an *Autorität verliert*. Dies ist auf die im Vergleich zu europäischen Ländern stark ausgeprägte Machtdistanz zurückzuführen: Auf dem Subkontinent werden Hierarchie-Unterschiede zum Vorgesetzten als notwendig und richtig erachtet. Dies äußert sich in einer laut Sharma (1984, S. 76) eng an Selbstaufgabe grenzenden Unterwürfigkeit gegenüber Vorgesetzten. Westlichen Managern mag diese Haltung devot erscheinen; tatsächlich vereinfacht sie jedoch den Umgang der Menschen miteinander. Denn die Ergebenheit gegenüber dem Mächtigeren geht mit dessen Verantwortung für seine Untergebenen einher; er betrachtet sie gewissermaßen als Schutzbefohlene (vgl. Sharma, 1984, S. 76). Anstelle von Mitbestimmung und Kooperation zwischen Manager und Mitarbeitern ist daher ein klarer Imperativ („Sie erledigen das bis zum ... !) empfehlenswert, eingebettet in einen milden *paternalistischen* bzw. *autokratischen Führungsstil* (vgl. Hermani, 1997, S. 11).

Für klare Weisungen spricht auch der relativ laxe Umgang der Inder mit der Wahrheit, der auf ihre *Kontext-Abhängigkeit* zurückzuführen ist (vgl. Abschnitt 2.2). So beobachtete Sharma (1984, S. 76), dass indische Arbeitnehmer strengstens auf Rituale achten – diesen aber in der Praxis ebenso konsequent zuwiderhandeln: Moralische Werte werden zwar lautstark vertreten, persönlich aber mitnichten befolgt. Nachdem dieses „öffentlich Wein predigen und heimlich Wasser trinken" alles andere als unmoralisch gilt, ja in gewisser Weise sogar sozial erwünscht ist, ist es ein Leichtes, uneindeutige Aussagen nach eigenem Gusto zu interpretieren. Weisungen, die einen gewissen Spielraum lassen, sind also fehl am Platze.

Schließlich sollten ausländische Investoren und ihre Führungskräfte beachten, dass „die Uhren in Indien langsamer ticken" als im hektischen Deutschland. Veränderungen lassen sich nur *langsam durchsetzen*. Das Bundesministerium für Außenhandelsinformationen empfiehlt gar, beim ersten Besuch zwei- bis dreimal so viel Zeit einzuplanen wie bei einer vergleichbaren Dienstreise in ein westeuropäisches Land (vgl. O.V. 1997a). Geduld mit externen wie internen Partnern ist eine wichtige Voraussetzung für den Geschäftserfolg in Indien. Sie ist besonders in punkto Rendite angesagt: Erfahrungsberichten von Unternehmen zufolge amortisieren sich Investitionen in Indien häufig erst nach überdurchschnittlich langer Zeit (vgl. Kumar & Thacker-Kumar, 1996, S. 14; Odrich, 1997). Die verschiedensten Beispiele belegen, wie wichtig *Geduld* auf dem Subkontinent ist:

- Eine ausländische Telekommunikationsfirma plante, einen Satellitenempfänger auf dem Dach seines Betriebes in Maharashtra zu installieren, um ihn mit der Datenbank in der deutschen Zentrale (Hannover) verbinden zu können. Um eine Genehmigung hierfür zu bekommen, war es nötig, sich von den indischen Behörden bestätigen zu lassen, dass diese den Betrieb nicht an die öffentliche Telefonleitung anschließen konnten. Zweieinhalb Jahre lang versuchte der deutsche Geschäftsführer vergeblich, diese Bestätigung einzuholen: Sämtliche Kontaktversuche, Briefe ebenso wie persönliche Vorsprachen, unter anderem auch in Begleitung eines deutschen Ministers, waren erfolglos (vgl. Kumar & Thacker-Kumar, 1996).

- Als die amerikanische AES Corp. plante, in Indien ein Kraftwerk zu bauen, erwiesen sich die anfänglich vorgesehenen sechs bis neun Monate vor Ort schnell als viel zu knapp bemessen. Nach eineinhalb Jahren hatte man schließlich nach mehreren Verhandlungen erreicht, diverse Genehmigungen von der Regierung zu erhalten. Die Amerikaner waren aber immer noch weit davon entfernt, das Projekt abschließen zu können (vgl. Kumar & Thacker-Kumar, 1996, S. 14).

In solchen und ähnlichen Fällen sagt man in Indien häufig, „das Land gleiche einem Elefanten". Neben dem Symbolgehalt dieser Metapher (der Elefant als Ausdruck von Stärke und Klugheit) erblicken Einheimische darin einen Hinweis auf die zwar langsame, aber stetige und letztlich unaufhaltsame Entwicklung Indiens. Angehörige von Industrie-Nationen hingegen interpretieren diese Allegorie eher im Sinne von „stetig, aber langsam". Die Gründe für die geringe Dynamik dieses Marktes sind vielfältig. Sie reichen von den langwierigen Genehmigungsprozeduren (vgl. Ahluwalia, 1994; Kumar & Thacker-Kumar, 1996, S. 14; Seth, 1997, S. 17) bis hin zu den zur Verbesserung der ungenügenden Infrastruktur notwendigen Eigenleistungen. Vor allem aber sind sie kultureller Natur: Hemmend wirkt sich nämlich in diesem Falle die indische Eigenheit aus, Geschäfte nur mit „guten", also langjährigen „Freunden" abzuschließen (vgl. DIHK, 1996, S. 38). Um als Außenstehender in den Genuss dieses Vertrauensbonus zu kommen, sind ausländische Investoren in der Regel auf die Hilfe eines einheimischen Partners angewiesen, der sie „in die Gesellschaft einführt". So öffnet ein junger Mann aus „guter" indischer Familie, als Liason Officer vorgeschickt, mitunter Tür und Tor (vgl. Lemke, 1997, S. 44), während Ausländer Monate oder Jahre brauchen, um Kontakte zu indischen Partnern zu knüpfen. Die Akkulturation eines westlich geprägten Managers auf dem Subkontinent ist also kein leichtes Unterfangen – allem westlichen Demokratieverständnis und kolonialem Erbe seiner Bewohner zum Trotz.

5. Zusammenfassung und Ausblick

Die internationale Standortwahl ist ein grundlegendes Managementproblem, das durch die Globalisierung des Wirtschaftsgeschehens noch komplexer wird, als es ohnehin schon ist. Neben politischen und geographischen Größen spielen auch „weiche" Faktoren eine wichtige Rolle für oder wider Investitionen in einem bestimmten Land, z. B. die kulturelle Prägung seiner Einwohner. Die der Inder spricht für das Land als internationalen Wirtschaftsstandort. Der Subkontinent, der u. a. durch den Hinduismus, aber auch durch die Kolonialzeit stark beeinflusst wurde, ähnelt den westlichen Industrie-Ländern kulturell weitaus mehr als seinen vorwiegend konfuzianisch geprägten asiatischen Nachbarn. Zudem prädestinieren einige ihrer Eigenschaften die Inder dafür, dem technischen Fortschritt sowie neuen Ideen gegenüber tendenziell aufgeschlossen zu sein. Die davon begünstigte Entfaltung der Marktkräfte steht jedoch erst an ihrem Anfang. Der Transformationsprozess von der Plan- zur Marktwirtschaft wird durch strukturelle und politische Probleme gebremst. Insbesondere deutsche Unternehmen investieren daher in Indien sogar noch zögerlicher als z. B. die USA oder gar so kleine Volkswirtschaften wie Israel (vgl. Müller & Gelbrich, 1999, S. 20); sie bevorzugen China, das ihnen „stabiler" erscheint. Die kulturelle Disposition eines Landes für wirtschaftlichen Aufschwung sowie etwaige Affinitäten zur Kultur des Investors allein reichen daher nicht aus, das vorhandene Marktpotenzial zu nutzen und international wettbewerbsfähig zu sein. Die künftige Entwicklung des indischen Marktes hängt in starkem Maße davon ab, inwieweit die eingeleiteten Reformen fortgeführt und – was fast noch wichtiger ist –, die politische Stabilität gewährleistet werden können. Letzteres dürfte insbesondere mit Blick auf den schwelenden Konflikt in der Kaschmir-Region sowie die innenpolitische Instabilität des Landes besonders schwierig sein.

Für jene (westlichen) Unternehmen, die dennoch, insbesondere seit der Öffnung des Landes, auf dem Subkontinent investiert haben oder dies in Zukunft planen, gilt es, die kulturelle Prägung der Inder zu beachten und ihren *Managementstil* entsprechend anzupassen. Denn die kulturellen Eigenheiten der Inder mögen zwar einerseits als Promotor der wirtschaftlichen Entwicklung dienen und den Standort Indien für ausländische Investoren attraktiv erscheinen lassen; andererseits können sie aber auch Missverständnisse bedingen. Von einer einfachen Übertragung eines hierzulande modernen, kooperativen Managementstils ist dringend abzuraten: Inder sprechen eher auf einen autokratisch-paternalistischen Führungsstil an. Gepaart mit viel Geduld und einer intensiven Beziehungspflege zu einheimischen Partnern verspricht diese Strategie auf dem Subkontinent den größten Erfolg.

Anmerkung

[1] Chen und Yang (1986) verglichen US-amerikanische mit chinesischen, Dhawan et al. (1995) mit indischen Probanden. Die Ergebnisse beider Studien konnten zusammengefasst werden, weil sie auf einem standardisierten Fragebogen (OSIQ) beruhen. Die in Abbildung 5 dargestellten Werte für die USA entsprechen dem Mittelwert der US-Daten beider Studien.

Literatur

Ahluwalia, M. S. (1994). India's quiet economic revolution. Columbia Journal of World Business 1, 6-12.
Bronkhorst, J. (1993). The two sources of Indian asceticism. Bern: Peter Lang.
Chen, C. L., Yang, D. C. (1986). The self image of Chinese and American adolescents: A cross-cultural comparison. International Journal of Social Psychology 32, 419-426.
Chopra, A., Collyns, C. (1995). The adjustment program of 1991/92 and its initial results. In: A. Chopra, C. Collyns, R. Hemming, K. Parker, W. S. Chu, O. Fratzscher (Eds.), India: Economic reform and growth (pp. 15-23). Washington, DC: Intl Monet.
Chopra, A., Collyns, C., Hemming, R., Parker, K., Chu, W. S., Fratzscher, O. (Eds.). (1995). India: Economic reform and growth. Washington, DC: Intl Monet.
Der Fischer Weltalmanach (1998). Frankfurt am Main: Fischer.
Dhawan, N., Roseman, I. J., Naidu, R. K., Thapa, K., Rettek, S. I. (1995). Self-concepts across two cultures: India and the United States. Journal of Cross-Cultural Psychology 26, 606-621.
DIHK Deutsch-Indische Industrie- und Handelskammer. (1996). Indientips für Geschäftsleute. Bombay.
Geissbauer, R. (11.8.1997). Deutsche Unternehmen sind in Indien häufig nur Zaungäste. Blick durch die Wirtschaft 40(156).
Government of India: http://capitalmarket.co.in/macro/ecosur/ecoind.htm.
Hafner, A., Heidrich, J., Heidrich, P. (1993). Identität, Konflikt, soziale Bewegung in einer pluralen Gesellschaft. Berlin: Arabische Buch.
Hermani, G. (11.8.1997). Unvorhergesehenes wird prompt gelöst: Erfahrungen von Siemens-Managern in Indien. Blick durch die Wirtschaft 40(156).
Hofstede, G. (1984). Culture's consequences. Newbury Park, CL: Sage.
Hofstede, G. (1994). Cultures and organizations: Intercultural cooperation and its importance for survival. London: McGraw-Hill.
Hofstede, G., Bond, M. H. (1988). The Confucian connection: From cultural roots to economic growth. Organizational Dynamics 16, 4-21.
ifo Institut für Wirtschaftsforschung. (1994). Wirtschaftspolitische Reformen in Indien: Analyse, Kritik, Erfahrungen. München.
IMD. (1998). The world competitiveness yearbook. Lausanne.
iwd Institut der Deutschen Wirtschaft, Köln. (1998). Korruption 24 (3), 8.
Joglakar, S., Sriram, N., Raman, T., Kumar, A., Pannerselvan, M., Bose, M., Ramnath, P., Shenoy, M., Purokayastha, D. (1994). The ten best states for business. Business India 19, 54-65.

Joshi, V., Little, I. M. D. (1996). India's economic reforms 1991-2001. Oxford: South Asia Books.
Krüger, G. (5.12.1991). Indien-Tips für Anfänger. Blick durch die Wirtschaft 34(231).
Kumar, S., Thacker-Kumar, L. (1996). Investing in India: Strategies for tackling bureaucratic hurdles. Business Horizons 39, 10-16.
Lemke, P. (1997). Selbst in Kalkutta entsteht eine Science City. Absatzwirtschaft 40, 42-46.
Müller, S., Gelbrich, K. (1999). Faktoren des Erfolgs auf dem indischen Markt: Eine empirische Analyse des Markteintritts deutscher Unternehmen der Elektrotechnik- und Elektronikindustrie. Dresdner Beiträge zur Betriebswirtschaftslehre, Nr. 25.
Müller, S., Kornmeier, M. (2000). Internationale Wettbewerbsfähigkeit: Irrungen und Wirrungen der Standort-Diskussion. München: Vahlen.
Müller, S., Kornmeier, M. (2001a). Strategisches Internationales Management. München: Vahlen.
Müller, S., Kornmeier, M. (2001b). Streitfall Globalisierung. München: Oldenbourg.
Müller, S., Kornmeier, M. (2002). Internationales Marketing. München: Vahlen.
Odrich, B. (2.10.1997). Japan entdeckt den indischen Markt und seine billigen Arbeitskräfte. Blick durch die Wirtschaft 40(178).
o. V. (2.6.1997). Die Kaufkraft ist geringer als erwartet. Blick durch die Wirtschaft 40(109).
o. V. (3.12.1997). Mit dem Wohlstand wächst der Wunsch nach Luxusgütern. Blick durch die Wirtschaft 40(109).
o. V. (5.12.1997). Der Faktor Zeit wird von Unternehmensvertretern häufig unterschätzt. Blick durch die Wirtschaft 40(234).
o. V. (7.7.1997). Die Wirtschaft Indiens wächst maßvoll. Blick durch die Wirtschaft 40(135).
Reserve Bank of India (1999). www.indiaserver.com/embusa/emdc/fdi/fdi2/fdi.html.
Schmidl, P. (4.1.1998). Kulturelle Einflüsse auf das internationale Anlageverhalten. Blick durch die Wirtschaft 41(3), 3.
Seth, A. (1997). Computerkids. New World 2, 11-18.
Sharma, I. J. (1984). The culture context of Indian managers. Management and Labor Studies 9, 72-80.
Sinha, D., Tripathi, R. C. (1994). Individualism in a collectivistic culture. In: U. C. Kim, H. C. Triandis, C. Kagitcibasi, S. C. Choi, F. Yoon (Eds.), Individualism and collectivism: Theory, method and applications. Thousand Oaks, CA: Sage.
Smith, C., Meiksins, P. (1995). System, society and dominance effects in cross-national organizational analysis. Work, employment, and society 9, 241-267.
Statistisches Bundesamt. (1997). Statistisches Jahrbuch für die Bundesrepublik Deutschland. Wiesbaden.
Thakur, R. Ch. (1995). The government and politics of India. Basingstoke: Palgrave.
U.S. Department of Commerce. http://strategis.ic.gc.ca/SSG/da90372e.html.
Ventzky, G. (1998). Brigade des Affengottes: Indien steht vor einem Wahlsieg radikaler Hindus. Die Zeit 53(6), S. 19.
Wagner, C. (1997). Politischer Wandel und politische Reformen in Indien. Rostocker Information zu Politik und Verwaltung 4 (7), Arbeitspapier der Universität Rostock.
Weber, M. (1904). The protestant ethic and the spirit of capitalism. London: Routledge.

Wiesegart, K. (2.10.1995). Die internationale Automobilindustrie drängt nach Indien. Blick durch die Wirtschaft 38(191).

Wiles, C. R., Tjernlund, A. (1991). A comparison of role portrayal of men and woman in magazine advertising in the USA and Sweden. International Journal of Advertising 10, 259-267.

World Bank, India. (1995). Recent economic developments and prospects (pp. 41-65). Washington.

Yadav, Y. (1996). How India voted. India Today, 22-24.

Ziesemer, B. (1997). Wacher Elefant. Wirtschaftswoche 51(33), 22-24.

Personenregister

Abe, H. 128, 131
Abelson, C. 111, 134
Adelt, P. 63, 67
Adler, N. J. 4, 17, 61, 65, 91, 104, 128, 131, 138, 156, 162, 228, 270, 365, 367, 375, 377, 382, 434, 439, 445
Adorno, T. W. 208, 221, 231
Ahluwalia, M. S. 481, 486, 488
Albach, H. 331, 333, 453, 463
Alexander, W. 216, 231
Allan, C. 440, 445
Allport, G. W. 141, 162, 221
Almaney, A. 118, 131
Altehenger-Smith, S. 118, 131
Alwan, A. 118, 131
Amado, G. 433, 445
Amelang, M. 234
Ammon, U. 122, 131
Antoni, C. 151, 162
Aoki, M. 459, 463
Apfelbaum, B. 124, 132
Aram, J. D. 211, 235
Argyle, M. 245, 270
Asanté, M. K. 232, 305, 334, 397
Askling, L. R. 98, 106
Athos, A. G. 152, 163
Atkinson, J. W. 138, 162
Auer, P. 103, 132

Auer-Rizzi, W. 48, 67
Aulakh, G. 116, 133
Aumayr, K. 51, 65
Austin, W. G. 272
Ayman, R. 100, 104

Baldwin, K. D. 296, 306, 309
Banai, M. 182, 235
Bandura, A. 263, 270, 360
Baraldi, C. 279, 281, 291, 292
Barna, L. 117, 134
Barnlund, D. 115, 132
Barsade, S. G. 4, 18
Barsous, J.-L. 364, 367, 369, 383
Barthel, C. 275, 276, 277, 292
Bartlett, C. A. 7, 8, 9, 9, 15, 16, 17, 18, 337, 342, 346, 357, 360
Bartussek, D. 234
Bass, B. M. 77, 80, 83, 104
Bateson, G. 112, 132
Baxter, J. 366, 382
Becker, H. 432, 438, 445
Becker, U. 51, 52, 65
Becker-Mrotzek, M. 276
Beckhard, R. 388, 393, 397
Beerman, L. 21, 30, 39, 40, 62, 65, 184, 212, 433
Bell, C. H. 387, 397
Belz, C. 465

Beneke, J. 133
Bennett, M. J. 274, 278, 292
Bennis, W. G. 387, 397, 431, 438, 445
Bentner, A. 273, 278, 292
Bergemann, B. 209, 309, 325, 326, 333
Bergemann, N. 63, 65, 150, 162, 181, 209, 230, 296, 303, 309, 310, 311, 325, 326, 333, 342, 418
Berger, C. R. 112, 132
Bergmann, A. 363, 382
Berkel, K. 85, 104
Berlin, B. 114, 132
Bernthal, W. F. 61, 66
Berry, J. W. 105, 243, 270
Bhagat, R. S. 242, 270, 271, 306
Bihl, G. 63, 65, 160, 163
Bilitza, U.-V. 353, 360
Bittel, L. R. 271
Bitterwolf, W. 220, 230
Bittner, A. 296, 303, 305
Black, J. S. 98, 100, 101, 104, 201, 202, 208, 211, 220, 230, 234, 263, 261, 242, 270
Blake, B. F. 259, 260, 270
Blanchard, K. H. 76, 105
Bleher, N. 248, 270
Bleicher, K. 64, 65, 67, 148, 152, 162
Blum-Kulka, S. 115, 118, 132
Bochner, S. 133, 243, 244, 270, 367, 382
Böckmann, W. 63, 65
Bode, K.-H. 354, 360
Boden, D. 109, 132
Boerner, S. 46, 64
Böhnisch, W. 63, 65
Boland, R. J. 18
Boldy, D. 227, 230
Bolten, J. 134, 292
Bolz, N. 65
Bond, M. H. 83, 85, 104, 469, 488
Bontellier, R. 415
Boos, F. 66
Borg, I. 229, 230
Bose, M. 488
Bosshart, D. 65
Botskor, I. 155, 162
Böttcher, R. 16, 19
Boud, D. 100, 104, 249, 270
Bracken, H. v. 162

Bradac, J. J. 112, 132
Brauchlin, E. 67
Brislin, R. W. 60, 65, 105, 131, 231, 232, 239, 248, 250, 270, 271, 297, 298, 305, 306, 333, 334, 368, 382
Bronkhorst, J. 488
Brühl, R. 227, 230, 325, 333
Bungard, W. 63, 65, 151, 162, 163
Burens, P. K. 429
Burleson, B. R. 132, 270, 305
Busse van Colbe, W. 464
Buttler, F. 67

Callan, V. J. 88, 89, 105
Campbell, D. T. 260, 270
Cargile, A. C. 261, 262, 263, 270, 297, 305
Carroll, S. J. 21, 68, 73, 105
Cascio, W. F. 215, 222, 230
Casler, K. 48, 68
Casmir, F. 134
Cerny, K. 11, 17
Collyns, C. 488
Chada, N. K. 155, 163
Champoux, J. E. 29, 65
Chatman, J. A. 4, 18, 227, 231
Chen, C. L. 476, 488
Chen, G.-M. 128, 132, 210, 231, 296, 309, 311, 333
Cheng, J. L. C. 185, 233
Cherrie, C. 250, 270
Chi-Ching, Y. 263, 270
Child, J. 80, 104, 459, 465
Chmielewicz, K. 464
Choi, S. C. 489
Chopra, A. 488
Chu, W. S. 488
Church, A. T. 210, 310, 333
Cicourel, A. 111, 132
Cieplinska, A. 124, 132
Clark, A. 177
Coenenberg, A. G. 235
Cohn, R. C. 427, 429
Cole, P. 132
Cole, R. 150, 154, 155, 162
Collett, P. 116, 132
Collier, M. J. 296, 306, 311, 333
Collyns, C. 488
Cook, T. 260, 270
Cooper, H. 230, 231

Copeland, L.   250, 270, 295, 306, 367, 382
Corsi, C.   279, 292
Corsten, H.   18
Cox, T. H.   4, 18
Craig, R. L.   271
Cummings, L. L.   104
Cupach, W. R.   35, 210, 234, 296, 307, 310
Curtis, S. C.   259, 260, 270
Cushner, K.   250, 270
Cusumano, M. A.   458, 463

Dadder, R.   429
Daveyport, T. H.   17
David, H. P.   162
David, K. H.   310, 333
DeCoitis, T.   200, 234
Deller, J.   181, 183, 203, 222, 231
Deppermann, A.   109, 132
Derr, C. B.   345, 356, 360
Deshpande, S. P.   261, 270
Deutschmann, C.   63, 65
Devanna, M. A.   341, 347, 362
Devereux, G.   60, 65
Dhawan, N.   476, 480
Di Luzio, A.   109, 132
Dichtl, E.   430
Dinges, N. G.   210, 231, 296, 297, 306, 309, 310, 333
Djarrahzadeh, M.   65, 67, 235
Dlugos, G.   66
Docherty, P.   178
Doi, T.   453, 455, 463
Doktor, R.   162
Dorfman, P.   74, 104
Dornbach, J.   63, 67
Dorow, W.   66
Douglas, S. P.   235
Dowling, P. J.   182, 184, 208, 231, 235
Doz, Y.   18, 360
Dreger, C.   16, 18
Drenth, P.   166, 177
Drucker, P.   353
Dubin, R.   29, 65
Dülfer, E.   106, 162, 233
Dunbar, E.   207, 233
Dunette, M. D.   105-107
Duszak, A.   115, 132

Earley, P. C.   71, 86, 104, 262, 270

Eckensberger, L. H.   68, 138, 162
Eder, G.   241, 270
Edström, A.   358, 360
Eggert, U.   65
Eibl-Eibesfeldt, I.   117, 132
Einsiedler, H. E.   65, 67
Ekman, P.   117, 132
Ellsworth, P.   117, 132
Emminghaus, W.   138, 162
Engelhard, J.   18, 209, 231, 306, 314, 321-324, 331-334
England, G. W.   43, 44, 66, 68, 81, 104
Enninger, W.   109, 133
Erez, M.   71, 86, 104
Erlinghagen, H.   365, 382
Esposito, E.   279, 292
Esser, O.   354, 360
Eswein, M.   452, 463
Evans, P.   338, 342, 349, 350, 357, 358, 360

Farquhar, A.   338, 349, 350, 357, 358, 360
Faucheux, C.   433, 445
Fay, C.   200, 232
Fayerweather, J.   5, 18
Feix, W. E.   234
Festing, M.   182, 208, 235
Fiedler, F. E.   62, 66, 76, 104
Firth, A.   122, 132, 135
Fischer, M.   429
Fisher, G.   123, 132, 366, 378, 382
Flanagan, J. C.   201, 231
Fleet, D. D. van   79, 107
Fokking, P.   178
Fombrun, C. J.   347, 362
Fourcade, J. M.   178
Foy, N.   352, 360
Franke, H.   67
Franko, L. G.   95, 104
Fratzscher, O.   488
Freedle, R. O.   134
Freimuth, J.   19
French, W. L.   387, 397
Frenkel-Brunswick, E.   209, 230
Freud, S.   141
Frey, D.   74, 75, 104, 106
Friesen, W. V.   117, 132
Fritz, R.   418, 429
Fritz, W.   182, 210, 231, 295-297, 299, 300, 303, 304, 306, 309, 311, 334

Fruin, W. M.   455, 456, 461
Funk, J.   235
Furnham, A.   243, 270, 367, 382
Fürstenberg, F.   80, 104, 150, 154, 162

Galbraith, J.   358, 360
Ganter, B.   229, 231
Garvin, P. L.   132, 415
Gass, S.   109, 122, 132, 134
Gassmann, O.   399, 415, 463, 464
Gaugler, E.   307, 320, 326, 334, 353, 360
Gebert, A.   272
Gebert, D.   46, 66
Geertz, C.   110, 132
Geissbauer, R.   488
Gelbrich, K.   210, 233, 297, 307, 309, 310, 335, 467, 478, 479, 482, 487, 489
Gerlach, M.   459, 463
Gerstenberg, B.   361
Gerzymisch-Arbogast, H.   132
Gester, P.-W.   134
Ghiselli, E.   166, 177
Ghoshal, S.   7-9, 15-17, 337, 342, 346, 357, 360
Giesen, B.   314, 334
Gile, D.   132
Giles, H.   261-263, 270, 297, 305
Glasl, F.   85, 104
Goeser, L.   17
Goffmann, E.   109, 132
Goldmann, D. R.   29, 65
Goldsmith, G.   17
Gonzales, R.   207, 231
Goodenough, W. H.   110, 132, 414, 415
Goodstein, L. D.   104
Gottschall, D.   148, 162
Götz. K.   106, 248, 270, 272
Graen, G. B.   77, 104
Graf, J.   334
Grassi, E.   429
Graumann, C. F.   162
Greenwood, M. J.   156, 163
Gregersen, H. B.   98, 100, 104, 242, 270
Greif, S.   104
Grice, H. P.   116, 132
Gries, T.   448, 463
Griggs, L.   250, 270, 295, 306, 367, 382

Groenewald, H.   227, 230, 325, 333
Gross P.   205, 231
Grunwald, W.   61, 66
Gruyère, J. P.   55, 66
Gudykunst, W. B.   101, 105, 109, 128, 132-134, 210, 231, 248, 249, 252, 254, 261, 262, 271, 296, 297, 305, 306, 311, 334, 379, 380, 382
Gumperz, J.   109, 116, 120, 133
Gundlach, F. W.   429
Guptara, P.   357, 359, 360
Gustafson, J. M.   464
Guthrie, G. M.   310, 334
Guzley, R. M.   248, 271

Haaf, G.   453, 463
Habermann, T.   192, 232
Hacker, W.   159, 162
Hackett, E. J.   63, 67
Hafner, A.   475, 488
Hahn, D.   450, 463
Haire, M.   166, 177
Hall, E. T.   62, 66, 117-119, 133, 205, 231, 310, 334, 414, 415
Hall, M. R.   62, 66
Haller, M.   19, 67
Hamel, G.   13, 18
Hamilton Fyfe, H.   176, 177, 248, 249, 261, 262, 271, 296, 297, 306, 310, 311, 334, 335
Hammer, M. R.   101, 105, 128, 133, 210, 231, 235
Handy, C.   434-437, 444, 445
Hansen, U.   450, 463
Harari, E.   99, 107
Harman, L.   110, 133
Harrington, B.   17
Harris, P. R.   439, 444, 445
Harrison, J. K.   262, 271
Harvey, M. G.   183, 231
Hecht, M. L.   311, 333
Heckhausen, H.   138, 140, 142, 144, 159, 162
Hedlund, G.   10, 11, 18
Heenan, D. A.   92, 105, 190, 195, 231, 233, 347, 360
Heidrich, J.   475, 488
Heidrich, P.   475, 488
Heijl, P. M.   282, 292
Hein, S.   314, 333
Heinen, E.   192, 232
Heitger, B.   64, 66

Personenregister

Heitiger, B. 134
Heller, F. A. 165-167, 169, 171-175, 177, 178
Heller, J. E. 215, 232
Helmolt, K. v. 121, 133
Helweg, P. 340, 360
Hemming, R. 488
Heneman, H. G. 200, 234
Hentze, J. 53, 66, 296, 306
Henzler, H. 233
Herbert, W. 65
Hermani, G. 485, 488
Herrmann, T. 141, 162
Hersey, P. 76, 105
Heslin, R. 259, 260, 270
Hewstone, M. 113, 133
Hilb, M. 365, 382
Hilmes, M. 429
Hinz-Rommel, W. 274, 292
Hippler, H.-J. 65
Hirosuke, K. 455, 463
Hirsch, K. 192, 417, 429
Hodgetts, R. M. 73, 105
Hofer, M. 162
Hoffmann, C. D. 192, 232
Hoffmann K. 151, 447
Hoffmann, W. K. H. 430
Hofmann, L. M. 67, 227, 232
Hofner, D. M. 372, 373, 377, 381, 382
Hofstede, G. 43, 44, 52, 61, 66, 80, 81, 89, 105, 111, 119, 133, 156, 162, 176, 178, 192, 220, 232, 240, 266, 271, 340, 360, 363, 374, 375, 382, 410, 415, 433, 434, 445, 449, 463, 468-470, 472-474, 488
Hofstee, W. K. B. 185, 232
Hofstetter, H. 343, 352, 360
Holtbrügge, D. 3, 6, 10, 15, 16, 18, 19
Holzheu, H. 439, 446
Holzmüller, H. H. 300, 306
Hoopes, D. 106, 278, 390, 397
Horsch, J. 198, 232
Horx, M. 65
Hough, L. M. 105-107
House, J. 105, 132
House, R. J. 76, 105
Howard, A. 43, 61, 66, 162
Howard, C. G. 215, 232
Hoyos, C. G. 106
Huber, V. L. 231

Huck, J. R. 223, 232
Hug, A. 375, 382
Hui, C. H. 90, 105
Hungermann, K. 460, 463
Huntington, S. P. 6, 18

Imahori, T. T. 210, 232, 296, 306, 310, 334
Ingelfinger, T. 295, 306
Inglehart, R. 26, 27, 31-34, 40, 51, 66
Issing, O. 430
Iwata, R. 453, 463

Jabo, A. G. 48, 67
Jacobs, O. H. 307
Jaeger, A. 92, 105
Jain, S. 227, 230
Jarillo, J. C. 9, 13, 18
Jarmai, H. 64, 66
Jaspers, J. M. F. 113, 133
Jerdee, T. H. 73, 105
Joggi, W. 343, 361
Joglakar, S. 488
Johansen, R. 368, 380, 383
Johansson, J. K. 450, 464
John, A. 398
Johnson, K. 117, 133
Jones, C. 345, 360
Jones, J. E. 397
Joshi, V. 489

Kagitcibasi, C. 105, 489
Kagono, T. 459, 465
Kaltman, H. 116, 133
Kammel, A. 296, 297, 300, 307
Kammhuber. S. 96, 106, 240, 250, 271, 272
Kaplan, B. 115, 133
Kaplan, M. 44, 66
Karmasin, H. 295, 307, 311, 334
Karmasin, M. 295, 307, 311, 334
Karras, E. J. 215, 232
Kashima, Y. 88, 89, 105
Kasper, G. 115, 132, 135
Kastner, M. 361
Katz, R. L. 346, 361
Kay, P. 114, 132
Kayo, S. 458, 464
Kealey, D. J. 98, 106, 202, 203, 210, 220, 232, 234, 263, 271, 297, 307, 309-311, 334, 335
Keller, E. v. 3, 18, 99, 105

Keller, R.   454, 463
Kellerman, E.   135
Kelly, K.   65
Keogh, R.   100, 104, 249, 270
Kerner, M.   300, 306
Kiechl, R.   363, 364, 367, 380, 382, 383
Kiepe, K.   192, 232
Kieser, A.   104, 307
Kiggundu, M. N.   128, 131
Kim, C. K.   300, 306
Kim, U. C.   489
Kinast, E.-U.   101, 106, 258, 269, 271, 272
Kirkpatrick, D. L.   258, 260, 271
Klages, H.   26, 65, 66
Klein, R.   342, 361
Kluckhohn, C.   23, 66
Kluwe, R. H.   221, 232
Knapp, K.   55, 66, 109, 122-124, 126, 128, 133, 365, 411
Knapp-Potthoff, A.   109, 111, 122, 124, 133
Knoblauch, H.   109, 133
Kobrin, S. J.   358, 361
Koester, J.   307, 334
Kogut, B.   5, 6, 18
Köhler, A.   461, 463
Köhler, R.   307
Kohls, L. R.   248, 271
Kojima, T.   461, 463
Kolb, D. A.   100, 105, 249, 263, 271
Kondo, Y.   88, 106
Koning, A. de   48, 66
Konitzer, M.-A.   65
Koopman, P.   166, 177
Kopper, E.   229, 232, 363-365, 367, 380-383, 439
Kornadt, H.   138, 155
Kornmeier, M.   162, 447, 449, 464, 468-471, 479, 489
Kramer, M.   465
Krampen, G.   220, 232
Kreikebaum, H.   151, 153, 162
Kreiker, N. A.   104
Kreutzer, R.   355, 361
Krewer, B.   404, 412, 415
Krug, S.   159, 163
Krüger, G.   489
Kubicek, H.   437, 446
Kubota-Müller, B.   454, 463

Kühlmann, T. M.   100, 105, 234, 272, 335, 430
Kuhnla, C.   430
Kulawik, C.   275, 292
Kumar, A.   488
Kumar, B. N.   418, 430
Kumar, S.   486, 489
Kunkel, A. W.   132
Kutschker, M.   323, 334
Kutzschenbach, C. v.   357, 361

Lado, R.   109, 133
Lalljee, M.   113, 133
Landis, D.   105, 131, 231, 232, 239, 248, 270, 271, 306, 333, 334, 382
Landsberg, G. v.   430
Landy, F. J.   200, 232
Lang-v. Wins, T.   68
Langosch, I.   432, 438, 445
Lanigan, M. L.   210, 232, 306, 310, 334
Lank, E.   338, 342, 343, 350, 357, 358, 360
Laßmann, E.   464
Latham, G. P.   200, 232, 257, 272
Lattmann, C.   234, 382
Laurent, A.   111, 133, 266, 271, 360, 363, 383, 433, 445
Lawler, E. E.   144, 163
Layes, G.   96, 106, 240, 272
Lee, R.   81, 104
Leichner, R.   203, 232
Lemke, P.   486, 489
Lentz, B.   204, 232, 342, 356, 361
Lepage, R.   339, 361
Leuck, H. G.   437, 446
Levinson, D.   209, 230
Levitt, T.   6, 18
Lewin, K.   361
Lichtblau, K.   447, 464
Lichtenberger, B.   347, 361
Lieberman, D. A.   210, 231, 297, 306, 310, 333
Liedtke, M.   133
Likert, R.   166, 178
Limpächer, S.   250, 271
Lindert, K.   53, 66
Lindner, D.   182, 183, 233
Lindner, W.   255, 271, 272
Lingoes, J. C.   229, 230
Little, I. M. D.   489
Lobel, S. A.   4, 18

Loch, A. 430
Lohff, A. 225, 233
Lombardo, M. M. 100, 105
Lonner, W. J. 68, 162
Lorange, P. 342, 360
Lötscher, H. 365, 383
Loveday, L. 114, 116, 134
Luce, L. F. 132
Lück, W. 19
Lücke, W. 451, 464
Luhmann, N. 279
Luk, C. L. 90, 105
Lurija, A. R. 26, 66
Luthans, F. 73, 105

Macharzina, K. 307, 321, 322, 331, 334, 362
Maehr, M. 163
Mahoney, T. A. 73, 105
Maier, G. W. 50, 64, 66, 67
Malik, F. 340, 352, 353, 361
Mari, C. 273, 292
Markowsky, R. 255, 271
Marks, M. L. 63, 67
Marr, R. 231
Marten-Grubinger, B. 22, 31, 67
Martin, J. 14, 18
Martin, J. N. 296, 307, 309, 334
Martinez, J. I. 9, 13, 18
Maslow, A. H. 27, 32, 67, 90, 143, 163
Masztal, J. J. 100, 104
Matenaar, D. 434, 437, 446
Matsuda, H. 454, 464
Mays, R. 178
Mbiti, J. S. 442, 446
McCall, M. W. Jr. 100, 105
McClelland, D. C. 138, 140, 142, 156, 157, 163
McEvoy, G. M. 297, 307, 310, 335
McGregor, D. 148, 163
McLeod, P. L. 4, 18
McMillan, R. F. 215, 232
Megginson, D. 353, 361
Meierkord, C. 133
Meiksins, P. 485, 489
Mendenhall, M. E. 98, 101, 104, 105, 201, 207, 208, 220, 222, 223, 233, 242, 261, 263, 271, 272
Methner, H. 272
Meyer, A. 19
Meyer, B. 377, 383

Meyer, J. R. 464
Meyer, W. U. 163
Meyerson, D. 14, 18
Miller, E. L. 185, 233
Milroy, L. 111, 134
Mintzberg, H. 71-73, 105
Mirris, P. H. 63, 67
Mischel, W. 310, 334
Misumi, J. 82, 83, 85, 105, 106
Mitchell, J. R. 393, 397
Mitchell, T. 62, 66
Mitchell, T. R. 76, 105
Möllenberg, A. 182, 210, 231, 295, 306, 309, 311, 334
Molt, W. 200, 233
Moran, R. T. 439, 444, 445
Morel, P. 55, 66
Morgan, J. 132
Morrison, A. J. 98, 104
Morrison, A. M. 100, 105
Morrow, P. C. 29, 67
Morsbach, H. 117, 134
Mosser, A. 306
Mücke, K. 275, 292
Müller, A. 255, 271
Müller, B. 286, 287, 292
Müller, G. F. 64
Müller, S. 63, 151, 220, 233, 295, 307, 309, 310, 335, 418, 430, 447-449, 458, 460, 467-471, 478, 479, 482, 497, 489
Mundorf, N. 300, 306

Naidu, R. K. 476, 488
Naisbitt, J. P. 160, 163
Nakasone, Y. 462-464
Nanayakkara, G. 434, 435, 446
Nazarkiewicz, K. 286, 287, 292
Neale, M. A. 4, 18
Negandhi, A. R. 85, 91, 94, 105
Negandhi, H. 207, 231
Nerdinger, F. W. 67
Neu, J. 109, 132
Neubauer, R. 97, 105
Neuberger, O. 69, 71, 72, 74, 76, 77, 105, 344, 361
Neumeier, W. 430
Newmark, E. 297
Nicholls, J. 163
Nick, F. R. 144, 162
Niess, P. S. 401, 415
Nishida, H. 210, 235, 297, 306, 310, 311, 334, 339

Noakes, J.   83, 106
Noelle, G. F.   192, 233
Noelle-Neumann, E.   26, 41, 42, 67
Noer, D. M.   216, 233
Noi, L. S.   263, 270
Nonaka, I.   11, 12, 16, 18, 450, 451, 464
Northey, K.   227, 230
Nylen, D.   393, 397

O'Hara-Devereaux, M.   368, 380, 383
O'Oea, G.K.   17
O'Shea, G.   116, 132
Oddou, G. R.   98, 101, 105, 201, 207, 208, 220, 233, 242, 271
Odrich, B.   486, 489
Oechsler, W. A.   297, 307
Oelsnitz, D. von der   296, 307
Oesterle, M.-J.   307, 334
Ohmae, K.   148, 163
Okabe, R.   118, 119, 134
Opaschowski, H. W.   65
Oppitz, G.   67
Orady, J. F.   63, 67
Orpen, C.   155, 163
Osgood, C. E.   25, 67
Ouchi, W. G.   80, 105, 458, 464

Palme, H.   306
Pannerselvan, M.   488
Parker, B.   297, 307, 310, 335
Parker, K.   488
Parsons, T.   66
Pascale, R. T.   152, 163
Paul, T.   16, 19
Pausenberger, E.   93, 106, 192, 233
Peck, M. J.   461, 464
Pedersen, P.   60, 64, 106
Perlitz, M.   16, 18, 324, 335
Perlmutter, H. V.   92, 105, 190, 194, 195, 231, 233, 235, 237, 347, 360
Petermann, F.   292
Peters, T.   357, 361
Petersen, S.   292
Peterson, M.   83, 85, 87, 106
Peterson, M. F.   379, 383
Pfeiffer, W.   397
Pfeiffle, H.   306
Pichler, J. H.   306
Pierer, H. v.   296, 307
Pleitner, H.-J.   67

Polzer, J. T.   4, 18, 166, 177
Pondy, L. R.   18
Poortinga, Y. H.   68
Porter, L. W.   29, 65, 166, 177
Porter, M. E.   5, 17, 18
Porter, R. E.   133, 234, 335, 382
Posth, M.   342, 361
Pott, U.   357, 361
Prahalad, C. K.   13, 18
Prien, K. O.   242, 270
Protheroe, D. R.   263, 271
Psathas, G.   109, 134
Pühse, U.   354, 360
Punnett, B. J.   104
Purokayastha, D.   488
Pusic, E.   175, 178
Putz, P.   63, 65

Raabe, W.   415
Raeber, R.   14, 18
Raffeé, H.   296, 307, 463
Raidt, F.   163
Rall, W.   194, 233
Raman, T.   488
Ramnath, P.   488
Rappensberger, G.   50, 66, 67
Rastegary, H.   200, 232
Rautenberg, W.   338, 361
Ready, D. A.   100, 107
Reber, G.   48, 67, 104
Rech-Simon, C.   283, 285, 293, 439, 446
Redding, G.   162
Regnet, E.   67, 232
Rehbein, J.   109, 133, 134
Reich, R.   149, 163
Reinert, K.   338, 361
Reis, C.   292
Reis, J.   220, 233
Reiß, M.   18
Renwick, G.   106
Rettek, S. I.   476, 488
Revans, R. W.   352, 361
Rhinesmith, S. H.   377, 378, 383
Ribeau, S. A.   311, 333
Richardson, M.   434, 435, 446
Richter, F.-J.   11, 18
Rieckmann, H.   343, 347, 355, 361
Riekhof, H. C.   360
Riemer, M.   463
Rizzo, J. R.   21, 68
Roberts, K.   176, 178
Robertson, I. T.   216, 232, 233

Robinson, R. D. 220, 233
Robinson, W. B. 338, 342, 361
Roig, B. 178
Rokeach, M. 23, 67, 213, 214, 222, 233, 237, 272
Ronen, S. 85, 87, 89, 90, 106, 201, 208, 210
Roseman, I. J. 476, 488
Rosenfeld, H. 125, 134
Rosenkrantz, S. A. 73, 105
Rosenstiel, L. v. 24, 29-33, 35, 38, 50, 65-68, 71, 74, 78, 105, 106, 160, 163, 200, 222, 233
Roth, E. 279
Rothkegel, A. 132
Ruben, B. D. 62, 67, 98, 106, 202, 203, 210, 232-234, 296, 307, 310, 311, 334, 335
Rubin, J. 210, 234
Rürup, B. 63, 67
Rus, V. 166, 177
Rutishauser, B. 343, 361
Rüttinger, B. 200, 233

Saari, L. M. 200, 232
Sahni, V. B. 155, 163
Samovar, L. A. 133-135, 382
Samuda, R. J. 270
Sarges, W. 163, 185, 220, 232-234
Saslona, K. 314, 333
Sattelberger, T. 348, 351-353, 361, 362
Scandura, T. A. 77, 104
Schäfer, B. 286, 292
Schank, R. 111, 134
Schein, E. H. 14, 19, 345, 362
Schenk, E. 255, 256, 271, 272
Schiemenz, B. 334
Schirmer, F. 453, 464
Schlesinger, C. 314, 335
Schmalt, H. D. 141, 163
Schmid, B. 130, 134
Schmid, S. 6, 14, 19, 255, 272
Schmidl, P. 470, 489
Schmidt, S. J. 279, 292
Schmidt-Dorrenbach, H. 348, 350, 362
Schmitz, C. 134
Schnapper, M. 313, 385, 390, 393, 397, 398
Schneider, S. C. 190, 234, 364, 367, 369, 383

Schneidewind, D. K. 295, 307, 452, 464
Scholz, J. M. 235
Schörgel, M. 465
Schrank, R. 16, 18
Schreyögg, G. 15, 19, 64, 67
Schroll-Machl, S. 101, 106, 269, 272
Schröter, S. 134
Schuchardt, C. A. 4, 19
Schuh, A. 300, 306
Schuler, H. 106, 218, 221, 234
Schuler, R. S. 182, 208, 231, 235
Schulte, B. 356, 361
Schulze-Böing, M. 273, 292
Schulz-Wimmer, H. 432, 437, 446
Schwab, D. 200, 234
Schwarz, S. 298-301, 303, 304, 307
Schwuchow, K.-H. 68
Scollon, R. 116, 119, 134
Scollon, S. 116, 119, 134
Seelye, H. N. 367, 383
Seelye-James, A. 367, 383
Segall, M. M. 105
Segler, K. 463
Seifert, M. J. 275, 278-280, 289-293
Serpell, R. 60, 68
Servan-Schreiber, J. J. 166, 169, 178
Seth, A. 481, 486, 489
Sharma, I. J. 485, 489
Shenkar, O. 104
Shenoy, M. 488
Shichihei, Y. 139, 150, 163
Shils, E. 66
Shimizu, R. 451, 453, 454, 464
Shirts, R. G. 254, 272, 298, 313, 335
Shosan, S. 139
Shudo, K. 43, 66, 155, 162
Shuter, R. 266, 272
Siegel, M. R. 65
Sievers, B. 431, 446
Sigl, E. 68
Simon, F. B. 283, 285, 293, 439, 446
Simon, H. 68, 453, 464
Sinha, D. 475-477, 489
Sinha, J. B. P. 82-84, 106
Sirota, D. 156, 163
Skiver, J. van 367, 383

Smith, C. 485, 489
Smith, E. C. 132
Smith, M. 216, 232, 233
Smith, P. B. 83, 87, 106, 383
Smutkupt, S. 117, 134
Sourisseaux, A. L. J. 63, 65, 111, 134, 150, 162, 181, 206, 207, 229, 232, 234, 296, 303, 310, 311, 325, 342, 418
Specker, T. 314, 333
Spencer-Oatley, H. 115, 134
Spielmann, U. 74, 75, 104
Spieß, E. 67
Spillner, B. 133
Spitzberg, B. H. 210, 234, 296, 307, 310, 335
Sriram, N. 488
Srull, T. K. 111, 135
Staehle, W. H. 11, 19, 453, 464
Stahl, G. K. 100, 10s5, 202, 210, 211, 214, 218-220, 222, 223, 234, 272, 309-311, 335, 430
Stanford, R. 209, 230
Starosta, W. J. 128, 132, 210, 231, 296, 306, 309, 311, 333
Staudt, E. 163
Stauss, B. 296, 307
Staw, B. M. 104
Stehle, W. 221, 234
Steinmann, H. 418, 430
Stengel, M. 21, 22, 25, 29-32, 35, 38-40, 62, 65, 67, 68, 160, 163, 184, 212, 227, 232, 433
Stening, B. W. 216, 234, 310, 335
Stephens, G. K. 211, 234
Stewart, E. C. 86, 106
Stewart, J. M. 9, 19
Stoff, W.-D. 459, 464
Stogdill, R. M. 75, 104
Stoner, J. A. F. 210, 234
Stout, A. 393, 397
Strauss, G. 175, 178
Streich, R. K. 65, 67
Strenger, H. 338, 362
Strümpel, B. 41, 42, 67
Stubbs, M. 109, 134
Stumpf, S. 69, 106, 216, 237, 266, 272, 296, 297, 300, 311, 312
Suci, G. J. 25, 67
Sullivan, J. J. 451, 464
Sullivan, J. L. 88, 106
Sussman, N. 125, 134
Suter, M. 370, 383

Suzuki, T. 88, 106
Sydow, J. 19, 456-458, 460, 464
Szabo, E. 48, 67

t'Hooft, W. 178
Tajfel, H. 263, 272
Takeuchi, H. 11, 12, 16, 18
Tannen, D. 111, 116, 134
Tannenbaum, P. H. 25, 67
Tayeb, M. 83, 85, 106
Taylor, F. W. 148, 151, 163
Teichelmann, D. 296, 297, 300, 307
ten-Thije, J. 129, 134
Thacker-Kumar, L. 486, 489
Thakur, R. C. 483, 489
Thapa, K. 476, 488
Thom, N. 343, 362
Thomas, A. 66, 69, 70, 79, 87, 96, 101, 101, 106, 107, 216, 223, 230, 231, 237, 239, 240, 245-247, 255, 257, 266, 269-272, 289, 293, 296, 297, 300, 303, 305, 307, 311-313, 333, 335, 414, 415, 424
Thomas, H. 18
Thorndike, E. L. 185, 234
Tichy, N. M. 341, 347, 362
Tietz, B. 307
Tijmstra, R. S. 48, 68
Ting-Toomey, S. 109, 132
Tjernlund, A. 472, 490
Toomey, E. L. 345, 360
Torbiörn, I. 201, 235
Tosi, H. L. 21, 68
Trebesch, K. 431, 446
Tressin, J. M. 450, 464
Triandis, H. C. 62, 66, 80, 82, 105-107, 162, 489
Tripathi, R. C. 475-477, 489
Trommsdorff, V. 19
Trompenaars, F. 363, 369, 383
Tsuda, M. 453, 465
Tucker, M. F. 201, 235
Tung, R. L. 95, 107, 182, 193, 194, 205, 206, 208, 210, 211, 220, 235
Turner, J. C. 263, 272
Twisk, T.-F. 202, 235

Ueno, H. 454, 459, 465
Uneshima, M. 43, 66, 155, 162
Urabe, K. 454, 455, 459, 465

Vansina, L. S.   386, 398
Varonis, E.   122, 134
Ventzky, G.   483, 489
Vinod, B.   155, 163
Viswesvaran, C.   261, 270
Volpert, W.   159, 163
Vroom, V. H.   76, 107, 144, 163, 177, 178

Wächter, H.   437, 446
Wagner, C.   471, 484, 489
Wagner, J.   122, 135
Wagner, W.   457, 461, 462, 465
Wahren, H.-K.   109, 135
Waldenberger, F.   447, 464
Walker, D.   100, 104, 249, 270
Warren, N.   163
Weathersby, R.   434, 435, 446
Weber, M.   139, 140, 163
Weber, W.   182, 189, 194, 197, 198, 208
Weinbach, L. A.   64, 68
Weinert, A. B.   185, 201, 220, 234, 235, 431, 446
Weinert, F. E.   162
Weinshall, T. D.   177, 178
Weitkamp, J.   227, 230, 325, 333
Weitz, S.   132
Welge, M. K.   3, 5, 6, 10, 15, 16, 19, 362
Wendorff, R.   442, 446
Werner, T.   210, 231, 295, 306, 311, 334
West, M. A.   106
Wexley, K. N.   257, 272
Whitely, W.   44, 68
Wiendieck, G.   67, 151, 162, 163
Wierlacher, A.   272
Wiesegart, K.   490
Wildemann, H.   458, 465
Wiles, C. R.   472, 490
Wille, R.   229, 231
Williamson, T. R.   215, 232
Wills, S.   48, 68
Wilpert, B.   165, 167, 175, 178
Wind, Y.   190, 235
Winter, D. G.   155, 157, 163

Wirth, E.   182, 183, 204, 205, 210, 235, 337, 343, 424
Wirth, H.   343, 362
Wiseman, R. L.   128, 131, 133, 210, 231, 235, 296, 297, 306, 307, 310, 311, 334, 335
Wiswede, G.   67
Wittenzeller, C.   430
Wolf, R.   275, 292
Wolferen, A. van   454, 465
Wolfgang, A.   270
Wolfson, N.   115, 135
Wölke, G.   430
Wollert, A.   160, 163
Wonigeit, J.   209, 231
Worchel, S.   272
Woriescheck, G.   348, 362
Wunderer, R.   63, 67, 68, 104, 194, 235
Wurl, H. J.   334
Würtele, G.   68
Würtz, G.   401, 415
Wyer, R. S.   111, 135

Yadav, Y.   483, 490
Yamashiro, A.   458, 460, 462, 465
Yang, D. C.   476, 488
Yetton, P.   76, 107, 177, 178
Yeung, A. K.   100, 107
Yong, M.   250, 2709
Yoon, F.   489
Yoshida, T.   368, 382
Youngblood, S. A.   231
Yukl, G.   79, 107

Zander, E.   463, 464
Zedtwitz, M.   399, 415
Zeira, Y.   98, 99, 107, 182, 192, 235, 356, 358, 362
Zektick, I. N.   310, 334
Zentes, J.   65, 307
Zeutschel, U.   87, 107, 266, 272
Ziegler, A.   65
Ziesemer, B.   478, 482, 484, 490
Zimmerman, D. H.   109, 132
Zünd, A.   67
Zwarg, I.   50, 66

Sachregister

Absentismus 200
Action Learning 352, 361, 388
Ägypten 84, 266, 417
Afrika 116, 117, 206, 299, 318, 440, 442, 472
Alternatives Engagement 29, 30
Altersstrukturhypothese 28
Ambiguität, Strategie der 14
Ambiguitätstoleranz 62, 70, 93, 99, 219, 220, 233, 246, 474-478
Anforderungsanalyse 213, 214
Anpassungsfähigkeit, interkulturelle 7, 9, 182, 183, 201-206, 208, 216, 217, 222, 230, 235, 307, 333, 335, 391, 488
auch *Adjustment*
Anpassungsvermögen
s. *Anpassungsfähigkeit*
Arbeitsanalyse 186
Arbeitsgruppe 16, 64, 70, 79, 83, 87, 88, 106, 107, 266, 272, 444, 454
– internationale – 79, 87, 107, 121, 131, 133, 219, 272
– teilautonome – 149
Arbeitsklima 145
Arbeitsmotivation 82, 83, 89-91, 94, 153, 265

Arbeitsphilosophie 329, 330
Arbeitsplatzbeschreibung 186
Arbeitsplatz, Gerechtigkeit am 452, 455
Arbeitsplatzmarketing 183, 184
Arbeitsplatzsicherheit 89, 90, 156
Arbeitsplatzverlust 64, 289
Arbeitsprobe 201
Arbeitswerte 184
Arbitragevorteil 6
Assessment Center 100, 105, 186, 201, 215, 218, 221-223, 225, 232-235
– interkulturelles – 223-225
Aufgabenkultur 436
Auslandsorientierung 220, 307, 430
Auslandsmotivation 189, 190, 208, 211, 215, 216
Australien 33, 104, 299, 319, 374
Auswahlstrategie 187, 221
s. auch *Personalauswahl*

Bedingungsmodifikation 187
Bedingungsselektion 187
Bedürfnishierarchie
siehe *Maslowsche* –
Befindlichkeitsschema 112

Befragung 18, 33.35, 43, 84, 87, 89, 193, 303, 204, 212, 219, 260, 279, 292, 303, 310, 321, 322, 327, 330, 331, 341, 353, 444, 464, 481
Begriffsanalyse, formale 229
Beratung 100, 101, 103, 266, 269, 275, 284, 292, 353, 439, 443-445
Berufsorientierung 29-32, 67, 218
Besetzungsstrategie 190-196
Beurteilung 75, 92, 131, 148, 153, 154, 158, 182, 185-188, 197, 198-202, 207, 211, 212, 215, 217-220, 228, 229, 234, 237, 246, 350
Beziehungsschema 112, 116, 117, 120, 125, 126
Bildungshypothese 28
Bildungsplanung 316, 317, 319, 320, 333
Biographische Fragebogen 221, 222, 234
Blickkontakt 117, 286, 411
Brasilien 318, 375, 471
Buddhismus 138, 139, 452
Bürokratie 437, 441, 481
Bulgarien 399

Cargo-Kult 443, 444
Chile 84, 318
China 85, 89, 255, 256, 271, 272, 288, 289, 317, 318, 374, 437, 471, 479, 480, 481, 482, 484, 487
Christentum 138, 454
Clan 458, 464
Coach 101, 300, 301, 305, 313, 353, 361, 362, 409
Corporate Identity 265
Corporate Image 267, 274
  s. auch *Unternehmens-* oder *Firmenimage*
critical incidents
  s. *Methode der kritischen Ereignisse*
Culture Assimilator 62, 66, 250, 251, 255, 256, 262, 264, 271, 272, 297, 300, 301, 305, 313, 412
  auch *Kulturassimilator*
Culture bound-These 3, 363

Dänemark 317, 319, 373
Datenstrukturanalyse 229
Defizitwahrnehmungshypothese 28
Demokratie 83, 405, 436, 441, 471, 482, 487
Deutschland 28-34, 40, 42-45, 48-53, 55, 56, 61, 66, 67, 83-89, 118-121, 123-128, 140, 151, 152, 160, 167-172, 178, 194, 196, 219, 223, 232, 255, 265-267, 271, 280, 298, 300, 306, 312, 314, 315, 322, 324-330, 333, 338, 355, 357, 369, 373, 417-422, 432, 447-451, 456, 460, 462, 464, 470, 472, 479, 485, 489
Deutungsschema 114
Dominanz-Modell 91
„Dritte Welt" 33, 192, 437, 441, 441, 444
  vgl. *Entwicklungsländer*

Eigenschaftslisten 98
Eigenschaftstheorie
  s. *Persönlichkeitseigenschaften*
EMIC 60
Empathie 98, 128, 208
Entscheidungsprozesse 4, 9, 10, 13, 16, 17, 64, 82, 86-88, 90, 92, 153, 165-176, 184,
Entscheidungsstil 80, 81, 86, 87
Entscheidungsmodell von Vroom & Yetton 76, 107, 177, 178
Entwicklungsförderung 399, 400, 402-404

Entwicklungsländer 80, 85, 90, 182, 295, 419, 437, 438, 442, 433
  s. auch „*Dritte Welt*"
Episoden 72, 222, 286-289
Erfahrungslernen 313
Erfolgskriterien 190, 226, 229, 260, 297, 304, 309, 310, 328
ERG-Theorie nach Alderfers 89
Estland 319, 399
Ethnozentrismus 17, 60, 92, 95, 190-194, 208, 209, 220, 244, 254, 262, 274, 433, 469, 475
ETIC 60

Sachregister

Europa 44-49, 51, 53, 66-68, 83, 138, 142, 148, 149, 152, 153, 160, 161, 182, 194, 197, 198, 206, 232, 268, 295, 300, 315, 316-319, 326, 399-415, 419, 458, 472
Europa-Idee 268
Evaluation 101, 214, 257-261, 271, 290, 291, 293, 297, 303, 304, 391, 393, 426
Entsendungsbereitschaft 189
Entsendungsstrategie 196
Export 95, 181, 233, 307, 362, 402, 419, 430, 458
Extraversion 74, 220, 246

F&E-Management, internationales 399-415
Facettentheorie 134, 230
Familie 26, 27, 42, 87, 268, 339, 421, 449
Familienangehörige 94, 101, 102, 182-184, 191, 202, 205-208, 210, 211, 216-219, 231, 245-247, 265, 356, 359, 422, 424, 425, 443
Familienprinzip 453, 454, 457
Field trip 298
Finnland 48, 49, 50, 51, 52, 55, 56, 59, 317, 318
Firmenimage 184
  s. auch *Corporate Image* oder *Unternehmensimage*
Flexibilität, Theorie der operationalen - 5
Forschung und Entwicklung
  s. *F&E-Management*
Forschungsförderung 316, 317, 319, 320, 333
Föderation, Modelle der koordinierten - 7, 8
Föderation, Modelle der dezentralisierten - 7, 8
Förderplanung 348, 350, 356
Fragebogenverfahren 219-222
Freizeitorientierung 29, 30
Führung
  – eigenschaftstheoretische Ansätze der - 74, 88
  – Kontingenztheorie der - 75, 76, 78
  – situative Theorie der - 76, 78, 97, 105
  – symbolische - 67, 70, 77-81, 105

– transaktionale - 77
– transformative - 77
– universelle Theorie der - 61, 70, 82, 85
– verhaltenstheoretische Ansätze der - 74, 75
– Weg-Ziel-Theorie der - 76, 77
– durch Zielvereinbarung 61
  s. auch *Management by Objective*
Führungsforschung, interkulturelle 73, 85, 98, 105
Führungsgrundsätze 94
Führungskompetenz, interkulturelle 96, 97, 100
Führungskonzepte 80, 91, 96
  s. auch *Führungstheorien*
Führungskräfteauswahl
  s. *Personalauswahl*
Führungsphilosophie 91
Führungsstil 48, 67, 74-77, 80-85, 92, 145, 195, 214, 266, 485, 487
– aufgabenorientierter - 75, 76
– autokratischer - 84, 485, 487
– autoritärer - 83
– direktiver - 76
– europäischer - 48
– kooperativer - 485
– laissez faire - 75
– mitarbeiterorientierter - 75, 76
– nicht-partizipativer - 81
– partizipativer - 76, 83
– paternalistischer - 83, 84, 485, 487
Führungstheorien 70, 73-79, 80
  s. auch *Führung, NT-* oder *PM-Führungstheorie*
Führungsverhalten, interkulturelles 69-107
Frankreich 33, 34, 48-53, 55, 59, 83, 84, 89, 167, 168, 170, 172, 178, 227, 317-319, 325, 369, 375, 406, 415

General Adjustment Scale 202
Geozentrismus 93, 190, 191, 193, 194, 196
Gestik 117, 245, 411
Gleitzeitsysteme 149
Globalisierung 5, 6, 19, 67, 181, 194, 269, 320, 332, 334, 361, 382, 383, 399, 447, 467, 487, 489
Great Man-Denken 204

Griechenland 83, 156, 317, 319, 374, 375, 404, 406
Großbritannien 33, 45, 84, 89, 140, 165, 167, 168, 170, 176, 317-319, 373, 374, 470
Gruppeneffektivität 88
Gruppenentscheidungen 87
Gruppenkohäsion 83, 87
Gruppenprinzip 452-454

Handlungskompetenz, interkulturelle 79, 96, 98, 100, 106, 238, 241, 255, 264, 265, 270, 272
Handlungsorientierung 251, 266, 427, 429
Hands-on-Measures 200, 201
Harmonieprinzip 460
Hinduismus 475, 477, 487
Heterarchie 10
Hongkong 471, 479
Humanismus 89
Humanprinzip 453, 455

Import 437, 458
Indien 82, 84, 437, 467-490
Individualismus 81, 89, 119, 161, 246, 250, 287, 449, 469, 470, 472, 474-479
Indonesien 87, 88, 471, 472, 478, 479
Informationsmanagement 11
Inhaltstheorie 144
Inkommensurabilität von Kulturen 6
Innovationsfähigkeit 53, 436
Integration 239-243
Interview 127, 186, 187, 215, 216, 218, 219, 221, 223, 228, 230, 232, 234, 260, 283, 370, 371, 375, 438, 439, 444
Intonation 116, 120, 122, 411
Iran 116, 132, 255, 266, 437
Irland 317-319, 405
Island 399
Israel 42, 86, 89, 90, 118, 167, 168, 170, 172, 399, 487
Italien 33, 44, 156, 265, 317-319, 404, 406, 410, 479

Japan 8, 18, 22, 29-31, 33, 42-46, 48, 61-63, 65-67, 80, 82, 84-90, 95, 98, 104-107, 114-119, 123, 134, 138, 139, 148-157, 160-163, 178, 182, 183, 192-194, 220, 223, 227, 230, 235, 242, 252, 317, 319, 325, 356, 357, 363, 365, 366, 374, 382, 447-465, 467, 468, 470, 472, 479, 484, 489
„Japan-AG" 456
japanisches Management 452-455, 464
Joint Venture 268
Jugoslawien 265

Kanada 33, 89, 299, 317, 318
Karriereorientierung 29-31
Katholizismus 139, 140, 262
Keiretsu 457
Knotenpunktstruktur, Modelle der zentralisierten - 8
Know how-Verlust 422, 428
Kode 112, 113, 118
Kollektivismus 81, 83, 86, 90, 119, 141, 246, 250, 449, 453, 454, 458, 469, 472, 475, 476
Kolonialismus 192, 419, 430, 433, 437, 440, 444, 471, 474, 487
Kolumbien 318
Kommunikation 12, 16, 62, 63, 71-73, 81, 94, 106, 109-135, 139, 159, 162, 191, 193, 197, 217, 239, 240, 252, 253, 255, 272, 273-291, 334, 337, 359, 399, 400, 404, 405, 410-412, 414, 436, 439, 441
Kommunikation, interkulturelle 109-135
Kommunikation
– interpersonale – 109-135
– non-verbale – 117, 118, 208, 240, 245
– para-verbale – 116
– verbale – 114-116
– Lingua-franca – 121-123, 128, 130
Kommunikationskultur 64
Kommunikationstechnologie 45, 50-52, 484
Kommunikationsbewusstheit 128, 129

Kommunikationsfähigkeit 53, 66, 110, 204-206, 208, 209, 212, 254, 321
Kommunikationskompetent
s. *Kommunikationsfähigkeit*
Kommunikationsstil 118, 119
Kommunikationstraining 273-291
Kompensationsmodell 187
Kompetenz, interkulturelle 96, 101, 182, 209, 210, 215, 231, 238, 240, 274, 283, 295-307, 309-335, 428
auch *interkulturelle Managementkompetenz*
Kompetenz, soziale 56, 89, 215, 255, 310, 410
Kompromiss-Modell, kulturelles 92
Konfuzianismus 452, 457, 459, 468, 469, 471, 487
Konsensgesellschaft 453
Konsensprinzip 448, 449, 453, 460-462
Konstruktivismus 278-284, 292
Kontextabhängigkeit 119, 475-477, 479
Korea 85, 255, 262, 270, 439, 440, 472, 484
Korruption 479, 480, 484, 488
Kriterium, ultimatives 185, 186, 201, 226
Kulturanalyse 186
Kulturassimilator 62, 223
s. auch *culture assimilator*
Kulturdefinition 70
kulturistische Position 3
vgl. *universalistische Position*
Kulturschock 216, 241-245
Kultursensitives Auswahlsystem (KSA) 227-229, 294

Lautstärke des Sprechens 116, 122, 411
Lean Management 461
Lean Production 461
Lebensphilosophie 330
Lebensplanung 425
Leistungsbereitschaft 83, 448, 451
Leistungskontrolle 82, 88, 89
Leistungsmotivation 138, 140-142, 144, 155, 157, 158
Leistungsorientierung 246
Lernersprache 121, 122
Lernstatt 149, 352

Lettland 319, 399
Liechtenstein 399
Lingua franca-Kommunikation
s. *Kommunikation, lingua franca*
Linguistik 109, 131
Litauen 313, 399

Macht 40, 52, 81, 83, 84, 86, 91, 93, 106, 119, 137, 155, 246, 250, 268, 277, 279, 280, 289, 410, 434, 450, 458, 459, 468-471, 474, 478, 479, 485
Machtdistanz (*power distance*) 81, 83, 86, 119, 410, 450, 458, 469, 470, 474, 478, 479, 485
Machtkultur 436, 437
Machtmotivation 137, 155, 246
Malaysia 381, 472, 479
Management by Objectives (MbO) 61, 62, 200, 363
s. auch *Führung durch Zielvereinbarung*
Managementphilosophie 48, 92, 96
Marktwirtschaft 91, 457, 487
Maskulinität (*masculinity*) 81, 119, 451, 455, 469, 470, 472, 474
Maslowsche Bedürfnishierarchie 27, 32, 67, 89, 90, 143, 156, 163
Materialismus 89
MBA-Programme 313-316, 326, 331, 333, 334
Meaning of Work- (MOW-) Studie 42-44, 67, 176, 178
Melanesien 443
Menschenbild 141, 148, 246, 432, 448
Mentor 101, 353, 354, 356, 362
Mergers & Acquisitions 126, 385-398
Metakommunikation 223
Metamessage 112
Metaplan-Methode 441
Methode der kritischen Ereignisse (*critical incidents*) 219, 223, 231, 250, 277, 287, 297, 313, 367
Mexiko 84, 318
Mimik 117, 245, 411
Mitarbeiterauswahl
s. *Personalauswahl*

Mitarbeiterorientierung 75, 76, 82, 184, 295, 455
MITI 457
Mitteleuropa 295
Modell der sozialen Gruppe 88
Modell des rational handelnden Individuums 88
Moderatorvariablenansatz 187, 199, 206, 209, 261
Modernität 80
Modifikationsstrategie 187
Motivation 27, 63, 64, 66, 67, 76, 82, 83, 89, 91, 94, 106, 137-163, 175, 185, 189, 190, 207, 208, 211, 215, 216, 246, 264-266, 269, 341, 371, 374, 408, 410, 418, 435, 455
Motivwandel 157
Multiplikatorenhypothese 28
Multitrait-Multimethod-Ansatz 186
Mythen 141, 437

Nachfolgeplanung 348-350, 362
Nebenwirkungshypothese 27
Nepotismus 441, 443
Netzwerk, integriertes 8
Netzwerkbeziehungen 447-465
Niederlande 167, 168, 170, 172, 176, 232
Nordirland 262
Normalitätserwartungen 112, 115, 118, 125
Normen 14, 23, 24, 26, 79, 84, 91-93, 110, 111, 119, 139, 158, 161, 192, 214, 227, 244, 248, 251, 269, 298, 437, 448, 450, 454
Norwegen 318, 373, 399
NT-Führungstheorie 82-84

Österreich 31, 32, 35, 37, 38, 322, 324, 333, 373, 432
Ohio-Schule 75, 82
auch *Ohio-Gruppe*
Organisationsentwicklung 17, 65, 83, 129, 187, 196, 214, 228-230, 340, 359, 361, 412, 431-446
Organisationskultur 13-15, 65, 111, 121, 122, 129, 134, 226, 248, 434-437, 444-446, 450
s. auch *Unternehmenskultur*

Osteuropa 66, 142, 161, 295, 300, 315-317, 326
Pakistan 120, 266, 376, 437, 443, 472, 484
Partikularismus 80
Partizipation 17, 26, 52, 64, 76, 80, 82-84, 86, 130, 139, 150, 151, 153, 161, 165-178, 184
Partizipationserwartung 83, 84, 86
Personalauswahl, internationale 49, 98, 99, 105, 181-235, 296, 331
Personalentscheidung 181-235
s. auch *Personalauswahl*
Personalentwicklung, internationale 98, 102, 182, 191, 192, 194, 196, 197, 213, 225, 257, 258, 268, 269, 274, 276, 291, 292, 295-307, 327, 328, 337-362, 418, 433, 444
– Kommissionen der – 347, 348, 350
– Planung der – 347, 351
– Stelle für – 346, 347
Personalmarketing 183, 184, 188, 196, 197, 229, 342
Personalpolitik 160, 163, 185, 338, 360, 361, 382, 461
Personenkultur 434, 436
Personenselektion 187
Persönlichkeitseigenschaften 4, 44, 45-47, 56-59, 74, 93, 96-98, 182, 186-188, 203-205, 210, 212, 227, 304, 309-311, 327, 451, 478, 487
auch *Eigenschaftstheorie*
Peru 83
Philippinen 471, 472, 479
PM-Führungstheorie 82
Polen 156, 265, 274, 318, 319, 399
Polyzentrismus 14, 93, 190-192, 194
Positivismus 141, 186
Positur 117
Postmaterialismus 31, 32, 35
Prädiktoren des Auslandserfolges 186, 203-212
Prämien 153, 154
Pragmatismus 81
Profilvergleich 187

Projektive Verfahren 221
Projektlernen 351, 352, 354
Projektseminar 322, 354, 360
Protestantische Ethik 30, 139, 140, 163, 468
Prozesstheorie 144
Puerto Rico 83

Qualitätszirkel 62, 65, 149-151, 162, 163, 352, 462

Regiozentrismus 190
Reintegration von Auslandsmitarbeitern 97, 101, 102, 192, 193, 234, 242, 244, 245, 269, 335, 417-430
Rekrutierung 94, 181-235, 325, 356, 357
Ringi-Prinzip 151
Riten 437
Ritual 485
Rollenambiguität 242
Rollenkultur 436, 437, 444
Rollenschock 242
Rollenspiel 218, 219, 248, 253, 262, 264, 278, 283, 285, 286, 297, 298, 301, 313, 426
Rückkehr von Auslandsmitarbeitern 98, 101, 102, 182, 242, 244, 269, 288, 295, 348, 417-430 vgl. *Reintegration* oder *Wiedereingliederung von Auslandsmitarbeitern*
Rumänien 399
Russland 317, 319, 471

Schintoismus 452
Schwarzafrika 299
Schweden 34, 42, 167, 168, 170, 172, 317-319, 373, 406, 490,
Schweiz 31, 32, 35, 37, 38, 319, 322, 324, 333, 361, 382, 383, 399, 401, 432, 467, 363, 365, 366, 369-383, 367
Selbstaktualisierung 90
Selbstkonzept 215, 246, 475, 476
Selbstwertkonzept 246
self-disclosure 115, 132, 311
Senioritätsprinzip 63, 452, 453, 459, 461
Sensivity-Training 210, 292, 298, 300, 301, 305, 311
Shacho Kais 456, 457

Shagai yuyaku 458
Shushiokoyo 459
Similarity Structure Analysis 229, 230
Singapur 118, 226, 263, 264, 267, 479
Slowakei 399
Slowenien 375, 399
Sogo Shosha 456, 458
Somalia 437, 440
SOVOK-Modell 146
Sozialisationshypothese 27, 31
Spanien 168, 170, 172, 317-319, 325, 374, 404, 472
Sprachmittler-Kommunikation 125-127, 121
Sprechakt 114, 115, 127, 287
Stereotypen 48, 113, 125-127, 130, 168, 169, 286-288, 292, 371, 378, 381, 412, 413
Strukturhypothese 27
Südafrika 318, 392
Südamerika 206, 326, 374, 375, 391
Südasien 434, 435, 446
Symbol 14, 70, 105, 239, 257, 267, 365, 390, 448, 457, 459, 486
Synergie-Modell, kulturelles 92
systemische Theorie 134, 275, 278-285, 289, 290, 292, 293, 446

Tabu 437, 439, 450
Taiwan 367, 472, 479
Testverfahren 215, 219-221
Textaufbauschema 115
Thailand 134, 327, 375, 437, 472, 479
Theorie Z 451
Tonhöhenmodulation 116
Torishimariyakkai 460
Traditionalismus 80
Training, interkulturelles 94, 99, 100, 101-107, 128, 199, 214, 231-235, 296-307, 311, 312, 338, 354-356, 375, 377, 380, 382, 383, 385-398, 411-413, 424, 429, 444
– interkultureller Kommunikation 110, 129, 131, 134, 273-293
– interkultureller Kompetenz 225, 237-272, 295-307, 309-335

– cultural-(self-)awareness - 128-131, 210, 274, 289, 300, 301, 305, 311, 385-398
– informationsorientiertes - 101, 248-251, 298, 313
– interaktionsorientiertes - 101, 248, 249, 252-255, 298, 313
– kulturallgemeines - 62, 63, 101, 248-250, 297, 298, 313
  auch *kultübergreifendes* -
– kulturspezifisches - 62, 63, 101, 248, 249, 252-255, 262, 269, 297, 298, 313
– on-the-job- 100, 102, 313, 327, 352
  s. auch *Sensivity* -
Tschechische Republik 318, 399
Türkei 83, 281

Ungarn 318, 399
universalistische Position 3
  vgl. *kulturistische Position*
Unsicherheits-Vermeidung
  (*uncertainty avoidance*) 119, 433, 450
Unternehmensimage 182, 227
  s. auch *Firmenimage*
Unternehmenskultur 19, 63, 64, 67, 92, 96, 184, 191-193, 195-197, 205, 214, 223, 225, 226, 230, 232, 270, 296, 359, 382, 400, 403, 426, 453
  s. auch *Organisationskultur*
Unternehmensphilosophie 152, 153, 160, 162, 184, 192
Unternehmensstruktur,
  monarchische - 10
  polyarchische - 10
Unternehmensziele 40, 41, 91, 217, 450
USA 21, 29-35, 38-46, 53, 60-62, 65, 66, 83, 84, 87-89, 95, 115, 117-120, 125, 138, 141, 148-153, 156, 160, 161, 168, 178, 192, 194, 199, 216, 223, 262, 265, 271, 295, 299, 317-319, 357, 368, 370, 374, 395, 411, 435, 448-451, 456, 459, 462, 470, 487-490
Verhaltensmodifikation 187, 297, 301

Verhandlungen 51, 61, 118, 122-124, 131, 132, 257, 267, 268, 288, 289, 330, 402, 409, 410, 439, 486
Verwaltung 21, 148, 237, 273-293, 317, 437, 481
Vorhersagemodell 185, 187, 188, 198, 229, 230
Vorurteile 48, 113, 192, 254, 266, 276, 286, 290, 292, 357, 359, 406, 411, 413, 420, 422

Wantok-System 443
Weltwirtschaft 25, 148, 317, 419, 460
Welt-Werte-Survey 34
Weltwirtschaftskrise 25
Werte 4, 6, 8, 21-68, 70, 79, 80, 85, 91, 92, 110, 111, 119, 148, 155, 157, 158, 161, 163, 184, 191, 209, 212, 215, 220, 226, 228, 239, 240, 244, 246, 248, 251, 269, 298, 340, 353, 419, 447, 448, 451-453, 458, 462, 469, 470, 474, 475, 485, 488
Wertewandel 21, 24-28, 33, 44, 52, 63, 65, 67, 148, 184, 212, 448
Wertsysteme 22, 24, 62
Westafrika 117
Westeuropa 148, 149, 161, 326
Wiedereingliederung von Auslandsmitarbeitern
  s. *Reintegration*
Wissensmanagement 11
Wohlfahrtsprinzip 453, 455, 459
Wohlstandshypothese 27
World identity 244

Zaibatsu 455-457
Zeitbegriff 290
Zeitempfinden 442
Zen 452
Zeremonie 72, 437
zirkuläres Fragen 283, 293, 446
Zweikomponentenmodell nach Herzberg 89, 153, 162
Zypern 399

Autoren

DR. LILLY BEERMAN, geboren und aufgewachsen in den USA, Bachelor's Degree in Psychologie an der Princeton University, Studium der Psychologie (Dipl.-Psych.) mit Schwerpunkt *Interkulturelle Organisationspsychologie* an der Universität München. Forschungsarbeit an der Universität München und der Universität der Bundeswehr zum Thema Interessenentwicklung und Berufswahl bzw. Stress bei Hubschrauberpiloten. 1990-1992 Management-Trainerin bei der Digital Equipment GmbH in München. Seit 1992 freiberufliche Trainerin und Beraterin im Bereich der internationalen Personal- und Organisationsentwicklung. Schwerpunkte sind internationale Führungs- und Auslandsvorbereitungsseminare sowie Teamentwicklung.

DR. ARIANE BENTNER, Studium der Erziehungswissenschaften, Psychologie und Soziologie in Frankfurt/M. Daneben Tätigkeit als Flugbegleiterin bei der Deutschen Lufthansa. Auslandsaufenthalte u.a in Pakistan und Thailand. 1993-1997 wissenschaftliche Mitarbeiterin an den Universitäten Heidelberg und Mainz. Autorin zahlreicher Publikationen. Seit 1998 Inhaberin der Firma Bentner & Partner, Organisationsberatung & Personalentwicklung. Aktuelle Schwerpunkte: Coaching, Team- und Organisationsentwicklung und interkulturelle Projekte in der Verwaltung.

BRITTA BERGEMANN, Geschäftsführerin Business Development mit zentraleuropäischem Verantwortungsbereich bei der Kommunikationsagentur HMS & Carat. Zuvor als Prokuristin der Wirtschaftsprüfungs- und Unternehmensberatungsgesellschaft Arthur Andersen verantwortlich für die Beratung internationaler Unternehmen in den Bereichen Strategie und Marketing. Als Marketing-Direktorin der Gesellschaft verantwortlich für Marketing und Kommunikation des Hauses selbst. Vorherige Industrieerfahrung im Marketing von Langnese-Iglo und Jacobs Suchard, zuletzt als Marketing Director in Chicago, USA. Beginn der Laufbahn als Führungsnachwuchskräfte-Trainee bei Unilever. Studium des Übersetzens und Dolmetschens sowie der Volkswirtschaftslehre an der Universität Heidelberg, Diplom.

DR. NIELS BERGEMANN, Studium der Psychologie, Pädagogik und Medizin an den Universitäten Landau/Pfalz, Tübingen, Johannesburg/R.S.A., Köln und Heidelberg. Wissenschaftlicher Mitarbeiter an den Universitäten Frankfurt/Main, Bonn und Heidelberg. Langjährige Beratungstätigkeit im Bereich der Arbeits- und Organisationspsychologie sowie Tätigkeit als Führungskräftetrainer; Auslandstätigkeit und Weiterbildung an der Northwestern University, Chicago. Arbeitsschwerpunkte: Beratung bei der Entwicklung und Implementierung personalwirtschaftlicher Strategien, insbesondere Personalauswahl, Mitarbeiterbeurteilung, Kommunikation und Teambuilding, sowie Führungskräftetraining, interkulturelles Training und Einzelberatung/Coaching. Veröffentlichungen zu Themen des Internationalen Human Resources Managements, des Qualitätsmanagements und der innerbetrieblichen Kommunikation.

DR. HELMUT DREESMANN, Studium der Psychologie in Braunschweig, Philadelphia, Cardiff und Heidelberg. Promotion zum Dr. phil. an der Universität Heidelberg. Leiter des Human Ressource Managements der Bull GmbH. Vorstand der Studiengruppe *Innovation und Personalentwicklung*. Dozent für Arbeits- und Organisationspsychologie an der Akademie Führungspädagogik der Universität Landau. Beratung von Unternehmen im DV Bereich u.a. in Fragen internationaler Zusammenarbeit und interkultureller Projekte und Teamarbeit.

PROF. DR. WOLFGANG FRITZ leitet die Abteilung (Lehrstuhl) Betriebswirtschaftslehre, insbesondere Marketing, im Institut für Wirtschaftswissenschaften an der Technischen Universität Braunschweig. Darüber hinaus lehrt er als Honorarprofessor internationales Marketing an der Universität Wien.

DR. KATJA GELBRICH ist Geschäftsführerin der MfM Marktforschung & Marktanalyse GmbH, Dresden, und Lehrbeauftragte am Lehrstuhl für Betriebswirtschaftslehre, insbesondere Marketing, der Technischen Universität Dresden. Sie studierte Asienwissenschaften in Berlin, Betriebswirtschaftslehre in Dresden und promovierte zum Thema Kundenwert an der Universität Stuttgart. Während eines Forschungsaufenthaltes in Südkorea untersuchte sie Markteintrittsstrategien deutscher Unternehmen. Ihre Forschungsschwerpunkte sind interkulturelle Kompetenz und Auslandserfolg, Kundenwert und Anwendung multivariater Verfahren.

KATJA HAGEMANN, Dipl.-Psychologin, Studium an der Universität Regensburg und der University of Colorado (USA) mit den Schwerpunkten *Sozialpsychologie* und *Interkulturelle Forschung*. Nach Abschluss des Studiums Tätigkeit als *Intercultural Trainer* in den USA und in Deutschland. Konzeption und Durchführung von Trainings zur Vorbereitung auf Auslandsentsendungen und -aufenthalte für Führungskräfte, Schüler, Studenten und junge Berufstätige. Mehrjährige kaufmännische Tätigkeit als Leiterin eines Geschäftsbereichs einer internationalen Konferenzorganisation in Frankfurt/Main. Leitung der Personalentwicklung bei der Novartis AG (vormals Ciba-Geigy) in Wehr/Baden. Von 1997 bis 2001 für die Mitarbeiterentwicklung der Boston Consulting Group in Europa verantwortlich. Zur Zeit im Familienmanagement engagiert, Begleitung, Beratung und Entwicklung von Familienmitgliedern, strategische und operative Haushaltsführung, Eventmanagement.

DR. FRANK HELLER originally qualified in engineering followed by economics and psychology. He was Head of the Department of Management in what is now the University of Westminster, followed by a six year assignment as consultant to the International Labour Office and the United Nations Special Program in Argentina and Chile. Visiting Professor at the University of California at Berkeley and Stanford University, Hangzhou University China and the University of Santiago de Chile. Fellow, Netherlands Institute for the Advanced Study in the Humanities and Social Sciences. Since 1969 The Tavistock Institute, London; Director for Decision-Making Studies. The Center is a European network of cross-national researchers who have carried out large programs of investigation on the distribution of influence and human resource utilization in organizations in fourteen countries.

DR. KLAUS HIRSCH, Studium der evangelischen Theologie in Tübingen und Mainz, Gemeindepfarrer, Entwicklungshelfer in Kamerun. Studium der Ethnologie in Tübingen. Promotion über die traditionellen Gesellschaftsstrukturen der Bamilekevölker in Kamerun. Studienleiter an der Evangelischen Akademie Bad Boll im Referat Internationale Beziehungen. Arbeitsschwerpunkte: Seminare und Trainings zu Fragen interkultureller Kompetenz, internationaler Verständigung und Kulturbegegnung und zu wirtschaftsethischen Grundfragen im globalen Kontext.

KATRIN HOFFMANN, Dipl.-Kauffrau, Wissenschaftliche Mitarbeiterin am Lehrstuhl für Betriebswirtschaftslehre, insbesondere Marketing, der Technischen Universität Dresden. Katrin Hoffmann studierte Betriebswirtschaftslehre mit den Schwerpunkten Marketing und Psychologie an der Technischen Universität Dresden. Ihre Forschungsschwerpunkte sind Interkulturelles Marketing, Health Care Marketing & Management sowie verhaltenswissenschaftliche Grundlagen des Marketing.

PROF. DR. DIRK HOLTBRÜGGE, studierte, promovierte und habilitierte sich an der Universität Dortmund. Von 1989 bis 2001 wissenschaftlicher Mitarbeiter am Lehrstuhl für Unternehmungsführung an der Universität Dortmund. 1994 DAAD-Gastdozentur für das Fach Personalmanagement an der Staatlichen Universität Sankt-Petersburg, Russland. Nach der Vertretung der Professur für Internationales Management an der RWTH Aachen im Sommersemester 2001 seit dem Wintersemester Inhaber des Lehrstuhls für Internationales Management an der Universität Erlangen-Nürnberg.

PROF. DR. KARLFRIED KNAPP, Professor für Angewandte Linguistik und Interkulturelle Kommunikation beim Institut für Anglistik an der PH/Universität Erfurt seit 1993. Studium der Anglistik und Germanistik an den Universitäten Bochum und Münster bis zum 1. Staatsexamen für das Höhere Lehramt. Aufbaustudium in Linguistik und Soziologie an der Universität Konstanz. Bis 1993 Tätigkeit als Assistent, Hochschulassistent und Lehrstuhlvertreter an den Universitäten Düsseldorf, Wuppertal, Essen, Marburg und Tübingen. Zahlreiche Arbeits- und Forschungsaufenthalte in Großbritannien und den USA. Zertifikat *Trainer for Transnational Business* des Intercultural Institute, Portland, Oregon, USA. Wissenschaftliche Arbeitsschwerpunkte auf den Gebieten Zweitsprachenerwerb, Soziolinguistik des Englischen und interkulturelle Kommunikation. Trainer für interkulturelle Kommunikation für zahlreiche deutsche und ausländische

Unternehmen und Wirtschaftsverbände. Mitbegründer eines privaten Forschungs- und Trainingsinstituts für interkulturelle Kommunikation in Aachen.

ENID KOPPER ist seit 1987 Geschäftsführerin der Firma Trans-Cultural Relations in Zürich. Sie bietet Beratung und Seminare für Organisationen mit internationaler Tätigkeit an, z. B. zur Förderung effizienter Führung und Zusammenarbeit multinationaler Projekt- und Arbeitsgruppen und zur Verbesserung des Verständnisses für kulturelle Probleme in der Kommunikation mit ausländischen Niederlassungen und internationalen Kunden. Schweizer, deutsche und amerikanische Konzerne und Institutionen im öffentlichen Bereich gehören zu ihrem Kundenkreis. Frau Kopper ist Mitherausgeberin des Buchs „Globalisierung: Von der Vision zur Praxis" und Autorin mehrerer Veröffentlichungen in Managementbüchern und -zeitschriften.

DR. JONATHAN LOEFFLER, Diplom-Chemiker, seit 1996 Projektleiter am Steinbeis-Europa-Zentrum und zuständig für die Bereiche Werkstoffwissenschaften und Produktionstechnologien. Seit 2000 ist er Leiter der Beratungsstelle Karlsruhe des Steinbeis-Europa-Zentrums und Geschäftsführer der deutsch-französischen Innovationsagentur in Straßburg. Im Kontext interkultureller Projekte ist er spezialisiert in der Bewertung innovativer Forschungs- und Entwicklungsprojekte, im Projektaufbau und Projektmanagement sowie in den Bereichen Technologiebeobachtung und Technologietransfer.

ANETTE MACK, M.A., Studium der Romanischen Philologie, Germanistik und Erziehungswissenschaften in Mannheim, Tübingen und Córdoba, Spanien. Seit 1993 Mitarbeiterin am Steinbeis-Europa-Zentrum und zuständig für die Presse- und Öffentlichkeitsarbeit. Davor lehrte sie Deutsch als Fremdsprache und Spanisch in der Erwachsenenbildung. Neben der Konzeption und Organisation von Tagungen am Steinbeis-Europa-Zentrum ist sie maßgeblich an der Entwicklung der Corporate Identity des SEZ beteiligt. Seit 1998 betreut sie das Workshopangebot im Bereich interkulturelles Training für die Zielgruppen europäischer Forschungsprojekte.

ANJA MARCOTTY, Magisterstudium der Psychologie, Schwerpunkt *Applied Social Psychology* in Boston, USA. Mehrjährige Tätigkeit im Bereich Training, Personal- und Organisationsentwicklung bei der BMW AG und der Motorola Deutschland GmbH in München. Research Associate, INSEAD, Fontainebleau. 1988 Gründung von INTOP, einem Beratungsunternehmen mit Schwerpunkt Personal- und Organisationsentwicklung für international agierende Kunden aus Industrie, Dienstleistung und Öffentlichem Dienst. Beratungsprojekte im Bereich *Management und Organisation von Rundfunkanstalten* in Afrika und Asien. Veröffentlichungen im Bereich Trainingsmethodik, Evaluation und interkulturelles Management.

ANTJE MÖLLENBERG, Dipl.-Psychologin, Dipl.-Wirtsch.-Psychologin, ist wissenschaftliche Mitarbeiterin der Abteilung Marketing im Institut für Wirtschaftswissenschaften der Technischen Universität Braunschweig.

PROF. DR. STEFAN MÜLLER, Dipl. Psychologe, Dipl.-Kaufmann, Inhaber des Lehrstuhls für Betriebswirtschaftslehre, insbesondere Marketing an der Technischen Universität Dresden. Seit 1978 war er als wissenschaftlicher Mitarbeiter am Sonderforschungsbereich 24 der Universität Mannheim tätig. Nach der Promotion (1990) folgten Forschungsaufenthalte in Japan, Südafrika und den USA. Seine

Forschungs- und Beratungsschwerpunkte sind Kundenzufriedenheit, Internationales und Interkulturelles Marketing, Dienstleistungsmarketing sowie Verbraucherverhalten.

MEL SCHNAPPER, has a Ph.D. from the University of Pittsburgh in *Intercultural/Organizational Communication*, a Masters in *Anthropology/Linguistics* from Northwestern University, Chicago and a B.A. from Howard University. He does international consulting for the public and private sectors and has held management positions in both. His clients are large international companies and organizations, including the United Nations Development Program (UNDP), The World Bank, U.S. Agency for International Development (USAID), Canadian International Development Administration and Management (CIDAM), Quaker Oats Co., Holiday Inn, and AT&T. His focus is on creating effective human resource development systems (career planning, intercultural training), procedures and processes using culturally appropriate behavioral science interventions. He is president of Mel Schnapper Associates, Inc., Chicago, USA.

WILFRIED SOLBACH, Studium der Germanistik und Anglistik in Köln, Staatsexamen. 1979-2000 Berater und Trainer im Ausbildungszentrum der Deutschen Welle, Anstalt des Öffentlichen Rechts. Spezialist für Beratungsprojekte im Bereich *Management und Organisation von Rundfunkanstalten* in Afrika und Asien. Weitere Schwerpunkte: Ausbildung von Rundfunkjournalisten aus Ländern der sogenannten „Dritten Welt", Train-the-Trainer-Projekte. Daneben Tätigkeit als freier Berater für in Asien und Afrika tätige Stiftungen und Organisationen. Seit 2000 *Human Resource Development*-Manager und Trainer beim Asian Institute for Broadcast Development (AIBD) in Kuala Lumpur. Veröffentlichungen im Bereich Journalismus in der Dritten Welt und Beiträge in Computer-Fachzeitschriften.

DR. ANDREAS L. J. SOURISSEAUX, Studium der Psychologie und Wirtschaftswissenschaften in Landau/Pf., Kapstadt/R.S.A., Gießen und Darmstadt. Seit 1995 Geschäftsführender Partner der Dr. Sourisseaux, Lüdemann & Partner, Beratende Wirtschaftspsychologen, Darmstadt. Davor Wissenschaftlicher Mitarbeiter am Lehrstuhl für Arbeits- und Organisationspsychologie der Technischen Hochschule Darmstadt, Senior Consultant Human Resources Management bei der SCS Scicon GmbH (heute Debis) und Sektorökonom bei der KfW Kreditanstalt für Wiederaufbau, Auslandsbereich Unternehmensanalye, Schwerpunkt Asien. Veröffentlichungen zu den Themen Organisationsentwicklung, Computer Supported Cooperative Work, Internationales Human Resources Management. Aktuelle Arbeitsschwerpunkte: Change Management bei „dramatischen" Veränderungen, z. B. nach Mergers and Acquisitions und bei Outsourcing-Projekten, Executive Assessments und Management Audits.

PROF. DR. MARTIN STENGEL, Professor für Angewandte Psychologie an der Wirtschafts- und Sozialwissenschaftlichen Fakultät der Universität Augsburg seit 1990. Dort betreut er u.a. das Fach *Umweltökonomie*. Studium der Mathematik und Psychologie an den Universitäten Heidelberg und München. Tätigkeit im Schuldienst in Heidelberg und München. Von 1978 bis 1989 Assistent am Institut für Psychologie der Universität München. Schwerpunkte seines Forschungsinteresses: Anwendungsmöglichkeiten der Systemtheorie auf ökologische Fragestellungen, auf die Analyse von Werten und deren Wandel, auf die Zusammenhänge von Arbeit und Freizeit sowie auf den Berufseinstieg und den Berufsausstieg.

DR. SIEGFRIED STUMPF, Ausbildung zum Bankkaufmann. Studium der Psychologie an der Universität Regensburg. Promotion an der Universität Göttingen zum Dr. rer. nat. Fünfjährige Tätigkeit in der Personalentwicklung der Bayerischen Landesbank (München). Seit 1997 wissenschaftlicher Assistent am Institut für Psychologie der Universität Regensburg. Lehr- und Forschungsschwerpunkte: Fragen der Gruppeneffektivität, Personalentwicklungsmethoden, Interkulturelle Psychologie

PROF. DR. ALEXANDER THOMAS, seit 1979 Professor am Institut für Psychologie an der Universität Regensburg mit den Schwerpunkten *Sozialpsychologie* und *Angewandte Psychologie*. 1974-1979 Professur für Sportpsychologie an der Freien Universität Berlin. Forschungsschwerpunkte: Handlungspsychologie, Psychologie interkulturellen Handelns, kulturvergleichende Psychologie und Organisationspsychologie. Zahlreiche Publikationen, darunter mehrere Lehrbücher und Grundlagenbände (z. B. *Grundriss der Sozialpsychologie*, Bd. 1: 1991 und Bd. 2: 1992; *Kulturvergleichende Psychologie. Eine Einführung*, 1993; *Kulturstandards in der internationalen Begegnung*, 1991; *Psychologie und multikulturelle Gesellschaft*, 1994; *Psychologie interkulturellen Handelns*, 1996); eine Vielzahl weiterer Publikationen beschäftigen sich mit der Thematik interkultureller und kulturvergleichender Psychologie.

PROF. DR. MARTIN K. WELGE studierte an der Universität zu Köln und an der Stanford University, promovierte in Köln in Betriebswirtschaftslehre und weilte danach als Fritz-Thyssen-Stipendiat am European Institute for Advanced Studies in Management in Brüssel. 1978 habilitierte er sich in Köln. Er war Inhaber des Lehrstuhls für Organisation und Planung an der Fernuniversität Hagen (1980-1984), an der Universität Essen (1984-1987) und lehrt seit 1987 Unternehmensführung und Internationales Management an der Universität Dortmund. Von 1996-2001 war er Wissenschaftlicher Direktor des Universitätsseminars der Wirtschaft (USW) in Schloss Gracht. Seit April 2001 ist er wieder an der Universität Dortmund tätig.

DR. EKKEHARD WIRTH, Studium der Wirtschafts- und Sozialwissenschaften an der Universität Erlangen/Nürnberg sowie an der Bowling Green State University, Ohio, USA. Weitere Studienaufenthalte in Polen und auf den Philippinen. Dissertation zum Thema *Auslandseinsatz - Instrument eines international orientierten Personalmanagements*. Vier Jahre Tätigkeit bei der Deutschen Gesellschaft für Personalführung (DGFP), zuletzt als Leiter der Akademie für Personalführung. Anschließend Projektleiter *Lernstatt* bei der Robert Bosch GmbH, Stuttgart, innerhalb der Zentralabteilung Mitarbeiterentwicklung. 1993 bis 1999 bei der Herberts GmbH, Wuppertal, zuständig für das Referat Ausland im *Personalwesen Führungskräfte*. Seit 1999 bei der Siemens AG im *International Delegation Center* mit Schwerpunkt USA-Betreuung.

A.-W. Scheer, A. Köppen (Hrsg.)
Consulting
Wissen für die Strategie-, Prozess- und IT-Beratung

Electronic Business, Knowledge Management, IT-Einführung: Für die Realisierung neuer Geschäftsstrategien wird Beratungswissen immer wichtiger. Damit steigen zugleich die Anforderungen an Consultants. Dies betrifft alle Bereiche von der Strategieberatung bis hin zur Prozess- und IT-Beratung. Hierzu werden dem Leser Vorgehensweisen für die Unternehmensanalyse und Problemlösung vermittelt. Einen weiteren Schwerpunkt des Buches bilden die Soft-Skills, wie durch effektive Kommunikation bessere Projektergebnisse erzielt werden können.

2., verb. u. erw. Aufl. 2001. XIII, 281 S. 88 Abb., 10 Tab. Geb.
€ 39,95; sFr 62,- ISBN 3-540-42118-1

U. Hannig (Hrsg.)
Knowledge Management und Business Intelligence

Seit Jahren beschäftigt man sich in den Unternehmen damit, aus Daten entscheidungsrelevante Informationen zu gewinnen. Hierbei müssen Informationen in Wissen verwandelt werden. Praktiker, die mit der Implementierung von Business-Intelligence- bzw. Knowledge-Management-Systemen beauftragt sind, benötigen Transparenz über den Markt und konkrete Fallbeispiele, denn die Kenntnis der Erfahrungen der anderen spart ihnen Geld und Zeit. Der Leser findet der Leser ein Glossar mit den wichtigsten KM- und BI-Begriffen sowie eine Anbieterliste, die hilft, hohe Suchkosten zu vermeiden.

2002. Etwa 300 S. Geb. **€ 44,95**; sFr 69,50 ISBN 3-540-42804-6

H. Keßler, G. Winkelhofer
Projektmanagement
Leitfaden zur Steuerung und Führung von Projekten

Das Buch ist eine Anleitung zum praktischen Projektmanagement. Der Schwerpunkt liegt auf der Beschreibung der Erfolgsfaktoren für die professionelle Steuerung und Durchführung von Projekten. Die vielen Dimensionen des Projektmanagements und ihre Wechselbeziehungen werden ausführlich erläutert. In der 3. Auflage aktualisieren die Autoren insbesondere die Methodik des Projektmanagements.

3., erw. u. überarb. Aufl. 2002. XV, 288 S. 93 Abb., 42 Tab. Geb.
€ 39,95; sFr 62,- ISBN 3-540-41392-8

H. Keßler, C. Hönle
Karriere im Projektmanagement

Prozesse, Methoden und Werkzeuge für die Planung und Beurteilung eines Karriereweges im Projektmanagement werden in diesem Buch ausführlich dargestellt und beschrieben. Anhand des Projektindexes kann man rasch für jedes Projekt das Anforderungsprofil feststellen und dadurch Projekte untereinander vergleichbar machen.

2002. XX, 322 S. 92 Abb., 15 Tab. Geb. **€ 44,95**; sFr 69,50
ISBN 3-540-41843-1

Springer · Kundenservice
Haberstr. 7 · 69126 Heidelberg
Tel.: (0 62 21) 345 - 217/-218
Fax: (0 62 21) 345 - 229
e-mail: orders@springer.de

Die €-Preise für Bücher sind gültig in Deutschland und enthalten 7% MwSt.
Preisänderungen und Irrtümer vorbehalten. d&p · 008284_001x_1c

Springer

Erfolgreich im Internet

A. Muther

Electronic Customer Care

Die Anbieter-Kunden-Beziehung im Informationszeitalter

Unter dem Begriff Customer Relationship Management (CRM) bieten boomende Firmen Lösungen zur Optimierung der Kundenprozesse an. Das Buch abstrahiert die Kundenbeziehung anhand des Customer Buying Cycles und schafft so einen neutralen Orientierungsrahmen für CRM-Projekte. Die dritte Auflage nimmt neue Themen wie e-Marktplätze in die Betrachtungen auf und bietet einen aktuellen Überblick über führende CRM-Anbieter.

3., überarb. Aufl. 2001. XIII, 155 S. 51 Abb., 13 Tab. Geb. € **39,95**; sFr 62,-
ISBN 3-540-41332-4

S. Puchert

Rechtssicherheit im Internet

Grundlagen für Einkäufer und Entscheider

Das Buch befasst sich schwerpunktmäßig mit den Sicherheitsaspekten der elektronischen Beschaffung. Es geht insbesondere auf juristische, IV-technische und organisatorische Sicherheitsanforderungen ein. Praxisbeispiele zeigen auf, wie E-Commerce - speziell für den Einkauf - sicher abgewickelt werden kann.

2001. VII, 214 S. 12 Abb. Geb. € **44,95**; sFr 69,50   ISBN 3-540-67609-0

P. Vervest, A. Dunn

Erfolgreich beim Kunden in der digitalen Welt

Das vorliegende Buch bietet eine Anleitung für eine erfolgreiche Nutzung der Chancen dieser neuen digitalen Technologien. Es beschreibt die Vorteile der Technologie, die Sie als Anwender, Führungskraft, Stratege, Marketing-Spezialist oder Vertriebschef für sich und Ihr Unternehmen nutzen können. Solche erfolgreichen Unternehmen praktizieren die Philosophie der *Total Action*. Alle Aktivitäten innerhalb dieser Unternehmen begründen für ihre Kunden einen direkten Mehrwert.

2002. XX, 218 S. 36 Abb. Geb. € **34,95**; sFr 54,50   ISBN 3-540-42073-8

Besuchen Sie uns im Internet unter:

http://www.springer.de/ecommerce

Springer · Kundenservice
Haberstr. 7 · 69126 Heidelberg
Tel.: (0 62 21) 345 -217/-218
Fax: (0 62 21) 345 - 229
e-mail: orders@springer.de

Die €-Preise für Bücher sind gültig in Deutschland und enthalten 7% MwSt.
Preisänderungen und Irrtümer vorbehalten. d&p · BA 42791/1

Springer

International erfolgreich agieren!

K. Lucks, R. Meckl

Internationale Mergers & Acquisitions

Der prozessorientierte Ansatz

Das Buch beschäftigt sich mit grenzüberschreitenden Fusionen und Akquisitionen. Durch die Darstellung des M&A-Projekts als Prozess erhält der Leser die Möglichkeit, alle erfolgsrelevanten Faktoren und Inhalte des M&A in einer logisch geordneten Form zu erkennen. Durch Umsetzung der entwickelten Konzeption kann die Erfolgsquote von M&A-Projekten deutlich erhöht werden. Dazu geben die Autoren konkrete Empfehlungen, die auf langjährigen praktischen Erfahrungen aufbauen.

2002. X, 327 S. 76 Abb. Geb. € **49,95**; sFr 77,50 ISBN 3-540-42810-0

U. Krystek, E. Zur (Hrsg.)

Handbuch Internationalisierung

Globalisierung - eine Herausforderung für die Unternehmensführung

„Die Beiträge liefern der Theorie und Praxis wertvolle Anhaltspunkte. Durch die Vielfalt des Erfahrungshintergrundes der sechsundvierzig mitwirkenden Autoren aus der Wissenschaft, der Unternehmens- und Beratungspraxis sowie anderen Bereichen ist eine breite Perspektive gewährleistet, die dazu beiträgt, daß die Lektüre des Buches als ein Gewinn empfunden wird - ein Gewinn für den Leser aus der Unternehmenspraxis ... und als Gewinn für den mehr an theoretischen Erkenntnissen interessierten Leser, weil aufbauend auf der bereits vorliegenden Literatur neue Entwicklungslinien und künftige Themenschwerpunkte erkennbar werden."

FAZ

2., völlig neu bearb. u. erw. Aufl. 2002. XIV, 907 S. 196 Abb. 7 Tab. Geb. € **149,-**; sFr 230,50 ISBN 3-540-67287-7

C. Zeller

Globalisierungsstrategien - Der Weg von Novartis

„Going Global" ist zu einem Modebegriff geworden. Doch was heißt Globalisierung konkret? Am Beispiel der Firma Novartis und deren Vorgänger Ciba-Geigy und Sandoz geht der Autor dieser Frage nach. Das Buch identifiziert die Faktoren, die in eine ökonomische und räumliche Neuorganisation der Konzerntätigkeiten münden. Das Buch weist ein ausführliches Register mit Stichworten, Personen- und Produktnamen auf.
Der Weg von Novartis ist ein eindrucksvolles Beispiel einer Globalisierungsstrategie.

2001. XVII, 702 S. 73 Abb., 61 Tab. Geb. € **64,95**; sFr 100,50 ISBN 3-540-41629-3

Springer · Kundenservice
Haberstr. 7 · 69126 Heidelberg
Tel.: (0 62 21) 345 - 217/-218
Fax: (0 62 21) 345 - 229
e-mail: orders@springer.de

Die €-Preise für Bücher sind gültig in Deutschland und enthalten 7% MwSt.
Preisänderungen und Irrtümer vorbehalten.
d&p · BA 42791/2

Springer

Druck und Bindung: Strauss GmbH, Mörlenbach

Printed in the United Kingdom
by Lightning Source UK Ltd.
116237UKS00005B/58